COURS
DE PHILOSOPHIE

COURS
DE
PHILOSOPHIE

RÉDIGÉ CONFORMÉMENT AU NOUVEAU PROGRAMME
DU BACCALAURÉAT ÈS LETTRES

RENFERMANT

1° Une indication des principaux ouvrages que l'on peut consulter et lire sur chacune des parties de la philosophie

2° PRÈS DE CINQ CENTS SUJETS DE DISSERTATIONS
Empruntés à la Sorbonne et aux facultés de province,
Et mis perpétuellement en rapport avec chaque question traitée

PAR

M. l'abbé DRIOUX
CHEVALIER DE LA LÉGION D'HONNEUR
VICAIRE GÉNÉRAL ET CHANOINE HONORAIRE DE LANGRES, DOCTEUR EN THÉOLOGIE
ANCIEN PROFESSEUR DE PHILOSOPHIE
ET MEMBRE DE PLUSIEURS SOCIÉTÉS SAVANTES

PARIS
LIBRAIRIE CLASSIQUE EUGÈNE BELIN
Vᵛᵉ EUGÈNE BELIN & FILS
RUE DE VAUGIRARD, N° 52

1883

Tout exemplaire de cet ouvrage non revêtu de ma griffe sera réputé contrefait.

AVERTISSEMENT

J'ai professé la philosophie douze ans, de 1851 à 1863. J'ai cherché à mettre à profit dans ce *Cours* l'expérience que j'ai acquise, les études que j'ai faites, mais je n'ai pas songé à reproduire le plan que je m'étais tracé.

Nos institutions sont libres, mais l'enseignement ne l'est pas. Les exigences du baccalauréat imposent aux professeurs le plan d'études et les programmes de l'Université.

J'ai donc suivi le programme de philosophie arrêté le 2 août 1880.

J'ai seulement fait les déplacements qui m'ont paru, au point de vue doctrinal, absolument nécessaires.

Ainsi je n'ai pas voulu quitter la psychologie avant d'avoir déterminé la nature de l'âme et traité la question de la spiritualité qui est mise par les programmes dans la métaphysique. Je l'ai reportée à la suite de la psychologie expérimentale, dont elle a toujours été le corollaire naturel et indispensable.

Ce que le programme appelle le problème de la certitude et qu'il place au début de la métaphysique, j'ai cru devoir en faire le couronnement de la logique; parce qu'après avoir décrit l'instrument, il m'a semblé qu'on ne pouvait l'abandonner, sans se demander à quoi il sert et ce qu'il produit.

Pour nous, il n'y a pas de morale sans Dieu. Par conséquent la théodicée doit être mise avant la morale, comme la cause avant l'effet, le principe avant la conséquence.

Mais à part ces déplacements je ne me suis pas écarté de la marche indiquée.

J'ai évité dans ce *Cours* l'esprit de système.

La philosophie élémentaire doit éviter les doctrines particulières pour ne s'appuyer que sur les principes fondamentaux qui doivent être les régulateurs de la conduite de l'homme dans tout le cours de la vie.

On doit au reste le reconnaître, dans les examens on ne demande pas autre chose aux jeunes gens et leurs dissertations sont toujours bien accueillies, quand elles s'inspirent d'une raison calme et modérée et qu'elles se tiennent à égale distance des deux abîmes que le droit chemin côtoie.

Le sens commun doit être, en philosophie surtout, notre premier maître.

Avant le concile du Vatican il y avait parmi nous des fidéistes, des traditionalistes, des ontologistes, des cartésiens exagérés. Qu'on y fasse attention, tous ces systèmes n'étaient-ils pas excessifs et le bon sens ne se soulevait-il pas contre eux de toutes ses forces avant que le concile ne les eût condamnés?

La doctrine thomistique, qui est la nôtre, a cela de remarquable qu'elle est toujours l'expression de la raison la plus haute et la plus modérée. L'Ange de l'école n'est devenu l'oracle de tous les temps que parce que son génie est la personnification du bon sens. Ses disciples ont parfois forcé ses paroles, mais lorsqu'on trouve leurs théories extrêmes, on n'a qu'à se reporter au texte du maître, on voit qu'il s'est arrêté juste à l'endroit que le bon sens défend de dépasser sous peine de se jeter dans des discussions subtiles et frivoles, en essayant d'expliquer ce qui est inexplicable.

Je l'ai pris pour guide perpétuellement, mais en me faisant l'interprète de sa doctrine, je lui ai laissé sa terminologie et sa forme scolastique.

Je me suis efforcé d'écrire mon livre comme les élèves doivent écrire leur dissertation.

On leur demande un travail qui soit tout à la fois littéraire et philosophique.

La philosophie a sa langue particulière comme toutes les sciences. L'élève doit en trouver les termes et les tours spéciaux dans le manuel qu'il étudie. Il doit pouvoir se former, sous le rapport de l'élocution, d'après l'ouvrage qu'il a entre les mains.

S'il a des loisirs il fera bien de lire, pour se compléter et se perfectionner, nos meilleurs auteurs philosophiques, mais le livre élémentaire qu'il est chargé d'approfondir, doit l'initier à leur langage, tout en lui exposant la solution des questions qu'il a besoin de connaître.

Après chaque chapitre, j'ai mis un certain nombre de sujets de dissertations.

Tous ces sujets ont été donnés. Je les ai empruntés à la Sorbonne ou à quelques Facultés de province.

La dissertation étant l'épreuve principale de la dernière partie de l'examen du baccalauréat, il est nécessaire de former les élèves tout spécialement à ce genre de composition, et pour cela il faut qu'ils en fassent beaucoup.

Ils ne peuvent pas en écrire plus de deux par semaine. Mais on peut à chaque classe leur faire faire le plan de plusieurs. J'attache à cet exercice une grande importance, parce que, pour la dissertation, le difficile est toujours l'invention et la disposition. Quand un élève a su réunir les matériaux nécessaires et les mettre à la place qui convient, il n'est pas embarrassé pour exprimer ses pensées. Pour peu qu'il ait parlé en classe la langue philosophique, son élocution sera toujours suffisante.

C'est pour que le maître et l'élève se livrent à cet exercice que j'ai mis après chaque chapitre des sujets de dissertations en rapport avec les questions traitées.

Toutefois il ne faut pas considérer ces sujets comme les questionnaires que l'on met à la fin d'un chapitre d'histoire et de littérature, pour que l'élève s'interroge lui-même et qu'il voie s'il sait suffisamment ce qu'il croit avoir appris.

La philosophie n'est pas une affaire de mémoire, mais une science de discussion.

Le maître peut, à l'égard de l'élève, se servir de la méthode socratique et l'interroger sur la question traitée dans le chapitre ou dans un de ses paragraphes. C'est le moyen de voir s'il a saisi la question elle-même et les arguments à l'appui. Comme le livre ne peut pas tout dire, il est bon qu'il y ajoute ses développements, qu'il expose parfois les sentiments contraires, qu'il les apprécie. Ce n'est qu'après avoir ainsi bien étudié la question traitée dans le corps du livre que l'on pourra passer utilement aux sujets de compositions et travailler à faire le plan de chacune de ces dissertations.

Parmi ces sujets, il y en a qu'on peut appeler des questions de cours. Ils sont complètement traités dans le livre; il n'y a qu'à prendre et à développer les idées qu'on vient de discuter.

D'autres sont des problèmes. La solution en est au moins en germe dans le corps du chapitre, mais il faut de la réflexion pour l'en tirer, et il y a plus d'effort à faire pour systématiser les idées. C'est ici que l'élève a grand besoin de l'aide du maître, surtout dans les premiers temps, pour arriver à former un plan régulier et satisfaisant.

Il y a des sujets arides et d'autres beaucoup trop abondants. Il faut savoir féconder les uns et resserrer les autres sans se noyer dans le sujet et sans en sortir.

Parfois on demande un résumé, une comparaison, un parallèle. Il faut réunir les idées de plusieurs chapitres ou de plusieurs leçons, et arriver à former un tout qui réponde exactement à la question proposée.

Souvent c'est une maxime d'un moraliste ou d'un philosophe qu'il s'agit d'interpréter ou d'apprécier. Évidemment le livre ne peut renfermer directement ce que l'on doit dire sur un pareil sujet. Mais, si on l'a bien compris et bien étudié, on y trouvera toujours les éléments et les principes nécessaires pour former son jugement à l'égard de la pensée que l'on a à examiner et pour le motiver philosophiquement.

J'ai réuni près de cinq cents sujets. Il y en a qui se ressemblent beaucoup, mais je les ai admis à dessein pour que le maître ait l'occasion de signaler à l'élève les nuances, et de lui faire voir combien il importe de se pénétrer exactement du sens de la question avant de la traiter.

Je suis persuadé que celui qui se sera exercé sur des sujets aussi nombreux et aussi variés ne sera pas pris au dépourvu au jour de l'épreuve. La langue qu'on lui parlera ne sera pas pour lui inconnue, et il ne pourra guère se trouver en pays étranger.

NOUVEAU PROGRAMME

DU BACCALAURÉAT ÈS LETTRES

(Arrêté du 2 août 1880)

PHILOSOPHIE

INTRODUCTION

La science. — Classification des sciences. — Qu'appelle-t-on philosophie des sciences, de l'histoire? etc. — Objet propre de la philosophie; ses divisions (1-12).

PSYCHOLOGIE

Objet de la psychologie; caractère propre des faits qu'elle étudie. — Les degrés et les limites de la conscience (13-18).

Distinction et relation des faits psychologiques et des faits physiologiques (19-21).

Sources d'information de la psychologie : conscience, langues, histoire, etc. — Utilité de la psychologie comparée. — De l'expérimentation en psychologie. — Classification des faits psychologiques (21-28).

La sensibilité. — Émotions (plaisirs et douleurs). — Sensations et sentiments (28-35). — Inclinations et passions (35-43).

L'intelligence. — Acquisition, conservation, élaboration de la connaissance.

Acquisition : données de la conscience et des sens (48-56).

Conservation et combinaison : mémoire (62-66), association des idées (66-71), imagination (71-73).

Élaboration : formation des idées abstraites et générales (57-62); jugement (79-81), raisonnement (81-83).

Les principes directeurs de la connaissance : données de la raison; peut-on les expliquer par l'expérience, l'association des idées ou par l'hérédité (83-92)?

Les résultats de l'activité intellectuelle : l'idée du moi (46-47), l'idée du monde extérieur (51-55), l'idée de Dieu (60-61).

Notions d'esthétique : le beau. — L'art. — Des principes et des conditions des beaux-arts. — L'expression, l'imitation, la fiction, l'idéal (73-79).

La volonté. — Analyse de l'acte volontaire : la liberté (102-110).

Des modes divers de l'activité psychologique : instinct, activité volontaire, habitude (97-102).

Des manifestations de la vie psychologique : les signes et le langage (92-97).

Rapports du physique et du moral. — Le sommeil, les rêves, le somnambulisme, l'hallucination, la folie (126-131).

Éléments de psychologie comparée (131-136).

LOGIQUE

Définition et division de la logique (138-140).

Logique formelle. — Idées et termes (140-142). — Jugements et propositions (145-150). — Définition (143-145). — Déduction et syllogisme (151-158).

Logique appliquée. — Des méthodes : analyse et synthèse (158-163).

Logique inductive. — Méthodes des sciences de la nature : observation (163-165), hypothèse (174-175), expérimentation (165-166), classification (168-170), induction (171-172), analogie (172-173). — Définitions empiriques (166-168).

Application de ces méthodes aux sciences psychologiques (182-183) ; — aux sciences historiques. — Sources de l'histoire : critique du témoignage (203-210).

Logique déductive. — Méthode des sciences abstraites : définitions rationnelles, axiomes, déduction, démonstration. Usage de la déduction dans les sciences expérimentales (176-181).

Part de la déduction et de l'expérience dans la morale, le droit et la politique (183-186).

Nature, causes et remèdes de l'erreur (211-217).

MORALE

Morale spéculative. — La conscience (310-315), le bien (295-297), la liberté, le devoir (297-299).

Diverses conceptions du souverain bien : doctrines utilitaires et sentimentales (286-290).

Doctrine de l'obligation (294-299).

Le devoir et le droit. — Valeur absolue de la personne (304-310).

La vertu (321-325). — La responsabilité (316-320) et la sanction (325-328).

Morale pratique. — La morale personnelle : tempérance, sagesse, courage, dignité humaine et relation avec les êtres inférieurs (334-343).

La morale domestique : la famille (343-348).

La morale sociale : la justice ou respect du droit. — Les droits (348-353). — La charité (353-358).

Eléments de la société : notions de l'Etat (359-360).

Distinction du droit naturel, du droit civil, du droit politique. — Vote (360-364). — Obéissance à la loi. — Service militaire. — Dévouement à la patrie (365-370).

La morale religieuse. — Devoirs envers Dieu (370-376).

NOTIONS D'ÉCONOMIE POLITIQUE

Production de la richesse. — Les agents de la production : la matière, le travail (387-393), l'épargne, le capital, la propriété (393-398).

Circulation et distribution des richesses.— L'échange, la monnaie, le crédit (398-405), le salaire et l'intérêt (406-412).

Consommation de la richesse : consommations productives et improductives (413-415) — La question du luxe (415-417). — Dépenses de l'Etat. — L'impôt, le budget, l'emprunt (418-424).

MÉTAPHYSIQUE ET THÉODICÉE

Le problème de la certitude (186-189). — Le scepticisme (189-191).— L'idéalisme (195-197).

Diverses conceptions sur la matière et la vie (110-114).

L'esprit. — Matérialisme et spiritualisme (114-123).

Dieu : son existence et ses attributs (223-260). — Le problème du mal (260-268). — Optimisme et pessimisme (268-272).

Immortalité de l'âme (328-333).

Conclusion du cours. — Rôle de la philosophie. Son importance au point de vue intellectuel, moral et social (576-578).

HISTOIRE DE LA PHILOSOPHIE

Des systèmes en général. — Définition des principaux systèmes philosophiques (430-432).

Notions sommaires sur la philosophie grecque avant Socrate (438-443): Ioniens, Atomistes (433-438), Pythagoriciens, Éléates (438-443) Sophistes (443-445).

Socrate (445-449). — Platon (450-458). — Aristote (458-470).

Notions sommaires sur les écoles après Socrate : Pyrrhoniens (480-481), Epicuriens (471-475), Stoïciens (475-480), Académiciens (482-483).

Notions sommaires sur la philosophie à Rome (484-488) et sur l'école d'Alexandrie (489-495).

Notions sommaires sur la philosophie scolastique (496-506).

Notions sommaires sur la philosophie de la Renaissance (507-512).

La philosophie au dix-septième siècle. — Bacon (512-517). —

Descartes et ses principaux disciples (517-529). — Spinoza (532-584). — Malebranche (529-532). — Leibniz (538-546) et Locke (535-538).

Notions sommaires sur la philosophie au dix-huitième (547-560) et au dix-neuvième siècle (560-574).

AUTEURS PHILOSOPHIQUES

AUTEURS FRANÇAIS

Descartes : *Discours de la méthode; Première méditation.*
Leibniz : *Monadologie.*

AUTEURS LATINS

Cicéron : *De Legibus* (livre Ier).
Sénèque : *De Vita beata.*

AUTEURS GRECS

Platon : *République* (livre VIII).
Aristote : *Morale à Nicomaque.*

COURS DE PHILOSOPHIE

INTRODUCTION

La science. Classification des sciences. Qu'appelle-t-on philosophie des sciences, de l'histoire, etc. Objet propre de la philosophie; ses divisions.

I. — DE LA SCIENCE

1. La science est la connaissance certaine et rationnelle d'une chose.

Quand la connaissance n'est pas certaine, il n'y a pas de science proprement dite. Il y a, dans les sciences, une foule de choses dont on n'est pas sûr. Ce sont des problèmes que l'on soulève, mais qui n'ont pas encore reçu une solution.

Tant que nous sommes ainsi hésitants, et que nous n'osons ni nier, ni affirmer dans la crainte de nous tromper, nous n'avons pas la science, dit Bossuet, mais une opinion.

Aristote définit la science la connaissance des choses par leurs causes, et saint Thomas dit que la science est la connaissance qui s'acquiert par démonstration.

Ces deux idées reviennent au même. Car, pour connaître la cause d'une chose, il faut chercher pourquoi et comment elle se produit, et on ne peut le faire qu'à l'aide de l'induction ou de la déduction, qui ont l'une et l'autre pour corollaire la démonstration.

C'est pour ce motif que la science doit être nécessairement une connaissance rationnelle. Elle ne se contente pas d'affirmer qu'une chose existe, mais elle rend compte de sa nature et des lois auxquelles elle est soumise. C'est ce qui la distingue de la connaissance vulgaire. Celle-ci s'arrête à constater les faits ou les phénomènes, mais elle ne peut les expliquer.

Ainsi un homme qui n'a pas étudié la botanique, se promenant dans un jardin, verra les plantes qui l'ornent et admirera les fleurs qui l'embellissent. Il éprouvera même une certaine jouissance à les contempler, mais, comme il n'a pas fait une étude particulière de la plante ou de la fleur, il s'arrêtera à cette impression générale et ne pourra aller plus loin.

Le naturaliste, au contraire, saura non seulement donner à chaque plante, à chaque fleur son nom et désigner le rang qu'elles occupent dans la classification que l'on a faite des végétaux, mais il en fera connaître les propriétés et en expliquera les fonctions et les organes.

2. On distingue les sciences spéculatives et les sciences pratiques.

Les sciences spéculatives sont celles qui ne s'attachent, dit Bossuet, qu'à la contemplation de la vérité, comme la métaphysique qui traite des choses les plus immatérielles, comme de l'être en général et de Dieu en particulier.

Les sciences pratiques tendent à l'action, comme la logique et la morale dont l'une nous enseigne à bien raisonner, et l'autre à bien vouloir.

Cette division n'est pas aussi nette, ni aussi précise qu'elle le paraît; parce qu'il n'y a pas de science purement spéculative, ni de science purement pratique.

Ainsi les mathématiques qui sont les sciences les plus abstraites ne sont pas purement spéculatives. Car, s'il y a les mathématiques pures, il y a aussi les mathématiques appliquées.

Une science purement spéculative serait une affaire de simple curiosité, par conséquent parfaitement inutile.

La morale qui est une des sciences les plus pratiques a nécessairement une partie théorique. Elle suppose des principes spéculatifs qui lui servent de base. Il en est de même de toutes les autres sciences pratiques.

Une science qui ne reposerait pas sur des principes ne serait pas une science.

On ne peut pas non plus distinguer les sciences au point de vue du sujet, parce qu'elles ont toutes un seul et même sujet qui est l'esprit humain.

On ne peut donc les diviser et les classer qu'au point de vue de leur objet.

II. — Classification des sciences

Il peut y avoir autant de sciences qu'il y a d'objets susceptibles d'être étudiés. Le nombre des sciences fut d'abord très restreint. Il s'est accru, à mesure que l'esprit humain a progressé et qu'il a augmenté le nombre de ses connaissances.

Dans les temps anciens, Aristote est le premier philosophe qui ait donné une classification des sciences. Il les divisait en sciences *spéculatives* ou théoriques et sciences *pratiques*.

Les sciences *théoriques* comprenaient : 1° les sciences purement rationnelles, qui sont les mathématiques et la métaphysique ou la philosophie première ; 2° les sciences expérimentales, savoir : l'histoire naturelle, la zoologie, etc.

Les sciences *pratiques* embrassaient : 1° la morale ou éthique ; 2° la politique ; 3° l'économique.

Au moyen âge on réduisait toutes les sciences aux sept arts libéraux : le *Trivium* qui comprenait la grammaire, la rhétorique et la logique, et le *Quadrivium* qui embrassait l'arithmétique, la géométrie, l'astronomie et la musique.

Vincent de Beauvais et saint Bonaventure ont donné au treizième siècle une classification mieux entendue et plus complète.

Dans les temps modernes Bacon, dans son grand ouvrage *De dignitate et augmentis scientiarum*, a classé les sciences en les rattachant aux facultés de l'esprit humain qui contribuent le plus à les produire, à la mémoire, à la raison, et à l'imagination. Il rattache l'histoire à la mémoire, les mathématiques, la science de Dieu, de l'homme et du monde qu'il appelle la philosophie à la raison, la poésie et les beaux-arts à l'imagination.

C'est cette classification que d'Alembert a adoptée dans la Préface de l'*Encyclopédie*. Une des classifications récentes les plus savantes est celle de M. Ampère qui divise toutes les sciences en deux règnes, les sciences *cosmologiques* et les sciences *noologiques*, et qui subdivise chaque règne en sous-règnes ou embranchements.

Nous donnons ses deux premiers tableaux.

PREMIER TABLEAU

DIVISION DE TOUTES NOS CONNAISSANCES EN DEUX RÈGNES ET DE CHAQUE RÈGNE EN SOUS-RÈGNES OU EMBRANCHEMENTS

RÈGNE	SOUS-RÈGNES	EMBRANCHEMENTS
PREMIER RÈGNE		
Sciences cosmologiques.	A. Cosmologiques proprement dites.	I. Mathématiques. II. Physiques.
	B. Physiologiques.	III. Naturelles. IV. Médicales.
SECOND RÈGNE		
Sciences noologiques.	C. Noologiques proprement dites.	V. Philosophiques. VI. Dialegmatiques.
	D. Sociales.	VII. Ethnologiques. VIII. Politiques.

INTRODUCTION. 5

SECOND TABLEAU

DIVISION DE CHAQUE EMBRANCHEMENT EN SOUS-EMBRANCHEMENTS
ET EN SCIENCES DE PREMIER ORDRE

PREMIER RÈGNE

EMBRANCHEMENTS	SOUS-EMBRANCHEMENTS	SCIENCES DE 1er ORDRE
A. { I. Sciences mathématiques.	a. Mathématiques proprement dites.	1. Arithmologie. 2. Géométrie.
	b. Physico-mathématiques.	3. Mécanique. 4. Uranologie.
II. Sciences physiques.	c. Physiques proprement dites.	5. Physique générale. 6. Technologie.
	d. Géologiques.	7. Géologie. 8. Oryctotechnie.
B. { III. Sciences naturelles.	e. Phytologiques.	1. Botanique. 2. Agriculture.
	f. Zoologiques proprement dites.	3. Zoologie. 4. Zootechnie.
IV. Sciences médicales.	g. Physico-médicales.	5. Physique médicale. 6. Hygiène.
	h. Médicales proprement dites.	7. Nosologie. 8. Médecine pratique.

SECOND RÈGNE

C. { V. Sciences philosophiques.	i. Philosophiques proprement dites.	1. Psychologie. 2. Métaphysique.
	k. Morales.	3. Éthique. 4. Thélésiologie.
VI. Sciences dialegmatiques.	l. Dialegmatiques proprement dites.	5. Glossologie. 6. Littérature.
	m. Eleuthérotechniques.	7. Technesthétique. 8. Pédagogique.
D. { VII. Sciences ethnologiques.	n. Ethnologiques proprement dites.	1. Ethnologie. 2. Archéologie.
	o. Historiques.	3. Histoire. 4. Hiérologie.
VIII. Sciences politiques.	p. Ethnoritiques.	5. Nomologie. 6. Art militaire.
	q. Ethnégétiques.	7. Économie sociale. 8. Politique.

Cette classification est très complète, mais elle est bien compliquée. Nous croyons qu'il est préférable de nous arrêter à la classification ordinaire qui repose sur la nature même de l'objet propre à chaque science.

Cet objet se divisant en quatre ordres distincts, nous distinguerons quatre sortes de sciences, les sciences *physiques*, les sciences *exactes*, les sciences *métaphysiques* et les sciences *morales*.

Les sciences *physiques* ont pour objet les choses qui tombent sous nos sens. Elles embrassent le monde matériel au milieu duquel nous vivons. Ce sont *l'astronomie* et la *cosmographie* qui traitent des astres et de notre système planétaire, la *géologie* qui s'occupe de la terre, la *physique*, la *chimie*, la *minéralogie*, la *botanique*, la *zoologie*, qui traitent des corps bruts, des végétaux et des animaux.

Les sciences *exactes* ont pour objet les choses abstraites, qui n'ont pas de réalité, mais qui sont susceptibles de s'appliquer aux corps pour en déterminer et en expliquer les lois. Ce sont les mathématiques qui traitent des quantités mesurables. Elles comprennent l'arithmétique et l'algèbre, qui ont pour objet le nombre, la géométrie l'étendue, et la mécanique le mouvement.

Les sciences *métaphysiques* sont celles qui ont pour objet les êtres spirituels. Elles sont essentiellement rationnelles, puisque les êtres dont elles s'occupent ne tombent pas sous les sens. Elles comprennent l'*ontologie* ou la métaphysique générale qui traite de l'être dans ce qu'il a de plus absolu, la *pneumatologie* qui comprend l'âme humaine et les esprits purs et la *théodicée* qui est la science de Dieu.

Les sciences *morales* prises dans leur plus grande extension ont pour objet l'homme, spécialement considéré au point de vue de l'intelligence et de la volonté.

A ce titre, elles embrassent la philosophie proprement dite qui a pour objet l'esprit humain lui-même, les sciences *sociales* qui se rapportent à l'homme vivant en société et qui comprennent l'ethnographie, la politique, la jurisprudence, l'économie politique, les sciences *philologiques* qui traitent du langage et qui se composent de la philologie, de l'étymologie, de la paléographie, etc., les sciences *historiques* qui se subdivisent en une foule de branches, l'histoire, l'archéologie, l'épigraphie, la numismatique, la géographie.

Nous ne parlons pas de la théologie, parce que nous ne nous occupons ici que des sciences rationnelles. La théologie est une science d'autorité qui repose sur la révélation.

III. — QU'APPELLE-T-ON PHILOSOPHIE DES SCIENCES, PHILOSOPHIE DE L'HISTOIRE, ETC. ?

Primitivement la philosophie embrassait toutes les sciences.

Les premiers philosophes se donnèrent le nom de sages ou de savants, σοφοί, et ils appelèrent la science qu'ils cultivaient σοφία, *sagesse*.

Saint Augustin nous apprend d'après Cicéron que Pythagore, plus modeste, se contenta de se dire l'ami de la sagesse, philosophe (φίλος, ami et σοφία, sagesse). C'est de là qu'est venu le nom de philosophie, ou amour de la sagesse.

Les anciens, considérant la philosophie comme la science universelle, ont dû en donner une définition très étendue.

Platon la définit la science des choses divines et humaines et des lois qui les régissent. C'est la définition que reproduit Cicéron dans son traité *De officiis* (lib. II, c. II), et on la retrouve, mot pour mot, dans Clément d'Alexandrie, Origène et les Pères de l'Église.

Aristote et ses disciples l'ont définie la connaissance vraie, certaine et évidente des choses naturelles par leurs causes.

Descartes, Malebranche et Laromiguière l'ont définie la recherche ou la science des principes.

Prise dans cette généralité, la philosophie devient la science première qui domine toutes les autres. Par là même qu'elle s'occupe des causes et des principes, elle ne peut être étrangère à aucune science. Car il n'y a pas de science qui ne recherche les lois ou les principes des phénomènes qui lui sont soumis et qui n'ait pour but d'indiquer les causes des effets qu'elle observe.

Ces notions de principes et de causes embrassent d'ailleurs les notions d'existence, de substance, de force, d'action, de réaction, de but, de mouvement, par conséquent toutes les idées qui sont communes à toutes les sciences et qui sont essentiellement inhérentes à l'esprit humain.

Cette philosophie première est à la base de toutes les sciences et en éclaire le point de départ. C'est elle qui établit les rapports des sciences entre elles et qui en montre l'unité en faisant voir le patrimoine qui leur est commun, les vérités essentielles et nécessaires qui en affermissent la racine et qui en couronnent le sommet.

A ce point de vue, on peut dire qu'il y a de la philosophie dans toutes les sciences.

Ainsi, il y a la philosophie de l'histoire. On n'étudie pas seulement l'histoire pour savoir des dates et des noms propres. On tient à connaître la valeur morale des faits et les causes qui les ont produits. Ces causes, à la vérité, ne sont pas absolues, nécessitantes, comme les causes physiques. L'humanité n'est pas soumise à des lois fatales, comme le monde matériel. Mais il y a des lois morales qui la régissent, et chaque peuple a sa destinée à remplir sous l'œil et la main de la Providence, qui l'éclaire et le conduit. Quand l'historien s'élève à ces considérations supérieures et qu'il nous montre l'action de Dieu conduisant les empires, comme le fait Bossuet dans son *Discours sur l'histoire universelle*, ou quand il nous explique ce qui a fait la gloire d'une nation et ce qui a amené sa chute, comme le fait Montesquieu dans sa *Grandeur et décadence des Romains*, il écrit la philosophie de l'histoire.

Il y a aussi la philosophie des sciences, car dans toutes les sciences il y a des idées générales que l'on peut formuler et qui en constituent les principes et les lois. Ces principes et ces lois en se généralisant se simplifient, et c'est à cette hauteur que Newton, Leibnitz, Malebranche et tous les hommes de génie se sont placés pour voir les lois de la nature dans leur unité et leur simplicité.

Au-dessus des langues il y a aussi le langage qui est l'expression de la pensée dans ce qu'elle a de plus élevé, et qui constitue la philosophie de la philologie ou l'objet de la grammaire générale.

Il en est de même pour toutes nos connaissances.

Mais ce n'est pas cette science générale, cette philosophie première que nous nous proposons d'étudier. La philosophie proprement dite est une science spéciale qui a son objet propre, que nous allons déterminer.

IV. — OBJET PROPRE DE LA PHILOSOPHIE ET SES DIVISIONS

Bossuet a parfaitement déterminé l'objet propre de la philosophie, quand il l'a définie la connaissance de Dieu et de soi-même.

La philosophie doit étudier l'homme, mais comme être intelligent et raisonnable.

Quoique l'homme soit composé d'un corps et d'une âme, la philosophie ne s'occupe pas directement du corps. L'anatomie, la physiologie sont des sciences dont la philosophie proprement dite ne s'occupe qu'autant qu'il est nécessaire pour déterminer les rapports de l'âme et du corps.

Son objet propre et direct est l'âme. C'est pourquoi nous dirons qu'elle a pour objet l'homme pensant.

Elle le considère d'abord en lui-même, c'est-à-dire qu'elle étudie l'âme et ses différentes opérations, ce qui fait l'objet de la psychologie et de la logique.

Elle le considère ensuite dans ses rapports, c'est-à-dire qu'elle recherche quelle est sa cause et quelle est sa fin.

Pour déterminer sa cause, l'homme s'élève de la connaissance qu'il a de soi-même à la connaissance de Dieu, ce qui est l'objet de la métaphysique et de la théodicée.

Quand nous connaissons notre fin, nous n'avons qu'à rechercher les meilleurs moyens de l'atteindre, ce que nous apprendrons de la morale.

La psychologie, la logique, la métaphysique et la théodicée, la morale : voilà donc les quatre grandes divisions de la philosophie.

La psychologie étudie l'âme elle-même et en fait connaître la nature. Elle nous dit ce qu'est cette partie de notre être.

La logique donne les lois de l'entendement et nous fournit les moyens d'arriver à la vérité et de la faire connaître aux autres.

Si la métaphysique était prise dans toute son étendue, il faudrait distinguer la métaphysique générale ou l'ontologie, qui traite de l'être dans ce qu'il a de plus absolu et de plus transcendantal, de la métaphysique spéciale qui traite des êtres spirituels réels, vivants, Dieu et les esprits.

Nous ne parlerons dans ce cours que de la théodicée. Les questions que le programme met dans la métaphysique nous paraissent mieux à leur place dans la logique et la psychologie.

A la psychologie expérimentale nous ajouterons la psychologie rationnelle où nous traiterons de la matière et de la vie, de l'esprit, du matérialisme et du spiritualisme. Et nous compléterons la logique formelle par la logique réelle, en traitant de la certitude et du scepticisme.

Ainsi, d'après ce que nous venons de dire de l'objet de la philosophie et de ses divisions, on peut la définir : la science de l'homme pensant, considéré en lui-même et dans ses rapports au moyen de la raison.

Nous ajoutons ces derniers mots pour distinguer la philosophie de la théologie, qui s'occupe aussi de l'homme considéré en lui-même et dans ses rapports. Mais elle a une autre lumière que celle de la raison. Elle y ajoute les lumières de la foi et étend ainsi son horizon dans les régions surnaturelles qui sont au-dessus de l'entendement humain.

L'ordre que nous devons suivre est marqué par les divisions que nous venons d'établir. Autrefois, on commençait par la logique. On la considérait comme une science instrumentale qu'il est essentiel de bien connaître avant de chercher à étudier les autres sciences. On en faisait une étude toute particulière qui prenait au moins une année.

Maintenant, elle a dans notre système d'études beaucoup moins d'importance, et il nous semble naturel de la mettre au rang que lui assigne la nature des choses.

Nous commencerons donc par l'âme ou par la psychologie, comme le fait Bossuet. L'âme ou le moi est ce qu'il y a de plus connu pour nous, et les règles les plus élémentaires de la méthode veulent qu'on aille du connu à l'inconnu. L'âme ou le moi est ce qu'il y a de plus incontestable, puisqu'on ne peut mettre en doute son existence sans être obligé de mettre en doute tout le reste. On ne peut donc prendre un point de départ plus ferme et plus logique.

L'âme connue, nous aurons à examiner les lois qui régissent l'intelligence et la volonté. Les lois de l'intelligence ou les moyens d'arriver au vrai et de le démontrer sont l'objet de la logique que nous plaçons immédiatement après la psychologie.

Il semble que nous devrions ensuite rechercher les lois de la volonté qui sont l'objet de la morale.

Mais la volonté est le principe de nos actions. Pour savoir ce que nous devons faire, il faut savoir d'où nous venons, où nous allons ; en d'autres termes : quelle est notre cause et quelle est notre fin.

Si nous ne savons pas d'où nous partons et où nous devons aboutir, il est impossible de nous rendre compte du chemin que nous devons suivre.

Or, c'est à la théodicée à nous renseigner sur ces deux points. C'est à cette partie de la philosophie à nous faire connaître Dieu, qui est tout à la fois notre cause et notre fin.

Il est l'auteur de la loi morale et il en est la sanction infaillible.

C'est pour cela que la théodicée doit logiquement précéder la morale.

Si nous ne considérions que la dignité de l'objet, ce serait même par Dieu que nous devrions commencer l'étude de la philosophie, puisqu'il est le principe et le père de tous les êtres. Mais la science doit suivre l'ordre rationnel de nos connaissances et non l'ordre naturel des êtres. La connaissance de nous-même, comme le dit Bossuet, doit nous élever à la connaissance de Dieu ; par conséquent, la psychologie et la logique doivent précéder la théodicée.

A la morale nous ajouterons les notions d'économie politique que renferme le programme, et nous terminerons ce cours par l'histoire de la philosophie.

Nous mettons l'histoire de la philosophie à la fin, parce qu'elle ne peut être comprise qu'autant qu'on a déjà une certaine connaissance des matières philosophiques.

SUJETS DE DISSERTATIONS FRANÇAISES

1. Qu'est-ce que la science ? A quel point de vue faut-il se placer pour distinguer les sciences les unes des autres ?

2. Quelles sont les classifications que l'on a faites des sciences aux différentes époques ? Quelle est celle que vous préférez ?

3. La philosophie est-elle une science universelle ou une science particulière ?

4. Y a-t-il une philosophie de l'histoire, du droit, de l'esthétique, des sciences naturelles et de toutes les sciences en général ? En quoi consiste-t-elle ?

5. Comment a-t-on pu dire avec raison que la science de l'esprit humain est le recueil des sciences philosophiques et le terme commun qui les contient ?

6. Pourquoi convient-il de commencer l'étude de la philosophie par la psychologie ?

7. Que pensez-vous de cette maxime de Socrate : « Connais-toi toi-même ? » Résume-t-elle la philosophie tout entière ?

8. Doit-on mettre la morale avant la théodicée, et la logique avant la psychologie ?

9. Que penser de cette maxime de Sénèque : *Nec philosophia sine virtute, nec sine philosophia virtus.*

PREMIÈRE PARTIE

DE LA PSYCHOLOGIE

CHAPITRE PREMIER

Objet de la psychologie : caractère propre des faits qu'elle étudie. Les degrés et les limites de la conscience. Distinction et relation des faits psychologiques et des faits physiologiques.

I. — Objet de la psychologie : caractère propre des faits qu'elle étudie

1. La psychologie a pour objet, comme l'étymologie du mot l'indique (ψυχή, âme; λόγος, discours), l'étude de l'âme.

Dans tous les êtres, il faut distinguer la substance et le phénomène.

Le phénomène (φαινόμενον) est ce qui apparaît. Le phénomène est la manifestation de l'être. On lui donne aussi le nom d'accident. Ainsi dans les corps, le phénomène est ce qui se voit, ce qui se touche, la couleur, la forme, la saveur, etc.

Dans l'âme, les phénomènes sont les manifestations de l'âme : ce qu'elle sent, ce qu'elle fait, la douleur, le plaisir, la pensée, l'action, etc.

La substance (*stare sub*) est la base du phénomène, le principe qui le produit. C'est ce qu'il y a de fixe et de permanent dans l'être.

Le phénomène au contraire varie à l'infini, surtout dans les êtres doués d'une activité incessante, comme l'âme humaine, mais la substance reste. C'est elle qui constitue l'individualité, la personnalité de l'être, et c'est pour cela qu'on dit qu'il n'y a pas plus de phénomène ou d'accident sans substance qu'il n'y a d'effet sans cause.

Les phénomènes qui résultent de l'activité de l'âme ne tombent pas sous les sens. Ainsi nous ne pouvons voir ou toucher nos pensées, nos volitions, ni aucune des affections que l'âme éprouve. Ces phénomènes se passent à l'intérieur de l'âme et ne vont pas au delà. Ils forment ce qu'on appelle des faits internes.

Ce sont ces faits que la psychologie étudie.

Nous ne connaissons pas l'âme elle-même. C'est l'âme qui sent, qui observe ce qui se passe en elle, *est sui conscia*. C'est pour ce motif que nous donnons le nom de *conscience* à la faculté qui constate et observe ces faits.

La conscience s'appelle aussi *sensus intimus* parce qu'elle nous découvre le fond même de l'âme, et *sensorium commune* parce qu'elle est le centre de toutes nos connaissances, le foyer commun où elles se réunissent.

Si nous comparons les faits internes aux faits externes, nous voyons qu'ils diffèrent quant à leur origine. Les faits externes tombent sous les sens; ils ont leur principe d'action, leur cause efficiente ou occasionnelle hors de l'âme, tandis que les faits internes se passent en dedans de l'âme et ne peuvent pas être du ressort d'une autre faculté que la conscience.

2. Par là même que les faits internes ne tombent pas sous les sens, ils sont généralement plus difficiles à observer que les faits externes. On ne peut nier qu'ils ne soient très complexes de leur nature et qu'ils impliquent une foule d'éléments qu'il n'est pas toujours aisé d'analyser. Ils sont d'ailleurs si fugitifs qu'on a de la peine à les saisir au passage.

La conscience n'étant pas autre chose que l'âme s'observant elle-même, on se demande même comment il peut y avoir connaissance, puisqu'il n'y a pas de différence dans ce cas entre le sujet qui connaît et l'objet connu.

Ces difficultés ont porté certains philosophes à contester la valeur de l'observation interne et à mettre en doute le témoignage de la conscience. L'âme, dit Locke, ressemble à l'œil. L'œil contemple tous les objets qui l'entourent, mais ne peut s'apercevoir lui-même.

Nous répondrons au disciple de Bacon que l'âme n'est pas un être corporel comme l'œil et que nous ne pouvons accepter la comparaison qu'il établit entre un corps et un esprit, c'est-à-dire entre deux choses de nature différente.

Assurément l'action de la conscience est profondément mystérieuse, et nous n'avons pas la prétention d'expliquer comment l'âme a la faculté de se dédoubler en quelque sorte et de devenir tout à la fois par un mouvement réflexe le sujet et l'objet de sa pensée.

Mais l'expérience est là qui nous apprend que nous nous sentons, que nous nous observons nous-mêmes, et que nous nous rendons compte de ce qui se passe en nous.

Nous ne pouvons douter du témoignage de la conscience. Quand nous souffrons, nous ne pouvons douter de notre douleur; quand nous voulons une chose, nous ne pouvons pas douter de l'existence de notre volition et il en est de même de tous les états de l'âme que la conscience nous fait connaître.

Nous pouvons nous tromper à l'égard des faits externes. Car il n'y a vérité, en pareil cas, qu'autant que l'idée que nous nous faisons de l'objet lui est parfaitement conforme, selon la formule de saint Thomas, *veritas est adæquatio rei et intellectus*. Par exemple je n'ai l'idée vraie d'un tableau qu'autant que je me le figure tel qu'il est.

Dans les faits de conscience le sujet et l'objet n'étant pas distincts, il ne peut y avoir cette disparité. Aussi la nature nous impose-t-elle les faits de conscience d'une façon si souveraine et si absolue que nous ne pouvons en douter.

D'ailleurs si nous doutions des faits de conscience nous serions obligés de douter des faits externes eux-mêmes. Car nous ne les connaissons qu'autant qu'ils sont subjectivisés. Pour qu'un fait externe nous arrive, il faut qu'il modifie notre intelligence et cette modification elle-même est un fait interne que nous ne pouvons tenir pour suspect, sans que notre doute n'atteigne la cause qui l'a produit.

II. — LES DEGRÉS ET LES LIMITES DE LA CONSCIENCE

La conscience se développe lentement et graduellement, comme nos autres facultés. L'enfant jouit et souffre aussitôt qu'il est au monde. S'il est douloureusement affecté, il manifeste ce qu'il éprouve par ses cris et ses pleurs. Il se meut, il s'agite, il est sensible aux besoins que crée en lui l'existence, il remue les lèvres et se porte de lui-même vers le sein de sa nourrice.

Mais tous ces mouvements sont instinctifs. Il n'en a conscience que quand il prend possession de lui-même et qu'il se rend compte, au moins d'une manière vague et spéciale, de ce qui se passe en lui. La conscience suppose un mouvement réflexe de l'âme sur elle-même et ce mouvement ne se produit que quand l'âme peut se mettre en face d'elle-même pour se dire ce qu'elle sent, ce qu'elle fait, ce qu'elle éprouve.

Dans l'état adulte la conscience n'agit pas toujours avec la même intensité. Pendant le sommeil, lorsque la volonté cesse d'être maîtresse d'elle-même, nous n'avons plus qu'un sentiment vague de ce que nous éprouvons. Il n'est pas rare, lorsqu'on a dormi profondément, de s'éveiller après sept ou huit heures de repos sans rien savoir de ce que l'on a senti ou pensé pendant toute la nuit. D'autres fois on éprouve des rêves pénibles, un cauchemar dont on est très fatigué, mais dont on n'a conservé aucun souvenir.

La folie, la catalepsie ou d'autres maladies graves peuvent nous enlever, du moins momentanément, la conscience de nous-mêmes.

Pendant l'état de veille, lorsque nous sommes bien portants, il y a des influences étrangères qui produisent des effets presque semblables. Le savant profondément appliqué à une question qui l'occupe est tout entier à la chose qu'il étudie, et il peut arriver qu'il ne se doute nullement de ce qui se passe en lui. Il boira, il mangera sans faire la moindre attention à la forme, ni à la saveur des aliments qu'il aura pris.

Dans les circonstances ordinaires il y a une foule de faits qui se passent en nous sans que nous y prenions garde. Ce sont des faits internes puisqu'ils se sont passés en dedans de nous-mêmes, mais ils ne méritent pas le nom de faits de conscience, puisque nous ne les avons pas sentis et qu'ils se sont évanouis sans avoir été aperçus.

Parmi les faits de conscience proprement dits, il y a, dans le sentiment qu'on en a, des degrés très variés.

Nous n'avons des uns qu'une connaissance vague, un sentiment confus, au lieu que nous percevons les autres d'une manière très claire et très distincte.

Cette différence provient de l'attention plus ou moins grande avec laquelle nous les observons. Si on nous demande à quoi nous pensons et qu'on fixe notre attention sur un point, nous saisirons les phénomènes avec tous leurs caractères à mesure qu'ils se produiront, et ce que nous aurons ainsi observé nous impressionnera vivement et nous nous en souviendrons sans avoir besoin de faire le moindre effort.

Ainsi quand le médecin dit à un malade de s'observer pour lui rendre compte des effets produits par le remède qu'il lui a donné, celui-ci a conscience de tout ce qui se passe en lui, il le retient et quand le médecin revient le voir, il lui raconte tout ce qui lui est arrivé. Sa mémoire s'est emparée des faits observés et il n'oublie rien.

Quoique nous n'ayons pas conscience de tous les faits qui se passent en nous, cependant ils sont tous susceptibles d'être observés et la conscience n'a pas d'autres limites que l'âme elle-même.

Tous les faits internes quels qu'ils soient, même ceux qui lui échappent à certains moments, elle peut les constater et les observer quand son attention est excitée et qu'elle a un motif pour se diriger de ce côté.

Mais la conscience se borne-t-elle à observer les phénomènes à mesure qu'ils se produisent et ne va-t-elle pas au delà de ces faits internes pour saisir le moi, ou la substance à laquelle ils se rattachent.

Les matérialistes et les positivistes prétendent qu'elle

se borne à percevoir les faits internes et que le moi n'est qu'une collection de phénomènes ou d'états successifs et ils appliquent cette doctrine aux corps eux-mêmes ; d'où ils arrivent à la négation de la substance. « Otez toutes les propriétés d'un corps, dit M. Taine, il ne reste plus rien de la substance. »

S'il en était ainsi nous ne pourrions rien affirmer relativement à l'existence du monde extérieur. Tout ce que nous voyons, tout ce que nous touchons ne serait qu'une source d'illusions continuelles. Le spectacle de la nature ne serait qu'un mirage étrange, une fantasmagorie bizarre dont nous serions dupes, sans pouvoir connaître ce qui existe derrière ce tableau si varié.

Relativement à l'âme les faits de conscience ne seraient plus que des manifestations ou des fantômes plutôt externes qu'internes. Et cette collection de phénomènes, quel serait donc le sujet qui la réunirait et qui lui donnerait son unité ?

Mais la conscience proteste contre ces absurdités. Non seulement elle nous accuse l'existence des faits internes, mais elle témoigne avec autant de force de l'existence du sujet qui les produit. Elle ne me dit pas seulement que je souffre, que je jouis, que j'agis ; mais elle atteste qu'il y a en moi un être qui souffre, qui jouit, qui agit. Elle saisit la substance en même temps que le phénomène, le moi en même temps que les affections qu'il éprouve et me rend aussi sûr de l'un que des autres.

Mais là s'arrête le domaine de la conscience. Elle embrasse tous les faits internes et nous révèle l'existence de la substance qui les produit, mais elle ne va pas plus loin.

Quand il s'agit de déterminer quelle est la nature de cette substance qui sent, qui comprend, qui agit, il faut que la raison intervienne. C'est à elle à examiner la nature des phénomènes que la conscience lui dénonce et à rechercher si la substance à laquelle ils se rattachent est corps ou esprit. C'est à la psychologie rationnelle à résoudre cette question en se fondant sur les données que lui fournit la psychologie expérimentale.

III. — Distinction et relation des faits psychologiques et des faits physiologiques

L'âme humaine n'est pas un esprit pur, comme les esprits célestes. C'est un esprit différent du corps, comme nous le démontrerons, mais cet esprit a été fait par Dieu pour être uni à un corps et ne former avec lui qu'une seule et même personne.

Pour bien connaître l'homme, dit Bossuet, il faut savoir qu'il est composé de deux parties, qui sont l'âme et le corps.

Il y a donc en nous une double vie, la vie du corps et la vie de l'âme.

La vie du corps a ses fonctions particulières, la digestion, la circulation du sang, les mouvements des nerfs, etc. La physiologie est la science qui a pour objet l'étude de ces fonctions et des organes qui les remplissent.

La vie de l'âme a aussi ses manifestations propres qui sont, comme nous l'avons vu, l'objet de la psychologie.

Les faits psychologiques et les faits physiologiques se distinguent par leur nature, leur cause, leur fin et la faculté qui les perçoit.

1° Par leur nature. Les faits physiologiques sont des faits physiques, ils appartiennent au corps, c'est-à-dire à la matière, ils se localisent d'eux-mêmes et supposent un mouvement, résultant du déplacement des molécules. Les faits psychologiques n'ont aucun de ces caractères. Ils se passent dans le temps, mais non dans le lieu. On peut bien dire quand, mais non pas où ils se produisent et ils n'ont rien de commun avec le mouvement.

2° Par leur cause. On ne peut assigner aux faits physiologiques leur cause. Quel est le principe de cette vie qui anime le corps ? Nous sommes sûrs que c'est l'âme elle-même. Mais comment produit-elle tous ces mouvements et fait-elle mouvoir tous ces ressorts si compliqués ? Nous ne le savons pas. Cette difficulté a fait naître les hypothèses de l'*animisme*, du *vitalisme*, de l'*organicisme* qui sont loin d'être des solutions.

Quant à la cause des faits psychologiques, nous la désignons sans hésitation. C'est l'âme elle-même, c'est le moi qui veut, qui souffre, qui pense, qui désire.

3° Par leur fin. Les fonctions de la vie animale ont pour but de conserver le corps, de le fortifier et de le développer suivant les différentes périodes de son existence, en réparant perpétuellement les pertes que le mécanisme lui-même de la vie entraîne. La fin de l'âme est assurément plus élevée. Elle a une destinée supérieure que nous ferons connaître en morale et qui l'oblige souvent à sacrifier les intérêts du corps à ceux de l'esprit, les sens à la raison.

4° Par leur faculté. Les faits psychologiques ne sont connus que par la conscience et les faits physiologiques ne peuvent être perçus que par les sens. Ils se passent dans le corps et ils sont par rapport à l'âme des faits externes comme tous les faits physiques. Elle les perçoit donc de la même manière.

Il y a là deux sphères d'action, deux ordres de faits bien distincts. La conscience ne peut percevoir les faits physiologiques qu'autant qu'ils sont entrés, comme les autres faits externes, dans son domaine. Les sens de leur côté ne peuvent rien nous révéler à l'égard des faits psychologiques. Une pensée, une volition, une affection quelconque ne sont pas des choses qu'on puisse voir, palper, entendre.

Mais tout distincts qu'ils sont, ces deux ordres ne sont pas étrangers l'un à l'autre. L'homme étant un composé de corps et d'âme, et le corps et l'âme étant en lui profondément unis, ces deux parties d'un même être agissent nécessairement l'une sur l'autre ; le corps exerce une influence très profonde sur l'âme et réciproquement. Par conséquent il y a en nous une relation très intime entre les faits psychologiques et les faits physiologiques. Nous traiterons de ces relations, lorsque nous nous occuperons de l'union de l'âme et du corps, et des rapports du physique et du moral.

SUJETS DE DISSERTATIONS FRANÇAISES

1. Qu'est-ce que la substance ? Qu'est-ce que le phénomène ? Y a-t-il des phénomènes sans substance ?

2. Le *moi* est-il une collection de phénomènes ou d'états de conscience?

3. Qu'est-ce que la conscience? Les faits de conscience sont-ils certains?

4. Que faut-il penser de cette proposition de Descartes : « L'esprit est plus aisé à connaître que le corps? »

5. Locke a dit : « L'âme est semblable à l'œil. L'œil contemple tous les objets qui l'entourent, mais ne peut s'apercevoir lui-même. » — « En nous pensant nous-mêmes, a dit M. de Bonald, nous nous mettons dans la position d'un homme qui voudrait se peser sans balance et sans contre-poids. » Que pensez-vous du sentiment de ces deux philosophes?

6. Y a-t-il des degrés dans la conscience psychologique comme dans nos autres facultés? Comment se développe-t-elle? Dans quelles circonstances observe-t-elle le mieux les faits internes?

7. L'âme perçoit-elle sa propre substance? Réfuter le système contraire et déterminer exactement les limites de la conscience.

8. Quelle différence y a-t-il entre la physiologie et la psychologie? Marquer par des traits précis et par des exemples la distinction des faits physiologiques et des faits psychologiques.

CHAPITRE II

Sources d'information de la psychologie; conscience, langues, histoire, etc. Utilité de la psychologie comparée. De l'expérimentation en psychologie. Classification des faits psychologiques.

I. — Sources d'information de la psychologie; conscience, langues, histoire, etc.

Dans la psychologie la conscience est la source principale et directe de nos connaissances ; les langues, l'histoire et les autres sciences ne sont que des sources secondaires.

La conscience est la faculté qui nous fait connaître notre âme et tout ce qui se passe en elle. Nous étudions d'abord en nous tous les faits internes qui nous révèlent ce que nous sommes, et, quand nous les avons étudiés, nous les généralisons, parce que nous savons par analogie qu'ils se passent chez nos semblables de la même manière.

Nous arrivons ainsi à une connaissance générale de

l'homme ; nous nous sommes fait, il est vrai, une idée de l'homme abstrait plutôt que de l'homme réel.

Mais c'est ainsi que nous procédons dans toutes les sciences. Nous connaissons en histoire naturelle les genres et les espèces plutôt que les individus, mais ces formules nous font connaître les individus eux-mêmes lorsque de l'abstraction nous descendons à la réalité. De même, comme le dit très bien M. Vacherot, de l'étude approfondie de l'homme abstrait, les sciences psychologiques tirent des principes supérieurs de philosophie, de morale, de logique, d'esthétique, de politique et de civilisation que l'historien, le moraliste, le publiciste, le critique, l'inventeur de méthodes, doivent appliquer à l'homme réel, individu ou peuple, sous peine de n'apporter dans leurs jugements et leurs conseils pratiques ni le sentiment du vrai, ni le sentiment du juste, ni le sentiment du beau. Sans ces hautes lumières de la psychologie générale, toute science et tout art seraient livrés à l'empirisme.

Mais si la psychologie est utile à ces sciences, elle leur emprunte aussi leurs lumières pour se confirmer dans les conclusions qu'elle a pu tirer des observations qu'elle a faites.

Ainsi les langues qui sont l'expression de la pensée peuvent l'éclairer sur la nature de l'entendement lui-même, et elle peut en appeler à leur témoignage pour établir l'unité de l'esprit humain que ses observations proclament.

L'histoire nous montre le globe couvert d'hommes qui diffèrent quant à leurs mœurs, leurs habitudes, leurs lois, leurs religions et les différents degrés de civilisation. Il y a des sauvages, des barbares, et des hommes civilisés. Au point de vue purement extérieur on distingue les blancs, les noirs, les jaunes, les cuivrés. Il est curieux de savoir si tous ces individus ne sont que des variétés de la même race et si l'unité de l'espèce humaine que la psychologie constate se retrouve au milieu de toutes ces différences accidentelles si variées.

L'étude des poètes, des orateurs, des artistes, les sciences, les lettres et les arts en nous manifestant l'activité humaine se déployant sous les formes les plus variées, ne sont-elles pas précieuses pour compléter la connaissance psychologique de l'homme abstrait?

On ne peut contester l'utilité de toutes ces informations si intéressantes et si avantageuses, mais nous n'avons pas ici à étudier l'homme à tous ces points de vue ; nous devons nous borner à ce que la conscience nous en fait connaître.

II. — DE L'UTILITÉ DE LA PSYCHOLOGIE COMPARÉE

Par la psychologie comparée on entend les ressemblances et les différences que l'on peut établir entre l'homme et les animaux.

L'homme considéré dans les parties inférieures de lui-même est un animal.

La physiologie qui s'occupe des organes du corps et de ses fonctions a l'occasion d'établir de nombreux rapprochements entre le corps de l'homme et celui des animaux. La respiration, la digestion, la circulation du sang et la plupart des autres faits physiologiques se passent en nous comme dans les animaux.

L'école matérialiste, qui nie l'existence de l'âme et qui ne voit dans l'homme que des organes, attache la plus grande importance à ces rapprochements. Pour elle, l'homme n'est qu'un animal plus parfait sous certains rapports, moins parfait sous d'autres, et il est juste qu'elle ne fasse de son étude qu'un chapitre de la zoologie.

Mais pour nous la psychologie est l'étude de l'âme principalement dans sa partie la plus noble et la plus élevée. Sans négliger les rapports de l'âme et du corps et les opérations sensitives qui en résultent, elle s'occupe surtout des opérations intellectuelles.

A ce point de vue la psychologie a plutôt pour but de faire ressortir les différences qu'il y a entre l'âme humaine et l'âme des animaux que les ressemblances.

C'est ce que fait Bossuet dans son dernier chapitre de la *Connaissance de Dieu et de soi-même*. Ces contrastes sont utiles à établir pour faire ressortir la dignité et la grandeur de l'homme avec plus d'éclat, mais il n'y a pas là pour la psychologie proprement dite une source de lumières aussi abondante que les matérialistes le supposent.

Cette conclusion ressortira d'ailleurs encore plus manifestement des éléments de psychologie comparée que nous donnerons à la fin de la psychologie elle-même.

III. — DE L'EXPÉRIMENTATION EN PSYCHOLOGIE

La conscience étant la principale lumière de la psychologie, il s'ensuit que cette science est avant tout une science d'observation.

L'observation suit les mêmes règles pour l'étude des faits internes que pour celle des faits externes. En psychologie comme en physique, il faut toujours commencer par l'ensemble du phénomène, le diviser et le subdiviser ensuite jusqu'à ce qu'on arrive à la connaissance assez nette et assez précise des éléments qu'il renferme.

L'observation est une analyse, mais cette analyse a pour but une synthèse. On ne divise le phénomène que pour le reconstituer, du moins par la pensée et se faire du tout une idée savante.

Pour cela on en considère chacune des parties en elle-même et on en cherche les rapports.

Les faits internes comme les faits externes ne sont pas toujours à notre disposition. Les faits de conscience sont souvent très fugitifs et les faits physiques ne se présentent pas constamment sous nos yeux.

Pour les observer avec plus de soin et plus longtemps nous les reproduisons, c'est ce qu'on appelle expérimenter ou faire des expériences.

L'expérimentation se fait en psychologie comme dans les sciences physiques et naturelles. Nous pouvons reproduire les faits internes et les mettre sous le regard de l'âme pour qu'elle les étudie plus attentivement. Ainsi il ne tient qu'à nous de renouveler certaines sensations et de nous rappeler nos pensées, nos volitions. La mémoire les reproduit avec une docilité parfaite et nous n'avons qu'à les examiner en nous-mêmes, comme nous nous voyons dans une glace.

La nature humaine est la même partout, dans tous les temps, chez tous les hommes. Il y a donc pour la psychologie des lois aussi constantes aussi immuables, que les lois physiques et par conséquent cette science a une base aussi solide que les sciences naturelles et repose comme elles sur l'induction.

L'expérimentation est donc soumise aux mêmes conditions en psychologie que dans les sciences naturelles. Il faut l'étendre, la varier, la renverser, comme le veut Bacon. C'est ce que nous verrons plus loin, lorsque nous traiterons de la Logique inductive.

IV. — Classification des faits psychologiques

Quand on jette les yeux sur une science, on est tout d'abord effrayé de la multitude d'objets qu'elle embrasse.

Pour ne pas tomber dans la confusion et le chaos, on est obligé de réunir tous les objets semblables, d'en former des groupes qui constituent des genres, des espèces ou des familles. C'est ce qu'on appelle faire une classification.

La minéralogie, la botanique, la zoologie, toutes les sciences ont leurs classifications.

Lorsque nous nous observons nous-mêmes, nous remarquons que nous avons conscience d'une multitude de modifications qui se succèdent dans l'âme avec une étonnante rapidité. Elles sont le résultat de son activité qui ne la laisse pour ainsi dire pas un seul instant dans le même état.

Pour étudier tous ces phénomènes avec ordre et méthode, il faut nécessairement que nous les classions et pour les classer il faut que nous en formions des groupes, en rapprochant tous ceux qui sont de même nature, ou qui ont beaucoup d'analogie, pour les placer sous une même idée générale.

Bossuet, considérant avec saint Thomas l'âme humaine comme une substance intelligente, *née pour vivre dans un corps*, distingue dans l'âme deux sortes d'opérations, les opérations sensitives et les opérations intellectuelles.

Les opérations sensitives sont celles qui résultent de l'union de l'âme et du corps et qui appartiennent par conséquent à la vie *animale*.

Les opérations intellectuelles sont celles qui sont propres à l'âme et qui constituent la vie *humaine* proprement dite. Bossuet les subdivise en deux parties : l'entendement et la volonté.

Cette division se concilie parfaitement avec la division généralement adoptée qui range tous les faits internes, tous les phénomènes psychologiques en trois groupes, les faits *affectifs*, les faits *cognitifs* et les faits *actifs*.

Les faits *affectifs* comprennent toutes les impressions que l'âme subit et ils se rapportent à la *sensibilité*, comme le plaisir, la douleur, les sensations, les sentiments, les inclinations, etc.

Les faits *cognitifs* embrassent toutes nos connaissances. Ils se rapportent à l'entendement, ou à l'*intelligence*, comme les idées, les souvenirs, les raisonnements, etc. Ils sont objectifs, tandis que les faits affectifs sont plutôt *subjectifs*.

Les faits *actifs* se composent de toutes nos actions et de toutes nos déterminations. Ils sont des effets de l'activité de l'âme. Les uns sont instinctifs et purement spontanés ; ils se produisent sans l'intervention de notre volonté. Les autres sont au contraire libres et volontaires.

Il eût été mieux de comprendre ces faits sous le nom d'*activité*, parce que ce mot a un sens très étendu qui les aurait tous embrassés. Mais le programme les place sous le nom de *volonté* qui a une signification plus restreinte.

Le principe, la raison immédiate de ces faits reçoit le nom de *faculté*.

La détermination des facultés n'est point arbitraire. Elle résulte de la classification que l'on fait des phénomènes psychologiques. Il y a autant de facultés qu'il y a d'espèces ou de groupes particuliers de faits internes.

On est arrivé à distinguer trois grandes facultés : la *sen-*

sibilité, l'*intelligence* et la *volonté*, parce qu'en coordonnant tous les faits de conscience, on les a groupés en trois grandes classes, qui les embrassent tous et qui sont bien distinctes.

Il n'y a pas de phénomènes qui ne reviennent à l'une ou à l'autre de ces trois facultés, et on ne peut les confondre entre elles, parce que sentir n'est pas vouloir, connaître n'est ni vouloir ni sentir, et vouloir est tout autre que sentir ou connaître.

Mais toutes distinctes que soient ces facultés, il ne faudrait pas les considérer comme formant chacune un tout séparé, à la façon des parties constitutives des corps.

Le moi est essentiellement un et indivisible. La sensibilité n'existe pas sans l'intelligence et la volonté, et ces deux facultés n'existent pas sans la sensibilité. Il y a de la connaissance et de l'activité dans les faits affectifs, et il y a de l'activité et de la sensibilité dans les faits cognitifs. Ces facultés se pénètrent de telle sorte qu'elles n'agissent jamais les unes sans les autres.

« Quoique nous donnions à ces facultés, dit Bossuet, des noms différents par rapport à leurs diverses opérations, cela ne nous oblige pas à les regarder comme des choses différentes. Car l'entendement n'est autre chose que l'âme en tant qu'elle conçoit ; la mémoire n'est autre chose que l'âme en tant qu'elle retient et se ressouvient; la volonté n'est autre chose que l'âme en tant qu'elle veut et qu'elle choisit.

» De même, l'imagination n'est autre chose que l'âme en tant qu'elle imagine et se représente les choses à la manière qui a été dite. La faculté visible n'est autre chose que l'âme en tant qu'elle voit, et ainsi des autres. De sorte qu'on peut entendre que toutes les facultés ne sont au fond que la même âme, qui reçoit divers noms à cause de ses différentes opérations. »

Ainsi, d'après ce magnifique passage, la distinction des facultés de l'âme est purement rationnelle, et chaque faculté n'est qu'un point de vue particulier sous lequel on envisage l'âme elle-même.

SUJETS DE DISSERTATIONS FRANÇAISES

1. Quelles sont les sciences que la psychologie peut spécialement mettre à contribution pour compléter et confirmer les résultats de l'observation interne?
2. En quoi consiste la psychologie comparée? Quel doit en être le but?
3. Quelle est la méthode que l'on doit suivre en psychologie? Cette méthode est-elle la même que celle qu'on emploie dans les sciences physiques?
4. Dans quel but classe-t-on les faits psychologiques et comment se fait cette classification?
5. Qu'est-ce qu'une faculté de l'âme? Comment détermine-t-on l'existence d'une faculté?
6. En quel sens les facultés de l'âme sont-elles distinctes? Que sont les facultés par rapport à l'âme elle-même?
7. La faculté de la volonté est-elle désignée quelquefois sous un autre nom? Quelle est la dénomination que vous préférez?
8. Que pensez-vous de la division adoptée par Bossuet dans son *Traité de la connaissance de Dieu et de soi-même*?

CHAPITRE III

De la sensibilité. Émotions (plaisirs et douleurs). Sensations et sentiments.

La sensibilité est la faculté qu'a l'âme d'être impressionnée par un objet quelconque. Si cette impression est agréable, nous en éprouvons du plaisir; si elle est désagréable, elle produit de la douleur.

La sensibilité, comme toutes les autres facultés de l'âme, doit être considérée à un double point de vue : au point de vue de la passivité et à celui de l'activité.

Nous sommes *actifs* quand nous produisons une action, nous sommes *passifs* quand nous la subissons. Dans le langage, le verbe a une double forme pour exprimer ce double état : j'aime, je suis aimé.

La matière est passive et inerte. Dieu au contraire est purement actif. Il n'y a en lui rien de passif, ni de potentiel.

Suivant l'expression de saint Thomas : Dieu est un acte pur : *Deus est actus purus.*

L'âme est tout à la fois active et passive. Dans celui de ses actes où elle est le plus active, il y a de la passivité, car pour nous déterminer à agir nous le faisons sous l'influence d'un motif ; et dans celui de ses actes où elle est le plus passive, dans la sensation, il y a de l'activité, car la sensation n'existe pas sans réaction.

Puisqu'il y a de l'activité et de la passivité dans tous les actes de l'âme, il s'ensuit que nous devons considérer ses facultés sous ce double aspect.

Ainsi en considérant de la sorte la sensibilité, nous distinguerons en elle, au point de vue de la passivité, les émotions, les sensations et les sentiments, et, au point de vue de l'activité, les inclinations et les passions.

I. — Les émotions (plaisirs et douleurs).

Les émotions sont les impressions que l'âme éprouve au point de vue purement affectif, et qui se traduisent par un double effet qu'on appelle le plaisir et la douleur.

« Quoique le plaisir et la douleur soient de ces choses qui n'ont pas besoin d'être définies, parce qu'elles sont connues par elles-mêmes, nous pouvons toutefois, dit Bossuet, définir le plaisir un sentiment agréable qui convient à la nature, et la douleur un sentiment fâcheux contraire à la nature. »

Cette définition de Bossuet revient à celles d'Aristote, de Descartes, de Leibnitz, qui font du plaisir un fait positif, un sentiment agréable qui résulte de la satisfaction d'une faculté ou d'un organe, et qui assignent à la douleur une cause contraire.

« Le plaisir et la douleur, dit encore Bossuet, accompagnent les opérations : on sent du plaisir à goûter de bonnes viandes, et de la douleur à en goûter de mauvaises. »

Au dix-septième siècle, on ne distinguait pas suffisamment les sensations des sentiments, et il en résultait inévitablement une certaine confusion dans l'analyse de ces différents phénomènes.

On peut ranger le plaisir et la douleur parmi les opérations sensitives, comme l'a fait Bossuet, et les rattacher par conséquent au corps ; mais nous ne devons pas oublier qu'il n'y a pas que des plaisirs physiques, il y a aussi des plaisirs intellectuels et moraux. On goûte les premiers en présence d'un objet d'art que l'on admire, et on éprouve les seconds, lorsqu'on est témoin d'une belle action, ou qu'on a la satisfaction de pouvoir se dire qu'on a rempli son devoir. Ce sont les joies de la conscience qui sont tout à la fois les plus pures et les plus profondes.

Le plaisir et la douleur sont ici-bas inséparables. Il n'y a pas d'événement heureux qui n'ait son mauvais côté, et réciproquement. C'est ce qui fait qu'il n'y a pas de plaisir sans inquiétude, ni de douleur sans compensation.

L'émotion est plus vive en présence de l'objet qui la produit. Mais le souvenir la fait revivre et la renouvelle en quelque sorte.

Quelquefois il la transforme en faisant d'une douleur un plaisir, et réciproquement. On se reproche avec amertume les plaisirs coupables qu'on s'est permis, et qui ont eu des suites si funestes ; et on raconte au contraire avec bonheur les dangers auxquels on a eu le bonheur d'échapper, les difficultés qu'on a surmontées.

Forsan hæc olim meminisse juvabit.

Le plaisir fait valoir la douleur, et réciproquement. Quand on est malade, on apprécie mieux la santé, et l'homme qui est tombé de haut a un sentiment plus profond de sa chute.

La poursuite du plaisir est quelquefois un plaisir plus grand que le plaisir lui-même ; comme la crainte d'un malheur est quelquefois plus pénible que le malheur lui-même.

II. — DES SENSATIONS

Les sensations sont les impressions agréables ou désagréables que causent dans notre âme les objets physiques.

Ces objets sont en nous ou hors de nous. De là, deux sortes de sensations : les sensations internes et les sensations externes.

Les sensations *internes* sont causées par notre corps lui-même. On peut leur donner le nom de sensations *organiques*. Elles peuvent provenir des muscles, des nerfs, de la respiration, de la circulation et de la nutrition, et de toutes les autres affections du corps.

Il y en a de périodiques, comme la faim, la soif, le besoin de repos ou de sommeil ; et il y en a d'accidentelles, comme celles qui résultent de faits particuliers et accidentels eux-mêmes, tels qu'un frisson, une suffocation, ou d'autres perturbations qui peuvent arriver dans les fonctions vitales.

Les sensations *externes* sont produites par les objets extérieurs. Elles résultent de nos rapports avec le monde corporel.

« Il n'y a personne qui ne connaisse, dit Bossuet, ce qui s'appelle les cinq sens, qui sont la vue, l'ouïe, l'odorat, le goût et le toucher. »

A la vue se rapportent la lumière et les couleurs ; à l'ouïe, les sons ; à l'odorat, les bonnes ou les mauvaises senteurs ; au goût, l'amer et le doux et les autres qualités semblables au toucher, le chaud et le froid, le dur et le mou, le sec et l'humide.

La nature, qui nous apprend que ces sens et leurs accidents appartiennent proprement à l'âme, nous apprend aussi qu'ils ont leurs organes ou leurs instruments dans le corps. Chaque sens a le sien propre. La vue a les yeux ; l'ouïe, les oreilles ; l'odorat, les narines ; le goût, la langue et le palais ; le toucher seul se répand dans tout le corps, et se trouve partout où il y a des chairs.

Ainsi dans les sensations il y a deux choses à distinguer : les sens et les organes. Les sens sont des fonctions qui appartiennent à l'âme unie au corps; les organes sont des instruments matériels qui font partie du corps.

On peut les voir, les toucher, les disséquer; mais il n'en est pas de même des sens.

Les sens sont aussi des moyens de connaître, mais ce n'est pas à ce point de vue que nous les considérons ici. Nous ne les envisageons qu'au point de vue de la sensation.

Sous ce rapport, si on analyse la sensation externe, on trouve qu'elle se compose :

1° De l'objet externe qui l'a produite ;

2° De l'impression superficielle que cet objet a faite sur le corps, à l'endroit où il a été mis en contact avec lui.

3° De l'ébranlement nerveux qui est résulté de ce contact.

4° De la communication de ce mouvement nerveux aux centres, soit à l'encéphale, soit à la moelle qui le transmet à l'encéphale.

5° De la réaction qui se fait dans l'âme et qui n'est pas autre chose que la perception de la sensation elle-même.

Ainsi, que je sois blessé, si j'analyse la sensation douloureuse que j'éprouve, je trouverai qu'elle se compose : 1° de la balle ou du projectile qui l'a causée; 2° de l'impression qu'a faite à la surface du corps l'objet qui m'a blessé, que ce soit un coup, une coupure ou une déchirure ; 3° quoique je n'en aie pas eu le sentiment, il s'est fait immédiatement un ébranlement nerveux qui s'est transmis de l'endroit frappé au cerveau : car s'il y avait sur ce parcours une lésion des nerfs, ou une interruption de communication, il est démontré qu'il n'y aurait pas de sensation; 4° de la communication qui s'est faite aux centres, puisque l'expérience démontre également que, quand même les fonctions des organes se feraient parfaitement, il n'y aurait pas sensation, si les centres avaient été lésés; 5° de la réaction, car l'âme ne peut sentir qu'autant qu'elle perçoit.

Si l'on compare les sensations externes avec les sensations internes, on trouve de nombreuses différences.

L'objet ou la cause des sensations externes est facile à saisir et à déterminer, mais il n'en est pas de même de la cause des sensations internes qui est très mystérieuse.

Les sensations externes se localisent et il est facile d'indiquer l'organe, l'endroit du corps où elles résident, mais on ne peut pas indiquer de même le siège de la faim, de la soif, des dégoûts, etc. Que de fois en présence de leur malade, les médecins hésitent pour dire quel est l'organe spécial, la partie du corps que la maladie affecte?

On peut se soustraire quelquefois à la cause des sensations externes, éviter ou parer le coup qui nous menace; mais nous n'avons pas de prise directe sur les sensations internes et nous ne savons souvent comment les calmer, loin de pouvoir les faire cesser.

Nous avons assigné les nerfs conducteurs de la sensation externe, mais il n'est pas facile de rendre compte avec la même précision des sensations internes. La science en est même réduite sur ce point à des conjectures.

Enfin, les sensations externes nous arrivent par les organes des sens qui servent à la perception et à la sensation tout à la fois, ce qui fait qu'elles sont toujours accompagnées d'une certaine connaissance des choses extérieures. Mais les sensations internes sont purement subjectives. Elles ne nous apprennent pas autre chose que les affections pénibles qu'elles produisent en nous.

Toutes les sensations internes ou externes sont susceptibles d'une grande variété sous le rapport de l'intensité. Elles augmentent ou diminuent suivant que la cause qui les produit croît ou décroît elle-même, mais il y a une limite. Un son trop faible ne s'entend plus, et un son trop assourdissant peut être intolérable.

Chaque sensation suppose un changement d'état, c'est-à-dire les sensations simultanées ou successives ne peuvent être perçues qu'autant qu'elles sont distinctes. C'est ce qui fait que les sensations ne durent qu'autant qu'on les renouvelle et qu'on les varie.

II. — DES SENTIMENTS

Les sensations se rapportent au corps et à ses organes. Mais la sensibilité n'est pas seulement excitée par les objets physiques ; elle peut encore l'être, comme nous l'avons dit à l'occasion des émotions, par les objets intellectuels et moraux.

Les affections que nous en éprouvons n'appartiennent plus au corps, mais à l'âme elle-même, et c'est à ces affections que nous donnons le nom de *sentiments*.

Ainsi il y a le sentiment du vrai que l'on éprouve à la découverte d'une vérité importante ou d'une erreur dangereuse ; il y a le sentiment esthétique du beau que produit en nous la vue d'un tableau, ou d'une œuvre d'art d'un mérite supérieur, et il y a le sentiment du bien, qui est le sentiment moral que fait naître une bonne ou une mauvaise action dont on a été témoin ou que l'on a faite soi-même.

Ces sentiments sont très variés. Suivant leur nature ou leur degré d'intensité, ils produisent la joie ou la tristesse, la paix ou l'inquiétude, la tranquillité d'âme ou le remords, la surprise ou l'admiration.

Si on les compare aux sensations, on remarque qu'ils ne se localisent pas comme elles dans une partie du corps, mais qu'ils s'emparent de l'âme tout entière. Si je reçois une bonne nouvelle, la joie que j'en ressens affectant tout mon être, elle n'est pas plus dans une partie de moi-même que dans une autre, et je puis en dire autant de la tristesse que j'éprouve, lorsque j'apprends quelque chose qui m'est contraire.

La sensation étant une affection corporelle existe dans les animaux. Mais le sentiment supposant l'usage de la raison et se rapportant à la vie intellectuelle et morale ne se trouve que dans l'homme. Il suppose toujours certaines connaissances extérieures. Ainsi on ne peut avoir le sentiment du vrai, du beau et du bien qu'autant que l'intelligence est déjà développée et qu'elle est en rapport avec les objets qui relèvent de la raison.

Mais, tout en faisant partie de ce que nous avons appelé la vie humaine, les sentiments peuvent agir sur la vie animale et provoquer des sensations.

Par exemple, un serrement d'entrailles, une suffocation de l'estomac, une maladie de cœur, une migraine violente peuvent être les conséquences d'un sentiment de crainte, de tristesse, d'indisposition.

C'est ce qu'on appelle l'influence du moral sur le physique. Une souffrance physique peut aussi amener un changement profond dans notre caractère, dans notre humeur. Dans ce cas ce sont les sensations qui agissent sur le sentiment, ou l'influence du physique qui s'exerce sur le moral.

SUJETS DE DISSERTATIONS FRANÇAISES

1. Que pensez-vous de l'activité de l'âme? L'âme est-elle purement passive?
2. Développez cette pensée : *Non sentimus, nisi sentiamus nos sentire,* et dites en quel sens elle est exacte.
3. Qu'est-ce que le plaisir et la douleur et quelle est la nature de ces deux émotions?
4. Qu'est-ce que la sensation? Quelle différence y a-t-il entre les sensations externes et les sensations internes?
5. Faites l'analyse de la sensation externe et citez des exemples?
6. Distinguer les sentiments des sensations et montrer par des exemples en quoi ils en diffèrent.
7. L'animal a-t-il des sentiments? Montrer que ce sont les sentiments qui font la grandeur de l'homme.

CHAPITRE IV

De la sensibilité (*suite*). Les inclinations et les passions.

I. — LES INCLINATIONS

La sensibilité passive subit l'impression des objets; la sensibilité active se porte vers eux. Ce mouvement reçoit le nom de penchant ou d'inclination.

En raison de la différence de leurs objets, on distingue trois sortes d'inclinations, les appétits, les désirs et les affections.

1° Les *appétits* (en latin *appetitus, petere ad*) sont les inclinations sensuelles qui ont pour objet le bien-être corporel.

Parmi ces appétits il y en a de naturels et il y en a de factices.

Les appétits naturels ont pour but la conservation et le développement de la vie, comme le besoin de nourriture, le besoin de repos ou de sommeil.

Les appétits factices sont ceux qui naissent des besoins que nous nous créons en contractant certaines habitudes qui nous sont quelquefois plus funestes qu'avantageuses, comme l'usage du tabac, des liqueurs, etc.

Ces appétits sont périodiques. Ils cessent après avoir été satisfaits, quelquefois à des intervalles presque égaux.

Quand nous ne pouvons les satisfaire, ils excitent une sorte d'inquiétude ou d'impatience plus ou moins désagréable en raison de l'intensité de la privation.

Tous les plaisirs des sens sont l'objet de ces appétits.

Ils ont bien besoin d'être contenus et réglés, car si la raison ne les domine pas, l'homme en devient esclave et ils le dégradent.

2° Les *désirs* sont les inclinations intellectuelles qui ont pour objet le vrai et le beau.

Tous les hommes ont naturellement le désir de connaître la vérité. Dans les esprits qui ne sont pas cultivés, ce désir se borne aux choses qui parlent à leurs yeux. S'ils ne savent pas lire, ils n'ont pas d'autre moyen de s'instruire que d'interroger ceux qui les entourent. Quand ils sont intelligents, ce désir de connaître les travaille continuellement. Ils ne cessent de faire des questions, et ils sont heureux de recueillir la lumière qui leur arrive.

Les esprits cultivés sentent leurs désirs s'accroître dans la même proportion que leurs connaissances. Il y a une grande jouissance à méditer ce que l'on a acquis et à le féconder, à l'éclaircir par la réflexion. Si l'on est obligé de faire des recherches pour approfondir un point obscur de droit, d'histoire, de philosophie ou de toute autre science, ces investigations ne sont pas un labeur pénible. L'espoir seul d'un heureux résultat donne de l'attrait au travail et, si cet espoir n'est pas déçu, la découverte que l'on a faite cause à l'esprit une joie qui le transporte et qui l'engage à renouvoler ses efforts dans une autre direction. Le champ de la science étant infini, on a toujours à méditer, à chercher et à découvrir, et les succès qu'on obtient ne servent qu'à rendre plus ardent le désir qu'on a de connaître.

Tous les savants, tous les hommes d'étude considèrent avec raison leur bibliothèque comme la société la plus agréable, et les livres qu'elle renferme comme des amis toujours prêts à s'entretenir avec eux, et à leur communiquer leurs lumières. « Je n'ai point éprouvé de chagrin, dit Montesquieu, qu'une heure de lecture n'ait consolé. »

Le beau n'est pas pour l'esprit une source de plaisirs moins féconde que le vrai.

Il n'y a personne qui soit insensible aux beautés de la nature. C'est le livre ouvert à tous les yeux. Les ignorants et les savants le lisent également, quoique ce ne soit pas de la même manière. L'esprit le plus inculte est impressionné agréablement et captivé par l'aspect d'un beau site. Il s'arrêtera pour le contempler et ne se lassera pas d'admirer ce spectacle. Le paysan aime ses champs, ses forêts, ses montagnes et ses prairies, et il ne peut pas s'en séparer sans éprouver une privation profonde.

L'horizon du savant est plus étendu. Dans la nature, il ne jouit pas seulement du coup d'œil général, mais il saisit les nuances, se rend compte des contrastes, et analyse avec bonheur ses impressions.

De la nature, l'homme de goût passe aux chefs-d'œuvre que l'esprit humain a produits.

Nous n'avons pas à nous étendre ici sur l'attrait qu'ont pour lui l'architecture, la sculpture, la peinture, la musique, la poésie et tous les arts libéraux. Nous reviendrons sur ce sujet en traitant plus loin de l'esthétique.

3° Les *affections* sont les inclinations morales qui ont pour objet le bien.

L'homme est appelé à vivre en société et, selon la remarque d'Aristote, il est naturellement religieux.

Ses affections doivent donc avoir un double effet : elles doivent être sociales et religieuses.

« Tu aimeras le Seigneur ton Dieu, de tout ton esprit, de

toute ton âme et de toutes tes forces, et tu aimeras le prochain comme toi-même. »

Ces deux grands commandements qui résument toute la loi, d'après l'Évangile, comprennent tous nos devoirs envers la famille, envers la patrie et envers Dieu.

C'est ce que nous verrons dans la morale.

Nous ferons seulement ici remarquer que si nos inclinations étaient bien coordonnées, les affections devraient tenir le premier rang, et parmi nos affections les plus puissantes, et les plus victorieuses devraient être nos affections religieuses.

L'amour de Dieu devrait l'emporter sur l'amour du prochain. Ces deux amours devraient être supérieurs à tous les autres, et la raison qui règle les désirs devrait être maîtresse souveraine des appétits sensuels qui nous entraînent vers les choses matérielles.

Dans ce cas, il n'y aurait pas d'inclinations mauvaises en nous. Tous nos penchants seraient réglés et légitimes. Mais l'expérience établit le contraire. Les attraits supérieurs à tous les autres sont ceux qui viennent des sens, et la raison est obligée perpétuellement de les combattre pour les refouler dans leur domaine. C'est une reine déchue qui lutte constamment pour reconquérir l'autorité qu'elle a perdue. Il y a là une preuve manifeste du bouleversement qu'a subi primitivement notre nature.

« Car, comme le dit Bossuet, que si ce corps pèse si fort à mon esprit, si ses besoins m'embarrassent et me gênent ; si les plaisirs et les douleurs qui me viennent de son côté me captivent et m'accablent ; si les sens, qui dépendent tout à fait des organes corporels, prennent le dessus sur la raison même avec tant de facilité ; enfin, si je suis captif de ce corps que je devrais gouverner, ma religion m'apprend et ma raison me confirme que cet état malheureux ne peut être qu'une peine envoyée à l'homme, pour la punition de quelque péché et de quelque désobéissance. » (*De la connaissance de Dieu*, ch. IV et § 11.)

II. — Les passions. Leur classification.

Dans le sens vulgaire, les passions sont des mouvements violents et excessifs de l'âme qui l'emportent au-delà des bornes de la raison.

Ainsi définies les passions sont mauvaises, et nous devons les combattre et leur mettre un frein.

Dans le sens philosophique, les passions sont les émotions que l'âme éprouve suivant que ses inclinations ont été contrariées ou satisfaites.

Entendues de la sorte les passions ont les mêmes objets que les inclinations. On peut se passionner pour l'étude comme on se passionne pour les plaisirs des sens, et toutes les inclinations peuvent passer par les mêmes passions, quel que soit leur objet. Celui qui est passionné pour la gloire est susceptible de joie et de tristesse, de crainte et d'espérance, comme celui qui court après la fortune ou celui qui ambitionne le pouvoir.

Mais les passions, portées à un certain degré, amenant toujours un bouleversement, une perturbation dans le corps, on les rattache, avec raison, aux opérations sensitives.

Nous pouvons donc admettre la définition de Bossuet, qui dit que la passion est un mouvement de l'âme qui, touchée du plaisir ou de la douleur ressentie ou imaginée dans un objet, le poursuit ou s'en éloigne. Si j'ai faim, je cherche avec passion la nourriture nécessaire ; si je suis brûlé par le feu, j'ai une forte passion de m'en éloigner.

Il en compte onze, qu'il range deux à deux suivant ce double mouvement d'attraction ou de répulsion qui les caractérise. Ce sont : l'amour et la haine, le désir et l'aversion, la joie et la tristesse, l'audace et la crainte, l'espérance et le désespoir, et la colère qui n'a pas de contraire.

L'amour nous porte à nous unir à une chose ; ainsi on aime la bonne chère, la chasse. La haine nous porte à nous en éloigner ; on hait la douleur, le travail.

Le désir nous fait rechercher ce que nous aimons quand

il est présent; l'aversion empêche que ce que nous haïssons s'approche de nous.

La joie fait que l'âme se repose avec satisfaction dans la possession du bien obtenu; la tristesse s'afflige du mal présent et fait qu'on cherche à s'en éloigner autant que possible.

Ces six premières passions ne supposent que la présence ou l'absence de l'objet et se rapportent à ce que les scolastiques appellent l'appétit concupiscible. Les cinq autres ajoutent à la présence ou à l'absence de l'objet la difficulté et exigent par conséquent un effort. Elles appartiennent à l'appétit irascible, ainsi appelé parce que c'est la colère qui le domine.

Ainsi l'audace ou la hardiesse, ou le courage s'efforce de s'unir à l'objet aimé dont l'acquisition est difficile, et la crainte fait qu'on s'éloigne d'un mal difficile à éviter.

L'espérance a pour objet une chose qui est possible, mais difficile à obtenir; le désespoir naît dans l'âme quand l'acquisition de la chose désirée est reconnue impossible.

Enfin, la colère éclate lorsque nous nous efforçons de repousser avec violence celui qui nous fait du mal et de nous en venger. Elle n'a pas de contraire, parce que le calme et la tranquillité d'âme qui lui est opposée ne suppose pas d'émotion et ne peut être considérée comme une passion.

Bossuet, qui a emprunté cette classification des passions à saint Thomas, observe qu'il y a d'autres passions que celles que nous venons de nommer, mais qu'elles se rapportent toutes à celles-ci. Ainsi, la honte est une tristesse ou une crainte d'être exposé à la haine et au mépris pour quelque faute ou pour quelque défaut naturel, mêlée avec le désir de le couvrir ou de nous justifier.

L'envie est une tristesse que nous avons du bien d'autrui, et une crainte qu'en le possédant il ne nous en prive, ou un désespoir d'acquérir le bien que nous voyons occupé par un autre, avec une haine invincible pour celui qui semble nous le détenir.

L'émulation, qui naît en l'homme de cœur quand il voit faire aux autres de grandes choses, enferme l'espérance de les pouvoir faire, parce que les autres les font, et un sentiment d'audace qui nous porte à les entreprendre avec confiance.

L'admiration et l'étonnement comprennent en eux ou la joie d'avoir vu quelque chose d'extraordinaire, et le désir d'en savoir les causes aussi bien que les suites, ou la crainte que sous cet objet nouveau il n'y ait quelque péril caché, et l'inquiétude causée par la difficulté de le connaître, ce qui nous rend comme immobiles et sans action, et c'est ce que nous appelons être étonné.

L'inquiétude, les soucis, la peur, l'effroi, l'horreur et l'épouvante ne sont autre chose que les différents degrés et les différents effets de la crainte. Un homme, mal assuré du bien qu'il poursuit ou qu'il possède, entre en inquiétude. Si les périls augmentent, ils lui causent de fâcheux soucis; quand le mal presse davantage, il a peur; si la peur le trouble et le fait trembler, cela s'appelle effroi et horreur; que si elle le saisit tellement qu'il paraisse comme éperdu, cela s'appelle épouvante.

Après cette analyse un peu minutieuse de toutes les forces et de toutes les nuances de la passion, Bossuet ramène toutes ces variétés à l'unité, en montrant que les impressions principales qu'il a distinguées reviennent à une seule, à l'amour.

« La haine de quelque objet, dit-il, ne vient que de l'amour qu'on a pour un autre. Je ne hais la maladie que parce que j'aime la santé. Je n'ai d'aversion pour quelqu'un que parce qu'il m'est un obstacle à posséder ce que j'aime. Le désir n'est qu'un amour qui s'étend au bien qu'il n'a pas, comme la joie est un amour qui s'attache au bien qu'il a. La fuite et la tristesse sont un amour qui s'éloigne du mal par lequel il est privé de son bien et qui s'en afflige. L'audace est un amour qui entreprend, pour posséder l'objet aimé, ce qu'il y a de plus difficile; et la crainte un amour qui, se voyant menacé de perdre ce qu'il recherche, est troublé de ce péril. L'espérance est un amour qui se flatte qu'il possédera l'objet aimé, et le désespoir est un amour désolé de ce qu'il s'en voit privé à jamais : ce qui cause un abattement dont on ne peut se relever. La colère est un amour irrité de ce qu'on lui veut ôter son bien et s'efforce de le défendre. Enfin, ôtez l'amour, il n'y a plus de passions; et, posez l'amour, vous les faites naître toutes. »

Si on se demande quel est cet amour qui est le principe de toutes les autres passions, on est obligé de reconnaître que c'est l'amour de soi. Car le bien que nous recherchons dans toutes nos inclinations et nos passions, c'est notre bien propre, c'est ce que nous considérons à tort ou à raison comme la cause de notre bonheur.

Il ne faudrait pas en conclure avec Larochefoucauld que l'homme n'est qu'un égoïste. Mais il s'ensuit que l'amour de nous-même est le point de départ de toutes nos autres affections. Ainsi l'homme n'aime d'abord que lui-même, il aime ensuite les autres pour lui-même, parce qu'ils contribuent à le rendre heureux. Réfléchissant ensuite aux services qu'ils lui ont rendus, à leur dévouement et à tous leurs mérites, il les aime pour eux-mêmes, il peut se faire même qu'il les préfère à lui et le devoir lui faisant une obligation de se dévouer, de se sacrifier dans l'intérêt de sa famille ou de sa patrie, il triomphe alors de cette disposition première de la nature qui le porte à se faire le but et le centre de son action.

Les stoïciens ont condamné les passions et faisaient à leurs disciples un devoir de les anéantir. Les épicuriens et les positivistes prétendent au contraire qu'elles résultent de nos inclinations, qu'elles sont naturelles et que nous devons chercher à les satisfaire dans la mesure de nos forces.

La vérité est entre ces deux extrêmes. Les passions résultant de nos inclinations, qui sont nos moyens d'action, nous ne pouvons les anéantir sans détruire la nature elle-même avec tous les ressorts qui la font mouvoir. Mais nos inclinations, comme nous l'avons remarqué, ne sont pas naturellement réglées, ni bien coordonnées. Il y en a de perverses que nous devons combattre et ces inclinations mauvaises rendent les passions très dangereuses.

Nous devons les surveiller et les contenir perpétuellement. Pour qu'elles n'aient pas de conséquences fâcheuses, il faut que leur objet soit honnête et puisse être avoué par la raison, qu'elles soient proportionnées dans leur intensité à la dignité et à l'importance de cet objet, qu'elles se développent sous l'empire et la direction de la raison et que l'amour du moi qui en est le point de départ n'ait rien d'exagéré. Soumises à ces conditions, les passions peuvent être d'utiles instruments dont on a besoin de s'armer pour livrer les combats qu'exige le triomphe même du bien.

SUJETS DE DISSERTATIONS FRANÇAISES

1. Combien distingue-t-on de sortes d'inclinations ? Quelles sont les plus nobles ?
2. Quelles sont les inclinations qui nous sont communes avec les animaux, et quelles sont celles qui nous en distinguent ?
3. Y a-t-il une différence entre les passions et les inclinations ? Les passions nous viennent-elles de la nature et sont-elles légitimes ?
4. Exposez la classification des passions que Bossuet a faite d'après saint Thomas, et dites-nous ce que vous en pensez.
5. Prouver que si le tempérament, l'âge, l'éducation, le climat, toutes les circonstances extérieures prédisposent à la passion, elle dépend toujours de notre volonté et que l'homme a toujours ce qu'il faut pour y résister.
6. Montrer la vérité de cette proposition de Bossuet : *Otez l'amour, il n'y a plus de passions ; posez l'amour, vous les faites naître toutes.*
7. Les stoïciens proscrivaient les passions comme contraires à la nature ; les épicuriens les légitimaient toutes ; enfin les péripatéticiens n'approuvaient que les passions modérées et proscrivaient les passions violentes ; quel est votre sentiment ?
8. Les animaux ont-ils des passions ?

CHAPITRE V

L'intelligence. Acquisition de la connaissance. Données de la conscience. L'idée du moi.

L'intelligence prise dans sa généralité est la faculté de connaître. Nous la considérerons comme la sensibilité sous le double point de vue de la passivité et de l'activité.

A ce premier point de vue elle reçoit ou acquiert des connaissances. Nous la subdiviserons en trois facultés secondaires, la *conscience*, les *sens* et la *raison*.

Par la conscience nous acquérons l'idée du moi, par les sens l'idée du monde extérieur, par la raison les conceptions pures ou les idées abstraites et les conceptions réelles ou l'idée des esprits et l'idée de Dieu.

L'âme a la faculté de conserver les idées qu'elle a reçues et de les reproduire quand elle en a besoin ; c'est la fonction de la *mémoire*.

Elle élabore ces idées, les féconde au moyen de l'*imagination*, du *jugement* et du *raisonnement*. A l'imagination se rattachent l'esthétique, l'art et ses principes.

Nous terminerons cette étude de l'intelligence par la recherche de l'origine des principes directeurs de la connaissance et nous verrons si on peut les expliquer par l'expérience, l'association des idées ou par l'hérédité.

I. — Données de la conscience. Perceptions internes.

Vulgairement on donne le nom de conscience à la faculté que nous avons de distinguer le bien du mal. C'est le juge que la nature a mis au dedans de nous-mêmes pour prononcer sur le mérite ou le démérite de nos actions. C'est la conscience morale dont nous n'avons pas à nous occuper ici. La conscience psychologique est la faculté que nous avons de connaître l'âme elle-même.

Par rapport à la sensibilité nous l'avons considérée au point de vue *affectif*, et nous l'avons définie la faculté que nous avons de *sentir* ce que nous éprouvons ; ici nous la considérons au point de vue *cognitif* et nous pouvons la définir la faculté que nous avons de connaître ce qui se passe en nous et ce que nous sommes.

Dans l'un et l'autre cas son domaine est le même. Il embrasse l'âme humaine tout entière et n'a pas d'autres limites qu'elle. Les connaissances qu'elle nous donne se bornent au monde intérieur, nous les désignons sous le nom de *perceptions internes*, par opposition aux idées qui nous viennent des sens et que nous appellerons *perceptions externes*, parce qu'elles se rapportent au monde extérieur.

Comme nous avons remarqué divers degrés dans les faits de conscience, de même nous observerons que les idées qui nous viennent de la conscience n'ont pas toutes le même degré de précision et de clarté. Il y en a de parfaitement nettes et distinctes, comme il y en a de vagues et de confuses.

Sous le rapport de la connaissance on distingue dans la conscience deux états qu'on désigne sous les noms de conscience *spontanée* et de conscience *réfléchie*.

Dans la conscience spontanée le moi ne se dégage pas nettement du phénomène à observer et il en résulte un sentiment confus qui ne s'élève pas jusqu'à la connaissance. C'est ce sentiment vague, élémentaire qui se trouve dans l'enfant ou dans l'homme qui est absorbé pour une cause quelconque et qui n'est pas pleinement en possession de lui-même.

La conscience réfléchie n'a lieu que quand le moi se distingue du moi et qu'il s'objectivise à lui-même avec le sentiment de ce dédoublement de son être, comme quand il dit : Je m'aime. Le sujet et l'objet de la connaissance sont bien identiques dans la réalité, mais ils sont distingués par la pensée.

L'attention préside à la conscience réfléchie et lui permet de mieux se rendre compte de ce qu'elle observe ; c'est ce qui rend l'idée nécessairement plus claire et plus distincte.

On s'est demandé, à l'égard des limites de la conscience, si nous avions conscience du monde extérieur et de Dieu, et on s'est divisé sur ce point.

Il n'y a là qu'une dispute de mots. La conscience, n'ayant à nous rendre compte que de nous-mêmes, ne peut avoir pour objet ce qui est hors de nous. Seulement les choses extérieures, Dieu ou le monde, une fois qu'elles sont connues deviennent des connaissances dont nous avons intérieurement la perception. A ce titre, elles deviennent des objets dont nous avons conscience.

Mais ce n'est pas la conscience qui les a primitivement connues.

Toute idée, tout fait externe devenant forcément un fait intérieur, sans quoi il n'existerait pas, il en résulte que la conscience n'est pas à proprement une faculté. C'est le centre auquel toutes nos sensations, toutes nos connaissances, toutes nos déterminations aboutissent, ou plutôt, si l'on veut, c'est l'âme elle-même, qui se sent, et se connaît.

II. — L'idée du moi.

Cette connaissance ne se borne pas aux phénomènes qui se passent en nous-mêmes. Comme la conscience ne nous fait pas seulement sentir les sensations et les impressions que le moi éprouve, mais qu'elle atteint le principe même de ces modifications, la substance qui leur sert de base ; de même elle ne connaît pas seulement les actes et les manifestations du moi, mais elle connaît l'existence du moi lui-même.

Cette double connaissance est inséparable et simultanée. Je n'ai pas besoin, comme le suppose Descartes, de me démontrer mon existence. Je pense, je suis, voilà deux faits dont le second est à la vérité impliqué dans le premier, mais ce sont deux faits primitifs, que j'affirme avec une égale certitude d'après la conscience que j'en ai et qui n'ont besoin de preuve ni l'un ni l'autre.

Les connaissances qui nous viennent de la conscience ont cela de particulier qu'elles s'imposent à nous sans que nous puissions en douter. Nous pouvons craindre de nous tromper quand nous affirmons l'existence d'un objet extérieur, mais nous n'avons pas ce sentiment lorsqu'il s'agit de notre existence.

Nous ne doutons pas davantage de nous-mêmes comme cause. Car, comme l'a dit M. Jouffroy, si nous nous sentons comme sujet dans chacune de nos modifications, nous nous mettons comme cause dans chacun de nos actes.

Par exemple quand j'écris, quand je prends un livre pour le consulter, je sens et je sais que je suis la cause, le principe des actes que je produis, et quand je voudrais attribuer à un autre les caractères que je trace maintenant, ma nature tout entière protesterait contre cette affirmation et la rendrait impossible.

La conscience me dit donc que j'existe, que je suis substance et cause, que je suis un être distinct des êtres avec lesquels je suis en rapport, que mon individualité forme une personne qui est maîtresse de certaines de ses actions et que, par conséquent, en certains cas je suis responsable de mes actes.

Elle me dit que ma personne est une, qu'il n'y a en moi qu'un seul moi auquel se rapportent toutes mes actions, ce qui fait que dans le langage j'emploie toujours le mot *je* pour exprimer le sujet de tout ce que je fais et de tout ce que j'éprouve, *je* lis, *je* suis malade, *je* veux, *je* pense, etc.

Elle me dit que ma personne reste identique au milieu de toutes les modifications qu'elle subit, que le moi qui existe aujourd'hui est celui qui existait, il y a quarante, cinquante ou soixante ans, suivant l'époque de ma naissance.

Elle me dit que mon être est imparfait, temporaire, que je suis capable de connaître la vérité, mais que je peux aussi me tromper, que j'ai telles ou telles inclinations, tels ou tels défauts.

En un mot, elle me fait connaître ce qu'est le moi et me donne l'idée que j'ai de sa substance et de ses attributs.

C'est ainsi que la conscience nous donne l'idée du moi, et cette idée est si certaine que nous ne pouvons en douter.

Mais là s'arrête son témoignage. Il ne lui appartient pas de dire de quelle nature est le moi, s'il est corps ou esprit. C'est à la raison à répondre à cette question, en s'appuyant sur les données que la conscience et les autres facultés lui fournissent.

SUJETS DE DISSERTATIONS FRANÇAISES

1. En quoi la conscience psychologique diffère-t-elle de la conscience morale ? Quel est l'objet des connaissances qu'elle nous donne ?

2. Les connaissances qui nous viennent de la conscience sont-elles précises et certaines ?

3. La conscience est-elle véritablement une faculté ? Avons-nous conscience de Dieu et du monde extérieur ?

4. Quelle est l'idée que la conscience nous donne du moi ? Nous fait-elle connaître sa nature ?

5. Prouver que la conscience accompagne toutes les opérations des autres facultés de l'âme humaine, et qu'elle est le centre auquel toutes les modifications de l'âme aboutissent.

CHAPITRE VI

Données des sens. L'idée du monde extérieur.

En traitant de la sensibilité nous avons considéré les sens au point de vue *affectif*. Ici nous allons les considérer au point de vue *cognitif*. Car ils remplissent, comme la conscience, cette double fonction.

I. — Données des sens. Perceptions externes

La conscience nous donne la connaissance de nous-mêmes et les sens nous font connaître le monde corporel qui est hors de nous.

Les sens mettent l'âme en rapport avec le monde extérieur au moyen des organes du corps qui lui est uni.

Nous connaissons notre corps par la conscience que nous avons de son union avec notre âme et c'est par lui que l'âme connaît le monde matériel extérieur.

Comme nous ne connaissons les corps extérieurs qu'au moyen de nos organes, nous donnerons à cette connaissance le nom de *perception externe* (*capere per*).

1. Nous avons cinq sens : le tact, la vue, l'ouïe, l'odorat et le goût.

Le *tact* est répandu sur tout le corps, mais il a plus spécialement les mains pour organes. Son objet propre est l'étendue tangible, la solidité, la forme et la distinction des corps.

La *vue* a les yeux pour organes et la lumière pour

objet. Ce n'est que par accident qu'on lui attribue l'étendue et la forme visibles.

L'*ouïe* perçoit les sons et a pour organes les oreilles.

L'*odorat* s'exerce par les narines et nous fait connaître les odeurs.

Enfin le *goût* a pour objet propre les saveurs et pour organes la langue et le palais.

Ces objets que les scolastiques ont appelés les sensibles propres appartiennent si exclusivement au sens particulier que nous venons de désigner, que dans le cas où l'un de ces sens vient à manquer au moment de la naissance, il n'est pas possible d'y suppléer et de donner à l'individu qui en est privé l'idée qu'il devait acquérir par ce moyen.

Ainsi on ne peut donner à l'aveugle-né une idée des couleurs et le sourd-muet ne peut pas parler, uniquement parce qu'il n'a pas l'organe de l'ouïe et qu'il n'a aucune idée des sons. Ce n'est pas l'organe de la parole qui lui fait défaut, mais ce sont les oreilles.

2. Outre les sensibles propres, saint Thomas distingue avec Aristote les sensibles *communs* et les sensibles *par accident*.

Les sensibles *communs* sont ceux qui résultent de la perception simultanée de plusieurs sens, comme le mouvement qui est perçu tout à la fois par la vue et par le toucher.

Les sensibles *par accident* sont ceux qui ne sont pas perçus directement par les sens, mais que l'on connaît par induction. C'est ainsi qu'on juge de la nature d'un objet par sa couleur, sa forme ou par quelque autre qualité.

D'après cette triple distinction il y aurait trois sortes de perceptions externes : les perceptions simples qui répondent aux sensibles propres, les perceptions complexes ou composées aux sensibles communs et les perceptions par voie d'induction aux sensibles par accident.

On voit que cette analyse est exacte et qu'elle nous rend parfaitement compte de toutes nos perceptions externes. Car les unes résultent d'un sens unique, les autres de plusieurs sens dont l'action est résumée dans un effet unique, et les autres supposent l'intervention de la raison agissant sur les données fournies par les sens pour en induire une idée nouvelle.

L'école écossaise a distingué les perceptions *naturelles* et les perceptions *acquises*. Les perceptions naturelles ou primitives reviennent aux sensibles propres et aux sensibles communs, et les perceptions acquises sont les sensibles par accident, car elles ne sont pas autre chose que des inductions tirées des perceptions naturelles au moyen du raisonnement.

Au point de vue objectif on a distingué les qualités *premières* et les qualités *accidentelles*. Les qualités premières sont celles qui nous sont connues directement comme distinctes de nous-mêmes ; telles que l'étendue, la forme, le mouvement, la solidité. Les qualités accidentelles sont celles que nous ne connaissons pas en elles-mêmes, mais seulement par les effets qu'elles produisent en nous, comme le froid, le chaud, la couleur, le son, l'odeur.

On ne regardait pas ces dernières comme essentielles à la matière et on disait qu'elles ne pourraient subsister sans les autres. Mais cette distinction a été vivement combattue et n'a d'ailleurs pas une grande importance.

3. Locke s'est demandé si nous ne pourrions pas avoir plus de cinq sens. Lamennais, Balmès et quelques autres ont prétendu qu'il n'y avait pas de motif pour que l'homme n'en acquît pas un jour de nouveaux.

Saint Thomas établit qu'il n'y a que cinq sens parce qu'il n'y a que cinq sensibles propres et que nos cinq sens suffisent pour nous faire arriver à la connaissance complète du monde corporel extérieur.

Quand nous étudions l'homme nous le prenons d'ailleurs tel qu'il est et nous n'avons pas à rechercher s'il pourrait être autrement.

Ce qu'il y a de certain, c'est que nos organes ne répondent pas à un plus grand nombre de sens et que les partisans du magnétisme, qui se sont vantés d'être en possession de quelques sens nouveaux, n'ont pas encore pu établir scientifiquement leurs découvertes.

Le tact est le plus important de tous nos sens. On l'appelle le sens *scientifique* ou *philosophique* à cause de l'importance des notions qu'il nous donne et de la sûreté de ses constatations. C'est le sens qui contrôle les autres et on peut dire qu'ils reviennent tous à lui. Car la vue n'a lieu que par l'action de la lumière sur les yeux, l'oreille n'entend qu'autant que les ondes sonores frappent le tympan, l'odorat suppose que les molécules qui se détachent des corps pénètrent dans les narines, et le goût exige le contact des mets ou des liqueurs avec la langue et le palais.

La vue nous fait connaître la couleur et par extension la surface. C'est le plus noble de nos sens, il nous élève au-dessus de la matière. C'est le sens *artistique* qui nous fait voir le beau dans la nature et les arts.

L'ouïe est le sens *social*. Par la parole, il nous met en communication avec nos semblables et devient une source inépuisable d'idées et de sentiments.

Les deux autres sens, le goût et l'odorat, sont plus affectifs que cognitifs. Ils nous sont très utiles pour l'entretien du corps, mais ils servent beaucoup moins que les autres pour le développement de l'intelligence.

II. — L'IDÉE DU MONDE EXTÉRIEUR

1. D'après Descartes et ses disciples, l'âme étant un esprit d'une nature toute différente des corps, il ne peut pas y avoir de rapports entre eux. L'âme ne peut agir sur les corps, ni les corps sur l'âme. Dans cette hypothèse les sens ne peuvent nous faire connaître l'existence des corps. Leur témoignage est suspect, attendu qu'ils nous trompent très souvent, et pour croire à l'existence des corps nous sommes obligés d'en appeler à la révélation et de nous appuyer sur la véracité divine. On est ainsi condamné à un cercle vicieux inévitable. Car pour savoir si Dieu a parlé et

ce qu'il a dit nous sommes obligés de nous servir de nos sens et par conséquent de prouver leur exactitude par leur propre témoignage.

D'autres philosophes rationalistes veulent que les sens ne nous fassent connaître que les qualités apparentes des corps, leur forme extérieure, leurs accidents, mais qu'ils ne nous disent rien de la réalité de leur existence. Dans ce cas, ils se borneraient à nous dire ce que les choses extérieures nous paraissent et nous ne serions pas autorisés à affirmer ce qu'elles sont d'après leurs dépositions. Nous serions alors sceptiques comme Hume à l'égard de l'existence du monde extérieur ou idéalistes à la façon de Berkeley.

Mais comme nous avons dit que la conscience ne se bornait pas à nous faire connaître les manifestations du moi et qu'elle nous révélait, avec la même certitude, la réalité du moi, son existence personnelle ; de même les sens ne nous font pas seulement connaître les qualités des corps, mais encore leur réalité, leur existence.

Nous ne percevons pas les sensibles propres et les sensibles communs comme des abstractions, mais comme des choses réelles. En les percevant nous percevons en même temps le sujet auquel ces accidents sont unis, et le sentiment naturel qui nous fait affirmer ces qualités nous force à affirmer en même temps avec la même énergie l'existence du sujet auquel ils se rapportent. Et comme la conscience nous impose l'existence du moi, les sens nous imposent de même l'existence des corps et c'est sur leur témoignage direct que nous y croyons.

2. Toutefois, il ne faut pas admettre avec l'école positiviste ou matérialiste que l'idée que nous avons du monde extérieur nous vient uniquement et exclusivement des sens.

Les sens ne peuvent nous donner qu'une notion concrète. Dans le monde extérieur ils nous montrent des êtres distincts, dont la forme et l'étendue sont très variées, des sujets qui servent de base à toutes les qualités changeantes qu'ils perçoivent, des agents qui exercent une certaine action les uns sur les autres, mais si l'on veut généraliser ces notions, s'élever de la notion de sujet à l'idée de substance, de la notion d'agent à l'idée de cause, formuler les lois ou dire le pourquoi et le comment des phénomènes que l'on a observés, il faut que l'entendement intervienne et qu'il élabore les données fournies par les sens pour que nous ayons une idée complète du monde extérieur.

Les sens, dit Bossuet, perçoivent le particulier, l'entendement perçoit le général ; c'est aussi lui seul qui remarque la nature des choses. Par la vue, nous sommes touchés de ce qui est étendu et de ce qui est en mouvement ; le seul entendement recherche et conçoit ce que c'est que d'être étendu, et ce que c'est que d'être en mouvement.

Les sens donnent lieu à la connaissance de la vérité ; mais ce n'est pas par eux précisément que je la connais.

Quand je vois les arbres d'une longue allée, quoiqu'ils sont tous à peu près égaux, se diminuer peu à peu à mes yeux, en sorte que la diminution commence dès le second et se continue à proportion de l'éloignement ; quand je vois uni, poli et continu, ce qu'un microscope me fait voir rude, inégal et séparé ; quand je vois courbe à travers de l'eau un bâton que je sais d'ailleurs droit... ces choses, et mille autres de même nature où les sens ont besoin d'être redressés, me font voir que c'est par quelque autre faculté que je conçois la vérité, et que je la discerne de la fausseté.

L'entendement fait pour ce motif l'éducation des sens et nous prémunit contre les erreurs dans lesquelles ils pourraient nous faire tomber.

3. Les philosophes ont cherché à expliquer la perception externe et ils ont imaginé à ce sujet divers systèmes.

Épicure et les atomistes ont supposé que des images ou espèces se détachaient des objets et que la perception résultait de leur contact avec les organes des sens. Cette hypothèse grossière ne peut plus sérieusement être soutenue. Il est bien vrai que l'image des objets se peint dans l'œil sur la rétine, mais comment se fait-il que l'âme au moyen de cette image perçoive l'objet auquel elle se rapporte ?

Guillaume Occam et les scolastiques ont eu recours à l'*influence physique*. Ils ont dit que le corps agissait physiquement, ou si l'on veut, réellement sur l'âme et que l'âme agissait réellement sur le corps et que la perception interne provenait de cette action réciproque. Nous sommes de leur avis; mais ceci est la constatation du fait et n'en est pas l'explication.

Un philosophe anglais du dix-septième siècle, Cudworth, pour aplanir la difficulté qui résulte de ce que l'âme et le corps étant de nature différente on ne conçoit pas qu'ils puissent agir l'un sur l'autre, a imaginé d'après les uns un *médiateur plastique*, c'est-à-dire un être intermédiaire qui n'est ni esprit, ni matière, mais qui participe à la nature de l'âme et du corps et qui les met en communication. Mais cette hypothèse est purement gratuite; on ne peut constater l'existence de cet être intermédiaire. Si on est embarrassé pour expliquer l'action réciproque de l'esprit sur la matière, on le serait encore plus pour concevoir cette double nature dans un même être et se rendre compte de la fonction contradictoire qu'il aurait à remplir. D'après d'autres, Cudworth aurait seulement parlé d'une nature plastique; qui serait une certaine âme du monde. Cette âme serait la cause organisatrice des êtres vivants et servirait d'intermédiaire dans l'homme entre l'âme et le corps. Mais cette hypothèse n'est pas moins gratuite que la précédente et complique le problème plutôt que de le résoudre.

Descartes ayant posé en principe qu'il ne pouvait y avoir de rapport entre l'esprit et la matière, cette exagération a conduit son disciple Malebranche à son système des *causes occasionnelles*. D'après l'illustre oratorien ni les corps, ni les esprits ne peuvent être des causes véritables de quoi que ce soit. Il n'y a que la volonté de Dieu qui soit véritablement cause de ce qui se passe en nous. C'est lui qui meut mon bras à l'occasion de la volonté que j'ai de le mouvoir et c'est lui qui me fait percevoir les objets à l'occasion des impressions qu'ils produisent sur mes organes. Ce système a le double inconvénient d'enlever à l'homme sa liberté et de rendre Dieu l'auteur de nos actions et par là même responsable de leur moralité.

Leibnitz a imaginé le système de l'*harmonie préétablie*, qui est d'ailleurs une conséquence de l'idée générale qu'il s'était faite de Dieu et du monde. Pour lui, l'âme est une sorte d'automate qui a en elle la raison de tous ses actes et qui forme successivement et sans discontinuer ses pensées, ses affections, ses déterminations, sans que le corps y ait la moindre part. Le corps est aussi un automate dont tous les mouvements sont produits par sa conformation et la force propre qui est en lui, sans la participation de l'âme. L'accord que nous observons entre les fonctions des organes et les actes de l'âme, c'est Dieu qui l'a établi en choisissant parmi une infinité de corps possibles, le corps dont il prévoyait que tous les mouvements correspondraient aux pensées et aux actes de l'âme, comme deux horloges juxtaposées dont l'une marquerait constamment la même heure que l'autre, sans avoir aucune autre relation entre elles. Cette hypothèse invraisemblable, au lieu d'expliquer la dépendance réciproque de la vie du corps et de la vie de l'âme, détruit complètement le libre arbitre et nous suppose les jouets d'une illusion continuelle; puisque nous croyons naturellement et invinciblement que le corps agit sur l'âme et l'âme sur le corps.

Il vaut mieux reconnaître qu'il y a là un profond mystère, que de se jeter dans des systèmes qui n'expliquent rien et qui ont l'inconvénient d'ébranler des vérités fondamentales que le bon sens ne nous permet pas de sacrifier.

SUJETS DE DISSERTATIONS FRANÇAISES

1. Comment connaissons-nous le monde matériel qui existe hors de nous ? Connaissons-nous notre corps de la même manière et par les mêmes moyens que les autres corps ?

2. Quel est l'objet propre de chaque sens ? Les sens ne nous font-ils connaître que les qualités des objets sans nous faire connaître la réalité des objets eux-mêmes ?

3. Qu'entendait-on au moyen âge par sensibles propres, sensibles communs et sensibles par accident ? Y a-t-il de l'analogie entre cette distinction et la théorie admise par l'école écossaise ? Apprécier ces deux systèmes.

4. Exposer et discuter le système de Descartes qui donnait pour unique base à l'existence de la matière la véracité divine, et celui de Malebranche qui la faisait reposer sur la révélation.

5. Percevons-nous la substance même des corps ? Montrer les

services que l'entendement rend aux sens et la transformation qu'il fait subir à l'idée que nous avons du monde extérieur.

6. Y a-t-il lieu de mettre en doute la réalité du monde extérieur ? Sur quoi a-t-on pu fonder un doute aussi extravagant ?

7. Exposer et apprécier les systèmes imaginés par les philosophes pour expliquer la perception externe.

CHAPITRE VII

Données de la raison. Formation des idées abstraites et générales. L'idée de Dieu.

La conscience nous fait connaître le monde intérieur; les sens nous mettent en rapport avec les corps. Par l'une nous avons l'idée du moi, et par les autres l'idée du monde extérieur. Mais là ne se bornent pas les connaissances humaines. Au delà du monde corporel, il y en a un autre où nous pénétrons au moyen de la raison, c'est le monde immatériel. Nous avons donné aux idées qui nous viennent de la conscience et des sens les noms de *perceptions internes* et de *perceptions externes;* nous appellerons *conceptions* celles que nous donnera la raison, parce qu'elles sont le produit propre de cette faculté.

Ces conceptions sont de deux sortes; il y a les conceptions *pures* et les conceptions *réelles*. Les conceptions pures sont de simples idées, de simples vues et de simples formes de l'esprit qui n'ont pas d'objet réel hors de nous, comme les idées abstraites et les idées générales. Les conceptions *réelles* sont celles qui se rapportent à des êtres vivants, agissants, mais spirituels, comme les esprits purs, comme Dieu, l'être réel et absolu par excellence.

Nous allons ici considérer ces deux sortes de conceptions.

I. — Conceptions pures. Formation des idées abstraites et des idées générales.

1. L'abstraction et la généralisation sont les deux procédés propres à la raison.

L'*abstraction* consiste à considérer isolément dans l'esprit une chose qui n'existe pas isolément dans la nature. Ainsi, nous faisons une abstraction quand nous considérons la substance sans les accidents et les accidents sans la substance, ou quand nous considérons une qualité sans les autres dont elle est inséparable, comme la longueur sans la largeur et l'épaisseur.

Le concret est ce qui existe réellement, l'abstrait est ce qui n'existe que dans la pensée. C'est un produit de l'esprit humain qui n'a pas de réalité objective.

Cette opération est tout à fait naturelle et elle est essentielle pour que nous arrivions à une idée claire et complète des choses. La première impression des objets quels qu'ils soient ne nous en donne qu'une notion confuse et vague. Si nous voulons les approfondir, il faut que nous prenions à part chacune de leurs qualités et que nous les considérions séparées des autres.

L'abstraction est donc le point de départ de toutes les sciences. Si j'étudie la physique, j'ai besoin de faire un chapitre spécial, une section particulière pour chacun des agents que je voudrai connaître. Je traiterai de la lumière et des couleurs au chapitre de l'optique, du son dans celui de l'acoustique, de la lumière, de l'électricité dans les autres subdivisions de cette même série.

Les mathématiques ne s'occupent absolument que d'idées abstraites. L'arithmétique a pour objet le nombre abstrait, la géométrie l'étendue, et parfois la surface seule sans s'occuper de la profondeur, la mécanique le mouvement, la statique, le repos, l'équilibre. Ces sciences peuvent laisser de côté dans la matière une foule de propriétés dont elles abandonnent l'étude à la physique, à la chimie et aux sciences naturelles.

Cette opération est indispensable puisque les sciences ne seraient pas possibles sans elles, mais il ne faut pas en abuser. Il ne faut pas considérer les abstractions comme des réalités et il ne faut pas non plus trop s'habituer à voir certaines qualités en elles-mêmes sans les considérer telles qu'elles sont dans la réalité. On arriverait ainsi à séparer ce qui est uni dans la nature et à ne pas voir les rapports qui existent entre les choses que l'on aurait étudiées d'une façon isolée. On sacrifierait le détail à l'ensemble, la variété à l'unité et l'on serait exposé à commettre de graves erreurs.

2. La comparaison jointe à l'abstraction conduit à la généralisation.

La généralisation consiste à étendre à plusieurs objets, à plusieurs individus une idée unique. Kant a dit que la généralisation consistait à ordonner différentes représentations de manière à en faire une représentation commune. Par exemple, nous rangeons sous l'idée d'homme tous les hommes, sous l'idée d'angle et de triangle tous les angles et tous les triangles. Dans le langage nous exprimons les idées générales par des mots communs, et les idées individuelles par des noms propres.

Pour se faire une idée du rôle que jouent les idées générales dans les connaissances humaines on n'a qu'à ouvrir un livre au hasard et examiner le nombre de noms communs et le nombre de noms propres qu'il renferme. On constatera, si ce n'est pas une nomenclature comme un livre de géographie, qu'il n'y a presque pas de noms propres et que la pensée n'emploie pour s'exprimer que des noms communs.

Si nous ne généralisions pas nos idées et s'il nous fallait un mot particulier pour chaque objet la langue deviendrait un amas de mots sous lequel la meilleure mémoire succomberait. La science n'existe qu'autant qu'on généralise; car, comme le disaient Platon et les philosophes anciens, la science du particulier n'existe pas. La physique, la chimie n'examinent pas tels ou tels corps, mais les corps en général et les lois qu'elles reconnaissent sont nécessairement universelles et constantes.

Pour former les idées générales il faut nécessairement comparer ensemble les idées et rapprocher toutes celles qui se ressemblent pour en constituer des groupes que l'on désigne sous un nom particulier qui embrasse ainsi les genres et les espèces. Il faut, en même temps, écarter par voie d'abstraction les différences qui distinguent les individus les uns des autres. C'est ainsi que l'abstraction et la comparaison combinées amènent, comme nous l'avons dit, la généralisation.

Nous n'avons pas besoin de nous livrer pour généraliser à un aussi grand travail d'analyse et de synthèse qu'il le semblerait tout d'abord. Notre esprit naturellement généralise tout, c'est-à-dire que nous comprenons naturellement sous un même type tous les individus de même genre et de même espèce. L'enfant qui a un cheval, donne ce nom à tous les chevaux qu'il voit. Il trouve dans la langue qu'on lui apprend une foule de mots communs qui répondent à des idées générales toutes formées et il se sert de ces formules toutes faites pour exprimer ces conceptions communes.

A mesure que son intelligence se forme il précise avec plus d'exactitude le sens des mots dont il se sert, au besoin il en étudie, il en cherche la définition et arrive à éclaircir ces idées générales qu'il a d'abord admises de confiance et qu'il a acceptées telles qu'il les a trouvées en circulation dans la société.

3. On a examiné au moyen âge si ces idées générales qu'on désignait sous le nom d'*universaux*, n'étaient que des mots ou si elles étaient des réalités. Les nominalistes, dont Roscelin fut le chef, prétendaient que ce n'étaient que des mots, *nomina;* et les réalistes qui comptaient dans leur rang saint Anselme, Guillaume de Champeaux et Duns Scot voulaient qu'elles fussent des choses (*res*).

Ces deux opinions étaient extrêmes. Les nominalistes en n'admettant d'autres réalités que les individus, ne croyaient qu'aux sens et réduisaient la langue humaine qui n'emploie que des noms communs, à ne dire que des riens. Les réalistes en donnant de la réalité à des abstractions allaient contre le sens commun et se jetaient dans l'idéalisme de Platon.

Abélard fit une critique assez habile de ces deux systèmes et proposa de leur substituer le *conceptualisme* qui faisait des nominaux la représentation des concepts de l'esprit, mais sans déterminer d'où venaient ces concepts et ce qu'ils étaient.

La question ne fut résolue que par saint Thomas qui compléta les données psychologiques des conceptualistes par les notions métaphysiques qu'ils avaient eu le tort de négliger. Ainsi il distingua dans les idées générales, les attributs qui constituent l'essence des individus. Ces attributs qu'il appelle la matière de l'idée n'existent en réalité que dans les individus, et, sous ce rapport, les nominalistes ont raison. Mais indépendamment de la matière, il y a dans les universaux la forme qui consiste dans la généralisation elle-même de la matière. Cette forme est un produit de la raison qui l'obtient en faisant abstraction de tout ce qui est propre à chaque individu. Elle n'est pas un simple concept, comme le supposaient Abélard et ses disciples, mais elle est motivée par les rapports des êtres entre eux, ce que le métaphysicien considère avec raison comme des réalités, puisque, sans cela, on ne pourrait voir dans le monde qu'un ensemble fortuit d'êtres qui ne seraient régis par aucune loi positive. C'est ainsi que le génie de saint Thomas, en alliant le platonisme au péripatétisme, les théories de saint Augustin aux enseignements de l'école, est arrivé en tout conciliant à tout expliquer.

II. — Conceptions réelles. L'idée de Dieu.

L'abstraction et la généralisation ouvrent à l'homme un monde nouveau, qui lui permet de s'expliquer le monde matériel qui lui est connu par les sens. Mais la raison va plus loin : à ces conceptions pures qui embrassent les idées abstraites et les idées générales, elle ajoute les conceptions réelles qui nous font connaître les êtres immatériels, vivants et réels, les esprits purs et Dieu.

Nous n'avons à parler ici que de Dieu.

Nous ne le connaissons pas immédiatement, par son essence, comme le veulent les ontologistes. Malebranche que l'on considère avec raison comme l'auteur de ce système se figurait que nous connaissions tout en Dieu et par Dieu, et que nous ne connaissions Dieu lui-même que par la lumière que nous en recevons directement et immédiatement. Ses disciples ont cherché à modifier dans quelques-unes de ses parties son système, mais ils n'en ont pas moins méconnu la véritable nature de l'esprit humain qui étant uni au corps pour ne faire avec lui qu'une personne ne connaît directement que les objets qui tombent immédiatement sous les sens.

C'est par le moyen des choses sensibles, comme l'observait saint Thomas, que la raison s'élève à l'idée de Dieu. Elle considère le monde extérieur, sa propre existence et celle du corps qui lui est uni comme des effets de sa puissance. Ces effets ne lui font pas connaître tout ce qu'est Dieu, parce qu'ils ne sont pas adéquats à la cause qui les a produits, mais ils nous montrent le rapport qu'il y a entre Dieu et les créatures et ils nous font voir s'il existe ou s'il n'existe pas, la différence qu'il y a entre lui et les créatures, différence qui provient non de ce qu'il est au-dessous, mais de ce qu'il est infiniment au-dessus d'elles.

C'est en effet de cette manière que l'idée de Dieu se forme dans notre raison. L'enfant, à mesure que sa raison se développe, veut savoir le pourquoi et le comment des choses qu'il perçoit. Il interroge ceux qui l'entourent et il se fait ou on lui fait la question : qui a fait les plantes, les étoiles, les animaux, les hommes, le monde entier et c'est la réponse à cette question qui lui donne l'idée de Dieu.

Cette idée est d'abord grossière. Il faut que par l'instruction et l'éducation on la dépouille de sa forme sensible sous laquelle elle se présente à l'esprit. A mesure qu'on l'épure, on la fortifie, et la raison arrive à cette grande lumière qui par elle seule, comme le dit Bossuet, met les animaux au-dessous de la nature humaine jusqu'à l'infini.

SUJETS DE DISSERTATIONS FRANÇAISES

1. Quelles sont les idées que produit la raison ?
2. En quoi consistent l'abstraction et la généralisation ?
3. De quelle utilité sont ces deux opérations ?
4. Quelle est la nature des universaux ? Faites-nous connaître les discussions auxquelles cette question a donné lieu et quelle en est la solution.
5. Expliquer cette assertion d'Aristote : « Il n'y a pas de science du particulier. » La rapprocher de cette formule de la philosophie scolastique : *Nulla est fluxorum scientia*.
6. Comment connaissons-nous Dieu et comment se forme en nous l'idée que nous en avons ?
7. La raison est-elle propre à l'homme ? Est-ce cette faculté qui le met au-dessus des animaux ?

CHAPITRE VIII

Conservation des idées. La mémoire.

La mémoire est la faculté que nous avons de conserver et de reproduire les idées antérieurement acquises.

La mémoire a une double fonction, elle est conservatrice et reproductrice. A mesure que nous acquérons des connaissances, elle s'en empare, les met en réserve et les fait renaître suivant nos besoins. C'est une opération, comme l'a dit Pascal, nécessaire pour toutes les opérations de l'esprit. Cela ne signifie pas que pour l'homme intelligent la mémoire soit tout, mais c'est la condition essentielle de la pensée. Sans mémoire il n'y a pas d'intelligence.

On distingue la réminiscence du souvenir. La réminiscence n'est qu'un souvenir imparfait, inconscient, fort vague ; au lieu que le souvenir nous représente nettement les choses ou les personnes que nous avons vues antérieurement.

Si l'on analyse le souvenir, on y trouve ces quatre éléments : 1° Réapparition d'un objet antérieurement perçu ;

2° conscience que l'objet a déjà été vu; 3° sentiment d'un intervalle de temps qui s'est passé de la perception première de l'objet à sa réapparition ; 4° l'identité de l'objet et l'identité du sujet, c'est-à-dire la reconnaissance de l'objet qui consiste à voir que l'objet reproduit est bien le même que celui que le sujet a vu antérieurement.

La mémoire est *volontaire* ou *spontanée*. Elle est volontaire, quand le souvenir est provoqué par l'esprit lui-même qui en a besoin. Elle est spontanée, lorsque le souvenir se présente de lui-même, sans être ni cherché, ni désiré. Il y a des souvenirs qui s'imposent et dont on ne peut facilement se délivrer. C'est ce qu'on appelle une idée fixe, qui devient pour celui qui en est obsédé, une fatigue et un tourment.

I. — Comment nous nous rappelons nos différentes idées.

La mémoire embrasse toutes nos connaissances. Car une connaissance dont nous n'avons pas conservé le souvenir est nulle pour nous.

Mais nous ne nous rappelons pas toutes nos idées de la même manière.

Condillac a dit que le souvenir de nos sensations n'était que la sensation continuée, mais affaiblie. L'expérience contredit manifestement cette assertion. J'ai eu le bras cassé, il y a cinquante ans, je me rappelle parfaitement la douleur que j'ai éprouvée, lorsqu'il a fallu le redresser pour remettre les os en place, mais la sensation n'a duré qu'un instant. On ne peut pas dire qu'elle se soit prolongée au delà de ma guérison et qu'elle existe encore. Mon souvenir est donc tout autre chose que la sensation elle-même. Lorsque j'ai éprouvé cette sensation, j'en ai eu connaissance. C'est l'idée de cette connaissance qui m'est restée et quand je me rappelle ma douleur, ce n'est pas la sensation qui se représente ou se reproduit, mais seulement l'idée que j'en ai conservée, par conséquent la mémoire ne me rappelle la sensation que par l'idée que j'en ai reçue et qui s'est gravée dans mon esprit.

Quand nous nous rappelons les idées des choses sensibles, la mémoire nous en représente l'image. Ce n'est pas l'objet même que nous voyons comme lorsque nous l'avons perçu pour la première fois, mais c'est seulement l'image de cet objet et c'est par cette image que l'esprit arrive à l'objet lui-même. Ainsi quand on se souvient de telle personne, on se représente l'image de cette personne et c'est par l'image que l'on arrive à son idée. L'image est l'objet immédiat de la mémoire, mais la personne n'en est que l'objet médial. Il n'y a que les sens qui puissent percevoir immédiatement les objets externes.

Nous nous rappelons les choses intellectuelles, aussi bien que les choses sensibles, car le savant trouve en lui toutes les connaissances qu'il a acquises. Mais comment nous les rappelons-nous ? Nous croyons que c'est à l'aide des signes sensibles qui les expriment. Le mathématicien a besoin de formules pour fixer les résultats qu'il obtient par ses calculs et la mémoire ne se charge pas d'autre chose que de ces formules. Dans le développement ordinaire de l'intelligence, les mots sont les formules qui fixent nos idées abstraites, nos idées générales. C'est à l'aide de ces signes que nous nous rappelons toutes nos idées intellectuelles et c'est ce qui fait que quand nous nous rappelons une chose, nous avons en même temps le mot chargé de l'exprimer.

Il est vrai que nous avons souvent le souvenir d'une personne sans trouver son nom, mais il s'agit alors d'un nom propre et les noms propres n'expriment pas les idées générales, mais les idées singulières qui reviennent aux perceptions externes.

II. — Des divers caractères de la mémoire et de son perfectionnement.

La mémoire a ses degrés; les souvenirs s'affaiblissent ou s'effacent avec le temps. Quelquefois, comme dit saint Augustin, nous n'avons oublié qu'en partie ce que nous avons su. Nous cherchons ce qui nous manque, nous le cherchons en nous-mêmes et nous nous servons de la partie qui nous reste pour trouver l'autre que nous avons perdue.

La mémoire a ses caractères divers suivant son objet et les dispositions des personnes. On dit qu'elle est *facile* quand on retient aisément, et *pénible* quand on a besoin de faire de grands efforts; qu'elle est *docile* si elle reproduit à volonté les souvenirs qu'on lui demande et *rétive* ou *indocile*, quand elle s'y refuse; qu'elle est *fidèle* quand elle reproduit exactement les objets perçus, et *infidèle* quand elle les altère; qu'elle est *tenace* quand elle conserve longtemps les idées qu'on lui confie et *courte* ou *superficielle* quand elle laisse le temps emporter rapidement ce qu'elle a reçu. Au lieu de graver sur l'airain, on écrit sur le sable.

Une excellente mémoire est une mémoire étendue qui retient beaucoup de choses, qui les acquiert sans effort et qui n'oublie pas. Elle est tout à la fois tenace et facile, c'est-à-dire elle réunit deux conditions qui paraissent presque incompatibles.

On remarque que la mémoire varie aussi beaucoup avec les aptitudes intellectuelles des individus. Il y en a qui retiennent parfaitement les nombres, d'autres les noms propres, la physionomie des personnes. L'un conserve les images des objets, l'autre le souvenir des idées. Chaque sorte de mémoire peut rendre de grands services suivant les professions qu'on exerce. Ainsi, la mémoire des nombres sert au mathématicien, celle des formes au peintre et au sculpteur, celle des mots à l'orateur, celle des noms propres à l'administrateur, celle des faits et des lieux à l'historien et au géographe, etc.

C'est une faculté qui est susceptible d'un grand perfectionnement, mais pour la perfectionner il faut la cultiver sans cesse.

Les enfants, les jeunes gens ne doivent pas la négliger; car, en la négligeant, ils se privent de ses services dont ils comprendront un jour le prix.

Comme la mémoire s'attache surtout aux signes sensibles, on a eu recours pour la perfectionner à des moyens artificiels qui constituent un art appelé *mnémotechnie*.

On se sert de mots techniques pour se rappeler certaines nomenclatures ou l'on a recours à la mémoire *locale* pour fixer certains souvenirs. Mais ces procédés généralement abandonnés ne nous ont jamais paru avoir grande valeur. Le meilleur moyen pour se fixer dans l'esprit les idées, c'est d'avoir recours aux opérations dont nous allons parler, à l'attention qui les grave, à la comparaison qui les élucide, et à l'association des idées qui les lie ensemble de telle sorte qu'on aille logiquement de l'une à l'autre.

SUJETS DE DISSERTATIONS FRANÇAISES

1. Analyser le souvenir et énumérer les différentes espèces de mémoire. Quelles sont les qualités requises pour une bonne mémoire ?
2. Comment nous rappelons-nous nos sensations, les choses physiques et les choses intellectuelles ?
3. Interpréter et discuter ce mot de Royer-Collard : « On ne se souvient pas des choses, on ne se souvient que de soi-même. »
4. Établir la différence qu'il y a entre la réminiscence et le souvenir ; citer des exemples.
5. De quelle utilité est la mémoire pour toutes les opérations de l'esprit ?
6. Que pensez-vous de la mnémotechnie ? Quel est le meilleur moyen de perfectionner la mémoire ?

CHAPITRE IX

Combinaison des idées. L'attention, la comparaison, l'association des idées.

Nous avons vu les idées que l'entendement reçoit de la conscience, des sens et de la raison. La mémoire conserve ces idées. Mais l'entendement ne se borne pas à recevoir les idées, il les combine, les élabore et les féconde. Son activité est son caractère essentiel. Elle se manifeste d'abord par l'attention, l'attention mène à la comparaison et de la comparaison on arrive à l'association des idées. Quoique le programme ne parle que de l'association des idées, nous ne pouvons pas passer sous silence les deux premières opérations puisqu'elles sont les préludes forcés de la troisième.

I. — L'ATTENTION

L'*attention* (*tendere ad*) est l'application de l'esprit à une chose. Nous sommes naturellement légers et changeants. L'esprit aime à passer d'un objet à un autre ; c'est à la volonté qu'il appartient de combattre ce défaut en forçant l'intelligence à concentrer sur un point donné toutes ses forces.

L'attention garde son nom quand elle se borne à écouter ce qu'on dit. Mais elle change de nom et de caractère suivant les divers ordres d'idées auxquels elle s'applique.

Ainsi, quand l'attention se porte sur le moi et qu'elle a pour objets les perceptions internes, elle prend le nom de *réflexion*. L'âme se replie (*reflectit*) pour ainsi dire sur elle-même pour s'interroger et méditer les idées qui sont en elle et qu'elle désire approfondir. Réfléchir, méditer sont des sources intarissables de connaissances extrêmement précieuses.

Si l'attention se porte sur le monde extérieur, sur les choses physiques, elle prend le nom d'*observation*. C'est la condition essentielle de la méthode expérimentale. Les sciences naturelles ne sont que des sciences d'observation, et elles ne doivent pas à une autre cause leurs progrès.

On lui donne le nom de *contemplation*, quand elle embrasse le magnifique spectacle que présente dans son ensemble la création. Newton, Leibnitz étaient transportés d'enthousiasme, lorsqu'ils voyaient le monde dans toute sa grandeur et toute sa simplicité régi par les lois les plus admirables.

On peut porter ses regards plus haut, en considérant Dieu lui-même dans ses infinies perfections, comme le fait le chrétien dont la foi a étendu et fortifié la vue en lui découvrant, au-delà de ce monde visible, un monde invisible dont nous ne pouvons assez admirer les splendeurs.

L'attention est sans contredit ce qui fait la force de l'intelligence. Buffon a peut-être exagéré le mérite de l'attention, en disant que le génie n'était qu'une longue patience. Mais si l'attention seule ne fait pas le talent, on peut dire qu'elle lui est indispensable, et qu'elle contribue beaucoup à faire les hommes ce qu'ils sont. « C'est elle, dit Bossuet, qui rend les hommes graves, sérieux, prudents, capables des grandes affaires et des hautes spéculations. »

II. — LA COMPARAISON

Comme il n'y a rien d'isolé dans la nature, l'esprit ne peut porter son attention sur un objet sans voir les rapports qu'il a avec d'autres objets, et sans être porté à les rapprocher pour en faire la comparaison.

Comparer c'est rapprocher deux objets pour en voir la ressemblance et la différence. On ne compare que des objets qui ont quelque chose de commun ; il n'y a pas lieu de comparer des choses absolument disparates.

Condillac a défini la comparaison *une double attention*, parce qu'on ne peut comparer deux choses sans faire attention à chacune d'elles. Pour être irréprochable, cette définition a besoin d'être complétée. Il faut ajouter que l'esprit dirige cette double attention sur deux objets différents pour en saisir les rapports, car je pourrais porter mon attention sur deux choses disparates, sans qu'il en résulte aucune comparaison.

De la comparaison résultent les idées de rapports. Du moment que je compare deux choses, je constate leur ressemblance ou leur dissemblance, leur infériorité ou leur supériorité, leur égalité ou leur inégalité, leur dépendance ou leur action. Les idées du plus ou du moins, du grand ou du petit, du parfait ou de l'imparfait, du progrès, des changements, etc., sont des idées relatives qui jouent le plus grand rôle dans la connaissance humaine. Si on lit, je ne dirai pas un poète ni un orateur, mais un écrivain quelconque, on verra qu'il n'y a presque pas de mot dans ses phrases qui ne soit relatif ou figuré ; les métaphores abondent ; ce qui montre que presque toutes nos pensées impliquent une comparaison.

III. — L'ASSOCIATION DES IDÉES

Les comparaisons multiplient les rapports et les rapports produisent l'association des idées.

L'association des idées est cette opération de notre esprit qui fait que toutes nos idées sont liées entre elles. Comme dans le monde extérieur il n'y a pas un seul être isolé, mais qu'ils se tiennent tous par des rapports de causalité et de dépendance, de manière à produire l'unité la plus complète dans la variété la plus riche et la plus féconde; de même toutes nos idées se tiennent et forment une trame si continue qu'il n'y en a pas une qui n'ait ses tenants et ses aboutissants, et qui ne soit comme un point dans un tissu.

Cette loi d'association ne comprend pas seulement nos idées proprement dites, mais elle embrasse surtout, selon la remarque de Reid, tous nos sentiments, nos désirs, nos volitions, en un mot, toutes les modifications de notre âme; car nous ne pouvons penser sans qu'il en résulte une série de phénomènes psychologiques qui se rapportent à toutes les opérations de l'esprit. Il faut que la volonté intervienne pour régler et dominer ce que nous appelons le mouvement, le *cours de nos pensées*.

On a essayé de déterminer la loi de ces associations, mais on n'y est pas parvenu d'une manière exacte et rigoureuse. La meilleure distinction qu'on puisse établir est celle des associations *naturelles* et des associations *artificielles*.

Les associations *naturelles* se produisent d'elles-mêmes d'après les rapports de temps, de lieu, de ressemblance et de contraste, de causalité, de déduction, d'induction, etc.

1° *Le temps*. Si j'étudie en histoire une époque, les grands hommes qui ont passé en même temps se présentent à mon esprit; à côté de César je vois Pompée; François Ier fait naître l'idée de Charles-Quint, Léon X, etc.

2° *Le lieu*. Dans la géographie, une province en rappelle une autre. Dans une carte de France, les provinces font naître l'idée des départements, et réciproquement. Aux lieux se rattache l'idée des personnes qu'on y a vues ou de celles qui les ont illustrés.

3° *La ressemblance ou la différence.* C'est un des principes d'association les plus féconds. La métaphore, l'antithèse, l'ironie et l'antiphrase, qui donnent au discours son agrément quand on en fait un bon emploi, sont des figures que l'on rencontre très fréquemment et qui prouvent l'étendue et l'importance de ce genre d'association.

4° *La causalité* unit l'effet à la cause, les moyens à la fin, et réciproquement. L'œuvre rappelle l'artiste et l'artiste son œuvre.

5° *La déduction et l'induction.* Ce sont les deux formes du raisonnement qui embrassent toutes les sciences et qui fécondent toutes les connaissances humaines.

Ces dernières associations sont logiques et s'imposent en certains cas à l'intelligence. Mais pour les autres elles dépendent beaucoup de notre volonté, de nos dispositions particulières et constituent ce qu'on appelle l'esprit propre, le caractère de chacun.

On a dit : le style est tout l'homme. Le style n'est que la manière dont nous exprimons nos pensées, et cette manière est le reflet, l'image exacte des associations d'idées que nous formons. Car la conversation, un discours, un poème, une œuvre littéraire quelconque n'est qu'une association d'idées qui s'est produite dans notre esprit, que nous avons complétée, rectifiée en la soumettant à notre raison.

Les associations d'idées *artificielles* sont celles qui résultent des conventions que nous faisons avec nous-mêmes et avec les autres. On dit qu'elles sont arbitraires, parce que ces conventions n'ont rien d'absolu. La mnémotechnie produit une association d'idées artificielles ; il en est de même des idées qu'on attribue à des signes conventionnels. Une dépêche chiffrée résulte d'une association d'idées artificielles.

Les associations d'idées sont originales quand elles sont propres à celui qui les produit. Une découverte, une œuvre de génie sont des associations d'idées originales. Dans la conversation, une idée, un trait imprévu, un rapprochement inattendu qui échappent à un homme d'esprit sont des originalités qui plaisent et qui donnent à la pensée de l'éclat et du relief.

On doit se tenir en garde contre les originalités qui ne sont que des bizarreries, contre les jeux de mots, les calembours qui fatiguent et ennuient sans aucun profit.

L'association des idées exerçant une grande influence sur la rectitude du jugement, les jeunes gens doivent se surveiller pour écarter de leur esprit les associations fausses, vaines, chimériques ou bizarres dont sont victimes ceux qui parlent avec plus d'abondance que de réflexion.

SUJETS DE DISSERTATIONS FRANÇAISES

1. De quelle utilité est l'attention ? Quels sont ses différents caractères ?
2. Montrer la différence qu'il y a entre la réflexion, l'observation et la contemplation. Citer de nombreux exemples à l'appui.
3. Quelle est l'importance du rôle de la comparaison ? Peut-on la définir, comme l'a fait Condillac, une double attention ?
4. En quoi consiste l'association des idées ? Quelles sont les différentes sortes d'associations que l'on peut distinguer ?
5. Dire l'influence que peut exercer l'association des idées sur le jugement, sur le caractère et sur les mœurs.
6. Quelles sont les associations d'idées qui s'imposent à nous, et quelles sont celles qui dépendent de notre volonté ?

CHAPITRE X

L'imagination. Notions d'esthétique. Le beau. — L'art. — Des principes et des conditions des beaux-arts. — L'expression, l'imitation, la fiction et l'idéal.

Nous rattachons à l'imagination les notions d'esthétique demandées par le programme, parce que l'imagination est **la faculté artistique par excellence.**

I. — L'IMAGINATION

L'imagination est la faculté que nous avons de nous représenter les choses sous des images. Elle est *reproductrice* et *créatrice*.

L'imagination *reproductrice* nous représente les objets tels que nous les avons vus. Elle se confond ainsi avec la mémoire des choses sensibles. La seule différence c'est que le souvenir exige que nous ayons conscience d'avoir déjà vu l'objet, tandis que pour l'imagination il suffit que l'image en soit présente. C'est un miroir qui reflète ce que les sens et principalement les yeux ont perçu. « Par l'imagination, dit Fénelon, je connais tous les corps de l'univers qui ont frappé mes sens depuis un grand nombre d'années. J'en ai des images distinctes qui me les représentent, en sorte que je crois les voir lors même qu'ils ne sont plus. De ce trésor inconnu sortent tous les parfums, toutes les harmonies, tous les goûts, tous les degrés de lumière, toutes les couleurs, toutes leurs nuances, enfin toutes les figures qui ont passé par nos sens et qu'ils ont confiées à mon cerveau. »

Mais l'imagination, n'est pas seulement reproductrice; ce qui en fait une faculté distincte de la mémoire sensible, c'est qu'elle est aussi *créatrice*. Nous ne nous bornons pas à reproduire les objets que nous avons perçus, nous les combinons, nous les associons d'une façon nouvelle, et nous créons des êtres fantastiques qui n'ont jamais existé et qui n'existeront jamais, comme le sphinx, les sirènes, les centaures, un fleuve de lait, une montagne d'or, etc.

L'imagination prête aux êtres des qualités qu'ils n'ont pas. Elle fait parler les plantes, les animaux, les éléments eux-mêmes et crée ainsi les fables les plus ingénieuses; elle personnifie les êtres les plus abstraits, comme la faim, la soif, l'envie, la colère, tous les vices et toutes les vertus, comme on le voit dans les allégories des poètes; elle nous représente sous des images des êtres absolument immatériels comme les anges et les démons, Dieu, le Tout-Puissant; enfin, elle enrichit la langue humaine de tous les tropes et de toutes les figures qui en font la beauté.

Dans les sciences, elle fournit les hypothèses qui amènent les plus belles découvertes, elle inspire aux financiers, aux hommes de guerre, de politique, d'administration et de commerce, leurs plus belles combinaisons et elle est pour le littérateur, le peintre, le sculpteur, le musicien et tous les artistes la source intarissable de leurs chefs-d'œuvre.

Mais elle est aussi bien maîtresse d'erreur que de vérité, comme le dit Pascal, et il est nécessaire qu'elle soit perpétuellement réglée et dirigée par la raison et par le goût pour éviter les rêves, les folies et les extravagances dont elle est capable et se renfermer dans les limites où doit lui-même se tenir l'art pour rencontrer le beau dont il doit être l'expression.

II. — LE BEAU. LE SUBLIME.

1. Le beau est la manifestation du vrai et du bien se présentant à nous sous une forme qui nous plaît et qui nous enchante.

Le vrai est ce qui est; le beau, dit Platon, est la splendeur du vrai.

Une action honnête est toujours bonne; pour qu'elle soit belle, il faut qu'elle ait un certain éclat.

Le beau nous saisit à première vue. Qu'on nous présente une belle chose, nous nous écrions involontairement, sans avoir eu besoin de réfléchir : que c'est beau !

Le beau nous plaît, nous charme, mais il ne faut pas le confondre pour cela, comme le fait l'école empirique, avec l'utile et l'agréable.

L'utile c'est ce qui nous sert, ce qui nous apporte un avantage, un profit. Le beau, dit Kant, est au contraire essentiellement désintéressé. Je trouve beau un palais, un tableau sans que j'aie l'idée de tenir de ces objets le moindre avantage, et sans que je me demande s'ils sont utiles ou s'ils ne le sont pas.

L'agréable est le plaisir des sens. Un bon vin, une douce chaleur, un parfum exquis sont agréables, mais on ne dira pas que ce sont de belles choses. Un bon fruit est agréable, mais il peut se faire qu'il ne soit pas beau.

L'agréable ainsi compris ne sort pas du domaine des sensations. Pour l'animal il y a des choses agréables ou désagréables, mais il ne peut s'élever à la notion du beau, qui résulte de la perception de rapports qui lui échappent. Car le beau suivant l'expression des anciens, est l'unité dans la variété, *in varietate unitas*. Par conséquent il suppose de l'ordre, de l'harmonie, des proportions et surtout la puissance d'expression qui donne à l'idée de l'éclat et de la distinction.

2. Objectivement le beau peut être considéré sous trois points de vue : dans les objets physiques, dans les objets intellectuels et dans les objets moraux.

Si nous considérons le monde extérieur, les couleurs, les sons, les figures, les mouvements produisent en nous le sentiment du beau physique ou naturel.

Dans l'ordre intellectuel, les œuvres d'art et les œuvres littéraires, la poésie, l'éloquence, la peinture, la sculpture, les sciences avec leurs magnifiques théories nous offrent une autre sorte de beauté qui est la beauté intellectuelle.

Enfin le monde moral et ses lois, avec tous les actes de vertu qu'il produit dans l'ordre de la nature et tous les prodiges que la charité enfante dans l'ordre surnaturel, nous donne le spectacle d'un autre genre de beauté qui n'est pas le moins émouvant, la beauté morale.

3. Chacun de ces ordres peut renfermer du sublime.

Quelques philosophes ont considéré le sublime comme le superlatif du beau. D'après ce sentiment, il n'y aurait entre le beau et le sublime qu'une différence de degré.

Nous croyons que ce sont deux sentiments distincts.

Ils ne produisent pas en nous les mêmes effets. Les émotions qui proviennent du beau sont douces, tendres, affectueuses et excitent la bienveillance. Celles que produit le sublime sont la surprise, la stupéfaction, une sorte d'accablement qui résulte de la conscience que nous avons de notre faiblesse, de notre néant. Si vous admirez une belle fleur, un parterre, vous n'avez pas assurément le même sentiment que si vous êtes en présence d'une haute montagne, de la mer et de son immensité.

Leur cause n'est pas non plus la même. Pour le beau il ne faut que de l'unité dans la variété jointe à l'harmonie du tout et des parties, mais, pour le sublime, il faut quelque chose de grandiose, de surhumain, d'infini. C'est, dans l'ordre moral, Léonidas aux Thermopyles, dans l'ordre intellectuel, le début de l'évangile de saint Jean, dans l'ordre physique une grande tempête.

Le sublime n'est souvent qu'un trait, qu'un mot, qu'une scène qui passe. S'il était continu, nous ne serions pas de taille à le supporter.

4. Les anciens philosophes ont établi qu'il y avait une grande affinité entre le beau et le bien. Dans leurs théories, ils prennent souvent le beau (κάλος) pour le bien (ἀγαθός). Aux yeux de Platon, la vertu et la beauté se confondent, parce qu'à son sens elles supposent l'une et l'autre une âme bien ordonnée.

Ce qu'il y a de certain, c'est que les trois ordres de beauté que nous avons distingués reviennent à une beauté unique, à une beauté spirituelle et morale, qui a son principe en Dieu.

La beauté physique n'est que le reflet de la vie divine qui la pénètre, et dont elle n'est que l'enveloppe. La beauté intellectuelle n'est que le rayonnement du vrai élevé à une extrême puissance, et la beauté morale n'est que l'expression de la loi de justice et de charité que la Providence a déposée au sein de l'homme et de l'humanité.

Dieu, dit M. Cousin, est le principe de ces trois ordres, et c'est en lui que se réunissent les deux grandes formes du beau répandues dans chacun de ces trois ordres, à savoir, le beau et le sublime. Dieu est le beau par excellence; car, quel objet satisfait mieux à toutes nos facultés, à la raison, à l'imagination, au cœur?... Dieu est à la fois doux et terrible. En même temps qu'il est la vie, la lumière, le mouvement, la grâce ineffable de la nature visible et finie, il s'appelle aussi l'éternel, l'invincible, l'immense, l'absolue unité, et l'être des êtres. Ces attributs redoutables, aussi certains que les premiers, ne produisent-ils pas au plus haut degré dans l'imagination et dans l'âme cette émotion mélancolique excitée par le sublime ? (*Du vrai, du beau et du bien*, leçon VII.)

III. — L'art. Des principes et des conditions des beaux-arts. L'expression, l'imitation, la fiction et l'idéal.

1. L'art est la faculté que nous avons de produire le beau.

Le goût distingue ce qui est beau et l'apprécie. Il sent, il juge, il discute, il analyse, mais il n'invente pas. La critique, qui en est l'expression, blâme ou loue, mais elle ne produit pas.

Le génie est, au contraire, inventeur et créateur. Il trouve et produit une idée, un sentiment nouveau, et plus souvent il représente ce que les autres savent ou éprouvent sous une forme nouvelle.

L'art a commencé en tout par l'imitation. La peinture s'est exercée d'abord à représenter la nature physique ou matérielle, telle que nous la voyons. Mais cette imitation, pour être vraie, ne doit pas se borner à la reproduction des formes extérieures. Une copie mécaniquement fidèle n'est pas de l'art.

Dans la nature, il n'y a pas que les traits physiques et extérieurs, mais il y a dans toute chose une puissance intérieure qui en fait la beauté. C'est la vie des plantes, des animaux qui leur donne leur éclat, c'est la pensée de l'homme qui anime son visage.

L'art a surtout pour but de rendre l'idée. Une froide imitation, toute fidèle qu'on la suppose, n'est pas de l'art. La meilleure photographie, se bornant à reproduire les traits du visage, n'est qu'une imitation exacte, mais comme elle manque forcément d'expression, jamais on ne la considérera comme une œuvre d'art.

Le but de l'art n'est donc pas d'imiter des formes sensibles, mais d'exprimer une idée, un sentiment. Sans *expression*, il n'y a ni peinture, ni sculpture, ni poésie, ni éloquence. Celui qui parle, comme celui qui sculpte ou qui peint, doit se proposer d'exprimer une idée, et le mérite de son œuvre dépend de l'exactitude, de la richesse et de la puissance de son expression.

Bien loin d'être esclave de la réalité et d'être obligé de la reproduire par l'imitation, l'art vit de fiction. Il en appelle à l'imagination, et se féconde par ses créations les plus fantastiques. Il peut représenter des choses qui n'ont jamais existé, ou s'il emprunte ses matériaux aux choses présentes ou à l'histoire, il peut les modifier, les combiner à sa façon, sans se préoccuper de ce qui est, ni de ce qui a été. La fiction n'a pas d'autres bornes que la vraisemblance.

Affranchi ainsi de la réalité, l'art doit avoir son type propre, sa conception à lui. C'est ce qu'on appelle l'*idéal*. L'idéal est au-dessus de la réalité, comme la pensée est au-dessus de la matière. Il ne doit pas être étranger à la réalité; on tomberait alors dans le rêve et la chimère. Mais l'artiste, tout en s'inspirant de la nature ou de l'histoire, les transforme en unissant dans une juste mesure l'idéal et le naturel, la forme et la matière. C'est dans l'exactitude de cette proportion que se révèle le coup-d'œil du talent et du génie.

L'idéal n'est pas toujours la nature arrangée, épurée, comme on le suppose. C'est plus souvent une synthèse que l'artiste conçoit, et qui résulte d'une idée générale qu'il a conçue. Ainsi, l'*Avare* de Molière n'est pas un individu qu'il a dépouillé de certains accessoires pour ne mettre en relief que son défaut. C'est, au contraire, un type qu'il s'est formé, réunissant tout ce qui peut caractériser le genre qu'il voulait représenter. Cet avare n'a jamais existé, mais, à ce type, tous les avares se reconnaissent, il a assez de relief et de puissance pour les personnifier tous.

2. L'art ne s'adresse qu'à deux sens, à la vue et à l'ouïe. A la vue se rapportent la peinture, la sculpture, l'architecture, et tous les arts qui se servent de la nature pour nous donner une idée du beau. A l'ouïe appartiennent la musique, la poésie, et tous les arts qui se servent de la parole, comme l'éloquence, l'histoire, la littérature.

C'est ce qu'on appelle les arts libéraux, *artes liberales*, *artes ingenuæ*, parce que ces arts n'étaient autrefois exercés que par des hommes libres, et parce qu'ils ont l'avantage d'affranchir l'âme et de charmer l'existence.

3. Au point de vue des différentes écoles, on distingue le réalisme, le romantisme et le classique.

Le *réalisme* est le système qui prétend que l'art ne doit être que la reproduction de la réalité, la peinture des choses telles qu'elles sont. Ce système réduit l'art à une imitation servile, à un calque pur et simple de ce que l'on voit. Tout objet, du moment qu'il est fidèlement représenté, est beau. C'est le sensualisme, ou le matérialisme appliqué à l'art. Comme il n'y a rien de vrai au delà de ce que l'on voit, de ce que l'on touche, il ne doit rien y avoir non plus de beau. Ce système abaisse l'art, et lui coupe les ailes.

Le *romantisme* n'exclut pas l'idéal, mais il s'affranchit d'une foule de règles que l'art classique s'est imposées, et qu'il regarde comme arbitraires. Le romantisme s'arrête moins aux perfections du détail, à ce qu'on peut appeler le fini. Il cherche des émotions plus fortes, des images plus grandioses; il obéit, comme l'art gothique, au souffle divin de l'inspiration, à la puissance de l'infini. Nos grandes cathédrales au moyen âge, les drames de Shakespeare, au début de l'âge moderne, et les œuvres de quelques-uns de nos poètes et de nos prosateurs dans la première partie de ce siècle sont des inspirations de ce genre.

L'art *classique* est l'art grec et latin, tel qu'il a été transformé par nous au seizième et au dix-septième siècle. Il consiste surtout dans l'harmonie des détails, la mesure et l'ensemble des parties. Dans le classique, il n'y a rien à reprendre; tout est beau, mais en même temps tout est réglé et compassé. Dans le romantisme, il y a plus d'abandon, et cette espèce de désordre a surtout réussi dans la poésie lyrique, dans la musique et la peinture. Le danger de cette école est de ne plus reconnaître de règle et de se jeter alors dans des excès qui deviennent des extravagances. C'est ce que l'on peut constater en comparant la dernière manière de Victor Hugo à la première.

SUJETS DE DISSERTATIONS FRANÇAISES

1. En quoi l'imagination se distingue-t-elle de la mémoire, et en quoi lui est-elle semblable?
2. Quel est le rôle de l'imagination dans les connaissances humaines?
3. En appelant l'imagination la folle du logis, Malebranche n'a-t-il pas trop oublié les services qu'elle rend aux autres facultés et à la raison elle-même?
4. Le beau diffère-t-il de l'utile et de l'agréable? En quoi consiste-t-il?
5. Quelles sont les différentes sortes de beau et peuvent-elles se ramener à une beauté unique?
6. Quel est l'objet de l'art? Quels sont les arts qui vous semblent les plus distingués?
7. Quel est le sens de ces diverses expressions employées dans la théorie des beaux-arts : l'*imitation*, la *fiction*, l'*idéal*?
8. Analyser les principaux sentiments que fait naître en nous l'idée du beau et du sublime. Donner des exemples.

CHAPITRE XI

Jugement et raisonnement.

I. — LE JUGEMENT.

Le jugement est la faculté que nous avons d'affirmer la convenance ou la disconvenance de deux idées. Dieu est bon, Pierre n'est pas juste.

La perception interne et la perception externe, l'attention, la comparaison, l'abstraction et la généralisation produisent l'*idée* ou la matière du jugement. Cette matière est aussi étendue et aussi variée que nos connaissances. Elle embrasse les sensations, les idées physiques et les idées abstraites et générales, les conceptions pures et les conceptions réelles.

La forme du jugement est le rapport que nous établissons entre les deux idées dont nous affirmons la convenance ou la disconvenance. Ce rapport est toujours le même, quelle que soit la nature de la matière. C'est une affirmation. Car si grammaticalement on distingue les jugements positifs et les jugements négatifs, cette distinction ne repose que sur la forme extérieure des propositions qui sont l'expression des jugements. En réalité, la négation n'est qu'apparente. Quand je dis : Pierre n'est pas juste, j'affirme la disconvenance de ces deux idées, et je pourrais en effet substituer à cette proposition négative une proposition affirmative qui aurait absolument le même sens et dire : Pierre est injuste.

Dans un jugement il y a trois choses : 1° deux idées préexistantes ; 2° une comparaison entre ces deux idées ; 3° la perception du rapport.

On distingue aussi trois choses dans la proposition qui est l'expression du jugement : le sujet, l'attribut et le verbe. Le sujet est exprimé par le substantif, l'attribut par l'adjectif ou le qualificatif et le verbe, qui est le mot par excellence, exprime le rapport.

Nous ne pouvons penser sans porter un jugement. Toutes nos phrases renferment nécessairement une ou plusieurs propositions qui sont l'expression d'autant de jugements. Juger, tel que nous l'entendons ici, est chose si naturelle que nous le faisons sans nous en douter, et, lorsque nous analysons ce que nous disons, nous sommes étonnés du nombre de jugements qu'impliquent nos paroles. Ainsi, dans cette phrase si simple : le père, la mère et leurs trois enfants étaient malades, tristes et découragés ; il y a quinze jugements. Car il y a cinq sujets et trois attributs, et en affirmant les trois attributs de chacun de ces cinq sujets on forme 15 propositions.

Les jugements que nous portons sans nous en douter peuvent être appelés primitifs ou *instinctifs,* pour les distinguer des jugements *réfléchis* ou subséquents qui en sont dérivés.

Nous distinguerons encore :

1° Les jugements *analytiques* et les jugements *synthétiques.* Dans les premiers, l'attribut est nécessairement et implicitement contenu dans le sujet ; comme quand on dit :

les rayons du cercle sont égaux ; dans les seconds, l'attribut s'ajoute au sujet, par exemple : Dieu est juste. Les premiers sont *explicatifs*, dit Kant, et les seconds *extensifs*.

2° Les jugements *généraux* et les jugements *particuliers*. Le sujet dans les jugements généraux est une idée générale : *tous les hommes;* dans les jugements particuliers, c'est une idée particulière : *quelques hommes.*

3° Les jugements *volontaires* et les jugements *involontaires*. Le jugement n'est pas, comme l'ont prétendu Descartes et Malebranche, un acte de la volonté. Mais la volonté intervient dans quelques-uns de nos jugements, et joue un rôle important dans nos décisions, surtout dans l'ordre moral. Les jugements instinctifs, immédiats, évidents que nous prononçons en matière nécessaire sont des actes de l'intelligence qui s'imposent à nous.

4° Les jugements *intuitifs* et *discursifs*. Les premiers se confondent avec les jugements primitifs et immédiats. Les seconds supposent l'emploi du raisonnement.

II. — LE RAISONNEMENT.

« Raisonner, dit Bossuet, c'est prouver une chose par une autre. »

Il y a des vérités qui sont claires, évidentes, qui s'offrent à nous d'une manière irrésistible. Nous les saisissons par *intuition* (*intuemur*). « Semblable à l'éclat d'un beau jour, dit Locke, la vérité dans ce cas se fait voir immédiatement et comme par force, dès que l'esprit tourne sa vue vers elle. C'est ainsi que l'esprit voit que le blanc n'est pas le noir, qu'un cercle n'est pas un triangle, que trois est plus que deux. » (*Essai*, liv. IV, ch. II.)

Quand une proposition n'est pas évidente par elle-même, nous avons recours pour en juger au raisonnement. « Je ne puis franchir, dit Jules Simon, un fossé de quatre pieds ; mais si je mets une pierre au milieu de ce fossé, je le franchirai en deux pas de deux pieds chacun. Tel est à peu près l'artifice du raisonnement. » Je ne vois pas le rapport de convenance ou de disconvenance qui existe entre deux idées, j'ai recours à une troisième idée plus connue que je compare au sujet et à l'attribut que j'examine, et cette comparaison m'aide à franchir la distance et à affirmer avec certitude le rapport que je cherchais.

Le raisonnement est au jugement ce que le jugement est à l'idée. Le jugement lie les idées et le raisonnement les jugements. « Entendre les idées et former des jugements et des raisonnements, voilà, dit Bossuet, les trois opérations de l'esprit. »

Il n'y a que deux manières de raisonner, par déduction ou par induction.

Le raisonnement déductif consiste à tirer une conséquence d'un principe. Ce procédé est descendant : il va de l'universel ou du général au particulier, et il a pour objet de lier ensemble les idées.

Il a pour forme le syllogisme.

Le raisonnement inductif consiste à s'élever du particulier au général, ou de plusieurs propositions à une proposition plus générale encore. Ainsi je vois tomber un corps, j'en conclus que tous les corps tombent. D'un fait particulier, j'ai induit une idée générale. J'ai constaté de quelle manière tombait ce corps, et j'ai conclu que les corps tombent toujours de cette façon. J'ai généralisé mes observations particulières, en vertu de la constance et de la permanence des lois naturelles.

La marche de l'induction est ascendante, mais elle est en général moins sûre que celle de la déduction.

Nous donnerons les règles de l'une et de l'autre en logique; nous n'avions besoin que de constater ici ce double procédé que la raison emploie pour étendre et consolider nos connaissances. Il nous est si naturel que nous faisons des inductions et des déductions, comme nous formons des jugements sans y prendre garde, et que la parole humaine n'est pas autre chose qu'une série de raisonnements qui se lient et qui s'enchaînent mutuellement. Autrement, nos discours, nos conversations seraient sans suite et sans bon sens.

SUJETS DE DISSERTATIONS FRANÇAISES

1. Analyser le jugement et indiquer les trois éléments du jugement auxquels répondent les trois parties de la proposition.
2. Distinguer les différentes espèces de jugements et donner des exemples.
3. Le jugement est-il un acte de volonté ? Qu'y a-t-il de volontaire dans les jugements ?
4. Quelle différence y a-t-il entre le jugement et le raisonnement ? Quelles sont les différentes sortes de raisonnements ?
5. Comment a-t-on pu opposer la raison et le raisonnement, ainsi que l'a fait Molière dans ces deux vers :

> Raisonner est l'emploi de toute ma maison,
> Et le raisonnement en bannit la raison.

CHAPITRE XII

Les principes directeurs de la connaissance : peut-on les expliquer par l'expérience, l'association des idées ou par l'hérédité.

C'est l'ancienne question de l'origine des idées. Nous l'avons déjà résolue en indiquant les idées qui nous viennent de la conscience, des sens et de la raison. Pour la traiter conformément au programme, nous parlerons : 1° de la nature des notions et des idées premières ou des principes directeurs de la connaissance ; 2° de leur classification ; 3° nous prouverons qu'on ne peut les expliquer ni par l'expérience, ni par l'association des idées, ni par l'hérédité ; 4° nous rechercherons quelle est leur véritable origine.

I. — Principes directeurs de la connaissance.
NOTIONS PREMIÈRES ET VÉRITÉS PREMIÈRES.

1. Les notions premières sont les idées fondamentales qui servent de base à nos connaissances. Chaque science repose sur une de ces notions. Ainsi, la géométrie a pour base

la notion d'*étendue* ou d'*espace;* l'arithmétique, la notion de *nombre;* l'algèbre, la notion de *grandeur* en général; la mécanique et la physique, la notion de *mouvement* et de *force;* la chimie, la notion de *substance;* la physiologie, la notion de *vie;* la morale, la notion du *bien;* la rhétorique, la notion du *beau;* l'ontologie et la métaphysique, la notion d'*absolu*.

Ces notions sont des idées générales qu'Aristote et Kant désignent sous les noms de *catégories* ou de *formes*.

Les vérités premières sont des jugements primitifs, immédiats, que nous ne pouvons pas ne pas porter.

Ces vérités sont si évidentes qu'elles n'ont pas besoin de preuves, elles s'imposent à nous d'une façon si irrésistible, que nous ne pouvons ni les nier, ni en douter.

Elles sont par là même *universelles*, c'est-à-dire de tous les temps et de tous les lieux, et il n'y a pas d'homme qui ne les admette.

Elles sont *nécessaires*, c'est-à-dire qu'elles ne peuvent pas ne pas être.

Elles sont *immuables*, c'est-à-dire qu'elles ne peuvent pas être autrement qu'elles ne sont.

Elles sont *éternelles*, c'est-à-dire qu'elles étaient avant tous les temps, comme Dieu lui-même. « En quelque temps que je mette mon entendement, dit Bossuet, il les connaîtra; mais, en les connaissant, il les trouvera vérités; il ne les fera pas telles, car ce ne sont pas nos connaissances qui font leurs objets, elles les supposent. »

Ces vérités premières servent de principes et de point de départ à toutes les sciences. Ainsi, les sciences *mathématiques* reposent sur les axiomes qui découlent eux-mêmes du principe d'*identité* ou de *contradiction*, d'après lequel la même chose ne peut pas être et ne pas être en même temps considérée sous le même rapport.

Les sciences *naturelles* reposent sur le principe de *causalité*, qui implique le principe des *causes finales*, le principe de la *raison suffisante*, le principe d'*induction*, qui établissent que tout effet a une cause, un but, et que tout phénomène sensible se rattache à une loi.

Les sciences *morales* découlent de la notion première du bien et du mal, des devoirs et du droit, du mérite et du démérite, et reposent sur ces vérités premières que nous devons honorer nos parents, respecter les engagements que nous avons pris, et réparer le tort que nous avons fait à nos semblables par nos paroles et nos actions.

Les vérités premières, dit le Père Buffier, sont si fortement imprimées en nous, qu'elles nous dirigent dans nos jugements et dans notre conduite, et que ceux-là mêmes qui les nient sont obligés de les suivre à leur insu, et de contredire dans la pratique leurs maximes spéculatives. C'est ce qui les a fait appeler, par quelques philosophes, les principes directeurs de nos connaissances.

II. — Classification des notions et des vérités premières.

Les notions et les vérités premières ne sont pas faciles à classer. D'abord, il n'est pas aisé d'en déterminer le nombre. On prend quelquefois les idées pour des sensations et réciproquement. Les uns regardent comme primitifs des jugements que d'autres prennent pour subséquents. Ensuite toute classification dépend du point de vue où l'on se place, et ici le point de vue peut varier beaucoup.

La plus ancienne classification est celle d'Aristote, qui distingue dix notions premières, ou dix catégories : la substance, la quantité, la qualité, la relation, l'agir, le pâtir, le lieu, le temps, l'*habitus,* c'est-à-dire ce qui sert à l'être de vêtement, d'ornement ou d'armure.

Ces dix catégories se rapportent ontologiquement aux êtres dans lesquels Aristote distingue la substance et les accidents. La substance est une, mais les accidents sont variés. Il arrive à les ramener tous aux neuf accidents que nous avons désignés.

Logiquement, ces catégories sont les idées fondamentales que nous appelons les notions premières. La substance de l'être est la première de ces notions, les autres lui sont subordonnées, et constituent les vérités premières que l'on trouve à la base de toutes les sciences.

Cette classification d'Aristote a une grande valeur. Elle a été admise par tous les scolastiques, et elle est encore suivie par les partisans de la philosophie de saint Thomas.

Il y a eu d'autres classifications, mais plus artificielles, comme celle de Raymond Lulle, qui aurait voulu faire du raisonnement un acte purement mécanique.

Dans les temps modernes, la classification la plus célèbre est celle que Kant a donnée dans sa *Critique de la raison pure*. Le philosophe de Kœnigsberg ne prend pas, comme Aristote, l'expérience pour base de sa classification. Son *transcendantalisme* le porte à considérer l'intelligence comme la source de toutes nos idées, et au lieu d'admettre qu'elle reçoit de ses rapports avec le monde extérieur les idées qui sont en elle, il suppose, au contraire, que c'est elle qui fait le monde tel que nous le concevons en vertu des formes sous lesquelles elle le connaît.

L'espace et le temps étant à ses yeux la condition d'existence des esprits et des corps, il en fait des formes de la sensibilité. Il distingue douze catégories de l'entendement, qu'il groupe trois par trois, et qu'il rattache à la quantité, à la qualité, à la relation et à la modalité.

Ainsi, à la quantité appartiennent les trois catégories particulières d'*unité*, de *pluralité* et de *totalité*; à la forme de qualité se rapportent l'*affirmation*, la *négation* et la *limitation*; à la forme de relation correspondent la catégorie de *substance et d'accidents*, celle de *cause et d'effet* et celle d'*action et de passion*; enfin la forme de modalité comprend les catégories d'*existence et de non-existence*, de *possibilité et d'impossibilité*, de *nécessité* et de *contingence*.

D'après ce système, l'âme ne connaît pas les choses telles qu'elles sont, mais telles qu'elle se les forme et l'entendement qui reçoit des sens les notions de temps et d'espace ne s'élève pas, au moyen de ces catégories, au delà du monde phénoménal. Pour aller plus loin, il faut que la raison les complète, ce qu'elle fait au moyen de l'idée *psychologique* qui nous donne la connaissance de l'âme elle-même, de l'idée *cosmologique*, qui nous donne celle du monde, et de l'idée *théologique*, qui nous permet de nous élever jusqu'à l'Être suprême, cause de tout ce qui existe.

La raison *pure*, qui nous fournit ces idées, ne nous sort pas de l'absolu. Par conséquent, pour arriver à la réalité, Kant est obligé de lui adjoindre la raison pratique.

Cette classification, nous le reconnaissons, suppose dans celui qui l'a conçue, une grande puissance d'analyse, mais elle est plus ingénieuse que solide, plus artificielle que réelle, et elle pèche par sa base parce qu'elle part de conceptions ou de jugements *à priori*, au lieu de s'appuyer, comme le fait Aristote, sur l'expérience.

Aussi, selon la remarque de Barthélemy Saint-Hilaire, cette classification, qui paraît si séduisante tout d'abord, est-elle maintenant généralement abandonnée, tandis que celle d'Aristote survit à toutes les critiques dont elle a été l'objet.

Mais la question de l'origine des idées a plus d'importance que cette classification, parce que c'est sur ce point que se partagent le matérialisme, l'idéalisme et le spiritualisme.

III. — Que les notions et les vérités premières ne s'expliquent ni par l'expérience, ni par l'association des idées, ni par l'hérédité.

1. L'école empirique, ainsi appelée parce qu'elle prétend s'appuyer exclusivement sur l'observation, a prétendu que toutes nos idées viennent des sens, et que les idées générales, les notions et les vérités premières nous en viennent comme les idées sensibles par l'abstraction. Elles supposent un travail de l'esprit, mais elles sont le résultat de l'élaboration des idées particulières que les sens nous donnent. Ainsi, je vois des hommes, je remarque qu'ils se ressemblent, je réunis dans une même idée ce qu'ils ont de commun, et, par la généralisation, j'arrive à l'idée générale d'homme. Je vois dans la nature des causes, par l'abstraction j'en dégage ce qu'elles ont d'imparfait, et j'arrive à l'idée de la cause parfaite, de la cause illimitée, infinie. Dans les temps an-

ciens, les partisans les plus illustres de cette doctrine, toute matérialiste, furent Leucippe et Démocrite, les fondateurs de l'école atomistique, Épicure et Lucrèce, qui en furent les plus brillants interprètes, et Zénon, le chef des stoïciens, qui adopta pour maxime le principe fondamental de l'école : *Nihil est in intellectu quod non prius fuerit in sensu.*

Dans les temps modernes Hobbes et Gassendi renouvelèrent cette doctrine et Locke la présenta avec beaucoup d'habileté en ramenant l'origine de nos idées à deux sources : les sens et la réflexion. Condillac soutint ensuite que la réflexion n'était pas nécessaire et qu'on pouvait expliquer toutes les connaissances humaines par les sens et la sensation. Il réduisit donc l'entendement à la sensibilité physique et prétendit que nos idées générales n'étaient que des sensations transformées.

Mais toutes ces théories sont renversées par cette seule observation que Leibnitz et Kant ont développée d'une manière victorieuse, c'est que les notions et les vérités premières sont des idées universelles et nécessaires et que ces deux caractères, l'universalité et la nécessité, ne peuvent être le produit des sens et de l'expérience. Les sens donnent des objets particuliers, des individus, mais ils ne perçoivent pas le général, l'universel. Je vois Pierre, je vois Paul, mais l'homme en général ne tombe sous aucun de mes sens. L'expérience donne des faits particuliers. Elle prouve qu'une pierre tombe, mais s'il faut généraliser et dire : *Toutes* les pierres tombent, l'expérience ne peut par elle-même me donner ce résultat.

La nécessité ne peut pas davantage s'établir par les sens et l'expérience. Les sens nous disent ce qui est, l'expérience ne va pas plus loin. S'il s'agit d'affirmer qu'une chose ne peut pas ne pas être, il faut qu'une autre faculté intervienne.

2. Un philosophe anglais, Stuart Mill, a voulu expliquer le caractère de nécessité que présentent les vérités premières par l'association des idées et l'habitude qui fait que deux idées que nous associons constamment deviennent indissolubles. Ainsi des choses que l'on a longtemps contestées sont devenues des principes évidents, comme l'existence

des antipodes, ou ce principe de physique et de chimie : la quantité de matière, la quantité de force reste toujours la même ; et il prétend que les axiomes de mathématiques résultent d'expériences infiniment répétées et qui n'ont jamais été démenties, comme ce principe : deux lignes droites qui se croisent vont toujours en divergeant à mesure qu'elles s'éloignent du point d'entrecroisement.

Mais nous ferons observer que les exemples cités par Stuart Mill ne sont pas des vérités premières, ce sont des jugements subséquents qui ne sont évidents que pour les savants. Ces jugements sont le résultat de l'étude et d'expériences répétées et ne ressemblent en rien aux vérités premières qui sont connues de tout le monde, des ignorants comme des savants, qui sont de tous les temps et dont on ne peut dater la découverte, qui sont évidentes et par conséquent qui n'ont besoin d'aucune preuve, qui s'imposent à nous sans que nous puissions leur résister.

Les associations d'idées que Stuart Mill indique peuvent être indissolubles, si elles se font en matière nécessaire, mais elles ne sont pas universelles, primitives et n'ont pas les autres caractères propres aux notions premières.

3. L'explication de Stuart Mill étant évidemment défectueuse, l'école anglaise la plus récente, MM. Spencer, Lewes, Murphy, a renoncé à faire de l'expérience individuelle la source de nos idées générales et les a attribuées à l'humanité. Ce sont des idées que les générations se sont transmises en les élaborant et elles sont le produit d'associations et d'habitudes héréditaires, qui constituent une sorte de patrimoine intellectuel. Nous recevons ce que les autres ont acquis et nous y ajoutons ensuite le fruit de notre propre travail, et l'idée va ainsi se perfectionnant à travers les temps.

C'est la loi d'évolution si chère à l'école empirique.

Nous admettons bien volontiers un mouvement traditionnel qui fait que le savoir d'une génération s'ajoute à celui d'une autre. C'est la condition essentielle du progrès dans les sciences. Mais si nous nous plaçons au point de départ, à l'origine même de l'humanité, d'où sont venues ces notions premières de temps, d'espace, de cause, de substance ? L'expérience étant aujourd'hui incapable de les produire, elle n'a pu les produire à aucune époque. Ces notions étant essentielles pour former les vérités premières, et l'intelligence ne pouvant se mouvoir et s'avancer sans ces vérités premières, on ne peut s'expliquer cette hérédité progressive, cette évolution perpétuelle qui devient un mouvement sans point de départ, une succession sans commencement, une série partant de zéro et condamnée à se dérouler sans s'assurer aucune quantité positive.

Les habitudes peuvent créer un esprit de famille, ou de nation, des mœurs et des usages particuliers, mais ce traditionalisme est toujours local, restreint. Ses effets se discutent, ils datent d'un temps déterminé, ils varient, ils n'ont en un mot aucun des caractères des vérités premières.

Il y a des dispositions corporelles qui sont héréditaires. On se transmet par la voie du sang certaines maladies, des affections de tempérament, des ressemblances physiques. Mais le père ne lègue à son fils, ni ses connaissances, ni son talent. L'éducation de l'enfant est toujours à faire et ces vérités premières ne naissent en nous ni d'expériences répétées, ni d'habitudes. L'esprit les conçoit avant toutes choses et s'il ne les acquérait pas immédiatement, sans aucun effort, il ne pourrait rien apprendre, puisque toutes nos connaissances dépendent de celles-là et les supposent.

IV. — D'où viennent les notions et les vérités premières ?

L'école empirique, ne voulant admettre dans l'homme que le corps, n'a pu expliquer ce phénomène parce que les idées générales ne viennent pas des sens, mais de la raison. L'école idéaliste, qui considère l'âme comme entièrement séparée du corps, n'a pas été plus heureuse.

Platon a supposé que nos idées n'étaient que des réminiscences, que nous les avions acquises dans une autre vie, mais que le corps était pour l'âme une prison qui lui avait enlevé sa lumière et qui la privait des notions dont elle avait joui antérieurement.

Descartes a dit que nos idées étaient innées, que nous les apportions en naissant comme les marques que Dieu a imprimées sur notre âme.

Malebranche qui croit que nous voyons tout en Dieu regarde nos idées ou les vérités premières comme la manifestation de l'être infini auquel nous sommes unis.

Ces philosophes sont idéalistes, du moins par leurs principes, car ils considèrent l'intelligence humaine comme étrangère au corps et tirant d'elle-même les notions premières qui lui servent de fondement. La preuve en est qu'ils prétendent que, pour établir l'existence des corps, il faut avoir recours à un moyen surnaturel, à la parole de Dieu, à la révélation.

Pour éviter ces excès, nous croyons qu'il n'y a pas d'autre moyen que d'en venir à la théorie de saint Thomas. L'Ange de l'école distingue d'après Aristote l'intellect possible ou passif et l'intellect agent ou actif. La perception externe fournit à l'intellect agent, l'image ou la matière de l'idée; l'intellect agent l'élabore, la dépouille de ce qu'elle a d'individuel et par la généralisation tire du sensible l'intelligible. L'intellect possible se trouve ainsi en possession de la forme de l'idée générale. C'est la pensée de Leibnitz qui, à la maxime empirique : *Nihil est in intellectu quod non prius fuerit in sensu*, ajoute ce correctif : *nisi ipse intellectus*.

Nous ne disons pas que ce système explique le phénomène et lui enlève ce qu'il a de mystérieux, mais il est conforme au témoignage de la conscience qui nous rend compte de ce qui se passe en nous. Il laisse à l'homme sa double nature en en faisant un composé de corps et d'âme et en nous montrant l'action réciproque de ces deux parties de lui-même qui se complètent l'une par l'autre (1).

D'après le même principe, saint Thomas nous montre l'idée de Dieu provenant du mouvement de l'intelligence humaine qui va de l'effet à la cause, du relatif à l'absolu, et

---

(1) C'est le système que M. Paul Janet lui-même préfère (*Traité élémentaire de philosophie*, p. 216).

non pas de l'abstrait au concret, du parfait à l'imparfait comme le veulent Descartes et ses disciples. (Voy. plus haut pag. 61 et *Théodicée. Démonstration de l'existence de Dieu.*)

SUJETS DE DISSERTATIONS FRANÇAISES

1. Quels sont les principes directeurs de la conscience humaine ? Quelle est la nature des notions et des vérités premières ?
2. Que savez-vous de la classification des notions premières ?
3. Les notions et les vérités premières viennent-elles de l'expérience ?
4. Exposer et apprécier le système qui les fait venir de l'association des idées et de l'hérédité.
5. Quelle est la théorie des idéalistes ? Quelle différence y a-t-il entre cette théorie et celle des matérialistes ?
6. Exposer le système d'Aristote d'après saint Thomas. Quels sont les avantages de ce système ?

CHAPITRE XIII

Des manifestations de la vie psychologique : les signes et le langage.

Pour compléter ce que nous avons dit de l'intelligence, nous traiterons ici des signes et du langage qui en sont la manifestation.

I. — LES SIGNES.

Le signe est une chose sensible qui nous en fait connaître une autre ; la fumée est le signe du feu.

Les signes sont quelquefois des objets réels auxquels on a attaché un sens particulier ; le son de la cloche, le bruit du canon ou du tambour, la lumière colorée des phares sont des signes qui sont interprétés par les marins, les soldats, les religieux ou les personnes qui en connaissent la valeur conventionnelle.

Les signes sont naturels ou artificiels. Ils sont *naturels* quand ils sont liés avec la chose qu'ils signifient, indépendamment de la volonté, comme la cause et l'effet, le sentiment et son expression. Les larmes sont le signe naturel de la douleur, les inondations le signe de pluies abondantes qui sont tombées.

Les signes *artificiels* sont ceux dont la signification est déterminée par une convention quelconque. Ils sont arbitraires et ne sont compris que de ceux qui connaissent la convention. Ainsi, pour nous, le noir est le signe du deuil, chez les Chinois c'est le blanc.

Les signes s'adressent ordinairement à la vue ou à l'ouïe. Les signes qui se rapportent au toucher, comme les reliefs pour les aveugles, le serrement de mains, sont d'un usage peu fréquent.

Les signes *visuels* sont les couleurs et les mouvements. Les mouvements comprennent le jeu de la physionomie, l'attitude du corps et constituent ce qu'on appelle le langage d'action qui est presque aussi varié que la pensée.

On sait le défi porté par Roscius à Cicéron. L'orateur exprimait une pensée et le comédien la rendait par l'action. Cicéron variait son expression, Roscius faisait de même et l'un trouvait dans l'action les mêmes ressources que l'autre dans la parole.

Les couleurs se rapportent aux signes descriptifs, au dessin et à l'écriture. Le dessin et la peinture représentent les objets, mais ils ne s'arrêtent pas aux choses physiques. Ils atteignent par l'expression l'idée, le beau intellectuel et le beau moral.

L'écriture n'est qu'une abréviation du dessin. Les hiéroglyphes ne sont que des figures ou dessins conventionnels.

L'écriture est *idéographique* ou *phonétique*. Elle est idéographique quand elle représente directement l'idée, comme l'écriture chinoise.

Elle est *phonétique* quand elle n'exprime que les sons. Dans ce cas elle peut être *syllabique*, lorsqu'elle exprime les syllabes, comme l'écriture japonaise, ou *alphabétique* lorsqu'elle reproduit les lettres, les voyelles et les consonnes qui rendent les sons de la voix.

L'écriture est d'une grande utilité pour le développement de la pensée. Elle sert à celui qui l'emploie, car ce que nous écrivons nous le retenons mieux, et nous le possédons plus clairement. Elle permet à la pensée de s'affranchir des lois de l'espace et du temps qui enchaînent le corps et il est à remarquer que son perfectionnement influe sur la civilisation elle-même des peuples. Car si le Chinois s'est immobilisé, on attribue cet inconvénient en grande partie à l'imperfection de son écriture, si compliquée qu'il faut une vie d'homme pour apprendre à lire et à écrire, ce qui empêche de s'appliquer à autre chose.

Les signes *auditifs* les plus importants sont les sons que produit la voix. Ces sons sont articulés, ou inarticulés. Les sons *inarticulés* ne sont que des cris, les sons *articulés* produisent la parole ; ce qui nous amène à parler du langage.

II. — LE LANGAGE.

Comme il y a deux sortes de signes, les signes naturels et les signes artificiels ; de même on distingue deux sortes de langage, le langage naturel et le langage artificiel.

Le langage *naturel* est celui que tous les hommes emploient et comprennent sans l'avoir appris. L'enfant en fait usage au berceau ; il rit ou il crie pour exprimer sa joie ou sa souffrance. Ce langage comprend les sons inarticulés, accompagnés de gestes.

Le langage *artificiel* est le langage conventionnel que les hommes ont inventé ou modifié. Telles sont toutes les langues qui se composent de mots dont le sens est arbitraire. Ce langage se compose de mots ou de sons articulés.

Chaque peuple a sa langue, chaque province son patois, et l'on compte ainsi sur le globe une multitude infinie d'idiomes.

Les sciences ont aussi non seulement leurs expressions, mais leur langue propre. La chimie s'est fait une langue particulière, la botanique a sa nomenclature, l'algèbre ses signes et ses formules et il en est de même des autres sciences.

Les sons articulés dont les langues se composent ont l'avantage d'être tout à la fois très simples et très variés. Ils se prêtent à une multitude de modes et de combinaisons qui leur permettent de suivre la pensée dans toutes ses nuances et de les exprimer toujours d'une manière claire et distincte. Ils flattent l'oreille par leur modulation aussi douce qu'expressive et il n'y a pas assurément de musique aussi agréable qu'une conversation ou une lecture bien faite. Une langue suppose trop de qualités réunies pour être l'œuvre d'un homme. Le grec, le latin, le français, les langues anciennes et modernes les plus parfaites ont mis plusieurs siècles à se former et ont été le résultat du travail intellectuel d'une série de générations qui ont toutes payé leur tribut à la grande œuvre et qui ne peuvent sans injustice s'attribuer exclusivement le succès obtenu.

Une langue est l'expression de la pensée d'un peuple, l'image exacte de son intelligence et de sa civilisation. On ne peut nier les rapports intimes et directs qu'il y a entre la parole et la pensée. C'est avec la parole que l'esprit se féconde, car quand nous méditons, quand nous réfléchissons, nous nous parlons à nous-mêmes. Les mots sont les signes de nos idées. Ils fixent le résultat de nos généralisations et de nos abstractions et nous aident à nous les rappeler. Sans le langage, la mémoire ne s'exercerait que difficilement et l'homme n'établirait pas entre lui et ses semblables le courant d'idées qui est nécessaire au développement de son intelligence et de celle des autres.

Ces rapports intimes et presque nécessaires de la parole et de la pensée ont fait croire à quelques philosophes que la pensée ne pouvait exister sans la parole et que, l'homme étant incapable de se créer une langue, il fallait reconnaître que le langage était d'origine divine. Cette école, qu'on a mal à propos appelée théologique, a eu pour chef M. de Bonald qui prétendait que l'enseignement social et par conséquent la parole est l'unique source des vérités générales ou du moins de celles qui se rapportent à l'ordre métaphysique et moral.

Mais ce traditionnalisme est en opposition avec la doctrine

de saint Thomas. L'Ange de l'école établit d'après Aristote, saint Augustin, Albert le Grand et tous les scolastiques, que les mots écrits ou parlés ne sont que des signes artificiels ou conventionnels ; attendu que, chez tous les peuples, on emploie des mots très divers pour exprimer les mêmes choses, quoique la nature des choses soit partout la même, et que l'on ne saisit le sens des mots qu'autant qu'on l'a appris de ceux qui l'emploient. D'où il conclut d'une façon incontestable que la connaissance des choses a dû précéder la découverte des mots qui les expriment.

La parole n'est donc point nécessaire à la pensée et elle n'en est pas, comme le veulent les traditionnalistes, la condition *sine quâ non*. D'après saint Thomas et son école ce n'est pas à l'enseignement social que nous devons nos idées générales, les vérités premières. L'homme a en lui-même tout ce qu'il lui faut pour les former. C'est à l'intellect agent à les élaborer et l'entendement humain suffit à lui seul pour avoir des choses une connaissance directe et réflexe.

Ainsi, philosophiquement parlant, rien n'empêche d'admettre contre MM. Bonald, Bonnetty, Rosmini, Gioberti et une foule d'autres ontologistes ou traditionnalistes, que l'homme aurait pu inventer le langage. La plus grande difficulté est le passage des choses matérielles aux choses spirituelles. Mais saint Thomas explique très bien qu'il a pu se faire par l'analogie que l'esprit perçoit entre les unes et les autres. Votre intelligence, dit-il, nomme les choses de la manière qu'elle les saisit. C'est pourquoi comme l'esprit est conduit des choses perçues par les sens à d'autres plus cachées et que la perception des choses sensibles nous mène à la connaissance des perfections divines ; de même notre esprit peut s'élever des mots qui expriment les choses matérielles à ceux par lesquels nous désignons les choses spirituelles, en raison principalement de l'analogie qu'il perçoit entre les unes et les autres. »

Toutefois la philosophie ne s'occupe que de la question de droit ; elle recherche uniquement si l'homme aurait pu inventer le langage, avec les facultés intellectuelles dont il est doué. Quant à la question de fait ; l'a-t-il inventé ? Dieu l'a-t-il créé à l'état adulte et d'homme parfait ? Lui a-t-il donné dès le commencement toutes les connaissances qui lui étaient nécessaires, comme chef du genre humain, pour le gouvernement et l'instruction des autres ? C'est à l'histoire à prononcer. Nous avons nos livres saints qui nous éclairent sur ce point, et pour nous la réponse n'est pas douteuse.

SUJETS DE DISSERTATIONS FRANÇAISES

1. Qu'entend-on par signes ? Des différentes classes de signes, selon qu'elles correspondent aux différentes modifications de l'âme : nos besoins, nos désirs, nos idées. Donner des exemples.
2. Énumérer les diverses formes du langage naturel. Peut-on dire que la parole soit un langage artificiel ?
3. Montrer que la parole est supérieure à toutes les autres formes du langage, par la facilité, la promptitude et la précision.
4. L'homme aurait-il pu inventer la parole ? Vous direz ce que vous savez sur les systèmes qui se sont produits à l'occasion de cette question.
5. Des différentes sortes d'écritures. Montrer la supériorité de l'écriture alphabétique sur toutes les autres.
6. Influence de la pensée sur le langage. Les langues ne reflètent-elles pas le génie des différents peuples ?

CHAPITRE XIV

La volonté. De l'activité spontanée. Instinct. Habitudes.

Nous avons dit que le mot *activité* nous semblait plus convenable pour désigner la troisième faculté de l'âme, parce qu'il a plus d'extension. Car *agir*, voilà la troisième opération de l'âme qui est autre que connaître et sentir. L'activité ou le principe d'action doit donc naturellement être mis en opposition avec l'intelligence et la sensibilité qui sont les deux premières facultés que nous venons d'étudier. Or, l'activité se produit sous deux formes : l'activité *spontanée* et l'activité *réfléchie*. L'activité *spontanée* est celle qui se produit d'elle-même sans l'intervention de la volonté. L'activité *réfléchie* est celle que nous provoquons et dont nous sommes les maîtres. La première est en grande partie involontaire et la seconde est volontaire et libre. La première est l'effet de l'instinct ou de l'habitude.

I. — DE L'INSTINCT

L'instinct est une impulsion aveugle qui nous fait agir, presque à notre insu, sans que nous ayons conscience du but où tendent nos actes. L'enfant ne sait pas ce que c'est que la faim et la soif, mais il cherche à satisfaire instinctivement les besoins de sa nature.

L'instinct le plus profond qu'il y ait en nous est celui de notre conservation ; quel que soit le degré d'intelligence auquel l'homme arrive, il ne se dépouille jamais de ce sentiment qui commande à notre insu certains de nos actes. Qu'on veuille nous frapper, immédiatement nous portons la main pour parer ou détourner le coup dont nous sommes menacés.

Les animaux n'ont pas d'autre guide que leur instinct et quand il est arrivé à un certain degré nous disons qu'ils sont intelligents. Ainsi nous admirons l'intelligence du chien, du cheval, de l'éléphant.

Mais il est à remarquer que cet instinct de l'animal, tout intelligent qu'il paraît, n'arrive jamais à s'élever à la hauteur de la raison. En effet :

1° L'instinct n'a pas d'autre domaine que le monde des choses sensibles. C'est un moyen de conservation pour la vie physique qui porte l'homme ou l'animal à se procurer les choses nécessaires pour entretenir sa vie matérielle ou l'améliorer.

Le monde intellectuel n'existe pas pour l'instinct ; il n'existe que pour la raison.

2° L'instinct est un sentiment aveugle que nous apportons en venant au monde. Il vient de la nature, mais il n'est nullement l'œuvre de l'intelligence ni de la réflexion. Il ne s'apprend pas, il n'est pas susceptible de perfectionnement.

Chaque animal a l'instinct propre à son espèce. Tous les oiseaux ont une manière particulière de faire leurs nids; on distingue le nid du bouvreuil, de la pie, du merle, de la fauvette, parce qu'ils sont toujours faits de la même manière. Le travail du castor, de la fourmi, de l'abeille est toujours ce qu'il a été, sans changement ni progrès.

3° L'instinct est, pour ce motif, complet et parfait dès le premier moment. Les hommes diffèrent par le talent et la raison, mais ils sont tous les mêmes pour l'instinct.

4° L'instinct est irréfléchi, impersonnel, absolument uniforme, parce qu'il est le résultat fatal et inévitable de la nature et qu'il ne peut être ni altéré, ni modifié d'aucune manière.

La volonté n'a sur lui aucune prise, puisque les actions qu'il produit, éclatent sans que nous en soyons prévenus et sans que nous ayons le temps d'y penser.

Descartes a attribué l'instinct à une force mécanique, mais nous verrons que les bêtes sont autre chose que des automates. Locke et Condillac n'y ont vu qu'une habitude contractée et héréditaire, mais il est trop ridicule de ne voir dans cette impulsion naturelle qu'une habitude contractée par les générations antérieures et transmises aux générations qui leur ont succédé. Ces habitudes ne seraient pas universelles, invariables, spéciales, fatales, stationnaires comme elles le sont, et ce qu'une génération a fait une autre pourrait le détruire.

Montaigne a confondu l'intelligence et la volonté avec l'instinct, c'est une autre erreur que les observations que nous venons de faire réfutent victorieusement. Car il n'y a pas de caractères plus contradictoires que ceux que présentent l'instinct et la raison.

II. — L'HABITUDE

L'habitude est une disposition d'esprit ou de corps qui résulte de la répétition ou de la continuation des mêmes actes ou des mêmes impressions.

On distingue les habitudes *passives* et les habitudes *actives*.

Les habitudes *passives* sont produites par les sensations et les impressions et les habitudes *actives* par les actes.

Les habitudes passives affaiblissent les sensations et les impressions.

L'homme du nord allant dans le midi souffre d'abord beaucoup de la chaleur, mais peu à peu ses souffrances diminuent, il s'habitue au climat. Le meunier dort tranquillement à côté de son moulin, il s'habitue tellement au bruit qu'il n'y fait plus attention. Mon sachet, dit Montaigne, sert d'abord à mon nez, après que je m'en suis servi huit jours il ne sert plus qu'au nez des assistants.

Il en est des impressions comme des sensations. Les plaisirs s'usent par l'habitude et on se familiarise avec les dangers et la mort elle-même. Le vieux soldat ne craint plus les balles et le médecin habitué à voir des plaies et des maladies n'en est plus ému.

Les habitudes actives, au contraire, augmentent et perfectionnent l'activité.

Elles exercent leur influence souveraine sur le corps aussi bien que sur l'esprit. On a dit que l'habitude est une *seconde* nature. Cette seconde nature est celle qui donne à l'homme son caractère propre, car c'est elle qui détermine sa manière d'être extérieure et qui met en action toutes ses facultés.

C'est par l'habitude que l'œil apprend à discerner les formes, à juger des distances, à apprécier les effets de lumière, et à saisir toutes les nuances, comme le font les peintres exercés. C'est par l'habitude que l'ouïe perçoit avec une merveilleuse finesse tous les sons et que le musicien arrive à saisir toutes les modulations les plus délicates et les plus variées. L'habitude fait l'éducation du tact et de tous les autres sens et permet à l'homme de produire une foule de mouvements dont il ne se rend même pas compte. La main du pianiste touche avec une rapidité vertigineuse toutes les touches de son clavier sans jamais se tromper.

L'attitude du corps, la marche, la conversation, l'écriture, tout est dans l'homme une affaire d'habitude. Nous ne faisons bien que ce que nous faisons souvent : *fit fabricando faber*, dit le proverbe, c'est en forgeant qu'on devient forgeron. L'orateur ne se forme qu'en parlant souvent en public, le mathématicien ne devient habile qu'autant qu'il s'exerce constamment à manier ses chiffres et ses formules et il en est de même pour tous les arts et pour toutes les sciences.

L'habitude donne aux facultés plus de fécondité et de puissance parce qu'elle les perfectionne. Plus l'homme se livre avec ardeur à une étude et plus il se sent porté à s'y livrer, parce qu'il a la conscience de ses progrès et que ce sentiment lui donne du courage. C'est ainsi que, comme le dit Malebranche, si les actes produisent d'abord les habitudes, les habitudes produisent ensuite les actes.

L'habitude diffère de l'instinct parce qu'elle est acquise, au lieu que l'instinct est naturel. L'habitude est particulière, propre aux individus, tandis que l'instinct est général et commun à tous les hommes. L'habitude peut se discuter et être remplacée par une habitude meilleure, tandis que l'instinct est fatal. En certains cas, on est responsable des actes provenant de l'habitude, parce qu'ils peuvent être volontaires dans leur cause, mais on n'est jamais responsable d'un acte purement instinctif, parce qu'il est toujours aveugle. L'instinct précède l'intelligence, mais l'habitude la suit. Les gens routiniers la suivent sans se demander si elle est fondée, mais les hommes intelligents la réforment quand ils s'aperçoivent qu'il serait avantageux de faire autrement. Dans l'animal dépourvu de raison, la volonté est esclave de l'habitude, mais il n'en est pas de même dans l'homme.

SUJETS DE DISSERTATIONS FRANÇAISES

1. Qu'appelle-t-on instinct dans l'homme et dans l'animal ? Du rôle providentiel de l'instinct.

2. Prouver que l'instinct diffère essentiellement de la volonté intelligente et qu'on ne saurait le confondre avec l'habitude.

3. Réfuter le système des animaux-machines et de l'automatisme des bêtes, soutenu par Descartes et ses disciples.

4. Quelles sont les différentes sortes d'habitudes ? Montrer par de nombreux exemples les deux lois opposées des habitudes passives et des habitudes actives.

5. L'instinct peut-il être ramené à l'habitude ? Peut-il se ramener à une habitude héréditaire ?

6. En quel cas sommes-nous responsables des actes qui proviennent de nos habitudes ?

7. Prouver la vérité de cette proposition d'Aristote : L'habitude est une seconde nature. En tirer quelques conséquences pour l'éducation intellectuelle et morale de l'homme.

8. De l'habitude dans les arts, — dans les différentes professions, — dans les actes de la vie ordinaire.

CHAPITRE XV

De l'activité réfléchie. Analyse de l'acte volontaire : la liberté.

L'activité réfléchie ou volontaire est celle qui a un but et qui agit avec connaissance de cause en vertu d'un motif quelconque. Elle se distingue ainsi de l'activité spontanée, dont l'acte se produit de lui-même sans connaissance, sans attention, sans liberté. Les actes qui résultent de l'activité réfléchie sont volontaires ou libres.

I. — ANALYSE DE L'ACTE LIBRE

Il y a ici dans le programme une confusion de mots que nous ne pouvons laisser subsister, parce qu'il en résulterait beaucoup d'obscurité dans la solution de la question qui nous occupe. L'auteur du programme a confondu l'acte volontaire avec l'acte libre. Ces deux actes appartiennent l'un et l'autre à l'activité réfléchie, mais ils ont un caractère différent.

L'acte *volontaire* est celui que produit la volonté avec connaissance et attention, mais souvent en vertu d'un motif nécessitant. Ainsi, je m'aime, je recherche mon propre bien, j'agis pour me rendre heureux, tous ces actes sont volontaires. J'y adhère, j'y consens parfaitement et je ne négligerai rien de ce que je croirai utile pour atteindre mon but. Mais tout volontaires qu'ils sont, ces actes ne sont pas libres, parce que je ne puis pas ne pas m'aimer, je ne puis pas ne pas vouloir mon bonheur. Il y a là un motif nécessitant, irrésistible, qui ne me permet pas d'agir autrement. Il n'y a pas de violence, la volonté se porte d'elle-même vers ce bien, mais elle n'est pas libre dans ce cas, parce qu'elle ne peut pas faire autrement.

Les jansénistes supposaient que l'homme était nécessairement soumis à l'action victorieuse de l'amour terrestre ou de l'amour divin, et qu'il obéissait forcément à la nature ou à la grâce. Ses actes étaient volontaires puisqu'il était sous l'influence d'une attraction qui lui était toujours agréable, mais dans leur système nous n'avions pas de liberté, puisqu'il ne nous était pas possible de résister à cette attraction bonne ou mauvaise.

L'acte *libre* est celui que nous pouvons faire ou ne pas faire à notre gré. La faculté qui le produit a été bien désignée par le nom de *libre arbitre*.

Ainsi au lieu d'analyser l'acte volontaire, comme dit le programme, nous allons analyser l'acte libre.

Or, dans l'acte libre il y a quatre choses :

1° *L'idée de la chose à faire.* Il faut que l'intelligence précède l'acte de la volonté. *Nihil volitum*, disent les scolastiques, *quin præcognitum*. Pour un acte moral, il faut que nous sachions si la chose à faire est bonne ou mauvaise, si elle est défendue ou commandée, et quelle est son importance et sa gravité.

2° *La délibération.* L'acte libre demande que l'homme soit bien en possession de lui-même, qu'il soit maître de ses facultés et qu'il puisse se recueillir comme une assemblée, pour examiner la chose qui lui est soumise. Alors se présentent les motifs qui sont les raisons qu'il a d'agir. Ces motifs peuvent être plus ou moins influencés par les mobiles qui sont les appétits, les désirs et les passions qu'excite la sensibilité. Mais la volonté a la force de leur résister, et c'est en vertu de cette force qu'elle prend sa décision.

3° *La détermination.* Après avoir examiné les motifs, nous nous déterminons à agir ou à ne pas agir. C'est cette décision qui constitue l'acte libre. Nous étions maîtres de ne pas la prendre; c'est ce qui fait que nous sommes parfois si longtemps hésitants et flottants. Tant que nous sommes sollicités par des influences contraires, nous sommes, suivant le langage théologique, soumis à la tentation. La tentation est l'épreuve, mais elle n'est pas mauvaise en elle-même. L'acte moral n'est consommé que quand nous avons donné notre pleine adhésion à la décision prise.

4° *L'exécution.* Cette quatrième partie n'est pas essentielle à l'acte moral. Le bien ou le mal consenti au dedans de nous-mêmes nous est imputable, aussitôt que nous avons pris la résolution de le faire. Il y a mérite et démérite, honneur et honte pour la pensée elle-même, suivant qu'elle est bonne ou mauvaise.

Quant à l'exécution, elle suppose un nouvel acte de la volonté qui est libre également. Ainsi, une personne s'était proposé de faire une aumône à une époque déterminée, quand le moment arrive elle peut exécuter sa résolution ou ne pas le faire. C'est une nouvelle action qui relève de son libre arbitre. C'est pourquoi, bien que l'exécution n'ajoute rien par elle-même à la moralité de l'action, elle l'augmente accidentellement, comme dit saint Thomas, parce qu'elle renouvelle l'intention et lui donne plus d'énergie et d'intensité.

Ainsi, d'après ces conditions nécessaires pour un acte libre, on voit que nous ne sommes pas libres en tout, ni toujours, mais que nous sommes souvent empêchés ou entravés dans l'exercice de notre liberté.

L'enfant qui n'a pas l'usage de sa raison et l'insensé qui l'a perdue, l'homme qui dort ou qui agit sans savoir ce qu'il fait ne peuvent être responsables de leurs actions. Tous nos actes spontanés et irréfléchis, se faisant sans aucune délibération, ne peuvent être libres. Dans notre détermination, notre consentement peut n'être pas complet. Nous pouvons avoir été soumis à des influences qui ont contribué à nous égarer. Dans ce cas, la liberté n'est pas complètement détruite, mais elle peut être considérablement affaiblie. Enfin, la violence et la crainte peuvent rendre impossible l'exécution de nos desseins, et nous faire faire ce que nous n'aurions pas voulu.

Mais il n'en est pas moins certain que, si nous ne sommes pas libres dans tous nos actes, il y en a un certain nombre qui ne dépendent que de nous, et que c'est cette liberté qui fait la gloire de l'homme et le complément de sa raison.

II. — La liberté.

Pour prouver que nous sommes libres, on le démontre ordinairement par trois preuves : 1° le sens intime ; 2° le consentement unanime des hommes ; 3° les conséquences absurdes et monstrueuses qui résultent du sentiment contraire.

1° *Le sens intime.* La liberté est un fait de conscience. Il suffit de se recueillir et de s'observer un instant pour voir que parmi nos actes il y en a de spontanés ou d'irréfléchis, de purement volontaires et de véritablement libres. « Que chacun de nous, dit Bossuet, s'écoute et se consulte soi-même, il sentira qu'il est libre, comme il sentira qu'il est raisonnable. » « *Sentit animus se moveri*, dit Cicéron (*Tusc.*, I, 23), *quod quum sentit, illud uná sentit, se vi suá non aliená moveri.* »

2° *Le consentement unanime des hommes.* Chaque homme sentant qu'il est libre, il n'y a pas de peuple qui n'ait honoré la vertu et puni le vice. Les hommes se commandent les uns les autres, ils s'adressent des conseils et des prières, ce qui prouve qu'ils sont convaincus de leur liberté. Les législateurs font des lois, ils établissent des peines, proposent des récompenses, ce qu'ils ne feraient pas s'ils n'avaient pas la même conviction. On ne songe pas à dire au soleil à quelle heure il se lèvera ou se couchera, et Xerxès, faisant battre de verges la mer après le désastre de sa flotte, n'a jamais paru qu'un insensé.

3° *Les conséquences absurdes et monstrueuses du sentiment opposé.* Si l'on nie la liberté de l'homme, il n'y a plus de lois à lui imposer, ses actes ne sont plus susceptibles de moralité, les mots de vice et de vertu, de mérite et de démérite, de punition et de récompense n'ont plus de sens. Il faut mettre sur la même ligne le scélérat et l'homme vertueux ; la religion, la morale, la législation, l'éducation, la civilisation, l'ordre social, tout est anéanti.

Toutes ces preuves sont assurément excellentes. Mais nous croyons que cette vérité est une vérité de fait que l'on n'aurait pas dû chercher à prouver par le raisonnement. Cela a permis aux adversaires de faire une foule de sophismes auxquels il n'y a d'ailleurs rien à répondre que la constatation du fait lui-même.

« Nous sentons, dit Bossuet, que nous sommes libres, comme nous sentons que nous sommes raisonnables. » J'affirme que je souffre, que je suis dans la joie ou le chagrin, que je marche ou que je suis au repos, parce que j'ai la conscience de ces divers états. Pour prouver le mouvement, il n'y a qu'à marcher. De même, la vraie preuve de ma liberté est la conscience que j'en ai. Elle fait partie de mon être, et je n'en peux pas plus douter que de mon existence.

Le fatalisme religieux nie la liberté de l'homme, parce qu'il ne voit dans la divinité qu'un être aveugle et fatal, qui brise toutes les résistances par une force inéluctable à laquelle rien ne peut se soustraire ; mais j'oppose à cette théodicée monstrueuse le sentiment que j'ai de ma liberté et je me dis que, quelle que soit cette force, elle me respecte, puisque je me sens libre d'agir ou de ne pas agir en certains cas.

Si l'on considère la liberté de l'homme dans ses rapports avec la prescience de Dieu, nous ne nions pas qu'il n'y ait là une difficulté. Pour concilier ces deux choses, il faudrait avoir une idée complète de l'essence divine et de la nature de son intelligence, et connaître en même temps à fond la nature humaine. Si nous pouvions nous élever à cette hauteur et descendre dans ces profondeurs, nul doute que nous ne saisissions dans cette pleine lumière la conciliation de ces choses qui ne nous paraissent incompatibles que parce que nous les connaissons imparfaitement.

Mais la faiblesse de nos lumières ne nous permet pas de nier l'une ou l'autre de ces vérités, parce que nous ne les embrassons pas dans toute leur plénitude. La prescience de Dieu étant démontrée d'une part et la liberté humaine l'étant de l'autre, nous n'en devons pas moins accepter la réalité incontestable de cette double démonstration. C'est bien souvent qu'en mathématiques, c'est-à-dire dans les sciences qu'on appelle avec raison exactes, on arrive à des résultats que l'on ne concilie pas et qui sont néanmoins certains.

Ici, la difficulté n'est peut-être pas aussi grave qu'on le suppose ; car qu'on voie en Dieu la science comme elle est, il n'y aura pas de prescience proprement dite. L'infaillibilité de sa science fait que les choses doivent arriver comme il les prévoit, que celles qu'il a prévues comme nécessitantes et nécessitées auront certainement ce double caractère, et que celles qu'il a prévues comme libres arriveront librement. Au lieu de compromettre la liberté de nos actions, la prescience divine en est au contraire la garantie.

Le fatalisme philosophique a eu recours à bien des hypothèses pour essayer d'infirmer le témoignage du sens intime. Il a surtout appuyé sur l'influence des motifs déterminants. Il a comparé la volonté à une balance dont les plateaux sont commandés par les poids qu'on leur confie. Les motifs feraient sur nos déterminations l'effet de ces poids sur la balance. S'ils sont égaux, nous ne devons pas pouvoir nous déterminer, et s'ils sont inégaux nous sommes obligés de nous décider toujours pour le motif le plus fort, autrement nous n'agirions pas raisonnablement.

Dans cette comparaison que l'on croit ingénieuse tout est faux. Il y a là une pétition de principe, car pour comparer la volonté à une balance il faut supposer qu'elle obéit aux mêmes lois, qu'elle est nécessitée comme elle, et c'est précisément ce que le sens intime ne nous permet pas d'admettre. Il nous dit que la volonté a son action propre et qu'elle n'est pas mue uniquement par une force étrangère, à la façon des corps ; c'est la pensée de Cicéron que nous avons reproduite plus haut.

En vertu de cette énergie propre, la volonté est soumise à

la lumière de la raison. Dans la délibération, qui est un des éléments essentiels de l'acte libre, la raison apprécie les motifs. Cette appréciation dépend déjà beaucoup de nous. Elle n'est nullement fatale, c'est ce qui fait que nous sommes souvent hésitants, et que tous les hommes ne jugent pas le même motif de la même manière. Ainsi, le motif n'est donc pas une force absolue comme un objet physique, comme des poids dans les plateaux d'une balance, il n'a qu'une valeur morale, dont nous jugeons déjà librement.

La délibération terminée, la volonté se décide-t-elle toujours pour le motif qui a paru à la raison le meilleur? S'il en était ainsi nous ne ferions jamais de fautes, parce que nous agirions toujours conformément à notre conscience. Mais ne savons-nous pas que nous pouvons résister à la lumière et que nous y résistons trop souvent? *Video meliora proboque, Deteriora sequor*, a dit le poète. Je puis donc donner la préférence au motif qui me convient, sans tenir compte de la lumière de la raison. Le motif que je suis est un motif déterminant, mais il n'est pas nécessitant, puisque tout en lui obéissant, le sens intime m'atteste que je pourrais faire autrement et que, si j'agis ainsi, c'est uniquement parce que je le veux bien. C'est là précisément ce qui fait ma responsabilité, et c'est pour cela que l'acte que je produis est à mon honneur ou à ma honte.

Le déterminisme n'est qu'un fatalisme déguisé. On a donné ce nom à un système qui prétend que dans le monde tout s'enchaîne, que les phénomènes moraux, aussi bien que les phénomènes physiques, dépendent de causes antérieures et qu'il n'y a pas de place pour la liberté individuelle dans cette série ininterrompue de causes et d'effets. C'est le même raisonnement que le fatalisme religieux. Seulement ceux-ci attribuent à la nature cette force irrésistible que les autres mettent dans une puissance supérieure.

Les auteurs de ce système ne veulent pas du libre arbitre, parce qu'ils prétendent qu'on ne peut pas admettre en dehors de cette force générale une autre force individuelle sans troubler le concert, l'harmonie que présente le monde lorsqu'on le voit dans son unité obéissant à des lois qui s'enchaînent. Ainsi Leibnitz trouve que le libre arbitre, en mêlant des volontés arbitraires à ce magnifique ensemble, en interromprait le cours et serait ainsi en opposition avec le principe de causalité.

Dans l'intérêt de son système, il suppose dans l'âme humaine une détermination interne qui résulte de ses inclinations, de ses penchants, en un mot de tous les mobiles qui influent sur ses actions, il le soumet à ce déterminisme et il fait ainsi de l'homme ce qu'il appelle « un automate spirituel. »

Mais toutes ces hypothèses, utiles peut-être pour la régularité du système, sont contredites par l'expérience, et pour les renverser nous n'avons pas besoin de leur opposer autre chose que le témoignage du sens intime qui m'atteste que je suis bien moi-même la cause de mes actes, que j'en suis la cause libre et que cet enchaînement d'effets et de causes, qui existe ou qui n'existe pas hors de moi, n'a d'ailleurs aucune influence sur mes déterminations qui ne dépendent que de mon intelligence et de ma volonté.

Nous ne nions pas d'ailleurs l'influence que l'éducation, les habitudes, le tempérament, les passions et une foule d'autres causes internes ou externes peuvent avoir sur nos déterminations. Mais si ces influences affaiblissent le libre arbitre et nous permettent de plaider les causes atténuantes, elles ne nous autorisent pas à nier le libre arbitre lui-même.

Nier ou contester le libre arbitre est de soi une chose contradictoire. En effet, si nous ne sommes pas libres, dit Bergier, il est ridicule d'argumenter contre nous pour nous arracher l'opinion contraire. Car il n'est pas en notre pouvoir de choisir entre deux doctrines opposées, et nos adversaires doivent nous laisser voués à notre sentiment comme ils sont voués au leur.

SUJETS DE DISSERTATIONS FRANÇAISES

1. En quoi consiste la liberté? Quelles sont les différentes causes qui peuvent affaiblir ou détruire momentanément le libre arbitre?

2. Quelles ont été les principales objections des fatalistes et quelle est la meilleure réponse qu'on puisse leur faire ?

3. Des divers phénomènes moraux par lesquels se manifeste la croyance universelle des hommes à l'existence du libre arbitre.

4. Comment pourrait-on démontrer aux fatalistes qu'eux-mêmes ne croient pas réellement et effectivement à la doctrine qu'ils professent ?

5. *Video meliora proboque, deteriora sequor.* Que penser de cette maxime d'Ovide ?

6. Expliquer et réfuter cette proposition de Spinoza : *Hæc humana libertas, quam omnes se habere jactant, in hoc solum consistit quod homines sui appetitus sunt conscii et causarum quibus determinantur ignari.*

7. Analyser l'acte libre.

8. De quelles erreurs psychologiques et métaphysiques le fatalisme est-il la conséquence ?

CHAPITRE XVI

Diverses conceptions sur la matière et la vie.

Après avoir étudié les facultés de l'âme, il nous semble naturel de rechercher quelle est sa nature, si elle est distincte du corps, ou si elle ne fait qu'un avec lui. Mais avant de traiter cette question, nous allons exposer les diverses conceptions des philosophes sur la matière et la vie.

I. — DE LA MATIÈRE

La matière est l'être premier ou la substance en général dont les corps sont formés. Les philosophes ont recherché les éléments constitutifs des corps, c'est-à-dire les éléments essentiels dont ils sont formés.

Sur cette question difficile, les systèmes se sont multipliés, et l'on ne peut pas dire qu'elle est résolue.

Leucippe et Démocrite ont prétendu que les corps étaient formés d'atomes, c'est-à-dire de corpuscules étendus et indivisibles, qui sont tout à la fois durs et pesants et qui se meuvent dans le vide. C'est ce qu'on appelle le mécanisme physique.

Descartes a substitué au mécanisme physique le mécanisme géométrique. Pour lui le vide absolu n'existe pas. L'univers est plein et il n'y a pas entre les corps d'intervalles inoccupés. L'espace est infini, les corps sont nécessairement étendus et ils ne sont pas autre chose que des divisions de l'espace, qui est divisible à l'infini.

Au mécanisme de Descartes et des atomistes on peut opposer le dynamisme qui prétend tout expliquer par la force. C'est le système de Leibnitz. Ce philosophe remplace les atomes par des monades. Ces monades sont des substances simples douées d'activité. Elles ne se distinguent que par leurs différents degrés de développement. Les monades sans aperception, sans conscience, forment le monde matériel, tandis que les âmes des animaux et les âmes humaines sont plus parfaites.

Saint Thomas d'Aquin, d'après Aristote et les scolastiques, considère les corps comme formés de deux éléments, la matière première ou la matière en général qui est leur base commune et la forme qui les fait ce qu'ils sont. Ce système suppose l'unité de matière, ce que la science ne contredit nullement, et l'unité de force qui varie suivant les divers degrés de perfection que reçoivent les êtres. Cette dernière unité est conforme aux tendances de la science actuelle qui incline à rapporter tous les phénomènes physiques à une cause unique dont les effets varieraient suivant ses diverses applications.

Cette diversité dans l'unité explique les différences que l'on remarque dans les corps et qui fait qu'on distingue les corps bruts et les corps organisés, les corps vivants et les corps inanimés.

II. — La vie

La vie est dans les corps le principe interne du mouvement. Les corps inanimés ne se meuvent qu'en vertu d'une impulsion externe. Les corps vivants ont en eux le principe qui les fait croître, se développer, se mouvoir ou agir.

La vie a dans le monde ses divers degrés. Saint Thomas observe que la perfection de l'œuvre divine exigeait qu'elle fût composée d'êtres nombreux, différents les uns des autres, mais parfaitement unis et coordonnés de manière qu'on pût suivre graduellement l'échelle des êtres et la monter en passant des uns aux autres par des transitions presque inaperçues.

Ainsi les minéraux ou les choses privées de vie occupent le plus bas degré et sont considérés comme de simples substances. Au-dessus des minéraux se trouvent les plantes qui jouissent de la vie au degré le plus infime et qu'on désigne sous le nom de substances vivantes. A un degré plus élevé, nous rencontrons les bêtes qui ont la vie végétative et sensitive et que nous appelons des substances animales. Les unes se meuvent et les autres ne se meuvent pas. Celles qui ne se meuvent pas sont sur les confins du règne végétal, et y touchent de si près, qu'il y a des êtres dont le classement paraît presque incertain. Aux bêtes succède l'homme, qui se présente avec des degrés d'intelligence bien variés, depuis le crétin stupide jusqu'à l'homme du génie le plus élevé. Et enfin entre l'homme et Dieu sont les esprits purs, les intelligences qui offrent une variété peut-être plus riche et plus merveilleuse que celle que nous admirons dans la partie inférieure de la création.

Cette continuité dans l'ordre et la progression des êtres est aujourd'hui un principe reconnu par la science qui établit que la nature ne fait rien par bond, et que, comme le dit Bernouilli, rien ne saurait passer d'un extrême à l'autre sans passer par des degrés intermédiaires infiniment petits.

Placé au quatrième degré sur cette échelle des êtres, l'homme touche aux anges par son intelligence et aux animaux par son corps. On s'est demandé quel est le principe de sa vie corporelle, et sur ce point trois systèmes se sont produits, l'organicisme, le vitalisme et l'animisme.

L'*organicisme*, proposé et soutenu par un grand nombre de docteurs de la faculté de médecine de Paris, soutient qu'il existe dans chaque organe du corps des propriétés différentes des propriétés physiques et chimiques, et que ces propriétés, qui produisent et entretiennent la vie, résultent de la structure ou de la composition elle-même des organes. D'après ce système, la vie ne serait qu'un effet ou une résultante d'une certaine combinaison de la matière.

Le *vitalisme*, soutenu principalement par les médecins de Montpellier, par Lordat et ses disciples, par Maine de Biran, Jouffroy et l'école de Paris, prétendent que la vie n'est pas un effet, mais une cause. Un être n'est pas vivant parce qu'il est organisé, mais il est organisé parce qu'il est vivant; c'est la vie qui est la cause et le principe de son organisme. Ils distinguent dans la vie corporelle les opérations végétatives et locomotrices, les opérations sensitives et intelligentes. Jouffroy attribue les premières à un principe particulier qu'il appelle le principe vital, et ne laisse à l'âme que les opérations sensitives et intelligentes, parce que ce sont, dit-il, les seules dont elle ait conscience et et qu'elles suffisent d'ailleurs pour constituer sa personnalité. D'après ce système, l'homme serait composé de trois choses : du corps, du principe vital et de l'âme sensitive et raisonnable.

Les *animistes* rejettent l'organicisme parce qu'il est insuffisant pour expliquer la vie, et le vitalisme parce qu'il multiplie inutilement les êtres. Du moment que l'on reconnaît qu'il faut admettre un autre principe que la matière pour se rendre compte de la vie corporelle, ils soutiennent avec raison que l'âme intelligente et sensitive suffit pour expliquer la vie organique qui se manifeste par les opérations végétatives et locomotrices, et que son activité inconsciente rend compte parfaitement de tous ces mouvements. C'est le système de saint Thomas et de tous les scolastiques qui ne voient dans l'homme qu'un composé de deux êtres, l'âme et le corps.

Nous ne pouvons ici discuter ces systèmes. Nous ferons seulement deux remarques : la première, c'est que ces systèmes n'ont pas d'autre but que d'expliquer la vie organique et qu'ils ne sont ni les uns ni les autres inconciliables avec le spiritualisme. On peut être organiciste ou vitaliste et admettre parfaitement avec nous l'existence de l'âme raisonnable, distincte du corps. La seconde remarque, c'est que ces trois systèmes sont en opposition avec celui de Descartes qui enseigne qu'il n'y a dans l'homme qu'une seule âme, l'âme raisonnable, mais qui réduit les opérations du corps à un automatisme absolu, régi par les lois du mouvement ou de la mécanique, sans que l'âme y ait aucune part.

SUJETS DE DISSERTATIONS FRANÇAISES

1. Dire ce que vous savez sur les éléments constitutifs de la matière et sur les conceptions diverses des philosophes à ce sujet.
2. Qu'est-ce que la vie ? Quel en est le principe dans le corps de l'homme ?
3. Expliquer cette maxime : Dans la nature, il ne se fait rien par saut, les transitions entre les genres et les espèces sont ménagées avec le plus grand soin.
4. Démontrer la loi de continuité qui se manifeste dans l'univers, et expliquer par là la beauté et la magnificence de l'œuvre divine.

CHAPITRE XVII

L'esprit. Matérialisme et spiritualisme.

Après avoir parlé du principe de la vie organique dans l'homme, nous devons rechercher quelle est la nature du principe pensant et examiner si l'être qui sent, qui connaît et qui veut, est distinct du corps lui-même. Les matérialistes prétendent qu'il n'est qu'une des fonctions de la matière, et qu'il n'y a pas dans l'homme autre chose que le corps. Les spiritualistes soutiennent, au contraire, que le moi, qui a conscience de lui-même et qui est le principe des opérations sensitives et intellectuelles que nous avons décrites, est distinct du corps, que c'est un esprit qui a son existence propre et indépendante de celle du corps, et que l'homme est un composé de corps et d'esprit. C'est ce que nous nous proposons de démontrer en prouvant : 1° la distinction de l'âme et du corps ; 2° en exposant les systèmes des matérialistes et en répondant à leurs objections.

1. — Distinction de l'ame et du corps

Pour prouver que l'âme est un être distinct du corps, il n'y a pas d'autre moyen que de considérer ses opérations, et de voir si ses opérations sont compatibles avec la nature du corps tel que nous le connaissons, et si elles n'exigent pas une cause d'une nature toute différente. Nous allons donc examiner successivement toutes les opérations du moi que nous avons précédemment constatées et observées.

1° *La conscience,* — La conscience ou le sentiment du moi nous dit qu'il est un, qu'il est le principe unique et indivisible de toutes ses opérations, que le moi qui sent est le même que celui qui connaît et qui veut, et qu'on ne peut dans la réalité séparer une de ses facultés, et que si on les distingue cette distinction est purement rationnelle.

Elle nous dit qu'au milieu de cette multitude de phénomènes qui se succèdent à la surface du moi, il reste identique, c'est-à-dire que le moi d'aujourd'hui est celui d'hier, celui d'il y a dix ans, vingt ans, trente ans et plus, suivant l'âge de l'individu.

Elle nous dit que ce moi est libre d'agir ou de ne pas agir, en certains cas, qu'il est responsable de ses actions, qu'il en a le mérite et le démérite, et que c'est là-dessus que repose la personnalité humaine.

Tous ces caractères sont évidemment en opposition avec la nature des corps. Au lieu d'être un, simple, indivisible, les corps sont composés, multiples, divisibles indéfiniment ; les corps vivants sont soumis à la loi d'un mouvement moléculaire qui fait qu'ils perdent et qu'ils gagnent continuellement, et qu'après un temps donné ils sont complètement renouvelés et cessent d'être identiques avec eux-mêmes ; enfin, au lieu d'être actifs et maîtres de leurs mouvements, les corps sont inertes et soumis à une loi fatale, nécessitante, irrésistible. Leurs propriétés sont donc diamétralement contraires à celles du moi.

2. *La sensation*. — La sensation ne se compose pas seulement d'une impression et d'un ébranlement nerveux communiqué au cerveau, mais elle exige une réaction, et cette réaction ne se communique qu'autant qu'il y a dans le corps un autre agent que le corps lui-même.

De plus, quand j'ai éprouvé une sensation, j'en conserve le souvenir. Je me rappelle une douleur ou une jouissance que j'ai éprouvée il y a dix, vingt, trente et quarante ans, et même davantage. Nous avons vu qu'il était ridicule de ne voir dans le souvenir qu'une sensation continuée, mais affaiblie. Il faut que le fait soit recueilli par un autre agent que le corps, qu'il soit conservé et reproduit par cet agent.

3. *La perception et l'imagination*. — La perception externe se produit au moyen des sens qui nous mettent en rapport avec les choses sensibles. Si cette perception est un phénomène purement corporel, comment s'expliquer l'unité de ces perceptions, qui aboutissent toutes à un centre unique, formant un *sensorium commune* qui les résume toutes.

Une fois le moi en possession de ces images, il s'en empare, les combine, en forme des êtres nouveaux tels qu'il n'en existe pas. Le corps ne peut reproduire que ce qui est. Un miroir, un instrument de photographe reproduit les objets qu'on lui présente. Mais, si le moi n'est pas autre que le corps lui-même, d'où lui vient cette faculté créatrice qui lui permet d'inventer, de créer des choses qui n'existent pas.

4. *L'abstraction et la généralisation*. — Quand le moi est en possession d'un objet, il fait abstraction de certaines propriétés ou il généralise l'objet lui-même, et arrive à un concept qui n'a pas de réalité extérieure. Si le moi n'est que le corps ou sa résultante, comment peut-il créer des abstractions purement immatérielles? La longueur, sans les autres dimensions, le nombre abstrait, l'idée générale d'homme, la vertu, le vice ne sont pas des réalités sensibles.

Comment le moi les produit-il, et peut-il s'en enrichir en quelque sorte s'il n'est pas de même nature que ces idées, c'est-à-dire spirituel comme lui ?

5. *La mémoire.* — Le corps n'existe que dans le présent et n'agit que sur des choses présentes. La mémoire, au contraire, n'agit que sur le passé. Elle conserve ce qui a été et nous le rappelle. Où faut-il placer les immenses connaissances que possèdent des hommes comme Leibnitz, Bossuet, si nous n'avons pas d'autres ressources que celles du cerveau. Cet organe se renouvelle comme tous les corps vivants, comment les souvenirs subsistent-ils au milieu de cette transformation constante ?

6. *La comparaison, le jugement.* — La comparaison et le jugement exigent au moins deux termes. Or, pour que nous puissions juger et comparer ces deux termes, il faut, de toute nécessité, qu'ils se réunissent dans un centre commun, qui soit un, qui soit simple, et, par conséquent, spirituel. Si ce centre a seulement deux parties, dit La Romiguière, où placerez-vous les deux idées que vous comparez? Seront-elles toutes deux dans chaque partie? ou l'une dans une partie, et l'autre dans l'autre? Si les idées sont séparées, la comparaison est impossible; si elles sont réunies dans chaque partie, il y a deux comparaisons à la fois, et mille si vous supposez l'âme composée de mille parties.

« Je regarde une vue agréable, dit le Père Buffier, j'écoute un beau concert; ces deux sentiments sont également dans toute l'âme. Si l'on y supposait deux parties, celle qui entendrait le concert n'aurait pas le sentiment de la vue agréable, puisque l'une n'étant pas l'autre, elle ne serait pas susceptible des affections de l'autre. L'âme n'a donc point de parties; elle compare divers sentiments qu'elle éprouve. Or, pour juger que l'un est douloureux et l'autre agréable, il faut qu'elle soit une même substance très simple. Si elle avait seulement deux parties, l'une jugerait de ce qu'elle entendrait de son côté, et l'autre de ce qu'elle sentirait en particulier du sien, sans qu'aucune des deux pût faire la comparaison et porter son jugement sur les deux sentiments. »

C'était le raisonnement qui faisait le plus d'impression sur Bayle. Il prétendait qu'on pouvait dire, sans hyperbole, que c'était une démonstration aussi assurée que celle de la géométrie, et aussi évidente pour les personnes intelligentes en état de suivre une discussion.

7. *Le raisonnement*. — Le raisonnement procède par induction ou par déduction.

Dans le raisonnement par induction, la matière est fournie par l'observation, et se compose de choses sensibles. Mais la forme est une généralisation dont le corps n'est pas capable.

Nous ferons la même remarque pour le raisonnement par déduction ; la matière peut être sensible, mais la forme ne l'est pas. Si je suis une démonstration de géométrie, la proposition, la figure, les lettres sont des choses qui tombent sous les sens, mais la forme même du raisonnement, la perception des rapports est une opération purement intellectuelle. On peut faire dans cette circonstance d'une façon si nette et si positive la part des sens et de l'entendement, qu'il est impossible de les confondre.

8. *La volonté*. — Les corps sont de leur nature inertes. Ils n'ont de mouvement que celui qu'on leur communique, ils ne le perdent quand ils l'ont reçu que par suite des résistances qu'ils rencontrent et ils acquièrent une rapidité et une direction qui résultent si fatalement de l'impulsion qu'ils ont reçue qu'on peut à l'avance les calculer. Rien de semblable dans l'activité de la volonté raisonnable. Elle se donne elle-même son mouvement, elle l'accélère, le ralentit ou l'arrête comme il lui plaît ; elle le dirige et le règle et est complètement maîtresse de ses actes libres. Elle est si distincte du corps qu'elle le régit et le commande et qu'elle règne sur les puissances inférieures du moi. Il en résulte comme deux hommes distincts, l'homme des sens et l'homme de la raison, et cette dualité crée deux êtres si profondément séparés que l'un peut tuer l'autre, comme cela arrive dans le suicide.

9. *Le langage*. — Les langues sont encore une preuve sensible de la distinction du corps et de l'esprit. Quand on

les considère dans leurs causes, dans leur formation, on voit qu'elles sont essentiellement abstraites et analytiques. Elles sont donc produites par cette faculté que nous avons d'abstraire et de généraliser qui ne peut appartenir, comme nous l'avons vu, au corps. Si nous les considérons dans leurs effets, c'est le son qui est le véhicule de l'idée. Le son pris matériellement devrait produire toujours le même effet. Les mêmes mots devraient toujours provoquer les mêmes idées, s'entendre dans le même sens. Il ne devrait pas y avoir des sons aussi variés que ceux qui se trouvent dans les différentes langues pour faire naître la même idée. Et dans une même langue le même mot ne devrait avoir qu'une signification et il ne serait pas possible de le prendre ironiquement et de lui donner un sens contraire.

Ces preuves et une foule d'autres que l'on peut donner ont rendu si manifeste la distinction de l'âme et du corps que tous les hommes, dans tous les temps, dit le docteur Béraud, ont cru à l'existence distincte de l'âme, comme ils ont cru à l'existence du corps. Le matérialisme est une doctrine particulière qui a été soutenue par quelques philosophes qui se sont mis en opposition avec le témoignage du genre humain.

II. — Des systèmes matérialistes. Réfutation de leurs objections.

La principale secte matérialiste fut, dans les temps anciens, l'école d'Epicure qui supposait l'âme matérielle et composée d'atomes, comme le corps.

Bacon fut, au seizième siècle, le père du sensualisme, mais il ne nie pas la distinction de l'âme et du corps et quoique ses principes mènent au matérialisme il ne professe pas cette erreur. Nous en dirons autant de Locke, un de ses plus illustres disciples.

Les esprits forts renouvelèrent cette erreur au dix-septième et au dix-neuvième siècle. Les matérialistes les plus célèbres furent Hobbes et Collins en Angleterre, Helvétius, d'Holbach, Cabanis et Broussais en France. Ils prétendirent expliquer tous les actes du moi par l'organisation et surtout par l'action du cerveau.

Les matérialistes contemporains, Auguste Comte, Taine, Littré ont pris le nom de *positivistes*. Ils ne veulent tenir compte que des faits qui tombent sous les sens, et prétendent qu'on ne peut savoir si ces faits sont produits par des causes et des substances. Le moi n'est pour eux qu'une collection de phénomènes que l'on ne peut rattacher à rien. D'après ce système on ne peut pas plus affirmer l'existence des corps que celle des esprits, puisqu'on ne saisit pas plus la substance et la cause des uns que des autres.

Voici leurs objections :

Première objection. — Nous ne connaissons ni la substance de l'âme, ni la substance du corps, ni leurs propriétés, nous ne pouvons donc ni les affirmer, ni les distinguer.

Réponse. — Nous avouons que nous ne connaissons parfaitement ni la substance de l'âme, ni celle du corps, mais pour affirmer l'existence d'une chose et la distinguer d'une autre, il n'est pas nécessaire d'en connaître toutes les propriétés. Il suffit que l'on puisse constater dans chacune d'elles des propriétés contradictoires incompatibles dans un même sujet. Assurément, dit Maine de Biran, l'âme s'ignore complètement elle-même à titre de substance; mais à titre de force et de cause libre, elle s'aperçoit et se connaît bien mieux qu'elle ne connaît toutes les forces de la nature. En comparant les effets qu'elle produit comme une intelligence libre nous savons que la matière ne pourrait rien produire de semblable et qu'il en est de même pour tous les phénomènes psychologiques. Il ne nous en faut pas davantage pour affirmer qu'il y a en nous un principe d'action d'une autre nature que le corps.

Deuxième objection. — Nous ne devons affirmer que les faits qui tombent sous les sens. « Je ne crois pas à l'âme, disait Broussais, car je ne l'ai jamais trouvée au bout de mon scalpel. »

Réponse. — Il y a là une véritable pétition de principes. Pourquoi dire que l'on ne doit rien affirmer que les faits qui tombent sous les sens? C'est précisément la question. Les sens ne sont pas nos seuls moyens de connaître. Nous avons la conscience, nous avons la raison. Pourquoi rejeter *a priori* les idées qui nous viennent par ces deux facultés? Pour expliquer la vie il faut bien supposer dans l'organisme une certaine force. Tombe-t-elle sous le scalpel du chirurgien? A-t-il rencontré la pensée, le raisonnement, la mémoire, l'inspiration et toutes nos autres facultés? Est-ce une raison pour les nier?

Troisième objection. — La pensée est un produit du cerveau. Nous concluons avec certitude, dit Cabanis, que le cerveau dirige les impressions et qu'il fait organiquement la sécrétion de la pensée. — L'âme, dit Broussais, est un cerveau agissant et rien de plus. — « Le vice et la vertu, dit Taine, sont des produits du cerveau, comme le sucre et le vitriol. » — « La pensée est inhérente à la substance cérébrale, dit Littré, comme la contractibilité aux muscles, et l'élasticité aux cartilages. »

Réponse. — On conçoit à peine que des hommes aussi distingués mettent la circulation du sang, la digestion de l'estomac et les fonctions les plus grossières des organes sur la même ligne que l'idée, le jugement, le raisonnement et toutes les opérations les plus élevées de l'intelligence. Quand même on aurait démontré, ce que la science n'a pas fait, que le cerveau est le principe de la vie organique et sensitive du corps, on ne serait pas autorisé à en conclure qu'il est aussi le principe de nos idées, de nos jugements, de nos raisonnements et de toutes les autres opérations intellectuelles. Nous avons prouvé par des faits indéniables que tous ces phénomènes sont incompatibles avec la matière et qu'ils sont nécessairement produits par un sujet de nature différente. Tant qu'on n'aura pas réfuté nos preuves, nous ne verrons qu'une affirmation ridicule et gratuite dans cette formule qu'on répète avec tant de complaisance; que le cerveau sécrète la pensée, comme le foie sécrète la bile.

Quatrième objection. — L'âme est la résultante de toutes les fonctions du corps; elle ressemble à une harmonie que mille sons concourent à former.

Réponse. — Ceci n'est encore qu'une affirmation sans preuve, une simple pétition de principes, comme les objections précédentes. Car pour affirmer que l'âme est une résultante il faudrait le prouver. L'expérience démontre qu'au lieu d'être un effet, elle est une cause. Les vitalistes prouvent qu'au lieu d'être le résultat des organes, elle en est la cause. Elle les précède et contribue à leur formation. Une harmonie n'est qu'une abstraction. L'âme est au contraire une substance, un être agissant. La comparaison ne vaut donc pas mieux que l'idée qu'elle cherche à expliquer.

Cinquième objection. — L'exacte correspondance de la vie morale et de la vie corporelle. L'âme se développe avec le corps et participe à tous ses changements. Elle a comme lui son enfance, son âge mûr et sa vieillesse. Comme le dit Lucrèce :

> Gigni pariter cum corpore et una
> Crescere sentimus pariterque senescere mentem.

L'âme se ressent des infirmités, des maladies du corps et réciproquement le corps souffre des impressions de l'âme. On prétend que cette correspondance n'existerait pas si le corps et l'âme étaient des substances réellement distinctes l'une de l'autre.

Réponse. — Cette concordance n'est pas aussi rigoureuse que les matérialistes le supposent. Il n'est pas rare de voir de belles intelligences, des âmes fortes dans des corps usés et débiles et réciproquement. Au lieu de voir là une raison pour nier la dualité de substance, nous croyons au contraire que l'influence réciproque du moral sur le physique est la preuve la plus éclatante de leur existence. Car pour troubler le corps il n'est pas nécessaire d'un coup, d'un choc violent, il suffit d'une mauvaise ou d'une bonne nouvelle apportée par une lettre ou un journal. A la lecture de cette nouvelle la personne peut être transportée de joie ou jetée dans un profond chagrin. Quel rapport y a-t-il entre l'effet et la cause qui la produit? Comment se fait-il que l'âme soit si profondément émue sans que le corps ait été impressionné? Par suite de l'union de l'âme et du corps, ces deux substances doivent agir l'une sur l'autre et la Providence a voulu qu'il y eût entre elles de l'harmonie puisqu'elles ne doivent former qu'un seul et même individu. Le corps est nécessaire à l'âme pour certaines opérations; si un organe vient à manquer, c'est un musicien privé de son instrument. Par exemple si le sens de la vue fait défaut, l'âme n'aura pas l'idée des couleurs; si c'est l'ouïe, elle n'aura pas l'idée des sons. Mais cela ne prouve pas que les yeux perçoivent les couleurs, et les oreilles les sons; cela montre seulement qu'ils sont la condition essentielle du phénomène. La condition manquant, le phénomène ne se produit pas. C'est ce que l'on verra sensiblement en étudiant les rapports de l'âme et du corps dans le chapitre suivant.

SUJETS DE DISSERTATIONS FRANÇAISES

1. Réfuter cette opinion de Condillac et de Kant : « Le moi échappe au sens intime ; le moi n'est que la collection de nos sensations et de nos pensées. » Montrer les conséquences d'une pareille erreur.
2. Distinguer par leurs caractères essentiels l'âme du corps.
3. Prouver, par l'analyse des conditions de la pensée et de la responsabilité, que le principe des faits psychologiques doit être *un*, *simple* et *identique*.
4. Exposer et discuter les objections du matérialisme contre la distinction de l'âme et du corps.
5. Montrer les désastreuses conséquences du matérialisme.

CHAPITRE XVIII

Rapports du physique et du moral. Le sommeil, les rêves, le somnambulisme, l'hallucination, la folie.

L'âme et le corps sont distincts, mais tout distincts qu'ils sont, ils sont en même temps unis et c'est leur union qui fait l'homme. Cette question peut être considérée au point de vue métaphysique, c'est-à-dire au point de vue du rapport des substances et c'est alors la question de l'union de l'âme et du corps proprement dite, ou au point de vue empirique, c'est-à-dire au point de vue des faits, et c'est ce qu'on entend par les rapports du physique et du moral. Cette seconde question est la seule qui soit inscrite au programme, mais avant de la traiter nous croyons utile de dire un mot de la première, parce que nous ne pouvons l'omettre complètement sans laisser une grande lacune dans cette partie de la psychologie.

I. — De l'union de l'âme et du corps

Les philosophes qui n'ont pas eu de l'homme une juste idée ont complètement faussé la solution de cette question.

Pour Platon, le corps n'est, par rapport à l'âme, qu'un instrument. Il définit l'homme, une âme qui se sert d'un corps. Bossuet accepte cette définition en ce qu'elle fait ressortir la supériorité de l'âme sur le corps, mais il la combat ou s'empresse de l'expliquer parce qu'elle a le tort de ne pas reconnaître l'union intime qui existe entre l'âme et le corps. « Il y a, dit-il, une certaine différence entre les instruments ordinaires et le corps humain. Qu'on brise le pinceau d'un peintre ou le ciseau d'un sculpteur, il ne sent point les coups dont ils ont été frappés ; mais l'âme sent tous ceux qui blessent le corps ; et au contraire elle a du plaisir quand on lui donne ce qu'il lui faut pour s'entretenir. Le corps n'est donc pas un simple instrument appliqué par le dehors, ni un vaisseau que l'âme gouverne à la manière d'un pilote. Il en serait ainsi si elle n'était simplement qu'intellectuelle ; mais parce qu'elle est sensitive, elle est forcée de s'intéresser d'une façon plus particulière à ce qui le touche, et de le gouverner non comme une chose étrangère, mais comme une chose naturelle et intimement unie. » (*Conn. de Dieu*, III, xx.)

La définition de M. de Bonald : « L'homme est une intelligence servie par des organes, » n'est qu'une élégante traduction de celle de Platon et mérite par conséquent le même reproche.

Descartes a eu aussi le tort de considérer l'âme humaine comme une pure intelligence. Ayant mis l'essence de l'âme dans la pensée, il en conclut que l'homme existe, par là même qu'il pense ; l'union de l'âme et du corps n'est qu'accidentelle, comme le suppose Platon, et il n'est pas nécessaire que l'homme ait un corps pour exister.

Les systèmes des causes occasionnelles, du médiateur plastique, de l'harmonie préétablie supposent que l'âme et le corps sont indépendants l'un de l'autre par nature et que leur union est plus apparente que réelle.

La théorie de Descartes et les systèmes de ses disciples sont en opposition avec la doctrine de saint Thomas qui enseigne avec Aristote et les Pères de l'Église que l'union de l'âme et du corps est une union substantielle qui constitue dans l'âme une double unité, l'unité de nature et l'unité de personne.

L'unité de nature fait que nous attribuons au corps certaines opérations de l'âme et à l'âme certaines opérations du corps, parce que nous voyons le corps concourir à certaines opérations de l'âme et l'âme concourir de même à certaines opérations du corps. Ainsi nous disons que notre corps sent quoique la sensation soit une action propre à l'âme, parce que les sensations sont produites à la fois par le corps et par l'âme, et d'autre part nous disons que l'âme se porte d'un lieu à un autre en raison de son union avec le corps qui accomplit ce mouvement.

L'unité de personne fait que nous attribuons au même moi les opérations de l'âme et les opérations de l'âme et du corps réunis. Ainsi nous disons : *je pense, je veux,* comme nous disons : *je souffre, je marche,* etc. Cette communication des opérations du corps et de l'âme provient de ce que l'âme et le corps pris en particulier sont des substances incomplètes qui, réunies, forment un être unique, une seule personne qui est l'homme.

Descartes et les platoniciens pour s'éloigner du matérialisme ont tellement séparé l'âme du corps qu'ils tendent à l'idéalisme où la logique les précipite. La doctrine aristotélicienne de saint Thomas évite cet écueil. Elle maintient la distinction du corps et de l'âme, mais elle les unit substantiellement et arrive ainsi à rendre compte de la concordance qui existe entre ces deux substances et dont les matérialistes ont essayé si mal à propos de faire une objection contre leur distinction. Car tout distincts qu'ils sont, du moment que le corps et l'âme sont si intimement unis qu'ils ne font qu'un composé, il est nécessaire que ce qui se passe dans l'un ait son contre-coup ou son retentissement dans l'autre et que le physique agisse perpétuellement sur le moral et réciproquement.

II. — RAPPORTS DU PHYSIQUE ET DU MORAL

Pour exposer d'une manière complète les relations de l'âme et du corps, il faudrait décrire l'influence du physique sur le moral, ou du corps sur l'âme et l'influence du moral sur le physique ou de l'âme sur le corps.

Les causes qui agissent le plus profondément sur l'âme par le moyen du corps sont, d'après Cabanis, l'âge, le tempérament, la maladie, le régime, le climat.

Les idées, les goûts, les sentiments et les désirs sont tout autres dans l'enfant que dans le jeune homme, dans l'homme mûr que dans le vieillard. C'est l'observation que font tous les rhéteurs pour enseigner aux poètes et aux littérateurs les précautions qu'ils ont à prendre pour mettre leur style en rapport avec les caractères divers de leurs auditeurs.

Tout le monde sait que le tempérament a la plus grande influence sur nos passions et qu'il décide souvent de nos préférences au point de vue de nos opinions et de nos sentiments.

La maladie et la santé rendent l'esprit dispos ou abattu. La souffrance ne nous permet pas de nous appliquer et de suivre nos idées, et, en nous enlevant la vigueur de l'esprit, elle énerve encore plus souvent la volonté.

Une vie molle et efféminée rend l'âme lâche et sans énergie, une vie déréglée trouble ses facultés et les affaiblit, tandis qu'un régime sobre et régulier triple ses forces, rend le travail de la pensée lui-même plus facile et plus fécond.

Enfin le climat a aussi son action sur l'intelligence et la volonté. On remarque une grande différence entre l'homme du nord et celui du midi et l'imagination surtout reflète à merveille le caractère du monde extérieur qui l'excite et l'alimente. Elle est sombre ou gaie suivant qu'elle s'est développée dans un pays triste ou agréable.

L'influence du moral sur le physique ou de l'âme sur le corps n'est pas moins constante, car si elle dépend du corps pour les opérations sensitives, dans les opérations intellectuelles elle est ordinairement libre, et elle étend son empire presque sur tous les membres qui obéissent à sa volonté. Les affections qu'elle ressent ont aussi leur contre-coup dans le corps lui-même, et si les maladies du corps nuisent à ses opérations, ses chagrins, ses contrariétés agissent aussi sur les fonctions des sens et il arrive même que les souffrances morales ont plus d'action sur le corps que les souffrances physiques n'en ont sur l'âme.

Nous devons nous borner à signaler ici la réciprocité de cette influence. Nous n'avons à traiter que de quelques faits particuliers qui résultent de ces relations ; ce sont le sommeil, les rêves, le somnambulisme, l'hallucination et la folie.

III. — LE SOMMEIL, LES RÊVES, LE SOMNAMBULISME L'HALLUCINATION ET LA FOLIE.

1. Le sommeil est un besoin périodique de la nature, comme la faim et la soif. Tous les êtres vivants y sont soumis. Les plantes elles-mêmes ont une espèce de sommeil.

Il y a le sommeil du corps et le sommeil de l'âme. Dans le sommeil du corps, les fonctions organiques se ralentissent. Les sens ne fonctionnent plus, mais ils conservent leur sensibilité. Les muscles se relâchent et cessent d'agir, la circulation se ralentit, les sécrétions sont moins abondantes, la chaleur animale baisse et la respiration devient plus lente et plus profonde.

Dans le sommeil de l'âme, l'intelligence cesse ses relations avec le monde extérieur, la perception externe ne se fait plus, les idées sont plus incohérentes, la volonté n'exerce plus son empire sur le corps et la conscience n'a plus qu'un vague sentiment de ce qui se passe en nous.

Le sommeil a ses degrés ; il est plus ou moins profond suivant les dispositions d'esprit et de corps où l'on se trouve. Souvent certains organes de la vie de relation conservent leur activité, comme quand on dort debout ; quelquefois tous les sens ne sont qu'assoupis ; il y en a qui veillent lorsque les autres sont endormis. Après que les yeux sont fermés, on entend, on sent et on se meut. Mais quelle que soit la profondeur du sommeil, jamais le corps n'est mort, ni l'âme éteinte. Il y a toujours de la vie dans l'un et dans l'autre, seulement elle est restreinte et affaiblie.

2. L'activité de l'âme se manifeste tout particulièrement par les *rêves*. La volonté n'exerçant plus son empire sur les autres facultés et ne surveillant plus leurs opérations, les pensées se succèdent et s'enchaînent d'une manière mécanique et fortuite et il en résulte des associations d'idées plus ou moins bizarres, qui constituent les rêves.

Maine de Biran dans ses *Considérations sur le sommeil* distingue : 1° les rêves *affectifs* où la sensibilité prédomine, dont les cauchemars font partie ; 2° les rêves *intuitifs* qui ont pour base la vue et qui nous font croire que nous voyons les objets, comme si nous les percevions ; 3° les songes *intellectuels* où l'on raisonne et où l'on rencontre quelquefois la solution de problèmes qu'on a inutilement cherchée pendant la veille ; 4° les rêves *en action* ou le somnambulisme pendant lesquels on agit, comme si l'on était éveillé.

Les rêves dépendent beaucoup de l'état de santé où l'on se trouve et des idées dont on est préoccupé avant de s'endormir. Si l'on est souffrant, si l'estomac est mal disposé on a ordinairement des rêves pénibles ; si on est préoccupé par quelque affaire grave ou sérieuse, l'esprit y revient souvent pendant qu'il dort.

3. Le somnambulisme est une espèce de sommeil fort

extraordinaire. Le somnambule reste en rapport jusqu'à un certain point avec le monde extérieur. Il entend celui qui lui parle et obéit à sa volonté. Ses rêves sont moins incohérents que les rêves ordinaires, il conserve un certain empire sur quelques-unes de ses facultés. Il marche et souvent il le fait avec autant de facilité et de sûreté que s'il y voyait.

On distingue le somnambulisme naturel et le somnambulisme artificiel. Celui-ci est provoqué par les passes magnétiques ou par d'autres moyens. La superstition et le charlatanisme s'en sont emparés pour tromper la crédulité du vulgaire. Mais tout en protestant contre l'abus qu'on en fait, la science ne peut contester l'existence de ces phénomènes restés pour elle inexplicables.

4. L'hallucination est le rêve d'un homme éveillé. Cet état morbide tient au dérangement des facultés intellectuelles et principalement au désordre de l'imagination. L'halluciné objective des sensations ou des images purement internes et se les représente comme si elles existaient hors de lui. Seulement, tout en voyant les images de ces objets intérieurs, il n'en est pas dupe. Son intelligence sait que ce ne sont que des fantômes et il ne les prend pas pour des réalités.

J'ai connu un peintre qui s'était fatigué l'imagination et qui avait toujours devant lui des images qui se combinaient sous l'action de sa volonté et qui formaient une série de tableaux se succédant comme s'il s'était promené au milieu d'une galerie richement ornée. Il ne pouvait se défaire de ces images qui l'obsédaient et le rendaient par moment très malheureux.

Si l'on arrivait par excès de fatigue à prendre ces images pour des réalités, on tomberait dans la folie.

5. La folie ou l'aliénation mentale est la privation totale ou partielle de la raison. Suivant les différentes formes que revêt cette maladie de l'esprit ou du corps, on lui donne les noms d'idiotisme, de démence, de monomanie, ou de manie.

L'idiotisme est la stupidité, l'hébétement de l'individu. Ses facultés intellectuelles paraissent éteintes.

La démence est un affaiblissement de l'intelligence et de la volonté qui amène des aberrations insensées, mais qui ne sont qu'accidentelles.

La monomanie est un délire partiel qui ne porte que sur un point déterminé. Celui qui en est atteint peut se croire Dieu, duc, poète ou général, se figurer que tout le monde lui en veut, qu'on le vole ou qu'on lui doit de l'argent. Il ne paraîtra pas malade si on lui parle d'autre chose, mais aussitôt qu'on touche à l'objet de sa folie, il déraisonne sans qu'on puisse le faire revenir de son erreur.

La manie est une folie universelle qui envahit l'intelligence tout entière. Elle peut être accompagnée d'une irascibilité qui aille jusqu'à la fureur. Ce fou est dangereux et on est obligé de le séquestrer et de lui ôter parfois la liberté de ses mouvements.

Ce que nous avons dit de l'union substantielle de l'âme et du corps fait voir que ces désordres peuvent provenir de la maladie des organes. L'âme étant privée des instruments qui lui sont nécessaires pour percevoir les objets intérieurs ou pour raisonner, le cerveau ne remplissant plus qu'imparfaitement ses fonctions, l'intelligence n'en obtient plus que des notes fausses et discordantes et la perturbation du corps devient alors la cause de la perturbation de l'esprit.

D'autres fois le siège et le principe du mal peuvent être dans l'intelligence elle-même. Un grand chagrin, des passions violentes que l'on n'a pas réprimées, une frayeur subite, des lectures mauvaises qui ont exalté l'imagination outre mesure, la concentration de l'esprit sur un seul point, son application trop forte et trop continue à des études abstraites et difficiles, et une foule d'autres causes morales et intellectuelles peuvent troubler la raison et produire une folie totale ou partielle.

SUJETS DE DISSERTATIONS FRANÇAISES

1. Platon a défini l'homme : *Une âme qui se sert d'un corps* ; — Aristote : *Un animal raisonnable* ; — De Bonald : *Une intelligence servie par des organes.* — Expliquer ces trois définitions, et, s'il y a lieu, les critiquer.

2. Prouver, par les principaux résultats de la science de l'âme, la vérité de cette phrase de Pascal : « A mesure que l'on a plus de lumière, on découvre plus de grandeur et de bassesse dans l'homme. »

3. Exposer les principaux faits par lesquels se manifeste l'influence du physique sur le moral, et réciproquement l'empire du moral sur le physique.

4. Dites-nous ce que vous savez sur le sommeil, les rêves et le somnambulisme.

5. Quelles sont les causes de l'hallucination ? En quoi diffère-t-elle de la folie ?

6. Des divers caractères de la folie et de ses différentes causes.

CHAPITRE XIX

Éléments de psychologie comparée.

La psychologie comparée prise dans toute son étendue impliquerait : 1° une comparaison de l'homme avec lui-même aux différents âges et dans les divers états qu'amènent la santé et les maladies ; 2° une comparaison de l'homme avec ses semblables, pour étudier les différences de nations, de races ; 3° une comparaison de l'homme avec les animaux. Les deux premiers points de vue appartiennent à l'anthropologie ; nous ne nous occuperons ici que du troisième et nous traiterons de l'existence de l'âme des bêtes et de la différence entre cette âme et l'âme humaine.

I. — DE L'EXISTENCE DE L'AME DES BÊTES

1. Saint Augustin nous apprend que parmi les philosophes anciens il y en avait un grand nombre qui regardaient les bêtes comme de pures machines habilement construites. Les stoïciens et les cyniques étaient particulièrement de cet avis. Pythagore et ses disciples, Anaxagore et Parménide, Plutarque, Porphyre, Celse et les manichéens leur accordaient au contraire une âme intelligente et raison-

nable. Aristote, qui s'étend longuement sur cette question, soutient qu'elles ont une âme, mais que cette âme est purement sensitive. C'est l'opinion qu'ont embrassée les Pères de l'Église et les scolastiques et que suivent presque tous les philosophes modernes.

Descartes a ressuscité au dix-septième siècle l'opinion des stoïciens et des cyniques et a prétendu que les bêtes sont de purs automates, des machines habilement construites, comme serait une horloge, que leurs mouvements s'accomplissent d'après des lois purement mécaniques et qu'elles n'ont ni activité propre ni sensibilité.

Condillac, à l'exemple de Montaigne, de Charron et de quelques autres écrivains, a reproduit le sentiment des Pythagoriciens et reconnu chez les bêtes des facultés intellectuelles, mais resserrées dans de plus étroites limites que dans l'homme. Frédéric Cuvier et Flourens distinguent dans les bêtes des opérations intellectuelles, mais ils disent que leur intelligence est dépourvue de réflexion et que c'est là ce qui les rend incapables de tout progrès.

Locke et Leibnitz sont sur ce point du sentiment d'Aristote. Buffon ne s'en éloigne pas beaucoup non plus; car s'il accorde aux bêtes le sentiment et la conscience actuelle, il leur refuse la pensée, la réflexion, la mémoire et les idées.

2. Nous ne croyons pas qu'on puisse considérer les bêtes comme des automates.

Si elles n'étaient que des machines, elles seraient assujetties aux lois constantes et immuables qui régissent les corps. Elles n'auraient d'autre mouvement que celui qui leur serait communiqué par une impulsion extérieure, ce mouvement serait proportionné à l'impulsion reçue, il conserverait la même vitesse et la même direction, tant qu'il ne serait pas arrêté ou poussé dans un autre sens par une cause contraire. Or l'animal a son mouvement propre, il obéit au moindre signe, il s'approche ou s'éloigne, marche ou se repose à son gré.

Il est pourvu, comme nous, de tous les organes internes et externes nécessaires à la vie sensitive. Or, comme le dit saint Thomas, les organes sont faits pour les facultés. Ces organes seraient absolument sans objet, s'ils n'avaient pas la vie sensitive, ou plutôt Dieu ne les aurait ainsi conformés que pour se jouer de nous et nous rendre dupes d'une illusion qui est vraiment irrésistible. Car comment croire, comme dit saint Augustin, qu'ils n'ont pas des yeux pour voir, des oreilles pour entendre, des narines pour percevoir les odeurs, une bouche pour discerner les saveurs, surtout quand on remarque que plusieurs l'emportent sur nous par la perfection de leurs sens, par la facilité et la rapidité de leurs mouvements, par la vigueur de leurs forces et par la solidité persistante de leur corps?

Les cartésiens prétendent que leur système a l'avantage de faire ressortir avec plus d'éclat la puissance de Dieu, et de couper court à l'erreur des matérialistes et des incrédules qui ne distinguent pas l'âme de l'homme de l'âme des bêtes.

Philosophiquement, ces considérations ne sont d'aucune valeur. Nous devons mettre la vérité avant tout. Si les bêtes ont une âme, nous devons le reconnaître sans nous préoccuper des conséquences qu'en tireront les matérialistes ou les incrédules.

Mais au lieu de servir la vraie doctrine, comme il le suppose, l'opinion de Descartes lui est contraire. Car si Dieu peut faire des machines qui ne soient pas soumises aux mêmes lois que les corps, tous les arguments que nous avons pris dans cet ordre d'idées pour les opposer au matérialisme deviennent nuls. Qui nous dit que nous ne sommes pas nous-mêmes des machines? Pour arriver à cette conclusion, Lamettrie, dans son *Homme-Machine*, n'eut besoin que de reprendre les arguments de Descartes contre les animaux et de les retourner contre l'homme.

D'un autre côté, si un sentiment naturel aussi bien fondé que celui qui nous fait croire à l'existence de l'âme dans les bêtes peut être erroné, à quoi désormais pouvons-nous croire? Nous ne pouvons plus, comme dit Bayle, mettre notre confiance dans aucune vérité.

II. — De la différence entre l'homme et la bête

Mais si, à moins d'être sceptiques, nous sommes obligés de reconnaître que les bêtes ont une âme, il n'en est pas moins certain que cette âme est essentiellement différente de la nôtre.

L'animal connaît, mais sa connaissance ne va pas au delà des choses sensibles. Il ne sait ni abstraire, ni généraliser, ni comprendre, ni juger, ni raisonner. Le monde intellectuel est fermé pour lui.

L'animal a des sentiments, il voit, il entend, il crie, mais ses sensations s'arrêtent aux impressions qu'il éprouve, et il n'a pas la faculté de les raisonner, de les comparer, de les redresser au besoin et de les modifier.

L'animal se représente les objets sous des images, mais son imagination n'est pas créatrice et il ne peut atteindre au sentiment du beau ni aux formes multiples sous lesquelles nous le saisissons et nous pouvons le reproduire.

L'animal a de la mémoire, mais sa mémoire s'arrête aux objets qui ont frappé ses sens, et il n'a pas la mémoire intellectuelle qui enrichit l'entendement humain et qui l'alimente.

L'animal a des affections qui naissent de ses besoins corporels et de ses appétits sensuels, mais il ne connaît ni la pudeur, ni la honte, ni la générosité, ni aucun des nobles sentiments qui font battre le cœur de l'homme et qui le moralisent.

L'animal se meut, mais il agit fatalement d'après son instinct et ses appétits. Il n'est pas susceptible de cette liberté morale qui rend l'homme responsable de ses actions.

L'animal ne peut pas réfléchir, par conséquent s'il agit, il ne sait pas pourquoi il agit. Ses actes peuvent avoir une certaine convenance, mais il n'en a pas conscience.

L'animal fait toujours les mêmes choses de la même manière. Il naît avec tout ce qu'il doit savoir; il ne peut rien apprendre et il ne sort pas du cercle des connaissances dans lequel la nature l'a enfermé.

Si on le dresse, il fera machinalement ce que l'homme lui a appris, il l'exécutera sans en voir ni le but, ni le sens, et il ne se perfectionnera jamais.

Enfin, pour nous résumer en un seul mot, nous dirons avec saint Augustin que les âmes des bêtes ont la vie, mais qu'elles sont dépourvues de l'intelligence.

D'où nous concluons qu'il y a entre les bêtes et nous la même différence, sous le rapport de l'intelligence, qu'entre être et n'être pas, et que quand on entend dire à Montaigne et à d'autres philosophes qu'il y a plus de différence de tel homme à tel homme que de tel homme à telle bête, on a pitié, comme s'exprime Bossuet, d'un si bel esprit, soit qu'il dise sérieusement une chose si ridicule, soit qu'il raille sur une matière qui d'elle-même est si sérieuse.

Descartes prétendait qu'on ne pouvait admettre dans les animaux une âme sensitive sans faire de cette âme un principe immatériel qui devait nécessairement survivre à l'animal. Mais on peut répondre à cette objection par la distinction que fait saint Thomas.

Tout en reconnaissant que ce principe vital est immatériel, on n'est pas en droit de lui reconnaître une vie propre comme celle dont est doué l'entendement humain. L'âme sensitive n'a pas d'opération qui lui appartienne comme l'intelligence humaine. Toutes ses opérations sont le résultat de son union avec les organes de l'être qu'elle anime. Elle n'existe que pour eux et par eux. La dissolution de ces organes entraîne donc naturellement sa non-existence ; elle ne peut leur survivre, puisqu'elle n'existe que par eux et que sans eux elle n'est rien.

Elle n'a pas non plus de droit à la survivance comme l'âme humaine, parce qu'elle n'a ni liberté, ni moralité et qu'il n'y a pour elle ni mérite, ni démérite, ni punitions, ni récompenses (1).

---

(1) Voyez le ch. v du *Traité de la connaissance de Dieu et de soi-même*, où cette question est parfaitement traitée.

SUJETS DE DISSERTATIONS FRANÇAISES

1. Exposer la théorie cartésienne des animaux-machines et de l'automatisme des bêtes. Discuter cette hypothèse.
2. Quelles sont les diverses opinions des philosophes sur l'âme des bêtes ? Apprécier ces opinions.
3. Justifier, par l'examen des principales différences qui séparent la nature humaine de la nature animale, la vérité de ces paroles de Bossuet : « L'homme qui se compare aux animaux et les animaux à lui, s'est tout à fait oublié. »
4. Démontrer la vérité des propositions suivantes de Pascal : « Il est dangereux de faire voir à l'homme combien il est égal aux bêtes, sans lui montrer sa grandeur. Il est encore dangereux de lui faire trop voir sa grandeur sans sa bassesse. Il est encore plus dangereux de lui faire ignorer l'une et l'autre ; mais il est très avantageux de lui présenter l'une et l'autre. »
5. Y a-t-il entre les facultés qui se manifestent dans l'homme et celles qui se manifestent chez l'animal assez d'analogies pour qu'on puisse fonder sur elles une *psychologie comparée* ? — Quelles sont les principales de ses analogies ? — Quelles sont les différences essentielles et irréductibles ?

OUVRAGES A CONSULTER ET LECTURES A FAIRE SUR LA PSYCHOLOGIE

Ouvrages généraux. — Aristote, *Psychologie. Traité de l'âme*, 1 vol. in-8°. *Opuscules (parva naturalia)*, 1 vol. in-8°. Traduction de Barthélemy Saint-Hilaire. — Saint-Thomas, *De anima, Sum. Theolog.*, 1re part., q. LXXV-XCI. — Le P. Liberatore, *Du composé humain*. — Sanseverino, *Éléments de la philosophie chrétienne*. Tome III, Anthropologie. — Bossuet, *Traité de la connaissance de Dieu et de soi-même*. — Ubaghs, *Précis d'Anthropologie psychologique*. Louvain, 1843. — Bautain, *Psychologie expérimentale*, 2 vol. in-8°. — Descartes, *Principes*, 1re partie, et des *Passions de l'âme*. — Malebranche, *Recherche de la vérité*. — Locke, *Essai sur l'entendement humain*. — Leibnitz, *Nouveaux essais sur l'entendement humain*. — Reid, avec les fragments de Royer-Collard. — Dguald-Stewart, *Éléments de la philosophie de l'esprit humain*. — Jouffroy, *Préface de la Traduction des esquisses de Dugald-Stewart. Premiers et seconds mélanges. Cours de droit et d'esthétique*. — Cousin, *Philosophie Écossaise. Philosophie sensualiste et premiers essais. Du vrai, du beau et du bien. Philosophie de Locke*. — Garnier Ad., *Traité des facultés de l'âme*. — Latena, *Étude de l'homme*. — Nourrisson, *La nature humaine*. — Waddington, *De l'âme humaine*.

— La Romiguière, *Leçons de philosophie*. — Tissot, *Anthropologie spéculative générale*, 2 vol. in-8°.

Ouvrages particuliers. — Sur les sens et les sensations, consulter les physiologies de Burdach et de Muller : Janet, *Le cerveau et la pensée*. — Flourens, *De la vie et de l'intelligence. Examen de la phrénologie*. — Saisset, *L'âme et la vie*. — Sur la mémoire, cf. : Platon, *le Ménon*. — Saint Augustin, *Confessions*, x, 8. — Bacon, *Nov. organ.*, II, 20. — Montaigne, *Essais*, I, 24. — Sur les notions et vérités premières : Platon, le *Phèdre*. — Descartes, *Méditations et règles pour la direction de l'esprit*. — Buffier, *Traité des vérités premières*. — Kant, *Critique de la raison pure*. — M. de Bonald, *Sur l'origine de la parole*. — Sur l'activité volontaire et libre : le cardinal de la Luzerne, *Dissertation sur la liberté*. — Maine de Biran, *De la volonté*. — Fénelon, *Lettres sur la métaphysique et Existence de Dieu*. — Jules Simon, *De la liberté et du devoir*. — Euler, *Lettres à une princesse d'Allemagne*. — Sur la vie : Chauffart, *La vie*. — Saisset, *L'âme et la vie*. — Bouillet, *Du principe vital et de l'âme pensante*. — Tissot, *De l'animisme*. — Alb. Lemoine, *L'animisme de Sthal*. — Barthez, *Nouveaux essais de la science de l'homme*. — Rapports du physique et du moral : M. de Biran, *Nouvelles conditions sur les rapports du physique et du moral*; les ouvrages de Cabanis, Bichat, Broussais. — Du sommeil, de l'hallucination et de la folie : Jouffroy, *Premiers mélanges : Du sommeil*. — Alf. Maury, *Le sommeil et les rêves*. — Alb. Lemoine, *L'âme et le corps*. — Flourens, *De la raison, du génie et de la folie*. — Moreau de Tours, *Psychologie morbide*. — Leuret, *Du traitement moral de la folie*.

DEUXIÈME PARTIE

DE LA LOGIQUE

CHAPITRE PREMIER

Définition et division de la logique.

1. La logique a pour objet de diriger l'esprit humain dans la démonstration et la recherche de la vérité.

L'homme raisonne naturellement et il est fait pour ajouter sans cesse à ses connaissances. Le progrès est la loi de son intelligence.

Il y a donc une logique naturelle qui fait qu'il raisonne, comme il marche, sans avoir appris et qu'il peut faire des découvertes sans avoir fait d'études spéciales.

Mais l'étude peut perfectionner ses moyens naturels. De là, la logique artificielle ou scientifique qui nous apprend les règles du raisonnement, et les méthodes que nous devons suivre pour faire des progrès dans les différentes sciences.

On peut donc définir la logique scientifique : la science des lois de l'esprit humain dans ses rapports avec la vérité.

On l'a aussi définie : *l'art de penser*. L'idée d'art impliquant l'idée d'une opération pratique, la logique considérée comme art est la logique *appliquée* ou la *méthodologie*.

2. La logique est ainsi tout à la fois une science et un art.

Nous la diviserons en trois parties : 1° la logique formelle ; 2° la logique appliquée ; 3° la logique réelle.

La logique *formelle* ou logique *pure* comprendra les lois de la pensée, la science du vrai.

La logique *appliquée* ou *méthodologique* traitera des méthodes et en fera l'application aux sciences naturelles, psychologiques, historiques et abstraites.

La logique *réelle* s'occupera des rapports de nos pensées avec les objets qu'elles représentent, c'est-à-dire de la question de la certitude.

On s'est demandé si la logique était une partie de la philosophie ou si elle en était seulement l'instrument.

Si on la considère comme une science qui a pour base les premiers principes, et qui établit les lois que l'entendement humain doit suivre dans la démonstration et la recherche de la vérité, elle est une partie essentielle de la philosophie.

Elle vient, comme nous l'avons dit, après la psychologie. Car, après avoir reconnu les opérations de l'entendement, il est tout naturel d'en étudier et d'en préciser les lois.

Mais si elle se borne à enseigner la manière de démontrer en général, elle devient simplement un instrument, à l'usage non seulement de la philosophie, mais encore de toutes les sciences.

Sous ce double rapport elle est d'ailleurs d'une très grande utilité. Car, quoique nous soyons tous doués d'une logique naturelle qui nous permet de raisonner sans avoir étudié les règles du raisonnement, on ne peut contester qu'il ne soit très avantageux de cultiver les facultés que nous avons reçues, et en particulier celle de raisonner.

Quand on s'est rendu compte des lois de la pensée, on est plus exact dans le choix de ses expressions, on voit mieux la valeur des propositions que l'on émet, on est plus serré et plus précis dans ses déductions, et on ne se laisse pas si facilement séduire par l'apparence trompeuse d'un sophisme habilement présenté ou par l'éclat d'une phrase bien faite. On discerne les mots des choses et on porte des jugements plus vrais et plus sûrs.

Dans les rapports que nous avons avec nos semblables, la logique nous est d'un grand secours pour leur communiquer et leur faire accepter nos idées. Elle est indispensable au professeur chargé d'enseigner, à l'orateur qui a pour mission de convaincre et d'entraîner, au savant qui veut étudier ou exposer une science quelconque, à l'avocat qui a une cause à plaider, enfin à tout homme qui doit, par position ou par caractère, prendre publiquement en certaines circonstances la défense de la vérité.

SUJETS DE DISSERTATIONS FRANÇAISES

1. La logique est-elle une science, comme le prétendait Kant, ou un art, comme l'ont enseigné Bossuet et Arnauld ?
2. Faut-il définir la logique : *l'art de raisonner ?* Quels sont ses rapports avec les autres sciences ?
3. Prouver l'utilité de la logique. Sur quoi s'est-on fondé pour dire que la logique est la partie la plus essentielle de la philosophie ?
4. « On se sert de la raison comme d'un instrument pour acquérir les sciences, et on devrait au contraire se servir des sciences pour perfectionner sa raison. » (*Logique* de Port-Royal.) Montrer la justesse de cette pensée.

CHAPITRE II

Logique formelle. Idées et termes. Définition.

D'après Bossuet et les anciens logiciens, il y a trois opérations fondamentales de l'esprit : l'idée, le jugement, et le raisonnement. Nous traiterons donc successivement de ces trois opérations.

I. — DE L'IDÉE

L'idée est la notion d'une chose. Quand je ne connais pas une chose, je dis que je n'en ai aucune idée.

On distingue plusieurs sortes d'idées, suivant le point de vue sous lequel on les considère.

Par rapport à leur objet, on distingue les idées *sensibles* qui ont pour objets les choses perçues par les sens, tels que les corps ; les idées *intellectuelles* qui se rapportent aux choses abstraites et immatérielles ; les idées *générales* qui embrassent les genres et les espèces ; les idées *morales*, comme le vice et la vertu ; les idées de *choses* ou *substantifs*, et les idées de *modes* ou *adjectifs ;* les idées *simples* qui n'en contiennent pas d'autres, comme l'affirmation et la négation ; les idées *composées* qui renferment plusieurs idées simples, comme les idées d'arbres, de maisons, etc.

Au point de vue de leurs qualités, on distingue :

1° Les idées *claires* et les idées *obscures*. Les idées *claires* sont celles que nous voyons nettement et tout entières ; toutes les idées simples sont claires ; les idées composées ne le sont qu'autant que nous connaissons tous les éléments qu'elles renferment, comme l'idée de cercle, de triangle.

Les idées *obscures* sont celles que nous ne voyons qu'imparfaitement, comme l'idée des substances, etc.

2° Les idées *distinctes* et *confuses*. L'idée est *distincte*, lorsque nous pouvons la distinguer de toute autre. Les idées de corps, de cercle, d'angle sont distinctes. Toutes les idées claires sont distinctes.

L'idée *confuse* est celle qui ne nous permet pas de distinguer nettement son objet. Je vois de loin un objet, je ne sais si c'est un homme ou un buisson, mon idée est confuse. Une idée obscure est toujours confuse, mais une idée distincte n'est pas toujours une idée claire. Je distingue le corps de l'esprit, j'en ai donc une idée distincte, mais je n'en ai pas une idée claire, parce que je n'en connais pas absolument l'essence.

3° Les idées *adéquates* ou *inadéquates*. Les idées *adéquates* sont celles qui répondent parfaitement à leur objet, et les idées *inadéquates* celles qui n'y répondent qu'imparfaitement.

4° Les idées *vraies* et les idées *fausses*. Les idées *vraies* nous représentent les choses telles qu'elles sont, et les idées *fausses* nous les représentent autrement.

Le raisonnement consistant à tirer une idée d'une autre qui

la contient, nous croyons nécessaire de dire ce que l'on entend par l'extension et la compréhension des idées.

L'extension de l'idée est le nombre des individus qu'elle comprend. Sous ce rapport les idées sont individuelles, particulières ou universelles.

L'idée *individuelle* ou singulière est celle qui ne convient qu'à un individu, comme Pierre, Jean.

L'idée *particulière* est celle qui n'embrasse que quelques individus d'un genre ou d'une espèce ; quelques hommes, plusieurs arbres, etc.

L'idée *universelle* est celle qui renferme tous les individus d'un genre ou d'une espèce. *Tous* les hommes, *toutes* les maisons, etc.

La compréhension d'une idée est la somme des éléments ou attributs qui la constituent.

La compréhension et l'extension sont en raison inverse, c'est-à-dire que l'une augmente à mesure que l'autre diminue.

Ainsi prenez Alexandre : vous avez une idée qui a aussi peu d'extension que possible puisqu'elle est individuelle, mais elle a beaucoup de compréhension, car l'idée d'Alexandre renferme les idées de conquérant, roi, homme, être animé, organisé, être. Prenez au contraire l'idée d'être, vous aurez l'idée générale qui a le plus d'extension, puisqu'elle embrasse tout ce qui existe, mais elle n'a pas de compréhension, attendu que c'est une idée simple.

Ceci provient de ce qu'on ne peut généraliser une chose qu'en la dépouillant de ce qui l'individualise ; plus on monte, plus on lui enlève d'attributs et il arrive que sa compréhension diminue à mesure que son extension augmente.

II. — LES TERMES.

Les termes sont les expressions des idées.

« L'idée, dit Bossuet, est ce qui représente à l'entendement la vérité de l'objet entendu. Le terme est la parole qui signifie cette idée.

» L'idée représente immédiatement les objets ; les termes

ne les signifient que médiatement et en tant qu'ils rappellent les idées.

» L'idée précède le terme qui est inventé pour la signifier : nous parlons pour exprimer nos pensées.

» L'idée est ce par quoi nous disons la chose à nous-mêmes ; le terme est ce par quoi nous l'exprimons aux autres.

» L'idée est naturelle et est la même chez tous les hommes. Les termes sont artificiels, c'est-à-dire inventés par l'art, et chaque langue a les siens. »

On distingue les termes *positifs*, qui posent ou qui assurent, *vertu*, *santé*; les termes *négatifs*, qui ôtent ou qui nient, *immortel*, *ingrat*; les termes *abstraits* qui expriment des idées générales, *la science*, *la force*; les termes *concrets* qui expriment des réalités, le *sévère*, le *sage*, le *puissant*; les termes *complexes* qui sont des périphrases, les termes *incomplexes* ou simples qui se réduisent à un seul mot, *Dieu*, *arbre*, *Louis*, etc.

Pour la clarté du discours et la solidité d'une démonstration, il faut avoir soin :

1° De ne pas se servir de mots auxquels on n'attache pas une idée précise.

2° De ne pas employer un langage trop figuré.

3° D'attacher aux mots le sens communément reçu.

4° De ne pas varier dans le cours de la démonstration ou du discours la signification du même terme.

5° De n'employer de mots nouveaux que pour exprimer des choses nouvelles et dans ce cas les définir.

III. — LA DÉFINITION

La définition consiste à déterminer le sens d'un mot ou la nature d'une chose.

De là deux sortes de définitions : la définition de mots (*nominale*) et la définition de choses (*réelle*).

La définition de mots est *commune* ou *privée*.

La définition commune consiste à déterminer le sens dans lequel un mot est généralement reçu. Cette définition est celle des dictionnaires. Elle n'est pas arbitraire, elle est déterminée par l'usage.

La définition *privée* est celle que l'on donne à un mot que l'on emploie. Les mots étant les signes artificiels des idées, nous pouvons avec Port-Royal tirer de là ces trois conséquences.

1° Les définitions de mots sont arbitraires.

2° Les définitions de mots ne peuvent être contestées.

3° Toute définition de mot peut être logiquement prise pour principe.

La définition d'une chose fait connaître ce qu'est cette chose. On distingue la définition *substantielle* et la définition *génétique* ou *causale*. Celle-ci fait connaître l'objet en indiquant ou les moyens qui l'ont produit, ou la manière dont il se fait. Celle-là en expose la nature actuelle. Elle le distingue des autres choses et en détermine les limites. C'est la définition de chose proprement dite.

Toute définition, soit de mots, soit de choses, doit être *claire* et *courte*. Elle doit être claire puisqu'elle est faite pour expliquer le mot ou la chose ; elle doit être courte, puisque la brièveté est une des conditions de la clarté.

Les logiciens ajoutent deux autres conditions pour la définition de choses : 1° elle doit renfermer le genre prochain et la différence la plus propre ; 2° convenir au défini tout entier et ne convenir qu'à lui.

1° Elle doit renfermer le genre prochain (*genus proximum*), c'est-à-dire le rang que la chose occupe dans l'échelle des êtres, le plus rapproché de son espèce. Ainsi quand je dis : l'homme est un animal raisonnable ; *animal* détermine son genre le plus proche. *Être* serait trop général, le genre étant trop éloigné, la définition serait trop vague.

La différence la plus propre (*differentia maximè propria*) a pour but de spécifier l'espèce de l'objet et de la distinguer de tous les objets du même genre. Ainsi le mot *raisonnable* est la différence propre qui distingue l'homme des autres animaux.

Dans cette définition : l'arithmétique est la science des nombres ; *science* exprime le genre prochain ; *connaissance* serait trop général, *nombre* exprime la différence, le caractère qui distingue l'arithmétique de la géométrie qui est la science *de l'étendue,* ou des autres sciences qui ont un autre objet spécial.

2° Elle doit convenir au défini tout entier et ne convenir qu'à lui, *toti et soli definito.* C'est la condition essentielle. L'objet défini et sa définition doivent être égaux comme les deux membres d'une équation. On doit pouvoir prendre l'un pour l'autre. Par conséquent, pour vérifier une définition, on doit voir si elle est réciproque.

La définition est la détermination et le développement de la compréhension d'une idée ; la division est la détermination et le développement de son extension. Nous en parlerons à l'occasion des classifications.

SUJETS DE DISSERTATIONS FRANÇAISES

1. Qu'entend-on par la compréhension et l'extension d'une idée ? Établir par de nombreux exemples leurs rapports.
2. Quelle différence y a-t-il entre la définition de mots et la définition de choses ? Quelles sont les qualités qu'elles doivent avoir ?
3. De quelle utilité sont les définitions ? Peut-on tout définir ?
4. Est-il vrai de dire avec Pascal que la méthode la plus parfaite consisterait à définir tous les termes et à prouver toutes les propositions ?

CHAPITRE III

Jugements et propositions.

Concevoir est la première opération de l'esprit ; juger est la seconde. Après avoir parlé des idées, nous devons donc nous occuper des jugements et des propositions qui ne sont que des jugements exprimés.

I. — DES JUGEMENTS

Juger c'est affirmer qu'une chose a ou n'a pas telle qualité. Dieu est bon, l'homme n'est pas tout-puissant.

Le jugement est la comparaison de deux notions et l'affirmation de leur rapport. Il y a donc dans le jugement le *sujet* qui est l'objet dont on juge, l'*attribut* qui est la qualité qu'on lui accorde ou qu'on lui refuse, et la *copule* ou le lien qui unit le sujet et l'attribut.

Le sujet et l'attribut sont la *matière* du jugement. La copule en est la *forme*. Elle est exprimée par le verbe *être*. La matière du jugement varie, mais la forme est invariable.

Les *catégories* dont nous avons parlé plus haut, page 85, sont les idées générales qui peuvent être affirmées comme attributs du plus grand nombre de sujets.

Les jugements peuvent être considérés en eux-mêmes ou comparés entre eux.

I. En eux-mêmes on peut les distinguer d'après quatre points de vue : 1° la *quantité*; 2° la *qualité* ; 3° la *relation*; 4° la *modalité*.

1. Sous le rapport de la *quantité* ou de l'extension du sujet, on distingue les jugements *universels* et les jugements *particuliers*, suivant que le sujet est pris dans la totalité ou dans une partie de son extension.

Les logiciens confondent le jugement singulier avec le jugement universel, parce que dans ces jugements le sujet est pris réellement dans toute son extension.

2. Sous le rapport de la *qualité* de la forme, le jugement est *affirmatif* ou *négatif*, suivant que l'attribut est affirmé ou nié du sujet.

3. Sous le rapport de la *relation* de l'attribut au sujet, les jugements sont *catégoriques*, *conditionnels* ou *disjonctifs*.

Les jugements *catégoriques* ou simples affirment que l'attribut appartient ou n'appartient pas au sujet. Pierre est sage ; Charles n'est pas savant.

Les jugements *conditionnels* ou *hypothétiques* n'affirment ou ne nient que sous une condition déterminée. Si vous êtes juste, vous serez sauvé. Le premier membre est l'antécédent, le second le conséquent.

Les jugements *disjonctifs* présentent plusieurs alternatives : Toute action morale est bonne ou mauvaise.

4. Sous le rapport de la *modalité* ou la manière dont on

conçoit l'existence de l'objet du jugement. A ce point de vue, la chose peut être possible, réelle, ou nécessaire. Dans le premier cas le jugement est *problématique*, dans le second il est *assertorique* et dans le troisième *apodictique*.

II. Comparés entre eux les jugements sont *identiques* ou *opposés*. Les jugements sont *identiques* quand ils représentent de la même manière leur objet. Ils sont *équivalents* quand ils sont les mêmes au fond et qu'ils ne diffèrent que par la forme. Deux jugements sont opposés quand ils diffèrent soit en quantité, soit en qualité, soit tout à la fois dans l'une et dans l'autre. Deux jugements universels dont l'un est affirmatif et l'autre négatif sont *contraires*. Ex.: Tout homme est juste, aucun homme n'est juste.

S'ils sont particuliers ils sont *sous-contraires*. Ex.: Quelque homme est juste, quelque homme n'est pas juste.

Quand deux jugements n'ont ni la même quantité ni la même qualité, ils sont *contradictoires*. Ex.: Aucun homme n'est juste; quelque homme est juste.

Deux jugements qui ont la même qualité, mais qui diffèrent en quantité, sont *subalternes*. Ex.: Tout homme est juste, quelque homme est juste. Aucun homme n'est juste. Quelque homme n'est pas juste.

En représentant l'universel affirmatif par A, l'universel négatif par E, le particulier affirmatif par I, le particulier négatif par O, les logiciens résument tous ces rapports dans le tableau suivant :

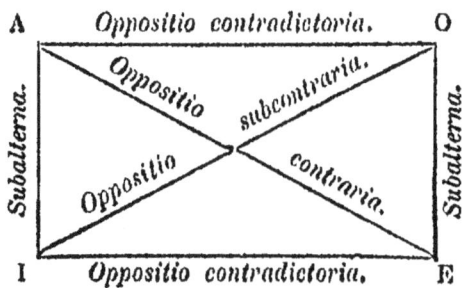

II. — DES PROPOSITIONS

La proposition est l'expression du jugement. La proposition est au jugement ce que le terme est à l'idée.

Tout ce que nous avons dit du jugement convient donc à la proposition.

Mais en raison de la forme grammaticale, une proposition peut être *simple* ou *composée*.

Une proposition *simple* est celle qui n'a qu'un sujet et qu'un attribut. Ex.: Dieu est bon. Elle ne renferme qu'un jugement.

Une proposition *composée* est celle qui renferme plusieurs sujets ou plusieurs attributs. Ex.: Le sage et le savant sont riches, heureux et mortels. Elle contient autant de jugements qu'il y a de sujets multipliés par le nombre des attributs. (Voy. plus haut, page 80.)

Les propositions composées peuvent être rangées en deux classes : 1° celles qui sont composées dans les mots, 2° celles qui sont composées dans le sens.

1° Celles qui sont composées dans les mots sont : les *copulatives*, les *conditionnelles*, les *disjonctives*, les *causales*, les *relatives* et les *discrétives*.

Les *copulatives* sont celles qui comprennent plusieurs sujets ou plusieurs attributs liés par la conjonction *et* ou *ni*.

Les *conditionnelles* et les *disjonctives* expriment les jugements que nous avons ainsi désignés.

Les *causales* contiennent deux propositions liées par un mot de cause, *quia, ut,* etc.

Les *relatives* sont celles qui expriment une comparaison ou un rapport. Ex.: Tel père, tel fils.

Les *discrétives* expriment une restriction à l'aide des conjonctions, *sed, quamvis, tamen*.

2° Les propositions composées dans le sens sont : les *exclusives*, les *exceptives*, les *comparatives*, les *inceptives* ou *désitives*.

Les *exclusives* sont celles qui indiquent qu'un attribut ne convient qu'à un seul sujet, ce qui suppose deux propositions. Ex.: Dieu seul est adorable.

Les *exceptives* qui affirment une chose de tout un sujet, en faisant une ou plusieurs exceptions. Ex. : Sur tout un bataillon, il n'y a que trois hommes qui n'ont pas pris la fuite.

Les *comparatives* qui disent qu'une chose est ou n'est pas semblable à une autre, ce qui implique un double jugement.

Les *inceptives* ou *désitives* qui disent qu'une chose a commencé ou a cessé d'être à telle époque, ce qui implique l'état de cette chose avant ou après l'époque marquée.

III. — DE LA CONVERSION DES PROPOSITIONS

Aristote et après lui les logiciens se sont beaucoup occupés d'une propriété des propositions, de leur convertibilité.

La conversion des propositions consiste dans la transposition qu'on peut faire de leurs termes, sans troubler la vérité de la proposition. Du sujet on fait l'attribut, et de l'attribut le sujet. L'homme est raisonnable. Le raisonnable est l'homme. Pour cela il faut que les deux termes de la proposition aient la même extension, et qu'ils cadrent parfaitement, « comme deux pièces de bois parfaitement égales, dit Bossuet, qu'on peut mettre dans un bâtiment à la place l'une de l'autre, sans que la structure en souffre ».

D'après ce principe on établit :

1° Les universelles affirmatives se convertissent en particulières affirmatives : Tout homme est animal, quelque animal est homme.

En effet, dans les propositions affirmatives l'attribut n'est pris que dans une partie de son extension.

2° Les propositions particulières affirmatives se convertissent en particulières affirmatives. Ex. : Quelques hommes sont méchants ; quelques méchants sont hommes.

3° Les propositions universelles négatives se convertissent en universelles négatives. Ex. : Nul animal n'est pierre, nulle pierre n'est animal.

Dans ces propositions, le sujet et l'attribut sont pris dans toute leur extension.

4° Les propositions particulières négatives ne se convertissent pas directement. Il faut les changer en particulières affirmatives équivalentes et alors elles suivent la loi de conversion des particulières affirmatives.

On voit que dans la conversion on ne change pas la qualité des propositions, on ne convertit pas une négative en une affirmative, ni réciproquement, et si la quantité change c'est en moins, mais jamais en plus, l'universelle peut être changée en particulière, mais non réciproquement.

De tout ce que nous avons dit sur la quantité et la qualité des propositions, nous conclurons avec Bossuet, que parmi les subalternes, si l'universelle est vraie, la particulière l'est aussi, et non au contraire ; que de deux contradictoires, si l'une est vraie, l'autre est fausse ; que les contraires ne peuvent jamais toutes deux être véritables, mais qu'elles peuvent être toutes deux fausses, et que les sous-contraires peuvent être toutes deux véritables, sans pouvoir être toutes deux fausses.

SUJETS DE DISSERTATIONS FRANÇAISES

1. Qu'est-ce que le jugement ? Quels sont les rapports de l'idée et du jugement ? Énumérer et définir les différentes sortes de jugements et donner des exemples.

2. Qu'est-ce que la proposition ? Quelles sont les différentes espèces de propositions ? Quels sont les divers changements que l'on peut faire subir à une proposition ?

3. Théorie de la proposition. Ses éléments. Ses diverses espèces. Importance de cette théorie relativement au syllogisme.

CHAPITRE IV

Déduction et syllogisme.

Raisonner est la troisième opération de l'esprit, concevoir et juger sont les deux premières. Raisonner, dit Bossuet, c'est prouver une chose par une autre. On peut le faire, comme nous l'avons dit en psychologie, de deux manières : ou en tirant une proposition d'une autre, ce qui s'appelle *déduction*, ou en concluant d'une ou de plusieurs propositions *moins* générales une autre qui l'est plus, ce qui s'appelle *induction*. Nous allons nous occuper ici de la déduction et nous l'étudierons dans sa forme extérieure, le *syllogisme*. Car le syllogisme est au raisonnement ce que la proposition est au jugement, ce que le terme est à l'idée ; il en est l'expression.

I. — LE SYLLOGISME

Le syllogisme est un raisonnement formé de trois propositions, dont la dernière est déduite des deux autres. Ce qui est saint hait le péché. Dieu est saint. Donc Dieu hait le péché.

Les deux premières propositions se nomment *prémisses* (*præmissæ*), l'une est la *majeure* ou la proposition principale, et l'autre la *mineure*. La proposition qui en est déduite porte le nom de *conclusion*.

Les trois propositions sont la *matière* du syllogisme ; la *forme* consiste dans le rapport de la conclusion aux prémisses.

Si les deux premières propositions sont bien prouvées, la conclusion est indubitable. Mais, si elles ne le sont pas, le syllogisme pourra être très régulier et aboutir à une conclusion fausse ou absurde.

Dans tout syllogisme il y a trois termes : 1° le sujet de la conclusion qui est le *petit terme* ; 2° l'attribut de la conclusion qui est le *grand terme* ; 3° le *moyen terme* qui est leur point de comparaison.

Ex : Tous les avares sont malheureux ; Harpagon est un avare, donc Harpagon est malheureux.

Dans ce syllogisme *Harpagon* est le petit terme, *malheureux* le grand terme parce qu'il a plus d'extension, et *avare* le moyen terme.

La prémisse qui contient le grand terme et le moyen terme s'appelle *majeure*, celle qui renferme le moyen terme et le petit terme est la *mineure*.

Le mot qui indique le rapport de la conclusion et des prémisses, *Donc, ergo*, est la *conséquence*. On voit que dans un syllogisme, par là même qu'il y a trois propositions, il y a nécessairement six termes ; mais comme chacun de ces termes est répété deux fois, il n'y a en réalité que trois termes différents.

Tout le mécanisme du raisonnement consiste à comparer deux idées à une même troisième pour en conclure le rapport qu'elles ont entre elles.

Ces deux idées qu'on compare à cette même troisième sont le grand et le petit terme, et l'idée à laquelle on les compare est le moyen terme.

Dans cette comparaison il ne peut se présenter que trois cas : ou le grand et le petit terme s'accordent tous les deux avec le moyen terme ; ou l'un d'eux s'accorde et l'autre ne s'accorde pas ; ou ils ne s'accordent ni l'un ni l'autre.

Dans le premier cas les deux termes s'accordent entre eux et la conclusion est affirmative ; dans le second ils ne s'accordent pas et la conclusion est négative ; dans le troisième il n'y a rien à conclure, le moyen terme a été mal choisi, puisqu'il n'a rien de commun avec les deux termes auxquels on l'a comparé, et les prémisses sont des propositions disparates.

II. — RÈGLES DU SYLLOGISME

Les logiciens ont établi huit règles pour le syllogisme ; quatre se rapportent aux termes et quatre aux propositions.

Voici les quatre règles relatives aux termes :

1° *Terminus esto triplex, medius, majorque, minorque.* Qu'il n'y ait que trois termes : le moyen, le grand, le petit. C'est la définition elle-même du syllogisme.

2° *Latius hos quam præmissæ conclusio non vult.* Les termes ne doivent pas avoir plus d'extension dans la conclusion que dans les prémisses ; autrement on déduirait le plus du moins.

3° *Aut semel aut iterum medius generaliter esto.* Le moyen terme doit être pris au moins une fois universellement. Autrement il pourrait signifier deux choses différentes et équivaloir à deux termes.

4° *Nequaquam medium capiat conclusio fas est.* La conclusion ne peut contenir le moyen terme. D'après la définition du syllogisme, elle doit renfermer le grand et le petit terme ; si elle renfermait encore le moyen, elle aurait trois termes, ce qui est contraire à la nature de la proposition elle-même.

Voici les quatre règles relatives aux propositions :

Pour les comprendre il faut se rappeler que l'attribut d'une proposition affirmative est toujours pris particulièrement, et que l'attribut d'une proposition négative est toujours pris au contraire universellement.

5° *Ambæ affirmantes nequeunt generare negantem.* Deux prémisses affirmatives ne peuvent produire une conclusion négative, c'est l'application du principe : Deux choses qui s'accordent avec une même troisième s'accordent entre elles.

6° *Pejorem sequitur semper conclusio partem.* 1° Si des deux prémisses l'une est affirmative et l'autre négative, la conclusion doit être négative ; c'est le deuxième cas précédemment supposé page 152. 2° Si des deux prémisses l'une est universelle et l'autre particulière, la conclusion doit être particulière, autrement on s'exposerait à tirer le plus du moins.

7° *Utraque si præmissa neget, nihil inde sequetur.* Il n'y a rien à conclure de deux prémisses négatives. C'est le troisième cas indiqué page 152.

8° *Nil sequitur geminis ex particularibus unquam.* De deux propositions particulières il n'y a rien à conclure. En effet si elles sont toutes deux affirmatives, les quatre termes sont pris particulièrement. Le moyen terme ne peut donc être universel, ce qui est contraire à la troisième règle. Si l'une est affirmative et l'autre négative, la conclusion serait négative. L'attribut serait pris universellement, et comme il est le grand terme, le moyen terme serait pris deux fois particulièrement. On ne peut supposer que les deux prémisses soient négatives toutes les deux, puisque la septième règle s'y oppose.

III. — Figures et modes du syllogisme

Dans le syllogisme la disposition du moyen terme, par rapport aux deux autres, s'appelle figure. Or, le moyen terme ne peut occuper que quatre positions différentes. Il peut être :

1° Sujet dans la majeure et attribut dans la mineure ; c'est la première figure ;

2° Attribut dans la majeure et dans la mineure ; c'est la deuxième figure ;

3° Sujet dans la majeure et dans la mineure ; c'est la troisième figure ;

4° Attribut dans la majeure et sujet dans la mineure ; c'est la quatrième figure.

Les logiciens considèrent cette dernière figure comme un renversement des modes de la première au moyen de la conversion. Elle est peu naturelle et Aristote ne l'admet pas.

Les *modes* résultent de la disposition des trois propositions qui sont de quatre espèces : A, E, I, O. En les combinant trois à trois ces quatre lettres donnent soixante-quatre combinaisons possibles ($4^3 = 64$). Sur ces soixante-quatre combinaisons il n'y en a que dix-neuf de concluantes.

Il y en a quatre qui appartiennent à la première figure qu'on a exprimées par ce vers technique :

Barbara, Celarent, Darii, Ferio (1).

Quatre appartiennent à la seconde :

Cesare, Camestres, Festino, Baroco.

Six à la troisième :

Darapti,
Felapton, Disamis, Datisi, Bocardo, Ferison.

Cinq à la quatrième :

Baralipton,
Celantes, Dabitis, Fapesmo, Frisesom.

Ceux qui admettent cette figure joignent ces cinq modes aux quatre modes de la première figure, et dans cette hypothèse elle en compte neuf qu'on indique par ces deux vers :

Barbara, Celarent, Darii, Ferio, Baralip*ton*,
Celantes, Dabitis, Fapesmo, Frisesom*orum*.

Dans ces mots, on ne compte que les trois premières syllabes ; le reste est pour le complément du vers.

III. — DU RAISONNEMENT EXPRIMÉ ET DES DIFFÉRENTES ESPÈCES D'ARGUMENTS

Comme on distingue sous le rapport de la relation trois sortes de propositions : les propositions catégoriques, les propositions hypothétiques et les propositions disjonctives, de même on distingue trois sortes de syllogismes : le syllogisme catégorique, le syllogisme conditionnel et le syllogisme disjonctif.

Le syllogisme *catégorique* ou simple est formé de trois

---

(1) Dans ces mots, il ne faut faire attention qu'aux voyelles qui donnent la quantité et la qualité des propositions et leur position. *Barbara*, trois A, universelles affirmatives ; *Celarent*, E, A, E : E, première prémisse, universelle négative ; A, deuxième prémisse, universelle affirmative ; E, conclusion universelle négative et ainsi des autres mots.

propositions simples, comme celui dont nous nous sommes occupé jusqu'ici.

Les logiciens de Port-Royal l'appellent *complexe*, quand l'attribut de la conclusion est complexe.

Le syllogisme *conditionnel* ou *hypothétique* a pour majeure une proposition conditionnelle qui renferme la conclusion. Ex. : S'il y a un Dieu, il faut l'aimer. Or, il y a un Dieu. Donc, il faut l'aimer.

La majeure se divise en deux parties : l'antécédent (la première) et le conséquent (la seconde) : 1° Si l'on affirme l'antécédent, on doit affirmer le conséquent, c'est le raisonnement précédent ; 2° si on nie le conséquent, on doit nier l'antécédent. Ex. : Si les méchants étaient récompensés, Dieu serait injuste. Or, Dieu n'est pas injuste. Donc, les méchants ne seront pas récompensés.

Le syllogisme *disjonctif* a pour majeure une proposition disjonctive. Ex. : Ceux qui ont tué César sont ou parricides ou défenseurs de la liberté. Or, ils ne sont pas parricides. Donc, ils sont défenseurs de la liberté.

Si l'on ôte une partie, on garde l'autre. Et si l'on prend une partie on exclut l'autre. Dans ces syllogismes, il faut avoir bien soin d'examiner si la disjonctive est complète, et s'il n'y a pas un milieu entre les deux alternatives.

Le raisonnement exprimé peut revêtir différentes formes que l'on désigne sous le nom d'arguments.

Les principaux arguments sont : l'*enthymème*, l'*épichérème*, le *polysyllogisme*, le *sorite*, le *dilemme* et l'*induction*.

1° L'*enthymème* est un syllogisme dont une des prémisses est sous-entendue. Ex. : *Servare potui, perdere an possim, rogas?*

2° L'*épichérème* est un syllogisme dont les prémisses sont accompagnées de leurs preuves. Un discours peut être ramené à un épichérème, comme le discours de Cicéron : *pro Milone*.

3° Le *polysyllogisme* est une série de syllogismes enchaînés de manière que la conclusion de chacun d'eux devienne la prémisse du suivant.

4° Le *sorite* est un argument composé d'une suite de propositions liées entre elles, de telle sorte que l'attribut de la première devient le sujet de la seconde, l'attribut de la seconde le sujet de la troisième, et ainsi de suite jusqu'à ce que le sujet de la première soit uni à l'attribut de la dernière pour former la conclusion. C'est un polysyllogisme. Ex. : Le bien est désirable, ce qui est désirable est aimable, ce qui est aimable est digne de louanges. Donc, le bien est digne de louanges.

5° Le *dilemme* est un syllogisme disjonctif dont chaque partie mène à la même conclusion. Ex : Ou tu étais à ton poste, ou tu n'y étais pas. Si tu étais à ton poste tu as trahi, donc tu mérites la mort. Si tu n'y étais pas, tu as déserté, donc, etc.

Si la disjonctive est exacte cet argument est irréfutable. Les logiciens l'appellent l'argument à deux cornes : *utrinque feriens; cornu ferit ille, caveto.*

6° L'*induction* aristotélique est un argument qui conclut du tout ce qui est dit des parties. Ex. : La psychologie, la logique, la métaphysique, la morale sont utiles. Donc la philosophie est utile. Il faut que l'énumération des parties soit bien faite.

Il ne faut pas confondre cet argument avec l'induction baconienne, qui est le procédé opposé à la déduction.

On voit que tous les arguments reviennent au syllogisme.

Et toutes les règles du syllogisme peuvent être ramenées à cette règle de Port-Royal : L'une des deux prémisses doit contenir la conclusion, et l'autre faire voir qu'elle la contient.

La forme syllogistique a été attaquée par Bacon, Descartes, Malebranche, les logiciens de Port-Royal et tous les adversaires de la scolastique comme une chose inutile. Mais elle a eu pour défenseurs Leibniz, Wolff, les Bernouilli, Euler, Kant, et la plupart des philosophes modernes.

Ce que nous avons dit plus haut, p. 139, de l'utilité de la logique, peut se dire de la syllogistique qui en est le perfectionnement.

Sans doute rien ne remplace la logique naturelle. Elle a suffi avant la création et l'organisation de la logique scientifique. Mais la syllogistique, qui n'est que l'application de cette dernière, n'en a pas moins son importance pour la formation et le développement de la raison dans chaque individu.

Les exercices intellectuels auxquels elle a soumis la scolastique n'ont pas été sans influence sur notre langue, car elle leur doit certainement la précision et la clarté qui la caractérisent.

SUJETS DE DISSERTATIONS FRANÇAISES

1. Théorie du syllogisme. Sa place dans la logique moderne.
2. Quel est le principe de la raison sur lequel s'appuient tous les syllogismes et tous les arguments formés du syllogisme ?
3. Quelles sont les différentes sortes d'arguments ? Donner des exemples. Comment reviennent-ils tous au syllogisme ?
4. Quelles sont les règles du syllogisme ? Sur quels principes sont-elles fondées ?
5. Quelle différence y a-t-il entre les figures et les modes du syllogisme ? Quels sont les modes concluants dans les deux premières figures ?
6. Que pensez-vous des avantages et des inconvénients de la forme syllogistique ?

CHAPITRE V

Logique appliquée. Des méthodes : Analyse et synthèse.

D'après son étymologie le mot *méthode* (μετά, ὁδός, route) désigne un chemin, une route que l'on suit pour arriver à un but. Dans toute étude on doit suivre un procédé, qui guide l'esprit humain et qui l'aide à acquérir sûrement et facilement les connaissances qu'il désire. Chaque science doit donc avoir sa méthode.

I. — DE LA MÉTHODE EN GÉNÉRAL. ANALYSE ET SYNTHÈSE

L'*analyse* (ἀναλύω, je décompose) consiste à décomposer les parties ou les éléments d'un tout pour le mieux connaître.

La *synthèse* (συντίθημι, je réunis) consiste au contraire à recomposer le tout dont l'analyse a séparé les éléments. Elle est opposée à l'analyse.

Ces deux procédés se complètent et sont tous les deux naturels et essentiels à l'esprit humain.

Quand nous voyons un objet, nous le percevons dans son ensemble tout d'abord, nous en avons par conséquent une vue générale, une idée synthétique.

Cette idée est toujours fort vague, et par là même très incomplète. Nous percevons l'objet par ce qu'il a d'extérieur, et nous n'en connaissons que la forme, l'apparence.

Si nous voulons l'approfondir et le connaître en détail, il faut que nous l'analysions, c'est-à-dire que nous le décomposions, que nous voyions les parties dont il est formé et que nous examinions les unes après les autres chacune de ces parties.

Ainsi, qu'on me présente une montre, j'en aurai d'abord une idée générale, je verrai sa forme, sa matière, je saurai si elle est petite ou grosse, si elle est en or ou en argent ; c'est la première synthèse forcément assez grossière.

Mais, si je veux bien connaître la montre, je dirai à un homme du métier de l'ouvrir, d'en examiner toutes les pièces, de les démonter, s'il le faut, et il fera alors l'analyse de l'objet.

Quand l'objet a été analysé et vu dans tous ses détails, on le reconstitue réellement ou par la pensée et on en a la synthèse.

Cette synthèse n'est plus vague comme la première. C'est une synthèse savante qui implique avec elle la connaissance approfondie de la chose que l'on a voulu étudier.

L'esprit humain est soumis à cette loi générale ; il ne peut rien connaître que par l'analyse et la synthèse. Mais ces deux procédés changent de caractère suivant la nature des sciences auxquelles on les applique.

II. — DE L'ANALYSE ET DE LA SYNTHÈSE APPLIQUÉES AUX SCIENCES NATURELLES ET A LA PHILOSOPHIE

Dans les sciences naturelles on analyse matériellement l'objet lui-même que l'on étudie. Ainsi le botaniste prend la fleur, la décompose et en énumère avec soin toutes les parties qu'il considère en elles-mêmes et dans leurs rapports les unes avec les autres. Le travail terminé, il reconstitue la fleur par la pensée et arrive à une synthèse savante. Il n'a plus seulement une idée vague de la fleur, mais il en connaît les caractères et les propriétés.

En certains cas, la synthèse sert à vérifier l'analyse. Par exemple, qu'en chimie on ait fait l'analyse de l'eau et déterminé la proportion de l'oxygène et de l'hydrogène qui la constituent, on vérifiera ce résultat par la synthèse. Pour cela, on combinera ces deux gaz dans la proportion déterminée et l'on recomposera l'eau.

Ce genre d'analyse et de synthèse est applicable aux autres études.

Dans la psychologie, pour arriver à la connaissance de l'âme, qu'avons-nous fait? Nous en avons analysé toutes les opérations, nous en avons distingué les facultés, et c'est après les avoir étudiées toutes successivement que nous nous sommes fait une idée synthétique de l'âme, en rapprochant tous ces éléments et en les considérant dans leur unité.

Si nous lisons un livre, un discours, nous faisons de même. Pour bien nous en rendre compte, nous l'analysons, c'est-à-dire nous le décomposons, nous en voyons en particulier toutes les idées et nous le reformons ensuite dans notre esprit par la synthèse, pour le juger dans son ensemble.

L'analyse divise, morcelle et la synthèse réunit, reforme ce qui a été détruit. Ces deux opérations se complètent. Par la première seule, l'esprit n'aurait que des notions décousues, par la seconde seule il n'aurait que des idées vagues. La réunion de ce double procédé lui permet de joindre l'unité à la variété, ce qui est le vrai caractère de la science.

III. — DE L'ANALYSE ET DE LA SYNTHÈSE CONSIDÉRÉES DANS LE SENS DES GÉOMÈTRES

Les géomètres Platon, Pappus, Euclide et les Alexandrins n'ont pas pris les mots d'analyse et de synthèse dans le sens que nous venons de leur donner. Pour eux, l'analyse est une méthode de *régression*, que les logiciens de Port-Royal appellent méthode de *résolution*, et qu'on peut aussi appeler *méthode d'invention*. Elle consiste à remonter de la question donnée à ses conditions, de celles-ci à des conditions antérieures jusqu'à ce qu'on soit arrivé au principe de la solution.

La synthèse, au contraire, part de ce principe et en redescend de conséquences en conséquences jusqu'à la proposition cherchée. On l'appelle méthode de *composition* et on peut aussi l'appeler *méthode de doctrine* ou *d'enseignement*.

« Ces deux méthodes, dit Port-Royal, ne diffèrent que comme le chemin qu'on fait en montant d'une vallée à une montagne, de celui que l'on fait en descendant de la montagne dans la vallée; ou comme diffèrent les deux manières dont on peut se servir pour prouver qu'une personne est descendue de saint Louis, dont l'une est de montrer que cette personne a tel pour père, qui était fils d'un tel, et celui-ci d'un autre, et ainsi jusqu'à saint Louis; et l'autre de commencer par saint Louis, et montrer qu'il a eu des enfants et ces enfants d'autres, en descendant jusqu'à la personne dont il s'agit. »

L'analyse est appelée méthode d'invention parce qu'elle est employée pour chercher une chose inconnue, et la synthèse est appelée méthode de doctrine ou d'enseignement parce qu'elle sert plutôt à démontrer une vérité que l'on connaît.

Ainsi, d'après l'exemple précédent, supposé qu'il s'agisse de découvrir une généalogie inconnue, on serait obligé de remonter du fils au père et d'appliquer l'analyse, tandis que pour l'expliquer après l'avoir trouvée on procédera par la synthèse, c'est-à-dire on commencera par le chef et on en fera voir les descendants. C'est aussi ce que l'on fait d'ordinaire dans les sciences, où, après s'être servi de l'analyse pour trouver quelque vérité, on se sert de la synthèse pour démontrer ce qu'on a trouvé.

La synthèse vérifie ainsi l'analyse.

« Par l'analyse, dit Newton, on peut aller des composés aux composants, des mouvements aux forces qui les produisent, et en général des effets aux causes, et des causes particulières aux causes plus générales, jusqu'à ce qu'on arrive aux plus générales de toutes. C'est là la méthode d'analyse.

» La synthèse consiste à prendre les causes découvertes et constatées pour principes, et à expliquer par elles les phénomènes qui en naissent et qui prouvent la vérité de l'explication. »

On voit que l'analyse et la synthèse des géomètres ont la plus grande analogie avec l'analyse et la synthèse ordinaires. Dans tous les cas, on part de l'analyse qui fait un dénombrement exact des parties, divise chacune des difficultés et les réduit de manière à arriver à une synthèse exacte qui nous donne une idée vraie et claire de la chose que nous désirons connaître.

SUJETS DE DISSERTATIONS FRANÇAISES

1. Importance de la méthode. Expliquer le mot de Descartes : « Ce n'est pas assez d'avoir l'esprit bon, le principal, c'est de l'appliquer bien. »
2. Quels sont les différents sens des mots si souvent employés d'analyse et de synthèse ?
3. De l'analyse et de son usage dans les sciences naturelles et dans les sciences exactes.
4. Qu'entend-on par méthode d'analyse et d'*invention* et par méthode de synthèse ou d'*enseignement*. Expliquer et justifier le sens de ces deux expressions.
5. En quoi l'analyse et la synthèse ordinaires ressemblent à l'analyse et à la synthèse des géomètres, et en quoi elles en diffèrent.

CHAPITRE VI

Logique inductive. Méthodes des sciences de la nature. Observation, expérimentation, définitions empiriques division, classification.

Les sciences physiques ou naturelles ont pour objet d'expliquer les phénomènes de la nature, en en découvrant les lois et les causes. Ces sciences reposent sur des faits et la méthode qui leur convient est la méthode *expérimentale*. Cette méthode est aussi appelée méthode *d'observation* ou *d'induction*, suivant que l'on considère l'une ou l'autre de ces opérations qui lui appartiennent. L'induction est la forme de raisonnement qui lui est propre. Les opérations préparatoires à l'induction sont l'observation et l'expérimentation auxquelles nous ajouterons ici les définitions empiriques, la division et la classification.

I. — DE L'OBSERVATION

L'observation est la considération attentive des phénomènes naturels. L'observation a pour but d'étudier ces phénomènes pour en déterminer les caractères, les éléments et les circonstances, et arriver à en connaître les causes et les lois.

Nos moyens d'observation sont les cinq sens dont nous sommes doués et qui nous permettent de nous mettre en rapport avec le monde extérieur. Chaque sens ayant ses perceptions propres répond nécessairement à un ordre de phénomènes qui lui est spécial. C'est par la vue que l'on observe les couleurs, par l'ouïe les sons, par le goût les saveurs, etc.

Il importe qu'un observateur ait le sens particulier dont il se sert parfaitement sain et très exercé, pour constater avec exactitude les faits qu'il veut observer. Il faut de bons yeux pour étudier la lumière et ses effets, d'excellentes oreilles pour saisir les sons avec toutes leurs nuances, un palais très fin pour juger des saveurs, et ainsi du reste.

On vient en aide aux sens au moyen des instruments. Le télescope porte la vue à de grandes distances, le téléphone communique les sons, la photographie fixe les effets de lumière, les instruments de précision permettent de mesurer avec la plus grande exactitude les forces, les vitesses, les degrés de température, les distances, etc.

On a opéré dans ces derniers temps de véritables prodiges par les inventions qu'on a faites. Mais toutes ces ressources seraient stériles si ceux qui les ont à leur disposition n'étaient pas doués de l'esprit d'invention. Tous les hommes sont témoins des mêmes faits, mais il n'y en a qu'un petit nombre qui les observent suffisamment pour en remarquer les causes et les effets.

La nature se présente à nous comme une énigme qu'il faut en quelque sorte deviner. *Tradidit mundum disputationi eorum.* Les phénomènes sont les mots de cette énigme, mais ces mots ne sont pas faciles à lire et à interpréter.

Bacon a dressé un tableau de leurs divers caractères qu'il nous suffira ici d'énumérer pour que l'on comprenne les difficultés que présente l'interprétation de ce grand poème.

Ainsi il distingue les faits éclatants, les faits clandestins, les faits collectifs, les faits solitaires, les faits limitrophes, les faits ostensibles, les faits fugitifs, les faits de migration, etc.

Pour saisir ces phénomènes variés, dans ce qu'ils ont d'intéressant et de décisif, il faut une grande pénétration d'esprit, une attention soutenue par une merveilleuse patience, de l'habileté pour s'assurer de l'exactitude de toutes les constatations, de la précision pour tenir compte du degré et du nombre dans chaque fait observé, et un jugement sain, exempt de préjugés, qui ne se laisse pas aveugler par l'esprit de parti et qui ne cherche pas le triomphe d'un système plutôt que la connaissance de la vérité.

Ces qualités ne se rencontrent que dans un petit nombre d'hommes privilégiés, et c'est ce qui fait que l'observation n'est pas aussi féconde en résultats que tout d'abord on est disposé à le croire.

Nous la soumettrons à quatre règles :

1° Observer attentivement, sans prévention, chaque phénomène avec la faculté et les instruments destinés à l'étudier.

2° Procéder par ordre et suivre une marche méthodique et régulière, en coordonnant les faits observés et en s'avançant par degrés vers le but qu'on veut atteindre.

3° Décomposer les phénomènes suffisamment pour les bien observer. L'observation n'est qu'une analyse empirique et elle en doit suivre les règles.

4° Observer le phénomène tout entier et sous tous ses aspects.

Ainsi l'observation doit être complète, suffisamment détaillée, méthodique et compétente.

II. — DE L'EXPÉRIMENTATION

L'expérimentation est une opération qui consiste à produire ou à modifier les phénomènes de la nature pour les mieux étudier.

L'observation considère ce qui est, ce qui se passe dans la nature, l'expérimentation fait naître les phénomènes eux-mêmes dans un lieu, à un degré déterminé, pour mieux les étudier.

L'observateur se contente de regarder, d'écouter ; l'expérimentateur interroge la nature et la force à répondre aux questions qu'il lui adresse.

Ils ont l'un et l'autre le même but ; ils se proposent également de constater des faits et des phénomènes. « La seule différence, dit Claude Bernard, consiste en ce que le fait qui doit constituer l'expérimentation ne s'étant pas présenté particulièrement à l'expérimentateur, il a dû le faire apparaître, c'est-à-dire le provoquer par une raison particulière et dans un but déterminé. »

Il y a dans la nature des faits fugitifs, comme dit Bacon, qui s'évanouissent aussitôt qu'ils sont produits, l'expérimentation peut les fixer. Il y en a de dangereux, l'expérimentation peut les discipliner en en affaiblissant la force et le degré. C'est ainsi que la foudre peut être étudiée sous la forme de l'électricité produite dans un laboratoire par des machines qui en règlent et en atténuent les effets.

Il y a des sciences où l'on ne peut qu'observer, comme l'astronomie ; mais il y en a d'autres où l'on peut observer et expérimenter tout ensemble, comme la physique.

L'expérimentation est soumise aux mêmes lois générales que l'observation, mais elle en a de particulières que Bacon a ainsi résumées :

1° *Varier* l'expérience, ou la répéter, dans des conditions différentes. Ainsi Torricelli, pour s'assurer que la pression de l'air est bien la cause de l'élévation de l'eau dans les tuyaux de pompe, recommence son expérience avec le mercure ; Pascal le fait avec le vin.

2° *Etendre* l'expérience. C'est la faire dans des proportions plus vastes. Après avoir opéré en petit, on opère en grand. C'est ainsi que les machines industrielles ne sont qu'une application des découvertes faites dans les laboratoires de chimie.

3° *Renverser* l'expérience. C'est contrôler par la synthèse le résultat obtenu par l'analyse. Vous avez décomposé l'eau, vous la recomposez ensuite au moyen des gaz dont elle est formée.

4° *Compulser* l'expérience. C'est comparer ensemble les expériences pour voir ce qu'elles ont de commun et ce qui est particulier à chacune d'elles. On dresse des tables de présence ou d'absence, d'admission ou de réjection, etc. C'est la statistique de la science.

III. — Des définitions empiriques. La division.

Par l'observation et l'expérimentation nous arrivons à la connaissance des phénomènes et par la connaissance des phénomènes nous acquérons la connaissance des choses qui les produisent. Ainsi le physicien peut dire ce que sont l'électricité, la lumière, la chaleur d'après les expériences et les observations qu'il a faites sur ces divers agents. Le chimiste dira de même ce que sont le bronze, l'acier ou un autre corps composé.

Ces définitions sont appelées empiriques, parce qu'elles résultent de l'expérience. Elles diffèrent sous plusieurs rapports des définitions rationnelles.

D'abord elles ne sont pas absolues comme celles-ci. Provenant de l'observation et de l'expérience, elles se bornent forcément à dire ce que l'on a constaté par ce double moyen. Ce sont des descriptions plus ou moins incomplètes, conformes à l'état où la science est arrivée, et elles sont susceptibles d'être modifiées avec les découvertes nouvelles que l'on peut faire.

De plus ces définitions sont le résultat de la science. Elles en sont la conséquence et ne peuvent se formuler qu'après que les connaissances qu'elles résument ont été formulées elles-mêmes, tandis que la définition rationnelle paraît en tête des sciences déductives et leur sert de point de départ ou de principe.

Ainsi, dans les sciences déductives, c'est par la définition rationnelle que l'on commence, et c'est par la définition empirique que l'on finit dans les sciences inductives.

Mais à chacune de ces définitions se rattache la division qui est comme elles empirique ou rationnelle.

La division *empirique*, appelée aussi partition, est le partage d'un tout réel en ses parties intégrantes.

Le tout, désigné en latin par le mot *totum*, se compose de parties réellement distinctes. C'est ainsi, dit Port-Royal, qu'on divise une maison en ses appartements, un royaume ou un État en ses provinces, l'homme en corps et en âme, le corps en ses membres.

La seule règle de cette division est de faire des dénombrements bien exacts et auxquels il ne manque rien. Elle se confond d'ailleurs avec l'analyse.

La division *rationnelle* est le partage d'un tout idéal, en latin *omne*, en ses parties inférieures, comme la division du genre en ses espèces, ou d'un accident en ses divers sujets.

C'est en logique la division proprement dite.

Cette division doit être :

1° *Entière.* Si elle ne comprend pas l'objet tout entier, la décomposition est imparfaite et les parties omises ne permettent pas de le bien connaître. « Il n'y a presque rien, dit Port-Royal, qui fasse faire autant de faux raisonnements que le défaut d'attention à cette règle. »

2° *Distincte.* Les parties doivent être nettement tranchées ; il ne faut pas que l'une rentre dans l'autre, parce que dans ce cas la division est plus apparente que réelle. Port-Royal veut que, pour être sûr de cette condition, les membres de la division doivent être opposés comme *pair* et *impair*, *raisonnable* et *privé de raison*. C'est la division *dichotomique*, mais elle n'est pas la seule qui soit exacte. On peut diviser un tout en trois ou en un plus grand nombre de parties. C'est la division *trichotomique*, *polytomique*.

3° *Graduée* et *immédiate.* Il faut que tous les membres de la division soient sur le même plan, qu'on donne d'abord les idées les plus générales, et que par des subdivisions on descende à des idées plus particulières. Ainsi on divise la France en départements, les départements en arrondissements, les arrondissements en cantons, les cantons en communes, etc.

4° *Proportionnée.* Il ne faut ni trop ni trop peu de divisions et de subdivisions. « Le trop peu, dit Port-Royal, n'éclaire pas assez l'esprit ; le trop le dissipe et l'embrouille. »

La chose essentielle c'est que la division soit complète, qu'elle embrasse la sphère totale de l'idée divisée, de telle sorte que ses membres lui soient équivalents.

IV. — LA CLASSIFICATION

La division a la plus grande analogie avec la classification. Car on ne divise que pour classer, et on ne classe qu'après avoir divisé.

La division est une analyse et la classification une synthèse.

On peut définir la classification une opération qui consiste à ranger les objets dans un ordre méthodique d'après leurs ressemblances et leurs différences.

En considérant les individus sous le rapport de leurs ressemblances, on les groupe, on les unit ; leurs différences au contraire les divisent et les séparent.

Toute classification suppose donc l'unité et la diversité.

On peut procéder *analytiquement* en s'élevant des individus aux classes, ou *synthétiquement* en descendant des classes aux individus.

Quand les groupes sont nombreux, on les subdivise et on les classe hiérarchiquement en genres, espèces, familles, tribus, ordres, classes et embranchements.

Cette échelle de divisions et de subdivisions a reçu le nom de systèmes. Ainsi Cuvier divise le règne animal en quatre embranchements : 1° vertébrés ; 2° annelés ; 3° mollusques ; 4° rayonnés ou zoophytes ; les vertébrés en cinq classes, les classes en ordres, etc.

On distingue les classifications *artificielles* et les classifications *naturelles*.

« Les classifications *artificielles* ont pour but en botanique, dit de Candolle, de donner à ceux qui ne connaissent pas le nom des plantes un moyen facile de le découvrir dans les livres, par l'inspection de la plante elle-même. »

Ces classifications sont faites d'après un ou plusieurs caractères sensibles de la plante, faciles à constater à première vue. Ainsi la classification de Tournefort a pour base la structure de la corolle ; celle de Linné, les étamines et le pistil.

Les classifications artificielles sont nécessairement fort incomplètes et ne font pas connaître la nature des objets.

On peut comprendre, dans ce genre de classifications, les classifications empiriques et usuelles que l'on fait uniquement pour soulager la mémoire ou faciliter les recherches, comme les classifications alphabétiques, industrielles, pharmaceutiques, etc.

La classification *naturelle* est celle qui est fondée sur des rapports mutuels conformes à l'organisation interne des êtres, et établis par la nature elle-même.

Cette classification est le but véritable de la science. Cuvier l'a introduite en zoologie, et Laurent de Jussieu en botanique. Mais pour être parfaite cette classification devrait être la reproduction exacte de l'ordre naturel. Cela demanderait une connaissance complète et adéquate des choses que nous ne pourrons sans doute jamais avoir.

Mais tout incomplètes qu'elles sont, ces classifications ont l'avantage de nous servir à :

1° Discerner sans confusion et sans peine les individus dans l'immense variété des êtres.

2° Connaître les caractères généraux d'un être, par la place seule qui lui est assignée dans la classification et par le nom qui lui est donné.

3° Réduire les notions acquises à quelques notions générales qui deviennent très simples.

4° Faciliter l'étude et soulager la mémoire, qui serait écrasée par le nombre incalculable des individus que chaque science renferme (car, qui peut dire combien il y a de plantes et d'animaux sur le globe?).

5° Exprimer l'ensemble et les rapports essentiels des êtres.

6° Montrer le plan admirable de la création, ou nous rendre sensible l'ordre, l'enchaînement de tous les êtres, et l'unité, la simplicité des lois qui les régissent.

SUJETS DE DISSERTATIONS FRANÇAISES

1. Distinguer l'observation de l'expérimentation. Donner des règles de l'une et de l'autre.
2. De la division. Avantages qu'elle présente. Quelles sont les règles de la division ?
3. Quels rapports y a-t-il entre la division et la classification ? Des classifications naturelles et des classifications classiques. Montrer leurs différences par des exemples détaillés.
4. De l'utilité des classifications. Montrer, d'après les classifications, les rapports qui existent entre l'extension et la compréhension des idées.

CHAPITRE VII

Induction, analogie, hypothèse.

Pour compléter ce que nous avons à dire de la logique inductive, il nous reste à parler de l'induction, de l'analogie et de l'hypothèse.

I. — L'INDUCTION

L'induction est une forme de raisonnement qui étend à toute une classe d'objets ou de phénomènes les propriétés observées dans un fait spécial ou dans un individu.

L'induction conclut véritablement du particulier au général, *a pluribus singularibus universale aliquid concludit*.

Elle étend aussi au passé et à l'avenir ce qui a été observé et constaté dans le présent. Ainsi elle affirme que le phénomène a toujours eu lieu et qu'il aura toujours lieu.

Qu'est-ce qui nous porte à faire cette affirmation? Pourquoi dans le cours ordinaire de la vie basons-nous là-dessus presque toutes nos actions, sans crainte de nous tromper? Car je n'hésite pas à dire que le soleil se lèvera demain à l'heure marquée par les astronomes, et s'ils m'annoncent une éclipse, je suis certain qu'elle aura lieu à l'époque indiquée.

Les sens ne nous font connaître que les objets individuels. Nous ne pouvons faire nos observations et nos expériences que sur ces objets, mais nous généralisons toujours les résultats que nous obtenons. Ainsi qu'on analyse une quantité d'air, ou une quantité d'eau, immédiatement nous disons : l'eau, l'air a telles ou telles propriétés.

Voilà l'induction.

Ce procédé est-il légitime? Pouvons-nous monter ainsi de quelques faits particuliers à une idée générale sans nous tromper?

Nous ne le pourrions pas si l'expérience ne nous avait prouvé que les lois de la nature sont stables, et que par conséquent les mêmes effets produisent toujours les mêmes causes. *Effectuum generalium ejusdem generis eædem sunt causæ.*

Mais l'induction n'est logiquement applicable qu'aux choses physiques qui sont soumises à des lois nécessitantes. Il ne faudrait pas lui accorder la même valeur dans l'ordre moral où le libre arbitre, la variété et la mobilité des esprits, des caractères, des aptitudes, des passions, des intérêts amènent une grande différence dans les individus.

C'est ce qui fait que l'on range parmi les sophismes l'argument qui conclut du particulier au général, quand il s'agit des hommes d'une même profession ou de faits accidentels qui ne relèvent d'aucune cause constante et nécessaire.

II. — L'ANALOGIE

L'analogie est un jugement et un raisonnement par comparaison. Par l'analogie nous concluons d'un objet à un autre, d'après leur ressemblance apparente ou la similitude de leurs rapports.

Ces jugements et ces raisonnements se font à chaque instant dans le cours ordinaire de la vie. Aussi nous apercevons souvent des ressemblances entre les objets les plus différents, nous les rapprochons dans notre esprit et nous les désignons sous les mêmes mots qui sont pris au propre et au figuré. Toutes les expressions métaphoriques résultent du jugement par analogie, et nous passons ainsi du sensible au rationnel et du rationnel au sensible.

Pour nous en tenir aux choses naturelles, nous jugeons et nous raisonnons pour ainsi dire de tout par analogie. Avant de prendre un aliment nous ne savons pas ce qu'il est, mais à l'avance, quand on nous en a dit la nature, nous disons si nous l'aimons ou si nous ne l'aimons pas. La médecine ne procède que par analogie. Elle compare un malade à un autre, une maladie à une maladie semblable dont elle a observé le cours.

L'induction conclut de la présence d'un fait à sa perpétuité en raison de la *stabilité* des lois de la nature. L'analogie conclut de l'étude d'un individu au caractère de tous les individus de même genre ou de même espèce, en raison de l'*universalité* des lois de la nature. Newton voit tomber un corps, il dit : *tous* les corps tombent de même, en vertu de la même loi. Le naturaliste examine un chien, une fleur, et il étend ses observations à tous les chiens, à toutes les fleurs.

On dit que l'analogie ne donne pas la certitude, qu'elle ne produit que la probabilité. Il faut considérer la nature des ressemblances sur lesquelles elle est fondée.

Si ces ressemblances sont purement extérieures ou accidentelles, l'analogie ne peut donner que des probabilités ou des présomptions.

On me présente un panier de fruits : j'en prends un, il est trop avancé ; j'en conclus qu'il en est de même des autres. Évidemment, ce n'est là qu'une présomption. Dans le commerce ordinaire de la vie, cela suffit pour prendre un parti, car il est rare qu'on ait jamais sur quoi que ce soit la certitude.

Scientifiquement on a comparé la lumière et l'électricité. On leur a trouvé des propriétés semblables. Si on découvre dans la lumière une propriété nouvelle, on sera porté à croire qu'elle se trouve aussi dans l'électricité. Mais ce n'est là qu'une conjecture, qu'une hypothèse.

Si j'étudie l'âme humaine, je ne puis le faire qu'en moi tout d'abord. Mais je m'entretiens avec mes semblables, et je vois que ce que j'éprouve ils l'éprouvent eux-mêmes et que l'intelligence et la volonté produisent en eux les mêmes opérations qu'en moi ; j'en conclus que leur âme est de même nature que la mienne. Ce raisonnement est certain et je n'en doute pas plus que de l'existence des choses sensibles que je vois et je touche.

Ainsi, quand les ressemblances sur lesquelles l'analogie est fondée sont essentielles et qu'elles constituent la nature même des êtres, on peut raisonner du même au même avec certitude.

III. — L'HYPOTHÈSE

L'observation et l'expérimentation nous conduisent naturellement à rechercher la cause des faits que nous avons constatés. Cette cause ne se présentant jamais immédiatement à l'esprit, nous en imaginons une et nous faisons ce qu'on appelle une hypothèse.

Ainsi l'hypothèse peut se définir une supposition imaginée pour expliquer un fait ou pour résoudre une question, sans qu'il y ait de preuves suffisantes de la loi ou de la cause que l'on affirme.

Nous sommes très portés à faire des hypothèses. Au moyen âge et dans les temps anciens on en a abusé. Ces excès ont provoqué une réaction qui s'est jetée dans un autre extrême. Au dix-huitième siècle on répétait sans cesse ce mot de Newton : *hypotheses non fingo*, et on prétendait bannir l'hypothèse de l'étude des sciences naturelles.

Ce serait enlever à l'esprit ses ailes et rendre impossible dans beaucoup de cas l'invention. On n'a qu'à jeter un coup d'œil sur l'histoire des grandes découvertes scientifiques, on verra que l'hypothèse a toujours précédé l'induction et qu'elle a perpétuellement servi de guide aux expériences qui ont eu de si beaux résultats.

En astronomie, le système de Ptolémée et celui de Copernic ont eu pour base une hypothèse. L'un suppose que le soleil tourne autour de la terre, et l'autre que c'est la terre qui tourne autour du soleil. Les hypothèses de Kepler l'ont mené du cercle à l'ellipse. Les perturbations d'Uranus ont suggéré à M. Leverrier l'hypothèse qui l'a conduit par le calcul à la découverte de la planète de Neptune.

Dans les sciences physiques et naturelles, il y a une foule de théories qui ne reposent que sur une hypothèse.

Pour empêcher l'abus de l'hypothèse et lui donner une valeur scientifique, il faut la soumettre aux conditions suivantes :

1° Elle doit s'appuyer sur un certain nombre de faits. Une hypothèse purement imaginaire est ce qu'on appelle une hypothèse gratuite et n'a absolument aucune valeur.

2° Elle doit être d'accord avec les faits connus et n'être contredite par aucun des faits établis par l'expérience ou le calcul. Un seul fait certain qui lui est contraire la renverse.

3° Elle doit rendre compte de la plupart des phénomènes qu'elle prétend expliquer. Une foule de phénomènes ayant paru inexplicables à Copernic dans le système de Ptolémée d'ailleurs si compliqué, il prit l'hypothèse contraire et s'y attacha, parce qu'il trouva qu'on se rendait plus facilement compte des mouvements célestes et de la simplicité des lois qui régissent notre monde planétaire.

4° Il faut que l'hypothèse soit féconde, c'est-à-dire qu'on puisse en tirer des conséquences utiles et qu'elle provoque des expériences nouvelles qui soient elles-mêmes une lumière.

Tout en reconnaissant l'utilité, la nécessité même de l'hypothèse, les vrais savants s'en défient. « Une bonne hypothèse, dit M. Dumas, est nécessitée par dix faits, elle en explique dix autres déjà connus, mais qui n'étaient pas liés ensemble ni aux précédents ; elle en fait découvrir dix nouveaux, puis elle finit, la plupart du temps, par succomber devant dix derniers faits qui ne se lient plus aux précédents. »

SUJETS DE DISSERTATIONS FRANÇAISES

1. Déterminer la part de l'expérience et la part de la raison dans l'induction.
2. Rapports et différences de l'induction et de l'analogie. Leur valeur démonstrative.
3. Du danger de l'analogie et de l'induction dans les sciences morales et dans les jugements ordinaires des hommes.
4. De l'usage et de l'abus de l'hypothèse dans les recherches philosophiques.
5. Expliquer cet aphorisme de Bacon : *Vere scire per causas scire.*

CHAPITRE VIII

Logique déductive. Méthode des sciences abstraites. Définitions rationnelles, axiomes, déduction, démonstration. Usage de la déduction dans les sciences expérimentales.

La méthode des sciences physiques et naturelles, dont nous venons de parler, se compose de trois opérations principales : l'observation, l'expérimentation et l'induction. Elle repose sur les faits, va des effets à leurs causes, des phénomènes particuliers à la loi générale qui les régit ; elle est ascendante. La méthode des sciences abstraites est déductive. Elle repose sur les idées, va du général au particulier ; elle est descendante. Elle se compose de trois choses : les définitions, les axiomes, et les déductions.

I. — Définitions rationnelles, axiomes, déductions

La méthode des sciences abstraites est aussi appelée la méthode des géomètres, parce que c'est en géométrie qu'elle reçoit sa plus complète application.

Or, en géométrie, on débute par des définitions et des axiomes.

Ainsi, on commence par dire ce que l'on entend par volume, surface, ligne, point, angle, triangle, rectangle, etc.

Ces définitions sont purement rationnelles, parce que la géométrie et les autres sciences exactes ne s'occupent pas du fait, mais de l'idée.

Ainsi, un géomètre ne s'occupe pas s'il y a en réalité dans la nature des cercles et des triangles, mais il indique *a priori* les propriétés du cercle et du triangle qui résultent des définitions qu'il a données.

Ces définitions rationnelles sont absolues. Au lieu d'être des conséquences, comme les définitions empiriques (voir plus haut, page 166), elles sont des principes.

Les axiomes (en grec ἀξιώματα, en latin *dignitates*) sont

des vérités supérieures, des vérités mères qui en engendrent d'autres.

On ne peut pas tout démontrer. La déduction doit partir de principes indémonstrables, qui sont évidents par eux-mêmes.

Les axiomes sont antérieurs et supérieurs à toute démonstration, et ils sont si clairs qu'il suffit de les énoncer pour qu'on soit tellement frappé de leur vérité qu'on ne puisse pas ne pas l'admettre.

La déduction féconde les axiomes et les définitions en en tirant des conséquences.

Le procédé déductif n'est que le procédé syllogistique appliqué. Il en suit toutes les règles.

Pascal, dans son *Art de persuader*, a donné les règles suivantes pour les définitions, les axiomes et les déductions :

« I. *Règles pour les définitions*. — 1° N'entreprendre de définir aucune des choses tellement connues d'elles-mêmes qu'on n'ait point de termes aussi clairs pour les exprimer. Car si l'on ne peut pas tout prouver, on ne peut pas non plus tout définir.

» 2° N'omettre aucun des termes un peu obscurs ou équivoques sans définition.

» 3° N'employer dans la définition des termes que des mots parfaitement connus ou déjà expliqués.

» II. *Règles pour les axiomes*. — 1° N'omettre aucun des principes nécessaires sans avoir demandé si on l'accorde, quelque clair et évident qu'il puisse être.

» 2° Ne demander aux axiomes que des choses parfaitement évidentes d'elles-mêmes.

» III. *Règles pour les déductions ou démonstrations*. — 1° N'entreprendre de démontrer aucune des choses qui sont tellement évidentes d'elles-mêmes qu'on n'ait rien de plus clair pour les prouver.

» 2° Prouver toutes les propositions un peu obscures, et n'employer à leur preuve que des axiomes très évidents ou des propositions déjà accordées ou démontrées.

» 3° Substituer toujours mentalement les définitions à la place des définis, pour ne pas se tromper par l'équivoque des termes que les définitions ont restreints. »

Pascal ajoute que, de ces huit règles, il y en a trois qu'on pourrait négliger sans grand inconvénient ; ce sont les premières de chaque catégorie. Ces cinq règles pourraient même être réduites à deux :
« 1° Définir tous les noms qu'on impose ;
» 2° Prouver tout en substituant mentalement la définition au défini. »

II. — La démonstration

La démonstration a pour but de prouver la vérité ou la fausseté d'une proposition. La déduction est le moyen dont on se sert pour arriver à la démonstration. On ne déduit que pour démontrer. La démonstration est le but et le couronnement de la science.

On distingue la matière et la forme de la démonstration.

La matière comprend la proposition à démontrer et les principes et les arguments au moyen desquels elle est démontrée.

La forme est le lien qui unit la proposition démontrée aux principes et aux arguments qui servent à la démontrer.

Dans toute démonstration il faut :

1° Exprimer clairement la proposition à démontrer. Si elle renferme un mot obscur ou équivoque, on doit le définir.

2° Examiner le principe qui sert de base à la démonstration. Si c'est une définition ou un axiome, on le soumet aux règles des définitions et des axiomes. Si c'est une proposition antérieurement démontrée, il est nécessaire de savoir si elle a été bien démontrée et comment elle l'a été. Si on s'était servi pour la démontrer de la proposition elle-même, en faveur de laquelle on l'invoque, il y aurait cercle vicieux. On serait tombé dans l'un des sophismes dont nous parlerons plus loin, chapitre XIV.

3° Considérer tous les arguments employés dans la démonstration et voir ce qu'ils valent en eux-mêmes, ensuite étudier leurs rapports pour s'assurer du lien qui les unit entre eux, et qui permet de voir si la conclusion à laquelle ils aboutissent est véritablement bien déduite du principe auquel elle se rattache.

Cette conclusion ne doit pas être autre que la proposition que l'on avait à démontrer.

Dans ce cas la démonstration est directe. Quelquefois, on prouve la vérité d'une proposition en montrant que l'opposé est faux ou absurde. C'est la démonstration indirecte appelée *ex absurdis*. Elle est très souvent employée en géométrie.

Elle montre toujours que l'adversaire a tort, mais elle ne prouve la vérité de la proposition qu'on voulait établir qu'autant qu'elle lui est contradictoire. Elle arrive au but par un chemin plus long, puisqu'elle n'y tend pas directement. Elle confond l'adversaire, mais elle ne l'éclaire pas. Car, comme le dit Port-Royal, notre esprit n'est point satisfait, s'il ne sait non seulement que la chose est, mais pourquoi elle est. D'où il résulte qu'elle convient moins pour établir une vérité que pour réfuter une erreur et qu'on doit, autant que possible, employer de préférence la démonstration directe.

On distingue aussi la démonstration *à priori* et la démonstration *à posteriori*.

La démonstration est *à priori* quand le principe sur lequel elle repose est réellement ou logiquement antérieur à la proposition qu'il s'agit de démontrer.

Les démonstrations géométriques sont *à priori*. Les principes dont elles partent sont logiquement antérieurs aux conséquences que l'on en déduit. Cette démonstration est descendante.

La démonstration est *à posteriori* quand le principe est réellement ou logiquement postérieur à la proposition à démontrer, comme quand on prouve l'existence de la cause par les effets, l'existence de Dieu par celle des êtres qu'il a créés.

Cette démonstration est ascendante.

Ces deux sortes de démonstrations sont, l'une et l'autre, légitimes ; la seule chose essentielle, c'est de bien établir le rapport de la cause à l'effet, du principe à la conséquence.

III. — Usage de la déduction dans les sciences expérimentales

Quoique la déduction soit la méthode propre aux sciences exactes, ce serait une erreur de se figurer que l'on n'en fait usage que dans ces sciences.

La déduction est le mécanisme même du raisonnement, et le raisonnement est applicable à toutes les connaissances humaines.

On raisonne quand on s'occupe des sciences expérimentales comme quand on s'occupe des autres sciences.

Si l'on observe, si l'on fait des expériences, on ne peut recueillir les faits que l'on a constatés sans tirer de ces faits des conséquences.

Dans ses expériences, le physicien va d'un fait à un autre à l'aide du raisonnement déductif. Il est souvent obligé, comme nous l'avons vu, de faire des hypothèses. Il ne peut vérifier ses hypothèses qu'en en faisant des applications, c'est-à-dire en essayant d'en tirer des conséquences.

Il juge, il raisonne souvent par analogie, mais toutes les fois qu'il le fait, il fait un raisonnement *à priori* ou *à posteriori*.

C'est par l'induction qu'il s'élève aux lois qu'il reconnaît et aux causes qu'il découvre, mais une fois le résultat de l'induction formulé il est forcé de le vérifier, et il ne peut le faire que par la déduction.

Képler découvre ses lois, mais aussitôt qu'il les a découvertes, il les vérifie par le calcul, et il a recours à des déductions.

Les corps qui tournent subissent une dépression dans le sens de leur axe de rotation. Voilà un fait. Nous l'appliquons à la terre, et nous en concluons qu'elle doit être aplatie vers les pôles, voilà une déduction.

On se sert donc perpétuellement de la déduction dans les sciences expérimentales, et elle leur rend les plus grands services, car elles appellent perpétuellement le calcul à leur secours. C'est à cette alliance de la déduction avec l'expérimentation qu'elles doivent leur éclat et leur fécondité. Nous allons voir que ce double procédé joue aussi le plus grand rôle dans les sciences morales.

SUJETS DE DISSERTATIONS FRANÇAISES

1. Décrire les divers procédés de la méthode des sciences exactes ; insister sur la nature, le rôle et les principales applications du raisonnement déductif, tant dans les sciences exactes que dans les autres sciences qui en comportent plus particulièrement l'emploi.

2. Comparer la valeur démonstrative des trois formes principales du raisonnement : analogie, induction, et déduction dans les divers ordres de sciences.

3. Théorie de la démonstration. — Ses diverses espèces. — Ses règles.

4. En quoi l'art de persuader, qui est l'objet de la rhétorique, diffère-t-il de la démonstration ?

5. Comparer l'induction et la déduction. — Ces deux espèces de raisonnements sont-elles entièrement opposées ? — Peut-on à un certain point de vue les réduire l'une à l'autre ?

CHAPITRE IX

De la méthode dans les sciences morales. Part de la déduction et de l'expérience dans les sciences psychologiques, dans la morale, le droit, la politique.

La méthode expérimentale est la méthode propre aux sciences physiques et naturelles, parce que ces sciences ont pour base les faits. La méthode rationnelle est, au contraire, la méthode qui convient spécialement aux sciences exactes, parce que ces sciences sont fondées sur les idées abstraites. Les sciences morales, qui ont pour objet fondamental les lois de l'esprit humain et qui comprennent les sciences phi-

il est nécessaire que la raison intervienne pour mettre le fait en rapport avec la loi qui a son caractère propre et qui reste la même au milieu de toutes les variations de temps, de lieu et de personnes.

Car si, dans cette science, nous distinguons ce qu'on appelle la morale pratique, nous regardons comme une nécessité de la faire précéder de la morale spéculative, qui en proclame les principes et qui fait voir sur quelles bases ils sont assis.

Nous en dirons autant du droit, dont l'étude a d'ailleurs la plus grande analogie avec celle de la morale.

Le droit est la science des lois. Sa méthode est donc surtout déductive. Il pose la loi elle-même comme un principe et il en déduit les applications.

Mais ces déductions ne sont pas absolues, nécessaires, comme des déductions mathématiques. Il ne s'agit pas ici d'êtres rationnels qui sont ou qui ne sont pas, et qui ne peuvent pas être autrement qu'ils ne sont. Ces lois ne sont pas des lois nécessitantes comme les lois naturelles. Elles ont été faites pour des êtres libres, et dans leur application on doit perpétuellement tenir compte des mille variations qu'amène la liberté humaine dans les circonstances où on doit les observer et les faire observer.

Il y a là, pour l'observation et l'expérience, un vaste champ à exploiter. Le législateur, qui a été l'auteur de la loi, n'a pas été lui-même affranchi de l'influence qu'ont dû exercer sur lui les mœurs, les opinions, les habitudes de la société qu'il avait à régir. Pour bien comprendre sa pensée, il faut se reporter au temps où il a vécu. Par conséquent, le droit est obligé d'appeler souvent l'histoire à son aide. C'est une nouvelle restriction à l'exercice de la raison pure, ou plutôt c'est un élément de plus apporté à l'influence de la méthode expérimentale.

Mais, toute restreinte qu'elle est, l'action de la raison ne doit jamais être complètement entravée. Le droit positif que la science interprète se rattache au droit naturel qui est de tous les temps, de tous les lieux, et il est nécessaire qu'il ne le perde pas de vue pour ne pas tomber dans une science purement empirique, qui laisserait croire que les lois ne dépendent que des caprices de ceux qui les font.

La politique, considérée comme science, se présente également sous ce double aspect. La société, ou si l'on veut l'homme social, a ses lois comme l'homme individuel.

Les constitutions des peuples peuvent prendre des formes différentes suivant le caractère, l'esprit, la civilisation, la religion des peuples eux-mêmes.

Les formes de gouvernement ont aussi certains principes qui leur sont propres et permettent jusqu'à un certain point de les apprécier. C'est ainsi que Montesquieu précise avec plus ou moins de bonheur le caractère des institutions monarchiques ou républicaines.

La nature de l'homme connue, on peut aussi rechercher quelle est la constitution qui conviendrait le mieux à une nation, comme l'ont fait Platon dans sa *République*, Aristote dans sa *Politique*.

Mais toutes ces conceptions ne seraient que des chimères si elles étaient le produit pur et simple de la raison. Il est nécessaire que l'on consulte l'histoire et qu'on s'inspire des faits, si l'on ne veut pas se jeter dans des utopies plus ou moins extravagantes. Platon ayant voulu former sa *République à priori*, uniquement d'après les idées philosophiques qu'il avait conçues, s'est jeté dans des rêves et des impossibilités. Aristote, avant de faire son travail, a recueilli plus de cent cinquante constitutions de villes particulières pour en tirer celle qu'il voulait donner comme modèle et est resté beaucoup plus dans le vrai.

Dans toutes les sciences morales quelles qu'elles soient, on ne doit pas l'oublier, il faut que l'expérience serve de base et que la déduction vienne éclairer et féconder l'expérience. Partout il faut joindre la théorie à la pratique, et vérifier ou régler l'une par l'autre.

SUJETS DE DISSERTATIONS FRANÇAISES

1. Qu'appelle-t-on sciences morales? En quoi les sciences morales diffèrent-elles des sciences physiques?

2. Quelle différence y a t-il entre la méthode de la psychologie

et celle des sciences physiques? Pourrait-on, dans les sciences psychologiques, s'en tenir exclusivement à la méthode expérimentale?

3. Dresser un tableau comparatif attribuant à la morale, au droit et à la politique les procédés essentiels qui leur conviennent, dans la proportion et la mesure où ils leur conviennent.

4. Part de l'expérience et de la raison dans la logique et la morale.

5. De l'esprit de chimère et d'utopie.

CHAPITRE X

De la certitude en général et du scepticisme.

Nous avons vu la logique formelle ou les lois de l'entendement. Nous avons ensuite recherché les méthodes qui conviennent à nos différents ordres de connaissances. Tel est l'objet de la logique appliquée. Nous passons maintenant à la logique réelle, ou objective, c'est-à-dire que nous allons considérer si nous sommes faits pour la vérité et dans quelles conditions nous sommes sûrs de la posséder. C'est ce que le programme appelle le problème de la certitude qu'il renvoie à la métaphysique. Nous traiterons tout d'abord de la certitude en général et de l'erreur qui lui est opposée, le scepticisme.

I. — DE LA CERTITUDE EN GÉNÉRAL

1. Si nous considérons les différents états de l'âme par rapport à la connaissance de la vérité, nous les désignerons, avec Bossuet, sous les noms de science, ignorance, erreur, foi divine et humaine, opinion et doute.

Quand par le raisonnement, dit Bossuet, on entend certainement quelque chose, qu'on en comprend les raisons, et qu'on a acquis la faculté de s'en ressouvenir, il y a science.

Le contraire s'appelle ignorance. L'ignorance est un état négatif. On la reproche, dit saint Thomas, à celui qui ne possède pas la science de certaines choses qu'il devrait savoir.

Il y a de la différence, continue Bossuet, entre ignorance et erreur. Errer, c'est croire ce qui n'est pas ; ignorer, c'est simplement ne pas le savoir. Mais on peut ajouter qu'ignorer est une cause d'erreur, parce que, si l'on croit ce qui n'est pas, cela provient de ce qu'on ne sait pas ce qui est.

Parmi les choses qu'on ne sait point, il y en a qu'on croit sur le témoignage d'autrui, c'est ce qui s'appelle foi. Si c'est Dieu qu'on en croit, alors c'est la foi divine ; si c'est l'homme, alors c'est la foi humaine.

La foi divine n'est sujette à aucune erreur, parce qu'elle s'appuie sur le témoignage de Dieu, qui ne peut tromper ni être trompé.

La foi humaine, en certains cas, peut aussi être indubitable, quand ce que les hommes rapportent est fondé, comme nous le verrons, sur des témoignages irrécusables.

Hors de là, ce qui n'est certifié que par des hommes qui ont pu se tromper ou être trompés ne peut être considéré comme certain.

Il en est de même toutes les fois que nous croyons quelque chose par des raisons seulement probables, et non tout à fait convaincantes. Nous n'avons alors que l'opinion ou la probabilité.

La probabilité, dit saint Thomas, est cet état de l'esprit qui s'attache à un parti avec appréhension du contraire. Cette appréhension provient de ce que les motifs qui lui font adopter ce parti ne lui paraissent pas décisifs.

Il y a des degrés de probabilités qui résultent de ce que les raisons que l'on a d'affirmer ou de nier sont plus ou moins fortes, plus ou moins nombreuses. Si les preuves paraissent égales de part et d'autre, l'esprit peut alors être comparé à une balance dont les plateaux sont en équilibre.

En ce cas, il y a doute. « Le doute, dit saint Bonaventure, indique proprement l'indifférence du jugement de la raison en présence de deux partis contradictoires, en sorte que la raison ne donne la préférence ni à l'un ni à l'autre. »

Bossuet distingue, avec saint Thomas, deux sortes de doute : le doute négatif, et le doute raisonné.

Le doute simple ou négatif existe quand on n'a pas examiné la question et qu'on ne connaît pas les raisons qui militent de part et d'autre.

Le doute raisonné suppose, au contraire, qu'on a étudié la question, mais qu'on a vu que les esprits étaient divisés et qu'il y avait des deux côtés des raisons graves et sérieuses. Si ces raisons paraissent d'égale force, on est dans le doute le plus grand, puisqu'on n'a pas de raison suffisante pour se prononcer. Mais si l'équilibre est rompu, par là même que les raisons semblent plus probables d'un côté que de l'autre, le doute est moindre.

La certitude est l'opposé de la probabilité ou de l'opinion. Elle consiste à donner son assentiment à une chose sans aucune crainte de se tromper. Elle ne résulte pas, comme l'ont prétendu Bernouilli, Condorcet, et d'autres mathématiciens, des divers degrés de probabilité.

L'opinion et la certitude sont deux états très distincts. La probabilité, qui engendre l'opinion, est, comme nous l'avons dit, susceptible de plus ou de moins. La certitude est ou n'est pas. Quel que soit le degré de probabilité, il implique toujours la crainte de se tromper ; par conséquent ce n'est pas la certitude qui est incompatible avec cette crainte.

La certitude peut être vraie ou fausse. Elle est vraie si l'esprit adhère à une vérité, et elle est fausse s'il adhère à une erreur. Ainsi, on est dans l'erreur quand on prononce avec certitude un jugement qui n'est pas conforme à la vérité.

2. Après avoir expliqué la notion de la certitude et des divers états du moi relativement à la connaissance des objets, nous devons rechercher quels sont les instruments que nous avons à notre disposition pour arriver à la vérité et être sûrs de la posséder.

Ces instruments ne peuvent être évidemment que nos facultés de connaître. Ainsi, ce sont la conscience, qui nous fait connaître ce qui se passe en nous, les sens, qui nous mettent en rapport avec le monde extérieur, la raison, qui nous ouvre le monde intellectuel, et qui l'explore au moyen de la déduction et de l'induction, et enfin l'autorité du témoignage, qui nous fait connaître les faits qui ne relèvent pas de notre expérience et les doctrines qui nous ont été transmises par Dieu ou par nos semblables.

De là nous distinguerons quatre sortes de certitude, la certitude physique, qui se rapporte aux connaissances expérimentales qui nous viennent de la conscience et des sens, la certitude rationnelle, qui est celle des sciences exactes, la certitude morale, qui appartient aux sciences morales, et la certitude historique, qui est fondée sur le témoignage.

Chacune de ces certitudes a son objet propre, son critérium particulier, et c'est pour ce motif que nous les étudierons spécialement avec le plus grand soin, en indiquant les différentes espèces de scepticisme qui résultent de leur négation.

II. — Le scepticisme

A l'égard de la certitude, il y a, en philosophie, deux systèmes, le dogmatisme et le scepticisme.

Les dogmatiques disent que la vérité existe, et que l'esprit de l'homme est capable de la posséder et de la connaître.

Les sceptiques prétendent, au contraire, qu'il n'y a pas de vérité et qu'il ne peut y en avoir, et que l'intelligence ne peut rien nier ni affirmer.

Ce système, pris dans son sens absolu, ne peut être atteint par le raisonnement. Car, pour raisonner, il faut des principes qui servent de base au raisonnement, et, comme le sceptique n'en admet pas, on ne peut pas logiquement discuter contre lui.

Mais si le raisonnement ne peut l'atteindre, le bon sens l'accable.

Car celui qui doute de toutes ses facultés doit douter de lui-même. Il est forcé de douter de son doute, et de douter de son existence, ce qui est impossible à la nature.

Il ne peut ni affirmer, ni nier; car la négation est une affirmation, et toute affirmation suppose que quelque chose est.

Si quelque chose est, comme on disait à Pyrrhon et à ses disciples, il y a une vérité absolue, c'est que quelque chose est. Si rien n'est, il y a encore quelque chose d'absolument vrai, c'est que rien n'est.

Ainsi, théoriquement aussi bien que pratiquement, ce système est insoutenable. Nous sommes tellement faits pour la vérité, que nous ne pouvons nous soustraire à l'acte instinctif qui nous porte tous irrésistiblement à croire.

Les sceptiques sont forcés d'admettre quelque chose comme les autres hommes.

Nous pourrions ne pas aller plus loin, et opposer une fin de non-recevoir à tous leurs arguments. Car, du moment que l'homme ne doit pas avoir foi dans sa raison, et dans ses facultés, leurs raisonnements ne valent pas mieux que ceux des autres.

Cependant pour que la discussion soit complète, nous reproduirons leurs objections.

1° Elles portent sur la nature de la connaissance. Nos connaissances sont incomplètes, changeantes, mobiles suivant les temps, les lieux, les âges, les individus et les circonstances. Nous ne savons le tout de rien, a dit Pascal.

Je le veux. Mais de ce que nous ne savons pas tout, il ne s'ensuit pas que nous ne sachions rien. Un enfant ne sait que l'addition, il donnera néanmoins la somme des nombres d'une manière aussi certaine que le plus grand mathématicien.

S'il y a des connaissances mobiles, il y en a d'immuables, d'absolues et de nécessaires.

2° Leurs objections sont tirées de l'objet de la connaissance; nous n'atteignons que la surface et non le fond des choses, et cette surface est elle-même mobile et variable.

L'objection suppose que nous ne percevons, au moyen de la conscience et des sens, que les phénomènes ou les apparences des choses. Mais nous avons montré, en psychologie, que ces moyens de connaître vont plus loin, qu'ils atteignent la substance et la cause. C'est ce que nous rendrons sensible en traitant de la certitude physique.

L'objection n'est pas applicable à la raison pure qui agit sur les idées en dehors des choses sensibles.

3° Leurs objections s'appuient sur le sujet de la connaissance, sur l'esprit humain, qui est faible, changeant, faillible, soumis à l'influence des intérêts et des passions, et qui est perpétuellement en contradiction avec lui-même.

Nous ne nions pas qu'il n'y ait, dans l'humanité, bien des erreurs. Mais, de ce que l'homme se trompe souvent, s'ensuit-il qu'il se trompe toujours. Tout en faisant à l'erreur la part très large, nous verrons, en considérant nos divers moyens de connaître, qu'il y a une foule de circonstances où nous sommes sûrs de connaître la vérité. Il n'en faut pas davantage pour renverser le scepticisme, dont le propre est de supposer que la vérité nous est complètement inaccessible.

SUJETS DE DISSERTATIONS FRANÇAISES

1. Qu'entend-on par science, foi, ignorance, erreur, doute, probabilité, opinion, évidence, certitude?
2. Critérium de certitude. Quels sont les différents principes auxquels on a attribué le rôle de critérium?
3. Du scepticisme en général ; de ses causes et de ses remèdes.
4. Etablir par l'analyse des diverses facultés de l'homme, et en s'appuyant sur les divers développements de son activité, qu'il n'est pas fait pour douter, mais pour *croire*.
5. Exposer et discuter les principaux arguments des sceptiques.
6. Prouver que ce que dit Platon du sceptique est vrai : « S'il détruit tout, il ne se détruit pas moins lui-même. »
7. Montaigne a-t-il eu raison de dire : « Le doute est un oreiller commode pour une tête bien faite? »

CHAPITRE XI

De la certitude physique ou expérimentale. L'idéalisme.

Nous acquérons la certitude physique ou expérimentale au moyen de la conscience et des sens. Nous allons considérer en quelles circonstances nos perceptions internes et externes sont certaines, et nous parlerons ensuite de l'idéalisme qui les rejette.

I. — DE L'EXISTENCE DE L'AME ET DE L'EXISTENCE DES CORPS

1. La conscience nous fait connaître avec certitude l'existence de l'âme et des modifications qu'elle éprouve. Mais il importe de renfermer dans ses justes limites son domaine.

Il y a des philosophes qui supposent que la conscience ne perçoit que les phénomènes, ou les modifications du moi, mais qu'elle ne perçoit pas la substance. C'est une erreur que nous avons combattue en psychologie.

La conscience atteste l'existence du moi aussi bien que de ses divers états, et elle est aussi certaine quand elle affirme sa substance que quand elle affirme ses modifications.

Qu'arriverait-il, nous disent les sceptiques, si vous vous trompiez ? — Si je me trompe, leur répond saint Augustin, c'est que j'existe ; car celui qui n'existe pas ne peut pas se tromper, si donc je me trompe, il est clair que j'existe ; puisque j'existe lors même que je me trompe, comment puis-je me tromper en disant que j'existe ? Lorsqu'il est certain que j'existe, serais-je dans l'erreur en le disant ? Mais puisque, si je me trompais, j'existerais en me trompant, je ne puis non plus me tromper quand j'affirme mon existence. »

Mais il ne faut pas oublier que le témoignage de la conscience ne porte que sur l'existence du moi, et sur celle des faits internes qui la modifient. Ce n'est pas à la conscience seule à déterminer la nature du moi, ni des modifications internes qu'il produit ou qu'il éprouve. Ce n'est pas à elle à nous dire d'où nous viennent les impressions que nous subissons, et si les images qui sont en nous existent hors de nous telles que nous les voyons. Elle n'est pas, comme le veulent certains philosophes, le principe de toutes nos connaissances ; elle se borne à nous rendre compte des faits internes et à nous dire ce qu'ils sont par rapport à nous. Elle juge, comme disaient les scolastiques, *de rebus in ordine ad nos,* et non pas *de rebus in se.*

Renfermée dans son domaine, la conscience ne nous donne que des attestations certaines. Son témoignage est un fait primitif, indémontrable, mais qui n'a pas besoin de preuves, parce qu'il s'impose d'une manière si irrésistible qu'il ne laisse place ni à l'hésitation ni au doute.

2. Les sens sont les organes des perceptions externes, et c'est par les perceptions externes que nous connaissons l'existence des corps.

L'existence de notre corps et celle des corps qui nous environnent sont pour nous des faits primitifs de même nature que l'existence de l'âme ou du moi. Comme nous connaissons immédiatement par la conscience l'existence de l'âme et de ses modifications, de même nous connaissons par les sens l'existence des corps.

C'est, comme le disaient Aristote et tous les docteurs de l'Église, une vérité de fait connue par elle-même et qui ne demande pas de démonstration, parce qu'elle s'impose irrésistiblement à tous les hommes. Nous ne pouvons pas plus douter de l'existence de notre corps et des corps qui nous entourent que nous ne pouvons douter de l'existence de l'âme et des modifications qu'elle éprouve.

Mais, comme les sens ne se bornent pas à nous manifester l'existence réelle des corps et que par leur intermédiaire nous jugeons aussi de leurs qualités et de leurs relations, nous devons indiquer ici dans quelles conditions ils doivent être pour qu'on puisse accepter leur témoignage.

1° La première condition c'est qu'ils soient sains et qu'ils soient en état de juger des objets d'une façon normale. Ce sont des instruments et, pour qu'un instrument puisse rendre les services qu'on lui demande, il faut qu'il soit en bon état, et que rien ne trouble l'exercice régulier de son action. Si les sens ne sont pas sains et valides, ils ne peuvent convenablement recevoir les impressions des objets. Tout paraît amer à ceux qui ont la fièvre, les couleurs changent quand on a les yeux malades. On ne voit pas bien un objet trop éloigné, il paraît autrement dans l'eau que dans l'air.

2° Il ne faut consulter chaque sens que sur l'objet qui lui est propre et ne pas étendre au-delà son témoignage. La vue juge des couleurs, l'ouïe des sons, l'odorat des odeurs, etc. Habituellement notre jugement va plus loin que ne porte le témoignage du sens qui nous avertit de la présence de l'objet. Entendons-nous un son, nous croyons que c'est le son d'une pendule, d'une cloche, du canon, et nous l'attribuons à ces divers objets. Il y a souvent erreur dans ces sortes de jugements, mais l'erreur ne doit pas être attribuée aux sens. Elle revient à l'esprit qui s'est trop hâté de juger ou qui a jugé sur des analogies qu'il a lui-même créées.

3° S'il s'agit d'un sensible commun ou d'un sensible par accident, comme cette notion est complexe et qu'elle est le résultat du témoignage de plusieurs sens, il est nécessaire de distinguer chacun de ces témoignages, de les vérifier et de les comparer. Quand tous nos sens s'accordent à attester l'existence d'un corps et de certaines de ses qualités, nous ne pouvons pas en douter et notre témoignage est certain. Par exemple, j'ai là sur ma table un livre, je le vois, je le prends, je l'ouvre, je lis les pages, j'examine le format, puis-je douter d'un seul des caractères que je viens de constater de cette manière. La vue, le tact, l'ouïe, tous mes sens ont pu être consultés, ils sont unanimes, et leurs décisions sont tellement affirmatives que je ne puis leur refuser mon assentiment. Ma certitude est complète, et je ne puis douter de la vérité de son fondement sans être obligé de renier ma nature.

Les sens nous trompent souvent, il est vrai, mais cela provient de ce que nous ne les consultons pas avec assez de soin, de ce que nous ne prenons pas le temps de les contrôler l'un par l'autre, ou de ce que nous les interrogeons dans des conditions où ils ne peuvent régulièrement fonctionner. Il faut bien se rappeler qu'en réalité les sens ne jugent pas. Ils nous donnent simplement la notion des choses. Quand je vois un bâton dans l'eau, il me paraît brisé. Ce témoignage des yeux n'est pas faux ; le bâton paraît réellement tel. Mais, quand je dis qu'il est brisé réellement, c'est l'entendement qui prononce ce jugement et qui en a la responsabilité.

Les philosophes qui ne croient pas au témoignage des sens n'admettent pas l'existence des corps et sont idéalistes.

II. — Idéalisme.

Il y a des philosophes qui admettent l'existence des corps, mais qui rejettent le témoignage des sens. Ils supposent que les sens ne peuvent nous faire connaître l'existence du monde extérieur, et que si nous l'affirmons nous devons faire reposer cette affirmation sur la véracité divine ou sur la révélation. C'est le sentiment de Descartes et de Malebranche.

Mais ce système est anti-méthodique. En allant de l'existence de Dieu à celle des corps, il va du moins connu au plus connu, car l'existence des corps est pour nous plus évidente que l'existence de Dieu.

De plus, leurs auteurs tombent dans une contradiction et dans un cercle vicieux.

Descartes prétend, au début de son examen méthodique, que l'expérience lui a démontré que les sens sont trompeurs, et lorsqu'il en a appelé à la véracité divine il soutient qu'ils sont véridiques, et que par conséquent l'expérience à laquelle il en a appelé tout d'abord est fautive. Ce qui signifie tout à la fois qu'on doit croire les sens parce qu'ils ont Dieu pour auteur, et qu'on n'y doit pas croire parce que les connaissances expérimentales ne sont pas dignes de foi.

Malebranche, qui en appelle à la révélation, tourne dans un cercle vicieux. Car comment peut-on savoir que Dieu a parlé et ce qu'il a dit sinon par les sens. Les sens sont donc indispensables pour constater l'existence de la révélation et la révélation est nécessaire pour prouver l'existence des sens.

Berkeley est le premier philosophe qui ait nié la réalité objective du monde extérieur, l'existence des corps. Pour lui il n'y a que des esprits, et il n'y a pas d'autres réalités que les choses immatérielles.

David Hume va plus loin, il attaque l'existence des causes et des substances et nie la réalité de l'esprit aussi bien que celle de la matière. Le moi n'est qu'une abstraction, une collection de phénomènes, une succession de sensations qui passent. La vie devient un rêve et, après avoir nié les corps et les esprits, on tombe dans l'abîme sans fond du scepticisme.

Kant et les philosophes allemands ont cherché à tirer la philosophie de ce phénoménisme bizarre, et ils ont imaginé un idéalisme transcendantal. Mettant de côté les sens et l'expérience, ils ont voulu chercher dans la pensée elle-même les lois qui doivent unir le sujet à l'objet, et ils ont supposé que c'était le moi lui-même qui était le créateur de la conscience et qu'au lieu de recevoir des objets extérieurs les idées qu'il en a, c'était lui qui imposait à ce monde ses formes et qui le faisait tel qu'il est dans notre esprit.

Il en résulterait que les choses extérieures sont ce que nous les faisons, et que la vérité serait une conception purement arbitraire (1).

C'est ainsi qu'en niant le témoignage des sens on est amené à nier la certitude des idées elles-mêmes, et que le doute partiel qu'on a émis à l'égard d'une de nos facultés cognitives devient forcément un doute universel. Ce qui justifie ce mot de Royer-Collard : « On ne fait pas au scepticisme sa part ; dès qu'il a pénétré dans l'entendement, il l'envahit tout entier. »

SUJETS DE DISSERTATIONS FRANÇAISES

1. Quels sont les faits qu'on peut admettre sur le témoignage de la conscience sans crainte de se tromper ?

(1) Voir plus loin, sur ces philosophes, l'histoire de la philosophie au dix-huitième et au dix-neuvième siècles.

2. Que pouvons-nous affirmer d'une manière certaine d'après le témoignage des sens ?

3. Dire en quels cas les sens nous trompent, et en quels cas nous pouvons nous en rapporter à leur témoignage.

4. Exposer et réfuter les différentes sortes d'idéalisme.

5. Justifier cette parole de Royer-Collard : « On ne fait pas au scepticisme sa part ; dès qu'il a pénétré dans l'entendement, il l'envahit tout entier. »

CHAPITRE XII

De la certitude rationnelle. Valeur probante de la raison.

Après la conscience et les sens, la troisième source de nos idées est la raison, qui nous fait connaître le monde immatériel qui est au-dessus du monde sensible. Sa triple fonction la fait désigner sous les noms de raison intuitive, déductive et inductive, et elle sert de critérium, sous ce triple rapport, aux vérités intellectuelles que nous acquérons. Au point de vue de la certitude, nous allons donc la considérer sous ces trois aspects, et nous déterminerons ensuite sa valeur probante.

I. — DE LA CERTITUDE DE LA RAISON INTUITIVE, DÉDUCTIVE ET INDUCTIVE

Il y a des choses, dit saint Thomas, dont nous saisissons la vérité sans raisonnement. La raison possède des notions qui se rapprochent, pour ainsi dire, d'elles-mêmes, et qui forment des propositions dont on aperçoit immédiatement la vérité ou la fausseté, sans avoir besoin de recourir à une notion intermédiaire pour voir si elles se conviennent ou ne se conviennent pas. Ces propositions, dit Bossuet, sont claires par elles-mêmes, parce que quiconque les considère et en a entendu les termes ne peut leur refuser sa croyance. Tels sont les premiers principes, les axiomes. Ils sont environnés d'une telle lumière que l'esprit ne peut s'empêcher de les admettre. Cette lumière victorieuse, irrésistible, est ce qu'on nomme l'évidence.

L'évidence est immédiate dans les jugements intuitifs que l'on ne peut démontrer, et qui n'ont pas besoin de l'être. Ces propositions sont d'ailleurs, comme nous l'avons vu, universelles, éternelles, immuables. Elles s'imposent à la raison, comme l'existence des corps et l'existence du moi s'imposent aux sens et à la conscience, et nous sommes obligés de les admettre, si nous ne voulons pas nous mettre en opposition avec notre nature et l'anéantir.

Nous sommes donc aussi sûrs de l'existence de ces vérités premières que nous le sommes de l'existence des corps et de l'existence du moi, et cette certitude a les mêmes fondements. Et comme la lumière du soleil n'a pas besoin d'une autre lumière pour être aperçue, ainsi il en est de l'évidence de ces principes, qui sont manifestes par eux-mêmes.

C'est sur ces principes que la raison se fonde pour tirer ses déductions. On ne peut pas plus nier la certitude de la déduction que celle du principe dont elle est déduite, du moment que le syllogisme est exact. Car en matière nécessaire comme en matière contingente, il faut qu'il y ait connexion entre les conclusions et les prémisses. La conclusion ne pouvant renfermer que ce qui est dans les prémisses, celui qui refuserait de les admettre, après avoir admis les prémisses elles-mêmes, affirmerait et nierait en même temps la vérité de la question proposée, car il nierait dans la conclusion ce qu'il aurait affirmé dans les prémisses.

L'évidence qui résulte du raisonnement est appelée médiate ; elle est aussi convaincante que l'autre, du moment que l'on s'est bien assuré de l'exactitude de la déduction par laquelle on y est arrivé.

Quand la démonstration est simple et qu'il suffit pour la faire d'un seul argument, il est facile de se rendre compte de l'exactitude de la déduction. Quand elle est composée et qu'elle exige une série d'arguments, si on en voit bien l'enchaînement, et si on est sûr de la valeur probante de chacun d'eux, on a également une certitude complète.

C'est ainsi que, dans les démonstrations de géométrie, on arrive avec certitude à la conclusion en passant par une série quelquefois très étendue de déductions qui se tiennent et forment une trame parfaitement continue.

La raison déductive sert aux vérités dérivées, soit nécessaires, soit contingentes. Or, en matière nécessaire, où il n'y a de place ni pour le plus ni pour le moins, les déductions sont absolument strictes et rigoureuses. C'est ce qui donne à l'évidence mathématique un caractère irrésistible qu'elle n'a pas dans les autres sciences. Devant une démonstration géométrique l'intelligence est tout, la volonté ne peut avoir aucune influence sur le jugement. La chose est ou n'est pas, il faut affirmer ou nier, il n'y a pas de milieu.

La raison inductive arrive aussi à la certitude, comme nous l'avons vu (p. 171), mais si elle repose sur des faits dont l'existence est certaine, leurs caractères ne sont pas toujours faciles à préciser. Ils sont livrés à l'appréciation de ceux qui les observent, et c'est ce qui fait qu'il n'est pas toujours aisé de distinguer ce qu'ils ont d'accidentel de ce qu'ils ont d'essentiel. De là, dans les sciences physiques qui ont nécessairement l'induction pour méthode, tant d'hypothèses et tant d'affirmations qui ne sont que probables. Car, quoi qu'en disent les positivistes, ce n'est pas dans cet ordre de connaissances que la certitude se présente le plus souvent. On ne peut douter des faits matériels, mais leurs causes, leurs lois sont souvent si difficiles à saisir, que ces partisans exclusifs de la matière déclarent qu'on ne peut les atteindre. Ce qui les rend sceptiques et impuissants dans l'ordre des choses mêmes qu'ils ont la prétention d'explorer.

Au moyen de l'induction et de la déduction réunies, on étudie les sciences morales. Il y a, là aussi, des vérités intuitives, des faits primitifs qui servent de point de départ comme dans les sciences exactes et dans les sciences naturelles. Nous en sommes certains de la même manière. Nous leur appliquons l'induction et la déduction suivant les mêmes lois, et nous arrivons à des conclusions également irréfragables. Les démonstrations qui établissent la spiritualité de l'âme, l'existence de Dieu, sont aussi certaines que les démonstrations mathématiques, mais l'évidence qu'elles produisent a un autre caractère. Ce n'est pas une lumière qui s'impose avec une force irrésistible. Ici une certaine influence est laissée à la volonté humaine.

Nous ne sommes pas désintéressés à l'égard de ces vérités comme à l'égard des vérités mathématiques ou physiques. Elles doivent influer sur notre conduite, sur l'usage que nous devons faire de notre liberté, et la liberté elle-même réagit contre elles. Car, comme le dit saint Thomas, que d'obstacles rencontre l'esprit humain, soit au dedans de lui-même, soit en dehors, qui entravent ou affaiblissent l'exercice de ses puissances ! La précipitation dans les jugements, les préjugés d'éducation et d'enseignement, les erreurs de famille, les passions violentes, et une foule d'autres causes, faussent le jugement et expliquent ses défaillances. Mais ce n'est pas un motif pour enlever à la raison toute valeur probante, comme l'ont fait quelques philosophes.

II. — Valeur probante de la raison

A la vue des erreurs dans lesquelles la raison humaine est tombée, les fidéistes ont prétendu qu'elle était incapable d'arriver à la vérité, et, pour remédier à leur scepticisme philosophique, ils se sont réfugiés dans la foi révélée, soutenant qu'il n'y a pas d'autre moyen de s'assurer des vérités morales et religieuses que les livres saints interprétés par l'Eglise. C'est la doctrine de Montaigne et de Pascal, bien que ce dernier, inspiré de son jansénisme, mette beaucoup de restrictions à l'autorité de l'Eglise elle-même.

Les traditionnalistes, qui ont eu pour chefs principaux de Bonald, Bonnetty et le P. Ventura, admettent que la raison peut arriver à la connaissance des vérités mathématiques et expérimentales, mais qu'elle n'est pas en état de démontrer les vérités morales et religieuses, et ils invoquent, à l'appui de ces vérités qu'ils admettent, la tradition, le témoignage des générations qui se sont succédé. Le critérium de ces vérités est l'enseignement qui s'est perpétué à travers les siècles, et qui a eu pour point de départ la révélation. C'est un scepticisme partiel, d'autant plus inconséquent, qu'il ne peut mutiler la raison sans se mettre directement en opposition avec lui-même.

Dans son *Essai sur l'indifférence*, il y a environ soixante ans, M. de Lamennais condamna la raison individuelle, qu'il déclarait essentiellement erronée, et il voulait que, pour établir les vérités naturelles aussi bien que les vérités morales et religieuses, on en appelât au consentement unanime des hommes.

Tous ces systèmes qui font profession de scepticisme à l'égard de la raison et de nos facultés naturelles, plaçant le critérium de la vérité en dehors de nous, soit dans la révélation, soit dans la tradition, soit dans le consentement général de l'humanité, tombent tous dans le même inconvénient. Puisque ce *criterium* est en dehors de nous, comment pouvons-nous nous mettre en rapport avec lui? Si c'est la révélation qui doit me guider, comment puis-je constater son existence? Si c'est la tradition, par quels moyens pourrai-je l'étudier? Si c'est le consentement unanime des hommes, de quelle manière me sera-t-il notifié? Je ne puis communiquer avec ces différentes sources de lumière qu'au moyen de mes sens et de ma raison. Si j'ai rejeté à l'avance ces facultés, et si j'ai récusé leurs attestations et leurs témoignages, il m'est impossible de me mettre en rapport d'une manière certaine avec les divers foyers de lumière qu'on m'a indiqués. Le scepticisme, qui a atteint ces facultés, envahit en même temps les divers *criteria* qu'on me propose, et comme toujours, de partiel qu'il était à son début, il devient inévitablement universel.

Ces systèmes que la logique et le bon sens réprouvent ont été d'ailleurs condamnés par le concile du Vatican. Il a enseigné non seulement que la raison avait ce qu'il fallait pour établir les vérités morales et religieuses de l'ordre naturel, mais il a en même temps proclamé que ses lumières étaient nécessaires pour asseoir les fondements de la foi.

9.

Ses erreurs et ses défaillances nombreuses prouvent qu'elle n'est pas infaillible, mais elles n'autorisent pas à la frapper d'impuissance et à la déclarer incapable de toute certitude. Ce sont ces faits que l'histoire de la philosophie a rendus incontestables et que nous opposons victorieusement au rationalisme, lorsque, se jetant dans l'excès opposé, il prétend que la raison à elle seule suffit pour éclairer l'homme et le diriger dans toutes les difficultés de la vie.

Nous nous plaçons entre ces deux extrêmes et, tout en reconnaissant la valeur de nos facultés naturelles, nous ne l'exagérons pas, mais nous la réduisons à sa véritable mesure en reconnaissant qu'elles sont souvent insuffisantes et qu'elles ont besoin d'auxiliaires qui les soutiennent, les fortifient et les complètent. Ces auxiliaires sont :

1° L'autorité des savants. Car quoique la philosophie soit une science essentiellement rationnelle et que, suivant l'expression de saint Thomas, l'autorité d'un homme soit en cette matière le plus faible des arguments, cependant lorsque nous avons embrassé un sentiment, nous aimons à savoir que nous avons pour nous des philosophes distingués qui font autorité dans l'école.

2° Le consentement unanime des peuples. Après l'avoir présenté comme la seule règle de vérité, les disciples de M. de Lamennais l'ont rejeté comme une preuve sans valeur. C'était un autre excès. Nous l'avons invoqué à l'occasion des vérités premières dont nous avons fait remarquer l'universalité, et nous nous en servirons pour démontrer l'existence de Dieu, l'immortalité de l'âme et d'autres vérités fondamentales de l'ordre moral. Car une chose morale ne peut pas avoir été crue de tout temps et par tous les hommes sans être fondée sur des motifs plausibles qui ont produit cet accord général. « La fausse opinion, dit saint Thomas, est une faiblesse de l'intellect, et cette faiblesse est un accident qui n'atteint que les individus. » Or, ce qui est accidentel n'existe ni dans tous les temps ni dans tous les lieux. Par conséquent, ce qui est constant et universel est la voix de la nature et la voix de la nature est vraie : *Vox populi, vox Dei.*

3° **La foi.** La foi et la raison sont deux lumières sorties de la même source, et qui, au lieu de se combattre, doivent se donner un mutuel appui. Si la raison démontre la foi, la foi de son côté fortifie la raison en confirmant les vérités qu'elle établit et en la mettant à l'abri des erreurs qui l'envahissent trop souvent, lorsqu'elle est abandonnée à elle-même. Elle étend son horizon et lui découvre des vérités que par elle seule elle ne pourrait atteindre. C'est le télescope qui allonge la vue de notre esprit et qui nous fait voir dans les profondeurs de l'infini des vérités nouvelles qui ne sont nullement en contradiction avec les choses que nous pouvons constater autour de nous sans autre secours que nos facultés naturelles.

SUJETS DE DISSERTATIONS FRANÇAISES

1. Montrer les rapports de la vérité, de l'évidence et de la certitude.
2. Distinguer par des analyses et par des exemples l'évidence sensible, l'évidence rationnelle, l'évidence morale.
3. Exposer et réfuter les systèmes des fidéistes et des traditionnalistes relativement à la valeur probante de la raison.
4. Quel était le système de Lamennais? Réfuter ce système et montrer qu'il conduisait directement au scepticisme.
5. Quelle est la valeur de la preuve qu'on tire du consentement unanime des peuples pour établir certaines vérités morales? Analyser et discuter cette preuve.

CHAPITRE XIII

De la certitude historique. Sources de l'histoire : critique du témoignage.

A la conscience, aux sens et à la raison il faut ajouter, comme *criterium* de vérité, la mémoire. Car la mémoire lie le présent au passé en nous assurant l'identité de nos pensées actuelles avec celles que nous avons eues auparavant. Notre savoir repose sur cette faculté, car sans elle nous ne pourrions lier nos idées, aller des principes aux conséquences, ni établir notre identité personnelle. On ne peut donc rejeter ce critérium sans ébranler le fondement de toutes nos connaissances et sans nous mettre dans l'impossibilité de raisonner.

Mais l'esprit de l'homme serait bien pauvre s'il n'avait pas d'autres connaissances que celles qu'il acquiert par lui-même. Il s'enrichit surtout par les connaissances qu'il reçoit des autres et par les faits qui lui viennent du témoignage humain.

I. — DE L'AUTORITÉ DU TÉMOIGNAGE DES HOMMES.

La *foi*, comme nous l'avons dit plus haut, page 187, consiste à croire une chose sur le témoignage d'autrui. Le *témoin* est celui qui manifeste à un autre une chose qu'il a connue par lui-même. L'acte par lequel il affirme cette chose s'appelle *témoignage*, et le pouvoir qui nous fait adhérer à ce qu'un témoin nous rapporte prend le nom d'*autorité*.

Comme nous ne pouvons connaître qu'un petit nombre d'hommes et de choses par nous-mêmes, le témoignage joue un grand rôle dans le développement de notre esprit et dans les sciences que nous cultivons. Sans lui, le passé nous serait fermé, puisque nous ne pourrions remonter au-delà de notre existence ; le présent serait très restreint, puisque nous ne pourrions croire à l'existence que du petit nombre d'hommes et de choses que nous avons vues et observées ; les sciences naturelles nous seraient impossibles, puisque nous n'aurions jamais pu faire par nous-mêmes les observations et les expérimentations suffisantes pour justifier nos inductions ; les sciences morales et historiques, qui reposent presque tout entières sur le témoignage, disparaîtraient faute de bases et d'aliments et, comme le dit saint Augustin, tous les fondements de la société civile seraient ébranlés et l'homme serait condamné à l'idiotisme et à la barbarie, puisqu'il ne pourrait tirer aucun profit des travaux des générations qui l'ont précédé et des progrès de la civilisation.

Nous avons parlé de la valeur du témoignage en matière

de doctrine (p. 202), ici nous ne nous occuperons que du témoignage en matière de faits.

Pour apprécier ce témoignage il faut le considérer dans les deux éléments qui le constituent : les faits et les témoins.

1° Les faits. Il ne s'agit pas ici de faits scientifiques, d'une observation minutieuse, d'une constatation difficile, sur lesquels on ne peut consulter que des savants ou des artistes. Il est manifeste que la certitude de ces faits dépend de la science ou de l'habileté de ceux qui les observent, et qu'ils relèvent de la science et de la démonstration plutôt que de l'autorité.

Nous parlons de faits simples, publics, importants, qui sont susceptibles d'être constatés par les ignorants aussi bien que par les savants, qui ne demandent que des hommes jouissant de leurs sens et de leurs facultés.

Nous distinguons, en outre, entre le fait et certaines de ses circonstances, et surtout entre le fait et les explications ou les commentaires qu'on peut en donner. Ainsi je connais l'existence d'un homme, d'une ville, je ne les ai jamais vus, mais tous les journaux, toutes les publications parlent chaque jour de cet homme célèbre, de cette ville importante ; je ne puis douter de leur existence. Mais quand il s'agit de les apprécier, de dire si cet homme est honnête, si cette ville est très saine, les suffrages se partagent, je n'ai plus à l'égard de l'appréciation du fait la même confiance dans le témoignage. Si le témoignage restait unanime, je n'aurais point de raison de le contredire, mais je ne me sentirais jamais aussi certain en matière d'appréciation que quand il s'agit du fait lui-même.

Rousseau, Diderot, Hume, Laplace, Strauss, et tous les incrédules de nos jours supposent qu'il suffit qu'un fait soit surnaturel pour qu'on le rejette comme impossible. C'est une manière trop commode de se défaire de la religion et de ses preuves. Un fait n'est impossible qu'autant qu'il est contradictoire, et les faits surnaturels n'ont nullement ce caractère ; car les faits surnaturels sont des faits simples, publics, éclatants, qui se constatent de la même manière qu'un fait naturel. Que faut-il pour prouver la résurrection d'un mort ? Établir quelques faits très simples, ostensibles à tout le monde. Il suffit de démontrer que cet homme était vivant tel jour, qu'il est mort à telle heure, et que trois jours après il est redevenu vivant. On a pu constater son décès comme tous les décès, et sa réapparition sur le théâtre du monde comme on constate la vie et l'existence de tous les hommes.

Il n'y a rien de contradictoire à admettre qu'un mort est ressuscité, qu'un malade a été subitement guéri, que d'un mot une tempête a été apaisée. Le procédé qui rejette *à priori* les miracles, sans consentir à les examiner, n'est pas assurément un procédé scientifique. Quand des faits sont extraordinaires comme les miracles, quand ils doivent avoir des conséquences si graves relativement à notre conduite et à notre destinée, nous concevons qu'on ne les admette pas légèrement. Nous disons même qu'on ne le doit pas, et qu'il est nécessaire de soumettre les témoins qui les rapportent au contrôle le plus sévère. Nous allons voir les qualités qu'on doit exiger pour qu'ils n'aient été ni trompeurs, ni trompés.

2° Les témoins. Il faut faire attention tout particulièrement à la valeur personnelle du témoin, quand le fait n'est attesté que par un petit nombre. On doit considérer son degré d'instruction et d'intelligence, l'éducation qu'il a reçue, ses opinions particulières, le sentiment qui l'anime, le but qu'il se propose, l'intérêt qu'il peut avoir à affirmer le fait ou à le nier, la liberté plus ou moins grande de sa déposition, les influences qui l'entourent, la manière dont il s'exprime, si ses affirmations sont nettes et franches, ou vagues et indécises, et se rendre compte de ce qui a précédé et de ce qui a suivi le fait qu'il énonce, pour voir s'il s'accorde bien avec les circonstances.

C'est ainsi que juridiquement on éprouve la valeur probante d'un témoignage.

Quand il s'agit de faits publics comme ceux qui nous occupent, ils ne sont pas attestés seulement par quelques témoins, mais par des masses d'individus différents de mœurs, de caractères, d'opinions, d'intérêts, de nations. Cette opposition fait la force de leur témoignage ; car du moment qu'ils s'accordent à affirmer unanimement un fait, cet accord ne peut être produit que par l'évidence du fait qui est irrésistible pour tous et d'où il résulte qu'ils n'ont pu ni se tromper ni être trompés.

Ainsi quoique je ne sois jamais allé à Pékin, et que je n'aie jamais vu l'Euphrate, j'en suis aussi sûr que de l'existence de Paris et de la Seine, et quoique je n'aie vu ni César ni Napoléon, je suis aussi sûr que l'un est mort assassiné, à Rome, en plein sénat et l'autre captif à Sainte-Hélène, que je suis certain de l'existence des personnes avec lesquelles je vis habituellement.

Je ne doute pas plus des supplices des martyrs que de l'assassinat de César, mais, quand je pense que ces hommes ont enduré les outrages les plus ignominieux, les affronts les plus sanglants, les tourments les plus atroces, la mort même pour attester les choses qu'ils avaient vues et entendues, leur témoignage acquiert à mes yeux une valeur immense qui le met au-dessus de toute contestation.

La certitude historique s'impose comme toutes les autres certitudes, et on ne peut pas non plus la rejeter sans anéantir l'intelligence humaine, car, en isolant l'homme de ses semblables et en le condamnant à se contenter de ses propres ressources, on le réduirait à une si grande indigence qu'il ne pourrait exister ni intellectuellement ni moralement.

II. — Sources de l'histoire : critique du témoignage

Les sources de l'histoire sont la tradition, les monuments et les écrits.

1° La tradition est la transmission orale des événements de génération en génération. Le témoignage établit les faits qu'attestent les témoins qui les ont vus. Les faits connus se transmettent par les récits du père au fils et de génération en génération. Avant l'usage de l'écriture, il n'y avait pas d'autre manière de perpétuer le passé.

On conçoit qu'en passant par différentes bouches un fait puisse être considérablement altéré. Chacun étant porté à y ajouter des circonstances, on peut dire qu'il est exposé à s'accroître à mesure qu'il s'éloigne de son origine, *fama crescit eundo*. C'est ainsi que les traditions des peuples se sont enrichies d'une foule de circonstances merveilleuses, qui font que leur berceau est entouré de légendes plus ou moins extraordinaires.

La tradition orale n'offre de certitude qu'à une condition, c'est qu'elle soit constante et que le fait soit perpétuellement attesté par un grand nombre de témoins. Par exemple, quand on nous dit qu'une chose est établie par la tradition, il faut qu'on puisse remonter de génération en génération jusqu'à son origine, et qu'à chaque époque le témoignage ait été uniforme sans contradiction sérieuse.

Ainsi la tradition, qui fait naître les Francs de Francus, fils d'Hector, est inacceptable, parce qu'elle est contredite par d'autres traditions, et que d'ailleurs elle n'est ni constante ni appuyée de témoignages suffisants. Nous croyons à l'existence du siège de Troie, à l'expédition des Argonautiques, mais nous dépouillons ces faits des récits légendaires dont la poésie les a ornés.

2° Les monuments comprennent, non seulement les édifices, les arcs de triomphe, les colonnes, les tombeaux, en un mot toutes les constructions qui ont été faites en vue de perpétuer la mémoire d'un événement, mais encore tous les objets matériels qui peuvent rappeler le souvenir d'une époque, d'un fait ou d'un personnage, comme les vases, les armes, les bijoux, les médailles, les monnaies, et en général toutes les antiquités qu'on recueille dans les musées et qui font l'objet des études des archéologues.

Il faut s'assurer de l'authenticité de ces monuments, et quand on est sûr qu'ils sont bien de l'époque à laquelle on les attribue, ce sont d'excellents témoignages ; car on ne peut pas élever un monument public, faire frapper des médailles ou des monnaies pour un événement qui n'aurait pas eu lieu.

Les inscriptions dont ils sont revêtus doivent être soumises à la critique. Elles peuvent avoir été inspirées par la vanité et la flatterie, et il y a toujours lieu de distinguer le fait auquel elles se rapportent de l'interprétation qu'elles lui donnent. Il n'est pas rare de voir des conquérants et des souverains se faire donner des titres emphatiques que la postérité n'a pas reconnus.

3° Les écrits sont les actes officiels du temps, procès-verbaux, rapports et bulletins, les journaux publics qui sont aujourd'hui si nombreux, les journaux privés ou mémoires personnels, comme les *Commentaires de César*, le *Journal de Dangeau*, sur la cour de Louis XIV, l'*Anabase* de Xénophon, et les récits contemporains, comme les histoires de *Catilina* et de *Jugurtha* de Salluste, les *Histoires* de Tacite.

Si l'historien est contemporain des événements qu'il raconte, il faut s'assurer de sa moralité et se rendre compte, par l'histoire de sa vie, de ses habitudes, de ses relations, du degré d'estime et de confiance dont il a joui près de ses concitoyens. Il faut voir quelle était sa position, s'il était convenablement placé pour bien connaître les faits qu'il rapporte et les vérifier. On doit rechercher dans quel but il a écrit, s'il était à la tête d'une secte ou d'un parti qu'il se serait proposé avant tout de justifier ou de glorifier. Un historien passionné pour un intérêt quelconque peut être intéressant à lire, mais on ne peut pas s'en rapporter à tout ce qu'il dit. Nous en dirons autant d'un esprit satirique comme Saint-Simon ou d'un écrivain romanesque comme M. de Lamartine; car, si l'on veut connaître la Révolution, ce n'est pas dans l'*Histoire des Girondins* qu'il faut l'étudier.

Quand sur une époque ou sur un événement on a plusieurs récits, il importe de les confronter, et l'histoire devient ainsi un procès qu'on réussit assez bien à instruire en entendant les témoins à charge et à décharge qui se présentent des deux côtés, que l'on éclaire et que l'on vérifie les uns par les autres.

Si l'historien rapporte des événements qui se sont passés avant lui, il faut voir s'il est remonté aux sources primitives, ou s'il s'est contenté d'ouvrages de seconde main. La valeur de son témoignage dépend uniquement des documents qu'il a consultés. Pour juger de la valeur des histoires d'Hérodote, de Polybe, de Tite Live, nous nous demandons quels renseignements ils ont eus, quels ouvrages ils se sont procurés, et c'est d'après la nature de ces documents primitifs que nous apprécions la certitude historique que nous présentent les ouvrages qu'ils nous ont transmis.

En général, dans l'étude de l'histoire, il importe bien de distinguer le fait des circonstances dont l'imagination de l'historien l'entoure, et surtout des jugements qu'il porte et des conséquences qu'il tire et qu'il veut suggérer à son lecteur, dans l'intérêt d'une idée préconçue. On arrive à la certitude du fait, mais on se divise facilement sur son appréciation. On peut raconter de bien des façons, et avec des circonstances très diverses, les principaux événements de notre histoire contemporaine. Mais on ne peut douter de la chute de Napoléon Ier et de Napoléon III, de l'invasion de 1814 et de l'invasion de 1870, de l'incendie des Tuileries et de l'Hôtel de Ville, du massacre des otages et d'une foule d'autres faits aussi éclatants.

SUJETS DE DISSERTATIONS FRANÇAISES

1. De l'importance du témoignage relativement à l'acquisition de nos connaissances. Peut-il nous donner la certitude ?
2. Exposer et discuter les règles relatives aux témoins.
3. Quelles sont les sources de l'histoire ? Quelle est la valeur de la tradition et des monuments ?
4. Exposer et discuter les règles relatives aux faits.
5. Quelles sont les principales règles de la critique historique ?
6. Est-il nécessaire, est-il même avantageux que l'historien ait été témoin oculaire des faits qu'il raconte ?

CHAPITRE XIV

Nature, causes et remèdes de l'erreur.

L'erreur est un jugement faux que l'on tient pour vrai. Errer, dit Bossuet, c'est croire ce qui n'est pas. L'erreur est la conséquence naturelle de l'imperfection de notre esprit. L'intelligence humaine est faite pour la vérité et peut, en une foule de circonstances, être sûre de l'acquérir. Mais elle n'est pas pour cela infaillible. Les facultés qui la conduisent à la vérité peuvent être mal employées et devenir des sources d'erreurs. Nous ramènerons toutes les causes de nos erreurs à deux grandes divisions : à celles qui se rapportent à l'entendement, et à celles qui viennent de la volonté ; et nous chercherons ensuite les remèdes que nous pouvons y apporter.

I. — DES CAUSES DE NOS ERREURS CONSIDÉRÉES PAR RAPPORT A L'ENTENDEMENT

Par l'entendement, nous comprenons ici les principales sources de nos idées : la conscience, les sens, l'imagination et la raison.

La conscience est certaine lorsqu'elle nous atteste les faits internes, mais elle ne nous met pas à l'abri des erreurs que nous commettons, lorsque nous recherchons les causes de ces faits ou que nous voulons les apprécier. Le malade imaginaire éprouve réellement les souffrances et les malaises dont il a conscience, mais il se trompe lorsqu'il veut caractériser son mal. L'orgueilleux se surfait et se donne des mérites et des qualités qu'il n'a pas. Nous pouvons mal juger de la valeur morale de nos sentiments et de nos actions, et le témoignage de la conscience faussé ou mal interprété peut ainsi devenir une source féconde d'erreurs.

Il en est de même des sens. Nous ne pouvons douter de nos perceptions externes, et nos jugements seraient toujours vrais si nous n'allions pas au-delà du témoignage des sens eux-mêmes. Mais ce qu'ils nous attestent devient une source d'inductions plus ou moins risquées qui sont souvent en opposition avec la réalité. Sous ce rapport nous sommes portés à juger avec une précipitation déplorable dont nous sommes trop souvent dupes.

Que dire de l'imagination ? Que de choses elle crée et que nous prenons pour des réalités ? Elle nous représente, suivant son caractère, les hommes et les choses sous des couleurs favorables ou défavorables, tristes ou gaies, et influe sur nos jugements sans que nous nous en doutions. Les gens d'imagination, dit Bossuet, sont féconds en descriptions, en peintures vives, en comparaisons, et autres choses que les sens fournissent, mais ils sont passionnés et emportés, parce que l'imagination qui prévaut en eux excite naturellement et nourrit les passions.

La raison procède par déduction et par induction. Les faux raisonnements qu'elle fait portent le nom de *sophismes*.

1° Les principaux sophismes de déduction sont : l'ignorance de la question, la pétition de principe, le cercle vicieux et l'ambiguïté des termes.

L'*ignorance de la question* (*ignoratio elenchi*) consiste à prouver autre chose que ce qui est en question. C'est un sophisme très fréquent, car il est très rare que dans une discussion on se renferme exactement dans ce qui en est l'objet. Ou on prouve trop, ou on ne prouve pas assez, ou on prouve à côté de ce qui est demandé. On prête dans ce cas à l'adversaire une idée qui n'est pas la sienne, et l'on se bat contre un fantôme.

La *pétition de principe* consiste à supposer pour vrai ce qui est en question. On pose pour principe la proposition même qu'il s'agit de démontrer ou son équivalent. On voile ce sophisme en se servant d'expressions différentes. Ex. : L'opium fait dormir, parce qu'il a une vertu dormitive.

Le *cercle vicieux* consiste à prouver l'une par l'autre deux choses qui ont besoin d'être démontrées. Ainsi Descartes tombe dans un cercle vicieux, quand il prouve la véracité divine par l'autorité de l'évidence et l'autorité de l'évidence par la véracité divine. Ce sophisme est une double pétition de principes, car à chaque fois il suppose prouvé ce qui est en question.

L'*ambiguïté des termes* est un sophisme très fréquent qui consiste à prendre le même mot dans deux sens différents, ce qui augmente le nombre des termes, contrairement à la première règle du syllogisme qui exige qu'il n'ait que trois termes.

On tombe dans ce sophisme : 1° quand on se sert de mots équivoques qui peuvent être pris dans des sens très différents comme les mots liberté, bonheur, égalité ; 2° quand on se sert de mots figurés et qu'on prend une image, une métaphore pour une raison ; 3° quand on joue sur des homonymes qui n'ont pas le même sens, comme le mot *maître*, le mot *permettre*; quand on passe du sens composé au sens divisé et réciproquement, comme 5 est un nombre, 2 et 3 sont 5, donc 2 et 3 sont un nombre ; du sens collectif au sens distributif et réciproquement. Par exemple : L'homme pense. Or, l'homme est composé d'un corps et d'une âme. Donc, le corps et l'âme pensent.

Ce sophisme résulte d'un abus de langage. La langue a été donnée à l'homme pour exprimer sa pensée, mais trop souvent il s'en sert pour la dissimuler. On ne peut pas trop se défier des artifices oratoires, parce qu'en nuançant les idées avec habileté, le style de l'orateur et de l'écrivain fait des rapprochements qui séduisent l'imagination, mais qui sont souvent une infraction à la logique. Ses raisonnements ne s'enchaînent qu'en apparence, et, au lieu d'une démonstration véritable, on n'a qu'une composition agréable, intéressante, dont la trame n'offre pas de consistance.

2° Les sophismes d'induction sont ce que la logique de Port-Royal appelait *fallacia accidentis, a dicto secundum quid ad dictum simpliciter*, le dénombrement imparfait, tirer une conclusion générale d'une induction défectueuse, prendre pour cause ce qui n'est pas cause.

L'erreur de l'accident (*fallacia accidentis*) consiste à

conclure de l'essence à l'accident, et le sophisme *a dicto secundum quid ad dictum simpliciter* conclut, au contraire, du relatif à l'absolu ou de l'accident à l'essence. Un médecin a guéri un malade, on en conclut qu'il est un bon médecin. On ne s'est appuyé que sur un fait qui est accidentel et on peut avoir mal raisonné. Ce médecin est bon, donc il guérira son malade. Cet argument va de l'absolu au relatif, de l'essence à l'accident ; il peut ne pas être meilleur que le premier.

Le dénombrement imparfait a lieu quand on n'a vu qu'un petit nombre de cas et qu'on a généralisé trop vite. C'est mal raisonner que de juger un homme d'après les hommes de la même profession, du même pays ou de la même famille que l'on a connus. La conclusion générale que l'on tire de cas particuliers n'est légitime que dans les sciences physiques et dans les circonstances que nous avons déterminées, lorsque nous avons parlé de l'induction (p. 172).

Prendre pour cause ce qui n'est pas cause est l'erreur de la plupart des gens du peuple qui ne raisonnent pas et qui croient que, quand deux événements se suivent, le premier est la cause du second. *Post hoc, ergo propter hoc.* En 1811, il y a eu une magnifique comète. On a récolté du vin excellent. C'était le vin de la comète. C'est donc la comète qui a été cause de cette bonne récolte. Ce sophisme est la source d'une foule de préjugés et de superstitions populaires.

II. — Les sophismes de la volonté

Les philosophes se sont demandé si le jugement appartenait à l'intelligence ou à la volonté. Descartes et ses disciples l'attribuent à cette dernière faculté.

Nous croyons que, pour résoudre la question, il faut distinguer entre les différentes matières du jugement. En matière nécessaire, lorsqu'il s'agit des vérités premières ou des vérités mathématiques, la volonté n'est pour rien dans ces sortes de jugements. L'évidence est irrésistible, il ne dépend pas de nous de leur accorder ou de leur refuser notre assentiment. Mais, dans l'ordre moral, la volonté a au contraire une grande influence sur nos décisions. L'homme est libre de croire ou de ne pas croire, et son sentiment dépend beaucoup de l'action qu'exercent sur lui ses passions et les causes extérieures.

Le sage se défie beaucoup de lui-même. Il sait que l'homme porte en lui-même une foule de causes d'illusions et d'erreurs. S'il a une idée particulière, un système préconçu, il le préoccupe au point de ne laisser place dans son esprit qu'aux choses qui lui sont favorables, et de lui faire croire que les choses qui lui sont contraires n'ont pas de fondements. Notre horizon est forcément borné, le cercle de nos connaissances restreint. Notre intelligence ne porte pas au-delà d'un certain rayon, et cette étroitesse de conception donne lieu aux méprises les plus étranges.

Les uns sont esclaves des plaisirs et ne s'élèvent guère au-dessus des choses sensibles. Les autres sont aveuglés par la fortune et jugent d'après la naissance, la richesse, les succès du moment. Il y en a dont l'esprit est léger, incapable d'application. Ils précipitent leurs jugements et ne rencontrent la vérité que par hasard. Ceux-ci sont aveuglés par leur orgueil, leur amour-propre, ceux-là par leurs intérêts. Toutes ces passions sont de mauvaises conseillères, on le sait, et cependant il est bien rare qu'on ne les consulte pas et qu'on ne leur donne pas voix prépondérante.

Pour nous éviter les fatigues de l'étude et les lenteurs de la réflexion, en beaucoup de cas nous agissons par routine, par habitude, sans que nous nous demandions si ce que nous faisons est utile et raisonnable. D'autres fois nous agissons de confiance, nous en rapportant à un homme que nous avons choisi pour notre guide et notre maître. S'il est éclairé, rien de mieux ; mais s'il n'est pas compétent, c'est l'aveugle qui conduit un autre aveugle et ils s'exposent, comme dit l'Évangile, à tomber tous les deux dans le précipice. Nous acceptons ainsi les opinions du temps et de la société au milieu desquels nous vivons, sans nous rendre compte souvent de ce qu'elles valent. « La coutume, dit Pascal, fait nos preuves les plus fortes et les plus crues. »

III. — Des remèdes de nos erreurs

Les causes de nos erreurs connues, il n'est pas difficile d'en indiquer les remèdes. Nos erreurs provenant du mauvais usage que nous faisons de nos facultés, il faut en surveiller l'emploi et les soumettre aux règles que nous avons établies.

Ainsi nous devons renfermer la conscience et les sens dans leur domaine, et ne pas étendre leurs témoignages au-delà des limites qui les circonscrivent.

Nous péchons souvent par défaut de méthode. Nous nous affranchissons de toutes les règles que nous avons données relativement aux sciences rationnelles ou expérimentales, nous jugeons souvent au hasard et nous sommes victimes de cette indiscipline téméraire.

Il faudrait, quand nous faisons usage du raisonnement soit par induction, soit par déduction, le ramener aux formes les plus simples, le soumettre aux règles que nous avons indiquées et voir surtout ce que vaut, au point de vue de la certitude, chaque proposition.

Dans les sciences morales et religieuses où les passions ont tant d'empire, il importe beaucoup de dégager la volonté de tout ce qui peut la détourner du vrai. Il faut autant que possible juger avec sang-froid, n'être l'esclave d'aucune opinion systématique, mettre la vérité au-dessus de tout intérêt, et ne se prononcer qu'après une délibération mûre et réfléchie.

On ne peut toujours arriver à la certitude. C'est un grand savoir que de douter où il faut douter et de ne pas dépasser dans ses jugements la vérité. Avec toutes ces précautions nous n'échapperons jamais complètement à l'erreur ; car il est dans notre nature de se tromper souvent : *errare humanum est ;* mais du moins nous aurons le bon sens d'être modestes et nous ne serons pas obstinés, comme les esprits faibles et médiocres.

SUJETS DE DISSERTATIONS FRANÇAISES

1. De l'erreur. Distinguer l'erreur de l'ignorance, du mensonge, et du préjugé.
2. On a dit que toute erreur est *près d'une vérité* ; que pensez-vous de cette maxime?
3. Malebranche a dit : « La cause principale de nos erreurs, c'est que nos jugements s'étendent à plus de choses que la vue claire de notre esprit. » Montrer l'accord de cette proposition avec la nature de l'esprit humain.
4. Quelles sont les principales sources de nos erreurs, et comment pouvons-nous y remédier?
5. Larochefoucauld a dit : « L'esprit est souvent la dupe du cœur »; tout en reconnaissant la vérité de cette maxime, ne peut-on pas la retourner et dire : Le cœur est souvent la dupe de l'esprit?
6. Qu'appelle-t-on sophismes de la volonté? Quelle est l'influence de la volonté sur nos jugements?
7. Montrer que le mélange du vrai et du faux est une source féconde d'erreurs.

OUVRAGES A CONSULTER ET LECTURES A FAIRE SUR LA LOGIQUE

Ouvrages généraux. — Aristote, *Traité de l'interprétation. Analytiques premiers et seconds. Topiques.* — *Réfutation des sophistes* avec l'introduction générale de Barthélemy Saint-Hilaire. — Les *Traités scolastiques* et les *Institutiones logicæ.* — Port-Royal, *La logique ou l'Art de penser.* — Bossuet, *Logique.* — Kant, *Logique.* — *Mélanges de logique. Critique du jugement.* Trad. de Tissot. — Bain, *Logique.* — Gratry, *Logique.* Voy. surtout la réfutation de la logique de Hégel. *Les sources. La sophistique contemporaine.* — Tissot, *Essai sur la logique objective.* — Franck, *Esquisse d'une histoire de la logique.* — Waddington, *Essai de logique.* — Charma, *Leçons de logique.* — Stuart Mill, *Logique.*

Ouvrages de méthodologie. — Bacon, *Novum organum* et *De augmentis scientiarum.* — De Maistre, *La philosophie de Bacon.* — De Rémusat, *Bacon et ses ouvrages.* — Descartes, *Discours de la méthode* et *Règles pour la direction de l'esprit.* — Newton. *Regulæ philosophandi* et *Questions de physique.* — Pascal, *De l'esprit géométrique.* — Malebranche, *Recherches de la vérité.* Liv. VI. — Euler. *Lettres à une princesse d'Allemagne*, 2º partie. — Gravesonde, *Introduction à la philosophie.*

— Reid, *Essai sur l'entendement humain*. — D. Stewart, *Philosophie de l'esprit humain*, Tom. II. — Cuvier, *Le règne animal*. Introduction. — Herschell, *Discours sur la philosophie naturelle*. — Ampère, *Essai d'une classification des sciences*. — Hébert, *Etude sur les classifications et en particulier sur les méthodes naturelles*. — Cournot, *Essai sur les fondements de nos connaissances. De la certitude*. — Bouillet, *Traité de la certitude morale*. — Janet, *Essai sur la dialectique dans Platon et dans Hégel. La méthode expérimentale et la physiologie*. — Claude Bernard, *Introduction à la médecine expérimentale*. — Erard, *Des définitions géométriques et des définitions empiriques*. — Goëthe, *Mémoire sur l'expérience*. — Caro, *Philosophie de Goëthe*. — Duhamel, *Des méthodes dans les sciences de raisonnement*. — Laplace, *Essai philosophique sur les probabilités*. — Saisset, *Du scepticisme d'OEnésidème, de Pascal et de Kant*. — Cousin, *Philosophie de Kant*. — Whewell, *Philosophie des sciences*. — G. Saint-Hilaire, *Principes de philosophie zoologique*. — Hamilton, *Fragments et Leçons*. — Jamin, *Préface de la physique*.

TROISIÈME PARTIE

MÉTAPHYSIQUE ET THÉODICÉE

CHAPITRE PREMIER

Nous avons étudié l'homme en lui-même dans la psychologie et la logique. Nous avons observé d'abord ses facultés et nous avons recherché la nature du moi auquel elles appartiennent. Nous avons ensuite formulé les lois de l'intelligence et déterminé les conditions auxquelles elle doit se soumettre pour arriver au vrai. Maintenant nous avons à examiner d'où vient l'homme, où il va, c'est-à-dire quelle est sa cause, quelle est sa fin. Cette double question est l'objet de la Métaphysique et de la Théodicée qui doivent nous conduire à la morale.

I. — DE LA MÉTAPHYSIQUE EN GÉNÉRAL

Le mot métaphysique (μετὰ τὰ φυσικά) a probablement pour auteur Andronic de Rhodes qui, dans l'édition qu'il fit des œuvres d'Aristote, plaça ses livres sur la philosophie première après ses livres sur la physique. Les philosophes modernes ont donné à cette partie de la philosophie les noms d'ontologie, d'idéologie, de protologie et de théorie de la science, suivant le point de vue sous lequel ils l'ont envisagée.

La métaphysique a été définie par Aristote la science des premiers principes et des premières causes. Les autres sciences traitent des causes secondes et des principes dérivés, mais la métaphysique s'occupe des principes qui sont au-dessus de tous les autres, et de la cause première qui domine toutes les causes secondes.

Elle a pour domaine le monde immatériel. Elle nous élève de la qualité à la substance, des effets à la cause qui les produit, du relatif à l'absolu, du particulier au général, du sensible à l'intelligible.

L'école matérialiste qui n'admet que ce qui tombe sous les sens considère la métaphysique comme une affaire d'imagination et regarde toutes les idées que nous émettons sur le monde intelligible comme des rêveries et des chimères, sous prétexte que nous ne pouvons percevoir ni les substances, ni les causes.

L'école positiviste ne nie rien et n'affirme rien à l'égard de ce monde supérieur. Elle dit que ce qui est au-delà des phénomènes sensibles est inaccessible à l'esprit humain, mais *inaccessible* ne veut pas dire non existant. « C'est, dit Littré, un océan qui vient battre notre rive, et pour lequel nous n'avons ni barques, ni voiles, mais dont la claire vision est aussi salutaire que formidable. »

Quoi qu'en disent ces philosophes, la métaphysique est une science qui s'impose à l'esprit humain. Nous sommes portés par notre nature à rechercher les lois des phénomènes que nous voyons et à attribuer une cause aux faits que nous constatons. Ceux qui condamnent la métaphysique sont obligés comme les autres d'en faire. Autrement leur science serait sans principe et toutes leurs observations n'aboutiraient qu'à décrire des phénomènes dont ils ne pourraient donner la raison.

Nous savons qu'en assignant ces causes, en formulant ces lois on peut se tromper. Mais quelle est la science exempte d'erreurs ? Les connaissances expérimentales, dont les positivistes et les matérialistes nous vantent les résultats, ne sont pas plus certaines que les sciences morales et rationnelles. Et si la métaphysique a ses dangers, elle a aussi ses garanties et quand nous pénétrons dans l'ordre des choses intellectuelles, nous nous y dirigeons aussi sûrement que dans l'ordre des choses sensibles.

La métaphysique se divise ordinairement en deux parties, l'ontologie ou la métaphysique proprement dite et la théodicée.

L'ontologie est la science de l'être considéré en lui-même et dans ses rapports. Mais au lieu de considérer ainsi l'être en général, le programme s'est borné à quelques questions spéciales qui se rapportent à la spiritualité de l'âme et à la certitude. Nous avons traité les premières en psychologie et les autres en logique. Nous allons donc passer immédiatement à la théodicée.

II. — DE LA THÉODICÉE. SA DIVISION

La théodicée (Θεοῦ δίκη, justice de Dieu) était autrefois appelée la théologie naturelle. Son nom actuel lui vient de Leibniz qui avait ainsi intitulé le traité qu'il fit pour concilier les attributs divins avec la liberté humaine.

La théodicée est la connaissance de Dieu au moyen des lumières naturelles. La théologie révélée est une science sacrée qui a aussi pour objet l'étude de Dieu, mais elle le considère avec les lumières de la foi.

Comme la foi et la raison, loin de se combattre, se prêtent un mutuel secours ; de même la théologie naturelle et la théologie révélée s'unissent et se rendent des services réciproques.

La théologie révélée affermit la théodicée dans les conclusions légitimes qu'elle a déduites et la préserve contre les erreurs dans lesquelles elle ne manquerait pas de tomber, si elle était abandonnée à ses seules forces.

De son côté la théodicée est d'un grand secours pour la science sacrée, car elle établit les vérités rationnelles qui mènent à la foi et elle répand sur les enseignements de l'Église des lumières qui les font briller d'un grand éclat et qui servent à repousser les objections des incrédules.

Cette partie n'embrasse pas, comme le disent certains écrivains de nos jours, toute la philosophie. Chaque science et chaque partie de la science se distinguent des autres par son objet, suivant la remarque de saint Thomas. Or, l'objet de la théologie, qui n'est autre que Dieu, se distingue absolument de l'objet des autres sciences qui n'est autre que les créatures.

Il n'est donc pas exact de dire que la psychologie et les deux autres sciences qui en dérivent, la logique et l'éthique, sont comprises dans la Théodicée. Mais Aristote l'appelle avec raison la sagesse, la philosophie première, la très principale partie de la philosophie. Cicéron la mettait également au-dessus de toutes les autres, disant : que celui qui se donne comme l'ami des choses intellectuelles doit considérer avant toutes choses les causes premières de la nature intelligente et sage.

Il n'y a pas d'ailleurs de question aussi importante pour nous que de savoir quelle est notre origine et quelle doit être notre fin. Toutes les autres questions sont bien secondaires par rapport à celle-là. Car le bonheur de l'homme, sa moralité présente et sa destinée future dépendent uniquement de la solution de ce grand problème.

Pour procéder avec ordre et nous renfermer dans les limites du programme, nous diviserons ce que nous avons à dire dans la Théodicée en quatre parties. Nous traiterons : 1° de l'existence de Dieu ; 2° de sa nature ; 3° de ses attributs absolus ; 4° de ses attributs relatifs et de sa Providence.

SUJETS DE DISSERTATIONS FRANÇAISES

1. Qu'est-ce que la métaphysique ? Montrer que la philosophie, comme la plupart des sciences, a un côté spéculatif et un côté pratique. Établir cette distinction par des exemples.
2. Nécessité et importance de la métaphysique. Ses dangers.
3. Rôle de la métaphysique dans la psychologie et dans les sciences naturelles.
4. Prouver la certitude de la métaphysique contre les matérialistes et les positivistes.
5. Quelles sont les questions qu'embrasse la théodicée ? Dans quel ordre doivent-elles être traitées.
6. La théodicée embrasse-t-elle toute la philosophie ? Quel est son rôle et quelle est son importance.

CHAPITRE II

De l'existence de Dieu.

L'idée de Dieu existe dans tous les hommes. C'est sans contredit l'idée la plus haute, la plus noble que l'esprit humain puisse concevoir. C'est le vrai, le beau, le bien considérés dans ce qu'ils ont d'infini. Cette idée est-elle une fiction de l'imagination, un produit abstrait de la raison, ou bien correspond-elle à un être réel, vivant, libre, personnel, qui existe hors de nous et qui est le principe et la raison de tous les autres êtres. Telle est la question que nous avons à examiner. Nous allons d'abord considérer ce qu'en pense le genre humain tout entier.

I. — DE L'ATHÉISME

L'athée est celui qui nie l'existence de Dieu.

Cette erreur est tellement opposée à la nature humaine qu'on se demande s'il y a des athées.

Sans doute il y a un très grand nombre d'hommes qui vivent absorbés par leurs intérêts ou par leurs plaisirs, et qui ne pensent point à Dieu. Ils travaillent, ils agissent sans que leur pensée s'élève jamais au-dessus des choses matérielles ou intellectuelles qui les occupent. C'est ce qu'on appelle des athées *pratiques*.

Quand on recherche philosophiquement s'il y a des athées, on ne parle pas de ces hommes qui croient en Dieu, mais qui ne s'inquiètent pas de mettre leur conduite d'accord avec leurs croyances. On s'occupe seulement de ceux qui n'admettent pas l'existence de Dieu.

On en peut distinguer de deux sortes : les athées *négatifs* et les athées *positifs*.

Les athées *négatifs* seraient ceux qui auraient l'intelligence peu développée et qui ne sauraient pas qu'il y a un Dieu. Ce seraient des hommes profondément ignorants dont la raison ne serait ouverte à aucune idée des choses intellectuelles.

Saint Augustin prétend avec raison que de toutes les idées, l'idée de Dieu, l'idée d'infini est celle que nous acquérons le plus facilement, quoiqu'elle soit la plus élevée, parce qu'elle est celle qui s'harmonise le mieux avec notre nature et dont nous sentons le plus vivement le besoin. Cicéron se figure qu'on ne doit pas rencontrer d'homme assez grossier pour ne pas sentir en levant les yeux vers le ciel qu'il y a un Dieu : *quis est tam vecors, qui, cum suspexerit in cœlum, non sentiat Deum esse.*

S'il s'en rencontre, ce sont des êtres dégradés qui sont tombés au-dessous d'eux-mêmes et dont on ne doit constater l'état malheureux que pour les plaindre et leur venir en aide en leur donnant, si cela est possible, les lumières qui leur font défaut.

Les athées *positifs*, les seuls dont nous ayons à nous occuper, sont des esprits cultivés qui se sont appliqués en général plutôt aux sciences naturelles ou mathématiques qu'aux sciences morales et qui sont arrivés à nier l'existence de Dieu.

Le nombre de ces athées est très peu considérable. En réunissant les noms de tous les anciens philosophes qui ont été accusés d'athéisme et en les ajoutant à ceux des écrivains modernes ou contemporains qui ont refusé de reconnaître l'existence de Dieu ou qui se sont efforcés de la combattre par leurs subtilités, c'est à peine si l'on en trouve une vingtaine.

Vanini, au dix-septième siècle ; Toland, le baron d'Holbach, au dix-huitième ; Auguste Comte, Proudhon, parmi nous, sont les athées les plus célèbres.

Il y a sans doute parmi ceux qui se disent matérialistes, positivistes, socialistes ou libres-penseurs, une foule d'hommes qui blasphèment la divinité et qui se prétendent athées. Dans tous les temps, on a vu de ces esprits forts qui se sont enrôlés dans une secte ou dans un parti, et qui ont répété le mot d'ordre qu'on leur a donné. Mais ces hommes ne peuvent être considérés comme des athées positifs, parce qu'ils n'ont point examiné par eux-mêmes la question, et qu'ils ne sont nullement capables de le faire.

Quand on les voit de près et qu'on les interroge, on les trouve toujours plus religieux qu'ils ne paraissent, et leur athéisme est dans leurs discours plutôt que dans leurs pensées. Bayle attribue leur impiété à la vanité et à la sensualité. « Ce sont ces passions, dit-il, qui assoupissent le sentiment des vérités qu'ils ont apprises dans leur enfance touchant la divinité ; mais ce n'est pas une foi éteinte, ce n'est qu'un feu caché sous les cendres. Ils en ressentent l'activité dès qu'ils se consultent et principalement à la vue de quelque péril. »

II. — Du consentement unanime des hommes relativement a l'existence de Dieu

Ces exceptions n'empêchent pas qu'on ne puisse dire que tous les hommes sont unanimes à reconnaître l'existence de Dieu.

Nous n'avons pas besoin pour établir ce fait de citer le sentiment de tous les philosophes anciens et modernes. Il nous semble inutile de passer en revue toutes les nations, de rappeler leurs rites et leurs sacrifices et de parler des peuples récemment découverts. L'histoire n'a qu'une voix pour attester cette vérité. « Si vous parcourez la terre, dit Plutarque, vous pourrez trouver des villes sans remparts, sans littérature, sans monarque, sans palais, sans richesses, sans monnaies ; des villes qui ne possèdent ni gymnases, ni théâtres ; mais vous n'en trouverez aucune qui n'ait ses temples et ses dieux, qui ne fasse usage des prières, des serments et des oracles, qui n'offre des sacrifices d'action de grâce pour les bienfaits reçus, et ne cherche à détourner les fléaux par des cérémonies sacrées. Je suis convaincu qu'il serait plus facile, en effet, de bâtir une ville sans fondement que de rassembler un peuple en corps de nation et de lui donner de la consistance, en écartant toute croyance des dieux immortels. »

Peut-on attribuer, comme le font nos adversaires, ce témoignage unanime à l'ignorance des causes naturelles, à la crainte, à la fraude des prêtres et des législateurs et aux préjugés de l'éducation ?

1° On ne peut voir là un effet de l'ignorance des causes naturelles, puisque les plus grands savants se sont toujours montrés les plus religieux. Car personne n'a défendu l'existence de Dieu avec plus d'énergie que Képler, Copernic, Newton, Euler, Descartes et Leibniz. « C'est une chose très certaine, dit Bacon, et confirmée par l'expérience que, si une légère teinture de philosophie peut conduire à l'athéisme, une connaissance plus profonde ramène à la religion. »

2° L'idée de Dieu excite dans le cœur de l'homme le sentiment de l'amour aussi bien que celui de la crainte. Le coupable qui est troublé par le remords craint Dieu, l'auteur et le vengeur de la loi qu'il a violée, mais ce sentiment suppose qu'il croit à l'existence de Dieu et ne crée pas en lui cette croyance. Il la détruirait plutôt, car si les athées s'élèvent contre Dieu, c'est parce qu'ils redoutent sa justice. « Tenez votre âme en état de désirer toujours qu'il y ait un Dieu et vous n'en douterez jamais, » dit Rousseau. — « Je voudrais voir, dit La Bruyère, un homme sobre, modéré, chaste, équitable, prononcer qu'il n'y a point de Dieu ou point d'âme immortelle ; il parlerait du moins sans intérêt. Mais cet homme ne se trouve pas. »

3° Si la croyance en Dieu était l'œuvre des prêtres et des législateurs, ce serait un mensonge imaginé au profit d'une certaine classe d'individus. Il n'en aurait pas imposé à des hommes de génie comme Platon, Socrate, Pythagore, Zénon, Aristote et tous les grands hommes qui ont paru. Mais loin d'être leur œuvre, cette croyance est la raison de leur existence. Pourquoi y aurait-il eu des prêtres, s'il n'y avait pas de culte à rendre à la divinité ? Et pourquoi les législateurs mettent-ils leurs lois sous la protection des dieux, sinon parce que tous les hommes y croient ?

4° Quant aux préjugés de naissance et d'éducation, ils varient selon les temps, les lieux, et le caractère des hommes et des nations. Ils n'ont jamais la constance et l'universalité qui caractérise cet accord général de l'humanité.

Nous devons voir là un fait humain, un fait social, un fait primitif qui montre que cette croyance a sa racine dans la nature même de l'homme et que nous ne pouvons pas la rejeter, sans nous mettre en opposition avec tout ce qu'il y a de science et de lumière dans l'humanité, ce qui devient une véritable folie.

Nous avons cru utile, avant de pénétrer plus avant dans la question, de la présenter ainsi sous son véritable jour, pour qu'on ne voie pas dans la démonstration que nous allons faire de cette vérité, des arguments trop abstraits et qu'on ne la détache jamais de cette grande pensée qui les relie entre eux et qui leur donne à l'avance la consécration de notre nature considérée tout à la fois sous le rapport social et personnel.

SUJETS DE DISSERTATIONS FRANÇAISES

1. Y a-t-il des athées? L'existence des athées infirme-t-elle la preuve tirée du consentement unanime des peuples?
2. *Homo sui conscius conscium sui Deum demonstrat.*
3. *Omnibus innatum est et in animo quasi insculptum esse Deos* (Cic.).
4. *Opinionum commenta delet dies ; naturæ judicia confirmat.* — Prouver cette maxime de Cicéron par des exemples.
5. Tous les hommes croient-ils et ont-ils cru qu'il y a un Dieu? Que doit-on conclure de ce témoignage?

CHAPITRE III

De la démonstration de l'existence de Dieu.

Avant de donner les preuves de l'existence de Dieu, il est naturel d'examiner si l'on peut faire cette démonstration et comment elle doit être faite.

I. — Peut-on démontrer l'existence de Dieu ?

Parmi les philosophes spiritualistes, il y en a qui prétendent que l'on ne peut démontrer l'existence de Dieu, parce que c'est une vérité d'intuition, dont l'évidence est immédiate, comme celle des vérités premières. C'est la vérité supérieure qui est la base de toutes les affirmations de la raison humaine et qui n'a par conséquent besoin d'aucune preuve. « L'existence de Dieu, dit Saisset, est-elle une vérité d'intuition ou une vérité de raisonnement ? C'est une question très épineuse et très délicate, sur laquelle les philosophes ne sont point d'accord. — Nous sommes, quant à nous, très convaincu que l'existence de Dieu est une vérité d'intuition. » Les ontologistes sont de ce sentiment, puisqu'ils enseignent que Dieu est continuellement présent à l'intuition de notre esprit et qu'il nous est immédiatement connu par lui-même.

Mais il y a là une confusion d'idées et une exagération. Dieu est bien la vérité première, la vérité souveraine dans l'ordre de l'existence, puisqu'il est la cause et le principe de tous les êtres. Mais dans l'ordre de nos connaissances, il n'en est pas ainsi. Nous connaissons notre existence et celle des corps avant l'existence de Dieu. Il est donc tout naturel que nous nous élevions de la connaissance de nous-mêmes et de la connaissance du monde extérieur à celle de Dieu, comme le dit Bossuet. (*Conn. de Dieu*, I.)

La notion de Dieu, comme nous l'avons observé, s'acquiert facilement. Mais elle n'est pas d'une évidence immédiate. Nous avons besoin de raisonner pour y arriver. Il faut au moins que nous nous demandions quel est l'être qui a fait toutes les magnifiques choses que nous voyons. Cette vérité ne s'impose pas à nous comme notre existence, comme l'existence des corps, comme les vérités premières d'où naissent les sciences exactes.

D'autres pensent que la raison humaine est incapable de s'élever par ses propres forces à la connaissance de Dieu et que nous ne pouvons être assurés de son existence que par la foi révélée. C'est la doctrine des fidéistes qui ont pour représentants principaux : Pierre d'Ailly, Huet, Montaigne, Pascal et Malebranche. « Parlons, dit Pascal, selon les lumières naturelles : nous sommes incapables de connaître ce qu'est Dieu, ni s'il est. Il n'y a point de certitude, hors la foi, si l'homme est créé par un Dieu bon, par un démon méchant, ou à l'aventure. »

Les traditionnalistes enseignent également que la raison est incapable de démontrer l'existence de Dieu, puisqu'ils prétendent qu'elle ne peut arriver par elle-même à la connaissance d'aucune vérité morale. La raison principale sur laquelle ils se fondent, c'est que nous ne pouvons comprendre l'essence de Dieu, et que pour la déduire légitimement des prémisses, il faudrait qu'elle y fût contenue, ce qui est impossible, attendu que rien ne peut contenir l'infini.

Ce sophisme résulte d'un malentendu. Sans doute nous ne comprenons pas l'essence de Dieu, mais ce n'est pas là ce que nous démontrons. Nous prouvons seulement l'existence de Dieu, c'est-à-dire la vérité de cette proposition : *Dieu est*, laquelle proposition est parfaitement intelligible pour nous. Nous la prouvons en remontant des effets à la cause ; pour cela il n'est pas nécessaire que nos prémisses renferment l'essence infinie de Dieu, il suffit qu'il y ait entre elles et la conclusion que nous en déduisons une connexion logique. Ainsi ce n'est pas Dieu lui-même que nous déduisons, mais son existence ou la connaissance que nous en acquérons.

Entre ces deux extrêmes il y a une voie intermédiaire à suivre. Nous n'admettons pas avec les ontologistes que l'existence de Dieu soit évidente par elle-même et n'ait pas besoin de preuves, et nous ne croyons pas avec les fidéistes et les traditionnalistes que la raison soit impuissante à la démontrer.

Tous les philosophes en proclamant l'existence de Dieu en ont toujours donné des preuves, et l'homme le plus simple éprouve le besoin de se rendre compte à lui-même et aux autres de sa croyance. Nous sommes donc encore ici d'accord avec le sentiment général de l'humanité et on ne pourrait plus aujourd'hui s'écarter de cette doctrine sans se mettre en opposition avec les décisions elles-mêmes de l'Eglise. Car le concile du Vatican a condamné expressément tous les philosophes qui méconnaissent les droits de la raison et qui supposent qu'elle ne peut pas nous faire connaître avec certitude l'existence de Dieu créateur au moyen de ses œuvres.

II. Peut-on démontrer l'existence de Dieu « a priori » ?

Maintenant que nous avons établi qu'on peut démontrer l'existence de Dieu, nous avons à examiner quel est le genre de preuves qu'on peut en donner.

La preuve *à posteriori* qui consiste à remonter des effets aux causes est presque exclusivement employée.

« Quand l'effet est plus connu que la cause, il est naturel, dit saint Thomas, de remonter de l'effet à la cause. » Ainsi notre existence et celle des corps nous étant plus connues que celle de Dieu, il est naturel que la connaissance de nous-mêmes et du monde extérieur nous élève, comme dit Bossuet, à la connaissance de Dieu.

Pour que cette démonstration ne laisse rien à désirer, il suffit que nous montrions la connexion de l'effet à la cause. Car, selon la remarque de saint Thomas, on peut légitimement déduire d'un effet contingent l'existence de la cause, soit contingente, soit nécessaire, pourvu que la connexion soit nécessaire.

C'est le genre de démonstration qu'ont admis les philosophes anciens et les Pères de l'Eglise, et nous n'en suivrons pas d'autre dans les preuves que nous nous proposons de donner de l'existence de Dieu.

Car il ne nous semble pas possible de la démontrer *à priori*. Ce genre d'argument se fait par la cause et suppose des prémisses qui expriment quelque chose d'antérieur à ce que l'on veut démontrer. Or Dieu n'a pas de cause et il n'y a pas même rationnellement de principe antérieur à lui. Vouloir prouver son existence *à priori*, serait méconnaître sa nature et faire nécessairement une pétition de principes.

On a pris pour une démonstration *à priori* la preuve qu'on tire de l'idée de Dieu et qui a été spécialement développée par saint Anselme et par Descartes. Ce serait plutôt une preuve *à simultaneo* qu'*à priori*, car si l'idée de Dieu implique son existence, il y a simultanéité entre le principe et la conséquence, mais on ne peut pas dire véritablement que l'un précède l'autre. Ce serait donc prendre le mot *à priori* dans un sens impropre. Au reste, après avoir donné nos preuves de l'existence de Dieu, nous examinerons la valeur de cet argument.

SUJETS DE DISSERTATIONS FRANÇAISES

1. L'existence de Dieu est-elle une vérité d'intuition ou de raisonnement ?
2. La raison humaine peut-elle par ses seules forces démontrer l'existence de Dieu ?
3. Peut-on démontrer l'existence de Dieu *à priori* ?
4. Développer cette pensée de Cicéron : *Deum cognoscimus ex operibus ejus* (Cic., *Tusc.*, II).

CHAPITRE IV

Preuves de l'existence de Dieu.

Tous les êtres rendent témoignage à leur créateur. Le monde matériel qui nous environne, l'intelligence humaine, et la conscience morale sont autant de sources fécondes qui présentent des preuves spéciales de l'existence de Dieu. Nous distinguerons donc les preuves que nous allons donner en trois grandes catégories; les preuves physiques, les preuves métaphysiques et les preuves morales.

I. LES PREUVES PHYSIQUES

Les principales preuves physiques sont tirées de la nécessité d'un premier moteur, de l'ordre des causes efficientes, de la contingence des êtres et des causes finales.

1° La preuve tirée d'un premier moteur est appelée la preuve d'Aristote, parce qu'il l'a tout particulièrement développée dans sa métaphysique. On peut la formuler ainsi.

Le mouvement existe dans l'universalité des êtres. C'est un fait que personne ne conteste. Or ce mouvement ne peut exister sans un premier moteur immobile.

Car tout ce qui est en mouvement est mû par quelque chose, et ce moteur est distinct du mobile lui-même. La matière ne peut se mettre en mouvement d'elle-même puisqu'elle est privée de vie, et le mouvement ne lui est pas essentiel, puisque dans ce cas elle ne pourrait jamais être en repos, et on ne pourrait même pas la concevoir sans le mouvement, ce qui est contraire à sa nature.

Les divers mouvements des êtres qui composent le monde physique ne peuvent être attribués à une série de causes intermédiaires, indéfinies, parce que toute série a un commencement et qu'il faut nécessairement arriver à un premier moteur qui n'a pas besoin d'être mû par un autre, parce qu'il a le principe du mouvement en lui. C'est ce premier moteur immobile qui est Dieu.

2° La preuve tirée de l'ordre des causes efficientes est absolument la même que celle tirée du premier moteur.

Il y a dans le monde physique des effets, comme il y a des mouvements. Ces effets supposent des causes, comme les mouvements des moteurs. On ne peut pas plus admettre une série infinie de causes qu'une série infinie de moteurs.

Il faut donc admettre une première cause comme un premier moteur.

Ainsi il y a sur la terre un certain nombre d'hommes. Ces hommes ont été produits par la génération qui les a précédés.

On peut remonter de générations en générations aussi haut qu'on le voudra. Il faudra toujours s'arrêter à une génération première qui a été le point de départ de la série qui s'est déroulée à travers les âges. Sans ce premier chaînon les autres sont impossibles.

3° Clarke a parfaitement exposé la preuve tirée de la contingence des êtres.

« Il est absolument nécessaire, dit-il, que quelque chose ait existé de toute éternité. En effet, puisque quelque chose existe, il est clair que quelque chose a toujours existé. Autrement il faudrait dire que les choses qui sont maintenant sont sorties du néant, et n'ont absolument point de cause de leur existence, ce qui est une contradiction dans les termes... Maintenant si quelque chose a existé de toute éternité, il faut ou que cet être qui a toujours existé soit un être immuable et indépendant, ou qu'il y ait une succession infinie d'êtres dépendants ou sujets au changement. Mais cette dernière supposition est impossible : car cette chaîne infinie d'êtres dépendants ne saurait avoir aucune cause externe de son existence, puisqu'on suppose que tous les êtres qui sont dans l'univers y entrent. D'un autre côté elle ne peut avoir aucune cause interne, parce que dans cette chaîne d'êtres il n'y en a aucun qui ne dépende de celui qui précède et qu'aucun n'est supposé exister par lui-même. Ce serait donc un assemblage d'êtres qui n'ont ni cause intérieure, ni cause extérieure de leur existence, c'est-à-dire d'êtres qui considérés séparément auraient été produits par une cause, et qui conjointement n'auraient été produits par rien. Il s'ensuit qu'il faut qu'un être immuable et indépendant ait existé de toute éternité. »

On voit que ces trois preuves ont la plus grande analogie et qu'on remonte par la même voie de la contingence à la nécessité, des effets à la cause première, du mouvement à un premier moteur et qu'on se base sur la même raison pour affirmer l'existence de ce premier moteur, de cette cause première et de cet être nécessaire qui est Dieu.

4° L'argument tiré des causes finales est l'argument populaire qui nous semble le plus frappant et qui n'est pas le moins solide. On le trouve dans Xénophon (*les Mémorables*) et dans Cicéron (*De natura Deorum*). C'est l'argument de prédilection des Pères de l'Église. Saint Athanase, saint Grégoire de Nazianze, Minutius Félix, saint Ambroise, Lactance n'en présentent pas d'autre.

Nous en emprunterons à Bossuet le résumé :

« *Majeure*. — Tout ce qui montre de l'ordre, des proportions bien prises et des moyens propres à faire de certains effets, montre aussi une fin expresse; par conséquent un dessein formé, une intelligence réglée et un art parfait.

» *Mineure*. — C'est ce qui se remarque dans toute la nature. »

Nous voyons tant de justesse dans ses mouvements, et tant de convenance entre ses parties que nous ne pouvons nier qu'il n'y ait de l'art. Car s'il en faut pour remarquer ce concert et cette justesse, à plus forte raison pour l'établir. C'est pourquoi nous ne voyons rien, dans l'univers, que nous ne soyons portés à demander pourquoi il se fait : tant nous sentons naturellement que tout a sa convenance et sa fin.

Bossuet fait ensuite une description de l'homme considéré dans son âme et dans son corps, et il en conclut qu'il a été construit avec un dessein suivi et avec un art admirable qui révèlent la sagesse de son auteur (*Conn. de Dieu*, IV, 1).

La première partie du Traité de Fénelon sur l'*Existence de Dieu* n'est que le développement de cet argument. Il fait ressortir la vérité de la majeure par les comparaisons les plus ingénieuses et il rend sensible la mineure par une description merveilleuse du monde entier et de l'homme.

Leibniz lui écrivit pour le féliciter de son travail, et, dans cette lettre, il exprime toute l'importance qu'il attachait à cette preuve. Kant était dans les mêmes sentiments. « Ce serait, dit-il, vouloir non seulement nous retirer une consolation, mais même tenter l'impossible que de prétendre enlever quelque chose à l'autorité de cette preuve. »

II. — Preuves métaphysiques

Les principales preuves métaphysiques sont tirées : 1° des différents degrés de perfection qu'on rencontre dans les êtres; 2° de la nécessité de l'être nécessaire; 3° de l'idée que nous avons de l'infini.

Saint Thomas présente ainsi la première preuve :

On remarque dans la nature des choses qui sont plus ou moins bonnes, plus ou moins vraies, plus ou moins parfaites. Or le plus ou le moins se disent d'objets différents qui ont divers degrés de bonté, de vérité et de perfection suivant qu'ils approchent plus ou moins de quelque autre chose qui est elle-même souverainement bonne, souverainement vraie, souverainement parfaite et qui possède par conséquent l'être au souverain degré. Il existe donc quelque chose qui est l'être souverain; et comme ce qui occupe le rang le plus élevé d'un certain genre est la cause de tout ce qui appartient à ce genre, cet être suprême doit être la cause de l'être et de toute la bonté, de toute la vérité, de toute la perfection qui se rencontrent dans les divers êtres. Or, cet être est celui-là que nous appelons Dieu. « Car le souverain bien, dit saint Augustin, est tel que tous les autres biens en tirent leur bonté; il est comme la bonté de tout ce qui est bon. »

Bossuet développe la même pensée dans ce magnifique passage.

« Dis-moi, mon âme, comment entends-tu le néant, sinon par l'être? Comment entends-tu la privation si ce n'est par la forme dont elle prive? Comment l'imperfection, si ce n'est par la perfection dont elle déchoit? Mon âme, n'entends-tu pas que tu as une raison, mais imparfaite, puisqu'elle ignore, qu'elle doute, qu'elle erre et qu'elle se trompe? Mais comment entends-tu l'erreur, si ce n'est comme privation de la vérité; et comment le doute et l'obscurité, si ce n'est comme privation de l'intelligence et de la lumière? Ou comment enfin l'ignorance, si ce n'est comme privation de savoir parfait? Comment enfin dans la volonté le dérèglement et le vice, si ce n'est comme privation de la règle et de la vertu? Il y a donc primitivement une intelligence, une science certaine, une vérité, une fermeté, une inflexibilité dans le bien, une règle, un ordre avant qu'il y ait une déchéance de toutes ces choses. En un mot il y a une perfection avant qu'il y ait un défaut. » (*Élév. sur les myst.*)

2° La preuve de l'être nécessaire est la même que celle

que Clarke a tirée de la contingence du monde (Voyez plus haut, page 233), Leibniz, de *la raison suffisante*, et Kant, de *la possibilité*.

« La raison du monde, qui est l'assemblage entier des choses contingentes, il faut la chercher, dit Leibniz, dans la substance qui porte la raison de son existence avec elle, et laquelle est par conséquent nécessaire et éternelle. Il faut aussi que cette cause soit intelligente, car ce monde qui existe étant contingent, et une infinité d'autres mondes étant également possibles et également prétendants à l'existence, il faut que la cause du monde ait eu égard ou relation à tous ces mondes possibles avant d'en déterminer un. »

En partant de l'idée de possibilité, Kant arrive à la même conclusion. « Car, dit-il, si l'on fait disparaître Dieu par la pensée, ce n'est pas seulement l'existence des choses qui succombe avec lui, c'est encore leur possibilité intrinsèque... Car, qu'il y ait en général quelque chose de susceptible d'être conçu, cela ne se peut qu'à la condition que tout ce qu'il y a de réel dans cette notion existe dans un être qui est la source de toute réalité. »

3° La preuve tirée de l'idée d'infini est une preuve ontologique qui a été d'abord exposée par saint Anselme et reproduite ensuite par Descartes.

Il y a cette différence entre ces deux grands philosophes que Descartes a considéré cette idée comme *innée*, tandis que saint Anselme la regarde avec raison comme *acquise*. Car il n'y a d'inné dans l'âme que ses facultés ; toutes ses idées, quelles qu'elles soient, sont toujours *adventices* de quelque manière.

Mais cette différence essentielle établie au point de vue psychologique, l'argument ontologique de saint Anselme et de Descartes est le même. Ils concluent tous les deux la réalité objective de l'idée abstraite de l'infini, parce qu'ils prétendent que cette idée implique par sa nature même cette réalité. « On doit affirmer, dit Descartes, d'une chose ce que l'on conçoit clairement et distinctement appartenir à l'idée de cette chose. Or, nous concevons clairement et distinctement que l'existence est contenue dans l'idée de l'infini et de l'être infiniment parfait, puisque l'existence est la base de toute perfection et qu'elle ne peut pas plus être séparée de l'essence de Dieu que de l'essence d'un triangle rectiligne, la grandeur de ses trois angles égaux. »

Saint Thomas a attaqué l'argument de saint Anselme et y a vu une pétition de principes. C'est notre sentiment. De l'essence du triangle on déduit légitimement toutes les propriétés du triangle, parce que ces propriétés sont abstraites comme l'essence elle-même. De même pour déduire de l'idée abstraite d'infini sa réalité, il faut que cette réalité soit mise dans les prémisses. Autrement on tire le plus du moins, le réel de l'idée, et on tombe dans le sophisme que l'école appelle : *transitus ab intellectu ad rem*, passer de l'ordre idéal à l'ordre réel. Si on met la réalité dans les prémisses, on suppose précisément ce qui est en question ; c'est la pétition de principes reprochée par saint Thomas.

Leibniz avait senti le vice de ce raisonnement et il essaya d'y remédier : « Je ne méprise pas, dit-il, l'argument inventé par Anselme ; mais je trouve qu'il manque quelque chose à cet argument, à savoir que l'être parfait est *possible*, qu'il n'implique pas de contradiction. Car, ce point démontré, la démonstration est achevée. »

Il le démontre facilement, mais cette addition complémentaire ne nous semble pas rendre la preuve meilleure. Car de ce que nous concevons possible un être souverainement parfait, à l'essence duquel l'existence appartient, il en résulte seulement que cet être existe rationnellement. Pour affirmer son existence réelle, il faut conclure de la possibilité à la réalité, ce qui est le même paralogisme que celui que nous avons auparavant signalé.

III. — Les preuves morales

Le consentement unanime des peuples que nous avons exposé plus haut, page 225, est le premier argument moral. Nous y ajouterons : 1° le témoignage de la conscience ; 2° la nécessité sociale d'une sanction pour la loi morale ;

3° le besoin que nous avons de nous élever à un Être supérieur qui soit notre appui, notre consolation et notre espérance.

1° Le témoignage de la conscience. Nous éprouvons tous des remords, quand nous avons fait une mauvaise action. Le remords suppose une loi obligatoire que nous nous reprochons d'avoir violée. Cette loi elle-même ne peut exister sans avoir eu pour auteur l'auteur même de notre nature. Car nous l'apportons en naissant, nous la trouvons gravée en nous, et elle est la même dans tous les hommes. Le remords est donc le cri de la conscience qui atteste qu'il y a un Dieu.

2° La nécessité sociale d'une sanction pour la loi morale. Il est certain qu'il n'y a pas de société possible sans une législation qui règle les droits de chacun. Les lois civiles reposent toutes sur la loi morale et la conscience des individus qui y sont soumis. Enlevez-leur cette base, elles n'ont plus d'autre appui possible que la force. C'est là que l'athéisme conduit. Il fait disparaître la notion morale du bien et du mal, et quand l'homme n'a plus à craindre que les amendes, la prison et l'échafaud, il devient ingouvernable. Nous ne savons pas si une société d'athées serait possible, mais assurément ce ne serait plus une société d'hommes moraux et civilisés.

3° Enfin le besoin que nous avons de croire à un Être supérieur qui soit notre appui, notre consolation et notre espérance. Quand l'homme est dans la prospérité, il est porté à se faire illusion, il se figure qu'il peut se suffire. Mais lorsque les revers, les malheurs, les souffrances, la maladie et la mort arrivent, il sent qu'il ne peut pas rester dans l'isolement. Dieu ! Dieu ! c'est le cri de sa nature. Sans cette idée, le vide se fait dans son cœur et dans son esprit, et il se sent privé d'un élément qui lui est nécessaire pour vivre. Dieu, a dit Malebranche, est le lieu des esprits, comme l'espace est le lieu des corps. *In ipso vivimus, et movemur et sumus*, a dit saint Paul aux philosophes de l'Aréopage.

Telles sont les principales preuves que l'on peut donner

de l'existence de Dieu. Nous les croyons toutes légitimement fondées, mais elles ne font pas toutes la même impression sur les esprits. Kant qui était sceptique à l'égard de la raison pure, et qui prétendait qu'il n'y avait de certitude que pour la raison pratique, préférait les preuves de l'ordre moral. Descartes, qui fait reposer tout son système sur la pensée, s'attachait surtout aux preuves métaphysiques et mettait avant tout la preuve ontologique. Clarke qui était un métaphysicien distingué regardait la preuve de l'être nécessaire comme la meilleure de toutes. Les Pères de l'Église ont exposé avec un attrait tout spécial la preuve des causes finales, parce qu'elle prête aux développements oratoires et qu'elle fait plus d'impression que les autres sur le peuple. Enfin, d'autres philosophes aiment mieux, en général, les arguments physiques, parce qu'ils semblent les plus conformes à la méthode expérimentale et rationnelle qui est celle de la philosophie et de toutes les sciences morales.

SUJETS DE DISSERTATIONS FRANÇAISES

1. « Il est clair qu'il y a un premier principe et qu'il n'existe ni une série infinie de causes, ni une infinité d'espèces de causes (Aristote). »

2. « Si rien n'est premier, il n'y a absolument pas de causes (Aristote). »

2. « Si rien n'est éternel, la production même est impossible. Il faut bien que la dernière des causes productives soit de tout temps; puisque la chaîne des causes a un terme, et qu'il est impossible que rien soit produit par le non-être (Aristote). »

4. Exposer et discuter avec précision la preuve de l'existence de Dieu dite des *causes finales*.

5. Part de l'expérience et part de la raison dans la preuve de l'existence de Dieu tirée du spectacle de l'univers.

6. Prouver que l'antique démonstration de l'existence de Dieu par les merveilles de la nature, loin d'avoir perdu son autorité depuis les progrès de la science moderne, y a puisé une force nouvelle.

7. Exposer les preuves morales de l'existence de Dieu.

8. Exposé critique des principales preuves de l'existence de Dieu.

CHAPITRE V

De la nature de Dieu.

Après avoir démontré l'existence de Dieu, nous devons rechercher ce qu'il est. Nous allons donc parler : 1° de sa nature ; 2° de la manière dont nous connaissons ses perfections.

I. — DE LA NATURE DE DIEU

Les preuves que nous avons données de l'existence de Dieu nous ont montré qu'il est l'être suprême, le principe premier, la cause première de toutes choses. De ce qu'il est la cause première de tous les êtres, il s'ensuit qu'il ne peut pas avoir de cause, qu'il n'y a rien qui puisse être antérieur à lui et qu'il est par conséquent par lui-même.

S'il existe par lui-même il est lui-même sa propre essence. Car si l'essence se distingue de l'être dans les choses contingentes, cela provient, dit saint Thomas, de ce qu'elles n'existent pas nécessairement. L'essence ou leurs propriétés constitutives se conçoivent à l'état de choses purement possibles et se distinguent ainsi de la réalité de l'existence. Mais en Dieu l'essence et l'être sont une seule et même chose, puisqu'il est nécessairement. Il est par là même l'Être absolu, l'Être en acte, l'Être souverain qui est éternellement ce qu'il est.

Par là même qu'il a tout l'être, il a toutes les perfections. Car, comme il est la cause première et efficiente de toutes les choses qui sont ou qui peuvent être, il faut qu'il renferme en lui toutes les perfections existantes et possibles. Car autrement il ne pourrait pas les produire.

De plus, comme toute perfection implique un certain être, Dieu ne pourrait manquer d'une perfection sans manquer d'un certain être. Il ne serait plus alors l'Être absolu, l'Être suprême, puisqu'il n'aurait pas la plénitude de l'être.

Nous arrivons ainsi à reconnaître en Dieu l'être parfait, l'être infini, l'être vivant et réel qui est le principe et la cause de tous les autres êtres.

Cette infinitude de Dieu ne se prend pas dans un sens négatif, comme une chose que nous disons infinie, parce que nous ne lui voyons pas de bornes. Ce dernier infini est l'infini abstrait, l'infini mathématique que l'on doit plutôt appeler l'indéfini.

L'infinitude de Dieu est l'infinité de son essence, la plénitude d'être qui fait qu'il embrasse toutes les perfections existantes ou possibles. Seulement, nous ne devons pas nous les figurer en lui telles qu'elles sont dans les créatures.

Il y a des perfections relatives, comme les propriétés des corps qui sont incompatibles avec la nature divine, qui est esprit et vie. Elle les possède puisqu'elle les a produites, mais elle les possède *éminemment*, comme l'effet peut être contenu dans la cause.

Mais elle possède *formellement* les perfections pures et simples qui sont dans les êtres qu'elle a créés. Toutefois, il faut en écarter toute tache et toute limite qui les restreint d'une manière quelconque dans les êtres créés. Ces restrictions qui constituent dans l'échelle des êtres des degrés, ne peuvent se supposer dans l'être infiniment parfait sans être contradictoires. C'est pourquoi les perfections des créatures, à quelque genre qu'elles appartiennent, doivent toujours être attribuées à Dieu d'une façon plus éminente. « Dieu, dit saint Augustin, doit être conçu par nous comme un être qui est bon sans qualité, grand sans quantité, créateur sans nécessité, président sans siège spécial, contenant toutes choses sans être leur mesure, étant partout sans occuper un lieu particulier, étant éternel sans exister dans le temps. »

II. — Comment nous connaissons les perfections divines

Dieu étant infini, il est certain qu'il n'y a pas d'intelligence qui puisse le connaître d'une manière complète et adéquate.

L'homme ne le connaissant que par le moyen des créatures, ne peut le voir ici-bas tel qu'il est dans son essence. Ce n'est qu'au-delà de cette vie que la foi nous fait espérer de le voir face à face.

Mais les créatures étant son œuvre reflètent ses perfections. Ce sont les rayons de son essence et nous le voyons dans l'universalité des êtres comme dans un miroir qui nous rend son image.

L'homme étant lui-même fait à l'image de Dieu le considère dans son âme et l'y aperçoit avec ses attributs les plus éclatants.

Mais cette connaissance n'aboutit pas, comme le veut Jules Simon, à l'anthropomorphisme. Car tout en suivant la méthode analogique, la seule qui nous soit possible quand il s'agit de raisonner sur la nature de Dieu, nous affirmons que Dieu surpasse infiniment les perfections qui sont propres aux créatures et nous éloignons de l'idée que nous nous en formons toute espèce d'imperfection et de défaut.

C'est ce qui fait dire à saint Thomas que la substance divine surpassant infiniment toutes les formes que notre intellect peut concevoir, nous ne pouvons l'appréhender en elle-même et connaître ce qu'elle est, mais nous en acquérons une certaine notion en connaissant ce qu'elle n'est pas. Car nous approchons d'autant plus de sa connaissance que nous éliminons plus d'imperfection de ce concept par le travail de l'intelligence.

Toutefois, bien que la négation rende mieux que l'affirmation la connaissance que nous avons de la nature divine, il ne faudrait pas en conclure avec quelques philosophes modernes, que nous ne pouvons rien savoir sur la nature de Dieu. Car en Dieu les négations sont plus positives et plus efficaces que les affirmations. Ainsi quand nous disons qu'il est infini, immense, illimité, nous disons qu'il est au-dessus de tout ce qui existe et nous affirmons par là même son excellence. La négation n'est qu'apparente ; elle existe dans la forme, dans le langage, mais au fond l'idée est positive et implique l'affirmation la plus absolue.

SUJETS DE DISSERTATIONS FRANÇAISES

1. Que voulait dire Bossuet, quand il écrivait ces paroles souvent citées : « Le parfait est le premier en soi et dans nos idées, et l'imparfait en toutes façons n'en est qu'une dégradation ? »

2. Quelles idées devons-nous nous faire des perfections divines ? Quel rapport y a-t-il entre les perfections divines et les perfections des créatures ?

3. Montrer que l'âme a été créée à l'image de Dieu. — Est-il possible de trouver dans l'âme l'image de tous les attributs de Dieu ?

CHAPITRE VI

Des attributs de Dieu métaphysiques ou absolus.

Les attributs de Dieu sont ses perfections. On donne le nom d'attribut ou de propriété dans une chose aux manières d'être essentielles et permanentes qui la font ce qu'elle est. Les attributs de Dieu sont absolus ou relatifs. Les premiers qu'on appelle aussi *métaphysiques* sont ceux qui se rapportent à Dieu directement. On les divise en *négatifs* ou *positifs*. Ils sont négatifs quand ils écartent de Dieu une imperfection comme l'immensité, l'immutabilité. Ils sont positifs quand ils affirment de lui une perfection absolue comme l'être, la science, la liberté et la puissance. Les attributs *relatifs* sont ceux qui se rapportent aux créatures, comme les noms de seigneur et maître, de créateur, etc. On leur donne le nom d'attributs *moraux* lorsqu'ils affirment de Dieu les perfections morales qui sont dans l'homme comme la justice, la miséricorde. Nous allons d'abord parler des attributs métaphysiques ou absolus. Ces attributs sont : l'unité, la simplicité, l'immutabilité, l'éternité, l'immensité, la science, la liberté et la puissance.

I. — L'unité

On ne peut démontrer l'existence de Dieu qu'*à posteriori*. Mais l'existence de Dieu prouvée, une fois qu'on a établi qu'il est l'être nécessaire, l'être existant par lui-même, l'être infiniment parfait, de cette notion on déduit *à priori* tous ses attributs. Car il suffit de se demander si l'unité, la simplicité et les autres attributs que nous avons désignés sont des perfections, et quand on est sûr que ce sont des perfections, on peut affirmer qu'ils sont en lui et qu'ils y sont d'une manière éminente et infinie.

L'unité découle si nécessairement de sa nature qu'on ne peut admettre en lui de pluralité sans qu'il y ait contradiction. Car qui dit infini, dit un être qui a en lui tout ce qu'on peut concevoir d'existence. Comment y aurait-il donc sans contradiction deux ou plusieurs infinis? Où serait le second, le premier étant partout? Comment existeraient-ils sans se limiter? Et comment se limiteraient-ils sans cesser d'être infinis?

« Les raisons, dit Fénelon, qui me convainquent qu'il faut qu'il y ait un être infiniment parfait, ne me mènent point à croire qu'il y en ait deux. Il faut qu'il y ait un être par lui-même qui ait tiré du néant tous les autres êtres qui ne sont point par eux-mêmes; cela est clair. Mais un tel être par soi-même suffit pour tirer du néant tout ce qui en a été tiré. A cet égard deux ne seraient pas plus qu'un, par conséquent rien n'est plus inutile et plus téméraire que d'en croire plusieurs. »

Ce raisonnement est l'application du principe des logiciens du moyen âge : *Entia non sunt multiplicanda præter rationem*. Ce que nous connaissons des êtres finis prouve un être nécessaire, mais n'en prouve ni deux, ni un plus grand nombre. Nous ne pouvons donc pas légitimement aller au delà de cette conclusion.

D'ailleurs pourrait-on concevoir deux infinis substantiellement distincts? Car, pour les distinguer, il faudrait établir entre eux une différence. Quelle serait-elle? Elle ne pourrait provenir ni de leur essence, puisqu'elle serait pour tous deux l'infinie perfection, ni de leurs attributs puisqu'ils les posséderaient tous, ni du degré de leurs perfections, puisqu'elles seraient dans l'un et l'autre infinies. Comme on ne pourrait établir entre eux aucune différence, ils seraient donc identiques et ne formeraient qu'un seul et même être.

D'un autre côté, si on les supposait distincts, ils s'excluraient réciproquement l'un et l'autre, et se limiteraient de telle sorte, qu'ils ne seraient plus infinis ni l'un ni l'autre. Car, du moment que l'un partagerait avec l'autre la puissance et les autres perfections, chacun d'eux serait moins puissant et moins parfait que s'il était seul ; ce qui prouve que l'idée de pluralité est incompatible avec l'idée d'infinité et de perfection absolue.

II. — La simplicité

L'être infini est simple. Nous ne pouvons le considérer comme une substance étendue ou composée.

La substance étendue ou composée, a nécessairement une figure, plusieurs dimensions, des parties comme tous les corps, et elle est par là même mobile, divisible, limitée. Aucune de ces propriétés n'est compatible avec la nature de l'infini.

Il faut donc le considérer comme une substance simple, inétendue, comme un esprit. Ce qui est simple, indivisible, véritablement un, est d'ailleurs, dit Fénelon, plus parfait que ce qui est divisible et composé de parties. Cette seule considération suffirait pour nous faire dire que Dieu est simple, puisqu'il est souverainement parfait.

Mais tout en admettant que Dieu est simple et qu'il est esprit, il ne faut pas oublier que c'est un esprit d'une toute autre nature que le nôtre.

Notre âme est simple ; mais elle n'est pas d'une simplicité, d'une unité aussi parfaite que Dieu. Dans notre âme nous distinguons l'essence de l'existence. Comme elle n'a pas toujours existé, l'essence représente ce qu'elle était comme chose possible, et l'existence ce qu'elle est depuis qu'elle a reçu la vie. En Dieu l'essence et l'existence ne peuvent se séparer. Elles sont une seule et même chose, parce qu'il existe en vertu de son essence même et que l'on ne peut séparer l'essence de l'existence sans méconnaître son asséité, sa nécessité d'être et sans se mettre en opposition avec sa nature.

En nous les accidents se distinguent de la substance. Le moi est le théâtre permanent d'une foule de phénomènes qui se succèdent et qui en modifient l'état. L'âme est tout à la fois active et passive. Elle subit des influences qui provoquent des idées ou des opérations qui n'étaient qu'à l'état latent. Elle est un acte et une puissance, jamais elle n'est dans le moment présent tout ce qu'elle peut être. Elle ne jouit de sa science et de sa puissance que successivement, jamais elle n'a présentes toutes ses ressources.

En Dieu, au contraire, il n'y a rien d'accidentel et de transitoire. Je suis celui qui est, dit-il, dans les Saintes-Ecritures ; il est l'être absolu, par conséquent il est constamment tout ce qu'il est. Il n'y a point en lui de passivité, parce qu'il est souverainement indépendant ; il n'y a rien de potentiel, parce qu'il est tout ce qu'il peut être. Il est, suivant l'expression de saint Thomas, un acte pur, c'est-à-dire que tout ce qu'il est se résume en un acte pur et simple, qui n'implique ni accroissement, ni diminution.

Ses perfections, en réalité, ne se distinguent pas de son essence et ne se distinguent pas entre elles. « Si je les multiplie, dit Fénelon, c'est par la faiblesse de mon esprit qui, ne pouvant d'une seule vue embrasser le tout qui est infini et parfaitement un, le multiplie pour se soulager, et le divise en autant de parties qu'il a de rapports à diverses choses hors de lui. »

Dieu, dit saint Augustin, reçoit des appellations multiples, nous disons qu'il est grand, bon, sage, heureux, vrai, et tout ce qui n'implique rien d'indigne de lui ; mais sa grandeur est la même chose que sa sagesse ; sa bonté, la même chose que sa sagesse et sa grandeur ; et sa vérité la même chose que tous ces attributs ensemble ; car en Dieu, être grand, être sage, être vrai, être bon, ou simplement *être*, c'est absolument la même chose.

III. — L'IMMUTABILITÉ

Dieu ne peut changer. Le changement dans les êtres suppose qu'ils ne sont pas absolument simples. Car tout changement implique une modification dans l'état de l'être qui le subit. Il faut donc qu'il soit seulement en puissance sous certains rapports et qu'il y ait en lui des phénomènes purement accidentels. Dieu étant un acte pur ne peut subir aucune modification. Il ne peut ni perdre, ni acquérir. Il est essentiellement ce qu'il est et il ne peut pas être autre. Car s'il acquérait, ce serait une preuve qu'il n'avait pas, avant d'acquérir, tout l'être et toutes les perfections, et que, par conséquent, il n'était pas infini, puisqu'il manquait de quelque chose. Et s'il perdait, il cesserait d'être parfait et infini, puisqu'il manquerait de l'être ou de la perfection qui lui aurait été enlevé. Il est donc souverainement immuable.

IV. — L'ÉTERNITÉ

L'éternité, dit Boèce, est la possession simultanée totale et parfaite d'une vie qui n'a pas de terme. L'éternité n'a pas de terme, c'est-à-dire qu'elle n'a pas de limite, elle n'a ni commencement, ni fin.

L'éternité est la conséquence de l'immutabilité. Car par là même que Dieu est immuable, il ne peut être soumis ni au temps ni à la succession. En lui, dit Fénelon, rien ne dure, parce que rien ne passe ; tout est fixe, tout est à la fois ; tout est immobile. Rien n'a été, rien ne sera, mais tout est.

Le temps, dit saint Augustin, se compose de mouvements passés et futurs ; mais dans l'éternité, on ne distingue ni passé, ni avenir.

Le passé suppose quelque chose qui n'est plus ; le futur quelque chose qui n'est pas encore. Si on admettait en Dieu le passé et le futur, il faudrait admettre en lui, du moins sous le rapport de la durée, un mouvement d'acquisition et de déperdition tout à fait incompatible avec son infinie perfection.

Le temps est la mesure de la durée dans les êtres contingents. « Il a commencé avec la création des êtres finis et il se compose d'une série d'instants qui se succèdent et qui sont, dit saint Thomas, la mesure du mouvement par avant et par après. Mais, ajoute ce grand docteur, dans ce qui n'est pas sujet au mouvement, dans ce qui persévère toujours de la même manière, on ne peut distinguer ni l'un ni l'autre. Par conséquent, de même que l'essence du temps consiste dans la mesure du mouvement par *avant* et *après;* de même l'essence de l'éternité consiste dans l'appréhension de l'uniformité de ce qui est en dehors de tout mouvement. »

Locke a fait consister l'éternité dans la multiplication infinie du temps, et d'autres philosophes, au lieu de faire de l'éternité une durée d'une tout autre nature que le temps, l'ont considérée comme successive.

Mais comment concevoir une série qui n'a pas eu de commencement ? La série des nombres est indéfinie ; mais par là même qu'elle est indéfinie elle est limitée, puisqu'elle a un point de départ. Par la multiplication infinie du temps, dont parle Locke, on arrive à un nombre indéfini, mais cet indéfini n'est pas infini. Car on aura beau multiplier le fini tant qu'on voudra, il restera toujours fini et jamais il n'arrivera à l'infini.

V. — L'IMMENSITÉ

En raison de son éternité, Dieu embrasse tous les temps sans être limité par eux ; de même, en raison de son immensité, il embrasse tous les lieux, sans être renfermé, ni circonscrit dans un espace quelconque. « Il n'est en aucun lieu, dit Fénelon, non plus qu'il n'est en aucun temps. Car il n'a aucun rapport aux lieux et aux temps qui ne sont que des bornes. Comme il ne peut y avoir en lui ni passé, ni futur, il ne peut y avoir au delà ni en deçà. Comme la permanence absolue exclut toute mesure de succession, l'immensité n'exclut pas moins toute idée d'étendue. »

Toutefois, il ne faut pas croire avec MM. Jules Simon, A. Jacques et E. Saisset, que Dieu est en dehors de l'espace comme il est en dehors du temps. Le temps, impliquant l'idée de succession, répugne à sa nature, tandis que le lieu présente l'idée de permanence et n'a rien qui lui soit contraire. Il est plus exact de dire qu'il est dans tous les lieux. Car comme Dieu est dans toutes les choses parce qu'il donne à chacune l'être, la vertu et l'action; de même, il est dans tous les lieux parce qu'il leur donne l'être et la vertu de localiser les objets. C'est la pensée de saint Thomas. « Il appartient à sa substance, dit ce grand docteur, d'être partout et dans tous les lieux, non qu'elle reçoive les dimensions du lieu, mais parce qu'elle communique au lieu la propriété de localiser les choses corporelles et de les contenir ; comme on dit qu'il est dans l'homme en tant qu'il lui donne la nature humaine, et qu'il est dans toutes les choses en tant qu'il donne à chacune l'être et la nature qui lui conviennent.

SUJETS DE DISSERTATIONS FRANÇAISES

1. Dire ce que l'on entend par les attributs divins. Distinguer les attributs positifs des attributs négatifs; les attributs métaphysiques des attributs moraux.

2. Par quelle méthode peut-on déterminer les attributs de Dieu ? — Est-ce par la méthode inductive ou par la méthode déductive, ou par les deux à la fois ?

3. Exposer les principaux attributs de Dieu et dire s'ils se distinguent de l'essence divine, et s'ils se distinguent entre eux.

4. Prouver qu'il n'y a qu'un Dieu et qu'il ne peut y en avoir plusieurs.

5. Démontrer que les attributs métaphysiques de Dieu reposent tous sur l'idée d'infini.

CHAPITRE VII

Des attributs de Dieu métaphysiques ou absolus (*suite*).

Les attributs métaphysiques dont nous nous sommes occupés sont tous négatifs. Car l'unité exclut la pluralité, la simplicité la composition, l'immutabilité le changement, l'éternité la succession, et l'immensité le lieu et la mesure. Ces attributs se rapportent tous à l'essence divine. On pourrait les appliquer aux vérités premières. Car ces vérités sont unes, simples, immuables et éternelles. Elles échappent aux lois restrictives du temps et de l'espace. Mais Dieu n'est pas un être abstrait. C'est un être personnel, libre, agissant. Par conséquent, nous devons donc ajouter à ces attributs la science, la liberté et la puissance.

I. — SCIENCE INFINIE

Dieu étant infiniment simple doit être nécessairement immatériel, et ce qui est immatériel est intelligent. C'est la preuve que donne saint Thomas.

Nous pouvons ajouter à cette preuve des considérations tirées des œuvres de Dieu qui sont également convaincantes.

Si nous nous observons nous-mêmes, nous voyons qu'il y a en nous une substance pensante et intelligente. A la vérité, nos connaissances sont limitées, mais elles sont certaines et nous ne pouvons pas mettre en doute la faculté que nous avons de comprendre et de raisonner. Notre intelligence n'existe pas plus par elle-même que notre être. Il faut donc qu'elle ait été produite et on ne peut pas concevoir qu'elle soit sortie d'une cause qui ne serait pas intelligente elle-même. « Quelle plus grande absurdité, a dit Montesquieu, que de supposer une fatalité aveugle qui produit des êtres intelligents? »

S'il y a un monde matériel que nos sens nous font percevoir, il y a aussi un monde intelligent et moral, un monde des esprits que la raison nous découvre. Celui-ci ne s'est pas plus fait que le premier et puisque nous avons besoin de recourir à l'existence d'une cause puissante pour nous expliquer l'existence du premier, nous sommes forcés également de remonter à une cause intelligente pour nous rendre raison de l'existence du second.

D'ailleurs dans le monde matériel lui-même, qui n'est frappé, comme nous l'avons dit, de l'intelligence qui éclate dans l'ensemble de cet univers et dans chacune de ses parties ? « Peut-on contempler le ciel, dit Cicéron, sans voir avec toute l'évidence possible, qu'il est gouverné par un être suprême, par une divine intelligence ? Quiconque viendrait à former là-dessus quelque doute pourrait douter aussi s'il y a un soleil : l'un n'est pas plus visible que l'autre. »

L'intelligence de Dieu est certaine, mais cet attribut comme tous les autres est infini, il n'a aucune des imperfections de la connaissance ou de la science humaine.

Dieu se connaît lui-même. Son intellect et son essence n'étant qu'une même chose, il se connaît parfaitement. Son intelligence embrasse toute l'étendue de son être, comme une intelligence finie peut embrasser et comprendre un objet fini. Sa connaissance est intuitive, il voit d'un seul et même acte toutes choses. Son immutabilité ne permet pas d'admettre en lui un mouvement discursif analogue à ce qui se passe en nous. Il n'a pas besoin d'aller d'une chose à une autre, de passer du principe à la conséquence, de remonter du fait à la cause, tout lui est présent, et il voit tout dans sa propre essence. Il connaît non seulement les choses présentes et passées, mais même les choses à venir, les futurs libres, les futurs conditionnels et les futurs absolus. Quoiqu'il voie tout dans un acte pur et simple, et en lui-même, il voit néanmoins les choses comme elles sont, ce qui est présent comme présent, ce qui est passé comme passé, ce qui est libre comme libre, ce qui est nécessaire comme nécessaire. Et comme sa science est infaillible, il s'ensuit qu'il voit les choses comme elles sont et qu'elles ne peuvent pas arriver autrement qu'il ne les voit.

Ainsi, loin de nuire à la liberté humaine, sa science en est la garantie. Sa science lui fait connaître les choses comme elles sont, mais elle n'en change pas la nature. « De même, dit saint Augustin, que notre mémoire ne fait pas que les choses passées soient nécessaires, de même la prescience divine ne rend pas nécessaires les choses futures. Loin de là, elle consacre au contraire la liberté de celles qui doivent arriver librement. Car, sa science étant infaillible, les choses ne peuvent pas arriver autrement qu'il ne les a prévues. Par conséquent les actes libres qu'il a prévus comme tels ne peuvent manquer d'arriver librement. »

Ainsi s'évanouit la difficulté qu'on a voulu tirer de l'impossibilité de concilier la prescience divine avec la liberté humaine. (Voyez p. 107.)

II. — La liberté

Un être intelligent a nécessairement une volonté. Si Dieu n'avait pas de volonté, il serait loin d'être parfait. Il ne pourrait exercer son domaine sur ses créatures, il ne serait ni juste, ni bon, puisque c'est dans la volonté que résident ces deux perfections et il ne serait pas souverainement heureux, puisque la félicité suprême consiste dans la jouissance qu'éprouve celui qui possède tout ce qu'il veut.

Mais sa volonté n'a pas les imperfections de la nôtre. Elle n'a pas à lutter contre les puissances extérieures ou intérieures qui la tyrannisent, elle n'a pas à rechercher sa fin, ni les moyens qui peuvent faire son bonheur, elle n'est pas changeante et faillible. Elle suit son intellect. Comme Dieu se connaît lui-même par son intellect et qu'il connaît en lui toutes les autres choses ; de même sa volonté a pour objet principal sa divine essence et pour objet secondaire les autres choses qui ne lui sont nullement nécessaires. Sa bonté est la raison de tout ce qu'il veut hors de lui, et ce qu'il veut hors de lui il le veut librement.

Dieu ne peut être dominé, enchaîné par aucune force, aucune puissance. S'il y avait une puissance qui l'enchaînât il ne serait plus l'être suprême, l'être absolu. Il deviendrait dépendant et par là même fini. La fatalité des anciens implique contradiction quand on veut l'appliquer à Dieu. Le destin ne peut dominer la divinité sans l'anéantir.

La liberté étant dans l'homme et représentant la plus belle et la plus noble de ses prérogatives, on ne peut pas ne pas la reconnaître en Dieu. Il ne peut nous avoir donné une perfection qu'il n'a pas, et s'il n'avait pas cette perfection, que penser de sa justice, de sa bonté, de sa miséricorde ? N'est-ce pas là la négation de sa providence, c'est-à-dire de tous ses attributs moraux qui rendent si douces et si intimes les relations de l'homme avec lui.

Mais pour être digne de l'être infiniment saint, infiniment parfait, il ne faut pas qu'en Dieu la liberté soit comme en nous exposée à faillir. Dieu ne peut avoir la liberté de faire le mal, parce que cette liberté résulte de notre faiblesse et de notre imperfection. Car la faute morale est à la volonté, ce que l'erreur est à l'intelligence. Si nous avions une intelligence plus forte et plus parfaite, nous ne commettrions jamais d'erreur. On ne pourrait pas nous tromper et nous ne nous tromperions jamais nous-mêmes. Pareillement si nous faisons des fautes, nous devons l'attribuer à la défaillance de notre volonté. Si nous étions doués d'une volonté plus énergique et plus droite, nous ne succomberions pas aux tentations et nous serions impeccables.

C'est précisément cette liberté parfaite que nous devons reconnaître en Dieu. A l'égard des êtres extérieurs, il peut agir ou ne pas agir, c'est-à-dire les créer ou ne pas les créer, leur accorder certaines faveurs ou les refuser. « C'est pourquoi, dit saint Thomas, quoique l'être divin soit en lui-même nécessaire, cependant les créatures ne viennent pas de Dieu par nécessité, mais par un effet de sa volonté libre. »

III. — SA PUISSANCE. DE LA CRÉATION

La volonté de Dieu est libre, mais elle est aussi toute-puissante. La toute-puissance consiste à pouvoir faire tout ce qui est possible. Il appartient essentiellement à Dieu, dit

Lactance de pouvoir, car s'il ne pouvait rien il n'existerait pas. En Dieu il y a science, volonté et puissance. La science est la raison qui règle, la volonté celle qui commande et la puissance celle qui exécute. Mais ces trois choses n'en sont qu'une seule.

Les anciens philosophes admettaient la puissance divine, mais ils la limitaient. Supposant que la matière est éternelle de sa nature, ils enseignaient que Dieu lui avait donné la forme qu'elle a maintenant et qu'il avait ainsi fait l'univers comme un architecte construit une maison avec les matériaux qu'on lui fournit.

Dans ce sentiment on se demande avec Bossuet si la matière avait été indépendante et éternelle, comme le supposent ces philosophes, quelle prise aurait eue Dieu sur ce qui lui est étranger et indépendant de sa puissance et par quel art et par quel pouvoir il se le serait soumis. Comment s'y serait-il pris pour le mouvoir? L'ornement, la perfection qu'il lui aurait donnée n'aurait été qu'un accident, puisqu'on le suppose éternellement informe. Dieu aurait fait l'accident et n'aurait pas fait la substance? Dieu aurait fait l'arrangement des lettres qui composent les mots, et n'aurait pas fait dans les lettres la capacité d'être arrangées. (*L'élév. sur les mystères*, 3º sem., 2º élév.)

Pour échapper à cette confusion d'idées et à toutes ces contradictions, il faut admettre le dogme chrétien de la création qui nous dit que Dieu a créé tous les êtres qui existent, les corps et les esprits, et qu'il les a créés substances et formes avec toutes les perfections qu'ils possèdent. Il les a créés sans effort, par la seule force de sa volonté libre, qui a donné l'existence aux êtres qu'elle a voulu et dans le temps qu'elle a choisi.

Suivant l'expression consacrée, elle les a tirés du néant, *ex nihilo*, c'est-à-dire qu'elle n'a pas eu besoin pour former le monde d'une matière préexistante et qu'elle a fait passer de la possibilité à la réalité les êtres qui ont existé, qui existent, et qui existeront par un acte unique de sa puissance. Il a dit et tout a été fait : *Dixit et facta sunt.*

Tous les êtres créés étaient possibles avant d'exister.

Comme possibles, ils avaient leur raison d'être qui constitue leur essence métaphysique que nous connaissons par les idées que nous nous en formons. Ces idées, types de tous les êtres existants, ont toujours été en Dieu. Seulement avant la création ces idées étaient simplement des possibles. Par la création Dieu a fait que ces possibles sont devenus réels. Si nous osions nous servir d'une comparaison nous dirions que comme la parole objectivise nos pensées, de même la création a donné aux idées divines une réalité qui a fait que ce qui n'était que possible est devenu substantiel, vivant, existant suivant le degré de perfection que chaque créature a reçu.

Il a dit et les choses ont été faites : *Dixit et facta sunt.* La création est comme l'expression des idées de Dieu, sa parole réelle, vivante et substantielle et c'est ce qui fait que l'univers qu'il a produit, reflète dans sa variété et son unité ses perfections. C'est un poëme qui raconte la gloire de son auteur. Chaque créature est un des mots de ce poëme et quand on voit la création dans son ensemble, on rapproche ces mots, on les met à la place où ils doivent être, et il en résulte pour le savant qui, comme Newton, peut lire cette hymne admirable, un sentiment d'enthousiasme qui l'élève jusqu'à celui qui est la source et le principe du vrai, du beau et du bien.

On ne peut nier la création. Car il est manifeste que l'âme humaine, les corps qui nous environnent sont des êtres véritables, des substances individuelles, parfaitement distinctes les unes des autres, et qu'il n'y a rien de nécessaire dans ces substances, mais qu'elles sont essentiellement contingentes. Puisqu'elles ne se sont pas donné l'être, il faut donc admettre au-dessus d'elles un être nécessaire qui le leur a donné et qui est par conséquent créateur.

Cet être tout puissant, absolu, indépendant, qui n'est soumis à aucun autre être, n'a pu être contraint par aucune puissance extérieure à créer les êtres qu'il a produits. Il se suffit à lui-même et il n'a nul besoin des créatures. La création est donc évidemment un acte libre. Si le monde était produit par une cause nécessaire, il serait lui-même nécessaire, et comme il est contingent de sa nature, il serait tout à la fois contingent et nécessaire, ce qui répugne.

SUJETS DE DISSERTATIONS FRANÇAISES

1. Montrer les différences qui existent entre l'intelligence divine et l'intelligence humaine.
2. Dieu est-il libre? Sa liberté a-t-elle les mêmes caractères que la nôtre?
3. Établir à quel point il est contraire à toutes les règles d'une juste induction de supposer des êtres intelligents qui n'auraient pas une cause intelligente.
4. Prouver que l'existence du monde n'est explicable que par la création.
5. Dieu a-t-il créé librement ou nécessairement?

CHAPITRE VIII

Des attributs moraux ou relatifs.

Dieu crée les êtres et les conserve. Leur conservation n'est que leur création continuée ; car c'est par un seul et même acte que Dieu les crée et les conserve. Les êtres finis étant essentiellement contingents, ne peuvent changer de nature pendant les instants que dure leur existence. Ils restent contingents au second instant de leur durée comme ils l'étaient au premier, et s'ils n'ont pu passer de la possibilité à la réalité que par l'action de la puissance divine, ils ont besoin de cette même puissance pour conserver l'être qu'ils ont reçu. Sans elle, ils retomberaient dans le néant. « N'oublions pas, dit saint Jérôme, que nous ne serions rien, si Dieu ne conservait en nous ce qu'il nous a donné. » Dieu étant nécessairement présent à toutes les créatures, il s'ensuit qu'il les gouverne. C'est ce gouvernement du monde que nous désignons sous le nom de Providence.

I. — De la Providence

La Providence est l'acte par lequel Dieu fournit à chaque créature ce qui lui est nécessaire pour atteindre sa fin et écarter les obstacles qui pourraient l'empêcher d'y arriver.

La Providence divine s'étend à toutes les créatures, aux êtres matériels, aux plantes, aux animaux, à l'homme et aux pures intelligences.

Elle embrasse la conservation des êtres et leur gouvernement.

Dieu étant le créateur et le conservateur de tous les êtres, on ne peut pas, sans contradiction, supposer qu'il peut leur être étranger. S'il s'est proposé un but en les créant et qu'il ne leur fournisse pas le moyen de l'atteindre, que devient sa sagesse ? S'il ne prend aucun souci de ce qui se passe en ce monde et qu'il ignore ce que l'on y fait, que deviennent sa science infinie et sa bonté ? S'il n'a aucun empire sur le monde qu'il a créé, que devient sa puissance ? S'il n'a pas l'œil ouvert sur nos actions, et qu'il confonde le bon avec le méchant, que devient sa justice ?

A priori le dogme de la Providence se déduit rigoureusement de l'idée que nous devons avoir des perfections divines.

On peut le démontrer *à posteriori* d'après l'ordre qui règne dans l'univers. L'argument des causes finales au moyen duquel nous avons démontré l'existence de Dieu, peut se reproduire ici. Car si cet ordre prouve que le monde a pour auteur un être souverainement intelligent, il prouve aussi, par sa constance et sa perpétuité, qu'il est gouverné par un être infiniment bon, infiniment sage, en un mot par une Providence qui se révèle constamment dans le détail des parties aussi bien que dans l'harmonie de l'ensemble.

Aussi si tous les peuples ont cru à l'existence de Dieu, ils ont cru en même temps que ce Dieu s'occupe de ses créatures, et qu'il pourvoit en particulier aux besoins de l'homme, qui, en sa qualité d'être libre, a le plus besoin de son secours. Partout et dans tous les temps on a élevé des temples à la divinité, on lui a offert des sacrifices, on lui a adressé des prières, ce que l'on n'aurait pas fait si on eût cru qu'elle était étrangère à ce qui nous regarde.

« Car, comme le dit saint Augustin, si la Providence de Dieu ne présidait pas aux choses humaines, il n'y aurait pas lieu de s'occuper de religion. Quel honneur pourrions-nous rendre à un être qui n'aurait aucun souci de nous? »

« Si les Dieux, dit Cicéron, ne peuvent pas ou ne veulent pas nous venir en aide, s'ils ne s'occupent nullement de nous et ne nous portent aucun intérêt, qu'ils aillent se promener. Pouvons-nous demander de nous être secourable à un être qui ne peut rien en faveur de personne ? »

Toutefois, tout en admettant l'action souveraine de Dieu sur les créatures, nous ne devons pas croire que cette action enlève à la créature sa vertu propre. La puissance de la cause première n'anéantit pas la force des causes secondes. Loin de là, elle respecte, selon la pensée de Leibniz, l'efficacité dont elle a doué les êtres qu'elle a créés, et tout en leur prêtant son concours, elle leur laisse cette force qui constitue leur puissance naturelle.

Dans l'ensemble, tout est ordonné conformément à la fin que Dieu a prescrite à chaque être, et il n'y a pas de créature qui ne soit subordonnée à sa direction. Seulement, il les mène et les conduit d'une façon conforme à la loi qu'il leur a imposée. Les choses matérielles, les corps grands ou petits, la terre, les astres obéissent à des lois nécessitantes, parce que telle est leur nature, et c'est le résultat de ces lois que nous admirons dans ce magnifique concert, dans cette belle harmonie que nous présente l'ensemble de l'univers.

Mais il y a des êtres intelligents et raisonnables qui sont eux-mêmes le principe de leurs actions et qui ne sont pas soumis à d'autres lois qu'à des lois morales. Tel est l'homme, telles sont les sociétés qu'il forme et qui constituent des États ou des nations. La Providence dirige l'humanité comme elle dirige les planètes, mais par une autre voie. Tout en conduisant les peuples à ses fins, elle respecte la liberté des individus et souvent elle arrive à des résultats qui nous étonnent.

Bossuet nous montre l'action de la Providence dans le mouvement des Empires qui se forment et se succèdent dans les temps anciens et préparent ainsi l'avènement du Christ. Mais tout en faisant ressortir l'action divine qui plane au-dessus des événements et qui les dirige, il nous montre en même temps la liberté des conquérants ou des hommes d'État qui accomplissent ses desseins sans s'en douter. Comme on l'a dit avec raison, l'homme s'agite, mais Dieu le mène.

II. — LA BONTÉ

La Providence de Dieu est tout à la fois le signe et l'effet de sa bonté. L'homme est bon, il aime Dieu et ses semblables, et il est capable de sacrifices héroïques dans l'intérêt du bien. La bonté n'étant qu'une manifestation du bien, ne peut pas ne pas être en Dieu qui est le bien absolu. Il faut qu'il soit infiniment bon, comme il est infiniment sage, infiniment puissant et parfait.

C'est sa bonté qui l'a porté à donner l'être aux créatures. Ce n'est pas dans son intérêt qu'il les a créées, il ne les a honorées de l'existence que pour les enrichir de ses dons, et s'il les conserve, s'il leur communique sans cesse les secours qui leur sont nécessaires, c'est uniquement par bienveillance pour elles. *Bonum est sui diffusivum.* Ce qui est bon tend par sa nature à se communiquer et à se répandre, comme disent les scolastiques, et c'est à la bonté divine qu'il faut rapporter la création et la conservation des êtres.

III. — LA JUSTICE

La bonté n'empêche pas l'action de la justice de s'exercer. Dieu est bon à l'égard de tous les êtres, puisque c'est à sa bonté qu'ils doivent tout ce qu'ils ont. Mais quand il s'agit de l'homme et des êtres intelligents et libres, Dieu est à la fois juste et bon. Comme il a soumis ces êtres, les plus nobles de la création, à une loi morale qu'ils peuvent enfreindre ou observer à leur volonté, il doit lui-même sanctionner cette loi dont il est l'auteur. En cette vie ou dans une autre, il doit récompenser ou punir l'homme et tous les êtres libres comme ils le méritent ; c'est en cela que consiste sa justice. Nous ne pouvons mettre en doute cet attribut, car ce serait lui enlever sa sainteté et sa perfection. Il y a eu des sectaires qui ont fait Dieu auteur du mal, c'était prononcer le plus affreux blasphème. Le bien suprême, le bien par excellence repousse avec une horreur infinie le mal, sous quelque forme qu'il se présente, et dire que l'être infiniment parfait n'est ni juste, ni saint, c'est dire qu'il n'existe pas.

SUJETS DE DISSERTATIONS FRANÇAISES

1. Réunir les preuves les plus solides par lesquelles les plus grands philosophes ont établi l'existence de la divine Providence.
2. De la Providence divine. Comment se manifeste-t-elle dans la nature et dans l'histoire ?
3. Comment Dieu conserve-t-il les êtres ?
4. Expliquer ces pensées : l'homme s'agite, Dieu le mène. — L'homme propose, Dieu dispose.
5. Quelles sont les conséquences religieuses et morales de la doctrine du destin.

CHAPITRE IX

Le problème du mal.

Les déistes nient la Providence. Ils admettent l'existence de Dieu, parce qu'ils sentent qu'on ne peut pas se rendre compte de l'existence du monde sans une cause première qui l'ait produit. Mais ils supposent que l'auteur des êtres les a abandonnés à eux-mêmes et les laisse lutter, comme ils peuvent, contre les difficultés de l'existence, sans en prendre aucun souci. Les objections qu'ils font contre la Providence sont tirées de l'existence du mal qui les choque dans l'œuvre divine. Pour répondre à toutes ces objections et les considérer sous toutes leurs faces, nous distinguerons le mal métaphysique, le mal physique, le mal moral.

I. — Le mal métaphysique

Le mal métaphysique est l'imperfection, et par là même l'inégalité des créatures.

Toutes les créatures étant des êtres finis sont nécessairement imparfaites, c'est-à-dire qu'elles ont un degré d'être plus ou moins étendu. La créature qui nous semble la plus complète et la plus belle manque toujours de quelque chose ; car tout être fini est essentiellement limité et borné, et vouloir que les créatures soient parfaites, c'est vouloir qu'elles aient la nature de Dieu lui-même, que le fini soit infini, ce qui est une contradiction absolue.

Les créatures étant de leur nature imparfaites, Dieu a donné aux unes des perfections qu'il n'a pas données aux autres. Il les a ainsi rendues inégales. Les plantes sont plus parfaites que les êtres bruts, les animaux sont supérieurs aux plantes et l'homme s'élève au-dessus de toute cette partie inférieure de la création par son intelligence, qui lui donne sur elle un empire incontesté. Ces inégalités ont produit dans l'œuvre divine une variété qui en fait la beauté. C'est, comme nous l'avons déjà dit, un poëme admirable dont toutes les parties se lient et s'enchaînent avec une unité merveilleuse.

Bien loin de voir dans cette inégalité et cette imperfection des êtres une objection contre la Providence, c'est au contraire la preuve la plus éclatante de sa sagesse, de sa science et de sa puissance infinie.

L'inégalité des conditions qu'on remarque dans le genre humain a la même cause et nous conduit à la même conséquence. Les hommes ne peuvent être parfaits, puisque ce sont des êtres finis et bornés. La Providence a varié avec les individus les aptitudes et les dispositions, et de cette variété il résulte que toutes les fonctions sociales peuvent être remplies, et tous les besoins peuvent être satisfaits. Les uns travaillent des bras, cultivent la terre ou se livrent à l'industrie. Les autres ont reçu une intelligence plus distinguée et dirigent l'ouvrier. Ils facilitent son travail en lui donnant pour aides d'ingénieuses machines ou le rendent plus fécond en lui donnant une direction meilleure. Il faut à la société des soldats, des magistrats, des savants; si les hommes ne naissaient pas avec des goûts et des talents divers, comment se répartiraient-ils ces emplois et comment arriveraient-ils à les remplir? Cette variété amène à la vérité de grandes différences dans le rang, la dignité, la fortune et le bien-être.

Mais on ne peut faire de ces différences un reproche à la Providence, puisque ces imperfections sont la conséquence inévitable de notre nature, qu'elles tournent d'ailleurs à l'avantage de la société, sans laquelle nous ne pouvons exister, et qu'elles n'empêchent pas le bonheur de l'individu, attendu que, quand on est vertueux et raisonnable, on peut être heureux dans toutes les conditions. L'homme obscur est souvent plus tranquille que l'homme qui occupe les positions les plus élevées.

Pour qu'il n'y eût pas d'irrégularité dans le monde physique et dans le monde moral, il faudrait que la Providence eût créé tous les êtres semblables, tous les êtres égaux. Dans ce cas, elle n'eût fait que reproduire et multiplier le même être. Que seraient devenues la beauté, la grandeur, la richesse de son œuvre dans une supposition aussi grotesque?

L'existence du mal métaphysique n'offre donc aucune difficulté sérieuse. Elle nous montre la variété dans l'unité et elle est plutôt une preuve à l'appui de la thèse que l'on voudrait combattre.

II. — LE MAL PHYSIQUE

Le mal physique ou matériel consiste dans les souffrances et les peines physiques.

1° Les déistes ne trouvent pas qu'il y ait dans le monde physique autant d'ordre que nous le supposons et ils en critiquent les désordres comme des fautes qu'on ne devrait pas rencontrer dans l'œuvre de Dieu, s'il se chargeait de la régler et de la diriger comme nous l'enseignons ; 2° ils prétendent qu'il y a bien des événements qui n'arrivent que par hasard, ce qui ne devrait pas être, si Dieu était à la tête de l'univers et s'il le gouvernait ; 3° ils s'étonnent que, sous le régime d'un Dieu bon et parfait, il y ait des êtres qui souffrent ; 4° les souffrances leur semblent ici-bas bien mal réparties, attendu que le juste est souvent très éprouvé, tandis que le méchant jouit insolemment du fruit de ses iniquités.

Nous allons examiner la valeur de chacune de ces objections :

I. Est-il vrai qu'il y ait dans le monde un désordre réel? A la vérité, nous avons à souffrir de certains faits qui se produisent de temps en temps dans la nature. Nous pouvons être victimes de la morsure d'un serpent, de la fureur d'une bête féroce ; nous pouvons nous donner la mort en prenant à notre insu du poison. Les tremblements de terre, les inondations, la foudre, peuvent amener des catastrophes qui nous dépouillent de tous nos biens et qui nous privent des personnes qui nous sont les plus chères. Mais ces événements que nous déplorons, en nous plaçant au point de vue de nos intérêts personnels, n'ont pas le même caractère quand nous les envisageons dans les causes qui les ont produits. Ils ne sont qu'une conséquence inévitable des lois merveilleuses qui régissent la nature, et s'ils nous sont funestes personnellement, ils ont au contraire d'excellents résultats pour l'ensemble même des êtres au milieu desquels ils se produisent. Vouloir les empêcher, ce serait vouloir arrêter le grand travail qui se fait dans la nature en lui retirant quelques-uns de ses éléments essentiels. Que sont les maux que nous fait la foudre comparativement à tous les avantages que nous retirons du fluide électrique sans nous en douter?

Ces désordres apparents disparaissent ou s'affaiblissent à

mesure que l'homme connaît mieux les lois qui régissent l'univers. Il trouve un remède dans ce qui lui semblait un poison, il fait de l'électricité et de la lumière des agents qui lui rendent les plus grands services, une fois qu'il sait les discipliner, et s'il arrivait à comprendre l'œuvre divine il verrait sans doute que tout y est à sa place et que ces critiques viennent de l'ignorance ou de préoccupations égoïstes qui ne permettent pas à leurs auteurs de voir les choses dans leur ensemble.

II. Nous sommes loin d'avoir la raison de tous les faits dont nous sommes témoins dans l'ordre physique comme dans l'ordre social. C'est ce qui fait que certaines choses nous paraissent fortuites. Mais il n'y a rien dans le monde de livré au hasard. Comme la cause première est le principe de la création de tous les êtres, elle est aussi le principe de leur conservation, et il n'arrive rien en dehors des lois qu'elle a établies. Mais les causes secondes ne voyant pas d'assez haut les événements prennent pour un hasard des faits imprévus que la cause première a ménagés au contraire avec sa souveraine sagesse, pour les faire remarquer précisément par ce qu'ils ont d'étonnant et de singulier. Mais ce qui est fortuit pour les causes inférieures ne l'est pas pour les causes supérieures : « Si deux serviteurs d'un même maître, dit saint Thomas, chacun d'eux ignorant la mission de l'autre, sont envoyés dans un même lieu, leur rencontre, considérée relativement aux deux serviteurs, est réellement fortuite, puisqu'elle arrive en dehors de l'intention de l'un et de l'autre; mais si on la rapporte au maître qui l'avait préordonnée, on voit que, loin d'être fortuite, elle était voulue en elle-même. » C'est ainsi que ce qui est fortuit pour nous a été prévu et arrêté par Dieu.

III. Le déiste s'étonne que sous le gouvernement d'un Dieu bon et puissant il y ait des êtres qui souffrent. Car s'il est bon, il doit vouloir nous épargner la douleur et s'il est tout-puissant il n'a pas de motif pour ne pas faire ce qu'il veut.

Nous croyons au contraire que Dieu a d'excellentes raisons pour ne pas soustraire l'homme à cette loi. D'abord dans cette hypothèse, il faudrait dire que Dieu ne peut créer un être doué de sensibilité. Les animaux souffrent comme l'homme, il faudrait donc retrancher de la création cette classe d'êtres et passer de la plante à l'intelligence pure ou s'arrêter à la plante elle-même, car rien ne prouve que les esprits purs ne soient pas eux-mêmes susceptibles de souffrances, au moins de souffrances morales.

Quand on avance que Dieu aurait dû épargner à la créature la souffrance, on ne se rend compte ni de la nature de l'être créé, ni de la nature de la douleur elle-même.

Si une créature se compose comme l'homme et les animaux d'un corps et d'une âme, il faut bien qu'elle souffre. Car elle est soumise aux impressions que doivent faire sur elle les objets qui l'environnent. Parmi ces impressions les unes doivent être agréables et les autres désagréables. La douleur est donc la conséquence de sa nature et, à moins d'un miracle constant, il ne peut pas se faire qu'elle y échappe.

Mais si l'on souffre, on jouit également. Pour se faire une juste idée de la douleur il ne faut pas la considérer sans la joie qui lui fait compensation. Presque tous les objets avec lesquels nous sommes en rapport ont ce double caractère. S'ils nous nuisent sous certains rapports, ils nous sont utiles sous d'autres.

De plus la souffrance n'est pas inutile à l'homme. Elle nous avertit des besoins du corps et est essentielle à sa conservation. Au point de vue moral elle nous préserve des excès qui nous dégraderaient, et elle est pour tous une occasion de vertus et de mérites qui font notre gloire et notre grandeur. Rien n'est plus beau, disaient avec raison les stoïciens, que l'homme luttant contre l'adversité et si l'on enlevait de ce monde les peines et les souffrances, on détruirait les plus beaux dévouements, les sacrifices les plus héroïques.

On prétend à la vérité que les souffrances sont excessives et qu'elles sont mal réparties. Sur le premier point nous ferons observer qu'il ne faut pas porter au compte de la Providence tous les maux qui sont sur la terre. Il y en a un très grand nombre dont l'homme est lui-même l'auteur. Si l'on enlevait de la somme des misères humaines celles qui proviennent de notre intempérance et de tous nos vices on la diminuerait dans une proportion extraordinaire. Car quand nous sommes témoins d'une misère profonde, il est bien rare que nous n'en voyons pas la cause dans un vice dominant qui ruine et détruit le malheureux qui en est atteint.

Quant à la répartition des maux, c'est la dernière objection qu'on nous oppose.

4° Nous ne nions pas qu'il n'y ait à ce point de vue un désordre dans la société. Certainement le juste n'est pas toujours récompensé en ce monde et le méchant n'est pas toujours puni. Il semble même parfois que les positions soient complètement interverties. La fortune sourit aux méchants et se montre contraire à l'homme vertueux.

Pour qu'il en fût autrement il faudrait que Dieu récompensât immédiatement et dans la proportion marquée par sa justice le bien que nous faisons et qu'il punît de même nos fautes. Dans ce cas que deviendrait la liberté humaine? Nous n'agirions que sous l'impression de la crainte comme de misérables esclaves.

La Providence n'a pas voulu qu'il en fût ainsi. Elle a laissé l'homme dans la main de son libre arbitre et lui a dit qu'elle le rendait maître de sa destinée. Tant qu'il est sur cette terre, il est à l'état d'épreuves. Il peut agir comme il le juge convenable, sous l'œil de sa conscience, sans autre sanction de la loi morale que celle qui résulte des conditions sociales dans lesquelles il se trouve.

Mais Dieu n'est pas pour cela indifférent à ses œuvres. Il les voit, les enregistre en quelque sorte et en fait le livre de sa vie. Sa justice s'exercera à la fin de l'épreuve. Il le récompensera ou le punira selon ses œuvres. Peut-on trouver un plan plus complet, plus satisfaisant, qui sauvegarde mieux la justice divine et la liberté humaine?

Les objections tirées du mal physique ne sont donc pas plus sérieuses que celles du mal métaphysique. Il nous reste à considérer le mal moral.

III. — LE MAL MORAL

Le mal moral consiste dans les fautes que nous commettons, en faisant un mauvais usage de notre liberté. C'est le mal qui souille, c'est le mal dont nous sommes responsables. Ceux qui font un reproche à la Providence d'avoir fait l'homme peccable, lui reprochent en même temps de l'avoir fait libre. Car, comme le dit Rousseau, murmurer de ce que Dieu ne l'empêche pas de faire le mal, c'est murmurer de ce qu'il l'a fait d'une nature excellente, de ce qu'il unit à ses actions la moralité qui les ennoblit, de ce qu'il lui a donné droit à la vertu.

Demander que l'homme n'ait pas la faculté de faire le mal, c'est demander qu'il n'ait pas de liberté, et par conséquent c'est le faire descendre au rang de la bête. Ou bien c'est vouloir qu'il ait une liberté aussi parfaite que celle de Dieu. Mais pourquoi serait-il parfait sous ce rapport, tandis qu'il est imparfait sous tous les autres? Ne serait-ce pas mettre une contradiction dans sa nature?

Toutefois nous reconnaissons volontiers que l'homme n'est pas ce qu'il devrait être. Il présente un triste assemblage de tous les contrastes et s'il offre, dit Lamennais, d'imposantes traces de grandeur, c'est une grandeur obscurcie, caduque, inachevée. En lui la raison, qui est la plus noble partie de lui-même, devrait avoir un empire réel sur les sens, mais ce sont au contraire les sens qui asservissent la raison et la tiennent captive sous leurs lois.

« Que si ce corps pèse si fort à mon esprit, dit Bossuet, si ses besoins m'embarrassent et me gênent; si les plaisirs et les douleurs qui me viennent de son côté, me captivent et m'accablent; si les sens qui dépendent tout à fait des organes corporels, prennent le dessus sur la raison même avec tant de facilité; enfin, si je suis captif de ce corps que je devais gouverner, ma religion m'apprend, et ma raison me confirme, que cet état malheureux ne peut être qu'une peine envoyée à l'homme, pour la punition de quelque péché et de quelque désobéissance.

» Mais je nais dans ce malheur ; c'est au moment de ma naissance, dans tout le cours de mon enfance ignorante, que les sens prennent cet empire, que la raison, qui vient et trop tardive et trop faible, trouve établi. Tous les hommes naissent comme moi dans cette servitude ; et ce nous est à tous un sujet de croire, ce que d'ailleurs la foi nous a enseigné, qu'il y a quelque chose de dépravé dans la source commune de notre naissance. » (*Conn. de Dieu*, IV, 11.)

Ainsi l'étude approfondie de notre nature amène la philosophie à constater dans notre âme un état qui ne peut s'expliquer que par les effets du péché originel qui est un des dogmes fondamentaux de notre religion. Car la chute de l'homme et sa rédemption, voilà les deux idées qui résument toute la mission du Christ.

SUJETS DE DISSERTATIONS FRANÇAISES

1. Quelles sont les objections contre la Providence ? Comment peut-on y répondre ?
2. Réfuter les objections des déistes contre la Providence tirées de l'inégalité des conditions.
3. Objections contre la Providence, tirées des épreuves de la vertu et de la prospérité du vice.
4. Rôle de la souffrance dans la vie de l'homme.
5. Les épreuves de la vie présente ne font-elles pas supposer une chute originelle ?
6. Exposer et développer cette maxime des scolastiques : *Malum habet causam non efficientem, sed deficientem.*
7. Expliquer, développer et résoudre ce dilemme célèbre : *Si Deus est, unde malum ? Si non est, unde bonum ?*

CHAPITRE X.

Optimisme et pessimisme.

Nous avons vu que le mal métaphysique et le mal physique proviennent de la nature des êtres créés qui sont nécessairement imparfaits puisqu'ils sont finis, et que le mal moral est la conséquence de notre liberté. Dieu est l'auteur des deux premières sortes de maux et ses perfections n'ont point à en souffrir, puisqu'il a dû les vouloir dans l'intérêt du bien général des êtres créés eux-mêmes. Il laisse l'homme agir sous sa responsabilité et cette liberté qu'il lui accorde se concilie parfaitement avec sa sagesse et sa justice, puisqu'elle honore l'homme en lui permettant de tirer de ses actions les mérites et les démérites qu'elles renferment. D'après les considérations auxquelles nous nous sommes livrés, nous allons maintenant rechercher l'idée que nous devons nous faire de la perfection de l'œuvre divine.

I. — Optimisme

Il y a des philosophes qui prétendent que le monde actuel est parfait en son genre, c'est-à-dire que tout y est à sa place et qu'il n'y a pas dans l'univers d'être qui n'ait sa raison particulière d'existence et qui ne contribue à la bonté et à la perfection de l'ensemble. C'est l'idée générale que se font du monde ceux qui croient à l'action de la Providence qui mène tout avec ordre, poids et mesure.

On ne pourrait pas démontrer *à posteriori* cette perfection relative du monde, parce que pour faire cette démonstration, il faudrait avoir une connaissance parfaite de tous les êtres et saisir le plan de Dieu dans son ensemble et ses détails, ce que la science humaine ne peut pas faire.

Mais on la déduit des attributs divins, de l'intelligence et de la sagesse infinie de Dieu qui sans être forcées de produire, comme nous le dirons tout à l'heure, le plus parfait des mondes, ont cependant dû faire à leur image le monde qu'elles ont créé et par conséquent y laisser l'empreinte de leur infinitude comme l'artisan se révèle à l'œuvre qu'il produit.

Platon, les Stoïciens, Plotin, et les Alexandrins ont cru non seulement que ce monde était parfait dans son genre, mais ils répètent souvent qu'il est le plus beau et le meilleur possible. Abélard, Wiclef ont été de ce sentiment, Leibniz et Malebranche ont attaché particulièrement leurs noms à ce système qu'on appelle l'*optimisme*.

Ces philosophes n'enseignent pas que Dieu ait été forcé de créer le monde. Ils reconnaissent au contraire la liberté de la création, mais ils prétendent que du moment que Dieu a résolu la création, il a dû créer le plus parfait des mondes possibles.

Comme il est infiniment sage, dit Leibniz, il ne peut rien faire sans une raison suffisante. Pourquoi a-t-il choisi entre tous les mondes possibles le monde actuel? On ne peut pas en donner d'autre raison suffisante que celle-ci: c'est qu'il était le plus parfait.

Mais, selon la remarque de Bayle, cette théorie est opposée à la liberté divine. Car d'après ce raisonnement il s'ensuivrait que Dieu n'a pas pu s'empêcher de créer le monde, puisqu'il valait mieux le créer que de ne pas le créer; il n'a pas pu non plus en créer un autre que celui-ci, puisqu'il était tenu de créer le plus parfait et qu'il n'a pu pour le même motif le créer et l'organiser autrement qu'il n'est.

Si Dieu ne pouvait créer que le meilleur des mondes possibles, il aurait épuisé sa puissance en le créant, puisqu'il ne pourrait plus en créer d'autre et la série des mondes possibles ne serait pas indéfinie comme toutes les séries des possibles, puisque le monde actuel qu'on suppose le plus parfait en aurait marqué le terme.

Ce serait aussi limiter l'intelligence divine, car ce serait dire qu'elle ne peut rien concevoir de plus parfait que ce qui est.

Pour échapper à toutes ces contradictions on est obligé de renoncer à ce système.

II. — LE PESSIMISME

Le système opposé, le pessimisme, joint à l'extravagance quelque chose de monstrueux. L'auteur, l'Allemand Schopenhauer, prétend au contraire qu'il n'y a rien de bien dans l'univers, que tout y est mal et qu'il n'y a que désordre et confusion. Les partisans de ce paradoxe étrange ont pour but de combattre directement l'argument tiré des causes finales et de nier l'existence d'une cause intelligente qui a créé le monde et qui le gouverne. Ils veulent que tout soit abandonné au hasard, ou plutôt à une sorte de puissance qui soit tout à la fois aveugle et inexorable et qui fasse le malheur de ses créatures.

Cette folie est contredite par l'observation des faits dont nous sommes tous les jours témoins. On ne peut pas dire qu'il n'y a rien de bien dans le monde, car nous ne pouvons pas en étudier la moindre partie sans être frappé des merveilles qu'elle renferme. Le brin d'herbe, le moucheron, la plus humble des plantes, et le plus méprisable des animaux nous étonnent par tout ce que leur organisation suppose d'intelligence, de bonté et de sagesse. Si tout était mal, rien n'existerait. Au lieu de l'ordre qui règne dans la nature, nous n'aurions que confusion et tout retomberait dans un chaos épouvantable où s'abîmeraient tous les genres et toutes les espèces.

Le pessimisme des Allemands et l'optimisme de Malebranche et de Leibniz sont en opposition avec le bon sens et la raison.

Quand nous voyons une créature quelle qu'elle soit, il ne nous vient pas à l'esprit de dire qu'elle est la plus parfaite des créatures que Dieu puisse créer. Nous lui trouvons assez de perfection pour qu'elle soit digne de son auteur, mais, tout en l'admirant, nous ne disons pas que Dieu ne puisse pas faire mieux et surtout qu'il ne puisse pas en faire d'autres.

Ce que nous pensons de chaque créature en particulier nous devons le penser de l'univers; car ce qui est vrai de chaque partie est vrai du tout lui-même. Le monde tel qu'il est raconte les grandeurs, la gloire de celui qui l'a fait, mais il n'y a pas de motif pour dire que Dieu ne pourrait pas en faire un autre plus parfait. Il répugne d'enchaîner ainsi sa liberté et de paralyser sa puissance. Il pouvait assurément faire le monde autrement qu'il est et il pourrait en créer une infinité d'autres, s'il le voulait. C'est ce qui résulte évidemment de tous ses attributs.

SUJETS DE DISSERTATIONS FRANÇAISES

1. Que penser de cette parole de Platon : Le meilleur des êtres n'a pu faire que la meilleure des œuvres.
2. Discuter la maxime de l'optimisme : *Tout est bien* ou tout est *pour le mieux* dans le meilleur des mondes possibles.
3. Exposer et réfuter le pessimisme. Quelle idée doit-on se faire de l'œuvre divine au point de vue de la perfection.

CHAPITRE XI

Des principales erreurs sur la nature de Dieu.

Les principales erreurs sur la nature de Dieu sont : le *positivisme* qui prétend qu'on ne peut rien en connaître, le *polythéisme* et le *dualisme* qui sont opposés à son unité, le *panthéisme* qui ne distingue pas la créature du créateur, et le *fatalisme* qui nie la Providence.

I. — LE POSITIVISME

Le positivisme a pour principe de ne rien admettre en dehors de l'expérience sensible et du calcul mathématique. Les causes et les substances ne tombant pas sous les sens, il ne les nie pas, mais il refuse de les admettre, parce que, dit-il, leur existence n'est pas démontrée. La science ne peut accepter comme réels et positifs que les phénomènes matériels qui seuls sont en effet perceptibles au moyen de nos organes. Ces philosophes ne nient pas Dieu, la cause première, la substance absolue, mais ils prétendent que l'infini, l'immensité sont des abîmes insondables, des océans inaccessibles à la nature humaine et qu'on ne peut rien en affirmer.

M. Littré ne se supposait pas le droit, d'après son système, d'aller plus loin. Relativement à la vitalité de l'âme, à son immortalité, à l'existence de Dieu et aux autres vérités morales, il ne niait ni n'affirmait, et prétendait garder une entière neutralité. Mais une doctrine ne peut être neutre ; car du moment qu'on pose un principe, il faut bien en admettre les conséquences.

Ainsi les positivistes prétendent que nous ne pouvons que recueillir les formes des phénomènes, et qu'il ne nous est pas donné d'arriver scientifiquement à l'idée de substance, ni à l'idée de cause ; il s'ensuit que nous ne pouvons pas affirmer l'existence de la substance et de la cause première. Ne pas l'affirmer, c'est la nier. Car si l'on ne peut pas dire que Dieu est, c'est absolument comme si l'on disait qu'il n'est pas.

L'état d'esprit où se trouve le positiviste à l'égard de Dieu, n'est pas le doute. Car dans le doute il y a le pour et le contre. Ici c'est une ignorance systématique qui se refuse à l'examen même de la question, parce qu'on prétend *a priori* qu'elle est inaccessible à l'esprit humain et que, par conséquent, elle est insoluble.

Les positivistes peuvent être tolérants à l'égard de ceux qui croient en Dieu, mais ils ne les considèrent pas moins comme des rêveurs que leur imagination transporte dans un ordre de choses dont on ne peut rien savoir et qui sont dupes de leurs conceptions. Aussi sont-ils tous athées et matérialistes.

Pour les réfuter, nous n'avons qu'à leur opposer tout ce que nous avons dit sur la connaissance que nous avons de Dieu et les preuves que nous avons données de son existence.

II. — LE POLYTHÉISME

Le polythéisme peut être considéré au point de vue philosophique et religieux.

Sous le rapport religieux, cette erreur a été très étendue et très variée. Elle a inspiré les cultes les plus divers. Leurs principales formes ont été : le *fétichisme*, ou le culte des choses naturelles vivantes ou non vivantes, des plantes, du feu, des fleuves, des forêts, etc. ; le *sabéisme* ou culte des astres ; la *zoolâtrie* ou culte des animaux ; l'*anthropolâtrie* ou culte des hommes, des héros, des rois, des tyrans ; l'*idolâtrie* proprement dite ou culte des statues et des images que les païens honoraient comme dieux ; la *démonolâtrie* ou le culte des démons et des génies, le culte de la guerre, de la paix, de la fièvre, de la cruauté, etc.

Le nombre des dieux s'était si prodigieusement multiplié, qu'Hésiode le porte à trente mille. Sans doute il comptait tous les dieux inférieurs, ce qu'Ovide appelle la plèbe des dieux, que la superstition populaire avait placés au-dessous des principaux dieux, des maîtres souverains de l'Olympe.

Dans les premiers temps, le monothéisme seul existait. Le polythéisme était très répandu à la vocation d'Abraham. Il eut pour cause, dit saint Thomas, la disposition naturelle de l'homme pour l'idolâtrie, disposition qui provient d'une triple source : d'abord, du dérèglement de ses affections, qui le porte à rendre les honneurs divins à ses semblables ; ensuite, de l'attrait qu'il a pour les représentations artistiques, les tableaux et surtout les statues ; et enfin de l'oubli de la notion du vrai Dieu qui s'altéra à mesure qu'il s'éloigna davantage des traditions primitives et que les créatures prirent sur lui plus d'empire.

Cette erreur était devenue universelle au temps de la prédication évangélique. Il n'y avait plus que les Juifs qui fussent monothéistes. Les Pères de l'Église combattirent pendant trois siècles cette erreur et n'en furent victorieux qu'après cette longue lutte. Ils lui opposèrent les arguments métaphysiques, d'après lesquels nous avons prouvé l'unité et la simplicité de Dieu, mais ils développèrent surtout la preuve physique qui résulte de l'ordre et de l'unité du monde. Ceux qui croient, dit Lactance, qu'il existe plusieurs dieux, devraient comprendre que ces dieux pourraient n'avoir pas tous la même volonté : de là naîtraient des luttes et des conflits. Telle est la conception d'Homère ; il suppose que les dieux combattent entre eux, parce que les uns veulent la prise de Troie, tandis que les autres ne la veulent point. Et de fait, si la puissance qui gouverne chaque partie de l'univers ne dépendait pas d'une providence unique, l'harmonie ne pourrait subsister : chaque puissance particulière ne s'occupant que de ce qui la concerne en propre. Il en serait ainsi d'une armée qui n'aurait pas à sa tête un chef unique. S'il y avait dans une armée autant de généraux en chef qu'il y a de légions et de cohortes, autant qu'il y a d'escadrons et d'ailes de cavalerie ; d'abord, il serait impossible de la ranger en bataille, parce que personne ne voudrait se placer aux postes périlleux ; en outre, on ne pourrait ni la faire manœuvrer avec promptitude, ni en régler les mouvements ; car chaque chef voudrait suivre ses propres inspirations, et leur diversité serait plus nuisible qu'utile au bon ordre de toute l'armée ; il en serait ainsi dans le gouvernement des choses de la nature, si le monde n'était régi par un chef unique à qui le soin de tout l'ensemble se rapporte, tout se dissoudrait et croulerait à l'instant. (*Divin. Institut.*, lib. I, cap. III.)

Tout absurde qu'elle est, cette erreur n'en règne pas moins sur la plus grande partie du genre humain. Car le monothéisme ne représente pas la moitié de la population actuelle du globe. Nous avons réfuté cette erreur en établissant l'unité de Dieu (voy. plus haut, page 244).

III. — LE DUALISME

Le dualisme ou la doctrine des deux principes consiste à admettre deux dieux : l'un bon et l'autre mauvais. Le premier est la cause de tous les biens et le second la cause de tous les maux, et la simultanéité de leur action explique le mélange de bien et de mal que nous voyons en ce monde.

Cette erreur se répandit d'abord parmi les Perses, les Égyptiens et les autres peuples de l'Orient. Mais ils n'admettaient pas que les deux principes fussent égaux ; ils subordonnaient le principe du mal au principe du bien qu'ils regardaient comme de beaucoup supérieur.

Au deuxième siècle du christianisme, le polythéisme vivement combattu par les apologistes chrétiens se réfugia dans cette hypothèse et il y eut des hérétiques qui se déclarèrent dualistes. Tels furent Apelles, Cerdon, Marcion et les Gnostiques. Mais ce fut Manès ou Manichée, originaire de la Perse, qui formula avec le plus de précision la doctrine. Il enseigna l'existence de deux principes directement opposés : l'un, bon ; l'autre, mauvais ; tous les deux coéternels, et tous les deux créateurs et maîtres du monde actuel. Il donna son nom à ce système que l'on désigne ordinairement sous le nom de manichéisme.

Saint Augustin fut victime des erreurs des Manichéens et leur secte s'étant propagée sous différentes formes dans divers pays, fit pendant plusieurs siècles des ravages au sein de l'Église. Au dix-septième siècle, Bayle reprit la défense du dualisme et soutint que s'il était facile à réfuter *à priori*, il était au contraire très soutenable *à posteriori*. Cette distinction est bien digne du scepticisme de son auteur, qui s'efforçait de voir en tout des oppositions pour ébranler l'esprit humain et le jeter dans les abîmes du doute.

Mais *à posteriori* comme *à priori*, ce système est insoutenable. On peut d'abord lui opposer tous les arguments qui combattent le polythéisme et relever dans cette thèse nouvelle une contradiction de plus. Car si l'on ne s'arrête pas à l'unité et à la simplicité de Dieu, et qu'on admette sa pluralité, pourquoi ne reconnaître que deux principes et ne pas en admettre un plus grand nombre ?

Le principe absolu du mal ne peut exister. Car tout mal est une imperfection, un défaut d'être. Le mal absolu serait le non-être, par conséquent le néant. Le souverain mal est donc une chose qui répugne en soi.

On ne peut pas dire que le principe du mal a la puissance, l'intelligence et toutes les perfections et qu'il lui manque seulement la bienveillance et le désir d'en faire usage. Dans ce cas, il serait tout à la fois parfait et imparfait ; parfait, puisqu'il aurait certaines perfections infinies, et imparfait, parce qu'il n'en aurait pas d'autres.

On a eu recours à cette hypothèse pour expliquer l'origine des biens et des maux, et c'est à ce point de vue que Bayle se place pour dire qu'elle est très vraisemblable *à posteriori*.

Cependant, loin d'expliquer cette origine, on peut dire qu'elle est incapable de rendre compte de quoi que ce soit. Car ces deux principes opposés qu'on veut mettre en action ont une force égale ou non. Si leur force est égale, ils doivent se neutraliser et ne peuvent rien produire; s'ils sont de force inégale, l'un des deux n'est pas infini.

Dira-t-on qu'ils ont agi en vertu de concessions réciproques qu'ils se sont faites? Mais du moment qu'ils se sont fait des concessions, ils ont perdu leur souverain domaine sur les créatures, ils ne sont plus tout-puissants.

De plus, ces concessions ne se conçoivent qu'autant qu'ils se seraient mis tous les deux en contradiction avec leur nature. Car le souverain bien ne peut consentir au mal, et le souverain mal ne peut consentir au bien, sans cesser d'être absolu.

Il n'y a donc dans cette doctrine des deux principes, qu'impossibilité et contradiction, et nous avons vu que l'existence du mal en ce monde se concilie très bien avec les attributs infinis d'un Dieu unique et qu'on n'a pas besoin d'avoir recours à cette hypothèse pour se rendre compte du mélange de biens et de maux qu'il y a dans le genre humain et dans la création.

IV. — LE PANTHÉISME

Le panthéisme est l'erreur de ceux qui rejettent toute distinction substantielle entre Dieu et le monde, et qui supposent que tout ce qui existe ou peut exister, ne fait qu'une seule et même substance, qui est Dieu. D'après cette doctrine, Dieu est une seule et même chose avec le monde, tout est Dieu et en a la propre substance. Les panthéistes rejettent le dogme de la création et ne reconnaissent qu'un seul être qui embrasse l'universalité des choses, l'esprit et la matière, la substance et les phénomènes, le bien et le mal, la liberté et la nécessité, le vrai et le faux.

Cette erreur a pris différentes formes. On distingue le

panthéisme d'*émanation*, le panthéisme d'*immanence*, et le panthéisme *progressif* ou *idéaliste*.

D'après le système de l'émanation, tous les êtres sortent de la substance divine, ils en découlent, ils en *émanent* et y rentrent par *résorption*. La divinité est semblable à l'océan, dont les choses finies sont les vagues, l'écume et les gouttelettes. Elles en sortent et y rentrent, et le mouvement de ce monde résulte de ce cercle perpétuel. C'est la doctrine des écoles philosophiques de l'Inde et des Alexandrins.

Le système de l'*immanence* fait sortir Dieu du monde, mais il le regarde comme immanent en lui et considère tous les êtres comme le développement nécessaire et fatal de sa substance. Spinosa a attaché son nom à cette doctrine, dont il est le principal représentant. D'après ce philosophe, Dieu est la substance universelle et unique. Cette substance a deux attributs essentiels : la pensée et l'étendue. Les corps sont les modes de l'étendue divine qu'il confond avec l'espace, et les esprits les modes de la pensée, de la pensée divine. Chacun des modes de ce grand tout est fini, changeant et imparfait; mais le tout lui-même reste un, immuable et parfait. Ces deux univers, l'univers des corps et l'univers des esprits n'en font qu'un, et Dieu est l'essence infinie, la totalité des attributs et des modes, tout à la fois parfait et imparfait, Dieu, nature et humanité. (Voyez plus loin dans l'*Histoire de la philosophie*, le développement de ce système.)

Le panthéisme *progressif* ou *idéaliste* semble né en Grèce, dans l'école des Éléates. Ces philosophes enseignent que tout est un et que l'un est tout : *Omnia unum sunt et Unum est omnia*. Parménide rejette les sens pour n'admettre que l'idée, et, d'après lui, la pensée et son objet ne sont qu'un.

Les philosophes allemands ont repris, après Kant, cette doctrine idéaliste. Fichte enseigne que le *moi* est le seul être réel, le seul nécessaire et absolu, que les idées du monde et de Dieu ne sont que les productions du *moi*, c'est le panthéisme subjectif.

D'après Schelling, Dieu n'est qu'un germe obscur, dit de

Margerie, sans détermination et sans conscience, nous dirions un pur néant s'il n'y avait en lui une puissance de devenir, un ressort intérieur, une sourde aspiration au meilleur qui le pousse à se développer et à se réaliser suivant des formes de plus en plus élevées et parfaites. La réalisation de l'absolu, c'est le monde. De là, cette formule : « La nature ou l'absolu sommeille dans la plante, elle rêve dans l'animal, elle se réveille dans l'homme. » C'est dans l'homme que l'absolu arrive, en effet, à la conscience de lui-même ; et de là il retourne à l'unité d'où il est sorti. C'est le panthéisme objectif.

Pour Hégel, l'évolution de l'idée a fait le monde matériel et divin. L'idée est à la fois finie et infinie, corporelle et spirituelle, une et multiple, le vrai et le faux, le bien et le mal, l'être et le néant. A mesure que l'idée évolue et se développe, Dieu grandit, Dieu se fait dans la nature et l'humanité. C'est le panthéisme logique. (Pour le développement de ces systèmes, voir plus loin, dans l'*Histoire de la philosophie* le chapitre consacré à la *Philosophie du dix-neuvième siècle*.)

Ces systèmes font de Dieu une abstraction et ne sont que de l'athéisme déguisé. C'est ce que reconnaît un de leurs plus sûrs interprètes, M. Vacherot : « Dieu, dit-il, est un être de raison dont la perfection est tout idéale ; c'est le Dieu de la pensée pure, le Dieu que Platon et Descartes poursuivent en vain comme un Être réel. Ce Dieu-là n'a pas d'autre trône que l'esprit, ni d'autre vérité que l'idée. Quand les théologiens lui assignent pour objet un être réel, ils réalisent une abstraction. »

Le concile œcuménique du Vatican, dans sa troisième session, a porté contre ces monstrueuses erreurs les deux décrets suivants :

« Si quelqu'un dit que la substance ou l'essence de Dieu et de toutes choses est une et identique, qu'il soit anathème ;

» Si quelqu'un affirme que les choses finies, soit corporelles, soit spirituelles, ou du moins les spirituelles, émanent de la substance divine, ou que l'essence divine devient toutes choses par la manifestation ou l'évolution d'elle-même, ou enfin que Dieu est l'être universel ou indéfini qui, en se déterminant, constitue l'universalité des choses, laquelle est distinguée en genres, en espèces et en individus, qu'il soit anathème. »

Les panthéistes prétendent que la création limite l'Être infini et parfait. Mais par là même que nous établissons que les créatures sont tout à la fois distinctes de Dieu, et dépendantes de lui, et qu'elles lui empruntent tout ce qu'elles ont d'être, elles n'ajoutent rien à son essence, puisqu'elles sont d'une autre nature. Il existe par soi et elles sont par lui, et rien ne s'oppose à ce qu'elles subsistent comme l'effet résultant de la cause.

L'infinie perfection ne consiste pas à être toutes choses, même les choses mauvaises, mais à être le principe immuable et intarissable de tout ce qui est, de tout ce qui vit, et de tout ce qui peut vivre et exister. En faisant de Dieu et de l'universalité des choses un seul être, une seule substance, les panthéistes en font un tout contradictoire qui est tout à la fois infini et fini, immuable et changeant, bon et mauvais, où le vrai et le faux, la vérité et le néant se rencontrent et se confondent d'une manière affreuse.

Ils sont en opposition avec la conscience qui affirme l'individualité du *moi*, sa distinction personnelle du non-*moi* et son caractère d'être libre, intelligent et responsable.

Ils contredisent les sens qui nous affirment que les corps que nous voyons, que nous touchons, sont des substances distinctes les unes des autres et non pas de simples phénomènes.

Ils rendent impossibles les opérations de la raison. Car, en identifiant les contraires, la négation et l'affirmation, le vrai et le faux, le sujet et l'objet, il n'y a plus lieu ni de juger, ni de raisonner.

La morale est renversée ; car si l'on ne distingue pas le bien du mal, que devient l'obligation, le devoir ? Si le *moi* n'est ni substantiel, ni personnel, comment concevoir sa liberté ? Quelle idée se faire de la loi et du législateur ? Dieu étant tout et tout étant Dieu, tout doit être bon, innocent et pur.

La religion, la société deviennent impossibles et tous les arguments moraux que nous avons opposés à l'athéisme, nous pouvons ici les reproduire. Car, du moment qu'on fait de Dieu une abstraction, ce Dieu qui n'est ni vivant, ni personnel, ni libre, est absolument comme s'il n'existait pas. Le panthéisme, comme nous l'avons dit, aboutit à l'athéisme.

V. — LE FATALISME. DARWIN ET LES ÉVOLUTIONNISTES

Le fatalisme est l'erreur de ceux qui n'admettent pas l'existence d'une Providence et qui supposent que le monde, au lieu d'être régi par un Être intelligent et sage, a été formé fortuitement, et que tout ce qui s'y passe est l'effet du hasard.

Dans les temps anciens Epicure fut le principal représentant de cette doctrine. Adoptant l'hypothèse de Leucippe et de Démocrite qui avaient prétendu que les corps étaient formés d'atomes, c'est-à-dire de corpuscules indivisibles ou insécables, il enseigna que ces atomes s'étaient agités dans le vide et avaient formé en s'accrochant les uns aux autres toutes les parties dont le monde visible se compose, que leur rencontre avait été purement fortuite et qu'aucune intelligence n'avait présidé à la formation de l'univers et ne s'occupait de son gouvernement.

Cette doctrine athée et fataliste a été réfutée par Fénelon dans la première partie de son *Traité de l'existence de Dieu* et par le cardinal de Polignac, dans le poème latin de l'*Anti-Lucrèce*, qu'il composa avec la collaboration de Lebeau, contre les disciples d'Epicure.

Le système atomistique n'est cependant pas nécessairement athée. Gassendi le renouvela dans les temps modernes, mais il le concilia avec le dogme de la création et de la Providence. Il considéra les atomes et leurs mouvements comme le moyen dont Dieu s'était servi pour créer le monde. Dans la science actuelle, le système atomistique jouit d'une grande faveur. La chimie l'admet, mais sans attaquer pour cela l'existence de Dieu et de sa Providence.

Nous en dirons autant de Darwin et des évolutionnistes. Ils supposent que le monde actuel est le résultat d'une évolution continuelle ; que les espèces se transforment perpétuellement et se perfectionnent par ces transformations successives et que le monde obéit ainsi à la loi du progrès qui doit s'étendre et grandir jusqu'à ce qu'une dissolution générale s'opère et donne lieu à une série d'évolutions nouvelles.

Darwin et la plupart de ses partisans sont comme Épicure et ses disciples, athées et fatalistes. Ils n'admettent que la matière et le mouvement, et se passent de Dieu. (Pour plus de détails sur ce système, voyez plus loin, dans l'*Histoire de la Philosophie*, le chapitre consacré à la Philosophie du dix-neuvième siècle.) Mais nous ferons ici remarquer qu'on peut admettre le Darwinisme comme l'Épicurisme dans une théorie cosmologique sans être athée.

En supposant que Dieu n'ait pas créé directement les espèces qui sont sur le globe et qu'il n'en ait créé que les éléments, laissant aux principes primitifs le soin de produire avec le temps leur œuvre, on arriverait dans cette hypothèse à une explication quelconque de la formation du monde. Cette explication de Darwin pourrait être combattue par la science comme celle de Descartes ou d'Épicure, mais il n'y aurait pas lieu de la considérer comme étant en opposition directe avec la métaphysique et les arguments par lesquels on établit l'existence de Dieu.

Mais s'il est possible d'appliquer toutes ces théories à la formation du monde, il n'en est pas de même quand il s'agit de l'origine de l'homme. La psychologie nous montre dans l'homme un être à part, un être intelligent, libre et moral. Ce n'est pas avec les atomes qu'on expliquera la formation de son âme. Ce n'est pas avec les lois de la mécanique qu'on se rendra compte de la liberté qui est en lui. Ce n'est pas avec la transformation des espèces qu'on arrivera à nous faire connaître son origine.

On a vainement cherché entre l'homme et les animaux une espèce intermédiaire qui expliquât le passage de l'espèce animale à l'espèce humaine, on ne l'a pas rencontrée. La science a, au contraire, reconnu que l'espèce humaine, loin de se prêter aux transformations supposées du Darwinisme, est toujours restée la même. « Tout a changé, dit M. de Nadaillac, la faune et la flore, les conditions physiques et les conditions climatériques; l'homme, seul, est resté ce qu'il était aux temps les plus reculés, où il a été possible de prouver son existence. Une autre conclusion non moins frappante se présente naturellement à l'esprit. Entre le plus humble, le plus chétif représentant de l'espèce humaine et le plus fort, le plus intelligent des animaux, il existe un intervalle qu'aucun être connu ne saurait remplir; et si les races actuelles les plus dégradées ne peuvent servir d'intermédiaires, nul débris paléontologique ne vient jusqu'à présent combler cette lacune. » (*Les premiers hommes*, t. II, p. 454.)

SUJETS DE DISSERTATIONS FRANÇAISES

1. Réfuter le polythéisme.
2. Exposer et réfuter le dualisme manichéen.
3. En quoi consiste le panthéisme et quelles sont ses différentes formes ?
4. Réfuter le panthéisme dans ses principes métaphysiques, ainsi que dans ses conséquences logiques, morales, religieuses et sociales.
5. Le transformisme implique-t-il l'athéisme ?

OUVRAGES A CONSULTER ET LECTURES A FAIRE SUR LA THÉODICÉE

Acta concilii Vaticani, Constitutio dogmatica de fide catholica edita in sessione tertia.

Ouvrages généraux. — Saint Thomas d'Aquin, *Sum. Theolog.*, 1ʳᵉ part., q. I-XXVII, *De Deo* ; *Sum. cont. Gentes*, lib. I. — Thomassin, *Dogm. Theolog., De Deo*. — Sanseverino, *Eléments de la philosophie chrétienne*, tom. III. — Saint Anselme, *Monologium et Proslogium*. — Ubaghs, *Ontologiæ seu métaphysicæ generalis elementa et Theodicea seu theologiæ naturalis ele-*

menta. — La Luzerne, *Dissertation sur l'existence et les attributs de Dieu.* — Frayssinous, *Conférences.* — Bergier, *Réfutation du déisme et du matérialisme.* — Fénelon, *Traité de l'existence de Dieu; Lettres sur la métaphysique et la religion.* — Bossuet, *Connaissance de Dieu et de soi-même,* ch. IV; *Élévations à Dieu, Du libre arbitre.* — Descartes, *Discours de la méthode; Méditations et principes.* — Clarke, *De l'existence de Dieu.* — Leibniz, *Théodicée.* — Malebranche, *Entretiens sur la métaphysique.* — Newton, *Des principes.* — La Bruyère, *Caractères; Des esprits forts.* — Bernardin de Saint-Pierre, *Études de la nature.* — J. de Maistre, *Soirées de Saint-Pétersbourg.* — Maret, *Essai sur le panthéisme; Théodicée chrétienne.* — Gratry, *De la connaissance de Dieu; Questions particulières.* — Cousin, *Du vrai, du beau, du bien.* — Caro, *L'idée de Dieu.* — J. Simon, *De la religion naturelle; Du devoir.* — Guizot, *Méditations sur la religion.* — Saisset, *Essai de philosophie religieuse.* — Bersot, *Essai sur la Providence.* — Margerie, *Études de théodicée.* — Ern. Naville, *Le Père céleste.* — De Rémusat, *Philosophie religieuse.* — Lescœur, *Essai philosophique sur Thomassin.* — Janet, *De l'argument des causes finales* et *Matérialisme contemporain.*

Parmi les auteurs anciens, consulter : Xénophon, *Memorabil.,* II, 4. — Platon, *Le Timée, La république,* II, VI et VII et *Les lois,* X. — Aristote, *Métaphysique,* XII; *Physique,* VII. — Cicéron, *De natura Deorum,* II; *De legibus,* II et passim. — Sénèque, *De Providentia* et passim. — Épictète. — Marc-Aurèle. — Saint Augustin, *Confessions* et *Cité de Dieu.* — Lactance, *De Instit. christ.*

QUATRIÈME PARTIE

MORALE

On peut définir la morale : la science des devoirs. Elle a pour objet de déterminer la règle ou la loi des actions humaines et les devoirs qui en dérivent.

Elle est la science des principes régulateurs de la volonté ; comme la logique est la science des principes régulateurs de l'intelligence.

La psychologie nous a fait connaître notre nature, la double substance dont nous sommes composés, les facultés dont nous sommes doués et les conditions de leur développement.

La logique a complété cette connaissance de nous-mêmes en déterminant les lois auxquelles la pensée est soumise et les différentes voies par lesquelles elle peut arriver au vrai.

Nous avons ensuite recherché notre origine. La Théodicée nous a montré que nous venons de Dieu, comme tous les êtres dont se compose l'ensemble de la création.

Maintenant que nous savons d'où nous venons, nous devons nous demander où nous allons ? et quel est le chemin que nous devons suivre pour arriver à notre fin.

C'est le problème que la morale se propose de résoudre et c'est la solution de ce problème qui doit compléter la connaissance de l'homme, qui est l'objet de la philosophie ; car la science d'un être, quel qu'il soit, implique ces trois choses : sa nature, son origine et sa fin. Si l'on ne connaît pas sur un être ces trois choses, on ne le connaît qu'imparfaitement.

La nature et l'origine de l'homme ayant fait l'objet des trois premières parties de ce cours, nous avons maintenant à traiter de sa fin.

La morale qui a pour objet cette dernière partie du problème à résoudre se divise naturellement en deux parties : la morale *spéculative* et la morale *pratique*.

La morale *spéculative* ou *théorique* considère en elle-même et dans ses principes la loi morale à laquelle l'homme est soumis.

La morale *pratique* étudie cette même loi dans ses différentes applications.

La première traite du devoir en général et la seconde des devoirs en particulier.

PREMIÈRE SECTION

Morale spéculative

CHAPITRE PREMIER

Diverses conceptions du souverain bien. Doctrines utilitaires.

L'homme est un être intelligent et libre. Comme être intelligent, lorsqu'il agit il doit avoir un but. Comme être libre, il lui appartient de déterminer ce but et de choisir les moyens qui lui semblent les plus propres pour y parvenir.

Relativement à la détermination de ce but et de ces moyens, les philosophes sont divisés. Il y en a qui prétendent que l'homme ne doit pas avoir d'autre but que l'intérêt ; ce sont ceux qu'on nomme *utilitaires*. Nous allons examiner leur doctrine.

I. — Exposé de la morale de l'intérêt ou de la morale utilitaire

La morale de l'intérêt est celle de l'école sensualiste. Épicure en a été le chef dans les temps anciens. N'admettant dans l'homme que les sens, ne croyant ni à l'âme, ni à une vie future, ce philosophe fut amené par ses principes à dire que l'homme ne devait pas avoir d'autre but que de chercher à se rendre heureux ici-bas. Il doit rechercher le plaisir et n'avoir pas d'autre ambition que de se procurer des jouissances.

Les plaisirs des sens sont ceux qui excitent le plus vivement les convoitises du vulgaire. Épicure engage ses disciples à les modérer pour éviter les souffrances, les maladies, les peines de toutes sortes que les excès entraînent. Il leur montre que l'homme peut jouir par la sensibilité intellectuelle et morale et qu'il y a là des jouissances souvent supérieures aux jouissances physiques, et il les engage à combiner leur existence de manière à éviter tout ce qui peut leur causer du chagrin et des ennuis.

L'Anglais Jérémie Bentham (1748-1832), le chef de l'utilitarisme, a attaché son nom à cette doctrine dans les temps modernes. Il a étudié les différentes espèces de plaisirs, il les a classés suivant les caractères de certitude, de durée, d'intensité et de pureté qu'ils présentent ; il les a, pour ainsi dire, cotés pour évaluer la somme de jouissances qu'ils peuvent donner, déduction faite de la douleur dont ils peuvent être mélangés, et il s'est ainsi appliqué à déterminer les moyens les plus sûrs pour arriver au bonheur. Pour lui, la meilleure existence est celle qui offre la plus grande somme de plaisirs avec le moins de douleurs possible.

Dans ces derniers temps, un autre Anglais, Stuart Mill, a essayé de donner à l'utilitarisme un caractère plus élevé, tout en laissant à la morale utilitaire le plaisir pour base. Il a prétendu que Bentham avait eu le tort de se préoccuper dans ses évaluations beaucoup trop de la *quantité* de la jouissance et pas assez de la *qualité*. C'est ce qui a rendu sa doctrine vulgaire et fait de la morale de l'intérêt une morale qui n'a ni dignité, ni grandeur.

Stuart Mill admet qu'on fasse du plaisir le but de ses efforts, mais il veut qu'entre deux plaisirs on choisisse le plus noble, c'est-à-dire celui que l'on regarde généralement comme le plus honorable et sans doute aussi comme le plus avantageux. Mais ce correctif n'est qu'une application plus ou moins habile du même principe, une façon d'agir qui peut révéler dans celui qui l'emploie plus ou moins de savoir-faire.

II. — Réfutation

Pour les utilitaires la morale est un art; la conduite de la vie se réduit à un calcul. Pour savoir si je dois faire une chose, ou si je ne dois pas la faire, je n'ai jamais qu'à examiner si elle me sera utile ou nuisible. Dans le premier cas, elle est toujours bonne, dans le second elle est toujours mauvaise.

Dois-je m'approprier le bien d'autrui? Si je suis sûr de ne pas être poursuivi devant les tribunaux, si je peux prendre des précautions telles que la chose ne se sache pas, j'évite tous les inconvénients et je m'assure tous les avantages résultant de mon action. Elle est bonne, et elle sera d'autant meilleure que la somme volée sera plus considérable.

Suis-je tenu de garder ma parole? Puis-je changer d'opinion? Tout dépend de mon intérêt personnel. Si la fidélité à mes sentiments et à mes engagements entraînait une perte d'argent ruineuse, ce serait évidemment une mauvaise chose. Il sera bien, au contraire, de changer d'avis et de me soustraire, si je le puis, aux obligations que j'avais contractées. Celui qui se conduit autrement, au lieu de mériter l'estime et l'admiration de ses semblables par sa générosité et sa grandeur d'âme, n'est qu'un insensé qui a commis une mauvaise action, puisqu'il a sacrifié son intérêt personnel à une chimère.

D'après ce système le bien et le mal moral s'identifient avec le bien et le mal physique. Le bien physique, le succès, les honneurs, voilà ce qui fait l'homme de mérite; le malheur, les revers, les échecs, voilà ce qui fait l'homme misérable.

On ne doit estimer que celui qui réussit et qui est matériellement heureux; on dédaigne celui qui, malgré ses efforts, n'a pu fixer les faveurs de la fortune.

Cette doctrine est tout à la fois desséchante et déréglée. Elle dessèche l'âme en réduisant tout le devoir à un calcul, et elle est déréglée parce qu'en faisant du plaisir le but de l'existence, elle lâche le frein à toutes les passions et excite toutes les convoitises.

Ses maîtres ont beau dire à la foule que l'intérêt bien entendu veut qu'on se modère, qu'il ne faut pas obéir à la fougue de ses appétits; ces recommandations ne sont d'ailleurs que des conseils que chacun suit comme il l'entend.

La masse n'y fait aucune attention et, quand on lui a dit qu'il n'y a pas de plaisirs défendus, elle se précipite avec impétuosité sur tout ce qui flatte ses inclinations les plus grossières. Elle se dégrade et n'a nul souci du lendemain.

Le travail, le dévouement, l'effort, la privation, la lutte sont des non-sens, des préjugés dont elle se moque. La soif de la jouissance ayant été surexcitée, celui qui n'a pas de quoi la satisfaire jette un œil d'envie sur les biens de celui qui possède. Il attaque le droit de propriété, il prétend que les inégalités de la fortune et des conditions ne sont que les conséquences fâcheuses d'une mauvaise organisation sociale et la guerre commence entre celui qui n'a pas et celui qui a et il n'y a pas de motif pour l'arrêter.

L'égoïsme devient ainsi la ruine de la société et l'anéantissement de toutes les vertus. Car il n'y a pas de vertu qui n'implique un effort, un sacrifice et qui ne soit par conséquent en opposition avec la doctrine de l'intérêt personnel.

Cette doctrine rend impossible toute loi universelle ou générale. Car chacun prend son plaisir où il le trouve, personne ne relève que de son caprice et de sa manière de voir.

Il n'y a rien d'obligatoire pour qui que ce soit. Car, comme le dit Kant, on n'est pas obligé de se rendre heureux, et on est toujours libre de se donner un plaisir ou d'y renoncer.

La conscience n'est plus ni le juge, ni le guide de nos actions. Nous ne devons avoir d'autre règle que les avantages ou les inconvénients qui en résultent. Si j'ai fait de mauvaises affaires, je dois le déplorer, mais si j'ai été honnête dans l'adversité, je ne dois pas chercher dans ce sentiment un dédommagement et une consolation, parce que l'honnêteté n'est dans ce cas qu'une duperie. Mais si j'ai trompé et que j'aie amassé de la fortune déloyalement, c'est là une bonne action qui ne doit exciter en moi aucun remords, puisque les conséquences en sont avantageuses.

Il n'y a dans ce système ni mérite, ni démérite possible, car l'action morale ne se distinguant pas de l'action physique, chaque action porte avec elle-même sa punition et sa récompense. C'est le succès qui décide de la bonté et de la malice des actes et les tribunaux n'ont naturellement rien à y voir. Ou s'ils agissent dans l'intérêt de la société, ils représentent la force qui est comme la digue qu'on oppose au torrent. L'individu peut être mis en prison, il peut avoir la tête tranchée, mais c'est dans ce cas un maladroit qui a mal entendu ses intérêts. Il est victime de sa maladresse, mais ses crimes n'ont rien d'infamant.

La morale utilitaire n'est pas une morale. Elle n'établit aucune règle et livre l'homme à tous ses appétits et à tous ses désirs, le laissant maître de les satisfaire. C'est la condamnation du système sensualiste, dont elle est la conséquence.

SUJETS DE DISSERTATIONS FRANÇAISES

1. Montrer qu'il est vrai de dire de tout système qui cherche à fonder la morale sur l'intérêt : *Non das virtuti fondamentum grave, immobile, sed jubes illam in loco volubili stare.* (Sénèque.)
2. Montrer la vérité de cette maxime : « Si on ne se propose que la jouissance, il est insensé d'être scrupuleux sur le choix des moyens qui la procurent. » (Kant.)
3. Quelle différence y a-t-il entre le plaisir et l'intérêt? Donner des exemples.
4. Exposer et réfuter la morale du plaisir et de l'intérêt.
5. Tous les sentiments du cœur humain se ramènent-ils à l'amour-propre, comme l'a pensé La Rochefoucauld ?

CHAPITRE II

Des doctrines sentimentales.

La morale de l'intérêt a pour effet de concentrer l'homme en lui-même et de le rendre indifférent à tout ce qui touche ses semblables. Elle confond le mal moral avec le mal physique et ne lui inspire pas d'autre désir que celui de son bien-être. La morale du sentiment est une réaction contre cet abaissement et elle a pour objet de donner à l'activité humaine un but plus élevé, en idéalisant le bien et le mal moral et en engageant l'homme à vivre pour ses semblables plutôt que pour lui-même.

I. — Exposé de la morale du sentiment

Hutcheson (1694-1729), un des représentants les plus célèbres de l'école Écossaise, est le philosophe qui a le premier formulé cette morale du sentiment.

Au lieu de confondre le bien et le mal physique avec le bien et le mal moral comme le fait la doctrine utilitaire, il distingue dans l'âme humaine un principe particulier qu'il appelle le sens ou le sentiment moral.

D'après ce philosophe l'existence de ce sentiment nous est révélée par l'impression que produisent sur nous les actions que nous faisons ou dont nous sommes témoins. Si une action nous impressionne favorablement et nous cause une satisfaction intime et profonde, nous disons qu'elle est bonne. Si, au contraire, elle est suivie d'une impression fâcheuse et qu'elle excite en nous des remords, nous la considérons comme mauvaise. Il en est de même des actions que nous voyons faire par nos semblables : nous les citons devant le même tribunal et c'est là qu'elles sont jugées.

Ce sentiment moral est la source de la bienveillance ou de la malveillance que nous éprouvons à l'égard de nos semblables. Un homme a-t-il l'habitude de faire du bien à ceux qui l'entourent, nous éprouvons pour lui de l'estime et de l'affection et nous le croyons vertueux. Est-il au contraire animé de sentiments opposés, nous le regardons comme un méchant. Le dévouement pour autrui devient ainsi la mesure de la moralité des individus.

On voit que cette doctrine est diamétralement opposée à celle de l'égoïste. L'utilitaire ne songe qu'à lui et met la perfection à se satisfaire lui-même; la morale du sentiment veut au contraire que l'homme se dévoue à ses semblables et qu'il mette son bonheur à leur rendre service. C'est l'altruisme au lieu de l'égoïsme.

A la théorie de la bienveillance et de la malveillance développée par Hutcheson, un autre philosophe écossais, Adam Smith a proposé de substituer celle de la sympathie et de l'antipathie.

Le bien pour lui est ce qui excite la sympathie dans l'âme du spectateur désintéressé et le mal ce qui provoque l'antipathie.

Le sens moral, la bienveillance et la sympathie sont trois sentiments différents qui donnent lieu à trois systèmes particuliers que nous allons apprécier.

II. — Réfutation des doctrines sentimentales

1. Le sens moral n'établit pas la distinction du bien et du mal, il la suppose. « Nous serait-il possible, dit Victor Cousin, de ressentir quelque satisfaction intérieure d'avoir bien agi, si nous ne jugions pas que nous avons bien agi? quelque remords d'avoir mal fait, si nous ne jugions pas que nous avons mal fait? En même temps que nous faisons tel ou tel acte, un jugement naturel et instinctif le caractérise, et c'est à la suite de ce jugement que notre sensibilité s'émeut. » Ce n'est donc pas le sentiment moral qui détermine l'idée du bien et du mal, il l'implique et en dérive; par conséquent, ce n'est pas par lui qu'on peut l'expliquer.

De plus, le sens moral n'est pas le même chez tous les

hommes. Il est délicat chez les uns et très grossier chez les autres. Il a besoin d'être formé, réglé, comme nous l'observerons à propos de la conscience; il ne peut donc pas être la règle et l'arbitre souverain des conflits qui se présentent, lorsqu'on doute de la valeur morale d'une action. On remarque même que l'habitude du mal le fausse, l'oblitère, au point que dans les âmes les plus basses et les plus perverses, il s'éteint complètement. Alors il fait défaut à l'homme, lorsqu'il aurait le plus besoin de sa lumière. Ce sentiment ne suffit donc pas pour établir la loi morale.

2. La bienveillance qui érige en principe l'intérêt d'autrui et qui veut en faire le mobile unique de nos actions, est une doctrine plus généreuse que l'égoïsme. Elle dit à l'homme de ne pas rechercher son bien-être personnel, mais celui de sa famille, de sa patrie, de l'humanité. Nous ne devons pas vivre pour nous, mais uniquement pour les autres.

Nous remarquerons d'abord que dans cette doctrine il y a une exagération. Si la morale de l'intérêt a le tort de tout concentrer dans le *moi* individuel et de faire de l'égoïsme un devoir, l'altruisme se jette dans un autre excès en commandant à l'homme de s'oublier lui-même pour ne songer qu'aux autres.

Nous avons aussi des devoirs à remplir envers nous-mêmes, et, quoi qu'on dise, la tempérance, l'économie, la prudence qui ont pour objet notre intérêt personnel bien entendu, seront toujours des vertus.

De plus, ce désir d'être utile au prochain est un sentiment honorable, mais il a besoin comme tous les sentiments d'être réglé et dirigé; autrement, il nous conduirait à des actions coupables. Souvent, nous voyons des personnes coopérer par faiblesse ou par condescendance à des choses qu'elles réprouvent. Au lieu de les en blâmer, on devrait dans ce cas compter parmi leurs bonnes actions la part directe ou indirecte qu'elles ont prise à un crime.

Enfin, cette morale du sentiment, comme celle de l'intérêt, fait du bien physique le souverain bien et substitue au bonheur de l'individu comme but le bonheur du genre humain. Mais si je ne suis pas obligé de me rendre heureux, le bonheur du genre humain sera encore évidemment moins obligatoire pour moi. A quel titre exigera-t-on que je me sacrifie perpétuellement pour les autres ? Ce sacrifice est contraire à ma nature. Pourquoi ferais-je violence à ma nature dans toutes les circonstances de la vie ? Suis-je sûr d'ailleurs que mon dévouement sera véritablement profitable ? Ma générosité n'aura peut-être pas d'autre résultat que de faire des ingrats ou des envieux. Je me serai privé, il en sera résulté de graves inconvénients pour moi et je n'aurai même pas la satisfaction d'avoir été utile aux autres. La réflexion, l'expérience nous ramènent ainsi à l'égoïsme.

3. La sympathie n'est pas un guide plus sûr, ni une règle plus efficace. « Si la sympathie, dit encore Victor Cousin, était le vrai criterium du bien, tout ce pour quoi nous éprouvons de la sympathie serait bien. Mais la sympathie ne se rapporte pas seulement à quelque chose de moral : nous sympathisons avec la douleur et avec la joie, qui n'ont rien à voir avec la vertu et avec le crime. Nous sympathisons même avec les souffrances physiques..., la sympathie n'est même pas toujours d'accord avec la raison. »

C'est un sentiment instinctif et spontané qui n'a souvent rien de volontaire et qui résulte d'une certaine conformité de vue et de sentiments qui existent entre les individus. On estime les personnes vertueuses, mais on n'a pas toujours de sympathie pour elles. Deux hommes qui auront les mêmes goûts, les mêmes attraits, sympathiseront ensemble, mais ils ne seront pas pour cela deux individus irréprochables. Leur sympathie les portera à s'unir, s'ils sont pervers, pour faire le mal et à s'excuser mutuellement après l'avoir fait. Le proverbe dit : « Dis-moi qui tu fréquentes et je te dirai qui tu es. » La sympathie est la conséquence de l'état moral des personnes, mais il n'en est pas la cause.

Tous ces sentiments sont des effets du bien et du mal moral, mais ils ne peuvent en être la règle. Ils n'ont rien d'obligatoire et sont trop mobiles pour servir de *criterium* à la loi morale. « Le sentiment, dit Royer-Collard, est un secours de la nature qui nous invite au bien et qui nous détourne du mal. Mais on ne peut pas dire que la morale soit toute dans le sentiment. Car alors rien n'est bien, rien n'est mal en soi ; le bien et le mal sont relatifs ; les qualités des actions humaines sont précisément telles que chacun les sent. Changez le sentiment, vous changez tout ; la même action est à la fois bonne, indifférente et mauvaise, selon l'affection du spectateur. Faites taire le sentiment, les actions ne sont que des phénomènes physiques ; l'obligation se résout dans les penchants, la vertu dans le plaisir, l'honnête dans l'utile. Comment louer ? comment blâmer ? si le sentiment décide du mérite et du démérite des actions ? » Cette morale du sentiment est donc comme la morale de l'intérêt tout à la fois insuffisante et inefficace.

SUJETS DE DISSERTATIONS FRANÇAISES

1. En quoi consiste la morale du sentiment ? Quels en sont les mérites et les défauts ? En quoi diffère-t-elle de la morale utilitaire ?
2. Exposer et réfuter la doctrine qui fait reposer toute la morale sur le sentiment.
3. Que pensez-vous de la bienveillance et de la sympathie considérées comme règles de nos actions ?
4. Démontrer que la morale du sentiment manque des deux caractères essentiels de la loi morale, l'universalité et l'obligation.

CHAPITRE III

Du bien. De la doctrine de l'obligation.

La morale de l'intérêt et la morale du sentiment confondent le bien moral et le bien physique et ne peuvent arriver à l'idée d'obligation qui est le fondement de la véritable morale. Nous allons remédier à cette double erreur en établissant la véritable notion du bien, et en montrant ce qu'il a pour nous d'obligatoire.

I. — Du bien moral

Le bien moral ne se confond pas avec le bien physique. Il y a dans l'homme les appétits sensuels qui le portent à rechercher ce qui est utile au corps et à repousser ce qui peut lui être nuisible. Ces appétits ont pour objets les choses matérielles qui servent à l'entretien et au développement de la vie physique. Le bien et le mal physique résultent du plaisir et de la douleur que nous causent ces objets et n'ont pas d'autre sphère que celle de nos intérêts matériels.

Mais au-dessus de la vie des sens, il y a dans l'homme la vie de l'intelligence et de la volonté. A l'intelligence se rapporte le beau dont nous avons parlé plus haut, page 73, et à l'action libre de la volonté se rapporte le bien moral qui a son caractère propre et son action déterminée.

Ce bien n'est pas comme le bien physique une affection subjective résultant d'une impression quelconque. C'est une idée générale, abstraite, universelle et immuable.

La distinction du bien et du mal est une de ces vérités premières qui jouent le même rôle dans la morale que les axiomes dans les sciences abstraites ou que les premiers principes dans toutes les connaissances humaines.

Il faut faire le bien ; il faut éviter le mal.

La vertu doit être honorée et le vice méprisé.

Le dévouement, le désintéressement sont des vertus, le vol, la tromperie, sont des vices.

Voilà des jugements primitifs de l'ordre moral qui sont aussi évidents que les jugements de même nature qui servent de base et de point de départ aux sciences exactes ou naturelles.

L'école évolutionniste donne aux idées de bien et de mal moral une origine purement empirique. Elle suppose que les hommes réunis en société auraient remarqué que certains actes étaient *utiles* et d'autres *nuisibles*, qu'ils auraient récompensé les uns et puni les autres, et que de l'idée de récompense et de châtiment toute matérielle à son origine, on aurait passé par l'effet de l'habitude à l'idée de louange et de blâme et qu'on serait ainsi arrivé par une série d'évolutions intellectuelles à l'idée du bien et du mal moral.

Il résulterait de cette explication que la distinction du bien et du mal est purement conventionnelle, que la morale se réduit à ordonner ce que l'on croit utile à la société et à défendre ce qu'on croit nuisible, ce qui revient à la doctrine sentimentale qui prend pour base l'intérêt d'autrui.

Cette morale n'a rien d'obligatoire, surtout pour ceux qui prétendent que la société a été mal organisée, que tout est à refaire dans ses institutions, que tout est à réviser dans les principes ou les maximes qui la règlent et qui l'ont réglée jusqu'aujourd'hui.

Elle autorise tous les actes que l'on peut faire, sous prétexte qu'ils sont utiles à la société. Que dire au fanatique qui frappe le chef d'un parti qu'il croit contraire à l'intérêt général? Il faut faire l'éloge de Jacques Clément, de Ravaillac, de Charlotte Corday et encourager les ennemis de la propriété et du pouvoir.

Ce qui prouve que la notion du bien et du mal n'est point une création des hommes, c'est qu'elle est de tous les temps, de tous les pays et de tous les individus. Elle fait partie de la raison humaine, elle se trouve dans l'enfant aussitôt qu'il raisonne et elle s'y produit de la même manière que tous les principes directeurs de l'entendement humain.

Cette notion prend différentes dénominations suivant les aspects sous lesquels on la considère. Dans l'homme individuel, par rapport aux devoirs qu'il a à remplir envers lui-même, c'est l'*honnête*. Relativement à ses devoirs envers ses semblables, on lui donne le nom de *juste*. A l'égard de nos devoirs envers Dieu, c'est *la piété* ou *la sainteté*.

II. — L'OBLIGATION MORALE. LA LIBERTÉ, LE DEVOIR

La notion du bien et du mal moral est la lumière qui apprend à l'homme ce qu'il doit faire et ce qu'il doit éviter.

Sous le gouvernement d'un Dieu juste et sage tous les

êtres ont leurs lois. Ces lois sont les moyens par lesquels ils doivent arriver à leur fin.

Quand il s'agit des êtres matériels ou des animaux dépourvus de raison, les lois qui leur sont imposées sont des lois nécessitantes. Ils ne peuvent s'y soustraire. Ils y obéissent sous l'action d'une force qui les contraint, sans leur laisser la faculté d'opposer la moindre résistance.

L'homme, comme nous l'avons vu (page 105), a une autre nature. C'est un être libre, qui est maître de ses actes dans un certain nombre de circonstances. Il ne dépend que de lui d'agir ou de ne pas agir et, quand il agit, il le fait après en avoir librement délibéré et s'être déterminé à la suite des réflexions qu'il a pu faire.

L'homme a ses lois, attendu que, comme le dit Montesquieu, tous les êtres ont leurs lois. Mais ces lois sont conformes à sa nature. Les unes lui sont imposées fatalement ; ce sont celles qui se rapportent à l'organisation du corps et à sa vie physique. Les autres ne sont pas nécessitantes, c'est-à-dire qu'il peut à son gré les observer ou les enfreindre ; ce sont les lois morales.

Ces lois sont obligatoires. En sa qualité d'être raisonnable, il doit préférer les biens de l'âme à ceux du corps, l'honnête, le juste et le vrai à l'utile, à l'intérêt et au mensonge, et il ne lui est pas possible de se soustraire à cette obligation sans faire une mauvaise action.

Voilà ce que l'on appelle l'*obligation morale*.

Elle diffère de la contrainte en ce que l'être qui est assujetti à cette action forcée la suit sans pouvoir faire autrement. L'ordre que nous apercevons dans le mouvement régulier des astres est un magnifique spectacle, car la beauté de cette harmonie célèbre, comme le dit le psalmiste, la gloire de son auteur. Mais les planètes et les astres qui concourent à produire cet ensemble merveilleux, ne peuvent être loués de leur docilité, puisqu'ils ne peuvent échapper à la loi qui les conduit.

Le monde social a un tout autre caractère. L'homme qui le constitue, n'est pas une machine. Il connaît ce qu'il a à faire, il est libre de ne pas le faire. La Providence l'a laissé ici-bas, suivant la belle expression de l'Écriture, dans la main de son conseil.

Il est obligé de faire le bien et d'éviter le mal ; il sent en lui cette obligation. Il y a une voix intérieure qui le commande et qui lui dit qu'il est tenu d'obéir.

C'est ce sentiment qui constitue *le devoir*.

Car on pourrait définir le devoir ce qui est obligatoire.

Ainsi le devoir c'est l'honnête, le juste, le saint.

Le souverain bien ne consiste ni dans le plaisir, ni dans l'intérêt, ni dans l'utile, ni dans un sentiment quelconque, nous le plaçons dans la raison et il a pour expression le devoir qui doit être le mobile de nos actions.

SUJETS DE DISSERTATIONS FRANÇAISES

1. En quoi consiste le bien moral ? Des divers noms sous lesquels on le désigne.
2. Distinguer la loi souveraine du devoir des autres mobiles ou motifs de nos actions, et particulièrement des motifs intéressés.
3. De l'obligation morale. Dire en quoi elle consiste et ce qu'elle produit en nous.
4. Peut-on concevoir l'obligation sans la liberté humaine ?
5. Qu'y a-t-il de vrai dans ces propositions émises par Leibniz : « La morale a d'aussi solides démonstrations que la géométrie. — Si la géométrie avait quelque rapport avec nos sentiments, on ne disputerait guère moins sur ses axiomes et sur ses théorèmes qu'on ne le fait sur la morale.

CHAPITRE IV

De la loi naturelle et des lois positives.

Comme les sciences naissent du développement des vérités premières ; de même la morale résulte des principes fondamentaux du bien et du mal moral. Les lois sont l'expression de ce développement. On distingue la loi naturelle et les lois positives.

I. — LA LOI NATURELLE

La loi naturelle est cette loi que nous trouvons tous au fond de notre nature, et qui ne dépend ni de notre volonté, ni de celle des autres hommes.

« Il y a, dit Cicéron, une loi conforme à la nature, commune à tous les hommes, immuable et éternelle. Ni le peuple, ni les magistrats n'ont le pouvoir de délivrer des obligations qu'elle impose. Elle n'est point autre à Rome, autre à Athènes, ni différente aujourd'hui de ce qu'elle sera demain ; universelle, inflexible, toujours la même, elle embrasse toutes les nations et tous les siècles. Par elle, Dieu enseigne et gouverne souverainement tous les hommes ; lui seul en est le père, l'arbitre et le vengeur. »

Cette loi a été reconnue par Socrate, Aristote, Platon, Sénèque, par tous les Pères de l'Église, tous les théologiens et tous les philosophes des temps modernes et de l'antiquité.

Quelles sont les prescriptions de cette loi ?

Elles se bornent à des jugements généraux qui équivalent aux jugements primitifs et immédiats qui sont les premiers principes dans tous les ordres de la connaissance humaine.

Ainsi il faut honorer Dieu.

Il ne faut ni tuer, ni voler.

On ne doit pas mentir.

Le Décalogue peut être considéré comme l'expression de ces grands principes fondamentaux.

Comme toutes les vérités premières, ces principes sont universels, éternels et immuables. Ils sont universels ; car la morale est la même pour tous les hommes. Quand Pascal dit que « trois degrés d'élévation du pôle renversent toute la jurisprudence, qu'un méridien décide de la vérité » il s'inspire de son scepticisme qui lui rendait suspecte la raison aussi bien au point de vue des sciences qu'au point de vue de la morale. Il n'y a jamais eu de variation que pour les lois positives qui changent, comme nous le verrons, avec les temps et les pays.

Les prescriptions de la loi naturelle sont éternelles, absolues et immuables, au point que Dieu lui-même ne peut les changer. La toute-puissance de Dieu ne peut être en contradiction avec ses attributs. Elle a nécessairement pour limites le possible et l'injustice.

Si elle pouvait rendre possible ce qui est impossible, elle pourrait changer l'essence des choses. Dans ce cas, la vérité ne serait plus absolue, ce qui est vrai pourrait être faux et toute certitude serait détruite au profit du scepticisme le plus radical.

De même dans le cas où Dieu pourrait changer les notions fondamentales de l'ordre moral et faire que ce qui est bien soit mal et réciproquement, la justice et l'injustice, la piété et l'impiété ne seraient plus que des notions arbitraires et la distinction du bien et du mal serait sans fondement.

Dieu est l'auteur de la loi naturelle dans le sens qu'il l'a gravée en nous, mais ce n'est pas lui qui en a déterminé les prescriptions à son gré et suivant son bon plaisir. Elle est l'expression de sa vérité, de sa justice et de sa sainteté et il ne peut pas plus la changer qu'il ne peut changer son essence.

Mais cette loi naturelle se bornant aux préceptes généraux qui sont la base de la morale, serait insuffisante à régler à elle seule l'homme et la société. Il faut que l'on déduise de ses principes les conséquences qu'ils renferment et qu'on en fasse l'application aux divers besoins des nations et des individus. Tel est le but des lois positives.

II. — LES LOIS POSITIVES

Les lois positives sont les lois particulières que font les législateurs.

On distingue les lois positives divines et les lois positives humaines.

Dieu ne s'est pas contenté de graver dans le cœur de l'homme la loi naturelle, il y a ajouté des lois particulières pour mieux préciser à nos ancêtres, ce qui leur était permis et ce qui leur était défendu ; ce sont les lois positives divines. Il a promulgué ces lois à trois époques différentes, qu'on a appelées la loi de nature, la loi de Moïse et la loi de Jésus-Christ.

La loi de nature a précédé la loi écrite. Celle-ci renferme la législation et la constitution que Moïse a donnée aux Juifs, et à la loi de Moïse Jésus-Christ a substitué la loi évangélique dont la morale est beaucoup plus élevée et plus parfaite.

Nous n'avons pas à parler de ces lois qui appartiennent à la révélation et qui, à ce titre, sont plutôt du domaine de la théologie que de la philosophie.

Mais nous les mentionnons ici pour qu'on se fasse une juste idée de l'ensemble des lois positives et de leurs rapports avec la loi naturelle.

Les lois positives humaines sont de deux sortes : les lois ecclésiastiques, et les lois civiles.

Comme dans les nations on distingue la société civile et la société religieuse, il y a aussi deux sortes de lois répondant à ce double caractère de l'autorité qui gouverne les individus.

Les lois ecclésiastiques sont celles qui émanent de l'Eglise et qui ont pour objet les intérêts religieux qui lui sont confiés.

Les lois civiles sont celles qui ont pour but les intérêts généraux de l'Etat et les intérêts particuliers de chacun de ses membres. C'est d'après ces prescriptions que chaque peuple est administré ou gouverné.

Ces lois ne sont pas universelles comme la loi naturelle. Elles sont au contraire spéciales et pour être utiles et salutaires il importe qu'elles soient en rapport avec le caractère et les mœurs du peuple auquel on les applique. C'est ce qui fait que les lois de Solon faites pour les Athéniens ne devaient pas ressembler à celles que Lycurgue avait faites pour les Spartiates.

Elles doivent varier non seulement avec les lieux, mais encore avec les temps. Ainsi les règlements des corporations qui étaient très sages du temps de saint Louis pour les artisans au moyen âge ne conviendraient nullement dans les temps actuels.

Ces lois sont changeantes et progressives. Elles doivent suivre le mouvement de la civilisation et autant que possible en activer les progrès.

Ces lois comportent des exceptions et des dispenses. Le législateur qui les a faites peut en dispenser, dans les circonstances où leur application lui semblerait funeste.

Mais pour être obligatoires il faut que ces lois ne soient pas en opposition avec la loi naturelle et qu'elles émanent d'une autorité légitime.

Les lois positives ne doivent être que le développement de la loi naturelle. Pour en être le développement il faut qu'elles en sortent comme la conséquence découle de son principe ou qu'elles en soient l'extension ou l'interprétation véritable.

Ce que la loi naturelle défend est mauvais en soi et ne peut être autorisé par une loi positive, quelle qu'elle soit. S'il plaisait à un législateur quelconque d'anéantir le droit de propriété, de permettre le vol, l'homicide, le parjure, sa loi serait nulle, parce qu'elle se trouverait en opposition avec la loi naturelle, qui est obligatoire pour tous, même pour Dieu, ce qui a fait dire à Bossuet que Dieu lui-même a besoin d'avoir raison.

Il faut en outre que les lois positives émanent d'une autorité légitime. Il n'appartient pas à tous de légiférer. Le père de famille peut soumettre ses enfants à certaines règles utiles pour maintenir l'ordre dans sa maison.

A la tête de tous les États le pouvoir de légiférer est mis entre les mains d'un seul, ou entre les mains de plusieurs suivant la constitution de la nation. La loi n'a de force obligatoire qu'autant qu'elle a été rendue et promulguée par celui ou par ceux qui ont été investis de la puissance législative.

Mais une fois que la loi est faite, si elle n'est en opposition avec aucun droit, ni aucune autorité supérieure à celle qui l'a rendue, elle est obligatoire. Des choses qui étaient auparavant indifférentes et que l'on était libre de faire ou de ne pas faire deviennent des choses défendues, par là même qu'elle les a interdites. L'honnête homme, le bon citoyen ne doit pas les faire, car, comme le dit Socrate, la oi doit être regardée comme une chose sacrée, et le respect des lois est le premier devoir de l'homme de bien, parce que ce sentiment est le principe conservateur et moralisateur de la société.

SUJETS DE DISSERTATIONS FRANÇAISES

1. Quels sont les caractères essentiels de la loi morale? Quels sont ceux de ces caractères qui manquent le plus à la morale de l'intérêt et du sentiment?
2. Réfuter l'opinion suivant laquelle la distinction du bien et du mal n'est qu'un résultat de la coutume et de l'éducation.
3. Universalité des notions morales. Réfuter les objections des sceptiques. Discuter le mot célèbre de Pascal : « Vérité en deçà des Pyrénées, erreur au-delà. »
4. Distinguer les différentes sortes de lois positives et montrer leurs rapports avec la loi naturelle.
5. Les lois positives sont-elles obligatoires? En quel cas?

CHAPITRE V

Le devoir et le droit. Valeur absolue de la personne.

Le devoir et le droit sont des idées corrélatives qu'il importe de bien préciser pour échapper à une foule d'erreurs qui naissent de l'abus que l'on en fait souvent.

I. — LE DEVOIR

On peut définir le devoir l'obligation qui résulte de la loi morale.

La loi naturelle et les lois positives nous imposent des devoirs.

Ceux qui nous sont imposés par la loi naturelle sont absolus, universels. Ils s'appliquent à tous les hommes, personne ne peut en être dispensé.

Ceux qui résultent des obligations que nous créent les

lois positives peuvent différer suivant les lieux et les pays. Ils ne regardent que les individus soumis aux auteurs de ces lois, et celui qui les a faites peut en dispenser.

La loi naturelle et les lois positives écrites sont loin, comme le remarque M. Janet, d'embrasser tout le domaine de la loi morale. Combien d'actions condamnables échappent et doivent nécessairement échapper à la contrainte de la loi civile : toutes celles d'abord qui se passent dans ce qu'on appelle le *for intérieur*, c'est-à-dire, dans la conscience même, à savoir, les mauvais désirs, les mauvaises pensées, l'hypocrisie, la dissimulation ; en second lieu, toutes celles qui ne sortent pas de l'intérieur de la vie domestique, où la loi doit pénétrer le moins possible, pour ne pas soumettre les citoyens à une inquisition arbitraire ; en troisième lieu, toutes celles qui ne menacent pas matériellement l'ordre public, quoiqu'elles soient condamnées par la conscience de tous ; par exemple, l'ingratitude, l'égoïsme, la gourmandise, la luxure, etc.

Les lois positives s'occupent d'une partie de nos devoirs envers nos semblables, mais elles ne peuvent régler nos devoirs envers nous-mêmes.

Le devoir est absolument obligatoire. A la vérité on distingue les devoirs *larges* et les devoirs *stricts*, mais cette distinction ne se rapporte qu'à la manière dont ils doivent s'accomplir.

Les devoirs larges sont aussi obligatoires que les devoirs stricts ; car s'ils n'étaient pas obligatoires, ils cesseraient d'être des devoirs. Mais on n'est pas astreint à les accomplir dans un temps, dans un lieu, dans une mesure ou envers une personne déterminée. Ainsi on n'est pas tenu à faire l'aumône à jour marqué, ici plutôt que là, à Pierre de préférence à Paul et on peut proportionner comme on le juge convenable ses largesses.

Les devoirs stricts sont, au contraire, de tous les temps, de tous les lieux, et ne subissent ni modification, ni retard. Les devoirs prohibitifs ont en général ce caractère. Ainsi il nous est défendu de faire tort au prochain, dans sa personne et dans ses biens. Le moindre tort fait à autrui de quelque manière que ce soit est évidemment une faute. Une pareille action ne peut être licite en aucun temps, ni à l'égard de personne.

Les devoirs varient quant à la matière, puisqu'il y a un certain nombre de choses qui sont commandées ou défendues, mais ils ne varient pas quant à la forme. Il n'y a qu'une forme pour tous qui est l'obligation elle-même.

II. — Le droit

Le droit est le pouvoir légitime de faire ou d'exiger certaines choses.

Le devoir étant nécessairement obligatoire implique l'idée d'une dépendance de la volonté humaine par rapport à une loi quelconque.

Le devoir soumet l'homme à une puissance supérieure à lui.

Le droit est l'expression de cette puissance. On voit que le droit et le devoir sont deux idées corrélatives.

L'obligation morale d'où résulte le devoir, n'est point, comme nous l'avons dit, la contrainte physique ; de même le pouvoir moral qui représente le droit est tout à fait différent de la force, ou de la puissance physique.

Ces deux choses sont même opposées. La force peut exister sans le droit, comme quand un assassin tue un enfant ; le droit peut exister sans la force, comme le malheureux qui défend sa propriété contre un voisin opulent qui peut déployer contre lui toutes les ressources de sa position ; et le droit peut être uni à la force dans la même main, comme il arrive dans le père de famille qui a autorité sur ses enfants.

Faire dépendre le droit de la force, comme le supposent Hobbes et Proudhon, c'est anéantir le droit lui-même.

On distingue le droit individuel et le droit social.

Le droit individuel est celui qui appartient à tous les hommes.

Ce droit est la conséquence naturelle de notre liberté. Nous sommes libres et à ce titre nous formons une personne morale, maîtresse de ses actions. Notre liberté ne peut être restreinte que par les lois auxquelles nous sommes obligés de nous soumettre, ou, si l'on veut, nos droits n'ont pas d'autres limites que nos devoirs.

Nous avons droit à la vie et à la jouissance du fruit de notre travail. C'est le droit de propriété qui exige que je ne sois pas troublé dans la possession de ce que j'ai légitimement acquis; ce qui impose aux autres hommes le devoir de respecter le bien d'autrui.

C'est le principe de la justice.

En ce sens, au droit de l'un correspond le devoir d'un autre. Car si j'ai droit sur une terre, sur une propriété quelconque, ce droit crée à l'égard du voisin l'obligation de la respecter. Autrement, mon droit serait illusoire.

Les droits individuels ne sont même jamais absolus.

En effet, si j'ai droit sur mon corps, je puis le soumettre à certaines privations dans un intérêt moral, mais je ne puis nuire directement à sa conservation, et je n'ai pas le droit de me mutiler, ni de me donner la mort. Le suicide partiel et le suicide total sont l'un et l'autre défendus.

Le droit de propriété est lui-même restreint par la loi morale. Car, bien que j'aie le droit à la chose qui m'appartient, je ne puis cependant pas la détruire arbitrairement pour satisfaire un vain caprice. Ainsi, que je casse ma vaisselle, que je brise les vitres de mes fenêtres, on ne me traduira pas pour cela devant les tribunaux, puisque je n'aurai fait de tort à personne, mais je n'en aurai pas moins fait moralement une mauvaise action. Je dois me reprocher cet acte déraisonnable, parce que je me suis manqué à moi-même en le faisant. Il y avait donc là un devoir qui limitait mon droit.

Le droit social est le pouvoir de commander dont sont investis tous ceux qui exercent une autorité quelconque. Le chef d'un État, un général à la tête de ses troupes, un magistrat dans une ville, un père de famille ont le droit de commander et leurs subordonnés sont tenus de leur obéir.

Commander et obéir sont les deux conditions sans lesquelles on ne conçoit pas l'existence de la société.

Dans ce cas, le droit de l'un engendre le devoir chez

l'autre. Car, si l'un a le droit de commander, il faut que l'autre soit obligé d'obéir.

On s'est demandé si le droit social précédait le droit individuel ou si, au contraire, le droit individuel était la source et le principe du droit social.

Il y a des philosophes qui prétendent que le droit social est la source de tous les droits et que l'individu n'a pas d'autres droits que ceux qui lui sont conférés par l'autorité.

Dans cette hypothèse ceux qui commandent sont tout et ceux qui obéissent ne sont rien. C'est la tyrannie la plus absolue fondée sur le mépris de l'individu.

Le système opposé, qui est celui de Rousseau, sacrifie au contraire la société à l'individu. Pour que la société tire de l'individu tous ses droits, il faut qu'elle soit son œuvre. Il est nécessaire qu'elle résulte d'une convention ou d'un contrat en vertu duquel les membres se sont dessaisis d'une partie de leurs droits en faveur de la communauté dont ils font partie.

Cette doctrine fait de la société elle-même une institution purement arbitraire. Si ceux qui sont à la tête n'ont pas d'autres droits que ceux que leurs subordonnés leur ont volontairement concédés, rien n'empêche que la génération présente ne reprenne ce que les générations antérieures ont accordé et alors le pouvoir est sans force et l'on arrive à l'anarchie.

Entre ces deux excès se trouve la vérité.

Le droit individuel et le droit social sont tous les deux nécessaires; ils ne procèdent pas l'un de l'autre, mais ils coexistent comme la société et l'individu.

L'homme étant fait pour la société n'a jamais existé à l'état solitaire. Il a toujours formé une famille et les familles ont fait des nations.

Dieu est l'auteur de l'homme et il est tout à la fois l'auteur de la société.

Il a fondé le droit individuel en donnant à l'homme la liberté et il a fondé le droit social en donnant au chef de la famille et aux chefs des États une autorité que l'on doit respecter. Cette autorité se manifeste par les lois, et les lois, comme nous l'avons vu, ne doivent être que l'expression du droit naturel.

En donnant à la liberté individuelle et à l'autorité sociale une origine divine, on limite l'une par l'autre dans l'intérêt de l'individu et de la société, sans leur rien enlever de leur valeur respective.

III. — Valeur absolue de la personne

La raison et la liberté font la dignité et la grandeur de l'homme.

La raison l'élève au-dessus du monde matériel et lui ouvre par la science des horizons indéfinis qui lui permettent de développer son intelligence, en ajoutant sans cesse à ses connaissances.

La liberté en fait une personne qui a ses droits et ses devoirs et qui est maîtresse d'elle-même, *sui compos*.

Ses droits obligent les autres hommes à la respecter. Elle est inviolable et sacrée. L'homme ne peut être ni vendu, ni acheté et c'est ce qui fait qu'en aucun cas on ne peut autoriser l'esclavage.

Le devoir ne lui permet pas de se traiter lui-même comme une chose. Les animaux n'ayant ni sentiment moral, ni pensée, ni liberté, n'ont ni droits, ni devoirs. Mais il n'en est pas de même de l'homme. Sa personnalité lui donne des droits sur lui-même, toutefois ces droits ne vont pas jusqu'à sacrifier sa dignité d'être moral, ni jusqu'à s'ôter la vie.

Quand il manque à son devoir, il se dégrade, il abaisse sa dignité, mais ses infractions à la loi, quelles qu'elles soient, ne lui enlèvent pas ses droits. Elles le rendent moins digne de les exercer, mais il les conserve, tant qu'il conserve sa qualité d'être libre et raisonnable.

En le soumettant à la loi le devoir ne fait qu'accroître sa dignité, loin de déroger à son autorité et à sa puissance. Car celui qui est irréprochable trouve dans la considération qu'il obtient une force nouvelle qui ajoute à l'influence et au respect dont il jouit.

SUJETS DE DISSERTATIONS FRANÇAISES

1. Qu'est-ce que le droit? Comment le droit dérive-t-il de la liberté?
2. De la différence du droit et du devoir. Est-ce le droit qui repose sur le devoir, ou le devoir qui repose sur le droit?
3. Expliquer et justifier le sens de cette phrase de Bossuet : « Il n'y a pas de droit contre le droit ; il est de certaines lois fondamentales contre lesquelles ce qui se fait est nul de soi. »
4. Est-il vrai, comme on l'a prétendu, que tout devoir corresponde à un droit et tout droit à un devoir? Donner des exemples à l'appui de l'opinion qui sera soutenue.
5. L'homme a-t-il des droits imprescriptibles et inviolables? Quelles en sont les conséquences?

CHAPITRE IV

De la conscience morale.

La conscience psychologique est la faculté que nous avons d'observer et de sentir tout ce qui se passe en nous. C'est à cette faculté que se rattachent toutes nos perceptions internes. La conscience morale a un tout autre objet. Elle nous fait connaître la bonté ou la malice de nos actions. Nous allons exposer ses divers caractères et les devoirs de l'homme à son égard.

I. — DE LA CONSCIENCE ET DE SES DIVERS CARACTÈRES

La conscience est la faculté que nous avons de juger de la bonté ou de la malice de nos actions. Il ne faut pas la confondre avec la loi naturelle qui nous donne la notion du bien et du mal. Ce n'est pas la conscience qui perçoit les préceptes généraux de cette loi et qui nous dit : ceci est commandé, cela est défendu. Nous ne devons pas tuer ; nous ne devons pas voler. Ces jugements primitifs appartiennent à la raison.

La conscience ne porte qu'un jugement pratique. Elle examine si telle ou telle action que nous allons faire est conforme à la loi. Ce n'est pas elle qui fait la loi, elle la suppose au contraire existante. C'est un juge intérieur qui nous dicte ce que nous avons à faire et qui prononce sur la valeur de l'action une fois qu'elle est faite. La conscience nous dit si nous avons bien ou mal fait et jusqu'à quel point notre action est louable ou blâmable.

Cette sentence a pour effet d'exciter en nous une satisfaction profonde, quand l'acte est bon, et de susciter, au contraire, une peine grave, le remords ou le repentir, si nous avons mal agi. Cet effet qui résulte du jugement favorable ou défavorable de la conscience, n'est plus la conscience elle-même, c'est ce qu'on appelle le sentiment moral.

Ce n'est pas ce sentiment qui fait la moralité de l'action. Il est parfois exagéré dans les consciences honnêtes et délicates qui croient leurs fautes plus graves qu'elles ne le sont, et il peut être presque nul dans le scélérat qui s'est familiarisé avec le crime. Mais de ce qu'un homme n'a ni repentir, ni remords après avoir accompli une action abominable, il ne s'ensuit pas qu'il ne soit pas coupable. Sa perversité est au contraire d'autant plus grande qu'il est arrivé, comme dit l'Écriture, à boire l'iniquité comme l'eau, et à commettre les plus grands forfaits, comme s'ils étaient choses indifférentes.

La conscience nous est innée, c'est-à-dire qu'elle est une faculté qui fait partie de notre nature, comme toutes nos autres facultés. Ainsi comme nous naissons naturellement avec la faculté de juger, de raisonner, de connaître si une chose est vraie ou fausse; de même nous venons tous au monde avec la faculté de juger si une action est bonne ou mauvaise.

La conscience, dit Kant, n'est pas quelque chose que l'on peut acquérir, et il n'y a pas de devoir qui prescrive de se la procurer; mais tout homme, comme être moral, la porte originairement en lui. Quand on dit qu'un homme n'a pas de conscience, on veut dire qu'il ne tient aucun compte de ses arrêts, car s'il n'en avait réellement pas, il ne s'attribuait aucune action conforme au devoir et ne s'en reprocherait aucune comme lui étant contraire. Le manque de conscience n'est donc pas l'absence de la conscience, mais un penchant à ne tenir aucun compte de son jugement.

De ce que la conscience est innée, on aurait tort d'en conclure qu'elle ne demande ni culture ni développement. Nos facultés ne sont naturellement que des aptitudes ; elles ont toutes besoin d'être formées par l'éducation et l'enseignement.

Si l'on réfléchit au rôle immense que joue la conscience dans la vie humaine, on comprendra qu'il est de notre devoir de l'éclairer et de lui donner tous nos soins pour qu'elle soit capable, autant que possible, de ne rendre que des arrêts parfaitement justes.

Car la conscience n'est pas plus infaillible que nos autres facultés, et à ce point de vue nous distinguerons différentes sortes de consciences. Ainsi il y a 1° la conscience droite et la conscience erronée, 2° la conscience ignorante et la conscience douteuse, 3° la conscience large et étroite, 4° la conscience délicate et la conscience scrupuleuse.

1° La conscience *droite* est celle qui juge sainement les actions. Elle voit le bien et le mal où ils sont et elle en détermine le degré sans exagération. Elle suppose une raison calme et sûre et une volonté ferme, exempte de préventions et de préjugés.

La conscience *erronée* prend le mal pour le bien et réciproquement ou elle se trompe sur le degré de bonté ou de malice de l'action. Elle n'a pas dans ce cas une véritable connaissance de la loi morale. L'esprit est obscurci par les difficultés que présentent les circonstances qui environnent l'action ou les motifs qui la font faire. Ainsi celui qui croit que la fin justifie les moyens a une conscience erronée. Jacques Clément, aveuglé par le fanatisme, a pu croire qu'il faisait bien d'assassiner Henri III, mais il a obéi à une conscience erronée.

2° La conscience *ignorante* est celle qui fait le mal sans le savoir. Elle ne connaît pas la loi et n'en soupçonne même pas l'existence. C'est cette ignorance qui fait que les sauvages se figurent faire une bonne action en délivrant de la vie leurs parents, lorsqu'ils les voient malheureux, souffrants, n'ayant plus aucune jouissance. Ils croient leur rendre service, parce qu'ils pensent que la mort leur est plus avantageuse que l'existence.

La conscience *douteuse* est celle qui hésite entre différents partis, ne sachant lequel prendre. Elle est perplexe, lorsqu'elle est en présence de deux devoirs contraires qui lui semblent également urgents et obligatoires. Dans ce cas on choisit ce qui paraît le meilleur, et quelle que soit la valeur du choix que l'on a fait, on peut être tranquille, puisqu'on a fait de son mieux.

Elle est absolument douteuse quand nous ne savons pas si nous sommes obligés ou non à faire ou à ne pas faire une chose.

Les tutioristes veulent qu'on prenne toujours le parti le plus sûr, c'est-à-dire que dans le doute on agisse comme si le devoir existait certainement. Ce système, assez séduisant au premier abord, a cependant ses inconvénients. En faisant des devoirs douteux des devoirs certains et en les rendant également obligatoires, on impose un lourd fardeau à la faiblesse humaine. Nous avons déjà de la peine à remplir nos devoirs certains, si on les aggrave en y ajoutant tous les devoirs douteux, il en résulte une masse d'obligations qui dans la pratique peuvent devenir écrasantes.

C'est pourquoi, sans entrer dans la question si compliquée du *probabilisme* épuisée par les théologiens, nous nous contenterons de dire que dans l'intérêt de la morale elle-même, il vaut mieux se montrer indulgent que sévère, et faciliter à tout le monde l'accomplissement du devoir en le dépouillant d'exigences qui pourraient être décourageantes.

3° La conscience *large* est une conscience erronée qui est portée à diminuer le nombre et l'étendue des devoirs. La conscience *étroite* produit l'effet contraire ; elle les multiplie et les exagère.

4° La conscience *délicate* est celle qui saisit dans l'application des actions les moindres nuances qui peuvent influer sur leur valeur morale. La conscience *scrupuleuse* attache de l'importance à des choses qui n'en ont pas et souvent ne voit pas le mal où il est. C'est encore une conscience erronée, tandis que la conscience délicate est exacte, mais fine et précise. Elle évite les excès de la conscience large et ne tombe pas pour cela dans les inconvénients de la conscience trop étroite.

II. — DE NOS DEVOIRS ENVERS NOTRE CONSCIENCE

Le premier de nos devoirs envers la conscience est de la suivre. Quoique la conscience ne soit pas infaillible, son autorité est cependant souveraine. Quand nous avons à agir, nous n'avons pas et nous ne pouvons pas avoir d'autre règle que cette lumière intérieure. Il n'y a pas d'autorité qui puisse prévaloir sur celle-là. « Conscience ! conscience ! s'écrie Rousseau, instinct divin, immortelle et céleste voix, c'est toi qui fais l'excellence de ma nature et la moralité de mes actions ; sans toi je ne sens rien en moi qui m'élève au-dessus des bêtes, que le triste privilège de m'égarer d'erreurs en erreurs à l'aide d'un entendement sans règle et d'une raison sans principes. »

« Agis selon ta conscience, » voilà un précepte moral qui ne souffre pas d'exception.

La conscience exerçant ainsi sur nous une autorité absolue, nous ne devons rien négliger pour sa formation et son développement.

Il faut faire tous nos efforts pour la redresser quand elle est erronée, l'éclairer quand elle est ignorante, la former quand elle est perplexe et douteuse, la ramener à de justes limites si elle est trop large ou trop étroite et la guérir de ses scrupules quand elle est trop minutieuse, de façon que ses arrêts soient toujours conformes au devoir.

Pour cela il est nécessaire de s'instruire, non seulement en prenant connaissance des lois générales et des devoirs particuliers qui nous sont imposés par notre état ou notre condition, mais en nous entourant encore de conseillers sages et prudents qui nous fortifient dans la pratique du bien par leurs sages réflexions et par leurs bons exemples.

L'homme n'est pas toujours bon juge dans sa propre cause. *Væ soli!* c'est une maxime que l'on peut appliquer tout particulièrement à la pratique du bien. L'homme le plus instruit a souvent besoin d'un guide, d'un directeur habile. La philosophie est d'accord avec la religion pour engager surtout les jeunes gens qui n'ont pas beaucoup d'expérience, à prendre conseil d'hommes plus âgés qui leur épargneront certainement bien des méprises et des déceptions.

Cette direction intelligente a besoin d'être secondée par une étude attentive de nous-mêmes, par un examen de conscience quotidien qui nous fasse connaître ce que nous sommes, nos faiblesses, nos tentations, nos défaillances. Connais-toi toi-même, *nosce teipsum*, c'était le mot de Socrate et c'est la maxime qui résume toute la philosophie morale.

SUJETS DE DISSERTATIONS FRANÇAISES

1. Analyse de la conscience. Déterminer ce qu'elle est et distinguer ce qu'elle n'est pas.
2. Déterminer les différences et les rapports de la conscience et du sentiment moral.
3. Réfuter cette maxime de Vauvenargues : « La conscience est la plus changeante des règles. » — En montrer les conséquences.
4. Des divers caractères de la conscience et de ses défauts. Citer des exemples.
5. Quelle est l'autorité de la conscience ? Quels devoirs avons-nous à remplir à son égard ?

CHAPITRE VII

De la responsabilité morale. Mérite et démérite.

La responsabilité est la conséquence de la liberté. Par là même que nous sommes maîtres de nos actions, elles nous sont imputables. Elles sont à notre honneur ou à notre honte, méritoires ou déméritoires suivant qu'elles sont bonnes ou mauvaises. Seulement la responsabilité a comme la liberté elle-même, ses limites et ses degrés ; c'est ce que nous allons examiner.

I. — DES LIMITES ET DES DEGRÉS DE LA RESPONSABILITÉ MORALE

Pour qu'on soit responsable, il faut 1° que l'on ait la connaissance du bien et du mal ; 2° que l'on agisse librement.

1° L'enfant qui n'a pas encore de raison, l'insensé, l'idiot qui en est privé, l'homme qui dort sont irresponsables, parce qu'ils ne savent ce qu'ils font.

L'ivresse peut priver l'homme complètement de sa raison, mais elle est elle-même une mauvaise action dont est responsable celui qui l'a faite. Quoiqu'il ne se rende pas compte de la valeur morale de ses actions, elles lui sont néanmoins imputables parce qu'elles sont volontaires dans leur cause et qu'il a librement posé le principe qui les a produites.

On n'est pas responsable des défauts naturels, des infirmités du corps et des défaillances de l'esprit, parce que ces défectuosités échappent à la volonté et que nous ne pouvons pas nous y soustraire.

Si cependant un effet extérieur avait pu être prévu et s'il était le résultat d'une cause qui a dépendu de nous, nous pourrions en être responsables. Ainsi on peut se rendre malade par imprudence, et causer de même la mort d'une personne ou lui faire tort dans ses biens. On impute à juste titre une mauvaise récolte à un laboureur, quand elle provient de son inertie ou d'un travail mal fait et à contre-temps.

L'ignorance de la moralité de l'action excuse-t-elle toujours son auteur? Il faut ici distinguer entre l'ignorance invincible et involontaire et l'ignorance volontaire et vincible. Il est certain que la première excuse complètement la faute. Le sauvage qui n'a pas d'autre morale que celle de ses ancêtres, et dont la conscience est invinciblement erronée, ne commet qu'une faute matérielle quand il tue son père et n'est pas moralement responsable du parricide affreux qu'il a commis.

Mais l'ignorance vincible n'excuse pas. Celui qui peut s'instruire de ses devoirs et qui ne le fait pas se rend déjà coupable d'une négligence grave, et si c'est à dessein qu'il reste dans cette ignorance il aggrave sa faute, au lieu de la diminuer. En général, tout homme qui remplit mal les devoirs de sa profession parce qu'il ne les connaît pas suffisamment, un avocat, un juge, un médecin, un prêtre, en un mot tous ceux qui ont une charge publique sont responsables du tort causé aux tiers par leur ignorance.

2° Indépendamment des causes qui modifient la responsabilité au point de vue de la connaissance, il y a aussi celles qui agissent sur la liberté de l'action.

Outre la connaissance de la valeur morale de l'acte, l'acte libre suppose deux autres opérations, la délibération et la détermination.

La délibération peut être plus ou moins complète.

Nous ne sommes pas responsables des actes spontanés et irréfléchis, puisqu'ils ne dépendent pas de nous. Mais il y a des actes qui ne sont qu'imparfaitement réfléchis et volontaires. Ils résultent d'un entraînement ou d'une surprise. On ne s'est pas bien rendu compte ni de leur caractère ni de leurs conséquences. Il est certain que relativement à ces actes notre responsabilité est très atténuée et que s'ils sont bons ou mauvais, ils ne le sont qu'imparfaitement.

Le degré de leur moralité peut être très difficile à déterminer, mais il est certain qu'il est tout différent de celui d'un acte qui a été sérieusement réfléchi, délibéré et même longtemps prémédité.

La détermination n'est pas toujours également libre. Indépendamment de la puissance des motifs ou des raisons déterminantes qui varient selon les circonstances, il faut aussi faire la part des mobiles ou des sentiments sous lesquels l'individu est placé.

La passion, la crainte, l'habitude, l'influence du tempérament et du caractère sont des mobiles dont on ne peut pas aisément apprécier l'importance.

La passion exerce un grand empire sur la volonté et n'est pas sans action sur l'intelligence. C'est son influence qui nous fait voir les choses autrement qu'elles ne sont; c'est un instrument auquel nous avons souvent bien de la peine à résister.

La crainte peut paralyser jusqu'à un certain point la volonté. Celui qui agit par crainte d'un mauvais traitement, d'un retrait d'emploi, d'une perte d'argent, subit une contrainte morale qui enlève à son action une partie de sa liberté. On peut plaider en certains cas les circonstances atténuantes en faveur de celui qui cède à ce sentiment. Cependant il y a là une grande faiblesse de caractère qui est déjà coupable elle-même et si la crainte ne trouble pas l'esprit au point d'enlever à l'homme la connaissance de ce qu'il fait, elle ne détruit pas sa responsabilité.

On doit faire son devoir sans se préoccuper des dangers ou des risques que l'on court. L'habitude rend plus faciles les actes bons ou mauvais, mais elle n'en détruit pas la responsabilité. Elle peut aggraver la faute en certains cas au lieu de la diminuer, parce qu'elle résulte elle-même de la répétition fréquente d'actes volontaires.

Ainsi on excusera facilement un homme qui se trouve pris de vin par hasard et on ne lui imputera pas toutes les conséquences fâcheuses de son état; parce qu'il n'a pu les prévoir. Mais il n'en est pas de même de celui qui a l'habitude de s'enivrer. On le rend responsable de tout le mal qu'il fait, parce qu'il a voulu ce mal, au moins dans sa cause.

Le tempérament, le caractère peuvent diminuer d'autant plus la responsabilité qu'ils ne dépendent pas complètement de l'individu. Il faut aussi reconnaître l'influence du sang et de l'éducation. Il y a dans les dispositions morales quelque chose d'héréditaire dont on doit tenir compte à l'individu. Cette influence ne détruit pas sa liberté, mais elle apporte à son exercice des modifications incontestables.

La nécessité de tenir compte de tous ces mobiles et des dispositions particulières de l'individu fait qu'il est bien difficile d'apprécier exactement dans la pratique la responsabilité qui revient à chacun relativement à chacune de ses actions. Il y a de grandes catégories parfaitement tranchées, on distingue nettement les actions bonnes des actions mauvaises, mais quand il faut évaluer le degré de bonté ou de malice des actions, on arrive à des nuances que l'œil de Dieu seul peut saisir.

II. — Le mérite et le démérite

La responsabilité est la conséquence de la liberté; le mérite et le démérite sont les conséquences de la bonté ou de la malice de nos actions.

Si nous faisons une bonne action, elle tourne nécessairement à notre honneur et nous attire l'estime, la considération et le respect de nos semblables; voilà le mérite. Si au contraire nous en faisons une mauvaise, elle nous fait blâmer et nous enlève totalement ou en partie la considération dont nous jouissions; voilà le démérite.

Le mérite et le démérite étant en proportion de la valeur morale de nos actions, il s'ensuit qu'ils varient suivant le bien ou le mal que nous faisons.

Parmi les actions humaines nous pouvons en distinguer de trois sortes au point de vue du degré de leur moralité : les actions communes, les actions remarquables et les actions héroïques ou sublimes.

Sous le rapport du bien, les actions communes ou ordinaires sont celles de la plupart des hommes. Celui qui mène une vie calme, paisible, remplissant exactement ses devoirs, sans se distinguer autrement de ses semblables est ce qu'on appelle un honnête homme. Il est obscur aux yeux du monde, ses mérites sont modestes, mais il peut être grand devant Dieu.

Les actions remarquables sont celles qui attirent les regards par leur éclat. Elles supposent dans celui qui les accomplit un effort particulier, un sacrifice, un dévouement qui n'est pas ordinaire. Elles excitent l'admiration et font dire à ceux qui en sont témoins : Voilà une belle action.

Si à la difficulté de l'action s'ajoute la grandeur d'âme et l'importance exceptionnelle de l'œuvre, la moralité s'élèvera encore plus haut et arrivera à l'héroïsme ou au sublime. « Je sais bien, dit Jeanne d'Arc, que les Anglais me feront mourir, mais fussent-ils cent mille *goddem*, ils n'auront pas ce royaume. » Voilà le langage sublime de l'héroïsme.

Le mal a aussi ses degrés. Il y a des actions mauvaises que nous nous contentons de désapprouver. D'autres nous inspirent du mépris ; il y en a qui excitent notre indignation et qui dégradent tellement ceux qui les commettent que nous ne voulons plus avoir de rapports avec eux.

Le démérite a son échelle décroissante, comme le mérite a son échelle ascendante. C'est sur les degrés de cette double échelle que se placent les hommes eux-mêmes d'après leur conduite. Car c'est à leur moralité qu'on doit mesurer leur considération.

SUJETS DE DISSERTATIONS FRANÇAISES

1. De la responsabilité morale. Son principe. Ses conditions. Ses conséquences.
2. Des limites de la responsabilité morale et de ses divers degrés.
3. Des causes qui détruisent ou qui modifient le libre arbitre et par là même la responsabilité morale.
4. Des causes qui peuvent influer sur la délibération et rendre la détermination moins libre.
5. Du mérite et du démérite. Définir ces deux notions. En établir le fondement et les conséquences.

CHAPITRE VIII

De la vertu.

Le bien moral consiste dans l'accomplissement du devoir. L'habitude de faire le bien s'appelle *vertu* et l'habitude de mal faire est appelée *vice*. Un homme qui ne fait dans sa vie que quelques bonnes actions n'est pas un homme vertueux; et celui qui a une faiblesse et qui commet une faute n'est pas vicieux. Pour qu'il y ait vice ou vertu, il faut qu'il y ait une habitude bonne ou mauvaise. Nous allons ici parler de la vertu et de la perfection morale qui en est le couronnement.

I. — DE LA VERTU PROPREMENT DITE

La vertu est une bonne habitude et le vice en est une mauvaise. La vertu et le vice sont contraires, puisque l'une consiste dans l'observation habituelle du devoir et que l'autre en est la violation habituelle.

L'idée de vertu implique, comme le mot l'indique, l'idée de force (*virtus*) parce qu'elle est le résultat d'un effort constant, d'une victoire remportée sur nous-mêmes.

Car nous avons vu (page 267) que la nature humaine n'était pas d'elle-même bien ordonnée. Les appétits sensuels qui devraient obéir à la raison la dominent au contraire, et pour rendre à cette faculté l'autorité qui lui revient nous sommes obligés de lutter contre nous-mêmes pour assujettir le corps à l'esprit. Le devoir ne pouvant être accompli qu'autant qu'il préside en souverain à nos actions, il en résulte que nous ne faisons jamais le bien sans effort et que pour le faire constamment nous avons besoin d'une grande énergie de volonté qui réprime toutes nos inclinations mauvaises. C'est ce qui a fait donner à cet empire que nous finissons par avoir sur nous-mêmes, le nom de force ou de vertu.

Platon a défini la vertu la science du bien et il a dit que le vice en est l'ignorance.

Nous ne nions pas le rôle considérable de l'intelligence humaine dans nos actes moraux. Il n'y a pas, comme nous l'avons dit, d'action libre possible, si l'on n'en connaît pas à l'avance la moralité. L'enseignement peut donc beaucoup pour le développement de la moralité dans l'homme.

Il ne peut lui donner les premières notions morales, puisque ces notions sont naturelles et n'ont pas besoin d'être enseignées, mais il peut étendre et éclairer sa raison, l'aider à se faire une idée nette du devoir, l'apprendre à bien juger chaque action suivant les circonstances dans lesquelles elle se produit, lui montrer le moyen de soumettre ses penchants, de combattre ses passions et l'encourager dans la bonne voie en lui faisant voir tous les inconvénients, toutes les peines qu'entraînent les habitudes contraires.

Mais on ne peut pas dire que la vertu s'enseigne comme les sciences. Pour être vertueux, il ne suffit pas de connaître les obligations auxquelles on est soumis, il faut encore les remplir et ceci n'est plus l'affaire de l'intelligence, mais de la volonté. Celui qui fait mal voit bien ce qu'il devrait faire, car s'il ne le voyait pas il ne serait pas responsable; mais sa faute consiste précisément à mettre sa volonté en désaccord avec son intelligence : *Video meliora proboque, deteriora sequor*.

Platon a voulu corriger sa définition en disant que la vertu est un concert, une harmonie, l'accord, l'équilibre de toutes nos facultés, la santé de l'âme, tandis que le vice en est la maladie. Mais ces expressions poétiques nous montrent les effets de la vertu, plutôt qu'elles ne nous font connaître la nature de la vertu elle-même.

Aristote est plus exact quand il définit la vertu une habitude, parce qu'il exprime par là que la vertu est le résultat d'un effort constant, une victoire obtenue après de longues luttes. Objectivement la vertu est pour lui le milieu entre deux extrêmes, l'excès et le défaut. C'est la doctrine de saint Thomas. Le mal, dit ce grand docteur, résulte de la discordance qu'il y a entre l'objet et sa règle ou sa mesure; ce qui provient soit de ce qu'il dépasse la mesure, soit de ce qu'il reste en deçà, comme on le voit manifestement à l'égard de toutes les choses qui sont réglées ou mesurées. C'est pourquoi il est évident que la bonté de la vertu morale consiste dans sa conformité adéquate avec la raison qui est sa règle. Or il est évident que cette égalité ou cette conformité n'est pas autre chose que le milieu entre ce qui va au delà, et ce qui reste en deçà, entre l'excès et le défaut. (I. 2° quest. LXIV, a 1. c.)

En pratique le difficile est de rencontrer ce point exact ces limites *quos ultrà citraque nequit consistere rectum*. Mais quand à côté de chaque vertu on voit les vices dans lesquels on peut tomber si l'on prend à droite ou à gauche, ce double écueil rétrécit la route et ne permet pas de s'en écarter bien sensiblement avant d'être avertis.

II. — LA PERFECTION MORALE

La vertu est essentiellement perfectible. La moralité humaine n'a pas pour limite absolue l'obligation. A côté des préceptes il y a les conseils qui ouvrent à l'activité volontaire de vastes perspectives où elle peut s'exercer.

Au delà de ce qui est obligatoire, il y a des dévouements, des sacrifices qui sont d'autant plus beaux qu'ils ne sont pas imposés. Nous pouvons en certains cas faire l'abandon de nos droits et ne pas nous contenter de satisfaire à la justice, mais suivre les inspirations de la charité. Dans cette voie notre zèle ne rencontre pas d'autres limites que celles que par prudence nous voulons bien nous imposer.

L'homme qui se livre ainsi à la pratique du bien dans la mesure de ses forces et de ses ressources ajoute nécessairement à ses mérites.

Comme nous faisons des progrès dans les sciences en y appliquant sérieusement notre intelligence ; de même nous avançons chaque jour dans la vertu, lorsque nous en faisons le but de notre existence.

Ces progrès supposent un idéal que l'on s'efforce d'atteindre.

L'artiste passionné pour le beau a dans son esprit l'idéal qu'il veut réaliser avec son ciseau ou son pinceau.

L'idéal de l'homme vertueux est la perfection morale dont il cherche à se rapprocher. Il sait qu'il ne l'atteindra jamais, puisqu'il est dans la nature de l'homme de rester imparfait, mais il se fait un devoir de s'élever vers lui le plus qu'il pourra, parce qu'il regarde avec raison le perfectionnement de lui-même comme le but moral de son existence.

Or, quel est cet idéal de perfection morale qui lui sert de modèle? Il ne peut le prendre dans ses semblables qui sont tous imparfaits comme lui. Il l'emprunte à l'être absolu et parfait, à Dieu lui-même.

Les plus parfaits des stoïciens, Marc-Aurèle, Épictète, avaient perpétuellement cet idéal dans l'esprit et ils le proposaient à leurs disciples : *Sequamur Deum*, tel était le cri qui s'échappait de leur conscience et qui résumait le but de leur vie.

Ainsi nous avons trouvé l'idée de Dieu à la base de la morale, puisqu'elle a pour fondements la notion du bien et du mal, la loi naturelle et la conscience, et que toutes ces choses font partie de notre nature dont Dieu est l'auteur.

Nous le trouvons au sommet puisque la perfection divine est l'idéal de l'homme vertueux, et que, comme le dit Bossuet, ayant été faits à l'image de Dieu, c'est-à-dire pour entendre et pour aimer la vérité à son exemple, nous ne devons pas avoir d'autre désir que de nous tourner vers Dieu notre *original*, pour en reproduire en nous l'image en conformant perpétuellement notre volonté à la sienne.

SUJETS DE DISSERTATIONS FRANÇAISES

1. Peut-on dire avec Platon que la vertu est la science du bien et que le vice en est l'ignorance ?
2. Expliquer et discuter ces deux maximes d'Aristote : *La vertu est une habitude; la vertu est un milieu entre deux extrêmes.*
3. *In quo virtus conferat ad felicitatem.*
4. Quel doit être l'idéal de la perfection morale ? Sommes-nous faits pour la perfection ? Devons-nous chercher à l'atteindre ?
5. Expliquer et justifier cette maxime : *Virtus ex integra lege ; vitium ex quocumque defectu.*

CHAPITRE IX

Sanction de la loi morale. Peines et récompenses.

La sanction de la loi morale consiste dans les peines et les récompenses attachées à sa transgression et à son accomplissement. Nous allons d'abord nous occuper des peines et des récompenses et nous parlerons ensuite des diverses sanctions de la loi.

I. — Des peines et des récompenses

Nous avons dit que le mérite et le démérite étaient la conséquence naturelle et logique de l'accomplissement et de la violation du devoir.

Nous en dirons autant des récompenses et des peines.

Celui qui fait le bien doit être récompensé ; celui qui fait le mal doit être puni.

Ces jugements sont des jugements primitifs, dont personne ne doute et qui n'ont pas plus besoin de preuves que les vérités premières. Ils sont universels, éternels, immuables comme elles.

L'idée de justice implique cette sanction. Car s'il arrive que celui qui fait le bien ne soit pas récompensé dans la proportion du bien qu'il a fait, ou que celui qui a fait le mal ne soit pas puni, on croit avec raison que cela n'est pas juste et on réclame.

Cuique suum, telle était la maxime des anciens que la morale évangélique a reproduite en disant qu'il faut rendre à chacun selon ses œuvres. *Opera illorum sequuntur illos* ; telle est la matière inévitable du jugement infaillible de Dieu.

Les idées de récompense et de châtiment sont si étroitement associées à celles du bien et du mal moral qu'il n'est guère possible d'en faire complètement abstraction dans la conduite ordinaire de la vie.

Il y a des moralistes qui prétendent qu'elles ne doivent jamais être pour rien dans nos déterminations, que nous devons faire le bien pour lui-même et éviter le mal par pur amour de la loi, que s'il se mêle à nos motifs des motifs de crainte ou d'espérance, ces sentiments enlèvent à nos actes leur caractère désintéressé et les vicient complètement au point de vue moral.

Il y a là une exagération dangereuse. C'est vouloir complètement désintéresser la sensibilité de l'accomplissement de la loi morale et réduire le devoir à une conformité exacte et mathématique avec la loi. Cette morale aride et sèche n'est pas en rapport avec notre nature.

Sans doute nous devons obéir à la loi pour elle-même et ne pas remplir notre devoir pour les avantages que nous pouvons en retirer.

Mais il est à remarquer qu'il y a entre le bien et la récompense, entre le mal et le châtiment une différence très profonde. Je puis vouloir le bien sans me préoccuper de la récompense et je puis faire le mal sans songer au châtiment.

Il y a plus de générosité et de grandeur dans l'accomplissement du devoir pour lui-même que s'il s'y mêle des vues intéressées, cela n'est pas douteux. Mais si tout en faisant son devoir on songe ensuite à la récompense qu'on peut obtenir, ce second sentiment est-il mauvais au point de vicier le premier?

Je suppose un homme qui vient de voir un malheureux se jeter à l'eau; il se précipite aussitôt dans le fleuve pour l'empêcher de réaliser son mauvais dessein. Il n'a vu tout d'abord que le devoir à remplir et c'est à ce sentiment qu'il a obéi. Mais il a ensuite pensé qu'il tirerait avantage de sa bonne action, il a cherché à en obtenir de l'argent ou un avancement quelconque, peut-on dire que son action a été par là même privée de sa moralité.

La nature humaine a besoin souvent d'encouragements et c'est pour cela qu'à l'idée du devoir Dieu a si étroitement lié dans notre esprit l'idée de récompense.

Il n'a pas mis le châtiment immédiatement après la faute, pour ne pas nuire à l'exercice de notre liberté, mais il l'a néanmoins établi en principe dans notre esprit, de telle sorte qu'à la vue du juste dans la misère et du méchant dans la prospérité, la raison n'est satisfaite qu'autant qu'elle voit dans l'avenir la réparation de ce désordre par une répartition équitable des récompenses et des peines.

II. — DES DIVERSES SANCTIONS DE LA LOI MORALE

La loi morale a diverses sanctions ici-bas. Les principales sont : 1° la sanction naturelle ; 2° la sanction légale ; 3° la sanction de l'opinion ; 4° la sanction de la conscience.

Toutes ces sanctions ont leur valeur, mais elles sont toutes incomplètes et insuffisantes.

1° La sanction naturelle est celle qui résulte des conséquences physiques de nos actions. Ainsi l'intempérance engendre des maladies, d'autres passions anéantissent la fortune et amènent la misère.

Ces effets ne peuvent être produits que par les fautes physiques en quelque sorte qui touchent au corps ou à notre situation matérielle, mais il y a une foule de crimes et de vices qui échappent à ces conséquences et il ne faut d'ailleurs que de la prudence et du calcul pour s'y soustraire.

2° La sanction légale ne se rapporte qu'aux actes extérieurs que punit la justice humaine. Ces actes sont peu nombreux et on peut encore avec une certaine habileté commettre les fautes les plus graves sans tomber sous la main des tribunaux.

Les tribunaux ne sont pas d'ailleurs infaillibles. Ils ne peuvent se prononcer que sur le caractère extérieur de l'action, son intention leur échappe.

Ils punissent, mais ils ne récompensent pas.

3° La sanction de l'opinion est plus étendue. C'est de l'opinion que dépend la réputation. C'est elle qui attache le blâme ou la louange à certaines actions.

Cette sanction ne peut atteindre les fautes secrètes. Le public ne connaît ni les pensées, ni les intentions. Il n'est même pas toujours bon juge des choses extérieures qu'il voit. Il y a de mauvaises actions pour lesquelles il est parfois très indulgent, et il y en a de bonnes qu'il n'approuve pas. L'hypocrite peut jouir d'une réputation très imméritée, et un homme juste peut être victime d'une calomnie.

Quoique l'opinion soit la reine du monde, c'est encore une reine capricieuse dont les jugements et les arrêts ont souvent besoin d'être révisés.

4° Enfin, il y a la sanction de la conscience. C'est assurément la meilleure. Mais nous trouvons encore moyen de la fausser. A mesure que l'homme se pervertit, sa conscience perd sa délicatesse et sa sûreté. Il cherche à se faire illusion, à étouffer ses remords, et il y arrive malheureusement. Les grands coupables n'éprouvent plus ces peines intérieures qui font le tourment de l'honnête homme, lorsqu'il a eu le malheur de faire une faute.

Il faut donc que toutes ces sanctions soient complétées par une sanction plus haute, par une sanction infaillible, la sanction divine qui nous attend après la mort. C'est ce qui nous amène à parler de l'immortalité de l'âme.

SUJETS DE DISSERTATIONS FRANÇAISES

1. Des peines et des récompenses. Leurs différentes espèces.
2. L'espoir de la récompense et la crainte du châtiment violent-ils la moralité de l'action ?
3. Sanctions de la loi morale. Les énumérer, les définir, donner des exemples.
4. Discuter la sanction morale provenant des conséquences naturelles de nos actes.
5. Montrer l'insuffisance des sanctions morales de la vie présente, et la nécessité d'une sanction plus efficace dans la vie future.

CHAPITRE X

Immortalité de l'âme.

Nous avons démontré en psychologie que l'âme est distincte du corps. Nous allons maintenant examiner ce qu'elle devient après la mort.

I. — Preuves de l'immortalité de l'ame

L'âme est unie au corps, mais ces deux êtres sont distincts. S'il y a des opérations que l'âme ne peut accomplir qu'au moyen du corps comme les opérations des sens, il y en a d'autres qu'elle accomplit d'elle-même et pour lesquelles le corps lui est plutôt nuisible qu'utile, comme concevoir, juger, raisonner, agir librement et volontairement.

La mort frappe le corps et le dissout, mais il n'y a pas de motif pour qu'elle frappe en même temps l'âme et qu'elle l'anéantisse.

« La distinction réelle et l'entière dissemblance de ces deux êtres, dit Fénelon, étant établies, à quel propos conclurait-on que l'un de ces deux êtres serait anéanti dès que leur union viendrait à cesser ? Représentez-vous deux corps qui sont absolument de même nature : séparez-les, vous ne détruirez ni l'un ni l'autre. Bien plus, l'existence de l'un ne peut jamais prouver l'existence de l'autre ; et l'anéantissement du second ne peut jamais prouver l'anéantissement du premier. Quoiqu'on les suppose semblables en tout, leur distinction réelle suffit pour prouver leur indépendance. Que si l'on doit ainsi raisonner de deux corps qu'on sépare et qui sont de même nature, à plus forte raison en est-il de même d'un esprit et d'un corps dont les natures sont dissemblables en tout. Un être qui n'est nullement la cause de l'existence de l'autre ne peut pas être la cause de son anéantissement. Il est donc clair comme le jour que la désunion du corps et de l'âme ne peut opérer l'anéantissement ni de l'un ni de l'autre, et que l'anéantissement même du corps n'opérerait rien pour faire cesser l'existence de l'âme. »

Cet argument prouve à merveille que la décomposition du corps n'entraîne nullement l'anéantissement de l'âme, mais il ne va pas au delà.

L'immatérialité de l'âme est aussi une considération d'où l'on peut inférer son incorruptibilité. Car par là même que l'âme est immatérielle, elle ne peut être soumise à la décomposition des parties qui amène la dissolution du corps. Elle est, dit saint Bernard, à elle-même sa propre vie, et comme on ne trouve rien en elle qui de soi travaille à la destruction de son être, de même on ne voit aucun principe intrinsèque qui conspire à la dépouiller de l'existence.

Ses aspirations la portent, au contraire, vers ce qui est éternel et immuable et l'éloignent de ce qui est changeant et passager.

Ainsi par son intelligence, elle s'élève vers la vérité qui est son élément et sa vie, et elle dégage toutes ses connaissances de la matière en les généralisant et en les systématisant.

Ses désirs la portent vers un bonheur infini qui n'est pas de ce monde, et elle n'hésite pas à sacrifier tous les avantages d'ici-bas, sa vie même, dans l'intérêt de cette vie future qu'elle entrevoit et où elle espère rencontrer le règne de la justice après lequel elle aspire.

Ces raisons ont leur valeur, mais si elles étaient toutes seules elles ne seraient pas suffisamment convaincantes. Car nous ne devons pas oublier que l'être fini, quel qu'il soit, n'existe pas par lui-même et qu'il ne peut exister qu'autant que Dieu lui continue l'existence.

Pour que l'âme humaine survive au corps et existe dans une autre vie, il faut que Dieu ait des raisons pour lui continuer l'existence, et ce sont ces raisons qui établissent victorieusement son immortalité.

Ces raisons sont tirées de la sagesse et de la justice de Dieu.

Sa sagesse ne lui permet d'anéantir aucune de ses créatures. Le corps se décompose, se dissout, mais il n'y a pas un seul de ses atomes qui soit anéanti. Si l'âme cessait d'exister, par là même qu'elle est immatérielle, la cessation de son être serait un anéantissement.

Mais l'argument sans réplique est celui que nous fournit la justice divine. Il faut que le juste soit récompensé et le méchant puni, et qu'ils soient l'un et l'autre traités dans la mesure déterminée par la bonté ou la malice de leurs actions. Or, il est évident qu'ici-bas la justice de Dieu ne s'exerce pas et que nous ne voyons au contraire que désordres, abominations et scandales. « Plus je rentre en moi, dit Rousseau, plus je me consulte, et plus je lis ces mots écrits dans mon âme : *Sois juste et tu seras heureux*. Il n'en est rien pourtant, à considérer l'état présent des choses : le méchant prospère et le juste est opprimé. Voyez aussi quelle indignation s'allume en vous quand cette attente est frustrée ! La conscience s'élève et murmure contre son auteur ; elle lui crie en gémissant : Tu m'as trompé !

« Je t'ai trompé, téméraire ! Qui te l'a dit ? Ton âme est-elle anéantie ? As-tu cessé d'exister ? Ô Brutus ! ô mon fils ! ne souille pas ta noble vie en la finissant ; ne laisse pas ton espoir et ta gloire avec ton corps aux champs de Philippes. Pourquoi dis-tu : La vertu n'est rien, quand tu vas jouir du prix de la tienne ? Tu vas mourir, penses-tu ? Non, tu vas vivre, et c'est alors que je tiendrai tout ce que je t'ai promis.

» Si l'âme est immatérielle, elle peut survivre au corps ; et si elle lui survit, la Providence est justifiée. Quand je n'aurais d'autre preuve de l'immatérialité de l'âme que le triomphe du méchant et l'oppression du juste en ce monde, cela seul m'empêcherait d'en douter. Une contradiction si manifeste, une si choquante dissonance dans l'harmonie universelle me ferait chercher à la résoudre. Je me dirais : Tout ne finit pas pour nous avec la vie, tout rentre dans l'ordre, à la mort. »

II. — De l'état de l'âme après la mort. Des récompenses et des peines éternelles

Il est certain que l'âme survit au corps et qu'elle doit être, dans une autre vie, récompensée ou punie suivant le bien ou le mal qu'elle aura fait en celle-ci. Il n'y a pas de vérité plus solidement démontrée.

Mais quel sera son état après la mort ? C'est ce que nous ne savons qu'imparfaitement. Elle conservera le sentiment, la mémoire, l'intelligence, la volonté et la conscience de sa personnalité et de son identité, puisque sans cela elle ne pourrait être véritablement ni punie, ni récompensée. Mais comme elle sera dans un état différent, elle ne produira pas ses opérations de la même manière qu'elle le fait maintenant. Au lieu de s'éclairer, dit saint Thomas, par les rapports qu'elle a actuellement avec les choses extérieures, au moyen des sens, son intelligence recevra de l'essence de Dieu les rayons qui l'illumineront. Elle se tournera vers les choses d'en haut une fois que, séparée du corps, elle sera affranchie des liens qui l'assujettissent aujourd'hui aux choses terrestres. Sa volonté se portera de même vers le souverain bien, au lieu de chercher à se satisfaire en s'unissant aux biens passagers, incertains et trompeurs que lui offre le spectacle de ce monde.

Quelle sera la durée de ses récompenses et de ses peines ? La raison, réduite à ses seules ressources, ne saurait la déterminer. Elle est sûre seulement d'une chose, c'est que nous serons récompensés ou punis autant que nous l'aurons mérité. La justice de Dieu l'exige. Mais ces récompenses et ces peines seront-elles éternelles ? La foi seule nous l'apprend.

La raison, comme nous l'avons dit, a ses limites. Là où elle s'arrête, elle rencontre la lumière de la révélation qui vient suppléer à son insuffisance. C'est cette lumière qui nous apprend que la vie du bon et du méchant n'aura pas de fin et que l'un sera éternellement puni et l'autre éternellement récompensé.

Cet arrêt n'est pas en opposition avec la raison, comme le prétendent certains incrédules ; car nous trouvons cette croyance chez tous les peuples et il n'y a pas de religion qui ne montre à l'homme, à la fin de cette vie, le Paradis ou l'Enfer. Cette idée peut se présenter sous des noms ou des formes différentes, mais partout on la proclame et l'on considère l'immortalité comme un des grands privilèges de l'âme humaine.

SUJETS DE DISSERTATIONS FRANÇAISES

1. Quelles sont les notions philosophiques par lesquelles on arrive à la doctrine de l'immortalité de l'âme?
2. Établir les preuves de l'immortalité de l'âme.
3. Distinguer l'argument métaphysique de l'argument moral et apprécier l'un et l'autre.
4. Quelle est celle des preuves de l'immortalité de l'âme qui vous semble la meilleure ?
5. Discuter et réfuter les objections des matérialistes contre l'immortalité de l'âme.
6. Insuffisance de la raison humaine pour résoudre toutes les questions relatives à la vie future. Comment la foi y supplée?

DEUXIÈME SECTION

Morale pratique

Division générale.

On divise ordinairement les devoirs en trois classes : 1° les devoirs de l'homme envers lui-même ; 2° les devoirs de l'homme envers ses semblables ; 3° les devoirs de l'homme envers Dieu.

La première classe forme la morale personnelle ou individuelle ; la seconde la morale sociale et la troisième la morale religieuse.

La morale personnelle ou individuelle se subdivise en

deux parties : 1° les devoirs relatifs au corps ; 2° les devoirs relatifs à l'âme.

La morale sociale comprend : 1° les devoirs de la famille ou la morale domestique ; 2° les devoirs de l'homme envers ses semblables en général ; 3° les devoirs du citoyen envers l'État.

Dans la morale religieuse nous distinguerons : 1° les sentiments que nous devons avoir envers la divinité ; 2° le culte ou la manifestation de ces sentiments.

CHAPITRE PREMIER

Morale personnelle. Devoirs relatifs au corps.

L'homme est composé d'un corps et d'une âme. Tous les devoirs qu'il a à remplir envers lui-même se rapportent donc à son corps ou à son âme. Nous allons d'abord traiter des devoirs relatifs au corps.

I. — Conservation et entretien du corps

Notre premier devoir envers le corps est sa conservation.

Nous ne nous appartenons pas à nous-mêmes. L'homme a reçu de Dieu la vie et il n'a pas le droit de se l'ôter. Créature intelligente et raisonnable, il est trop noble pour se traiter comme une chose. Ni lui, ni personne n'a le droit de le traiter ainsi.

Le suicide est donc un acte coupable, condamné par la loi naturelle.

Celui qui se tue manque à son devoir envers ses semblables, car l'homme le plus misérable peut toujours rendre quelque service à l'humanité.

Il manque à son devoir envers Dieu, car il abandonne le poste que la Providence lui avait confié, sans en avoir reçu l'ordre, et il méprise la vie que Dieu lui a donnée.

Enfin il se manque à lui-même puisqu'il se soustrait à la loi qui lui était imposée. Car on a beau dire qu'il y a un certain courage à s'ôter la vie, il y en a un plus grand encore à la supporter lorsqu'elle est devenue un fardeau qui semble intolérable.

Ce devoir de conservation ne permet pas à l'homme de mutiler son corps, à moins que le sacrifice d'un membre ne soit nécessaire pour la conservation elle-même de la vie.

Il ne peut s'imposer non plus des fatigues ou des privations qui altéreraient sa santé, et encore moins se livrer à des excès capables de la troubler.

L'hygiène fait partie du devoir, surtout pour les personnes dont la santé est nécessaire aux autres. Mais elle ne doit pas dégénérer en soins minutieux qui absorbent l'homme et qui ne lui permettent pas de s'occuper, pour ainsi dire, d'autre chose que de lui-même. Il n'y a rien qui abaisse plus la dignité humaine que ces soins égoïstes qui finissent par faire de ceux qui s'y livrent des êtres inutiles, ennuyeux et insupportables à eux-mêmes et aux autres.

L'homme doit se nourrir sainement, se vêtir comme sa position l'exige, attacher un grand prix à la propreté et être, en un mot, soigneux de sa personne, mais sans recherche, sans prétention, sans paraître esclave de ces petits riens qui enlèvent à l'homme son caractère viril pour le rendre ridicule plutôt que gracieux.

II. — Tempérance. Devoirs relatifs aux appétits sensuels

En psychologie nous avons observé que, dans la partie inférieure de l'âme, se trouvaient les appétits sensuels. Ces appétits nous sont donnés pour aider l'âme à pourvoir à l'entretien du corps. Ce sont eux qui nous avertissent de nos besoins par la double sensation de la faim et de la soif.

Pour que nous remplissions plus facilement ces fonctions nécessaires à la conservation et à l'entretien du corps, la Providence y a attaché un certain attrait, de véritables jouissances. Ces jouissances n'ont en elles-mêmes rien de répréhensible, puisqu'il est dans l'ordre de la nature que nous trouvions quelque délectation dans les choses que nous buvons et que nous mangeons pour apaiser notre faim ou calmer notre soif.

La perfection consisterait à régler nos appétits inférieurs de telle sorte que nous ne leur accordions jamais que ce qui est nécessaire pour la conservation de notre santé.

La tempérance est la vertu qui a pour objet de nous maintenir dans le milieu où nous devons être pour éviter tout excès.

Elle est opposée aux privations, aux jeûnes, aux abstinences excessives qui auraient pour résultat de nous enlever nos forces corporelles et de nous mettre dans l'impossibilité de remplir les devoirs de notre état.

Elle condamne les excès contraires qui nous portent à boire et à manger beaucoup plus qu'il ne faut. Pour satisfaire notre gourmandise, les cuisiniers s'appliquent à multiplier les mets, à les rendre agréables et appétissants, ils flattent la vue, l'odorat et le goût pour nous engager à prendre plus de nourriture que l'estomac n'en demande.

Quand on s'est ainsi chargé l'estomac, on prétend avoir besoin d'un vin généreux, de liqueurs alcooliques pour aider à la digestion. Un excès en entraîne un autre. On boit immodérément et cet excès peut aller jusqu'à l'ivresse qui jette dans les facultés intellectuelles de l'homme un tel désordre qu'il ne sait plus ce qu'il dit, ni ce qu'il fait.

Ce vice est crapuleux et dégradant et enlève à l'homme sa dignité.

L'intempérance est condamnable parce qu'elle a pour conséquence une foule de maladies qui montrent que ce défaut est contraire au devoir qui nous est imposé relativement à la conservation de notre corps. Elle abrutit celui qui s'y livre en portant atteinte à ses facultés intellectuelles et en le rendant esclave du corps dont les exigences deviennent insatiables.

Ce vice n'a pas même l'avantage de procurer le plaisir qu'il promet. Car à peine a-t-on touché à cette coupe enchanteresse que le breuvage qu'elle renferme se change en poison et que la jouissance qu'elle procure se transforme en cruelles douleurs. « L'intempérance, dit Montaigne, est peste de la volupté, et la tempérance n'est pas son fléau, c'est son assaisonnement. »

III. — Relation avec les êtres inférieurs

Les êtres inférieurs à l'homme sont les animaux, et les biens matériels dont il jouit.

1° Sa raison lui donne l'empire sur les animaux. Comme ils sont faits à son usage, il peut les tuer et s'en nourrir et les employer en les réduisant à la domesticité.

Il a le droit de se débarrasser des animaux qui le gênent ou qui lui nuisent. Mais dans l'exercice de ses droits, il ne doit jamais apporter de cruauté. C'est un vice odieux.

Fontenelle raconte qu'étant allé voir un jour le père Malebranche à l'Oratoire, une chienne de la maison, qui était pleine, entra dans la salle et vint se rouler aux pieds du Père. Après avoir inutilement essayé de la chasser, Malebranche donna à la chienne un coup de pied qui lui fit jeter un cri de douleur, et à Fontenelle un cri de compassion : « Et quoi ! lui dit froidement le père Malebranche, ne savez-vous pas que cela ne sent pas ? »

Pour nous, nous ne savons pas cela et nous ne voulons pas le savoir. Nous ne voyons pas avec les Cartésiens des automates dans les animaux, mais nous y voyons avec le genre humain des êtres qui souffrent et qu'il ne faut pas prendre plaisir à tourmenter.

C'est une tendance fâcheuse qu'on trouve chez la plupart des enfants. Si on leur donne un oiseau, ou un animal qui ne peut pas se défendre, ils abusent volontiers du pouvoir qu'ils ont sur lui et ils s'amusent à le faire souffrir. Ce sont des sentiments que l'on doit combattre, parce qu'il importe que l'homme s'accoutume de bonne heure à être doux et bienfaisant. S'il est dur envers les animaux, il est à craindre qu'il soit de même envers ses semblables.

2° Quant aux biens extérieurs nous pouvons en user pour nos besoins. Nous mettons la nature matérielle à contribution pour nous vêtir, nous loger, nous transporter d'un endroit à un autre, pour meubler nos appartements, les orner, et nous procurer en un mot toutes les choses nécessaires à notre vie physique et intellectuelle.

Nous n'obtenons pas ce qu'il nous faut sans effort. Pour que la terre produise il faut la cultiver et pour que ses produits servent à notre usage, il faut que l'industrie s'en empare et les façonne. Le travail est le moyen que la nature a mis à notre disposition pour que nous exercions notre royauté sur tous les objets qui nous environnent.

Le travail mène l'homme à la possession légitime des choses qu'il n'a pas et la tempérance lui apprend à régler ses dépenses sur ses besoins. Il peut user de ce qu'il a légitimement acquis, mais il ne doit pas détruire follement même les objets qui lui appartiennent. S'ils ne peuvent plus lui servir, peut-être peuvent-ils être utiles à d'autres?

L'homme bien ordonné tire parti de ce qu'il a dans son intérêt et dans l'intérêt des autres. Si nous ne devons pas détruire et tourmenter inutilement les animaux, nous ne devons pas non plus détériorer ou perdre les choses inanimées. Il ne faut pas oublier que ce que dédaigne le riche ferait souvent la joie du pauvre et que l'on pourrait nourrir et vêtir bien des malheureux avec ce que la prodigalité et l'incurie perdent ou consomment sans profit pour personne.

SUJETS DE DISSERTATIONS FRANÇAISES

1. L'homme a-t-il des devoirs envers lui-même? Quels sont-ils?
2. A quel point précis les jouissances du corps, de l'esprit ou du cœur cessent-elles d'être légitimes.
3. Quels sont les devoirs de l'homme envers son corps?
4. Du suicide. Réfuter les arguments par lesquels on a voulu le justifier.
5. Quels sont les devoirs de l'homme envers les animaux?

CHAPITRE II

Des devoirs relatifs à l'âme.

Il y a dans l'âme trois grandes facultés: la sensibilité, l'intelligence et la volonté. Les appétits sensuels se rapportent à la sensibilité, il ne nous reste à parler que des devoirs relatifs à l'intelligence et à la volonté.

I. — DES DEVOIRS RELATIFS A L'INTELLIGENCE. SAGESSE OU PRUDENCE

L'intelligence est la faculté de connaître. Nous sommes naturellement désireux de tout savoir, mais si dans les temps anciens des hommes doués d'une grande intelligence ont pu cultiver avec succès toutes les sciences, aujourd'hui les connaissances humaines ont pris de tels développements qu'une pareille prétention serait déraisonnable. On ne peut être universel.

Il faut distinguer dans les connaissances humaines celles qui sont nécessaires, celles qui sont utiles et celles qui sont de pur agrément.

Il y a des connaissances générales qui sont nécessaires à tout homme, quel qu'il soit, ce sont celles qui intéressent sa destinée. Tout homme doit être assez instruit dans les sciences religieuses et morales pour connaître les devoirs qu'il a à remplir comme homme dans toutes les circonstances où il pourrait se trouver.

Il faut en outre qu'un homme sache tout ce qui se rapporte aux devoirs de son état. Un avocat, un magistrat doivent connaître la jurisprudence, un médecin la médecine, un prêtre la théologie et ainsi de toutes les professions. Ces connaissances sont obligatoires et on doit chercher perpétuellement à les perfectionner.

Les connaissances utiles sont celles qui ont le plus de

rapport et d'affinité avec les connaissances nécessaires. Celui qui se renfermerait dans les connaissances purement obligatoires risquerait de manquer du nécessaire, parce que les sciences ne sont pas tellement circonscrites dans leur domaine qu'elles n'aient de nombreuses ramifications dans les sciences particulières qui ont quelque analogie avec elles.

On aime d'ailleurs qu'un homme ne parle pas que des choses de son état et on serait étonné qu'un avocat, un médecin, un ecclésiastique fût étranger à l'histoire, à la littérature, aux sciences physiques ou mathématiques et à une foule de choses qui ne sont pourtant pas essentielles à sa position.

Seulement, relativement aux sciences utiles et aux connaissances de pur agrément, si elles ornent l'intelligence, et rendent service à ceux qui les cultivent, elles ne sont pas obligatoires. On ne doit même pas leur consacrer trop de temps et ce serait une faute que de s'en occuper au détriment des connaissances nécessaires.

L'intelligence étant faite pour la vérité, nous ne devons jamais la fausser et la corrompre par le mensonge et l'erreur.

Nous sommes exposés à nous tromper en jugeant avec précipitation ou par passion. Il importe de se rappeler ce que nous avons dit en logique (Voy. plus haut p. 214-216) sur les causes et les remèdes de nos erreurs.

Il est de notre devoir de veiller sur nos jugements et de nous habituer à être très sévère envers nous-même. Il n'est pas rare de fausser la conscience et de contrarier ses arrêts par des sophismes que l'on imagine dans l'intérêt de ses passions.

Nous devons aussi être très sincères avec les autres. Le mensonge est une bassesse indigne d'un homme d'honneur.

La sagesse ou la prudence est la vertu qui dirige l'intelligence dans les choses pratiques. C'est elle qui lui marque la limite que l'on ne doit pas dépasser. Il ne faut pécher ni par excès, ni par défaut ; la prudence indique le milieu où l'on doit s'arrêter.

Elle veille à nos intérêts et à ceux des autres. Elle s'inspire de l'expérience et juge de l'avenir d'après le passé. Elle nous montre les conséquences favorables ou défavorables que peuvent avoir nos actions, et met fort à propos un frein à l'élan trop impétueux des passions surexcitées par l'imagination.

II. — Des devoirs relatifs a la volonté. Courage ou force. Dignité humaine

La volonté est la faculté que nous avons d'agir. L'expérience nous apprend que dans l'exercice de notre liberté, nous sommes souvent entravés.

Nous trouvons d'abord des obstacles dans notre nature elle-même. Si le devoir est pénible, si la tâche demande des efforts soutenus, nous sommes souvent tentés par la paresse et nous désertons le poste qui nous a été confié.

D'autres fois nous sommes arrêtés par le danger et la peur nous fait faire une lâcheté.

Pour éviter ces écueils il faut que nous soyions doués d'une force d'âme qui nous permette de triompher des difficultés.

La vie présente est remplie de contrariétés et de peines. Il y en a pour tout le monde. Si le pauvre souffre de son indigence, le riche trouve dans son abondance bien des déceptions.

Le premier devoir est de supporter avec une grande force de caractère toutes ces misères et il faut peut-être plus de courage pour ne pas faillir dans cette lutte constante que pour affronter un danger qui se manifeste tout à coup et qui ne demande que l'effort d'un moment.

C'est à ces actions d'éclat qu'on donne plus particulièrement le nom de courage.

On admire avec raison le courage du soldat qui reste sur le champ de bataille au milieu des projectiles qui pleuvent autour de lui et qui fait ainsi le sacrifice de sa vie par dévouement pour sa patrie.

Cicéron trouvait pourtant le courage civil supérieur au

courage militaire. Il pensait qu'il fallait au magistrat plus de force pour remplir dignement ses devoirs qu'au soldat pour braver les traits de l'ennemi. Il avait des motifs personnels pour faire cette préférence, mais après y avoir réfléchi avec impartialité, on est de son avis, parce que le courage civil demande plus de persévérance et par là même plus de force réelle que le courage militaire qui n'a besoin de se produire que pour un moment et dans d'assez rares circonstances.

Mais le courage qui l'emporte sur tous les autres, c'est celui de l'homme sincère et convaincu qui résiste à tous les tourments et qui donne jusqu'à la dernière goutte de son sang pour la vérité ; c'est le courage du martyre.

La force donne à la volonté humaine de la fermeté et l'empêche d'être trop sensible aux fluctuations de la fortune. Elle communique à l'âme cette énergie qui fait qu'elle conserve son égalité de caractère dans les succès comme dans les revers, et qu'elle ne se laisse ni enivrer par les uns, ni abattre par les autres.

Elle inspire à l'homme cette dignité qui le tient à égale distance de l'orgueil et de la bassesse.

Il sait qu'il a reçu de Dieu une nature noble et élevée et il considère comme un de ses devoirs les plus stricts de la respecter et de la faire respecter par les autres.

« Celui qui se fait ver, dit Kant, peut-il se plaindre d'être écrasé ? »

L'orgueil est un autre défaut qui ne nuit pas moins à l'homme par l'estime exagérée qu'il lui donne de lui-même. Il est souvent brutal et insolent et cherche à opprimer les autres en rabaissant leurs mérites.

Quand il ne peut pas se glorifier de grandes choses, il s'efforce de tirer avantage des petites et dégénère ainsi en vanité, en fatuité et en pédantisme, n'arrivant qu'au ridicule, tout en rêvant la gloire.

La vertu qui nous préserve de la bassesse et de l'orgueil est la modestie, ou l'humilité. La modestie nous montre ce que nous sommes parmi les hommes, en nous faisant voir qu'il y en a beaucoup au-dessus de nous et que nous ne devons pas être portés à nous prévaloir des avantages que nous nous supposons. L'humilité nous place devant Dieu et nous force à nous anéantir devant son infinie majesté en reconnaissant que nous avons tout reçu de lui. *Quid habes quod non accepisti?*

SUJETS DE DISSERTATIONS FRANÇAISES

1. Est-il vrai de dire que le principe fondamental de la morale individuelle est d'élever en nous la personne humaine au plus haut degré de perfection où elle puisse parvenir?
2. De la dignité humaine en face des systèmes de philosophie. Dire quels sont ceux qui la rabaissent et ceux qui l'exagèrent.— Quelle est la vraie doctrine?
3. Devoirs de l'homme envers son intelligence.
4. Devoirs de l'homme envers sa volonté.
5. La célèbre formule des stoïciens : *Abstine et sustine*, contient-elle toute la morale ?

CHAPITRE III

La morale domestique : la famille.

La famille se compose des parents et des enfants. On peut y ajouter les domestiques qui font partie du personnel de la maison. Nous parlerons ici de l'institution de la famille, et des devoirs des parents et des enfants, des maîtres et des domestiques.

I. — DE L'INSTITUTION DE LA FAMILLE

La famille est d'institution naturelle et divine.

Elle est d'institution naturelle, parce que l'homme ne peut exister sans elle. Il vient au monde, faible, dépourvu de tout, incapable de vivre sans le secours de ceux qui lui ont donné le jour.

Pendant de longues années il ne peut se suffire.

Dieu qui est l'auteur de notre nature, a dû, en créant

l'homme, établir la famille, puisque sans elle il ne peut perpétuer son existence.

L'éducation des enfants demandant les soins réunis du père et de la mère, il faut que leur union soit consacrée par un acte qui la rende durable.

Cet acte est le mariage. Le mariage est fondé sur le consentement mutuel des époux qui se promettent fidélité et s'engagent à élever ensemble leurs enfants.

Aux yeux de la société civile le mariage est un contrat ; devant l'Eglise c'est un sacrement.

Le mariage est un et indissoluble.

Il est un, c'est-à-dire qu'il consiste dans l'union d'un seul homme avec une seule femme. C'est la monogamie.

Dans les temps anciens la polygamie a été permise. Elle existe encore chez les musulmans et dans un très grand nombre de nations païennes et sauvages.

Mais rien n'est plus contraire à la dignité de la femme. Car lorsque le mari a plusieurs femmes, il en fait ses esclaves. Elles se disputent son affection et s'efforcent, au détriment de leur dignité, de satisfaire tous ses caprices.

Le mariage est indissoluble, c'est-à-dire que tant que les époux vivent, s'ils peuvent en certains cas se séparer de corps et de biens, il ne leur est jamais permis de contracter un second mariage.

L'indissolubilité du mariage exclut le divorce.

Le divorce est contraire à la doctrine catholique. Il est permis dans quelques pays chrétiens et parmi les infidèles.

Mais l'expérience a démontré qu'il détruisait la famille, parce qu'il nuisait à l'union des époux et compromettait les intérêts des enfants.

Il nuit à l'union des époux parce que la possibilité qu'ils ont de se séparer leur permet plus facilement d'être infidèles à la promesse qu'ils se sont réciproquement jurée.

Si la séparation peut se faire par le consentement mutuel des deux parties, celui qui veut divorcer n'a qu'à rendre la vie intolérable à l'autre et il le forcera à lui rendre sa liberté.

Dans le cas où l'on exige des causes graves pour procurer le divorce, on engage la partie qui veut rompre les liens qu'elle a contractés, à commettre les sévices ou les mauvaises actions nécessaires pour arracher la sentence judiciaire qu'elle désire.

En toute hypothèse, c'est une prime accordée à celui qui a de mauvaises intentions, c'est un encouragement au mal.

D'un autre côté, les enfants se trouvent placés dans une situation odieuse, entre deux familles qui sont portées à les repousser et leur éducation ne peut manquer d'en souffrir beaucoup.

II. — Devoirs des parents et des enfants

1. L'unité et l'indissolubilité du mariage exigent que le père et la mère unissent à jamais leur destinée, qu'ils n'aient pas d'autre but que de se rendre mutuellement heureux et de travailler ensemble à l'éducation de leurs enfants.

Le père est le chef de la famille, c'est à lui à commander, mais il doit user de son autorité avec douceur et traiter sa femme avec les plus grands égards. Il doit l'honorer comme sa compagne et lui rendre en affection et en bonté ce qu'elle lui accorde en soumission et en dévouement.

Ils se sont promis une fidélité inviolable. Rien ne peut autoriser la moindre infraction à cet engagement sacré. C'est d'ailleurs sur ce devoir d'honneur que repose la dignité du mariage et c'est de là que découlent l'affection et le respect que se doivent mutuellement les époux et toutes les vertus qui font le bonheur de la famille.

L'autorité dont les parents sont investis à l'égard de leurs enfants ne leur a été donnée par Dieu que pour qu'ils en usent dans l'intérêt de la famille.

Ce n'est pas une autorité égoïste et tyrannique, comme l'ont entendu les anciens et comme l'entendent encore aujourd'hui les peuples qui ne sont pas chrétiens.

Les parents n'ont pas droit de vie et de mort sur leurs

enfants, ils ne peuvent ni les mutiler, ni les maltraiter, et ils n'ont pas le droit de les vendre pour en faire des esclaves.

La Providence les leur a confiés pour en faire des hommes et leur premier devoir est de respecter leur vie et leur dignité.

Ils doivent les nourrir, les vêtir, les loger et pourvoir, autant qu'il est en eux, à leur subsistance jusqu'à ce qu'ils puissent se suffire.

Ils sont tenus en outre à les instruire ou à les faire instruire dans la proportion de leurs ressources et de leur condition.

Ils sont obligés tout spécialement à les élever, c'est-à-dire à former en eux l'homme moral et pour cela ils doivent veiller constamment sur leur conduite, éloigner d'eux les sociétés dangereuses, leur donner de bons conseils et surtout de bons exemples.

2° Les enfants de leur côté doivent à leurs parents l'amour, le respect et l'obéissance.

L'amour est le ciment qui doit unir indissolublement tous les membres de la famille, c'est le sentiment que la nature a mis si profondément dans le cœur des parents, qu'un père, ou qu'une mère qui n'aime pas ses enfants, passe avec raison pour un monstre, qui fait exception dans l'humanité.

Quoique l'amour des enfants pour les parents soit moins vif ou moins puissant, cependant si on ne trouve pas ce sentiment dans le cœur d'un enfant on le regarde comme un être dénaturé et on n'en attend rien de bon, parce que celui qui n'a pas d'affection pour son père ou sa mère, ne peut en avoir pour personne.

Le respect des enfants pour les parents ne doit pas avoir de limite. Si les parents ont des défauts, des imperfections, des vices même, l'enfant doit les voiler, autant qu'il est en lui et néanmoins respecter dans les auteurs de ses jours le caractère sacré dont ils doivent toujours paraître revêtus à ses yeux.

L'obéissance doit être intérieure et cordiale. Il ne doit pas en coûter aux enfants d'obéir à leurs parents. Cependant il y a des cas où l'autorité paternelle ou maternelle peut excéder ses droits.

Si les parents n'ont pas droit sur la vie et la liberté de leurs enfants, ils ne peuvent pas non plus leur commander des choses mauvaises qui seraient en opposition avec la loi morale. Dans ce cas les enfants doivent leur faire de respectueuses remontrances et refuser absolument de leur obéir.

Mais dans tout autre cas l'obéissance est un devoir, et même quand l'homme est établi et qu'il forme une nouvelle famille, il ne doit pas, sans de graves motifs, s'en affranchir.

Les frères et les sœurs doivent être unis entre eux par les liens d'une douce amitié, et cette amitié doit se manifester par l'indulgence qu'ils ont les uns pour les autres, et par les services qu'ils se rendent. Il importe, comme le dit Silvio Pellico, que le commerce de la famille soit tendre et saint, parce que ceux qui contractent à l'égard de leurs frères et de leurs sœurs des habitudes de malveillance et de grossièreté restent malveillants et grossiers avec tout le monde.

III. — Devoirs des maîtres et des domestiques

Dans l'administration d'une maison les domestiques jouent un rôle important.

Le maître doit les bien choisir et s'efforcer de les bien diriger.

Pour cela il faut qu'il soit juste à leur égard, qu'il ne leur demande pas un travail supérieur à leurs forces, qu'il apprécie exactement le mérite de leurs services, et qu'il les paie exactement. Il faut tâcher de proportionner le salaire à la valeur du travail et ne pas attendre une demande d'augmentation quand elle est méritée.

Le maître ne doit point oublier que le serviteur a sa dignité et ses droits. Rien n'autorise la brutalité et les mauvais traitements. Un bon maître est le protecteur de ses serviteurs, il les traite avec douceur et humanité, il leur donne dans l'occasion de bons conseils, et les moralise surtout par ses exemples.

Le serviteur doit répondre aux bons sentiments du maître par une fidélité inviolable, une obéissance prompte et un attachement sincère. Le serviteur infidèle perd la confiance du maître et n'a la considération de personne. On le renvoie et il ne peut rester nulle part. Le serviteur indocile est un instrument rebelle dont on se fatigue rapidement. Le bon serviteur est aimé de ses maîtres, il s'attache à la maison et devient en quelque sorte un membre de la famille. Ses années de service lui sont comptées et il n'a pas à s'inquiéter de son avenir.

SUJETS DE DISSERTATIONS FRANÇAISES

1. Montrer la nécessité de la société domestique ou de la famille relativement à la triple destinée de l'homme.
2. L'amour de la patrie commence à la famille (Bacon). — *Fundamentum omnium virtutum est pietas ergo parentes* (Cic.). — Développer ces maximes et faire voir que les vertus domestiques sont le meilleur apprentissage des vertus civiles.
3. Jusqu'où s'étend pour les parents l'obligation de faire instruire leurs enfants?
4. Quels sont les fondements et les limites du pouvoir paternel?
5. Des devoirs des enfants envers les parents et des rapports que les enfants doivent avoir entre eux.

CHAPITRE IV

La morale sociale : la justice ou respect du droit.

Les devoirs envers les hommes en général peuvent se ramener à ces deux principes : *Rendre à chacun ce qui lui est dû ou ce qui lui appartient; fais aux autres ce que tu voudrais qu'on te fît à toi-même.* Du premier de ces principes découlent les devoirs de justice, et du second les devoirs de charité.

I. — Des droits

La justice est le respect du droit.

L'homme a droit à la vie, à la liberté, aux biens qu'il possède légitimement et à sa réputation.

1. *Droit à la vie.* — La vie vient de Dieu qui en est seul maître. Nous ne pouvons pas disposer de notre vie et nous ne pouvons pas attenter à celle d'autrui. Le droit à la vie est le premier de tous. Le meurtre n'est permis que dans trois cas, à la guerre, dans le cas de légitime défense, et comme punition du meurtre lui-même. En tout temps et dans tous les pays la société a eu le droit de porter la peine de mort contre les crimes qu'elle a cru devoir punir de la sorte dans l'intérêt général de la société.

2. *Droit à la liberté.* — L'homme est né libre et il a droit à sa liberté naturelle. L'esclavage est une atteinte portée contre ce droit. L'esclavage ancien, tel qu'il existait en Grèce, à Rome et dans tous les États païens avant l'établissement du christianisme, dépouillait l'homme de tous ses droits d'être libre et raisonnable pour en faire une chose absolument dépendante du maître qui pouvait s'en servir et la détruire à son gré. C'était une institution sociale évidemment contraire au droit naturel.

On ne pourrait pas en dire autant de l'esclavage mitigé qui respecte dans l'esclave la dignité humaine, tout en le forçant à passer sa vie au même endroit ou attaché au même maître. Mais la civilisation actuelle réprouve cette condition et nos lois n'autorisent que la domesticité libre et volontaire fondée sur un contrat toujours révocable.

3. *Droit de propriété.* — Dans l'état actuel de la société, tous les biens sont la propriété de quelqu'un. Le propriétaire d'une chose a le droit d'user de la chose qui lui appartient, d'en percevoir les fruits et les produits, de la transformer ou de la modifier à son gré, de la céder à d'autres par donation, échange ou vente, de la défendre contre celui qui voudrait la lui enlever, en un mot, d'en être exclusivement le maître.

La propriété est le fruit du travail. Dans les temps primitifs, lorsque la terre était inhabitée, le sol a appartenu au premier occupant. Mais pour en devenir le propriétaire celui qui s'en est emparé a dû le cultiver et le rendre ainsi sien par son travail.

Les hommes ayant reçu des facultés inégales, sont par là même doués d'une puissance de travail qui est très inégale elle-même. Ce travail est plus ou moins intelligent, les fruits en sont conservés avec plus ou moins d'ordre, par conséquent les résultats doivent être très inégaux. C'est ce qui explique l'inégalité de la fortune et qui fait qu'il y aura toujours des pauvres et des riches.

Les socialistes, les communistes voudraient que tous les biens fussent mis en commun, et partagés par égale part entre tous les individus. Mais le lendemain de ce partage, l'inégalité renaîtrait. L'un n'aurait rien produit et aurait beaucoup consommé ; l'autre aurait vécu de peu et aurait produit beaucoup.

L'inégalité de la fortune est la conséquence inévitable de l'inégalité naturelle des individus et il faut laisser à chacun le fruit de son travail et le produit de ses économies, si l'on veut exciter l'émulation et engager l'homme à féconder la terre et à développer le bien-être universel, qui résulte de l'activité et des efforts de chacun.

On voudrait, pour empêcher l'accumulation de la richesse dans la même famille, détruire le droit qu'ont les enfants de recueillir la fortune de leurs parents. Mais ce serait forcer l'homme à ne travailler que pour lui et à s'arrêter aussitôt qu'il aurait de quoi vivre. On étoufferait dans le cœur des parents le dévouement qu'ils ont pour leurs enfants, on priverait la société d'un travail qui lui est excessivement utile, et au lieu d'augmenter le bien-être de l'humanité comme on le prétend, on en fermerait une des sources les plus abondantes.

4. *Du droit à la réputation.* — L'homme a droit à sa réputation, à son honneur. Il y tient plus qu'à ses biens et même plus qu'à sa vie. On y porte atteinte par les jugements téméraires, les railleries, les paroles blessantes et les

injures, par la médisance, la calomnie et par le faux témoignage en matière judiciaire.

On blesse aussi les droits d'autrui quand on manque aux engagements qu'on avait contractés avec lui, quand on le trompe par des mensonges ou de vaines promesses, ou quand on le force à agir contre sa conscience.

Généralement l'homme connaît ses droits et s'élève très vivement contre celui qui les viole. Mais il ne faut pas oublier que pour faire respecter ses droits, il faut savoir respecter ceux des autres.

II. — Du respect des droits

La justice consiste à respecter les droits d'autrui. Ses préceptes sont négatifs dans la forme, mais ils sont stricts et absolus.

Ils étaient gravés sur la deuxième table de la loi en traits aussi expressifs que concis. *Non occides. Non furtum facies. Non loqueris contra proximum. Non concupisces.*

Non occides. Il n'est pas permis d'attenter à la vie d'autrui. L'homicide, l'assassinat, le parricide, le fratricide, l'infanticide sont les crimes monstrueux qui peuvent être la conséquence de la violation de ce précepte.

Le duel est aussi en opposition avec cette grande défense : *Non occides.* Celui qui va sur le terrain s'expose à tuer son adversaire ou à être tué par lui. Il n'a pas le droit d'exposer ainsi sa vie pas plus qu'il n'a le droit de se suicider. Il n'a pas le droit non plus d'ôter la vie à son adversaire, puisque le meurtre est défendu.

Il y a donc là une double raison pour condamner ce préjugé des temps barbares que l'on considère comme un moyen de se faire justice et de réparer son honneur, quoiqu'il ne soit qu'un coup de force ou de hasard, qui n'a rien de commun ni avec l'honneur ni avec la justice.

C'est aussi aller contre le droit que le prochain a à la vie que de le frapper brutalement et de lui faire des blessures qui compromettent sa santé et abrègent ses jours.

Nos lois ne permettent pas de réduire quelqu'un en esclavage. Mais on attente souvent à la liberté d'autrui en abusant de l'influence qu'on a sur lui, de la dépendance dans laquelle il s'est mis par des emprunts ou par d'autres engagements qui ne lui permettent pas de suivre ses sentiments et parfois d'obéir aux prescriptions de sa conscience.

Non furtum facies. Le vol est la violation de la propriété d'autrui. Il se présente sous bien des formes. Il ne consiste pas seulement à mettre la main sur le bien du prochain pour se l'approprier ; il y a une foule de moyens d'arriver au même but. On peut s'emparer de ce qui est à autrui par escroquerie, par dol et par fraude. On peut manquer à ses engagements et conserver chez soi une chose qu'on sait bien appartenir à un autre. Le marchand qui vend à faux poids et à fausse mesure ou qui trompe sur la nature et la qualité de la chose vendue, l'emprunteur qui refuse de payer ses dettes, le domestique infidèle qui trompe son maître sur le prix de la chose qu'il a achetée ou vendue, sont de véritables voleurs.

Non loqueris contra proximum. On fait encore plus facilement tort au prochain dans sa réputation que dans ses biens. Il ne faut qu'un mot, qu'une réticence pour faire une médisance ou une calomnie. Il y a des personnes qui se font une habitude du mensonge. Elles n'affirment pas ce qui n'est pas, mais elles exagèrent tout, en plus ou en moins, dans leurs appréciations et leurs récits et il en résulte souvent des jugements erronés qui sont très préjudiciables aux personnes qu'elles connaissent.

Non concupisces. Dans le décalogue, les mauvais désirs sont défendus, parce que c'est toujours par la corruption du cœur que le mal commence. *Cogitationes malæ de corde exeunt.* Pour couper le mal dans sa racine, c'est là qu'il faut l'atteindre.

Quand l'homme a porté atteinte aux droits d'autrui, la justice l'oblige à réparer le tort qu'il lui a fait dans sa personne, dans sa réputation ou dans ses biens. C'est une obligation stricte dont on ne peut se dispenser qu'autant qu'on est dans l'impuissance physique ou morale de le faire.

DE LA MORALE.

SUJETS DE DISSERTATIONS FRANÇAISES

1. Déterminer l'objet des quatre vertus cardinales : prudence, justice, force et tempérance, et montrer comment elles règlent nos devoirs envers nous-mêmes et envers les autres.
2. Quelles sont les obligations que nous impose la justice ?
3. Des droits de l'homme. — Montrer le rapport qu'il y a entre ces droits et les devoirs.
4. Du duel. Réfuter les raisons par lesquelles on a essayé de le justifier.
5. Sur quoi est fondé le droit de propriété ? Réfutation du communisme et du socialisme.
6. De l'esclavage. Dire comment il est en opposition avec le droit naturel.

CHAPITRE V

La charité.

Quand nous avons respecté la personne des autres, dit Victor Cousin, que nous n'avons ni contraint leur liberté, ni étouffé leur intelligence, ni maltraité leur corps, ni attenté à leur famille ou à leurs biens, pouvons-nous dire que nous ayons accompli toute la morale à leur égard ? Un malheureux est là souffrant devant nous. Notre conscience est-elle satisfaite, si nous pouvons nous rendre le témoignage de n'avoir pas contribué à ses souffrances ? Non, quelque chose nous dit qu'il est bien encore de lui donner du pain, des secours, des consolations. Ce quelque chose est la charité. Mais les devoirs de charité sont tout différents des devoirs de justice.

I. — DES DEVOIRS DE CHARITÉ COMPARÉS AUX DEVOIRS DE JUSTICE

Les devoirs de justice sont, en général, des devoirs négatifs. *Declina a malo.* Ne faites pas à autrui ce que vous ne voudriez pas qu'on vous fît. Ils sont stricts et absolus et peuvent être imposés par la force.

Les devoirs de charité sont des devoirs positifs. *Fac bonum...* Faites à autrui ce que vous voudriez qu'on vous fît. Ils sont larges et ne peuvent être exigés par personne. Ils sont libres et c'est dans leur liberté, comme le dit Victor Cousin, que consiste leur beauté.

Les devoirs de justice sont strictement déterminés, relativement à leur objet, au temps où ils doivent être accomplis et aux personnes qu'ils regardent.

Si je dois de l'argent à quelqu'un, la quotité de ma dette est fixée et je ne puis m'acquitter qu'en payant exactement ce que je dois. Ma dette est-elle de 100 francs, je n'ai à verser ni 99, ni 101 francs ; mais les 100 francs que je dois, ni plus, ni moins.

Ordinairement, l'époque du paiement est fixée. Je dois alors payer au jour marqué. Je n'ai ni à devancer, ni à retarder mon paiement, mon créancier n'a droit qu'à mon exactitude.

La personne est aussi indiquée. Je dois à Pierre et non à Paul. Je n'ai pas à m'occuper de la qualité, ni de la condition de la personne. Qu'elle soit riche ou pauvre, honnête ou malhonnête, mon obligation est la même. Je suis tenu à lui donner au jour dit la somme que je lui dois.

Les devoirs de charité n'ont aucun de ces caractères. Ils ne sont déterminés ni quant à la quotité de la chose qu'on doit donner, ni quant au temps où on doit le faire, ni quant aux personnes qui doivent recevoir.

Le riche est tenu de faire l'aumône. C'est un devoir certain et incontestable. Mais que doit-il donner ? c'est ce qu'il est très difficile de préciser. On dit bien qu'il doit donner en proportion de sa fortune, mais cette fortune a toujours des charges, et les revenus d'une maison sont souvent bien variables. Les théologiens disent qu'on doit donner son superflu. Mais quel est le superflu ? Les revenus étant variables, la prudence veut que dans les bonnes années, on mette à la réserve pour les années mauvaises, d'autant plus que, les besoins étant plus grands, il faut que les riches puissent donner davantage. Que doit-on mettre à la réserve? On sent qu'il est impossible de préciser ici, comme quand il s'agit d'un devoir de justice.

Quand faut-il donner? Et à qui? Il est nécessaire que le riche puisse choisir son moment et ses personnes. C'est à l'époque de ses rentrées qu'il lui est le plus facile de donner. Dans l'impossibilité où il est de secourir tous ceux qui souffrent, il est bon qu'il choisisse les pauvres qui lui semblent les plus dignes d'intérêt et qu'il proportionne ses dons à leurs besoins. La charité mal faite n'est plus une bonne action, et, pour la bien faire, il faut y regarder de près et apporter dans la répartition des secours beaucoup d'intelligence et de discernement.

Les devoirs de justice correspondent à des droits que l'on est tenu de respecter. C'est ce qui fait qu'on peut en exiger l'accomplissement par des moyens légaux.

Les devoirs de charité sont libres. La charité donne et elle donne à des personnes à qui il n'est rien dû. Elle ne correspond donc pas à un droit. C'est une pure libéralité et on ne peut imposer à personne l'obligation de faire un sacrifice quel qu'il soit.

A la vérité, le riche est tenu de donner, mais c'est un devoir général. Il n'est pas tenu de donner à telle ou telle personne, et s'il refuse à quelqu'un qui lui demande, celui-ci ne peut pas dire qu'il est lésé dans son droit, parce qu'il n'en a pas.

De là un effet tout particulier qui résulte de la charité. Comme elle est libre, celui qui en est l'objet, est tenu à la reconnaissance. On ne lui devait rien, il a reçu une libéralité, il doit en remercier celui qui la lui a faite et en conserver un bon souvenir.

Il n'en est pas de même du débiteur et du créancier; l'un s'acquitte envers l'autre, ils n'éprouvent pas même le besoin de se connaître. C'est une affaire.

Enfin les devoirs de justice, correspondant à des droits, sont permanents. Ils subsistent tant qu'ils n'ont pas été remplis.

Il n'en est pas de même des devoirs de charité. Ils varient

avec les temps, les personnes et leurs conditions de fortune, et si une personne les a négligés à une époque de sa vie, on l'engagera à compenser cette négligence par des libéralités plus grandes, mais elle ne sera pas tenue à restituer.

II. — Des œuvres de charité

La charité est un progrès sur la justice. Car la justice nous défend seulement de faire du tort au prochain et nous oblige de réparer le mal que nous avons fait.

La charité veut que nous lui fassions du bien. Le pardon des injures, la reconnaissance, la bienfaisance et le dévouement sont les vertus qu'elle nous inspire.

Pardonner les injures, c'est-à-dire ne pas rendre le mal pour le mal, est le premier degré de la charité. Œil pour œil, dent pour dent, telle est la peine du talion qui semble naturelle. L'offensé est naturellement porté à se venger et à rendre à son ennemi le mal qu'il lui a fait.

Cependant, ce sentiment est mauvais. Il n'est pas permis à l'offensé de se faire justice à lui-même. Il peut attaquer devant les tribunaux celui qui lui a fait du mal et demander judiciairement la réparation du tort qu'il lui a causé. Si ce moyen lui répugne, il peut en référer à la justice de Dieu, qui rendra à chacun selon ses œuvres.

Si la vengeance était permise, les offenses succéderaient aux offenses, les injures aux injures, on serait en guerre perpétuelle, et il ne serait plus possible de vivre en société.

Les sages de l'antiquité avaient vu ces conséquences. Il ne faut pas faire de mal, dit Socrate, même à ceux qui nous en ont fait. Et dans la morale chrétienne, Jésus-Christ a fait du pardon des injures un devoir si pressant que, dans la prière qu'il nous a apprise, il nous fait dire tous les jours ces belles paroles : Pardonnez-nous nos offenses comme nous les pardonnons à ceux qui nous ont offensés.

La reconnaissance consiste à faire ou à vouloir du bien à ceux qui nous en ont fait. C'est le second degré de la charité. Il semble que ce devoir est tout naturel ; cependant ce sentiment est très rare. C'est déjà beaucoup si celui qui a reçu un bienfait ne se rend coupable que d'une ingratitude négative, c'est-à-dire s'il reste indifférent à l'égard de son bienfaiteur, s'il ne lui fait ni bien, ni mal. Trop souvent l'obligé se sent humilié par le souvenir du bienfait et trop souvent il satisfait ses mauvais penchants en faisant du mal à celui qui lui a fait du bien. C'est pour cela que la reconnaissance doit être considérée comme une vertu, parce qu'elle suppose un effort, une victoire remportée sur la nature égoïste et ingrate.

La bienfaisance nous fait faire du bien à des personnes qui ne nous ont fait ni bien, ni mal. C'est une pure libéralité. Cicéron, dans le *De officiis*, recommande cette vertu dont il fait, d'après Aristote, le complément de la justice.

Mais il observe qu'elle demande à être pratiquée avec beaucoup de précautions. Il faut prendre garde, dit-il, 1° qu'en voulant faire du bien à quelqu'un, nous ne fassions du mal à lui, ou à d'autres ; 2° que nos libéralités ne surpassent nos ressources ; 3° que nos dons soient proportionnés aux mérites de ceux qui les reçoivent.

La charité chrétienne ne se règle pas sur cette dernière condition. Ce n'est pas aux mérites du pauvre qu'il faut regarder, mais à ses besoins.

Il est très difficile, pour ne pas dire impossible, de se rendre compte du mérite des personnes. Adopter une pareille règle ce serait s'exposer à de graves erreurs et donner une prime d'encouragement à la dissimulation et à l'hypocrisie.

La vraie charité ne tient compte que des misères de ceux qui souffrent. Elle les soulage autant qu'il est en elle et elle s'applique surtout à ne pas humilier le pauvre par le don qu'elle lui fait. A une aumône matérielle elle ajoute toujours une bonne parole et elle s'efforce de soutenir le moral tout en réconfortant le physique, se rappelant, comme le dit l'Évangile, que l'homme ne vit pas seulement de pain.

Enfin le dévouement est le degré le plus élevé de la charité. C'est beaucoup que de faire du bien à ceux qui ne nous en ont pas fait et qui ne peuvent probablement ne jamais nous en faire. Mais il est bien plus généreux de faire du bien à ceux qui nous ont fait du mal. Aimez vos ennemis, faites du bien à ceux qui vous haïssent ; priez pour ceux qui vous persécutent et vous calomnient. Telle est la perfection que nous conseille la morale évangélique.

C'est une belle chose que de donner une partie de ses biens aux pauvres ; mais c'est encore un acte plus merveilleux que de leur donner son temps, son intelligence et de se dévouer tout entier pour eux. Sacrifier sa vie dans l'intérêt d'autrui est le comble de l'héroïsme. Car, comme le dit encore l'Évangile, il n'y a pas de plus grand amour que celui qui donne sa vie pour ses amis : *Majorem hac dilectionem nemo habet, ut animam suam ponat quis pro amicis suis.*

SUJETS DE DISSERTATIONS FRANÇAISES

1. Distinguer les devoirs de *justice* et les devoirs de *charité*.
2. Rapports et différences entre la vertu de justice et la vertu de charité.
3. Qu'entend-on par devoirs positifs et devoirs négatifs ? En donner des exemples, soit dans la morale individuelle, soit dans la morale sociale, soit dans la morale religieuse.
4. Montrer que sans la charité il n'y a pas de justice parfaite.
5. En quel sens pourrait-on dire que la justice comprend en elle toutes les vertus ?
6. Quelle est la valeur de cette maxime : *Je ne fais de mal qu'à moi-même ?* Est-ce une justification ou même une excuse du mal moral ?

CHAPITRE VI

Morale civique. Éléments de la société.

Avant de parler des devoirs du citoyen il est nécessaire que nous fissions connaître ce qu'on entend par l'État et que nous établissions la distinction du droit naturel, du droit civil et du droit politique.

I. — Notion de l'État

La société est l'état naturel de l'homme. Aristote l'a défini un animal politique, c'est-à-dire fait pour vivre en société.

En dehors de la société, il ne peut en effet vivre ni physiquement, ni intellectuellement, ni moralement.

L'homme vient au monde dépourvu de tout, il n'a ni la force, ni l'instinct des autres animaux, et pendant de longues années il a besoin d'une assistance étrangère, nous ne dirons pas de chaque jour, mais de chaque instant.

Livré à lui-même il offrirait le plus triste spectacle sous le rapport intellectuel et moral. On a rencontré dans les forêts des individus abandonnés qui avaient pourtant déjà profité de leurs relations sociales avant leur abandon. Leur état de dégradation faisait voir combien il est contraire à la nature de l'homme de vivre ainsi dans l'isolement. Ils n'avaient ni intelligence, ni moralité ; ils étaient tombés au-dessous de l'animal.

Rousseau n'a donc fait qu'un roman paradoxal quand il a écrit que l'homme avait d'abord vécu isolé, libre, innocent et heureux, et que cet état primitif ayant cessé, il est entré en société avec ses semblables, et qu'à l'état de nature a succédé l'état social, au règne de la liberté a succédé la loi.

L'histoire nous prouve au contraire qu'il n'y a jamais eu pour l'homme d'autre état que l'état social. L'humanité a commencé par la famille, la famille a formé des tribus, les tribus des nations.

On donne le nom de peuple ou de nation à une association d'hommes qui sont unis par une communauté d'idées, de mœurs, d'intérêts, de langue et de race. Cette association forme une sorte de personne morale qu'on désigne sous un seul nom, comme les Français, les Anglais, les Allemands.

L'État est une association d'hommes soumise au même gouvernement.

Un même État peut embrasser plusieurs peuples. Ainsi la monarchie autrichienne a sous son autorité des Allemands, des Polonais et des Hongrois. Un même peuple peut former plusieurs États. Les Allemands forment plusieurs États liés entre eux par une fédération.

Il y a donc une différence entre l'État et la nation.

II. — Du droit naturel

Le droit naturel est celui qui découle de la loi naturelle elle-même.

Nous avons dit plus haut, page 349, que ces droits comprennent le droit à la vie, le droit à la liberté personnelle et individuelle, le droit à la propriété, le droit à la réputation et à l'honneur.

Ces droits sont les mêmes pour tous les hommes sans distinction de race, de nation. Ils existent également pour les Français, les Anglais, les Allemands, les Indiens et les Iroquois, en un mot pour tous les individus de l'espèce humaine.

Rousseau veut que l'homme, sortant de l'état de nature, ait perdu ses droits naturels en entrant en société, pour ne tenir désormais ses devoirs et ses droits que de la volonté générale. C'est une erreur profonde. Les droits naturels sont tellement inhérents à l'homme qu'ils sont inaliénables et imprescriptibles. Il ne peut pas en faire le sacrifice à la société et la société ne peut pas non plus lui demander ce renoncement.

Le droit civil, loin d'exiger le sacrifice du droit naturel, n'en est au contraire que la consécration. Les philosophes qui veulent que les lois et coutumes n'aient pas leur fondement dans le droit naturel, mais qu'elles ne soient que des expédients nés des circonstances au fur et à mesure des besoins sociaux, enlèvent au droit civil toute sa grandeur et toute sa force pour en faire un ensemble de mesures plus ou moins arbitraires que les hommes ont prises selon l'inspiration du moment, mais qu'ils peuvent modifier à leur gré, quand ils le jugent à propos.

Le droit naturel a un tout autre caractère. Il est universel et immuable comme la loi naturelle dont il procède. Il peut être opprimé par la violence, mais il proteste d'une façon permanente contre l'injure qui lui est faite, et il est à remarquer qu'avec le temps il profite de tous les progrès de la civilisation et qu'il finit par triompher.

L'esclavage a pesé pendant bien des siècles sur la plus grande partie de l'humanité. La conscience a protesté contre cette violation du droit et, après de longues luttes, le droit l'a enfin emporté sur l'intérêt et la passion.

Quoi qu'on en ait dit, le droit prime la force, et ce n'est pas la force qui prime le droit.

III. — Du droit civil

Le droit civil embrasse les droits et les devoirs des individus vis-à-vis les uns des autres et vis-à-vis de la société en général.

Le droit civil n'est que le développement du droit naturel qu'il doit prendre pour base.

Le droit naturel, ne donnant que les principes fondamentaux du droit, est par lui-même trop vague et trop général pour suffire aux besoins de la société. Il faut qu'il soit appliqué aux cas particuliers, et que la société prenne les mesures nécessaires pour en empêcher les infractions et pourvoir ainsi à sa stabilité et à sa conservation.

Telle est l'œuvre du législateur.

Pour que la société subsiste il faut qu'elle ait un chef, et que ce chef soit investi d'une autorité reconnue qui lui permette de faire des lois, d'administrer les intérêts de la nation et de sanctionner ses lois et ses décrets par des châtiments.

Il y a des philosophes qui supposent que l'autorité du législateur est souveraine et absolue, et qu'il peut défendre ou commander légitimement tout ce qu'il veut.

Cette doctrine est tyrannique.

Le législateur n'est point revêtu d'un pouvoir arbitraire.

La loi humaine, dit saint Thomas, n'est loi que parce

qu'elle est juste, et elle ne peut être juste qu'autant qu'elle est conforme à la raison. La loi naturelle étant elle-même la règle de la raison, il s'ensuit que toute loi humaine doit nécessairement dériver de la loi naturelle.

Ainsi le droit civil ne peut être en opposition avec le droit naturel.

La loi humaine, ajoute saint Thomas, doit être honnête, juste, possible, selon la nature, conforme aux usages du pays, adaptée au temps et au lieu, claire pour ne pas causer de méprises par son obscurité, faite pour l'utilité générale et non pour l'avantage particulier.

Pour être justes, les lois civiles doivent remplir ces trois conditions. Il faut : 1° qu'elles tendent à l'intérêt général ; 2° qu'elles ne dépassent pas les limites du pouvoir de celui qui les établit ; 3° qu'elles répartissent les charges entre tous les citoyens, selon une égalité proportionnelle.

L'intérêt général de la société exige que le législateur ait le droit de porter des peines contre ceux qui violent ses lois. Sans cette sanction les lois civiles seraient de nul effet, et le législateur n'arriverait ni à protéger les droits des individus, ni à conserver la société elle-même ; ce qui doit être son double but. Mais ces peines doivent être proportionnées à l'importance des délits et des crimes.

Le législateur ne peut atteindre l'homme que dans sa fortune, sa liberté et sa personne. Les peines pécuniaires seraient souvent insuffisantes et sans proportion avec la faute. On est obligé de frapper l'homme dans sa liberté et de le mettre en prison. Il y a des crimes qui exigent la peine capitale. Il est à souhaiter que l'application en devienne de plus en plus rare, mais la société n'a pas encore pu s'en dessaisir.

La civilisation a fait disparaître de nos lois pénales la torture, la mutilation, l'exposition et tous les mauvais traitements que l'on avait jugés nécessaires dans des temps plus barbares.

La meilleure peine serait assurément celle qui produirait l'amendement du coupable et qui préparerait sa réhabilitation, mais on ne l'a pas encore trouvée.

IV. — Du droit politique. Vote

Le droit civil consacre et protège le droit naturel. Mais pour qu'ils soient efficaces l'un et l'autre, il faut que la société qu'ils régissent soit constituée et organisée, et qu'elle forme un État.

L'État étant une association d'hommes soumise au même gouvernement, il faut que le caractère de ce gouvernement soit déterminé par des institutions spéciales.

Ce sont ces institutions qui forment le droit politique. Elles ont pour but de protéger le droit civil, comme le droit civil protège lui-même le droit naturel.

L'ordre civil, dit Victor Cousin, est le but même de la société; l'ordre politique est le moyen qui mène la société à son but.

Dans tout gouvernement on distingue trois pouvoirs : le pouvoir *législatif* qui fait la loi; le pouvoir *exécutif* qui l'exécute, et le pouvoir *judiciaire* qui l'interprète dans les cas douteux, et qui l'applique aux faits particuliers qui lui sont soumis.

Ces pouvoirs s'exercent de différente manière, suivant la forme de gouvernement établie. On distingue trois formes principales de gouvernement : la démocratie, l'aristocratie et la monarchie.

La démocratie est le gouvernement du peuple par lui-même : on lui donne le nom de république.

L'aristocratie est le gouvernement de la nation par la noblesse. Si le pouvoir est entre les mains de quelques-uns, c'est une oligarchie.

La monarchie est le gouvernement d'un seul; il porte le nom de roi ou d'empereur.

La monarchie est absolue quand le souverain a en main tous les pouvoirs; elle est héréditaire quand il a le droit de transmettre ses pouvoirs à ses descendants; elle est élective quand, à sa mort, la nation s'est réservé le droit de nommer à sa place un autre souverain. Elle est tempérée, quand le souverain est limité dans l'exercice de ses pouvoirs par des institutions indépendantes ; et elle est constitutionnelle, quand son pouvoir est restreint par une charte ou constitution consentie par la nation elle-même.

Toute forme de gouvernement est légitime, car un peuple est maître de se donner les institutions politiques qu'il croit les meilleures ; mais, dans l'exercice de son droit et dans son intérêt, il doit tenir compte de son caractère, de ses mœurs, de ses traditions et coutumes, pour choisir la forme qui s'adapte le mieux à ses besoins.

D'après saint Thomas, ce qu'il y a de mieux dans l'ordre politique, c'est que chacun ait sa part de souveraineté....... et le meilleur régime pour un État c'est celui qui n'a qu'un chef qui préside à tout conformément à la vertu, qui a sous lui des chefs subalternes usant de la même façon de leur autorité, de telle sorte que le pouvoir appartienne à tous, soit parce que tous les citoyens sont électeurs, soit parce qu'ils sont tous éligibles. Ier, IIe Q. cv, art. 1, c. 1.

Le vote a alors une grande importance, puisque c'est lui qui donne à la société ses chefs.

SUJETS DE DISSERTATIONS FRANÇAISES

1. Quelle était la pensée d'Aristote quand il disait que l'homme est un animal politique ?

2. De l'origine de la société. — Par quels arguments peut-on démontrer que l'origine de la société est un fait naturel et nécessaire et non un fait arbitraire ou accidentel, comme on l'a quelquefois prétendu ?

3. Distinguer le droit naturel, le droit civil et le droit politique et montrer les rapports qu'ils ont entre eux.

4. Énumérer les différentes formes de gouvernement, les apprécier et dire celle qui vous semble la plus parfaite.

CHAPITRE VII

Des devoirs envers l'État.

L'État est tenu de protéger les citoyens dans leur vie, leur liberté, leurs biens et leur honneur, de veiller au maintien des principes de la morale en punissant ceux qui les transgressent publiquement, de venir en aide dans une certaine mesure aux malheureux, et de travailler sans cesse à la conservation de l'ordre et de la tranquillité publique. En retour il exige de ses membres certains devoirs. Les trois principaux sont : l'obéissance à la loi ; le service militaire et le dévouement à la patrie.

I. — Obéissance a la loi

Le citoyen doit obéissance à la loi, et aux pouvoirs dont elle émane et qui ont mission de la faire exécuter.

Sous quelque forme de gouvernement que l'on vive, l'autorité est sacrée. Elle vient de Dieu comme la société elle-même. Tous les hommes considérés comme tels sont égaux. Un homme n'a pas le droit comme homme de commander à un autre homme. Il ne peut le faire qu'autant qu'il est investi d'une puissance supérieure.

Le souverain, le législateur, l'administrateur, le juge, le magistrat sont les représentants de la loi et puisque la loi remonte jusqu'à Dieu qui en est l'expression, puisqu'il est la source et le principe de toute justice, il s'ensuit que les chefs d'un État sont les représentants de Dieu et qu'à ce titre on doit les honorer et les respecter.

Ce respect doit se trouver à la base de toute société et il est la première garantie de l'ordre public et de la sécurité des citoyens.

Les chefs de l'État tirent leur pouvoir de la constitution

elle-même de l'État ; cette loi fondamentale est obligatoire pour tous.

Ceux qui sont à la tête de l'État ne doivent pas dépasser les pouvoirs que la constitution leur donne. Les lois qu'ils font doivent en être le développement, mais elles ne peuvent pas lui être contraires.

Un peuple a le droit de se donner une constitution, pourvu qu'il respecte les principes de la loi naturelle et de la loi divine qui sont supérieurs à toute volonté humaine. Ce droit constitue sa souveraineté et ces exceptions la limitent.

Mais une fois que la constitution a été librement et régulièrement établie, les sujets comme les chefs doivent l'observer. Le peuple ne peut pas avoir le droit de changer à chaque instant et arbitrairement la loi constitutive. Ce serait ouvrir les portes à tous les abus et rendre l'insurrection permanente.

La constitution ne peut être changée régulièrement qu'en se soumettant aux règles qu'elle établit pour y introduire des modifications ou des améliorations normales.

Les lois civiles sont également obligatoires en conscience.

Il n'y a d'exception que pour les cas où la loi n'émanerait pas d'une autorité légitime, et où elle serait en opposition avec la loi naturelle ou avec une loi positive divine.

Dans le premier cas la loi n'existe pas, dans le second le législateur a évidemment dépassé ses pouvoirs. Car la loi naturelle et la loi divine sont des lois supérieures aux lois positives humaines.

Mais pour refuser d'obéir, il faut être bien sûr de cette opposition. Dans un cas douteux on devrait obéir à la loi, ne serait-ce que pour éviter le scandale et les conséquences fâcheuses qui résultent toujours d'un pareil refus.

Si la conscience ne permet pas d'obéir à une loi civile, ce n'est pas un motif pour ne pas respecter l'autorité qui est à la tête de l'État. Les premiers chrétiens refusaient de sacrifier aux idoles en disant : qu'il vaut mieux obéir à Dieu qu'aux hommes, mais ils respectaient les puissances établies. Tertullien disait avec fierté dans son *Apologétique :* Vous avez eu bien des insurrections et bien des conspirations, mais vous n'avez pas trouvé un seul insurgé, ni un seul conspirateur parmi nous.

II. — Service militaire

Les États forment des personnes morales qui ont des relations analogues à celles des individus entre eux. Le droit qui règle ces relations se nomme le *droit des gens*.

Ce droit relève comme le droit civil et le droit politique de la loi naturelle. Il devrait lui être en tout conforme, mais dans les nations barbares il s'en éloigne beaucoup.

Le droit des gens, positif ou écrit, tend chaque jour à s'en rapprocher. Il devrait avoir pour base la justice et l'humanité.

Chaque État a pour objet de conserver son indépendance et de faire respecter par les États voisins l'intégrité de son territoire. C'est un droit et un devoir auxquels il ne peut pas renoncer.

Comme il n'y a pas de tribunal arbitral établi au-dessus des États pour juger leurs différends, c'est à la guerre qu'ils ont recours pour se faire justice, lorsqu'ils se croient attaqués dans leurs intérêts ou leur honneur.

Le droit de guerre est pour les États ce qu'est le droit de légitime défense pour les individus. On ne peut pas en contester la légitimité.

Mais pour être juste il faut que la guerre n'ait pas d'autre mobile que la justice ou le droit et non l'intérêt et qu'elle n'ait pas d'autre cause qu'une agression injuste, ou une menace sérieuse d'un État voisin offrant des dangers pressants que l'on ne peut autrement conjurer.

L'État attaqué ou menacé a besoin alors de défenseurs, et les citoyens, quand ils en sont régulièrement requis, doivent porter les armes pour le maintien de l'ordre ou pour la défense de leur pays.

Le citoyen doit également supporter une part des charges communes. Il est tenu de remplir les fonctions publiques non rémunérées et de contribuer ainsi autant qu'il est en lui à la défense de la société et de ses lois.

Ainsi on est tenu de faire partie du jury, d'accepter les fonctions municipales, de faire partie des associations de bienfaisance, si l'on n'a pas de motif sérieux pour se dispenser de ces charges.

On doit payer les impôts dont le produit est nécessaire à l'État pour l'administration de la société. On ne doit pas chercher à se soustraire par la fraude et le mensonge à cette charge qui a pour résultat de procurer au public des avantages dont on profite comme les autres.

Le vote a une si grande importance dans les conditions de la société actuelle qu'il n'est pas seulement un droit, mais un devoir. Il doit être consciencieux et pour cela il faut qu'il soit éclairé. L'électeur doit user de son droit dans toute circonstance. L'abstention est une négligence coupable ou une lâcheté. Solon n'admettait pas de neutres dans sa république démocratique.

Seulement, avant de choisir son candidat, l'électeur doit avoir recours à tous les moyens pour s'éclairer. S'il ne peut pas le faire par lui-même, il est obligé de prendre l'avis d'une personne compétente qui mérite sa confiance. Car il ne doit pas user de son droit légèrement, sans avoir pris tous les moyens pour se renseigner.

III. — Dévouement a la patrie

La patrie c'est le sol où l'on est né, c'est la nation à laquelle on appartient.

Cette idée embrasse et résume tous les souvenirs, tous les sentiments de l'individu. L'exilé ne se rappelle jamais sans émotion les lieux où il est né, où il a grandi et s'est développé, le ciel qui a couvert la première partie de son existence.

A la patrie se rattachent toutes les générations qui ont vécu dans le même pays, tous les efforts qu'elles ont faits pour le féconder, l'orner, l'agrandir. On est fier de toutes les belles actions dont elles ont peuplé l'histoire. Le vrai patriotisme ne restreint pas son affection aux temps présents, aux hommes et aux choses qui lui sont sympathiques. Le bon Français s'enorgueillit des exploits de Clovis, de Charlemagne, de saint Louis et de Louis XIV, aussi bien que des belles actions qui honorent ses contemporains.

La patrie est la personnification de tout ce passé et c'est en même temps le vivant symbole de tout ce qui fait la gloire d'un peuple dans le moment présent. Les anciens l'appelaient une mère que, dans leur culte exagéré, ils plaçaient au-dessus de leur mère dans l'ordre naturel. Ils étaient prêts à tout lui sacrifier, leur vie comme leurs biens, et celui qui hésitait à faire ce sacrifice était déshonoré.

Assurément puisque nous avons tout reçu de la patrie, nous devons l'honorer, l'aimer, et la servir avec le plus grand dévouement.

Il y a eu dans tous les temps des hommes qui ont méconnu ce sentiment et ce devoir, parce qu'il y a eu dans tous les temps des individus égoïstes qui ont tout rapporté à eux-mêmes et qui n'ont pas eu l'esprit assez élevé, le cœur assez noble, pour comprendre la grandeur et la sublimité du sacrifice. Pour ceux-là la patrie est où se trouvent leurs intérêts et leur bien-être : *ubi bene, ibi patria*.

Mais il y a aujourd'hui une certaine école qui, sous prétexte de sentiment cosmopolite, prétend ne pas admettre la division de l'humanité en divers États et pose comme un but l'unification du genre humain ne formant plus qu'une seule famille.

Cette transformation du patriotisme en un vague sentiment humanitaire n'est qu'une utopie dangereuse. Il y a des différences trop profondes entre les nations au point de vue des idées, des sentiments, des caractères et des intérêts pour détruire leur individualité, et ce rêve est dangereux, parce qu'il a pour effet d'encourager une foule de gens qui cherchent dans ces théories la justification de leur lâcheté, quand l'État fait appel à leur dévouement.

SUJETS DE DISSERTATIONS FRANÇAISES

1. Qu'est-ce que la morale sociale ? Quels en sont les principes et les règles essentielles ?

2. Décrire les devoirs du citoyen envers l'État et de l'État envers le citoyen.

3. L'homme en tant qu'homme a des devoirs envers la société ; en tant que citoyen, il a des devoirs envers l'État. — Marquer par une analyse précise la distinction qu'il convient d'établir entre ces deux sortes de devoirs.

4. Montrer que la liberté politique suppose la liberté psychologique et morale.

5. Du patriotisme, des fondements naturels, psychologiques, historiques et ethnographiques de ce sentiment.

CHAPITRE VIII

La morale religieuse. Devoirs envers Dieu.

L'homme a été créé par Dieu pour le connaître, l'aimer et le servir. Connaissance, amour et obéissance, tels sont les trois grands devoirs de l'homme envers Dieu. Le culte est l'expression de ces sentiments.

I. — Connaissance. Amour. Obéissance

Le premier devoir de l'homme envers Dieu est de se faire une juste idée de sa nature et de ses attributs.

L'idée que nous nous faisons de Dieu détermine non seulement nos devoirs envers lui, mais encore la direction que nous devons donner sous le rapport moral à toutes nos facultés.

Le polythéisme en multipliant les dieux avait personnifié en eux tous les vices. Leurs temples étaient devenus des lieux de débauche et il n'y avait pas de crime qui ne pût s'autoriser de l'exemple d'un dieu ou d'une déesse.

Le dualisme en déifiant le mal avait légitimé tous les désordres. Les mœurs des Manichéens étaient une honte pour l'humanité dégradée.

Le panthéisme, en faisant de Dieu et des êtres finis un seul et même être, excite l'homme à détruire son individualité, sa personnalité et met la perfection dans cette espèce d'absorption qui est la ruine de la moralité humaine.

Enfin le déisme, en supposant Dieu étranger à ce qui se passe sur la terre, enlève à l'homme la sanction divine de ses actions et désarme la loi morale du mobile le plus puissant, qui puisse empêcher de l'enfreindre.

De plus en détruisant toute relation entre l'homme et Dieu, il réduit notre destinée à la vie présente et nous interdit toute aspiration plus élevée.

Le Dieu créateur, tel que nous l'avons représenté dans la théodicée, est un être personnel, libre et agissant ; il est souverainement intelligent, tout-puissant, infiniment sage et bon, il a l'œil ouvert sur toutes ses créatures, sait ce qu'elles sont et ce qu'elles font, et pourvoit avec un soin incessant et une miséricorde inépuisable à tous leurs besoins.

C'est l'être parfait qui nous sert de modèle et dont nous essayons d'imiter les perfections. Soyez parfaits, comme votre Père céleste est parfait, voilà la parole qui nous oblige à contempler perpétuellement cet idéal, comme un peintre a les yeux fixés sur l'image qu'il veut rendre.

Cette connaissance excite l'amour.

2. Le polythéiste n'avait rien à admirer dans les dieux dont il avait peuplé l'Olympe. Il trouvait en eux toutes les passions qui déshonorent les hommes et il devait les craindre plutôt que les aimer.

C'est aussi le sentiment que devait éprouver le dualiste devant ce dieu essentiellement mauvais qui ne pouvait vouloir que le mal. Il n'est pas possible d'aimer un pareil être.

Il n'y a pas de place non plus pour l'amour dans le panthéisme qui est la négation de toutes les individualités, ni dans le déisme qui, en séparant l'homme de Dieu, nous oblige au moins à l'indifférence à son égard.

Comment pourrais-je aimer un Être qui ne s'occupe pas de moi et qui m'est fatalement étranger ?

Mais l'idée que nous avons de Dieu est tout autre. Il nous a donné l'être et il nous conserve librement, par un effet tout gratuit de sa bonté. Sa Providence veille sur nous avec une sollicitude toute paternelle ; *nemo tam pater quam Deus*, et nous comble constamment de ses bienfaits et de ses faveurs. Comment ne répondrions-nous pas à son amour par un amour sans bornes ?

La raison n'a besoin que de réfléchir aux perfections de cet Être miséricordieux pour comprendre que le premier et le plus grand des commandements est celui-ci : Vous aimerez le seigneur votre Dieu de tout votre esprit, de tout votre cœur, de toute votre âme et de toutes vos forces.

3. Cet amour et cette connaissance que nous avons de Dieu impliquent l'obéissance. Nous savons qu'il est l'auteur de tout ce qui existe, des êtres visibles et des êtres invisibles, des corps et des esprits.

Nous savons que c'est lui qui a créé les corps et qui les a soumis aux lois physiques auxquelles ils obéissent.

Nous savons qu'il est l'auteur des esprits et des lois morales qui les régissent. Nous devons donc obéir à ses lois et les regarder comme l'expression de sa volonté.

C'est ce sentiment qui fait la grandeur et la dignité de l'homme, parce qu'il nous fait voir dans tous ceux qui nous commandent une image de la divinité elle-même et en leur obéissant nous nous élevons au lieu de nous abaisser.

II. — Du culte

La connaissance de Dieu excite en nous un sentiment de profonde dépendance à son égard. Nous voyons qu'il est tout et que nous ne sommes rien, nous savons que nous avons tout reçu de lui et que nous ne possédons que ce qu'il continue à nous donner. Nous sentons notre misère et nous le considérons comme la source de tous les biens qui nous font défaut. Nous sommes donc naturellement portés à le prier, à lui rendre hommage et à célébrer ses louanges. C'est ce qu'on appelle le culte intérieur.

Le culte intérieur est l'expression de l'adoration. Dans l'adoration nous nous anéantissons devant la majesté suprême et nous reconnaissons son souverain domaine sur nous et sur les créatures. L'adoration n'est due qu'à Dieu. Ce serait une impiété que d'adorer un autre être que lui.

L'adoration suppose le respect et l'amour. Quand on est bien pénétré de la grandeur de Dieu on ne prononce son nom qu'avec un respect mêlé de crainte. Si sa bonté nous rassure, nous n'avons pas moins le sentiment de sa justice et de sa puissance. Et quand nous réfléchissons à nos faiblesses et à nos misères, nous ne sommes pas portés à prononcer légèrement son nom. L'amour que nous inspirent ses perfections ne nous permet pas de le blasphémer, et nous comprenons que si nous nous rendions coupables de la moindre injure envers celui qui nous a tout donné et qui nous donne tout à chaque instant de notre existence, nous serions de misérables rebelles, indignes du caractère dont Dieu nous a honoré. Le blasphème nous apparaît alors comme l'expression de l'ingratitude la plus sotte et la plus monstrueuse.

Si on nous demande un serment, nous ne le faisons pas avant de nous assurer si la chose qu'on exige de nous est licite et si nous pourrons la tenir. Le parjure est un mensonge et une infidélité augmentée de tout ce que le nom de Dieu peut ajouter de gravité à la solennité de nos engagements.

Tous ces sentiments appartiennent aussi au culte intérieur, c'est-à-dire aux dispositions de cœur et d'esprit que nous devons toujours avoir à l'égard de la divinité.

Mais l'homme étant composé d'un corps et d'une âme, il ne suffit pas qu'il ait en lui-même ces sentiments, il faut qu'il les produise par la parole, le chant et son attitude extérieure. Il est si naturel à l'homme d'exprimer au dehors ce qu'il pense au dedans de lui-même qu'on ne conçoit pas le culte intérieur sans le culte extérieur. Ceux qui prétendent que leur culte est purement mental n'ont pas des sentiments bien vifs de reconnaissance et d'amour envers Dieu.

« Ne voit-on pas, dit Fénelon, que le culte extérieur suit nécessairement le culte intérieur de l'amour? Donnez-moi une société d'hommes qui se regardent comme n'étant tous ensemble sur la terre qu'une seule famille, dont le père est au ciel : donnez-moi des hommes qui ne vivent que du seul amour de ce père céleste, qui n'aiment ni le prochain ni eux-mêmes que par amour de lui, et qui ne soient qu'un cœur et qu'une âme : dans cette divine société n'est-il pas vrai que la bouche parlera sans cesse de l'abondance du cœur? Ils admireront le Très-Haut ; ils chanteront le Très-Bon ; ils célébreront ses louanges ; ils le béniront pour tous ses bienfaits. »

D'ailleurs le culte extérieur entretient et développe le culte intérieur ; comme la parole vivifie la pensée.

III. — LA PRIÈRE

Le culte se manifeste par la prière. Le culte intérieur consiste dans la prière mentale et le culte extérieur dans la prière vocale.

Les philosophes qui ne croient pas à la Providence et qui supposent que Dieu est étranger au monde ou qu'il est tellement enchaîné par son œuvre qu'il ne peut toucher ni au monde physique, ni au monde moral, veulent que la prière se borne à un acte d'adoration inspiré par la contemplation des perfections divines. C'est le sentiment de Rousseau et des déistes.

Nous devons, disent-ils, nous pénétrer des grandeurs de Dieu, admirer ses perfections infinies, les louer et les célébrer avec enthousiasme, mais nous ne devons rien lui demander.

Ce n'est pas ainsi que nous entendons la prière, parce que nous nous faisons de Dieu une tout autre idée. L'acte de la création n'a pas épuisé sa puissance et enchaîné sa liberté. Il est l'auteur de ce monde et de toutes les lois qui le régissent, mais par là même qu'il est le maître souverain de tout ce qui existe, il peut quand il le juge à propos, modifier ces lois et soustraire en certains cas ses créatures à leur action.

C'est sur ce principe de la puissance et de la liberté de Dieu que repose la possibilité du miracle. Le miracle n'est pas comme on l'a dit la suspension d'une loi dans la nature.

Ce n'est qu'une exception faite à cette loi en faveur d'un individu. Ainsi quand Jésus-Christ a ressuscité Lazare, la loi de la mort qui pèse sur tous les hommes n'a pas un seul instant cessé de sévir sur tout le genre humain. On a toujours pu dire avec le poète : *Omnia sub leges mors vocat atra suas*. Mais Jésus a fait une exception à cette loi pour Lazare en le rappelant à la vie et c'est précisément parce que ce fait est exceptionnel qu'il est miraculeux.

Le miracle ne trouble nullement, comme on l'a objecté, la constance et la perpétuité des lois naturelles. C'est au contraire cette constance et cette perpétuité qui donne au miracle son caractère divin.

Non seulement nous croyons d'après l'idée que nous avons de Dieu et de sa providence, qu'il intervient par le miracle en certaines circonstances de la vie, mais comme nous ne nous rendons compte de la conservation des êtres que par son action incessante, nous le voyons perpétuellement avec nous et en nous, étant présent à nous par son intelligence et opérant en tout par sa sagesse et sa bonté.

Lorsque nous élevons notre âme vers lui par la prière, nous ne nous contentons donc pas de célébrer ses perfections, mais nous sommes naturellement portés à lui demander les choses dont nous avons besoin. Partout l'homme prie, et partout l'homme demande.

L'amour que nous avons pour lui nous intéresse à sa gloire et nous fait désirer « que son nom soit sanctifié, que son règne arrive, que sa volonté soit faite sur la terre comme au ciel. » Ce sont les premières demandes que nous formulons dans la prière que le Christ nous a enseignée.

Le sentiment de nos propres besoins nous porte à lui demander le pain quotidien qui soutient la vie de l'âme et du corps, à nous pardonner toutes nos faiblesses.

La vertu, comme le dit Platon, est la santé de l'âme et le vice en est la maladie. Nous demandons de nous délivrer du mal, parce que cet affranchissement sera sans contredit le commencement de la véritable félicité.

La prière doit être aussi une action de grâces. Car celui qui demande doit remercier. Si nous étions sages, dit

Épictète, nous ne devrions pas faire autre chose en public et en particulier que de célébrer la bonté divine et de la remercier solennellement de tout le bien qu'elle nous fait.

La raison qui reconnaît la légitimité de toutes les demandes que nous venons de rappeler et de toutes les actions de grâces qui doivent y correspondre comprend également que le culte extérieur doive être public.

Dans toutes les nations il y a un culte public. Partout on élève à la divinité des temples et des autels et en certains jours le peuple vient offrir à Dieu ses demandes ou ses actions de grâces d'une manière solennelle. C'est à la religion à régler le culte public.

La raison en démontre la nécessité, mais elle ne va pas au delà. C'est à la révélation à suppléer aux lumières qui nous font défaut. Dans toutes les religions le culte est d'institution divine. Le prêtre est le représentant de Dieu et ne fait qu'exécuter les cérémonies que Dieu lui-même a établies.

SUJETS DE DISSERTATIONS FRANÇAISES

1. Du culte extérieur et du culte public. Montrer la raison et la nécessité de l'un et de l'autre.
2. Faire connaître les objections élevées contre la prière. — Réfuter ces objections.
3. Du culte de l'adoration, du respect et de l'amour. En quoi consistent ces trois actes?
4. Montrer que tous nos devoirs sont, sous un certain rapport, des devoirs religieux. — Montrer en quoi les devoirs religieux proprement dits diffèrent des autres.
5. De la résignation et de la patience, au point de vue stoïque et au point de vue chrétien.
6. Quels sont les devoirs de l'homme envers Dieu?

CHAPITRE IX

De la morale athée et de la morale indépendante.

Quoique le programme ne parle pas de ces deux sortes de morale, comme elles sont en honneur dans certaines écoles, nous croyons utile d'en dire quelques mots.

I. — De la morale athée

L'athée se considère comme un être produit pour passer quelques années sur la terre. La mort étant pour lui l'anéantissement, il ne voit rien au delà de l'existence présente.

La morale pour une destinée aussi bornée est très simplifiée.

Il n'y a pas lieu de parler des devoirs envers Dieu, puisqu'on suppose que Dieu n'existe pas. L'homme n'a pas non plus de devoirs à remplir envers lui-même. Il est le maître de son existence ; le duel, le suicide lui sont permis et il n'a de compte à rendre à personne de l'usage qu'il fait de ses facultés.

La morale se borne donc à régler les rapports qu'il doit avoir avec ses semblables. C'est la morale de l'utile ou de l'intérêt bien entendu.

Dieu n'existant pas, il n'y a pas d'autre loi que la loi civile. L'autorité souveraine et unique est celle de l'État. Les lois existantes ne sont pas autre chose que l'expression de cette souveraineté et le juste et l'injuste n'ont pas d'autre base que la volonté des hommes.

Ce que les hommes ont fait, ils peuvent le modifier ou même complètement le défaire. Le droit n'a rien d'absolu et d'immuable et la justice humaine change et doit changer avec les temps et le caractère des nations. C'est le cas d dire avec Pascal : Vérité en deçà des Pyrénées, erreur au delà.

L'athée ne peut en appeler à la loi naturelle. Car cette loi ne se conçoit qu'autant qu'on la considère comme émanant de Dieu lui-même et revêtue de sa sanction.

Il n'est pas obligé non plus d'admettre les prescriptions de la conscience, qui dans son système, n'est que le résultat d'un préjugé social ou de l'éducation.

Les notions du bien et du mal ayant été déterminées par des conventions humaines ne peuvent avoir d'expression que dans les lois civiles et leur sanction se borne logiquement aux répressions inscrites dans le code pénal.

La force est le seul moyen qui puisse les imposer et les faire respecter.

La morale de l'athée est celle d'Épicure. Ce chef d'école n'était lui-même qu'un athée, puisque, tout en admettant l'existence des dieux, il prétendait qu'ils ne s'occupaient nullement de nous ; ce qui revenait au même que de dire qu'ils n'existent pas.

Il conseillait à ses disciples la tempérance, non pas comme un devoir, mais comme un moyen d'éviter les maladies et les infirmités qui sont la conséquence inévitable de certains excès.

Il leur disait d'être prudent, parce que cette vertu évite à l'homme bien des embarras et bien des désagréments.

Il leur recommandait de ne pas se mettre en opposition avec les lois de leur pays, parce qu'il ne faut pas se jeter entre les mains de la justice humaine, ni s'exposer à l'amende, à la confiscation de ses biens, à l'exil et à la mort.

La justice est aussi une vertu que l'intérêt bien entendu ne viole pas. Si nous voulons qu'on respecte nos biens, nous devons respecter ceux des autres. C'est un raisonnement que le riche comprend, mais qui n'a pas la même valeur pour le pauvre.

Cependant il n'est pas rare qu'en pratique on trouve des hommes qui se disent athées et qui cependant sont esclaves de leur parole et de leurs engagements et qui ne voudraient pas manquer en quoi que ce soit à leurs devoirs envers le prochain.

Les hommes sont souvent en contradiction avec leur doctrine. Quand la doctrine est élevée comme la doctrine spiritualiste, l'homme reste toujours au-dessous de l'idéal de perfection qu'elle lui propose. Sa faiblesse ne lui permet pas de monter si haut. Au contraire, quand la doctrine s'abaisse comme la doctrine matérialiste, l'homme n'a souvent pas le courage de la suivre jusque dans ses dernières conséquences. Le sentiment naturel et un certain respect de lui-même l'arrêtent et sa conduite vaut mieux que ses principes.

C'est pour cela qu'il ne faut pas juger de la doctrine exclusivement par les actions des individus.

De plus, dans les conditions actuelles, indépendamment du sentiment moral qui est dans l'âme de chacun et que nous ne pouvons pas éteindre, quand nous le voudrions, il y a dans la société des traditions, des usages qui ont élevé l'opinion à un certain niveau au-dessous duquel on ne peut pas descendre sans se compromettre.

A son insu, l'athée est perpétuellement influencé par ce milieu dans lequel il vit et il n'oserait pas suivre ses doctrines jusqu'à leurs dernières limites.

Car, quoiqu'il y ait des individus qui se disent athées, la société n'en est pas moins profondément chrétienne. C'est la religion qui a déposé au sein des nations modernes les principes d'honnêteté, de justice, de charité qui font la gloire de notre civilisation et ceux qui l'attaquent subissent perpétuellement, sans s'en douter, son action moralisatrice.

Toutefois s'ils respectent les droits du prochain, il ne faudrait pas leur demander des actes de courage et de dévouement. On peut dire d'eux ce que Plutarque disait du disciple d'Epicure. « De l'eschole et de la doctrine d'Epicure, disait cet illustre écrivain, je ne demanderay pas quel vaillant homme soit sorti pour faire de grandes expertises d'armes, quel législateur, quel magistrat, quel conseiller du roy, ou gouverneur du peuple, qui soit mort, ou qui ait été tourmenté pour soutenir le droit et la justice ; mais seulement quel de tous ces sages eus a jamais fait un voiage par mer, pour le bien et service de son païs, qui a resté en ambassade, qui a despensé quelque argent, et qui a escrit aucun bien faict du gouvernement que vous eûs oncques fait. »

L'athée, dit Bayle, peut être honnête homme, mais à la condition de vivre comme s'il croyait en Dieu, c'est-à-dire à la condition de commettre une inconséquence et une absurdité à ses propres yeux. Car l'athée vertueux est un prodige plus étrange que l'athée vicieux. Ce dernier du moins est conséquent, ne reconnaissant pas de législateur, il ne reconnaît pas de loi ; il s'abandonne à ses passions et ne voit d'autre limite que celle de son plaisir, de son intérêt et de sa santé. Mais cet honnête homme qui s'impose une loi austère, contraire à ses goûts et à ses intérêts, sans savoir d'où vient cette loi, sans admettre ni législateur qui l'ait promulguée, ni tribunal qui la fasse respecter, cet homme-là est une dupe qui cède à ses préjugés, ou un fanfaron qui ne croit pas à ce qu'il dit.

Dans une société d'athées, ce genre d'hommes ne serait pas nombreux. Il y en aurait d'autant moins qu'il n'y aurait plus alors ni le frein de la conscience, ni le stimulant de l'opinion. La masse fausserait ces deux puissances au point de les annuler, et il n'y aurait pas d'autre protection que celle de la force. Chacun n'écoutant que ses intérêts ne verrait dans les autres hommes que des rivaux et des ennemis. La guerre éclaterait de toutes parts et cette société malheureuse s'abîmerait dans la boue et dans le sang.

II. — LA MORALE INDÉPENDANTE

Les partisans de la morale indépendante ne se disent pas athées. La plupart protesteraient même énergiquement contre celui qui leur imputerait cette erreur. Mais ils se figurent que l'on peut établir les fondements de la morale sur les simples données de la psychologie et qu'il n'est pas nécessaire de recourir pour cela à l'autorité divine.

La notion de Dieu leur semblant profondément mystérieuse, et la métaphysique étant une science trop élevée pour la portée des intelligences ordinaires, ils croient qu'il serait utile de mettre la morale en dehors de ces questions abstraites et difficiles et que si l'on ne peut pas diriger l'esprit et le faire arriver à ces régions supérieures, ce serait un service à rendre que de régler la volonté et de lui montrer les devoirs qu'elle doit pratiquer.

Si on ne veut pas faire de la science et qu'on se borne à apprendre à l'homme ses devoirs, on peut lui faire connaître ses devoirs envers lui-même et envers ses semblables sans lui parler de Dieu. Mais comme ces devoirs impliquent des efforts et que naturellement on ne peut pas se décider à s'imposer des peines et des sacrifices sans savoir pourquoi on le fait, il n'est pas possible de séparer la morale pratique de la morale théorique.

La morale théorique n'arrive pas aux fondements de l'obligation morale, de la conscience sans Dieu. Une loi n'existe pas sans un législateur, et nous avons vu que toutes les sanctions de la loi morale sont insuffisantes sans la sanction divine.

Vouloir établir la morale sans Dieu, c'est vouloir construire un édifice sans l'asseoir sur aucun fondement. Au lieu de mettre la morale à l'abri des discussions que suscitent la métaphysique et la théodicée, on la ruine complètement. Car ses prescriptions n'ont plus de raison d'être, on enlève à l'homme l'idéal qui doit le guider et l'éclairer et on l'engage dans un chemin sans issue.

SUJETS DE DISSERTATIONS FRANÇAISES

1. Rapport de la morale et de la théodicée.
2. A quoi se réduit la loi morale pour l'athée ?
3. Exposer et réfuter la théorie de la morale indépendante.

OUVRAGES A CONSULTER ET LECTURES A FAIRE SUR LA MORALE

Parmi les anciens. — Aristote, *la Morale à Nicomaque* et les *Morales à Eudème*. — Cicéron, *De officiis*; *De finibus*; *Tus-*

culanes; *De republica*; *De legibus*. — Sénèque, *Lettres à Lucilius*; *De beneficiis*; *De ira*; *De vita beata*. — Epictète, *Manuel*. — Marc-Aurèle, *Mémoires*. — Saint Augustin, *Soliloques* et *Méditations*. — Saint Thomas d'Aquin, *Sum. Theol.*, 1ª 2ᵃᵉ et 2ª 2ᵃᵉ. — Bossuet, *Élévations*; *Du libre arbitre*; *De la concupiscence*. — Malebranche, *Traité de morale*; *Entretiens sur la métaphysique*. — Kant, *Fondements de la métaphysique des mœurs* et *Principes métaphysiques du droit*. — Reid, *Essais*, III, t. VI. — Grotius, *De jure belli et pacis*. — Puffendorf, *De jure naturæ et gentium*. — Barbeyrac, *Droit des gens*. — Haffter, *Traité du droit international*. — De Rossi, *Droit constitutionnel*. — Cousin, *Du vrai, du beau, du bien, de la justice et de la charité*. — Jouffroy, *Cours de droit naturel*; *Premiers mélanges*; *Morale*. — Tissot, *Éthique ou science des mœurs*. — Garnier, *Morale sociale*. — Thiers, *De la propriété*. — J. Simon, *Du devoir*; *De la liberté*. — Bautain, *Philosophie morale*. — Janet, *De la famille* et *Philosophie du bonheur*. — Franck, *Philosophie du droit civil et du droit pénal*. — Raybaud, *les Réformateurs modernes*. — L'abbé de Broglie, *Dieu, la Conscience et le Devoir*. — Charma, *Philosophie sociale*. — Rossi, *Traité du droit pénal* — Beccaria, *Des délits et des peines*. — Guizot, *Méditations* et *Études morales*. — Mgr Dupanloup, *De l'éducation*. — Vinet, *De l'éducation*. — Th. Barrau, *Du rôle de la famille dans l'éducation*.

CINQUIÈME PARTIE

NOTIONS D'ÉCONOMIE POLITIQUE

CHAPITRE PREMIER

Notions préliminaires.

Avant de traiter les questions indiquées par le programme, nous croyons utile de définir l'économie politique et de déterminer son objet, de la diviser et de faire connaître les rapports qu'elle a avec les autres sciences.

I. — Définition de l'économie politique. Son objet

L'économie politique, selon l'étymologie de ces deux mots (οἰκονομία, administration; πόλις, cité), a pour objet de régler les intérêts publics et privés.

On l'appelle la science des richesses. Cela ne signifie pas qu'elle a pour objet d'indiquer les moyens de s'enrichir ou de conserver la fortune acquise. Elle n'est, dit M. Corbières, ni un recueil de maximes sur l'art de faire fructifier le sol, d'assurer le succès des entreprises, de rendre les capitaux productifs; ni l'exposé d'un plan de crédit ou d'un système de finances. Bien que basée sur les faits, elle n'en est pas la simple classification; mais elle en déduit des lois réelles, c'est-à-dire constantes et invariables. L'industriel qui organise un atelier, le négociant qui importe ou exporte des marchandises, le calculateur qui découvre les avantages des intérêts composés pour l'amortissement d'une somme prêtée à longue échéance, ne sont pas pour cela des économistes : ils le seraient s'ils se rendaient compte des *lois* qui président à la formation des richesses, à leur distribution, à leur consommation. Comme on n'est pas physicien, quoiqu'on construise une pompe, qu'on utilise la chute d'un ruisseau pour faire tourner une roue, mais qu'il faut connaître, afin de mériter ce titre, les lois relatives à la pression atmosphérique et au mouvement d'impulsion ; ainsi on n'est pas économiste si, se bornant à appliquer les règles fournies par l'expérience, on arrive à la fortune sans s'expliquer les phénomènes généraux auxquels sont soumises les forces productives de la terre et du travail.

On peut définir l'économie politique : la science des lois qui président à la formation, la circulation, la distribution et la consommation des richesses.

II. — Division générale

La production, la circulation, la distribution ou répartition et la consommation, ce sont là les quatre opérations principales qui se rapportent au développement des richesses.

On entend par richesses toutes les choses propres à satisfaire les besoins de l'homme : une terre, une maison, un vêtement, des étoffes, des provisions, etc.

L'homme riche est celui qui possède en abondance toutes les choses dont il a besoin.

L'homme s'unit à la nature pour produire les objets qui lui sont utiles. Le laboureur cultive la terre pour se nourrir, l'architecte et le maçon construisent des maisons pour qu'on puisse se loger, l'ouvrier quel qu'il soit travaille pour produire une chose qu'on lui a demandée et dont on doit se servir.

La production est la source de la richesse. Elle a pour but la consommation ou l'emploi de la chose produite qui a pour résultat la satisfaction d'un besoin.

Mais la production suppose plusieurs agents. Il est juste que chacun de ces agents ait leur part de l'objet produit et cette part doit être proportionnée à l'importance du rôle qu'ils ont rempli dans la production elle-même. C'est l'objet de la répartition ou de la distribution.

D'un autre côté, le producteur produit souvent certaines choses dans des proportions bien supérieures à ses besoins, tandis qu'il manque de beaucoup d'autres. Ainsi, le laboureur récolte plus de blé qu'il ne lui en faut pour lui et sa famille, mais souvent il n'a pas de vin, ou il n'a pas de bois pour se chauffer, pas d'étoffes pour se vêtir. Il faut donc qu'il se dessaisisse de ce qu'il a en trop pour se procurer ce qu'il n'a pas. De là la nécessité de l'échange ou de la vente, ce qui amène la circulation.

Ces quatre opérations, la production, la circulation, la distribution et la consommation forment notre division générale.

Elles découlent d'ailleurs si nécessairement de la nature de l'homme et de l'organisation de la société, qu'elles ont existé de tout temps, et qu'il n'y a pas de peuple où la richesse ne se soit développée sous les quatre formes que nous venons d'énoncer.

Mais on n'avait pas recherché les lois qui président à ces phénomènes. Nous trouvons, à la vérité, dans Platon, Aristote et Xénophon, des notions d'économie domestique ou sociale, mais ce sont des observations qui n'ont pas été généralisées et qui n'ont pas de caractère scientifique.

C'est seulement dans les temps modernes que cette science a été créée. Vauban et Bois-Guilbert, frappés de la misère qu'avaient produite en France les excès de Louis XIV, surtout dans les dernières années de son règne, cherchèrent s'il n'y avait pas moyen de remédier à ces maux par une meilleure organisation de la richesse publique et privée.

Ces deux écrivains, que l'on peut considérer comme les pères de l'économie politique en France, eurent pour successeurs Quesnay et Vincent de Gournay, les fondateurs de l'école des physiocrates, qui firent de cette étude l'objet d'une science véritable.

Adam Smith et Jean-Baptiste Say publièrent ensuite leurs travaux. (Voyez, sur ces économistes, notre *Cours d'histoire,* cl. de rhétorique, p. 305-308.) Garnier, Metz-Noblat et Baudrillart les vulgarisèrent parmi nous, sous la forme d'abrégés, de catéchismes et de manuels, et des chaires furent créées pour l'enseignement de cette science nouvelle qui fait aujourd'hui partie des sciences sociales.

III. — Des rapports de l'économie politique avec les autres sciences

L'économie politique a des rapports intimes et directs avec la morale, le droit et la politique.

La morale, déterminant l'usage que l'homme doit faire de ses facultés, ne peut être étrangère à la loi de la production qui considère le travail comme l'agent le plus puissant dans la formation de la richesse. Comme elle établit la notion du juste et de l'injuste, on ne peut s'écarter impunément de ses prescriptions dans la répartition des richesses. C'est à elle aussi à régler le commerce qui met en circulation les objets produits et elle doit également présider à la consommation ou à l'emploi des richesses, ne serait-ce que par la prudence.

La tempérance est la condition de l'épargne et les autres vertus que la morale recommande, le courage, la charité, sont tellement essentielles, que, sans elles, l'économie politique ne pourrait pas résoudre les problèmes sociaux qui lui sont soumis.

L'économie politique tient au droit si directement, qu'elle est considérée aujourd'hui comme une des branches de cet enseignement. Elle a le même objet ; car les richesses reviennent à la propriété, et la propriété avec tous ses accessoires, forme presque toute la matière du droit civil, administratif et commercial. Seulement, le droit considère la propriété au point de vue du juste, tandis que l'économie politique s'en occupe au point de vue de l'utile.

Le bien qui est l'objet de la morale, le juste celui du droit, et l'utile celui de l'économie politique, sont des notions distinctes, il est vrai, en théorie ; mais, dans la pratique, elles se rencontrent et se pénètrent constamment.

La politique ne peut pas se tenir en dehors de l'économie politique ; car, bien que cette science n'ait pas à traiter des différentes formes de gouvernement, ses principes s'appliquent néanmoins aux intérêts les plus graves des nations et elle soulève une foule de questions dont la solution ne peut être indifférente à l'État. Ne touche-t-elle pas à l'occasion de la production à la question des associations ouvrières ? A l'occasion de la circulation des richesses ne rencontre-t-elle pas la question de la protection et du libre-échange ? La distribution et la répartition des richesses n'amène-t-elle pas les questions du salaire, du loyer, de l'intérêt ? Et à propos de la consommation, n'a-t-elle pas à s'occuper des dépenses de l'État et des particuliers, du luxe, de l'impôt et des emprunts ?

L'État, qui est chargé de protéger les citoyens dans leur personne et dans leurs biens, doit s'éclairer des lumières de l'économie politique pour favoriser le bien-être de chacun, en faisant respecter les droits de tous.

SUJETS DE DISSERTATIONS FRANÇAISES

1. Définir l'économie politique et déterminer l'objet de cette science.
2. Quels sont ses rapports avec les autres sciences ?

CHAPITRE II

Production de la richesse.

L'homme ne peut pas créer. Il n'est pas capable de donner l'existence à un atome, ni de le détruire. Mais il peut produire des merveilles en combinant, séparant, étirant, agglomérant, en un mot, en modifiant de mille manières les parties de la matière que Dieu a mises à sa disposition. « Le sable, dit Jean-Baptiste Say, est une matière dépourvue de presque toute valeur. Un verrier en prend, y mêle de la soude, expose ce mélange à un feu violent qui en combine les parties et en fait une matière homogène, pâteuse, qu'à l'aide de tubes de fer on souffle en larges bulles. On fend ces bulles ; on les étend ; on les laisse refroidir graduellement ; on les coupe ensuite dans différentes dimensions, et il en résulte un produit transparent, étendu, qui, sans empêcher la lumière du jour de pénétrer dans nos maisons, ferme l'accès au froid et à la pluie. Qu'a fait, en réalité, pour la richesse, ce manufacturier de vitres ? Il a changé du sable et d'autres matières de peu de valeur, en un produit qui a beaucoup plus de valeur. Et pourquoi met-on un prix à ce produit ? c'est à cause de l'utilité dont il est, de l'usage qu'on en peut faire pour fermer les croisées. »

Dans le langage des économistes, l'homme ne produit pas des substances, mais des utilités, c'est-à-dire qu'il fait une chose utile d'une chose qui ne l'était pas, ou qu'il rend plus utile une chose qui l'était déjà.

Les agents de la production sont la matière, le travail, l'épargne, le capital et la propriété.

I. — Agents de la production : la matière

La matière est la chose naturelle que l'homme transforme pour la rendre utile à ses besoins. Le bois est la matière première dont le menuisier se sert pour faire un meuble ; le minerai est la matière première avec laquelle on fait la fonte et le fer.

Les physiocrates voulaient que la terre fût l'unique source de la richesse. Il est certain que si nous considérons ce que nous tirons de son sein et ce qu'elle nous donne à sa surface, pour subvenir à nos besoins et aux besoins des animaux domestiques que nous élevons, elle nous offre la plus grande partie de nos ressources. L'agriculture sera toujours, sinon la plus lucrative, du moins la plus noble et la plus nécessaire de toutes les professions. Sans elle, l'industrie manquerait de ses matières premières, et ne pourrait exister.

Mais, indépendamment de la terre, il faut encore considérer l'air, l'eau, la lumière, comme des richesses naturelles qui nous sont indispensables.

Toutefois, il est à remarquer que la plupart de ces richesses naturelles ne peuvent satisfaire nos besoins qu'autant qu'elles ont été transformées par le travail de l'homme. C'est cette transformation qui en fait la valeur.

Les économistes distinguent l'utilité d'une chose de sa valeur. La valeur est la propriété qu'a une chose utile d'être échangée contre une autre chose utile. Pour qu'une chose ait de la valeur, il ne suffit pas qu'elle soit utile, il est nécessaire encore qu'elle soit de nature à être désirée par d'autres personnes, qui aient intérêt à l'acquérir. Ainsi, le froment est une valeur, parce que je puis l'échanger contre du vin, un habit, une chose quelconque. Mais l'air qui a certainement une utilité plus grande que le froment, n'est pas une valeur, puisque chacun en est pourvu, et qu'il ne faut aucun effort pour l'appliquer à nos besoins.

C'est sur cette distinction qu'il faut s'appuyer pour distinguer les richesses naturelles des richesses produites.

L'effort que fait l'homme pour transformer les matières premières et produire une utilité quelconque, se nomme le travail.

II. — LE TRAVAIL

Le travail est naturel à l'homme. Il ne lui a pas été imposé comme un châtiment du péché originel, comme on le suppose quelquefois.

Avant sa chute, Adam travaillait. L'Écriture sainte nous dit que Dieu l'avait placé dans le paradis terrestre pour y travailler. La chute de notre premier père a seulement changé les conditions du travail. D'attrayant qu'il était, elle l'a rendu pénible.

La nature, sur laquelle il exerçait son empire, s'est en

quelque sorte révoltée contre nous, et quand nous considérons aujourd'hui les forces qui sont en elle, nous les trouvons hostiles, plutôt que favorables. Nous avons besoin de nous préserver de leur atteinte, et il faut que nous les disciplinions pour les faire servir à notre usage.

A mesure que la science fait des progrès et qu'elle ravit à la nature quelques-uns de ses secrets, nous multiplions les agents naturels qui peuvent être nos auxiliaires et nous en obtenons des services nouveaux. Ainsi, l'invention de la vapeur a multiplié tout à coup la richesse dans des proportions inespérées et nous avons obtenu de l'électricité et du magnétisme des résultats bien inattendus. Nous franchissons les distances sur terre et par mer avec une rapidité merveilleuse, et la pensée se communique d'un lieu à un autre, sans tenir compte de l'espace qui les sépare.

L'esprit d'invention a en même temps perfectionné les instruments de travail et a permis d'épargner à l'homme une multitude de fatigues, en faisant faire à des machines des opérations qui demandent les forces accumulées de plusieurs milliers d'hommes et de chevaux.

Car, quoi qu'on en ait dit, les machines, en général, ont pour effet de rendre les travaux plus doux, plus rapides, moins coûteux, plus parfaits, de diminuer la somme de ceux qui sont abrutissants, de satisfaire à un plus grand nombre de nos besoins, de nous procurer une nourriture plus saine, plus agréable, plus abondante, de nous fournir des habits plus propres à nous garantir des rigueurs auxquelles les saisons nous exposent, etc. Cinquante mille ouvriers seraient occupés à moudre la farine qui est consommée à Paris, et qui nous donnerait un pain détestable ; un petit nombre de moulins suffisent à la produire, nous la livrent d'une excellente qualité et presque sans déchet. Vingt hommes avec un palanquin mettraient deux mois pour nous transporter de Paris à Marseille, et nous demanderaient pour salaire trois ou quatre mille francs ; nous y sommes amenés en chemin de fer, commodément, en moins de vingt-quatre heures, moyennant une centaine de francs. On pourrait citer une foule d'exemples semblables pour montrer ce que l'humanité a gagné par le perfectionnement des outils et des machines de toute nature.

Les ouvriers s'étaient alarmés tout d'abord de la création de machines si puissantes qui menaçaient de leur enlever leur travail, mais avec le développement de la production, les besoins se sont accrus, et il suffit de jeter un coup d'œil sur les formes si variées et si étendues du travail pour être assuré qu'il ne fera jamais défaut à personne.

Les machines dévorent de la houille et ont demandé un travail *extractif* plus important ; elles ont fait faire à l'industrie des progrès immenses qui ont étendu le travail *industriel* ; il y a eu plus de choses à transporter, ce qui a nécessité un travail de *locomotion* plus rapide et plus puissant, et l'agriculture a eu à produire elle-même une foule de matières premières et à faire des élevages plus nombreux ; ce qui a exigé des efforts plus considérables.

La Providence a varié dans les hommes les aptitudes et les goûts naturels pour qu'il y ait dans le genre humain des individus capables de remplir toutes les positions. Il y a un très grand nombre d'hommes qui ne peuvent faire que des travaux manuels, et parmi ces hommes on en voit qui sont doués d'aptitudes particulières qui les rendent plus habiles à faire une chose qu'une autre. Cette diversité d'aptitudes exige nécessairement une diversité d'occupations, et il devient nécessaire de diviser le travail pour faire faire à chacun les choses dans lesquelles il réussit le mieux.

Les économistes ont reconnu que cette division du travail était précisément la condition la plus avantageuse pour la production. Adam Smith qui, le premier, a reconnu la puissance de cette loi, lui attribue trois avantages :

1° Elle épargne le temps, puisqu'elle dispense de faire les démarches et les préparatifs nécessaires pour passer d'un ouvrage à un autre ; et qu'elle fait trouver pour l'exécution de la chose que l'on fait, des méthodes d'abréviation ;

2° Elle épargne les avances d'argent relativement à l'outillage. Il faut des outils particuliers pour chaque genre de travail. Si le même individu veut se livrer à des occupations différentes, il lui faut autant de sortes d'outils qu'il a d'opérations à faire, ce qui l'oblige à des frais ruineux. Quand il se sert de certains outils, les autres chôment, et sont par conséquent, improductifs ;

3° Elle permet à l'ouvrier de se rendre plus habile dans son genre de travail. Car celui qui fait constamment une chose, arrive à la faire plus vite et mieux. Quand on a l'habitude d'un travail, le corps s'y fait, et il devient moins pénible et moins fatigant.

Quand on réfléchit d'ailleurs à toutes les transformations que subit la matière première pour donner un produit qui puisse être mis en circulation, on reconnaît que le même individu ne peut faire toutes ces opérations. Ainsi pour faire un habit il faut élever la brebis, la tondre, laver la laine, la carder, la filer, la teindre, la tisser, transporter l'étoffe dans l'atelier d'un tailleur qui la coupe et la fait coudre. Une seule personne peut-elle faire toutes ces choses? On a calculé que pour faire une carte à jouer, il ne fallait pas moins de soixante-dix opérations.

La division du travail est donc nécessaire et cette division a besoin à son tour d'une direction, ce qui nécessite l'ouvrier chef, le patron ou l'entrepreneur. Dans les affaires importantes on forme une société et dans cette société on donne à chacun son emploi, de manière que tous les agents coproducteurs obéissent à la même impulsion et qu'il n'y ait qu'une pensée qui règle leur action.

SUJETS DE DISSERTATIONS FRANÇAISES

1. Quel est l'objet de la production et quels sont ses agents?
2. Quel est le but du travail et quels sont ses auxiliaires?
3. Quels sont les avantages de la division du travail? Cette division est-elle nécessaire ?

CHAPITRE III

Des agents de la production. L'épargne. Le capital. La propriété.

La matière et le travail sont les agents de la production. L'épargne, le capital et la propriété en sont tout à la fois les agents et les résultats.

I. — L'ÉPARGNE

Le travail n'est pas toujours productif. S'il est mal dirigé il peut même détruire une valeur au lieu de l'augmenter. Ainsi je suppose qu'un fabricant ait acheté une quantité considérable de laine, mais au lieu de la soigner et de la fabriquer convenablement, il l'a laissée se détériorer et il n'a produit qu'un tissu de mauvaise qualité qui est même invendable. Il a détruit la matière première qu'il avait entre les mains et il a rendu stérile le travail des ouvriers qu'il a employés. Il en sera puni par la perte qu'il fera; car c'est sur lui que retombe la destruction ou l'amoindrissement de cette valeur.

Mais si le travail est intelligent, il porte nécessairement ses fruits. Le producteur se trouve avec une valeur supérieure aux frais qu'il a faits pour l'obtenir. Cette différence forme ce qu'on appelle son bénéfice.

Sur ce bénéfice il est obligé de prendre ce qui est nécessaire à son entretien et à celui de sa famille. Il faut qu'il se loge, qu'il s'habille et qu'il se nourrisse, lui et les siens. Ces dépenses faites, si elles n'absorbent pas ce qu'il a gagné dans le mois ou dans l'année, il va se trouver avec un excédent dont il peut disposer.

L'homme prudent ne consomme pas cet excédent, mais il le met en réserve. Il sait que tous les jours se suivent mais ne se ressemblent pas, qu'il y a bien des fluctuations dans les affaires, qu'il y a de bonnes et de mauvaises années et que pour ne pas se trouver gêné dans les temps difficiles il faut avoir su économiser dans les jours heureux.

Ce sont ces valeurs provenant des profits que l'on a faits et que l'on ne consomme ni pour ses besoins, ni pour ses plaisirs qui constituent l'*épargne*.

C'est une opération que l'on peut faire dans toutes les positions. L'ouvrier n'aurait-il de reste que $0^{fr},20$ par jour, s'il est assez sage pour ne pas les dépenser inutilement, ces petites sommes en s'accumulant formeront l'effet de la goutte d'eau qui tombe dans le vase et qui finit par l'emplir.

L'épargne produit ce qu'on appelle l'*avance* et l'avance c'est ce patrimoine que nous ont laissé nos parents et qui permet à la génération actuelle de se livrer à toutes les entreprises qui font honneur à son activité et à son intelligence. Car si l'homme avait toujours consommé à mesure qu'il a produit, c'eût été perpétuellement à recommencer et nous ne serions pas aujourd'hui plus *avancés* que le premier jour.

II. — Le capital

L'épargne produit le capital. Car on définit le capital une somme de valeurs acquises d'avance, ou un produit épargné, destiné à la reproduction. Ainsi, dit Baudrillart, le blé que j'épargne pour ressemer, le bois que j'utilise à faire des outils, la terre que je fertilise par des engrais, enfin l'argent lui-même, lorsque au lieu de le dépenser je l'emploie à améliorer ma terre ou mon industrie, sont des capitaux.

On distingue le capital *fixe* ou *engagé* et le capital *circulant*.

Le capital *fixe* ou *engagé* embrasse tous les moyens de production qui survivent ou peuvent survivre, en tant que capital, à la confection d'un produit ou d'une série de produits et qui ne sont destinés à être vendus qu'après avoir été mis hors d'usage ou remplacés par un moyen de production préférable. Tels sont les outils, les machines et en général tous les capitaux immobiliers comme les bâtiments, les voies de communications, les plantations ou améliorations foncières.

Le capital *circulant* comprend toutes les valeurs échangeables de leur nature qui doivent être absorbées dans l'œuvre de la production ou cesser d'exister comme capital. Le capital circulant n'embrasse pas seulement les matières premières, mais encore les substances consommées en vue d'obtenir le produit et les valeurs dépensées dans le même but, comme l'intérêt des capitaux prêtés et représentés par le capital fixe ou engagé.

Le produit est vendu ou réalisé en argent par le fabricant et la différence qu'il y a entre le prix de vente et le prix de revient forme son bénéfice. L'argent obtenu par la vente du produit est mis de nouveau en circulation et si cette somme s'augmente perpétuellement des profits que l'on a faits, la production s'accroît dans la même proportion et le chiffre des affaires de l'entreprise monte en raison de sa prospérité.

Le capital circulant peut se renouveler plusieurs fois dans l'année suivant l'activité du travail; plus il se renouvelle et plus il produit.

Il n'en est pas de même du capital fixe. On cherche autant que possible à le faire durer. On ne peut le renouveler qu'à la condition de faire de nouveaux frais et on évite le plus qu'on peut cette dépense.

Dans l'intérêt de l'ordre et de la production elle-même, il faut que le capital fixe soit proportionné au capital circulant. Si on n'a pas les bâtiments suffisants et l'outillage nécessaire on ne peut produire dans de bonnes conditions. Quand les bâtiments sont trop considérables, c'est une charge inutile. On est obligé de les entretenir sans en tirer aucun avantage.

Un entrepreneur qui ne sait pas équilibrer ses ressources se trouve avec des charges trop considérables ou n'a pas des moyens de fabrication faciles. S'il exagère le capital fixe, il peut être gêné dans ses opérations, parce qu'alors il n'a plus assez de capitaux circulants; son fonds de roulement est insuffisant et il ne peut payer ses ouvriers et ses fournisseurs.

Dans le cas contraire il fabrique mal, ses produits ne lui

arrivent pas à temps ou ils lui reviennent plus chers ou sont de qualité inférieure.

Les socialistes et les communistes déclament beaucoup contre le capital. Mais il n'y a pas d'homme de bon sens qui n'en reconnaisse la nécessité.

Il faut certainement un capital fixe pour une production quelconque. Si l'on n'a pas de terre on ne peut pas labourer, si l'on n'a pas de bâtiments, de moyens de transports, d'outils, de machines, il n'est pas possible de créer une usine quelconque. Ce capital fait la richesse d'un pays. Que l'on compare un pays sauvage avec nos pays civilisés, on verra que parmi nous le sol est couvert d'édifices somptueux qui sont les asiles du travail et de la production, tandis que dans les contrées arriérées la terre reste inculte et n'offre qu'un aspect désolé.

Le capital circulant n'est pas moins nécessaire. Car ne faut-il pas des avances si l'on veut se livrer à un travail productif quelconque. Si je veux labourer la terre, ne faut-il pas que j'aie des animaux pour traîner la charrue, des semences pour les jeter en terre et que je sois en état d'attendre l'époque où je pourrai récolter ce que j'ai semé et jouir ainsi du fruit de mon travail?

Souvent il s'écoule plus d'un an entre la confection de certains produits et leur réalisation. Il faut que les chefs de l'usine puissent faire pendant ce temps les avances nécessaires, autrement ils ne pourraient payer leurs ouvriers et leurs fournisseurs.

Mais, nous dira-t-on, les socialistes et les communistes ne nient pas la nécessité de ces avances, mais ils attaquent les droits des individus sur les capitaux, et en d'autres termes le droit de propriété.

III. — La propriété

Nous avons vu, dans la morale, que le droit de propriété est un droit naturel et qu'il est le produit du travail. Primitivement, la terre a appartenu au premier occupant, mais celui qui s'en est emparé n'en a fait sa propriété qu'en la cultivant et en se l'appropriant par son travail.

Ce droit est la garantie de la liberté de l'homme. Elle le rend laborieux, prévoyant, économe, et développe sous tous les rapports sa moralité. C'est la base de la famille que l'on ne conçoit pas dans une nation civilisée sans la possession des objets dont on a besoin pour se nourrir, se vêtir et se loger.

Au point de vue politique, la propriété n'a pas une moindre importance. Elle est un élément d'ordre, une garantie contre les bouleversements révolutionnaires. Sous le rapport économique, elle augmente la prospérité générale en développant celle des particuliers. Elle fonde et étend l'activité agricole, industrielle et commerciale, par la sécurité dont elle entoure les acquisitions de chacun. Elle invite à l'épargne et arrive à des résultats merveilleux par la concurrence.

Car l'homme, qui travaille avec la certitude de percevoir le fruit de ses peines, met à l'accomplissement de sa tâche un tout autre zèle que si les profits devaient tomber dans la caisse commune.

On peut faire la même remarque à l'égard de l'épargne. L'assurance de demeurer propriétaire de ses économies peut seule engager le travailleur à les réaliser. Quel avantage tirerait-il de ses privations s'il n'avait pas le droit d'en recueillir plus tard les fruits? Son intérêt serait, au contraire, de consommer tous ses produits et de les consacrer à des jouissances actuelles, n'étant pas certain de les retrouver pour ses besoins futurs.

Cependant détruire l'épargne, c'est renoncer à l'accroissement des richesses, car on ne saurait destiner à des améliorations agricoles ou manufacturières que les choses soustraites à la consommation, ou en d'autres termes, que celles qu'on économise.

Le commerce serait du même coup détruit, et on anéantirait cette émulation entre les chefs des mêmes entreprises qui a pour résultat de donner au public des produits meilleurs et à plus bas prix.

D'où l'on voit que la propriété individuelle est le seul

moyen de conserver intacts les biens naturels, d'assurer le développement de l'agriculture, de l'industrie et du commerce, et que le pauvre, comme le riche, est intéressé à ce qu'on respecte la propriété de chacun. Car, dans un pays où la propriété n'est pas reconnue et consacrée par les lois, le travail s'arrête, les capitaux s'enfuient, les terres restent en jachères, et la population croupit dans l'inaction et la paresse, qui ont pour compagnes inséparables, la dégradation et la misère.

SUJETS DE DISSERTATIONS FRANÇAISES

1. De l'utilité de l'épargne.
2. Du capital. Des services qu'il rend à la production.
3. Quels sont les avantages de la propriété au point de vue économique et social ?

CHAPITRE IV

Circulation des richesses. L'échange. La monnaie. Le crédit.

La circulation des richesses est le mouvement qui fait passer les capitaux de main en main dans la société. On l'a comparée à la circulation du sang, qui fait la vigueur du corps en répandant la vie dans tous ses membres. Par suite de la division du travail, une usine se consacre exclusivement à la production d'une seule chose. Par exemple, pour faire un simple couteau comme ceux dont nous nous servons à table, il a fallu une série nombreuse d'opérations qui se sont faites dans différents centres de travail. Ainsi, il a fallu d'abord extraire le minerai et la houille, c'est-à-dire les matières premières qu'on a dû employer. Le minerai a été fondu et converti en acier, ce qui s'est fait dans deux grandes usines. L'acier a dû être forgé, limé, trempé, émoulu, poli pour faire la lame du couteau, ce qui a demandé une grande fabrique et des ouvriers de différentes sortes. Le manche, s'il est en ébène ou en ivoire, a nécessité l'acquisition et la préparation de la matière première. Le couteau n'a été terminé que dans un nouvel atelier composé de monteurs. Chacune de ces usines ou fabriques ne produit l'objet dont elle s'occupe que pour s'en défaire et le céder contre d'autres produits dont elle a besoin. Cette cession se nomme échange.

I. — L'ÉCHANGE

L'échange peut se définir : le troc d'une chose qui appartient à une personne contre une chose qui appartient à une autre personne. Ainsi, je chasse et mon voisin pêche. Dans ma chasse j'ai tué plus de gibier qu'il ne m'en faut, et mon voisin a pris plus de poisson qu'il ne peut en manger. Je lui propose de me donner un poisson pour une pièce de gibier ; il y consent. L'échange se fait, nous y trouvons tous les deux notre avantage.

L'échange est nécessaire parce que, par suite de la division du travail, chacun produit plus d'objets qu'il ne lui en faut. D'autre part, il manque d'une foule de choses qui lui sont nécessaires. Pour répondre à tous les besoins, le producteur est obligé de céder ce qu'il a en trop grande abondance pour obtenir les objets qui lui manquent. Il fait donc continuellement des échanges. Si ces échanges se font promptement, ses produits ne chôment pas dans ses ateliers, il renouvelle très rapidement son capital, et on dit alors que la circulation se fait activement et que les affaires vont bien. Cette activité fait la prospérité du commerce et de l'industrie.

Pour sauvegarder l'intérêt des deux parties contractantes, il faudrait que les choses échangées, troc pour troc, fussent de même valeur. Mais il est très difficile de déterminer la valeur d'une chose.

On distingue la valeur naturelle ou constante et la valeur courante.

La valeur naturelle ou constante dépend-elle de son utilité ? Évidemment non. Car l'air est la chose dont nous avons le plus besoin et il n'a aucune valeur. Il en est de même de l'eau ; on ne la paie que pour dédommager celui qui nous la procure de la peine qu'il s'est donnée.

L'effort que l'on a dû faire pour produire une chose en détermine plutôt la valeur. Ou, pour être plus clair, il faut dire que la valeur naturelle d'une chose se mesure sur le travail qu'elle a coûté. Ainsi, le producteur qui est à la tête d'une usine sait ce que lui coûtent ses produits. Il a calculé l'intérêt du capital engagé et du capital courant, le prix de la matière première, les prix de main-d'œuvre, et il a établi son prix de revient. A ce prix il doit ajouter un bénéfice suffisamment rémunérateur, et le prix que l'objet coûte établit sa valeur naturelle.

Mais il est à remarquer que cette valeur n'est pas absolument constante. Le prix de la matière peut varier, la main-d'œuvre être plus ou moins chère, l'outillage plus ou moins bien perfectionné. C'est ce qui fait qu'un fabricant habile produit à meilleur marché qu'un autre et qu'on trouve les prix de certaines marchandises bien différents, si on les compare à ce qu'ils étaient il y a dix, quinze, vingt années.

Cependant, malgré ces fluctuations, quand il s'agit de marchandises produites à l'infini, c'est le prix moyen de revient qui doit être la base la plus sûre de leur évaluation.

La valeur courante dépend du besoin plus ou moins grand que l'on a de l'objet. Si, dans une ville assiégée on meurt de faim, on achètera pour un malade une volaille qui coûtera quarante ou cinquante fois plus que dans les temps ordinaires, et, si on était au milieu d'un désert dévoré par la soif, on donnerait pour un litre d'eau tout ce qu'on aurait dans sa bourse.

Le besoin d'une chose provenant de sa rareté, on dit que ce qui fait la valeur courante des objets, c'est l'offre et la demande. Si l'offre dépasse la demande, l'objet est naturellement déprécié, puisqu'il y a plus de vendeurs que d'acheteurs. Si c'est la demande au contraire qui est la plus élevée, les vendeurs peuvent tenir leurs prix, ils sont sûrs qu'on passera par leurs conditions. Dans ce cas la valeur de l'objet s'élève.

La loi de l'offre et de la demande est la loi principale qui règle les Bourses et Marchés. On la formule en disant : que *la valeur des choses est en raison inverse de l'offre et en raison directe de la demande.*

Dans les temps primitifs les échanges se faisaient en nature. On donnait du blé pour du vin, des sabots pour un chapeau, une pièce de gibier pour un poisson. C'est encore ainsi que procèdent les barbares et les sauvages.

Mais ce mode d'échange qui semble à première vue tout naturel offre dans la pratique les plus grandes difficultés. Il faudrait d'abord que celui à qui je propose l'échange eût l'objet que je désire, ce qui ne se rencontrerait pas souvent. Il serait nécessaire de plus que les objets échangés fussent de même valeur. Car s'il y a inégalité, comment compenser la différence.

Ce genre de circulation serait souvent encombrant et nuirait à la production, parce qu'il ne permettrait pas au travail de se diviser comme l'industrie l'exige. Le commerce serait infiniment restreint dans ses opérations et c'est pour cela que nous ne trouvons cette façon de faire qu'au berceau de l'humanité ou parmi les peuples qui sont restés étrangers à la civilisation.

On a remplacé l'échange par l'achat et la vente qui se font au moyen d'une marchandise banale, à laquelle se rapportent toutes les autres et qui figure uniformément comme leur équivalent. Cette marchandise, qui est la mesure commune de toutes les valeurs, s'appelle la *monnaie*.

II. — LA MONNAIE

Turgot a dit avec raison : Toute marchandise est monnaie. On peut en effet choisir une marchandise quelconque pour en faire une monnaie. Dans l'origine les peuples ont pris pour monnaie les marchandises qui étaient le plus en usage parmi eux. Ainsi il y a eu des pays où le sel, les coquillages, le bétail, le blé ont servi de monnaie. Mais pour qu'une marchandise serve d'intermédiaire dans les échanges, il faut qu'elle réunisse certaines qualités :

Il faut, dit Michel Chevalier :

1° Qu'elle soit recherchée par elle-même, indépendamment de sa faculté de faciliter l'échange ;

2° Plus aisée à déplacer, à valeur égale, que les autres richesses, ayant par conséquent, sous un faible volume, une grande valeur ;

3° Inaltérable, pour qu'on puisse la conserver intacte sans trop de soin ;

4° Divisible indéfiniment, afin de représenter telle valeur qu'on voudra ;

5° Autant que possible à l'abri des variations de valeurs ;

6° Douée des qualités à l'aide desquelles on puisse aisément la distinguer des substances analogues.

L'or et l'argent sont les métaux précieux qui remplissent le mieux ces conditions. Ils sont moins altérables que le fer et les autres métaux, ils sont identiques de quelque lieu qu'ils proviennent, ils peuvent être divisés facilement de manière à représenter l'équivalent de marchandises et de valeurs quelconques, ils offrent, quand ils sont frappés, toutes les garanties d'authenticité qu'on peut exiger, ils ne sont pas soumis aux mêmes variations de valeur que les autres substances et ils représentent sous un faible volume des valeurs très variées et très étendues. On les complète sous ce rapport en y joignant pour les petites sommes la monnaie de cuivre qu'on appelle la monnaie de *billon*. Elle est la seule qui ne soit pas représentative de sa valeur.

Des économistes ont prétendu que cette condition n'était pas essentielle, parce que, disent-ils, la monnaie n'est qu'un signe de convention représentatif de la valeur. Cette théorie aurait autorisé la falsification des monnaies qu'on avait le tort de se permettre si facilement au moyen âge.

Aux États-Unis l'on fit l'essai de ce système et l'on frappa des pièces d'or et d'argent qui avaient une valeur nominale double de leur valeur réelle. Aussitôt les marchandises augmentèrent du double et il fallait deux dollars pour obtenir ce que l'on avait auparavant avec un seul.

On avait aussi voulu en France à une certaine époque, d'après la même doctrine, substituer le papier à la monnaie.

Pour créer une valeur, il ne fallait qu'une signature. Mais ces papiers ne furent admis que tant qu'on crut qu'il y avait derrière eux une valeur réelle dont ils étaient l'expression. Mais quand on sut qu'ils n'avaient pas de base et que ce n'étaient que des morceaux de papier qu'on avait multipliés arbitrairement, personne ne voulut plus les recevoir. Telle fut l'histoire des billets de la banque de Law sous le régent et des assignats sous la révolution.

Cependant le papier peut suppléer la monnaie. Quand il s'agit de transporter une forte somme d'un lieu à un autre et à une grande distance, la monnaie d'or et d'argent présente des difficultés. Elle est lourde et le transport réel serait long et dispendieux. Pour remédier à cette difficulté on a imaginé de représenter des valeurs réelles par un signe qui ne coûte rien et qui circule facilement, le papier. De là les traites, les billets, les chèques qui activent et facilitent les transactions et les échanges et donnent à la circulation une activité prodigieuse.

III. — LE CRÉDIT

Le crédit est un acte de confiance par lequel ceux qui ont des capitaux les prêtent ou en font l'avance, avec promesse de remboursement futur à des conditions consenties de part et d'autre. Le crédit repose sur une promesse. Car celui qui fait l'abandon de ses capitaux s'en rapporte à la promesse que lui fait celui qui les reçoit de les lui rendre et c'est pour cela qu'il l'appelle son créancier (*creditor*).

Le crédit joue un grand rôle dans la circulation.

1° Il empêche d'abord l'oisiveté des capitaux et les pertes de temps. Si un fabricant de drap, dit J.-B. Say, ne vendait pas son drap à crédit au marchand, l'étoffe attendrait dans les manufactures. La confiance accordée met plus vite cette étoffe entre les mains du consommateur. Si un droguiste ne vendait pas à crédit au teinturier et si le teinturier, en vertu de cette facilité, ne teignait pas à crédit pour le fabricant d'étoffes, celui-ci, faute d'avances, serait peut-être forcé de suspendre sa fabrication jusqu'à ce que ses premiers produits fussent écoulés, d'où il résulterait que la portion de son capital qui est en marchandises à moitié manufacturées en métier ou en atelier, chômerait en tout ou en partie. Le crédit empêche ces pertes de temps d'avoir lieu. Il n'y a pas multiplication de capitaux, mais il y a, grâce au crédit, un emploi constant des capitaux.

2° Il fait passer les capitaux oisifs dans des mains capables de les faire fructifier. Ainsi les femmes, les enfants, les vieillards, ceux qui se consacrent aux professions libérales et qui ne peuvent s'occuper d'affaires seraient obligés de garder près d'eux leurs capitaux improductifs, tandis que le crédit leur permet de les confier à des commerçants, à des industriels, qui les font rapporter et qui leur donnent une part du profit.

3° Il favorise l'épargne. Si l'on n'avait pas un moyen constant et facile de placer les capitaux économisés, on ne serait pas porté à faire des réserves. On dépenserait tout ce que l'on gagne, et la consommation deviendrait un obstacle à la production.

4° Il favorise l'esprit d'entreprise. Les petits capitaux, grâce au crédit, peuvent s'accumuler dans les mêmes mains et produire un capital considérable. Le fabricant, l'entrepreneur qui ne pourrait compter que sur ses capitaux, serait condamné à ne faire que de petites affaires, l'industrie et le commerce ne pourraient prendre leur essor et réaliser les grandes opérations qui font la richesse d'un pays.

Mais il est à remarquer que le crédit n'est qu'un moyen de faciliter le travail. Il n'est pas productif par lui-même. Les capitaux qu'on réserve ne peuvent fructifier qu'autant que la personne qui les reçoit est intelligente, active, laborieuse, capable en un mot d'en diriger et d'en surveiller l'emploi.

Avant de se dessaisir de ses capitaux, il est donc essentiel de bien examiner à qui on les confie et si l'entreprise à laquelle on les destine a des chances de succès.

Le créancier peut prendre à la vérité ses assurances. Il peut confier ses capitaux à plusieurs personnes qui répondent solidairement chacune pour le tout de la dette contractée; dans ce cas, on a plusieurs répondants pour un.

Il peut exiger un gage répondant du paiement de la dette et sur le prix duquel il pourra se payer lui-même à l'échéance, si on ne le rembourse pas, comme on l'a promis.

Enfin il peut prendre une hypothèque sur les immeubles de l'emprunteur, ce qui lui donne le droit, en cas de non-paiement, de se saisir de l'immeuble, de le faire vendre, et d'être remboursé, sur le prix, de préférence aux créanciers chirographaires.

Les promesses de remboursement prennent, suivant leurs formes différentes, les noms de *traites*, de *billets à ordre*, de *warants*, etc. Ce papier de crédit peut être réalisé avant son échéance moyennant *escompte*. Cette opération se fait dans les banques. Le papier vient en aide dans la circulation à la monnaie et, en certains cas, il remplace la monnaie elle-même. Ainsi les billets de la Banque de France sont universellement acceptés comme l'or et l'argent et ils sont même souvent préférés, parce qu'ils sont d'un emploi plus facile, surtout quand il s'agit de sommes importantes.

SUJETS DE DISSERTATIONS FRANÇAISES

1. En quoi consiste la circulation des richesses? Quels en sont les avantages et les moyens?
2. D'où vient la nécessité de l'échange? En quoi consiste la valeur d'une chose? A quelle loi est-elle soumise?
3. Quel est le rôle de la monnaie? Quelles conditions doit remplir une marchandise pour servir de monnaie?
4. Qu'est-ce que le crédit? Quels sont ses avantages? Quels sont les moyens de crédit?

CHAPITRE V

De la distribution des richesses. Le salaire et l'intérêt.

La distribution des richesses est le mode de répartition d'après lequel ceux qui ont contribué à la production s'en partagent les résultats.

Il n'est pas difficile en théorie de formuler le principe qui doit équitablement présider à cette répartition. Les agents qui ont contribué à la production doivent avoir une part proportionnée aux services qu'ils ont rendus. La difficulté est de déterminer, dans la pratique, cette proportion. Pour nous en tenir ici à des généralités, comme nous le devons, nous distinguerons seulement les trois grands facteurs de la production : 1° les agents naturels ou la terre qui est le plus important des trois ; 2° le capital fixe et roulant qui comprend les matières premières et les instruments de la production ; 3° le travail. A la terre se rattache, comme rémunération, la rente foncière ; au capital l'intérêt ; au travail le salaire.

I. — LA TERRE ET LA RENTE FONCIÈRE

Parmi les agents naturels qui concourent à la production, il y en a qu'on ne rémunère pas. L'eau, l'électricité, la vapeur, la lumière sont des forces que la Providence a mises à la disposition de tous et qui n'appartiennent à personne. On ne songe à payer les services d'un agent naturel qu'autant qu'il est localisé et qu'il devient la propriété d'un individu. Par exemple, dans les pays accidentés, on tiendra compte de la position pour y établir un moulin, une usine qui se servira du vent ou de l'eau comme force motrice. Ainsi on évalue une chute d'eau qui constitue une force qu'on peut utiliser, un endroit élevé qui permet d'avoir souvent des courants dont on pourra profiter.

Quand il s'agit du sol, d'une terre plus ou moins étendue, qui constitue ce qu'on appelle une ferme, les économistes distinguent les bâtiments d'exploitation, les instruments agricoles, le travail fait pour l'entretien et l'amélioration des terres, les clôtures, le drainage, le fumier, la mise en état du terrain, en un mot tous les frais de culture et les qualités productrices et impérissables du sol lui-même qui tiennent à sa nature, au climat du pays et à des causes indépendantes de l'action et de la volonté de l'homme.

On trouve tout simple que le propriétaire d'une ferme en retire un revenu proportionné à l'intérêt de l'argent qu'il y a mis, pour en rendre avantageuse et facile l'exploitation. Mais quand il s'agit des facultés productrices de la terre, il y en a qui prétendent que ceci ne peut pas être l'objet d'un droit de propriété, parce que ce sont des dons naturels qui rentrent dans la masse commune des agents que Dieu a mis à la disposition de tous, sans que personne puisse se les approprier.

Mais cette distinction est une idée spéculative que l'on ne peut appliquer dans la pratique. Les facultés productrices sont le résultat du travail de l'agriculteur non moins que tout l'accessoire dont nous avons parlé. La preuve en est qu'il suffit de négliger une terre deux ou trois ans pour qu'elle redevienne inculte et qu'il soit nécessaire de la travailler comme une terre délaissée. Les terrains les plus fertiles se couvrent rapidement d'herbes et de plantes sauvages, et la vigueur naturelle du sol n'en rend que plus pénible le défrichement.

Il faut que le droit de propriété s'étende au fonds lui-même pour qu'on exécute des travaux d'avenir et qu'on fasse tous les frais accessoires sans lesquels l'exploitation serait impossible.

D'ailleurs, quand il s'agit de louer une ferme, le fermier tient compte assurément des bâtiments et de l'état dans lequel il les prend, mais il ne les considère qu'au point de vue de son utilité. Il lui est indifférent qu'ils soient plus ou moins luxueux et surtout il ne s'inquiète pas du prix qu'ils ont coûté au propriétaire. Il regarde surtout à l'état des terres, au rendement qu'elles donnent, au travail qu'elles exigent et c'est là-dessus qu'il évalue la rente qu'il peut payer.

On n'a pas besoin aujourd'hui de prendre les intérêts du fermier contre le propriétaire, car c'est le fermier qui fait actuellement la loi et le propriétaire tire de ses terres un si faible revenu, que la plupart vendraient s'ils trouvaient des acquéreurs.

II. — Le capital et l'intérêt

S'il est permis de tirer un revenu de la terre, à plus forte raison d'une maison qu'on a fait construire. Le propriétaire d'une ferme n'en a pas créé le sol, mais le constructeur d'une maison l'a faite ce qu'elle est avec des capitaux qui étaient le fruit de son travail. Si, au lieu d'habiter sa maison, il la loue, il est juste que celui à qui il cède ses appartements le rémunère. Autrement celui-ci jouirait de ce qui est à autrui, comme s'il était à lui, ce qui reviendrait à spolier les autres pour s'attribuer leurs dépouilles.

Le loyer de l'argent est l'intérêt. Le prêt à intérêt est-il permis ?

Dans les temps anciens on le condamnait. Aristote dit que l'argent est stérile de sa nature et qu'on ne peut s'attribuer les fruits d'une chose qui n'en produit pas. Les théologiens et les jurisconsultes se sont longtemps appuyés sur ce raisonnement pour montrer l'illégitimité du prêt à intérêt. Ils taxaient d'usure la moindre somme exigée pour de l'argent prêté.

L'argument d'Aristote, qui leur paraissait sans réplique, ne nous semble pas difficile à réfuter. Sans doute l'argent est de lui-même stérile, mais il en est de même d'une maison. Si on exige un loyer d'une maison, un intérêt quelconque de l'argent, ce n'est pas en raison des fruits qu'ils produisent, mais pour les services qu'ils rendent à ceux qui les empruntent ou qui les louent, services qui sont évidemment appréciables.

Nous concevons qu'autrefois les théologiens et les jurisconsultes se soient élevés aussi fortement qu'ils l'ont fait contre le prêt à intérêt. Il n'y avait alors, pour ainsi dire, ni commerce, ni industrie. L'emprunteur était un homme qui était dans le besoin, un pauvre père de famille qui avait de la peine à élever ses enfants. Il ne pouvait faire fructifier l'argent qu'on lui donnait; il avait bien de la peine à rendre ce qu'il avait reçu. Exiger de lui le moindre intérêt, c'était l'écraser en lui mettant sur les épaules un fardeau qui s'appesantissait tous les jours. Le prêt à l'égard de ces malheureux emprunteurs ne devait être qu'un acte de charité, comme le service que les riches rendent aujourd'hui aux pauvres en leur prêtant, sans intérêts, de petites sommes qu'ils rendent partiellement au moyen de leurs épargnes.

Mais aujourd'hui, il n'en est plus de même. Le capital est dans l'industrie et le commerce un des agents les plus puissants de la production. Le capital fixe et le capital roulant doivent être l'un et l'autre rémunérés. Or, celui qui est à la tête d'une entreprise, a rarement à lui les sommes qu'exige ce double capital. Il fait donc appel à ceux qui ont de l'argent disponible, et c'est avec cet argent emprunté qu'il complète le capital fixe et les fonds de roulement qui lui sont nécessaires. Ce capital étant productif, n'est-il pas juste que ceux qui l'ont fourni aient leur part dans la production? Si l'entrepreneur fait rapporter dix du cent et même davantage à son capital, n'est-il pas juste qu'il donne une partie de ses produits à ceux qui le lui ont fourni? Autrement, il s'approprierait la chose d'autrui, puisqu'il en profiterait, comme si elle était à lui.

D'ailleurs, le prêteur, en se dessaisissant de son argent, s'impose une privation. Il lui serait assurément plus agréable de le dépenser pour son plaisir que de le donner à d'autres pour n'en retirer aucun avantage. Il se met dans l'impossibilité de profiter des bonnes occasions qui peuvent se présenter, d'acquérir une terre ou une autre chose qui lui serait utile. Enfin, quelle que soit la solvabilité de l'emprunteur, l'argent prêté court toujours des risques et il est naturel que le prêteur exige une compensation qu'il trouve dans l'intérêt qu'on lui sert.

Les théologiens ont toujours admis ces raisons extrinsèques et, tout en enseignant que le prêt devait être gratuit de sa nature, ils permettaient de recevoir un intérêt en compensation du dommage que se causait l'emprunteur pour obliger celui qui lui demandait son argent.

Aujourd'hui, la légitimité du prêt à intérêt est universellement reconnue. Il n'y a d'exception que pour les socialistes qui attaquent également la rente foncière, le loyer, en un mot, tous les revenus de la propriété, parce qu'ils voudraient anéantir la propriété elle-même.

III. — LE TRAVAIL ET LE SALAIRE

Le travail étant le principal agent de la production, doit avoir la plus grande part dans les produits. Là-dessus, on est tous d'accord.

Tout travail mérite une rémunération proportionnée aux services rendus par celui qui l'exécute. Le travail intellectuel mène aux professions libérales, qui donnent droit à des traitements déterminés par l'État. Les savants, les hommes de lettres sont payés pour les leçons qu'ils donnent, et les progrès qu'ils font faire à la physique, à la chimie, à la mécanique, aux beaux-arts, contribuent à la richesse du pays.

Mais ici nous n'avons qu'à nous occuper du salaire, c'est-à-dire des prix qu'on paye aux ouvriers à raison du travail qu'ils exécutent à la journée ou à la tâche.

Il y a un très grand nombre d'hommes occupés à des travaux manuels, qui n'ont aucune avance. Ils ne peuvent pas attendre que le produit de leur travail soit réalisé. Ils ont besoin de ce qu'ils gagnent pour se nourrir, se loger et se vêtir. Il faut donc qu'ils touchent toutes les semaines, tous les quinze jours et tous les mois au plus, le prix de leur travail. Ils ne peuvent entrer pour rien dans les risques de l'entreprise à laquelle ils concourent, puisqu'ils n'ont rien qui puisse répondre de leurs engagements.

Il est nécessaire qu'à la tête de l'entreprise il y ait un chef, un entrepreneur, un patron. C'est à lui à se procurer les capitaux nécessaires et à en répondre, c'est à lui à procurer des débouchés aux produits pour qu'ils n'encombrent pas ses ateliers et ses magasins, et c'est à lui de trouver, le jour de la paie, l'argent nécessaire pour satisfaire tous les ouvriers qu'il emploie.

Des utopistes ont demandé l'égalité des salaires, s'appuyant sur l'égalité des besoins. D'abord, les besoins ne sont pas les mêmes pour tous les travailleurs. Il y a des hommes qui dépensent bien plus les uns que les autres ; les appétits naturels et les appétits factices sont très variables.

D'un autre côté, tous les métiers n'ont pas le même degré d'activité, ni d'importance. Il y en a qui demandent un long apprentissage, une habileté de la main et une certaine intelligence. D'autres n'exigent que la force musculaire, on n'a pas besoin de faire des frais de temps et d'argent pour les apprendre.

Dans le même métier, il y a aussi une très grande différence dans la valeur des ouvriers. Il y en a qui font plus vite et qui produisent par conséquent beaucoup plus que d'autres dans une journée et il y en a aussi qui font beaucoup mieux. Payer le même prix les mauvais ouvriers et les bons, ceux qui font beaucoup de besogne et ceux qui en font peu, ce serait une injustice qui détruirait toute émulation et accorderait une prime à la paresse.

Quel doit être le taux des salaires ?

Il est impossible de le fixer, puisqu'il dépend d'une foule de circonstances ; du temps, du lieu, des personnes qu'on ne peut ramener à une évaluation uniforme. La seule observation que l'on puisse faire, c'est que les salaires, comme en général toutes les choses payées, sont soumis à la loi de l'offre et de la demande. Si les bras sont rares comparativement aux besoins qu'on en a, il est certain que l'ouvrier sera maître de la position, et qu'il pourra élever le prix de sa journée. Si, au contraire, on trouve plus d'ouvriers qu'il n'en faut, la main-d'œuvre sera par là même dépréciée.

Mais il y a, des deux côtés, une limite qu'on ne peut

dépasser. Si les exigences de l'ouvrier étaient trop élevées, et que l'entrepreneur ne pût plus trouver de débouchés pour ses marchandises au prix où elles lui reviendraient, il serait obligé de fermer ses ateliers, et l'ouvrier n'aurait plus d'ouvrage, et ses exigences exagérées tourneraient contre lui. Pour avoir voulu trop avoir, il n'aurait rien.

Il ne faut pas non plus que le patron et l'entrepreneur abaissent trop le prix de la journée. Il est de toute nécessité que l'homme puisse vivre de son travail. Si l'ouvrier ne gagnait pas sa vie, il se découragerait, et le patron verrait à son tour sa dureté nuire à son entreprise ; car il ne trouverait personne qui voulût travailler pour lui.

Nous croyons que le mieux est de laisser l'ouvrier et le patron débattre leurs intérêts. La loi de l'offre et de la demande nivelle les prix et détermine le taux de l'argent, le loyer des maisons et la rente foncière. L'État doit se borner à protéger les droits des individus, mais il ne doit jamais intervenir pour fixer le prix des denrées ou des salaires. Son action doit se borner à défendre les intérêts de la nation par des traités de commerce qui règlent équitablement ses rapports industriels et commerciaux avec les autres nations.

SUJETS DE DISSERTATIONS FRANÇAISES

1. Qu'entend-on par la répartition des richesses ? Sur quelles bases repose la rente foncière ?

2. L'intérêt de l'argent est-il légitime ? Pourquoi l'a-t-on autrefois condamné ?

3. Qu'est-ce que le salaire ? Les salaires doivent-ils être égaux ? A quelle loi est soumis le taux des salaires ?

CHAPITRE VI

De la consommation de la richesse. De la consommation privée.

La consommation est le contraire de la production. La production crée des utilités, la consommation les anéantit, les déplace et les altère. L'homme qui mange du pain détruit la propriété dont jouit cette substance de servir à l'alimentation. L'ouvrier qui fabrique une bêche, transforme l'utilité dont est douée une barre de fer à l'état rigide en une autre utilité dont l'agriculture profite.

Les produits, qui sont le fruit du travail de l'homme, n'ont pas une durée illimitée. Tout ce qui sert à la nourriture, à l'habillement, à l'ameublement, passe plus ou moins vite. Cette altération ou cette destruction inévitable qu'amènent l'usage des choses et parfois la simple action du temps, forme ce que l'on appelle généralement la *consommation*. On distingue deux sortes de consommations : les consommations productives et les consommations improductives.

I. — CONSOMMATIONS PRODUCTIVES ET CONSOMMATIONS IMPRODUCTIVES

Les consommations productives sont celles qui ont pour résultat un produit d'une valeur supérieure à celui que l'on a fait disparaître. Je sème du blé dans un champ, le grain que je mets en terre est sacrifié, mais il revient dans l'épi qu'il donne, et au temps de la moisson je récolte dix fois, douze fois plus de blé que je n'en ai semé. Ceci est une reproduction. Il en est de même des plantations que l'on peut faire.

On creuse un canal, on construit un chemin de fer, une usine, une maison. On occupe une partie du sol que l'on enlève à l'agriculture, et on consomme des matériaux, pierres, bois, fer, que l'on emprunte à d'autres industries ; ces consommations sont productives. Elles ont créé des moyens de transport, des bâtiments d'exploitation, dont on tirera de grands avantages. Ce sont des avances qui, à un instant donné, produisent de grands résultats, et ces sortes de consommation profitent par leur propre nature aux particuliers et à l'État.

Il y en a d'autres qui ne sont productives qu'à raison de l'usage qu'on en fait. Vous avez une machine à vapeur, elle consomme de la houille, cette houille sera une consommation productive si elle sert à la production d'un objet supérieur à sa valeur. Mais si vous ne savez pas vous en servir, c'est une perte sèche, une consommation improductive.

On appelle ainsi toute consommation qui ne fait pas naître de nouveaux produits et qui n'a d'autre but que la satisfaction d'un désir, ou d'un besoin. Ainsi, l'emploi de la poudre qui entre dans les pièces d'un feu d'artifice ; celui du tabac, au moyen duquel on confectionne un cigare, sont des consommations improductives. En brûlant la poudre, en fumant le cigare, on sacrifie réellement une valeur et le produit d'un travail.

Quand ces consommations n'ont pas de but, elles méritent tout à la fois la réprobation de la science économique, de la morale et de la religion. L'incendie d'une maison, la casse volontaire de la vaisselle, la déchirure ou la perte des habits par défaut de soin ou par colère, une foule de choses gaspillées, prodiguées sans raison, sont autant de consommations improductives qui font la ruine de la société et des individus.

Mais, parmi les consommations improductives, il y en a de nécessaires et indispensables. Il faut que l'homme vive, et pour cela, il est nécessaire qu'il consomme toutes les choses nécessaires à sa nourriture, à son vêtement et à son logement. Avant de songer à épargner, il doit satisfaire les besoins impérieux qui lui sont imposés par la nature.

Ces dépenses, d'ailleurs, ne sont pas purement improductives, puisqu'elles ont pour résultat de renouveler les forces de l'individu et de le rendre apte à un nouveau travail. Mais ne seraient-elles pas compensées par un produit, c'est une nécessité première à laquelle on doit pourvoir pour soi et pour les autres. Celui qui possède, ne doit pas songer qu'à lui-même; mais s'il a près de lui un enfant, un malade, un vieillard, qui n'ont pas de pain, il doit leur en donner, sans s'inquiéter si jamais on le lui rendra.

Ces consommations ne doivent pas même s'arrêter aux choses absolument nécessaires à la vie matérielle. L'homme ne vit pas que de pain, il a des besoins plus élevés que ceux du corps, et pour les satisfaire, il est obligé de ne pas dépenser seulement les sommes nécessaires pour l'existence, mais de pourvoir aux exigences de l'imagination et de l'esprit. Nous arrivons ainsi à la question si controversée du luxe.

II. — La question du luxe

Qu'est-ce que le luxe? Jean-Baptiste Say répond que c'est l'usage des choses chères. Je veux meubler ma maison : j'achète les meubles qui me sont indispensables; je les choisis en bon bois, je les veux solides, parfaitement appropriés à leur usage, mais je n'y fais ajouter ni sculptures, ni ornements. J'aurai ainsi un ameublement confortable; je me serai renfermé dans les prix modérés, je n'ai pas mis de luxe dans ma maison.

Mais, au lieu de prendre des meubles ordinaires, j'ai voulu avoir des meubles sculptés, en vieux chêne, avec de riches garnitures. J'ai dépensé une somme considérable à mon ameublement; j'ai fait alors du luxe, et si, dans mes appartements, tout est en rapport avec ces meubles, que j'y aie mis des objets d'art; on dira avec raison que j'ai déployé un grand luxe.

Le prix des choses n'en fait pas tout le mérite. Mais quand il est proportionné aux objets, il suppose que ces objets représentent une somme de travail considérable, et c'est ce qui en fait la valeur.

On ne peut pas condamner le luxe d'une manière absolue. Car si on le réprouvait comme une chose essentiellement mauvaise, il ne serait permis à personne. Dans ce cas, les objets précieux n'auraient pas d'acheteurs, et il n'y aurait pas possibilité de les produire. L'ouvrier devrait se borner à faire des choses solides, communes, et il ne serait nullement encouragé à perfectionner son travail.

Il y a cependant dans l'homme un sentiment que l'on ne doit pas négliger, c'est le sentiment du beau. Ce sentiment l'ennoblit et l'élève au-dessus des jouissances purement matérielles. Pour donner satisfaction à ce sentiment, il faut que l'homme cultive les arts, qu'il produise des choses qui prêtent à l'imagination et à l'esprit.

Une étoffe commune suffit pour nous protéger contre le froid et la pluie. On n'a pas besoin d'une riche vaisselle pour prendre ses repas, on peut dormir sous le chaume, dans la cabane d'un Huron ou d'un Hottentot, mais on ne peut pas demander que les nations civilisées se contentent d'objets aussi imparfaits que ceux dont se servent les nations sauvages.

Celui qui a de la fortune et qui occupe une certaine position sociale, est tenu d'avoir un train de maison en rapport avec les revenus dont il jouit. Si on ne faisait que les dépenses improductives strictement nécessaires, il y aurait encombrement des capitaux de production et le travail serait arrêté. Il est prudent de se faire un fond de réserve pour faire face aux jours difficiles, aux besoins imprévus, mais l'avare qui ne songe qu'à entasser, va contre les règles de la morale et de l'économie sociale.

Le luxe a ses excès. Il est excessif toutes les fois qu'il dépasse les ressources de la personne qui s'y livre. On ne doit pas dépenser plus qu'on a de revenus, le patrimoine de la famille doit être respecté. Celui qui l'a reçu, doit le laisser intact à ceux qui viennent après lui.

Le luxe n'est pas de la prodigalité. On ne peut approuver les personnes qui perdent leur argent en choses inutiles. Ces dépenses ne sont pas un encouragement donné au travail, c'est la perte, l'anéantissement d'un capital ; elles sont funestes pour la société en général et l'individu en particulier. Elles entraînent toujours des désordres et amènent des catastrophes déplorables.

Le luxe a aussi ses dangers. On s'en sert trop souvent pour favoriser les exigences des passions. Le luxe de la table excite la gourmandise, rend l'homme sensuel, le détourne du travail, compromet sa santé et lui enlève les vertus mâles et courageuses qui honorent les natures sobres et austères. La richesse multiplie les tentations et il est nécessaire de se tenir perpétuellement sur ses gardes pour ne pas être victimes de ses séductions.

Mais quand le luxe se renferme dans de justes limites et qu'il a pour but l'encouragement des arts, le perfectionnement de l'industrie et en général du travail humain, il est loin d'être à blâmer. L'homme est fait pour le beau; il le trouve dans la nature et il est assez richement doué pour l'imiter et le reproduire. Il faut donc que celui qui cultive ces nobles facultés soit récompensé et il ne peut l'être qu'autant qu'on reconnaît ses efforts et ses succès.

L'État doit surtout se montrer libéral à cet égard. S'il construit, il doit le faire d'une manière monumentale. Il y a des œuvres d'art qu'on ne peut trouver que dans nos musées. Il doit les offrir en spectacle à tout le monde, pour que le pauvre aussi bien que le riche puisse satisfaire l'attrait naturel que nous avons pour les belles choses. La religion applaudit elle-même à ce genre de luxe. Il n'y a pas de plus riches musées que ceux du Vatican, il n'y a pas de souverains qui aient protégé et vivifié les arts comme les souverains Pontifes et nulle part on ne déploie plus d'éclat et de magnificence que nous n'en déployons dans nos grandes cérémonies religieuses.

SUJETS DE DISSERTATIONS FRANÇAISES

1. Qu'appelle-t-on consommations productives et consommations improductives? Dans quelle mesure sont-elles les unes et les autres nécessaires?

2. Le luxe est-il permis? Dans quel sens est-il utile et même nécessaire?

CHAPITRE VII

Consommation de la richesse publique.

Les États sont obligés, comme les individus, de faire des dépenses. Ces dépenses peuvent être productives ou improductives comme celles des particuliers. Car comme le dit fort bien J.-B. Say, il n'y a pas plus deux sortes d'économie, qu'il n'y a deux sortes de probité, deux sortes de morale. Si un gouvernement comme un particulier fait des consommations desquelles il doive résulter une production de valeur supérieure à la valeur consommée, ils exercent une industrie productive; si la valeur consommée n'a laissé aucun produit, c'est une valeur perdue pour l'un comme pour l'autre, mais qui, en se dissipant, a fort bien pu rendre les services qu'on en attendait. Les munitions de guerre et de bouche, le temps et les travaux des fonctionnaires civils et militaires qui ont servi à la défense de l'État n'existent plus, quoique ayant été parfaitement bien employés. Il en est de ces choses comme des denrées et des services qu'une famille a consommés pour son usage. Cet emploi n'a présenté aucun avantage autre que la satisfaction d'un besoin; mais si le besoin était réel, s'il a été satisfait aux meilleures conditions possibles, cette consommation suffit pour compenser, souvent même avec beaucoup d'avantage, le sacrifice qu'elle a coûté. Si le besoin n'existait pas, la consommation, la dépense n'eût plus été qu'un mal sans compensation. Il en est de même des consommations de l'État: consommer pour consommer, dépenser par système, réclamer un service pour l'avantage de lui accorder un salaire, anéantir une chose pour avoir occasion de la payer, c'est une entreprise folle de la part d'un gouvernement, comme d'un particulier, et ce n'est pas plus excusable chez celui qui gouverne l'État que chez le chef de toute autre entreprise. Un gouvernement dissipateur est même bien plus coupable qu'un particulier : celui-ci consomme les produits qui lui appartiennent, tandis qu'un gouvernement n'est pas propriétaire, il n'est qu'administrateur de la fortune publique.

Les dépenses de l'État sont réglées par le budget et couvertes par les impôts et les emprunts.

I. — LE BUDGET

Le budget est le tableau comparatif des recettes que l'État doit réaliser et des dépenses qu'il doit effectuer dans l'année.

L'État doit être administré comme un homme sage et prudent sait administrer sa maison. En matière économique le premier principe est de ne pas dépenser plus qu'on ne gagne. Pour être sûr de ne pas tomber dans cet inconvénient, tout homme sérieux inscrit ses recettes et ses dépenses et voit au bout de l'année le résultat.

Les États agissent par prévoyance afin de ne pas se trouver en présence d'un déficit qu'on ne pourrait combler et pour assurer la régularité des paiements dans toutes les branches de l'administration. Ils dressent leur budget un an d'avance.

Ils y inscrivent les dépenses qu'ils seront obligés de faire et ils mettent en face les recettes qu'ils espèrent effectuer. Ces prévisions sont basées sur les résultats obtenus les années précédentes et sur la marche qu'on suppose que prendront les affaires.

Le budget doit être soumis dans les nations libres aux chambres qui les représentent. Il est publié et il doit être vrai et sincère.

On le divise en autant de parties qu'il y a de grandes administrations. Ainsi il y a le budget de la guerre, le budget de la marine, le budget de l'instruction publique, le budget de l'intérieur, etc. Chaque partie est divisée en chapitres et les chapitres en articles et paragraphes, pour que les représentants de la nation puissent contrôler chaque dépense et chaque recette en particulier et qu'ils ne se contentent pas de voter en gros les sommes proposées.

C'est sur les dépenses que se règle l'impôt. Car pour faire face aux dépenses on n'a pas d'autres ressources que l'impôt et les emprunts.

II. — L'impôt

L'impôt est le prix que l'État prélève sur chaque citoyen pour couvrir les dépenses qu'il est obligé de faire. Ces dépenses étant nécessaires dans l'intérêt de tous et l'État n'ayant pas les revenus suffisants pour les payer, il est forcé de recourir à l'impôt pour se procurer l'argent dont il a besoin.

L'impôt est donc nécessaire et on ne doit pas user de mauvais moyens pour chercher à s'y soustraire. Mais s'il y a obligation pour les citoyens de payer l'impôt, le gouvernement ne doit rien négliger pour en atténuer la charge, en modérer autant que possible la dépense.

D'après Adam Smith, un bon système d'impôt ne doit pas s'éloigner de ces quatre règles :

1° Les sujets d'un État doivent contribuer au soutien du gouvernement, chacun en proportion de ses facultés, c'est-à-dire en proportion du revenu dont il jouit, sous la protection de l'État. La dépense du gouvernement est, à l'égard des individus d'une grande nation, comme les frais sont à l'égard des propriétaires d'un grand domaine, qui sont obligés tous à contribuer à ces frais, en proportion de l'intérêt qu'ils ont respectivement dans ce domaine ;

2° La taxe ou portion d'impôt que chaque individu est tenu de payer doit être certaine et non arbitraire. L'époque du payement, le mode du payement, la quantité, tout cela doit être clair et précis, tant pour le contribuable qu'aux yeux de toute personne ;

3° Tout impôt doit être perçu à l'époque et selon le mode que l'on peut présumer le plus commode pour le contribuable ;

4° Tout impôt doit être perçu de manière qu'il fasse sortir des mains du peuple le moins d'argent possible au delà de ce qui entre dans le trésor de l'État, et en même temps, à ce qu'il tienne le moins longtemps possible cet argent hors des mains du peuple, avant d'entrer dans le trésor.

On est d'accord sur ces trois dernières règles, mais il n'en est pas de même de la première qui formule la proportionnalité de l'impôt.

Il y en a qui voudraient un impôt *fixe* et d'autres un impôt *progressif*.

L'impôt *fixe* frapperait chaque citoyen de la même somme. Le pauvre paierait comme le riche, parce qu'il est, dit-on, protégé de même par l'État et qu'il profite des dépenses publiques autant que le riche. Mais ce système, applicable peut-être aux États pauvres et peu nombreux, n'est aujourd'hui soutenu par personne parmi nous.

Il n'en est pas de même de l'impôt progressif. Ce système consiste à augmenter le taux de l'impôt suivant la fortune du contribuable. Par exemple, si l'on demandait 1 % à celui qui a un revenu de 100 francs, on demanderait 2 % à un revenu de 200 francs, 3 % à un revenu de 300 francs, et on irait toujours en augmentant suivant l'élévation de la fortune.

Les socialistes qui sont partisans de ce système prétendent que la proportionnalité de l'impôt n'exige pas des citoyens un sacrifice égal. Ainsi une famille qui a 1000 fr. de revenu et qui paye 100 francs a une charge plus lourde que celle qui a 20000 francs et qui paye 2000 francs. On les a imposées l'une et l'autre à 10 %, mais la charge égale en apparence est en réalité très inégale. Car il reste à l'une 18000 francs de rente, ce qui ne l'empêche pas d'être à l'aise, tandis que l'autre n'a plus que 900 francs. On a pris sur le nécessaire de l'une et sur le superflu de l'autre, de là une prodigieuse inégalité.

On répond avec raison à ce raisonnement que l'impôt n'a pas pour but d'égaliser les fortunes, mais de répartir les charges de l'État, selon les services rendus. Celui qui a 20 000 francs de rente reçoit-il de l'État d'autres services que celui qui n'en a que 2 000 ? Cette progression aurait pour résultat d'anéantir la fortune elle-même. Car en augmentant toujours le taux on arriverait à mettre l'impôt à la hauteur du revenu lui-même.

Ce système n'est qu'une attaque indirecte contre la propriété et s'il était appliqué on verrait immédiatement le travail s'arrêter, les capitaux fuir les affaires et la production serait paralysée.

Les économistes ont aussi agité la question de l'unité et de la multiplicité des impôts. Si l'impôt était unique il faudrait qu'il pesât sur le revenu. Mais un impôt sur le revenu est très difficile à établir et à percevoir.

Les contribuables ne se rendent pas facilement compte eux-mêmes de leurs revenus. Le propriétaire a souvent des dettes ou des charges qui diminuent beaucoup les revenus qu'on lui suppose. Le négociant devrait-il regarder ses bénéfices comme des revenus ? Le bénéfice est chose bien variable dans le commerce et l'industrie.

On a calculé que pour se procurer les milliards qu'il dépense, l'État, en France, ne serait pas obligé de prélever moins de 15 % sur le revenu. Cette somme effraierait le contribuable et en beaucoup de cas il ne pourrait la payer.

Les impôts multiples ont l'avantage de frapper sur une foule d'objets et de se payer sans qu'on s'en doute. « Ils ressemblent, dit M. Thiers, à des petits poids qu'on répandrait sur tout le corps et qui finiraient par faire un poids bien supérieur à celui qu'un homme pourrait porter sous un même volume. »

On distingue les impôts directs et les impôts indirects.

Les impôts directs sont ceux qui sont perçus en vertu d'un rôle indiquant le nom du contribuable et le montant de sa contribution.

Ils comprennent la contribution foncière ; la contribution personnelle et mobilière ; la contribution des portes et fenêtres, et la contribution des patentes.

Les impôts indirects sont les droits perçus sur les objets de consommation, sur des mouvements de valeurs, des transports et qui n'atteignent ainsi qu'*indirectement* les personnes.

Les principaux sont les impôts perçus sur les boissons, le sel, les sucres, les cartes à jouer, les transports des voyageurs et des marchandises, les poudres, les tabacs, les allumettes, etc.

Lorsque les États ont à subir des dépenses extraordinaires, des frais de guerre ou autres et que le produit de l'impôt devient insuffisant, ils ont recours aux emprunts.

III. — Les emprunts

Quand un État à la suite d'une guerre se trouve grevé d'une dette considérable, il pourrait pour la payer recourir à un impôt extraordinaire. Mais ce moyen n'est pas toujours exécutable. S'il s'agit, par exemple, d'une dette énorme, comme celle de 5 milliards que nous avons dû payer aux Prussiens après la guerre de 1870-1871, on ne pourrait la prélever sur le pays sous forme d'impôts. Il faut alors que l'on ait recours aux emprunts.

Les emprunts peuvent se faire en traitant directement avec une maison de banque, comme se fit en Angleterre pendant la guerre l'emprunt Morgan, ou bien au moyen d'une adjudication, en le livrant à celui qui offre les conditions les plus avantageuses, ou bien par voie de souscription publique, en offrant à tous ceux qui veulent en prendre de la rente 3, 4 ou 5 % à un prix indiqué par le gouvernement.

Les emprunts peuvent être remboursés dans un délai fixé, 75, 90 ans, et c'est ce qu'on appelle un emprunt *amortissable*. Ou bien le gouvernement ne fixe pas l'époque pour le remboursement et la rente dans ce cas prend le nom de rente *perpétuelle*. L'État dans cette hypothèse rembourse le capital quand il veut et s'il veut.

Ces emprunts inscrits au grand-livre de la dette publique constituent la dette *consolidée*.

Les États font encore des emprunts à court terme pour faire face à des besoins passagers et qu'ils espèrent couvrir avec des rentrées prochaines. Ces emprunts forment la dette *flottante*, ainsi appelée par opposition à la dette consolidée, parce qu'elle est soumise à des variations perpétuelles.

On pourrait l'assimiler aux petites dettes courantes qu'a toujours la maison la mieux organisée, tandis que la dette consolidée représenterait le capital engagé et la dette reconnue par des obligations souscrites à longs termes.

Comme il y a des dépenses productives et des dépenses improductives, il y a aussi de bons et de mauvais emprunts. Si un État emprunte pour faire des travaux publics, productifs, cet emprunt n'est qu'une avance bien placée qui contribuera à la prospérité du pays. Mais s'il emprunte pour couvrir des dépenses improductives, c'est une perte qu'il fait, c'est une charge semblable à celle que s'impose un négociant qui vient de subir une perte qu'il ne peut couvrir avec ses ressources. Cette opération le retarde et diminue sa fortune.

Les États sont tentés de recourir aux emprunts, parce que c'est un moyen commode de se procurer de l'argent, mais ceux qui les dirigent ne doivent pas oublier que ces emprunts sont ruineux pour le pays, s'ils ne servent pas à des choses utiles, et si le produit n'en est pas employé à des améliorations qui doivent être fructueuses pour l'avenir.

SUJETS DE DISSERTATIONS FRANÇAISES

1. Quel est le caractère des dépenses d'un État? Dans quel but établit-on un budget?
2. Quel est le meilleur système d'impôt?
3. L'impôt doit-il être progressif ou proportionnel? Multiple ou unique?
4. Comment et pourquoi fait-on des emprunts? Sont-ils toujours onéreux à l'État?

OUVRAGES A CONSULTER ET LECTURES A FAIRE SUR L'ÉCONOMIE POLITIQUE

Paul Cauwès, *Précis d'économie politique*, 2 vol. in-8°, 1880. — Baudrillart, *Manuel d'économie politique*, 1 vol. in-12, 1878; *Des rapports de la morale et de l'économie politique*, 1 vol. in-8°;

Histoire du luxe, 4 vol. in-8°, 1880-1881. — Hervé-Bazin, *Traité élémentaire d'économie politique*, 1 vol. in-18, 1880. — Batbie, *Cours d'économie politique*, 2 vol. in-8°, 1866. — Bastiat, *Harmonies*, 1 vol. in-8°, 1848; *Sophismes économiques ou Petits pamphlets*, 2 vol. in-18, 1845 à 1850. — Bénard, *Influence des lois sur la répartition des richesses*, 1 vol. in-8°, 1874. — Jourdan, *Épargne et capital*, 1 vol. in-8°, 1879. — Périn, *De la richesse dans les sociétés chrétiennes*, 2 vol. in-8°, 1862. — De Metz-Noblat, *Les lois économiques*, 1 vol. in-18, 1880. — Corbière, *L'économie sociale au point de vue chrétien*, 2 vol. in-8°, 1863. — *Collection des principaux économistes*, 13 vol. in-8° se décomposant ainsi qu'il suit : 1° *OEuvres* d'Adam Smith, 2 vol.; de Malthus, 2 vol.; de Ricardo, 1 vol.; de J.-B. Say, 2 vol.; de Turgot, 2 vol.; — 2° *Économistes financiers du dix-huitième siècle*, 1 vol.; — 3° *Physiocrates*, 1 vol.; — 4° *Mélanges* (Hume, Condorcet, Condillac, Franklin, Bentham, etc.), 2 vol. — Glasson, *Éléments du droit français considéré dans ses rapports avec le droit naturel et l'économie politique*, 2 vol. in-12, 1875.

SIXIÈME PARTIE

HISTOIRE DE LA PHILOSOPHIE

CHAPITRE PREMIER

Notions préliminaires. Des systèmes en général. Définition des principaux systèmes philosophiques.

Avant de traiter de l'histoire de la philosophie, nous croyons utile d'en déterminer l'objet, d'en montrer l'utilité pour l'étude de la philosophie elle-même, et d'examiner la méthode que nous devrons suivre dans cette étude, et les divisions générales qu'il convient d'adopter.

I. — DE L'OBJET DE L'HISTOIRE DE LA PHILOSOPHIE ET DE SON UTILITÉ

1. L'histoire de la philosophie a pour objet l'étude critique et comparée des différents systèmes de philosophie.

La philosophie, telle que nous l'avons comprise, a pour objet de nous faire connaître l'homme pensant considéré en lui-même et dans ses rapports au moyen de la raison.

En psychologie et en logique, elle étudie l'âme elle-même, l'homme pensant; en théodicée, elle le considère dans sa cause qui est Dieu, et, dans la morale, elle approfondit sa destinée et lui montre les lois auxquelles il doit se soumettre pour arriver à sa fin.

Ces grandes questions de la nature de l'âme humaine, de l'existence de Dieu et de ses attributs, des devoirs de l'homme dans la vie présente et des espérances qui doivent porter ses regards vers la vie future, ont été étudiées au sein des peuples les plus éclairés par des intelligences d'élite, par des hommes de génie, aux différentes époques de l'humanité.

Ils ne leur ont pas tous donné les mêmes solutions. Des divergences d'opinion très profondes se sont même manifestées entre leurs divers systèmes. Ce sont ces différences avec leurs variations les plus remarquables que l'histoire de la philosophie doit nous faire connaître, en nous exposant sur l'homme, sur Dieu et sur le monde les opinions des principaux philosophes.

2. On ne peut douter de l'utilité de cette étude.

L'histoire de la philosophie est d'abord très utile pour l'étude de l'histoire générale elle-même.

Si la littérature est, comme on l'a dit, l'expression de la société, parce qu'elle en reflète les idées, les goûts et les tendances, la philosophie joue un rôle encore plus important. Ce sont ses doctrines qui dirigent l'esprit d'un siècle, d'une nation, et, suivant qu'elles sont vraies ou fausses, elles exercent sur les mœurs générales une influence désastreuse ou salutaire, de telle sorte que, pour se rendre bien compte des grandes révolutions politiques ou sociales, il faut toujours remonter aux idées philosophiques qui les ont préparées ou qui en ont été la cause.

Cinéas exposant devant Fabricius la doctrine d'Épicure, dont les disciples faisant consister la fin de l'homme dans la volupté, fuyaient toute administration publique comme le fléau du bonheur, évitaient tout effort pénible, tout danger, ne recherchant que le plaisir, l'austère Romain interrompit le philosophe en s'écriant : « Puissent Pyrrhus et les Samnites avoir de telles opinions, tant qu'ils seront en guerre avec nous. »

Mais c'est surtout pour l'étude de la philosophie elle-même que l'histoire de la philosophie offre de grands avantages.

La philosophie est avant tout, il est vrai, une science rationnelle, et non une science d'autorité. La maxime, *le maître l'a dit*, ne doit être admise qu'autant que le maître est infaillible. Mais comme l'infaillibilité n'est le privilège d'aucun homme, quel que soit son génie, nous ne recherchons pas dans l'histoire de la philosophie les sentiments, les opinions des philosophes pour les adopter aveuglément et nous les approprier.

Leurs systèmes étant d'ailleurs contradictoires, nous nous condamnerions par cet excès de soumission à accepter le pour et le contre sur tous les points, et nous ferions de notre esprit un chaos.

Nous ne voulons les connaître, comme nous l'avons dit, que pour les comparer et les critiquer, c'est-à-dire pour nous rendre compte de ce qu'il y a de bon et de mauvais dans chacun d'eux, afin de nous appuyer sur les sentiments de ceux qui s'accordent avec nous, et de discuter les raisons qu'on a fait valoir en faveur des opinions contraires.

Ce travail est très précieux, car après avoir observé, comme nous l'avons fait, l'homme en lui-même, et après l'avoir vu dans ses rapports avec son principe et sa fin, il nous importe de savoir ce qu'ont pensé les plus grands génies sur ces questions.

Nous ne faisons en cela que continuer nos investigations en ajoutant, à nos observations et à nos réflexions, les observations et les réflexions de tous les philosophes qui nous ont précédés. L'horizon s'agrandit et la lumière ne peut manquer de s'accroître, en constatant les découvertes particulières qui ont illustré tous les chefs d'école, et qui ont attiré autour d'eux les esprits les plus distingués de leur siècle.

En assistant à toutes ces luttes, l'esprit gagne en étendue et en perspicacité, il comprend mieux ce qu'il peut et ce qu'il ne peut pas, il voit à côté de ses progrès ses défaillances, il devient plus modeste et plus tolérant, et, après avoir vu dans la philosophie elle-même les sources auxquelles l'entendement doit puiser ses lumières, il apprend de l'histoire de cette science jusqu'où vont les forces de la raison humaine, les limites qu'elle ne peut franchir et le besoin qu'elle a d'une lumière supérieure pour l'éclairer sur sa destinée.

II. — De la méthode qu'il convient d'appliquer a l'histoire de la philosophie

Dans l'histoire de la philosophie il faut distinguer deux choses : les faits philosophiques ou les opinions et les systèmes des philosophes, et la loi qui préside au développement de ces systèmes. C'est d'après cette loi que nous pouvons constater la marche de la pensée philosophique au sein de l'humanité.

Il y a des écrivains qui prétendent déterminer cette loi *à priori*, c'est-à-dire d'après les principes qui régissent la nature humaine considérée en elle-même, sans se préoccuper des faits extérieurs enregistrés par l'histoire. C'est ce qu'a tenté Victor Cousin, dans son *Introduction à l'histoire de la philosophie*. Mais cette méthode purement hypothétique peut aboutir aux erreurs les plus graves et a le tort de ne pas tenir suffisamment compte de la liberté humaine. Elle suppose l'esprit humain soumis à des lois fatales comme le monde extérieur et prétend pouvoir prédire les mouvements de la pensée, comme on prédit les mouvements des corps célestes.

La méthode *à posteriori* est plus vraie. Elle veut qu'on expose, avant tout, les systèmes, qu'on les examine tels qu'ils se sont présentés dans l'ordre des temps, et qu'on les comprenne en les considérant dans le cadre des événements où ils sont nés et se sont développés. C'est la méthode d'observation qui procède par l'étude des faits et qui cherche, avant de critiquer les systèmes, à les bien concevoir.

C'est par là en effet qu'il faut commencer. Mais les systèmes connus, il faut les rattacher à la loi générale qui les domine. Après l'observation, il faut que la réflexion agisse, et c'est pour ce motif que nous croyons que, pour l'histoire de la philosophie comme pour la philosophie elle-même, il faut la méthode mixte, la méthode expérimentale et la méthode rationnelle combinées dans de justes proportions.

III. — Des systèmes en général

L'histoire de la philosophie n'a pas pour but de nous faire connaître les vices des philosophes ; elle ne s'occupe que de leurs doctrines. Chaque philosophe a un ensemble d'idées qui forme ce qu'on appelle un système. On appelle ainsi un assemblage de principes vrais ou faux, liés ensemble et coordonnés de telle sorte qu'ils paraissent logiquement, parfaitement unis. De ces principes on tire des conséquences et on arrive ainsi à présenter les idées que l'on a sur certaines choses d'une manière scientifique.

Dans la nature où tout est uni, on trouve de ces groupes dont toutes les parties forment un ensemble soumis à la même loi. Les astronomes distinguent le système céleste, les physiologistes le système nerveux, les économistes parlent du système social.

L'esprit humain, qui est porté à unir ensemble des idées, forme aussi des associations qui portent le nom de système. Ainsi un philosophe considérera, du même point de vue, l'homme, Dieu et le monde, et arrivera à un ensemble d'idées ou, comme on dit, à un système dont toutes les parties sont d'accord entre elles, se rattachant à des principes plus ou moins exacts ou à des faits plus ou moins bien observés.

Ce sont ces systèmes que l'histoire de la philosophie se propose de nous faire connaître de manière que nous puissions les étudier en eux-mêmes et dans leurs rapports, pour nous rendre compte des efforts qu'a faits l'esprit humain dans tous les temps pour arriver à la connaissance de lui-même et des résultats qu'il a obtenus.

IV. — Définition des principaux systèmes philosophiques

Quand on songe que chacun peut avoir son opinion, sa manière de voir, sur tous les problèmes soumis à la raison, il semble tout d'abord que les systèmes philosophiques doivent être innombrables. Mais en considérant ensuite les divers points de vue auxquels on peut se placer pour juger les questions, on remarque qu'ils sont très limités et que l'histoire de la philosophie se résout, comme le dit Victor Cousin, en un petit nombre de systèmes principaux sur lesquels se concentre l'attention. Dans chaque système on pourra observer des nuances différentes, signaler des points particuliers sur lesquels les disciples du même maître ne sont pas d'accord, mais ce ne sont que des détails qui n'empêchent pas qu'ils ne se rencontrent sur les principes fondamentaux et qu'ils ne soient fidèles à la même méthode.

Relativement à l'idée qu'on peut se faire de l'esprit humain, on peut distinguer d'abord deux grandes classes de philosophes : ceux qui croient que nous pouvons arriver à la vérité et à la certitude, et ceux qui prétendent que nous n'en sommes pas capables, mais que nous devons douter de tout.

Les premiers sont les *dogmatiques* et les seconds les *sceptiques*.

Les dogmatiques se divisent en quatre classes, suivant la méthode qu'ils emploient. Ce sont les *sensualistes*, les *idéalistes*, les *spiritualistes* et les *mystiques*.

Les *sensualistes* n'admettent pas d'autre méthode que la méthode expérimentale. Ils ne croient qu'aux sens et ne regardent comme vrai que ce que nous voyons, nous palpons, nous sentons. Ils sont matérialistes et prétendent qu'il n'existe pas autre chose que la matière. Leur morale est celle de l'intérêt ou du plaisir.

Le *positivisme* n'est qu'une des formes du sensualisme.

Les *idéalistes* ne veulent pas, au contraire, reconnaître d'autre principe de nos connaissances que l'idée pure. Leur méthode est la méthode exclusivement rationnelle. Ils rejettent le témoignage des sens et prétendent que la raison seule, en s'appuyant uniquement sur l'idée, peut élever un système vraiment scientifique.

Les *spiritualistes* font usage de la méthode mixte ; ils allient l'expérience à la raison et reconnaissent la dualité de la nature humaine, l'âme et le corps dont ils étudient la destinée au moyen de la raison. C'est le système que nous avons exposé dans notre cours de philosophie.

Les *mystiques* sont ceux qui n'ont pas foi dans la raison humaine et qui soutiennent que nous ne pouvons être éclairés que par l'action directe de Dieu. Ils se figurent trouver dans l'inspiration divine une lumière qui supplée à l'impuissance des sens et de la raison. Le système de Malebranche et des ontologistes se rattache au mysticisme.

V. — Divisions générales

Pour nous renfermer dans les limites du programme nous diviserons l'histoire de la philosophie en trois parties : les temps anciens, le moyen âge et les temps modernes.

1° Les temps anciens renferment la philosophie grecque. Nous distinguerons, dans son histoire, les temps avant Socrate, les temps après Socrate, la période romaine, et l'école d'Alexandrie.

2° Pour le moyen âge, nous nous bornerons aux notions sommaires que l'on demande sur la philosophie scolastique.

3° Les temps modernes comprennent la renaissance, la philosophie au dix-septième siècle, où paraissent les grands noms de Bacon, Descartes, Spinoza, Malebranche, Leibniz et Locke, et la philosophie aux dix-huitième et dix-neuvième siècles, sur laquelle nous nous contenterons de donner des notions sommaires.

SUJETS DE DISSERTATIONS FRANÇAISES

1. De l'utilité de l'histoire de la philosophie pour la philosophie elle-même.

2. Montrer la vérité de cette réflexion d'Aristote : Il est juste d'avoir de la reconnaissance non seulement pour ceux dont on partage les opinions, mais encore pour ceux-là même qui ont traité les questions d'une manière un peu superficielle ; car eux aussi ont contribué pour leur part à la vérité.

3. Qu'appelle-t-on système soit naturel, soit scientifique ? Quel est le péril des systèmes scientifiques ? Quel est l'abus de l'esprit systématique ?

4. *Est perennis quædam philosophia* (Leibniz). « Les philo-

sophes passent, mais la philosophie est immortelle (Schiller). Montrer la vérité de ces deux maximes.

5. Interpréter et développer ces deux maximes de Bacon : « Rendons aux grands maîtres l'hommage qui leur est dû, mais sans déroger à ce qui est dû aussi à l'auteur des auteurs, le temps. » — « A la vérité, l'antiquité des temps est la jeunesse du monde; c'est notre temps qui est la vieillesse. »

6. Quelle méthode doit-on appliquer à l'histoire de la philosophie. — Classer les différents systèmes.

CHAPITRE II

Notions sommaires sur la philosophie grecque avant Socrate. Ioniens et atomistes.

Les premiers philosophes se sont occupés de l'origine du monde. Placé au centre de ce vaste univers, il était naturel que l'homme se demandât par qui et de quoi ont été faites toutes les choses qu'il voyait. Aristote a donné aux premiers philosophes de la Grèce le nom de *physiciens*, parce que leur philosophie a pour objet l'étude de la nature (φύσις) et Cicéron les a appelés pour le même motif *philosophi naturales*. Ils ont paru dans l'Asie-Mineure où se trouve le berceau de la poésie et de la littérature grecque. Milet et Abdère furent les centres de leurs premières écoles.

I. — École cosmique. Thalès de Milet

Les Ioniens, qui cherchèrent à expliquer la formation et l'organisation du monde physique (κόσμος), eurent pour premier chef Thalès, de Milet. Ce philosophe, qui était peut-être originaire de Phénicie, fleurit vers l'an 600 avant Jésus-Christ. Il avait parcouru la Phénicie et la Chaldée et était allé en Égypte consulter les prêtres que l'on regardait comme les dépositaires de la science la plus profonde.

Dans ses études sur l'origine du monde, Thalès s'efforça de ramener tous les phénomènes qu'il observait à un seul principe, l'eau. « Nous voyons, dit-il, l'eau se changer tantôt en glace, tantôt en vapeur, pourquoi ne se changerait-elle pas en terre, en pierre, en végétal, en animal ? L'eau n'a point de forme propre ; elle peut donc prendre toutes les formes, par exemple celle du vase qui la contient. L'eau est instable et toujours mouvante ; or, partout où il y a du mouvement, il y a de la vie, il y a une âme. Le principe humide est donc l'âme du monde répandue en tout : c'est le divin (τὸ θεῖον), et on peut dire que l'intelligence divine parcourt l'onde avec rapidité. »

D'après Thalès, ce premier principe, comme on le voit par ces dernières paroles que nous empruntons à Aristote, était un principe agissant, une force qui était la cause de tout le mouvement et de tous les changements que nous apercevons dans l'univers.

Anaximandre, trouvant le principe de Thalès trop matériel et trop concret, imagina une forme plus vague, plus indéterminée qu'il appela l'indéfini ou l'infini (τὸ ἄπειρον). C'était une espèce d'unité abstraite dans laquelle se réunissaient tous les contraires.

Cette conception parut sans doute trop générale à son successeur, Anaximène qui en revint à la théorie de Thalès, mais en remplaçant l'eau par l'air qui était à ses yeux plus subtil et qui se prêtait plus facilement à toutes les formes que le premier principe des choses était obligé de prendre pour suffire à leur explication.

Héraclite, frappé de la mobilité des êtres, crut que ni l'eau ni l'air ne pouvaient être considérés comme les principes de ce mouvement incessant qui nous emporte avec tout ce qui nous entoure, sans que nous puissions résister à la force qui nous entraîne. Il attribua ce renouvellement perpétuel, au feu, non pas au feu matériel tel que nous le voyons, mais à une sorte d'embrasement universel qui résulte de la lumière et de la chaleur qui allume la vie dans le monde entier. C'est ce feu qui est en nous, qui anime le corps, qui nous fait penser et agir. C'est ce feu qui meut tous les êtres et qui fait se succéder les uns aux autres tous les phénomènes dont nous sommes témoins et dont la succession fait l'intérêt du drame vivant auquel nous assistons et dont nous faisons partie.

On voit que ces philosophes cherchant l'explication du monde sensible ont tous recours à l'hypothèse d'un principe ou d'un élément unique. Ce principe est l'eau pour Thalès, l'air pour Anaximène et le feu pour Héraclite. Ils partent tous les trois d'une donnée empirique, mais à mesure qu'ils avancent, ils éprouvent le besoin de spiritualiser en quelque sorte, l'élément dont ils font le premier principe des choses. Ils l'animent et le représentent comme une force et, à ce titre, ils peuvent être considérés comme les ancêtres des dynamistes de la science moderne.

Anaxagore va plus loin que ses prédécesseurs. Né à Clazomène vers l'an 500, il fut le précepteur et l'ami de Périclès. Il établit le dualisme, que ses prédécesseurs n'avaient fait qu'entrevoir, et il affirma l'existence d'une intelligence supérieure distincte de la nature, cause et principe de l'ordre et du mouvement qu'il y a dans le monde.

Primitivement tout était mélangé, tout était confondu. C'était un chaos universel. L'intelligence a fait pénétrer l'ordre et le mouvement dans cette masse immobile et informe, et il en est sorti l'univers actuel. La terre est une masse qui occupe le centre du système du monde; les astres sont des masses solides qui se sont détachées de la terre et que le mouvement de rotation entraîne autour d'elle; le soleil est une masse de feu qui donne à la lune sa lumière.

Les corps sont composés de parties différentes et de parties similaires, qu'il désigne sous le nom d'homéoméries (ὁμοιομέρειαι). Tout est dans tout. Quelque objet que l'on considère, on y trouve tous les éléments en égale quantité. C'est ce qui fait que tout vient de tout, et que les aliments que nous prenons; le pain, le vin, la viande se changent en sang, en os, en muscles, en nerfs, etc.

L'intelligence qui préside au mouvement universel et qui en est la cause est infinie, indépendante; elle existe seule et par elle-même et ne se mêle à quoi que ce soit. Elle est ce qu'il y a de plus subtil et de plus pur, elle a la connaissance complète du monde entier. C'est elle qui meut et qui ordonne tout ce qui est, ce qui a été et ce qui sera.

Les premiers Ioniens avaient regardé la nature comme divine et supposé que c'est elle qui crée les dieux au lieu d'être formée et régie par eux. Le dualisme d'Anaxagore est un grand progrès sur ce matérialisme grossier. Son Dieu n'est pas notre Dieu providentiel. Il ne lui donne pas de volonté morale, mais il en fait l'intelligence qui a ordonné et qui règle le monde. Ce n'est pas un Dieu créateur, il a seulement débrouillé le chaos et en a fait sortir cet univers avec les lois constantes et régulières qui le régissent.

Cette école fit faire de grands progrès aux sciences. Thalès démontra en géométrie que les angles inscrits dans le demi-cercle sont droits et découvrit les propriétés du triangle scalène. On lui attribue d'avoir déterminé le premier la marche du soleil, d'avoir fixé les solstices et les équinoxes, la durée de l'année et d'avoir approximativement calculé la grandeur de la lune et du soleil. Il reconnut le premier que la terre est ronde, la lune opaque et éclairée par le soleil. Hérodote et Xénophon avaient pour lui une admiration particulière, parce qu'il avait su calculer assez exactement le mouvement de la lune et du soleil pour prédire les éclipses de ces astres.

II. — Les atomistes

Les atomistes se sont posé le même problème que les Ioniens : comment le monde s'est-il formé? Les Ioniens ont recherché le principe premier, unique de la formation des choses. Les atomistes disent que ce principe n'est pas unique, mais qu'il faut en reconnaître deux, le vide et le plein.

Le vide est l'espace infini. Le plein consiste dans des molécules infiniment nombreuses et infiniment petites que l'on appelle *atomes*, parce qu'elles sont indivisibles, insécables. Elles sont éternelles, de formes et de grandeurs différentes. Le mouvement leur est essentiel. Elles se meuvent perpétuellement, forment des tourbillons, s'agrègent et produisent tous les corps qui sont ronds, angulaires, lisses ou crochus, etc., selon la figure des atomes dont ils sont composés.

L'âme humaine est elle-même un composé d'atomes, et c'est le flux et le reflux de ces atomes qui engendre dans les membres le mouvement et la vie. La sensation est l'unique source de nos pensées et de nos sentiments ; la connaissance des objets nous arrive par les atomes qui se détachent des objets et en représentent l'image dans notre cerveau.

Anaxagore avait attribué à une intelligence supérieure l'ordre et la beauté de l'univers. Pour les anatomistes, tout est soumis à une aveugle fatalité. Les atomes agités, entraînés par le mouvement qui est en eux, s'agrègent et se désagrègent suivant la loi de la nécessité. Le hasard seul amène les phénomènes de vie et de mort qui se succèdent. Il n'y a là rien de voulu, rien d'intentionnel, la finalité n'existe pas pour ces philosophes.

La physique, l'astronomie, la psychologie, l'homme et le monde s'expliquent par le mouvement des atomes et se réduisent à la mécanique.

Les premiers auteurs de ce système furent Leucippe et Démocrite, qui furent peut-être tous les deux de Milet ou d'Abdère. Leur hypothèse des atomes a été reproduite par Épicure et le poète Lucrèce. Elle a été reprise dans les temps modernes par Gassendi et elle est encore acceptée par la science actuelle, qui donne aussi à la mécanique une grande importance dans l'explication de la formation des corps.

Mais les savants qui adoptent cette hypothèse ne sont pas pour cela athées et fatalistes, comme les premiers atomistes. Car rien n'empêche d'admettre au-dessus de ces causes secondes la cause première qui les a établies, et de distinguer dans l'homme l'âme du corps, et de croire à notre liberté et à celle de Dieu.

SUJETS DE DISSERTATIONS FRANÇAISES

1. Exposer et apprécier la doctrine philosophique des Ioniens sur la formation des choses ?

2. Quelles hypothèses ont faites les Ioniens pour expliquer la

formation de l'univers? Ces hypothèses indiquent-elles un progrès dans leur doctrine.

3. Quelle fut la doctrine d'Anaxagore? Etait-elle un progrès sur celle de ses devanciers?

4. Exposer la doctrine des atomistes. Leur a-t-elle survécu?

CHAPITRE III

L'école italique. Pythagoriciens. Éléates.

L'école italique eut son siège à Crotone et à Élée, dans l'Italie méridionale, appelée alors la Grande-Grèce. Elle provoqua un mouvement d'idées tout à fait opposé à celui de l'école ionienne. Thalès et les atomistes avaient pris pour point de départ l'observation des faits. Leur méthode était la méthode expérimentale, et leur procédé logique l'induction. L'école italique part au contraire de l'idée la plus générale. Sa méthode est la méthode rationnelle pure, et son procédé logique la déduction. Les Ioniens aboutirent au matérialisme que nous avons vu nettement formulé par les atomistes; l'école italique fut idéaliste. Elle se divise en deux branches, les pythagoriciens et les éléates.

I. — LES PYTHAGORICIENS

Pythagore était né à Samos dans la dernière partie du sixième siècle avant Jésus-Christ. Il avait, comme Thalès, voyagé en Égypte et dans la Chaldée; peut-être avait-il même pénétré jusque dans l'Inde. Aristote appelle Pythagore et ses disciples des mathématiciens.

Ils imprimèrent, à la vérité, un grand élan à l'étude des mathématiques, de l'astronomie et de la musique. Ils faisaient du nombre la base de tout leur système. Pythagore en fit l'application à la géométrie et mit en honneur le système décimal. Sa table de numération facilita beaucoup les calculs et fit faire de grands progrès à l'arithmétique.

En astronomie, il connut le double mouvement de la terre, son mouvement de rotation, qui produit le jour et la nuit, et son mouvement autour du soleil, qui est la mesure de l'année. Les pythagoriciens furent aussi les précurseurs de Copernic, et ils expliquèrent les phases de la lune, les éclipses, les stations et les rétrogradations apparentes des planètes, comme la science le fait maintenant.

Ils découvrirent les lois mathématiques des sons, et exprimèrent par des nombres le rapport qui existe entre les intervalles musicaux et la longueur des cordes. Le nombre réglait la danse et tous les mouvements, il était le signe et le principe de toutes choses. La langue mathématique était pour eux la langue générale de la philosophie.

Malheureusement on a perdu le sens qu'ils attachaient aux nombres et à leurs combinaisons, et il est à peu près impossible d'interpréter exactement ce langage. Ce qui se dégage de plus clair de ces vastes conceptions sur l'origine et la formation du monde peut à peu près se résumer ainsi :

Le principe des choses était, pour Pythagore et ses disciples, l'unité absolue, la *monade* qui comprend tout. La monade renferme l'esprit et la matière, mais confondus ensemble.

De la monade est sorti le multiple, ou le monde qui nous montre à l'état de séparation ce qui est dans la monade à l'état d'unité.

La matière, en se détachant de la monade qui la renfermait, devient *la dyade*, le principe de l'indéterminé, des ténèbres, de l'ignorance, du changement, de la discorde. Pour les pythagoriciens, la matière est le mal, la source de toutes les imperfections.

Les esprits détachés de Dieu, enveloppés dans la dyade, sont soumis à son instabilité et à ses défauts. Tel est le sort de l'âme humaine qui est enfermée dans le corps comme dans une prison.

Elle est douée de deux grandes facultés, l'intelligence et la volonté.

L'intelligence impliquée dans la dyade reçoit par les sens l'image des objets changeants, multiples et passagers. Ces images sont trompeuses, illusoires. Il n'y a de vrai et de réel que l'être un et absolu. L'intelligence doit donc s'efforcer de se débarrasser des illusions des sens pour s'élever par la science à la contemplation de l'unité absolue. C'est là le résultat que l'on doit se proposer dans l'étude des mathématiques, de l'astronomie, de la musique, dont tous les rapports reposent sur des conceptions immuables.

La volonté doit, de son côté, renoncer aux biens changeants et variables pour ne rechercher que le bien absolu. Il est nécessaire qu'elle s'affranchisse des sens et c'est pour cela que Pythagore imposait à ses disciples l'abstinence. Pour faire disparaître le bien particulier et ne laisser subsister que le bien général, il avait détruit la propriété et lui avait substitué le régime de la communauté pour empêcher, disait-il, les divisions, les luttes que le tien et le mien entraînent nécessairement.

L'âme ne pouvant triompher par une seule épreuve des liens dans lesquels elle était enchaînée dans la dyade, était obligée de passer par des transformations successives. C'est ce qui faisait admettre à Pythagore et à ses disciples la métempsycose. A mesure que les âmes s'éclairaient et se purifiaient, elles passaient dans des corps plus purs, et ce progrès devait se continuer de générations en générations, jusqu'à ce qu'elles fussent rentrées dans l'unité absolue, dans la monade d'où elles sont sorties.

Ces conceptions renferment de graves erreurs, mais si on les compare aux doctrines des Ioniens, il y a ici un grand progrès. L'école ionique n'était qu'une philosophie matérielle, physique, se bornant à rechercher le principe de la formation des choses sensibles ; l'école italique s'élève et nous montre dans la nature le nombre, le rythme, l'harmonie.

L'âme est un nombre, elle est l'harmonie du corps. La science est une et tout doit tendre à l'unité. De ces spéculations métaphysiques se détachent des notions morales qui ont pour objet d'exciter l'intelligence à se dégager des sens et à secouer la tyrannie du corps pour recouvrer la liberté qu'elle a perdue.

Il y a là plus d'une idée que nous retrouverons dans Platon et dans Leibniz lui-même. Les principaux disciples de Pythagore furent Philolaüs de Crotone, Archytas de Tarente et Epicharme de Cos.

II. — Les Éléates

Xénophon fut le fondateur de l'école d'Élée. Né à Colophon, dans l'Ionie, il fut forcé de s'exiler. Après avoir erré en Sicile, il s'établit à Élée, et devint le chef d'une école qui continua le mouvement philosophique des pythagoriciens, comme les atomistes avaient continué celui de Thalès et des Ioniens.

Xénophon composa un poème sur la nature, dans lequel il proclame l'unité de Dieu.

« Il n'y a qu'un Dieu, le plus grand parmi les êtres divins et humains.

» Il n'est semblable aux mortels ni par le corps, ni par la pensée...

» Sans peine, par la seule pensée, il gouverne toutes choses.

» Toujours immuable et immobile, il n'a pas besoin de circuler d'un endroit à l'autre. »

Aristote lui prête ce raisonnement absolument semblable à celui que nous avons fait d'après Fénelon pour prouver qu'il ne peut pas y avoir plusieurs infinis. « Si l'on suppose qu'il y a plusieurs Dieux, ou il y a entre eux des inférieurs et des supérieurs, et alors il n'y a pas de Dieu, car la nature de Dieu est de n'admettre rien de meilleur que soi : ou ils sont égaux entre eux, et alors Dieu perd sa nature, qui est d'être ce qu'il y a de meilleur : car l'égal n'est ni meilleur ni pire que son égal; de sorte que s'il y a un Dieu, et s'il est tel que doit être un Dieu, il faut qu'il soit un. »

Mais Xénophon ne connaît pas le dogme de la création. Dieu est pour lui l'être absolu; il n'y a pas d'existence relative. De ce principe, *ex nihilo nihil fit*, rien ne se fait de rien, il conclut l'impossibilité de la production en dehors de l'être absolu, et il n'admet par conséquent qu'un être unique, éternel, infini, immuable.

Parménide, son disciple, développe la même doctrine. Il faut admettre, dit-il, l'être ou le non-être. Le non-être étant impossible, il ne reste qu'à poser l'être et à dire : *Il est...* Jamais de l'être la raison ne pourra faire sortir autre chose que lui-même... il est immobile, immuable, et ne peut ni naître, ni mourir.

Le panthéisme idéaliste est ainsi nettement formulé par les éléates. Les pythagoriciens faisaient naître de la monade la dyade et supposaient que le monde avait été produit par voie d'émanation. Les éléates, en approfondissant cette idée, n'ont pas de peine à établir que dans le système de l'émanation, ce qui existe maintenant existait déjà antérieurement, et que la production n'est qu'apparente. Ils étaient donc logiques en affirmant que rien n'est ni ne sera, excepté l'être.

Restait à dire ce que l'on doit penser alors du monde au milieu duquel nous vivons. D'accord avec les pythagoriciens, les éléates distinguent deux sources de connaissances, la raison et les sens. La raison seule s'appuie sur des idées fixes, invariables, absolues, pour arriver à la science. Les sens ne nous donnant que des faits variables, mobiles, passagers, sont incapables de nous faire arriver à la vérité. Ils ne nous font connaître que l'apparence des choses et nous trompent par ce mirage perpétuel.

Le dialecticien de l'école fut Zénon, d'Élée, l'ami et le disciple de Parménide. Il attaqua directement les Ioniens au sujet du variable et du multiple. « Mon ouvrage, lui fait dire Platon, répond aux partisans de la pluralité et leur renvoie leurs objections et même au delà, en essayant de démontrer qu'à tout bien considérer, la supposition que la pluralité est conduit à des conséquences encore plus ridicules que la supposition que tout est un. »

Zénon, d'Élée, s'est rendu célèbre par son argumentation contre la matière, et surtout contre le mouvement, qu'il prétendait n'être qu'une apparence, dont ses adversaires ne pouvaient démontrer la réalité.

On dit que Diogène répondit à ses arguments contre le mouvement en marchant. Si le cynique crut lui faire une réponse directe, il se trompa. Car Zénon ne niait pas l'apparence du mouvement, mais la réalité. Mais s'il a voulu lui dire que le mouvement et l'existence des corps sont des faits d'expérience que l'on doit admettre sur le témoignage des sens, il a eu raison. Le tort de Zénon était de vouloir démontrer l'existence des corps et des êtres finis, en partant de la notion de l'unité absolue et de l'infini, sans vouloir admettre d'autre source de nos connaissances que la raison.

SUJETS DE DISSERTATIONS FRANÇAISES

1. Exposer la doctrine des Pythagoriciens et faire voir comment ils ont été conduits à admettre la communauté des biens.
2. Qu'était l'âme dans le système de Pythagore et pourquoi a-t-il admis la métempsycose ?
3. Quels rapports y a-t-il entre les Éléates et les Pythagoriciens ? Quelle fut l'erreur métaphysique des Éléates et quelle en a été la conséquence au point de vue psychologique ?

CHAPITRE IV

Les sophistes. Socrate.

Les Éléates avaient attaqué l'empirisme des Ioniens, et montré que la méthode expérimentale n'a pas la certitude qu'elle suppose. Les atomistes avaient, de leur côté, réagi contre l'idéalisme des Éléates, et cette double lutte avait ébranlé tout à la fois les sens et la raison, et rendu suspectes ces deux sources des connaissances humaines. Le doute sortit de toutes ces discussions et prépara la voie aux sophistes, qui amenèrent eux-mêmes la réaction dont Socrate fut le chef.

I. — LES SOPHISTES. GORGIAS. PROTAGORAS

Les sophistes étaient des savants qui faisaient profession de communiquer leur savoir aux autres. C'étaient des maîtres habiles qui enseignaient les lettres et les sciences à la jeunesse de la Grèce. Ils parcouraient les villes et s'efforçaient de se faire de la réputation par leur dialectique et leur éloquence. Ceux qui se distinguaient par l'éclat de leur parole et la subtilité de leur argumentation, faisaient payer très cher leurs leçons et arrivaient très rapidement à la fortune et aux honneurs.

La Grèce fut, pendant un temps, couverte de ces hommes avides, qui spéculaient sur leur savoir et sur leur talent, et ce ne fut pas un des moindres dangers qu'elle ait courus. On distinguait, parmi ces professeurs, les rhéteurs et les philosophes.

Les rhéteurs se bornaient à aligner des mots et à apprendre à leurs élèves à se servir de la parole pour farder leurs pensées.

Les philosophes étaient plus dangereux. Ils abusaient de la dialectique et prétendaient qu'on pouvait soutenir le pour et le contre sur toutes les questions, avec les mêmes chances de succès. C'était professer le mépris le plus profond pour la raison humaine. Car, en la faisant servir à établir également le vrai et le faux, c'était dire qu'il n'y a rien de certain, et que le scepticisme le plus absolu est le système le plus raisonnable.

L'histoire a conservé les noms de Gorgias, de Léontium; de Protagoras, d'Abdère; de Prodicus, de Céos; de Calliclès, d'Acharnée; de Polus, d'Agrigente; d'Hippias, d'Élis; de Critias, et des trente tyrans d'Athènes.

Nous ne parlerons ici que de Gorgias et de Protagoras, dont Platon nous a conservé le souvenir, et qui furent les chefs des deux classes de sophistes qui parurent à cette époque.

Gorgias resta fidèle à la méthode déductive de l'école d'Élée. Mais, tout en attaquant avec Zénon et Parménide l'existence du fini et du multiple, il retourna sa dialectique contre l'unité absolue, l'infini, qu'il prétendait inaccessible à l'intelligence humaine.

« Rien n'existe, disait-il, ou bien si quelque chose existe, il ne peut être connu, et quand on admettrait encore qu'il y a quelque chose d'existant et de connu, on ne pourrait pas le montrer aux autres. »

Telle était la triple gradation par laquelle Gorgias passait pour établir qu'on ne peut rien savoir et qu'il n'est pas possible, même quand on saurait quelque chose, de le communiquer aux autres.

Protagoras, d'Abdère, appuya son argumentation sur les conclusions des atomistes. Dans son livre sur la *Vérité*, il soutient que les phénomènes de la nature sont dans un état de variation continuelle qui rend la science impossible et qu'il en est de même des modifications incessantes de l'esprit humain. La méthode rationnelle et la méthode expérimentale sont donc toutes les deux également impuissantes.

D'après ce sophiste, l'homme est la mesure de toutes choses ; elles sont ce qu'elles nous paraissent. Les opinions les plus contraires se rencontrant dans l'intelligence humaine, il s'ensuit qu'on peut affirmer les choses les plus opposées. La vérité est purement relative. Il n'y a pas de propositions absolument vraies, ni absolument fausses. Le doute est, par conséquent, ce qu'il y a de plus sage. La distinction du bien et du mal, du vrai et du faux, résulte de l'habitude, de l'éducation ou de la loi. Il appartient à l'homme, suivant l'usage qu'il fait du raisonnement et du langage, de donner aux raisons les plus mauvaises une bonne apparence, et de présenter, au contraire, les meilleures sous une forme qui les fera repousser.

II. — Socrate

C'en était fait de la Grèce, c'en était fait de la philosophie elle-même, s'il ne s'était rencontré un homme pour réagir contre ce scepticisme désolant qui envahissait l'intelligence au nom du raisonnement et de l'expérience. Cet homme, que l'oracle de Delphes a appelé le plus sage des hommes, fut Socrate.

Socrate naquit à Athènes, l'an 470, et mourut l'an 400. Il était fils d'un sculpteur, nommé Sophonisbe, et ne se livra à l'étude de la philosophie, qu'après avoir exercé quelque temps la profession de son père. Il eut pour maîtres Philolaüs et Anaxagore. Il apprit de ce dernier que l'intelligence est la vraie cause du monde, et il résolut de donner à la philosophie une direction nouvelle en inaugurant une méthode plus pratique que celle qu'avaient adoptée ses devanciers.

Il commença par relever la philosophie du discrédit dans lequel les sophistes l'avaient fait tomber. Au lieu d'étaler sa science, comme le faisaient ces fanfarons de mauvais arguments et de faux savoir, il se disait ignorant et les interrogeait, sous prétexte de s'instruire. Il leur demandait la définition des choses dont ils parlaient et arrivait à les mettre perpétuellement en contradiction avec eux-mêmes. Rien ne montrait mieux la vanité de leur savoir, le vide de leur esprit, et en peu de temps il réussit à abattre leur orgueil et à les forcer de fuir devant les questions de bon sens qu'il avait à leur poser.

Le bon sens était, d'ailleurs, l'arme la plus puissante contre les arguments subtils de ces dialecticiens consommés. Si Socrate eût voulu répondre à leurs raisonnements par d'autres raisonnements, cette escrime n'aurait abouti qu'à des assauts d'esprit qui n'auraient jamais rien eu de concluant. La foule n'aurait pu démêler de quel côté était la vérité. Mais, par ses interrogations, en apparence vulgaires, Socrate opposait aux sophistes le bon sens qui se trouve dans l'âme de l'ignorant comme du savant, et les désarmait en leur faisant voir les absurdités auxquelles les conduisait l'abus qu'ils faisaient de la raison.

Cette méthode ne fut pas seulement négative. Elle servit aussi à Socrate pour l'établissement de sa doctrine. Il regrettait que la philosophie eût pris pour objet de ses recherches, la physique avec les Ioniens, les mathématiques et la métaphysique la plus abstraite avec les Pythagoriciens et les Éléates, et qu'elle se fût perdue dans les subtilités de la dialectique avec Zénon et les sophistes.

Pour lui, il lui sembla que la philosophie n'avait pas à rechercher l'origine du monde et les progrès de sa formation, mais qu'elle devait, avant tout, s'occuper de l'homme lui-même. Connais-toi toi-même : γνῶθι σεαυτόν, telle était la devise qu'il répétait sans cesse. Et pour l'homme, ce qu'il lui importe surtout de savoir, c'est la conduite qu'il doit tenir. La morale ou la connaissance de nos devoirs, voilà la science que nous devons demander surtout à la philosophie.

D'après les idées que Socrate se faisait de l'âme humaine, cette science était en nous. L'âme renfermait en elle toutes les idées qu'elle avait besoin de connaître. Ces idées étaient chez tous les hommes, quelle que fût leur condition, quelle que fût l'éducation qu'ils eussent reçue. Seulement, ces idées étant plus ou moins enveloppées, toute la science du philosophe consistait à les dégager.

C'était dans ce but qu'il appliquait la première partie de sa méthode (εἰρωνεία), l'interrogation. Il interrogeait non seulement les sophistes, mais encore tous les individus qu'il rencontrait sur la place, dans les rues, devant le port d'Athènes. Il prétendait qu'il faisait à l'égard des âmes l'office d'une sage-femme habile et consommée, Phénarète, et qu'il les accouchait en en tirant les idées qui y étaient renfermées. C'était ce qu'il appelait la *maïeutique*, son second procédé.

Il voulait que la philosophie fût essentiellement pratique, qu'elle eût pour but la vertu. La science et la vertu sont à ses yeux une seule et même chose. Celui qui connaît le souverain bien ne peut s'empêcher d'y tendre et de prendre les meilleurs moyens pour l'acquérir. Sa volonté obéit constamment à cette lumière et elle devient ainsi tempérance, force ou courage, justice ou prudence, suivant les circonstances.

Il considérait l'âme comme une substance tout à fait différente du corps, et il la croyait immortelle.

Il était monothéiste à la façon d'Anaxagore, et il voyait en Dieu la cause efficiente et intelligente de tous les êtres. Il se plaisait à développer l'argument des causes finales comme une des preuves les plus sensibles de l'action providentielle.

Sa politique avait un caractère aristocratique. Il eût voulu voir à la tête de l'État les hommes les plus intelligents. Son aristocratie était celle du talent. Mais tout en mettant à la tête de la société les esprits les plus éclairés, il aurait désiré qu'ils n'agissent que par la persuasion. Ils auraient tout fait pour le peuple et se seraient servis de leurs lumières pour lui faire comprendre qu'ils n'avaient d'autre but que son plus grand bien. Il n'y aurait ainsi rien eu d'arbitraire, les gouvernants et les gouvernés auraient toujours agi ensemble et d'un commun accord. C'eût été bien parfait ; le philosophe demandait assurément à l'humanité plus qu'elle ne peut donner.

Socrate était trop éloigné des doctrines qui régissaient la société de son temps, pour ne pas être considéré comme un novateur dangereux. Il fut accusé de corrompre la jeunesse par ses enseignements et d'être l'ennemi des dieux. On ne peut contester qu'il n'ait été en opposition, sur ce double point, avec les idées généralement reçues parmi ses contemporains. Sa doctrine ne dégradait pas les jeunes gens qui l'embrassaient avec avidité ; elle élevait plutôt leurs sentiments et les ennoblissait. Mais elle leur inspirait le désir d'un autre ordre de choses qui pouvait inquiéter ceux qui étaient à la tête de la République d'Athènes. Son monothéisme était assurément un grand progrès sur le polythéisme populaire, mais il impliquait une réforme religieuse qui devait alarmer les prêtres et les chefs de l'État. Il n'entreprit pas de se justifier et de répondre directement à ses accusateurs. Ses juges le condamnèrent à mort, conformément aux lois de leur pays. Il aurait pu s'évader, mais il crut qu'il était de son devoir d'obéir aux lois. Il but donc la ciguë avec le calme et la résignation qu'inspirent la sérénité de la conscience et l'espérance d'une récompense future.

SUJETS DE DISSERTATIONS FRANÇAISES

1. Exposer et réfuter le sophisme que faisait Protagoras, quand il affirmait que toutes les opinions sont vraies, parce qu'elles sont toutes particulières et subjectives comme les sensations.
2. Exposer la philosophie de Socrate. Faire connaître le caractère de la révolution philosophique dont il est l'auteur.
3. Quel était le sens et la portée du précepte : *Connais-toi toi-même*.
4. Quelle était la pensée de Socrate quand il recommandait à ses disciples de se rendre habiles dans la dialectique, afin de devenir meilleurs et plus heureux ?
5. De la méthode de Socrate. — Qu'est-ce que l'*ironie* socratique et la *maïeutique* ?

CHAPITRE V

Les demi-socratiques. Platon.

Socrate n'avait rien écrit, mais il avait eu de nombreux disciples ; il devait avoir des imitateurs. On vit tout d'abord paraître ce qu'on a appelé les demi-socratiques, ces faux disciples qui ne prenaient qu'une partie de la doctrine du maître, et qui, par là même, la faussaient en la déformant. Ils formèrent trois écoles : les *cyrénaïques*, les *cyniques* et les *mégariques*.

Les cyrénaïques eurent pour chef Aristippe de Cyrène. Comme Socrate, il conservait à la philosophie son caractère pratique, et il voulait qu'elle n'eût d'autre but que de rendre l'homme heureux. Mais il n'avait ni le désintéressement, ni la sobriété de son maître. Il étalait un grand luxe et recherchait toutes les jouissances de la volupté. Le bonheur, pour lui, consistait dans la satisfaction des sens et il faisait consister la sagesse à éloigner de l'homme tout ce qui peut le troubler dans ses plaisirs. Il recommandait à ses disciples de ne s'occuper ni du passé, ni de l'avenir, pour n'avoir ni regrets, ni désirs, et de se plonger dans les jouissances du présent, évitant ainsi toute peine, tout effort, toute sollicitude.

Les cyniques, qui eurent pour fondateur Antisthène, et dont Diogène a été le principal représentant, exagéraient au contraire la simplicité et l'austérité de Socrate, et regardaient la peine, le travail, comme un bien. Ils affectaient de se contenter en tout du nécessaire, et montraient le dédain le plus profond pour les honneurs et les richesses. Leur principe était que tout ce qui est naturel est bien. Ils exagérèrent cette maxime jusqu'à sacrifier toutes les bienséances sociales. La nature qui les guidait n'était pas la nature humaine, la nature raisonnable, mais la nature animale, et ils arrivèrent à vivre comme la bête.

Les mégariques, qui eurent pour chef Euclide de Mégare, avaient emprunté à Socrate sa dialectique. Ils avaient entrepris de combiner sa méthode avec les abstractions des Éléates, mais ils s'égarèrent dans des subtilités insaisissables, et se confondirent avec les sophistes.

Ces tentatives avaient été toutes les trois malheureuses. La philosophie des cyniques et des cyrénaïques n'était pas une doctrine. Ce n'était qu'une manière de vivre plus ou moins bizarre, qui faisait de part et d'autre de l'homme un être dégradé, puisque avec les uns il perdait le respect de lui-même, et avec les autres il devenait esclave des sens et menait une vie tellement abjecte qu'elle finissait par inspirer le plus profond dégoût.

Le digne interprète de la philosophie socratique, fut Platon.

I. — Platon. Théorie des idées. Sa psychologie

Platon naquit l'an 430 avant Jésus-Christ dans l'île d'Égine. Il appartenait par son père à la famille de Cadmus et par sa mère à celle de Solon. Il cultiva de bonne heure avec autant d'ardeur que de succès la peinture, la poésie, la musique, les sciences mathématiques. A vingt ans il devint le disciple de Socrate et suivit ses leçons pendant huit années ; ce fut ce qui décida sa vocation philosophique.

Après la mort de Socrate il parcourut la Grèce, l'Italie, la Sicile et l'Egypte et se mit en relation avec les plus grands philosophes. Ses préférences furent pour les disciples d'Héraclite et de Pythagore, Cratyle et Philolaüs. Il admirait profondément Parménide et nous retrouverons dans son système plus d'un emprunt fait à ces grands hommes.

Il commença à enseigner vers l'âge de quarante ans. Il réunissait ses disciples dans les jardins d'un gymnase d'Athènes appelé *Académie*, ce qui leur a fait donner le nom d'*Académiciens*. Il a donné à ses ouvrages philosophiques la forme du Dialogue.

On peut les diviser en trois classes : 1° les dialogues métaphysiques le *Timée*, genèse platonicienne ; 2° les dialogues moraux et politiques ; dont les principaux sont : le *Premier Alcibiade* ou de la nature humaine ; *Criton* ou le devoir du citoyen ; *Apologie de Socrate*, le *Phédon* ou l'immortalité de l'âme ; la *République*, les *Lois*, etc.; 3° les dialogues esthétiques et logiques, le *Phèdre* ou l'idée du Bien, *Gorgias* ou de la Rhétorique, le *Banquet*, le *Sophiste*, etc.

Nous commencerons l'exposition de sa doctrine par la psychologie et la théorie des idées.

1° L'homme est composé de deux substances étroitement unies, l'âme et le corps.

L'âme a préexisté au corps, et elle lui survit. Elle a donc son existence propre et on peut distinguer en elle deux grandes facultés, l'intelligence et l'amour.

Par suite de son union avec le corps il faut distinguer dans chacune de ces facultés trois sortes d'opérations qui se manifestent dans l'intelligence par les idées, les notions et les sensations, et dans l'amour, par l'amour du souverain bien, du bien absolu qui correspond aux idées, par l'amour animal qui correspond aux sensations, et par l'amour intermédiaire, les passions qui sont du même ordre que les notions.

Au point de vue physiologique, Platon distingue dans le corps trois régions qui répondent à ces trois ordres d'idées et de sentiments; la partie supérieure de la tête qui est le siège des idées et des désirs se rapportant au bien absolu; le cœur où réside le principe des notions et des affections intermédiaires et les intestins où se trouve le centre des sensations et des appétits grossiers.

L'âme tend à s'élever vers les idées, vers la région céleste. Elle a deux ailes, la raison et l'amour, qui l'emportent vers le monde intelligible, dont elle a gardé le souvenir.

2° Les idées sont les types éternels des choses et les principes de la connaissance.

L'idée est pure et parfaite sans aucun mélange d'imperfections. Elle subsiste en elle-même et non pas dans une chose dont elle ne serait que la qualité ou l'accident. Elle est éternelle, immuable et universelle.

L'idée est la cause exemplaire de tout ce qu'il y a de constant et de perpétuel dans la nature.

Elle n'est pas seulement l'expression de ce qu'il y a de commun et de général dans les genres et les espèces et dans les êtres de même nature, mais elle est encore l'expression de ce qu'il y a de perfection dans tous les êtres déterminés.

Les idées sont les choses elles-mêmes conçues dans la perfection de leur type. Elles sont substantielles et ne sont pas seulement les objets éternels de l'intelligence divine, mais elles en sont la substance elle-même; elles constituent son être.

Elles sont le principe de l'existence, puisque rien n'existe que par sa participation à l'idée. C'est aussi le principe de la connaissance, puisque les idées sont les seuls objets de la science.

II. — Dialectique et esthétique. Le vrai et le beau

1. La dialectique est la marche que suit l'esprit humain pour arriver à la vérité.

L'âme est placée dans le monde sensible comme au milieu d'une caverne obscure, mais éclairée par un grand feu. Les hommes sont des prisonniers qui ont le dos tourné à la lumière. Ils ne voient que les ombres des objets qui se dessinent sur le fond de la caverne. Ils perçoivent ces ombres au moyen des sens ; leur erreur est de prendre pour des réalités ces images que les sens leur font connaître.

Le devoir de la philosophie est de désabuser l'homme de cette première illusion au moyen de la dialectique. Il faut qu'il se convainque que toutes ces apparences multiples, changeantes, ne sont pas la vérité et que les sens ne sont qu'une source de déceptions et d'erreurs.

Pour sortir du changeant, du variable et du multiple, nous trouvons dans les choses sensibles elles-mêmes des généralités qui se dégagent de la matière. Ce sont les idées de genre et d'espèces. Ces idées sont déjà un reflet de l'idée typique, absolue, à laquelle nous devons nous élever, mais elles ne sont pas encore ces idées elles-mêmes.

Les universaux, comme les scolastiques les appelaient, ne sont qu'une étape où l'on peut s'arrêter pour prendre des forces et tâcher de monter plus haut. Ce sont les notions ou les idées intermédiaires qui sont un progrès sur la sensation, mais qui ne sont pas encore le vrai lui-même.

Le vrai c'est l'un, l'absolu, le parfait, l'idée, l'archétype de toutes les existences. La connaissance n'a lieu que quand la dialectique a dégagé l'esprit de tout ce qui est variable, multiple, imparfait pour le mettre en face de l'unité invariable et absolue. Il n'y a de connaissance véritable que celle qui arrive à voir toutes choses dans leur unité, dans leur perfection et dans leur idée.

La science n'a pour objet que l'un, l'immuable, l'éternel, le nécessaire et l'absolu. Il n'y a pas de science du contingent, du multiple, de l'imparfait et du changeant.

2. La raison mène au vrai en nous élevant aux idées pures, l'amour porte l'âme vers le bien en transportant l'âme dans la même région pour lui faire voir le beau.

Platon distingue dans le beau comme dans le vrai trois degrés.

Il y a d'abord le beau terrestre, ou le beau physique. C'est le beau qui se manifeste par la perfection des formes, l'harmonie des sons, l'éclat des couleurs. Les sens nous le montrent dans la nature. L'esprit s'en émeut parce que ces apparences sont des reflets de la beauté supérieure qu'il a autrefois connus. Ce sont ces réminiscences qui causent l'enivrement dont nous sommes saisis. Mais cette beauté n'est pas la beauté véritable. Elle n'en est que l'ombre, comme les sensations ne sont qu'une image trompeuse du vrai.

Au-dessus de cette beauté physique, il y en a une autre plus élevée qui nous cause encore plus de charme, parce qu'elle est moins imparfaite, c'est la beauté de l'âme. La vertu est un ornement bien supérieur à toutes les magnificences terrestres. Si nous embrassons par la pensée toute la splendeur que les belles actions communiquent aux âmes nobles et vertueuses, nous nous trouvons en présence d'un spectacle bien supérieur à celui qui parle à nos sens. Le beau intellectuel, le beau moral nous élèvent d'un degré nouveau vers la région céleste dont nous sommes tombés et qui doit être le but constant de nos efforts.

Mais l'âme ne doit pas encore s'arrêter là. Sur les ailes de l'amour elle monte jusqu'au beau absolu, au beau divin. C'est le beau parfait, sans ombre, sans tache, dans toute sa splendeur. Ce beau que nous devons perpétuellement contempler est une même chose avec le vrai, avec l'idée pure qui est le sommet et le couronnement de la science.

Le vrai, le beau, le bien ne font qu'un et cette unité est Dieu.

III. — La théodicée et la cosmologie. Dieu et le monde

Le Dieu de Platon n'est pas créateur; il est seulement ordonnateur. Il n'a pas produit la matière, elle est éternelle comme lui. Mais la matière est de sa nature informe, obscure, imparfaite. C'est le principe des ténèbres, c'est le mal.

Dieu, au contraire, est le bien, le bien par excellence. En raison de sa bonté il tient à communiquer son être. Il le communique par son intelligence. Dans son intelligence que Platon appelle le λόγος, le Verbe divin, se trouvent les idées ou les types des choses. Ce sont ces idées qui ont servi de causes exemplaires, de formes à tous les êtres qu'il a produits. L'homme, le monde, il a tout fait à son image, puisque chaque être est l'expression, la réalisation de l'un des types qui sont en lui.

Son œuvre est par là même une œuvre intelligente. Platon admet comme Socrate la cause finale. Dans l'œuvre divine tout a un but. Ce but est la perfection du tout lui-même. Il peut se faire que nous ne saisissions pas le rapport de chaque être avec sa fin, et dans ce cas nous croyons remarquer dans l'œuvre un défaut, un désordre, une imperfection. Mais si nous connaissions mieux le plan général, nous verrions que ce qui nous choque est réellement ce qu'il doit être et qu'il n'y a pas de notes discordantes dans cet admirable concert.

L'intelligence qui a si admirablement ordonné les choses ne les abandonne jamais. C'est la bonté qui l'a fait agir pour leur donner l'être, c'est aussi la bonté qui lui fait prendre soin de tout ce qui existe. « Il a commis des êtres, dit Platon, pour veiller sans cesse sur chaque individu jusqu'à la moindre de ses actions, et porter la perfection jusque dans les moindres détails. Toi-même, chétif mortel, tout petit que tu es, tu entres pour quelque chose dans l'ordre général, et tu t'y rapportes sans cesse. »

Cette Providence qui a l'œil ouvert sur toutes nos actions, a pour effet de les récompenser, si elles sont bonnes, et de les punir si elles sont mauvaises.

Le monde pour Platon est un être animé. Il y a en lui comme dans l'homme, une âme et un corps. L'âme du monde s'individualise et se divise en une foule d'âmes diverses qui forment les dieux, les démons, les âmes humaines.

Le corps comprend l'élément terrestre et l'élément igné qui se combinent avec l'air et l'eau, pour former les êtres matériels au milieu desquels nous vivons. Platon s'étend longuement dans le *Timée* sur les lois du monde physique, mais nous n'avons pas à reproduire ici ces spéculations qui se rapportent plutôt aux sciences naturelles qu'à la philosophie proprement dite.

Nous devons seulement exposer les lois de l'âme, ce qui forme la morale.

IV. — Morale et politique

La vertu pour Platon est la science du bien, le mal en est l'ignorance. Le vrai, le beau, le bien n'étant qu'une seule et même chose, il suffit de les connaître pour être vertueux. Platon comme Socrate n'admet pas que l'homme s'écarte du bien une fois qu'il le connaît.

Les affections de l'homme doivent se régler sur l'amour de Dieu. Il doit se détacher des biens nuisibles et variables, puisque cette région inférieure est le séjour de l'erreur et du mal, il ne doit même pas s'arrêter dans la région intermédiaire de la bonté intellectuelle, il faut qu'il s'élève jusqu'aux idées où se trouve la perfection absolue qu'il doit se proposer pour modèle.

C'est la ressemblance avec Dieu qui doit être le but constant de nos efforts, et pour lui ressembler il faut être sage, courageux, tempérant et juste. La tempérance est la vertu de la sensibilité, le courage et la force la vertu du cœur, la sagesse la vertu de la raison, et la justice la vertu générale qui unit toutes les autres et qui en fait une sainte harmonie.

Les vices sont opposés les uns aux autres et toujours en lutte. Les vertus, au contraire, s'accordent et produisent dans l'âme l'unité qui est le but de la morale.

Platon confond la politique avec la morale et la soumet aux mêmes lois.

Comme la morale ramène à l'unité toutes les facultés de l'âme humaine, de même Platon veut que dans la société les individualités disparaissent pour que l'État ne forme qu'une collectivité vivante dont les individus seraient les membres et les organes.

C'est la doctrine des socialistes et des communistes qui sacrifient la liberté individuelle et qui absorbent le pouvoir et les droits de chacun dans l'omnipotence de l'État.

Il distingue dans la société trois castes, comme il a distingué dans l'âme trois parties principales : les magistrats qui sont la tête, l'*intelligence*; les guerriers qui sont le *cœur*, la force, le courage; et les artisans, les laboureurs, qui représentent les *appétits sensuels*.

Il subordonne ces castes comme il a subordonné les unes aux autres les parties de l'âme; les artisans doivent être soumis aux guerriers, et les guerriers doivent obéir aux magistrats. Le pouvoir doit appartenir à ceux qui ont la science, c'est-à-dire aux philosophes.

Pour faire cesser tout principe de division il ne doit y avoir ni propriété, ni famille. Tous les esprits, tous les cœurs, toutes les volontés ne doivent faire qu'un dans cette cité parfaite. La loi devient le seul moyen d'empêcher les dissensions. Elle est nécessaire, violente et, comme c'est à l'État à punir le mal et à récompenser le bien, il a le droit et le devoir de pénétrer dans les consciences et d'exercer une surveillance inquisitoriale qui aurait pour résultat de rendre la vie intolérable.

Le système de Platon est la première conception qui embrasse l'universalité des connaissances et qui réussisse à les lier logiquement entre elles. Il a fait de nombreux emprunts à ses devanciers, mais il a rendu siennes leurs idées en les coordonnant et en les faisant entrer dans un ensemble qui n'est qu'à lui.

Il a pris aux Éléates et aux Pythagoriciens leur idéalisme, mais il a essayé de le tempérer en y adjoignant l'idée de la matière dont l'école opposée avait fait l'objet de toutes ses recherches. Mais cette alliance n'est qu'une hypothèse qui ne se concilie pas bien avec l'ensemble du système.

Il mutile l'homme en mettant de côté les sensations et les notions intermédiaires pour n'accepter que la raison et les idées. Il rejette les sens et l'imagination, pour ne s'en rapporter qu'à l'entendement, et il réduit ainsi la philosophie à une espèce de science apodictique qui ressemble plutôt aux sciences exactes qu'aux sciences morales. C'est la science qui est tout dans la morale, et la volonté est à peine nommée. L'homme n'est plus l'être libre et responsable comme nous le supposons. Il ne peut, par conséquent, pas avoir de droits. C'est ce qui fait que, dans sa *Politique*, Platon l'écrase pour ne laisser subsister que la machine cruelle et tyrannique de l'État.

Il y a dans cette doctrine de la grandeur, nous le reconnaissons, mais en méconnaissant dans l'homme ses plus nobles prérogatives, elle le dégrade, tout en cherchant à l'élever.

SUJETS DE DISSERTATIONS FRANÇAISES

1. Exposer la théorie des *Idées* de Platon et celle des degrés de la connaissance.
2. Que savez-vous de Platon ?
3. Exposer la théodicée de Platon. Quelle idée se faisait-il de la Providence ?
4. Quelle est la morale de Platon ? Exposer sa politique. Faire voir les défauts de l'une et de l'autre.
5. Quelles furent les principales erreurs de Platon ? En indiquer la source.

CHAPITRE VI

Aristote.

Aristote naquit à Stagyre en l'an 384 avant J.-C. Son père Nicomaque était le médecin et l'ami d'Amyntas, roi de Macédoine. Il étudia d'abord la médecine et se rendit ensuite à Athènes où il suivit pendant vingt ans les leçons de Platon. En 343, Philippe de Macédoine l'appela à sa cour et lui confia l'éducation de son fils Alexandre. Lorsque l'illustre conquérant partit pour sa grande expédition contre les Perses, Aristote revint à Athènes et y fonda ce qu'on appela l'école du Lycée. Ses disciples reçurent le nom de *péripatéticiens*, parce qu'ils avaient l'habitude de discuter en se promenant. Sa gloire lui ayant fait beaucoup d'ennemis et d'envieux, il craignit d'avoir le même sort que Socrate et il se retira à Chalcis dans l'Eubée, où il mourut peu de temps après, en 322, dans sa soixante-troisième année. Son génie encyclopédique embrassa toutes les connaissances de son temps. Nous ne nous occuperons ici que de ses ouvrages philosophiques.

I. — De la psychologie. Théorie de la connaissance

Aristote définit la philosophie la science qui a pour objet la connaissance des principes et des causes. C'est donc une science générale qui domine toutes les autres.

Platon avait fait des idées l'objet exclusif de la science. Il avait rejeté les sens et leur témoignage et, par conséquent, complètement condamné l'école empirique qui a pour base l'observation. Il n'avait pas admis d'autre procédé que la méthode rationnelle pure. Cette exagération l'avait jeté dans l'idéalisme.

Le génie d'Aristote a un caractère différent. Il est observateur, et fait de l'expérience la base de sa doctrine. C'est aux faits qu'il en appelle et, au lieu de condamner les sens, il place la sensation à l'origine de toutes les connaissances. *Nihil est in intellectu quod non fuerit in sensu.* C'est sa maxime, mais il ne l'entend pas dans un sens exclusif, comme le font les matérialistes. Si l'expérience est le point de départ, elle n'est pas tout. La raison doit s'emparer du fait, de l'élément particulier que les sens lui fournissent, et transformer cette donnée par le travail de l'abstraction et de la généralisation, ce qui produit l'universel et le nécessaire.

Ainsi Aristote arrive comme Platon à l'idée, mais par une voie opposée. Sa marche est ascendante, et l'idée qu'il formule n'est pas une réalité comme l'idée de Platon, un être substantiel qui est la source et le principe de tous les autres, mais c'est une abstraction qui est le produit de notre raison et qui est l'expression de nos pensées.

L'âme est pour Aristote la forme du corps, le principe de sa vie. Elle est immatérielle et distincte du corps qui est d'une autre nature. Platon avait aussi distingué l'âme du corps, mais il avait supposé qu'elle lui avait préexisté et il ne pouvait considérer son union avec le corps que comme un fait accidentel et malheureux qu'il regardait comme un châtiment.

Aristote voit, au contraire, dans l'âme un être fait pour animer le corps, et qui lui est substantiellement uni. Ils se développent ensemble et ils contribuent l'un et l'autre à leurs progrès. L'âme est avertie par les sensations des besoins du corps et veille à son entretien et à sa conservation, et le corps est utile au développement de l'intelligence, puisque c'est par les sens que lui arrivent la plus grande partie de ses connaissances.

Aristote distingue dans l'âme trois fonctions ou trois opérations essentielles : se nourrir, sentir et raisonner. De là trois grandes puissances ou facultés : la puissance nutritive, la puissance sensitive et la puissance intelligente ou raisonnable.

La puissance *nutritive* est la première et la plus générale des facultés de l'âme. Elle se retrouve dans tous les êtres vivants, dans la plante comme dans l'animal.

La puissance *sensitive* ou la sensibilité comprend le mouvement et la sensation. Elle est commune à l'homme et aux animaux. Mais la sensation a dans l'homme un caractère qu'elle n'a pas dans les animaux. Elle est accompagnée de la connaissance et Aristote analyse avec une grande sagacité les transformations que subissent les données des sens sous l'action de la raison. La distinction qu'il fait des sensibles propres, des sensibles communs et des sensibles par accident, se retrouve dans Bossuet, dans saint Thomas et dans tous les philosophes les plus éminents.

Aristote distingue le *sens commun*, auquel aboutissent, comme à leur centre, tous les autres sens, l'*imagination* qui joue un rôle intermédiaire entre les sens et l'intelligence, la *mémoire* dont il montre avec une merveilleuse sagacité tous les rapports avec l'association des idées, et il arrive ainsi à l'intelligence.

La puissance *raisonnable* est la partie supérieure de

l'âme. Ses trois opérations sont : 1° la conception ou l'idée, la notion ; 2° le jugement ; 3° le raisonnement.

Les sens fournissent à l'entendement la matière des idées ; c'est l'entendement qui leur donne la forme. Kant a accepté ce principe et l'a développé longuement dans sa critique de la *Raison pure*.

Il y a dans l'entendement deux opérations, dont l'une appartient à l'intellect *possible* et l'autre à l'intellect *agent*. L'intellect agent reçoit des sens les images des objets, les élabore, et en dégageant l'universel du particulier, il donne à l'idée sa forme, la généralise et en enrichit ainsi l'intellect possible qui la conserve, pour en faire la base de toutes nos connaissances.

D'après ce système, tout vient des sens ; mais aux données des sens, l'entendement ajoute sa donnée propre, la forme, et l'ensemble devient le résultat de l'intelligence unie aux sens ; c'est la doctrine spiritualiste qui admet le corps et l'esprit.

Cette théorie n'explique pas le fait mystérieux de la formation des idées, mais elle le décrit d'une manière exacte, et entre toutes les explications qui ont été proposées jusqu'aujourd'hui, c'est encore celle qui est la plus simple et la moins conjecturale.

Leibniz a parfaitement exprimé la pensée d'Aristote, lorsqu'en rappelant le fameux principe : *nihil est in intellectu, quod non prius fuerit in sensu*, dont l'école matérialiste a abusé, il l'a complété en ajoutant : *nisi ipse intellectus*.

Dans cette théorie de la connaissance, Aristote s'écarte tellement de l'idéalisme, qu'on l'a accusé d'avoir versé dans l'abîme opposé.

Mais ce qui place sa psychologie bien au-dessus de celle de son maître, c'est la distinction de la volonté. Platon s'arrête à l'intelligence et en morale ne va pas au delà de la science du bien. Aristote dégage énergiquement de l'intelligence la volonté, et appuyé sur l'expérience, il montre toute l'importance de cette faculté, qui fait de l'homme un être libre et responsable et qui est par là même le principe de sa dignité et de sa grandeur.

II. — Logique, poétique et rhétorique

Aristote a été appelé, avec raison, le législateur de la pensée et le créateur de la méthode scientifique.

Dans sa *Logique*, il donne les lois du raisonnement, et expose d'une manière complète et définitive les principes et les règles de la démonstration.

Il ramène toute démonstration au syllogisme et dans le syllogisme il distingue les termes et les propositions.

Il réduit les termes à dix notions simples qu'il appelle des *catégories*. Ces notions sont : la substance, la quantité, la relation, la qualité, le temps, le lieu, la situation, l'action, la passion et la possession. Ces catégories, appelées en latin *prædicamenta*, doivent se combiner avec les *prédicables*, qui comprennent les cinq universaux : le genre, l'espèce, la différence, le propre et l'accident, qui expriment les différents points de vue sous lesquels nous considérons les êtres.

Ces divisions logiques donnent lieu, quoi qu'en disent les auteurs de la *Logique de Port-Royal*, aux aperçus les plus profonds et les plus ingénieux sur les lois de la pensée. Il y a là tous les éléments constitutifs d'une excellente grammaire générale.

Dans son traité de l'*Interprétation*, Aristote analyse la proposition. Il en détermine la nature et en énumère toutes les espèces.

Les *Premiers Analytiques* renferment l'explication du syllogisme, la distinction de ses figures et de ses modes, et un exposé raisonné de ses règles.

Les *Seconds Analytiques* sont un traité complet de la démonstration et de la définition. Dans les *Topiques*, il indique les sources des arguments, c'est-à-dire les lieux communs d'où on peut les tirer et l'usage que l'on en peut faire.

Tous ces traités sont complétés par les *Réfutations des Sophistes*, qui énumèrent les différentes espèces de faux raisonnements et qui indiquent la manière de les réfuter.

Cet ensemble forme ce qu'Aristote appelle l'*Organon*, l'instrument, c'est-à-dire la science dont on a besoin pour étudier toutes les autres.

La logique était pour lui ce qu'elle doit être pour tout le monde, une science instrumentale, que l'on doit étudier pour se rendre capable d'arriver à la vérité et de la démontrer aux autres une fois qu'elle est connue.

Il a parfaitement exposé ce que nous appelons la logique formelle. La partie déductive a pu être présentée d'une autre manière, mais certainement personne n'a ajouté au travail d'Aristote ; il est complet dans son genre, et il n'est susceptible d'aucun perfectionnement.

Si Aristote avait traité de l'induction aussi à fond que de la déduction, il aurait écrit le code complet de l'intelligence humaine. Mais il s'est borné à en indiquer le principe, quoiqu'il l'ait largement et parfaitement appliquée dans son *Histoire des Animaux*.

Cette lacune ne nous empêche pas de le considérer comme le créateur de la vraie méthode scientifique. Platon est un dialecticien. Ses dialogues sont écrits avec un art merveilleux. Il dramatise la discussion et l'enrichit de tout l'éclat de la poésie et de l'éloquence. Mais ses idées sont éparses, difficiles à réunir et à préciser, et on ne peut, qu'au prix d'un long travail, résumer ses théories et en faire un système dont les parties soient bien liées entre elles.

Aristote procède autrement. Il établit sa proposition, l'éclaircit par des définitions ou des faits. Il entre directement dans la démonstration, l'établit avec méthode, en laisse voir le squelette et les articulations, pour qu'on se rende bien compte de la liaison des parties et passe ensuite aux objections s'il y en a. Il les pose en forme, les analyse et presse son adversaire, en prenant les unes après les autres les difficultés qui l'arrêtent.

C'est là la méthode qui convient non seulement à la philosophie, mais encore à toutes les sciences.

Si, dans sa *Logique*, Aristote donne les lois du vrai, dans sa *Poétique*, il trace les règles du beau. Il le fait consister dans l'ordre, la proportion et la détermination. Il veut que le poète étudie la nature, mais qu'il la généralise et qu'il s'élève à des types qui soient son idéal. Il analyse les tragédies grecques et formule les principes de l'art dramatique.

Dans sa *Rhétorique*, il recherche les moyens que l'orateur doit employer pour persuader ce qui est beau, utile et juste. Il veut qu'il s'appuie surtout sur l'argumentation et rattache ainsi sa méthode oratoire à sa logique, tout en établissant la différence qu'il y a entre l'éloquence et la science. Ses observations ont guidé Cicéron et Quintilien dans leurs études sur l'art oratoire, mais ils n'ont jamais atteint la profondeur et l'exactitude de sa doctrine.

III. — Métaphysique et Théodicée

Aristote définit la métaphysique, la philosophie première, qui est la science spéculative des premiers principes et des premières causes.

Il appuie surtout sur le principe de contradiction, d'après lequel une même chose ne peut pas être et n'être pas en même temps.

Il distingue quatre causes : la cause matérielle, *ex quâ aliquid fit;* la cause formelle, *per quam;* la cause efficiente, *à quâ*, et la cause finale, *propter quam*.

Aristote, ne connaissant pas non plus le dogme de la création, place, comme Platon, deux principes à l'origine des choses : Dieu et la matière.

La matière est éternelle, mais elle est informe, indéterminée, infinie.

Elle est en puissance et en acte.

Elle est en puissance lorsqu'elle n'a point encore reçu de forme déterminée qui en ait fait telle ou telle chose en particulier. Ainsi, la statue n'existe qu'en puissance dans le bloc de marbre dont le statuaire doit la tirer.

Elle sera en acte, lorsque la statue sera faite, et qu'elle représentera Apollon, Jupiter, ou tout autre dieu ou personnage. Le passage de la puissance à l'acte, ou de la possibilité à la réalité, suppose un changement et ce changement implique un mouvement.

Dans toutes les existences actuelles, Aristote distingue la matière et la forme. La matière, c'est ce qui peut prendre telle ou telle forme, comme le bois, l'airain ou la pierre, et la forme est ce qui détermine le caractère de l'objet et qui le fait ce qu'il est, comme la forme d'Apollon ou de Jupiter a fait du bloc de marbre la statue de l'une de ces divinités.

Dans la nature, on remarque ces mouvements qui amènent en elle des changements sans fin. Elle est en travail, elle monte sans cesse vers le mieux ; le minéral aspire à la vie du végétal, le végétal à la vie de l'animal, l'animal à la vie de l'homme et l'homme à la vie divine.

D'où viennent tous ces mouvements qui s'enchaînent. On remonte bien de l'un à l'autre, mais dans une série on ne peut pas remonter sans fin. Il faut un point de départ ; pour qu'il y ait un second, il faut qu'il y ait eu un premier. On est donc obligé d'admettre un premier moteur, qui est lui-même immobile, mais qui a en lui le principe du mouvement et le communique aux causes secondes recevant de lui l'impulsion. Ce premier moteur est Dieu.

C'est l'argument que reproduit saint Thomas dans sa *Somme théologique*, pour démontrer l'existence de Dieu.

Dieu étant le principe du mouvement, n'a rien en lui qui soit en puissance. Il est tout acte, il n'y a ni passivité, ni possibilité dans son être, c'est une activité pure, *actus purus*.

Dieu est une intelligence pure qui se contemple lui-même, et il est à lui-même son propre objet. Il est la pensée de sa pensée, on ne doit pas distinguer en lui l'intelligence de l'intelligible ; le sujet et l'objet sont un.

A l'activité et à l'intelligence, Dieu joint la félicité suprême. Il la possède éternellement, et cette puissance sans fin qui fait son bonheur, est son acte même.

La vie en Dieu résume le bonheur, l'intelligence, l'activité, et nous pouvons dire de lui qu'il est un être vivant, intelligent et parfait.

Mais ici commence le côté défectueux de la théodicée d'Aristote.

Le premier être, le premier moteur, Dieu, est étranger au

monde. Il ne le conçoit pas. Dieu, la pensée pure, ne pourrait, sans déchoir, s'appliquer au monde qui est imparfait et nécessairement au-dessous de lui-même. Il ne l'a ni créé, ni organisé.

Il n'y a pas de Providence. Elle est remplacée par l'ordre et le bien dont il est le principe. La nature est mue par l'attrait qui la porte vers le bien, et c'est le bien suprême qui est la cause finale de tous les mouvements des êtres.

C'est ce qui fait que la nature se porte constamment vers ce qu'il y a de mieux. « Ce qu'elle enlève ici, elle l'ajoute là. Ce qui surabonde, elle l'emploie à suppléer ce qui manque. Elle rétablit l'équilibre, répare le désordre, guérit la maladie. Toujours elle travaille la masse inerte du corps, la façonne et la transforme. Enfin, elle ne fait rien en vain ; elle est la cause de tout ordre ; partout elle met et conserve la proportion et la beauté. »

IV. — LA MORALE ET LA POLITIQUE

1. Platon, s'attachant toujours à l'universel pour tout concentrer dans ses *Idées*, avait fait de la morale la science du bien et avait attribué la vertu à l'intelligence, s'efforçant de ressembler à Dieu et à la pensée divine. Aristote s'attache au contraire à l'observation des faits, conformément à sa méthode et il recherche dans l'analyse de la nature humaine le principe du devoir et les règles de la morale. Il reconnaît que ce qui rend l'homme vertueux ou vicieux, ce sont ses actions. Il a besoin de l'intelligence pour l'éclairer, il faut qu'il connaisse le bien, mais son devoir est de le pratiquer. L'action, se rapportant à la volonté, met en relief cette faculté trop négligée par Platon et fait sortir la responsabilité de l'homme de sa liberté.

L'acte bon est un acte libre, et la valeur morale de l'homme dépend de l'usage qu'il fait de ses facultés sous la direction de la raison qui lui apprend ce qu'il doit faire et ne pas faire. Nos vertus dépendent de la fidélité avec laquelle nous obéissons aux prescriptions de la droite raison et résultent des habitudes que nous contractons.

Si nous sommes ordinairement fidèles à nos devoirs, nous sommes vertueux. Si, au contraire, nous les transgressons toutes les fois que nous en avons l'occasion, nous sommes vicieux. On est vicieux quand on est l'esclave d'un ou de plusieurs vices, mais pour être vertueux il faut pratiquer toutes les vertus.

Ces vertus sont au nombre de quatre : la prudence, la force, la tempérance et la justice. Les trois premières se rapportent à la morale individuelle et chacune d'elles est la règle d'une de nos facultés. Ainsi, la prudence est une vertu intellectuelle qui guide l'intelligence et qui la modère et l'inspire dans l'attrait qu'elle a pour l'étude et la science.

La force ou le courage fortifie la volonté et la maintient dans la limite où elle doit se tenir pour être ferme et forte sans témérité ni défaillance.

La tempérance s'adresse aux appétits sensuels, à la partie inférieure de l'âme qui a besoin d'être contenue par un frein puissant pour ne pas se laisser entraîner aux séductions de la volupté ou ne pas dégénérer en une indifférence coupable.

La vertu consiste à tenir un juste milieu entre deux excès opposés. La raison est la règle ou la mesure de la moralité de l'acte. Pour être conforme à la règle, il ne faut s'arrêter ni en deçà, ni au delà, et c'est ainsi qu'Aristote entend ce milieu que l'on a trop souvent considéré comme le résultat d'un calcul inspiré par le sentiment étroit de la morale utilitaire.

La justice est la vertu sociale. Aristote distingue la justice *commutative* et la justice *distributive*.

La justice commutative règle les échanges, les achats et les ventes ; la justice distributive a pour objet la répartition des charges et des emplois aux individus selon leurs aptitudes et leurs mérites.

Ces distinctions sont restées, ainsi que la plupart des règles auxquelles Aristote soumet ces deux sortes de justice. Mais, malgré tous les services qu'elles rendent à la société, il sent le besoin de leur adjoindre une autre vertu qui les complète, l'amitié. Aristote en fait le principe de toutes les affections, des affections sociales et des affections de famille. C'est le lien qui doit unir les hommes entre eux et les porter à se dévouer les uns aux autres et à se rendre les services dont ils ont besoin.

2. Dans sa *Politique*, Aristote étudie d'abord la famille, et de la famille il passe à l'État.

Dans la famille, il distingue les rapports du maître à l'esclave, du propriétaire aux biens, du mari à la femme, du père aux enfants. Il regarde l'esclavage comme nécessaire, parce qu'il suppose que les hommes libres chargés de l'administration de l'État, de la guerre et de toutes les professions libérales doivent s'appliquer à s'instruire et qu'il ne leur reste pas de temps pour les travaux matériels auxquels on doit employer les esclaves. Les hommes libres sont propriétaires du sol, mais ils le font cultiver par les esclaves. Leur pouvoir sur l'esclave est absolu ou despotique.

Le père est le chef de la famille. C'est à lui à la gouverner. Il a une autorité semblable à celle du roi sur ses enfants, semblable à celle du magistrat sur sa femme.

Dans la famille, il y a inégalité entre les membres. Dans l'État tous les citoyens sont, au contraire, libres et égaux. Ils participent tous au gouvernement et à l'administration de la justice, mais les fonctions doivent être données aux hommes qui ont le plus d'intelligence, de crédit et de mérite. Les trois principales espèces de gouvernement, sont : la république, l'aristocratie et la royauté ; elles peuvent dégénérer en démocratie, en oligarchie et en tyrannie. Le mieux est de donner la prépondérance à la loi pour éviter l'arbitraire, d'appuyer le gouvernement sur la classe moyenne pour éviter tout excès. On a ainsi plus de garantie contre les révolutions qui troublent l'ordre et la tranquillité publique et qui inquiètent la sécurité des citoyens.

Aristote réfute vivement les utopies communistes de Platon. Il n'admet pas que l'individu soit sacrifié à l'État et, pour empêcher cet abus, il défend la famille et la propriété contre les rêveries de son illustre maître.

Si on compare Aristote à Platon, la différence n'est pas

moins sensible pour le fond de leur doctrine que pour la forme de leurs ouvrages.

Platon a adopté la forme du *dialogue* qui convenait parfaitement d'ailleurs à sa méthode, qui était la dialectique. Aristote écrit des *traités* auxquels il donne la forme didactique qui est encore aujourd'hui consacrée à tous les ouvrages scientifiques. Il substitue le syllogisme à la dialectique et il expose méthodiquement toutes ses idées sous la forme nette et claire de la démonstration.

Platon charme par ses dialogues qui sont autant de drames admirablement conduits, mais dans cette conversation brillante, au milieu de toutes ces digressions, il n'est pas toujours facile de saisir la pensée du maître et de résumer ses théories. Aristote, au contraire, procédant par propositions et par raisonnements, est aisé à comprendre et à analyser.

La psychologie de Platon mutile l'homme pour ne voir qu'une source légitime de nos connaissances, la raison abstraite et absolue. Avec une pareille méthode, il est forcément idéaliste. Aristote se porte plutôt vers le sensualisme, mais en modifiant ce principes : *Nihil est in intellectu quod non fuerit in sensu*, il fait la part à l'intelligence et il est spiritualiste, reconnaissant le dualisme de notre nature.

Dans sa *Logique*, sa *Poétique* et sa *Rhétorique*, Aristote formule les lois invariables du vrai et du beau et se montre bien supérieur à Platon, qui jette l'homme au delà des réalités et qui ouvre une double porte au scepticisme par son dédain pour l'observation et l'expérience.

La métaphysique d'Aristote ne se perd pas non plus, comme celle de Platon, dans une série de conceptions purement imaginaires. Il rattache la notion de Dieu à l'idée qu'il se fait du monde et nous le présente comme le premier moteur, c'est-à-dire comme le principe du mouvement que nous apercevons dans tous les êtres. Platon le voit plus haut; il l'identifie avec ses idées du vrai, du beau et du bien, mais en se le figurant comme le bien par excellence, il lui donne sur les êtres une action qu'Aristote lui refuse. Le Dieu de Platon s'occupe de nous, il songe à nos besoins ; c'est une Providence ; mais celui d'Aristote ne nous connaît pas. C'est la partie la plus défectueuse du système du chef du Lycée.

En morale, Platon a fait de la science le principe unique du bien, mais Aristote dégage de l'intelligence la volonté, et c'est sur la liberté individuelle qu'il base la moralité des actes. Le bien est un acte, la vertu une habitude, et son caractère propre est la sagesse, qui la préserve de tout excès.

Enfin, fidèle à son principe, qui consiste à tout ramener à l'unité, Platon, dans sa *République*, absorbe l'individu dans l'État, détruit la famille et la propriété, et crée ainsi un tout monstrueux qui ne laisserait de liberté à personne. Aristote proteste contre ce communisme, et fonde l'État sur l'égalité et la liberté des citoyens. Mais il ne voit pas comment la société peut exister sans l'esclavage et il maintient cette institution barbare que le christianisme seul a pu faire insensiblement disparaître en le transformant sous l'action de mœurs plus douces et de sentiments plus équitables.

SUJETS DE DISSERTATIONS FRANÇAISES

1. Dire ce qu'Aristote entendait par *matière, forme, fin* et *cause efficiente*.
2. Montrer que la théorie d'Aristote sur la Providence est de tous points insuffisante.
3. De la logique d'Aristote. Que faudrait-il y ajouter pour en faire le code complet de la pensée ?
4. Quels sont les caractères qui distinguent la philosophie d'Aristote et celle de Platon ?
5. Exposer et comparer dans leurs traits essentiels la morale de Platon et celle d'Aristote.

CHAPITRE VII

Les épicuriens.

Aristote avait fondé le Lycée ou l'école péripatéticienne. Ses successeurs directs s'attachèrent spécialement à la partie de sa doctrine qui était expérimentale, et témoignèrent une tendance de plus en plus marquée vers l'empirisme matérialiste. Ses disciples les plus célèbres furent Théophraste, d'Éresse, l'auteur des *Caractères*, traduits par La Bruyère, Eudème, de Rhodes, et Hector, de Lampsaque, qui arriva à formuler, pour expliquer l'origine des choses, un mécanisme matérialiste et athée. Mais l'auteur célèbre de ce système fut Épicure.

I. — DOCTRINE D'ÉPICURE. LA CANONIQUE ET LA PHYSIQUE

Épicure naquit selon les uns à Samos, selon les autres dans le bourg de Gargette, près d'Athènes, vers l'an 341 avant Jésus-Christ. Ses parents étaient pauvres, et il ne put avoir de maître. Mais il se vante d'avoir commencé à philosopher dès sa quatorzième année. S'il n'eut pas de maître, il connut du moins les livres de Platon et de Démocrite. Ce fut pour la philosophie de ce dernier qu'il se décida. Il l'étendit et en développa les principes dans ses leçons qu'il donnait, à l'exemple de Platon, dans un jardin d'Athènes.

Épicure donne à la philosophie un caractère exclusivement pratique. Il écarte les grandes conceptions de Platon sur le vrai, le beau et le bien et il prétend que la science ne doit pas se proposer d'autre but que de rendre l'homme heureux. Or, pour arriver au bonheur, nous devons éloigner de nous toutes les causes de chagrin, d'inquiétude et de souffrance. Pour cela, il divise sa philosophie en trois parties : 1° la canonique, 2° la physique, 3° la morale.

1° La *canonique* est la partie de la philosophie consacrée à régler la raison.

Épicure distingue dans la connaissance humaine deux éléments : les sensations et les anticipations.

Les *sensations* résultent du contact des objets extérieurs avec nos sens. Elles sont produites par les émanations qui s'échappent des objets et qui se combinent avec l'organisme humain. Elles nous donnent les images des choses, et ces images forment l'opinion.

Ces représentations sensibles sont élaborées en nous par la raison qui les généralise. Ce travail en fait une notion générale dont la raison se sert pour faire ses raisonnements et prévoir, d'après ce qui s'est passé, ce qui arrivera. Épicure leur donne, en raison de cette opération, le nom d'*anticipations,* parce qu'elles devinent l'avenir.

Toute la connaissance provient des sens, puisque les anticipations ne sont pas elles-mêmes autre chose que des sensations généralisées.

La première source d'ennui et de chagrin pour l'homme provient des erreurs de son esprit. Il doit donc s'appliquer à ne rien accepter que de vrai. Il n'a pas à craindre d'être trompé par les perceptions directes des sens, qui sont toujours vraies, mais il doit se défier de ses anticipations, c'est-à-dire de ces notions générales que la raison forme par voie d'analyse et de synthèse. Il faut sans cesse les vérifier au moyen de l'expérience et de l'observation en les comparant perpétuellement à la réalité.

La seconde source des inquiétudes de l'homme est la crainte qu'il a des Dieux. Pour se délivrer de toutes les chimères de la superstition, il faut se faire une juste idée de la nature et de l'origine des choses.

2° Épicure se demande donc comment le monde s'est formé. Il renouvelle l'hypothèse de l'école atomistique et suppose que tous les êtres actuellement existants, l'âme humaine comme les corps, sont formés d'atomes ou de molécules indivisibles, éternelles, indestructibles qui se sont agitées dans le vide et qui ont fini, en s'agrégeant, par former les corps que nous voyons. Ces agrégations se sont faites d'une façon purement mécanique, sous l'action de rencontres fortuites.

Démocrite, qui avait le premier imaginé ces atomes, les faisait mouvoir en ligne directe. Épicure leur prête un mouvement oblique (*clinamen*), pour qu'ils puissent se rencontrer, et les suppose ronds et crochus pour qu'ils adhèrent les uns aux autres. C'est de la physique et de la chimie à l'état d'enfance. Mais cette science grossière avait l'avantage d'exclure Dieu du monde pour n'y laisser voir que la matière soumise à des lois fatales.

Épicure parle des Dieux pour ne pas se faire accuser d'athéisme. Mais il les met en dehors du monde, les absorbe dans leur quiétude et les rend étrangers à tout ce qui se passe. Il est évident qu'ils ne sont là que pour voiler son athéisme et son matérialisme, qui sont les deux caractères les plus manifestes de son système.

II. — LA MORALE ÉPICURIENNE

L'homme délivré de la crainte des Dieux avait besoin encore d'être débarrassé du remords et de tous les tourments de la conscience morale. Épicure lui rend ce dernier service en enseignant que le bien et le mal moral sont une chimère, et qu'il n'y a de réel que le bien et le mal physique.

L'homme doit donc se servir de sa raison pour se procurer le plus de jouissances qu'il pourra, et pour écarter de lui toutes les sensations désagréables qui seraient de nature à le troubler. Sa seule règle doit être l'intérêt personnel bien entendu.

Il y a des plaisirs qui ont pour conséquence des peines, des souffrances, des contrariétés. La raison est là pour tout calculer. Elle nous engage à renoncer à toute jouissance qui n'est pas avantageuse ou à la renfermer dans les limites auxquelles elle doit se restreindre pour n'être pas nuisible. C'est en cela que consiste la vertu de tempérance.

Il y a des plaisirs qui consistent dans le mouvement, comme la chasse et les autres exercices du corps. D'autres consistent dans le repos, comme celui de l'étude. Épicure préfère ces derniers, parce qu'ils sont plus égaux et plus constants, mais c'est une affaire d'humeur et de tempérament.

On ne doit pas tenir compte seulement du plaisir présent, il faut encore embrasser l'avenir et le passé, s'aider des souvenirs et de l'expérience pour ne pas compromettre le repos et la tranquillité de l'âme. C'est à cette tranquillité (ἀταραξία) que tout doit tendre.

Il ne faut pas se passionner trop vivement pour les honneurs ni la fortune. Dans les désirs, il faut distinguer ceux qui sont naturels et nécessaires, comme le besoin de manger, et ceux qui sont naturels, mais qui ne sont pas nécessaires, comme le désir de mets délicats. Les premiers s'imposent, mais ils ne sont pas difficiles à satisfaire. Les seconds doivent être réglés et modérés. On ne doit pas en être esclaves, il faut les satisfaire dans l'occasion, uniquement pour varier ses jouissances.

Les désirs qui ne sont ni naturels, ni nécessaires doivent être rejetés.

Épicure conseillait à ses disciples la prudence, qui était pour lui la règle de l'intérêt bien entendu, la tempérance, le désintéressement qui affranchissent l'homme des vains désirs, le courage qui le met au-dessus des vaines terreurs et qui est nécessaire en certains cas pour supporter vaillamment ce que l'on ne peut éviter; la justice qui nous fait respecter les droits de nos semblables pour qu'ils respectent les nôtres.

Il reconnaissait les quatre vertus principales distinguées par Aristote, Platon et Socrate, mais il leur marquait un but purement égoïste et sensuel, et ne leur donnait pas une autre portée que l'intérêt individuel.

Épicure avait ainsi su réunir dans son système toutes les doctrines des atomistes et des Ioniens, et il les avait appliquées à la psychologie, la logique, la cosmologie, la morale et la politique. Il eut de nombreux disciples qui manifestèrent un culte véritable pour sa mémoire. Lucrèce mit sa philosophie en vers dans son poème : *De natura rerum*. Gassendi renouvela son hypothèse des atomes dans les temps modernes, mais sa morale eut à toutes les époques de nombreux partisans. Il avait conseillé à ses sectateurs de ne se livrer aux plaisirs qu'avec réserve, parce que les abus ont en pareille matière de cruelles conséquences. Mais ses recommandations furent oubliées du plus grand nombre. En Grèce, à Rome, et en France au temps de la Régence, cette morale de la volupté autorisa les excès les plus monstrueux et l'épicurien fut partout considéré comme un homme dégradé qui s'abandonne aux plus honteuses passions. Horace a d'un mot peint la secte en se disant : *Epicuri de grege porcus.*

SUJETS DE DISSERTATIONS FRANÇAISES

1. Que savez-vous de l'épicurisme ?
2. Exposer et réfuter la théorie des atomes dans la philosophie d'Epicure. — Quels furent les antécédents de ce système ? — Quels en furent les partisans dans les temps anciens et dans les temps modernes ?
3. Exposer et réfuter la doctrine morale d'Epicure. — Quels en avaient été les antécédents ? — Quels en furent les plus célèbres partisans dans les temps anciens et dans les temps modernes ?
4. Exposer et réfuter le système d'Epicure sur la connaissance. — Quels avaient été les antécédents de ce système ? — Quels en furent les principaux partisans dans les temps anciens et dans les temps modernes ?
5. Comment la doctrine du plaisir a-t-elle pu amener Epicure à la théorie de la frugalité, du désintéressement et de l'immobilité ?

CHAPITRE VIII

Les stoïciens.

Les épicuriens eurent pour rivaux les stoïciens. Ces derniers eurent pour fondateur Zénon, qui naquit vers l'an 341, à Cittium, petite ville de l'île de Chypre. Son père était marchand ; un naufrage lui ayant enlevé sa fortune, Zénon, qui se sentait beaucoup d'attrait pour la philosophie, se rendit à Athènes. Il suivit successivement les leçons de Cratès, l'école de Mégare, où enseignait Stilpon, et l'école académique, dont Xénocrate et Polémon étaient alors les chefs. S'étant mis lui-même à la tête d'une nouvelle école, il réunit ses disciples dans une des plus belles galeries d'Athènes, le Portique (στοά); ce qui leur fit donner le nom de *stoïciens*.

Ses principaux disciples furent Cléanthe et Chrysippe. Il forma de toutes ses conceptions un vaste système qui embrassait, comme celui d'Épicure, la logique, ou les lois de la raison, la physique, ou les lois du monde, et la morale, ou les lois qui doivent présider à la conduite de l'homme. Son nom se place à côté de ceux de Platon, d'Aristote et d'Épicure, et son école est une des quatre grandes écoles de la Grèce.

I. — Logique et physique

1. Pour Zénon, comme pour Épicure, les sens sont l'unique source de nos connaissances.

Les objets extérieurs frappent l'âme au moyen de la vue. Il en résulte dans l'esprit une image (φαντασία) à laquelle il adhère, en affirmant la ressemblance de la vision avec l'objet. C'est cette adhésion qui constitue le critérium de certitude, et qui fait que nous ne doutons nullement de l'existence des choses ainsi perçues.

Les sens perçoivent les objets individuels, mais la raison les généralise par suite des comparaisons qu'elle établit. Ces conceptions générales ne sont que des abstractions. Il n'y a pas d'autre réalité que les objets corporels.

C'est à tort qu'Aristote et Platon ont distingué comme choses distinctes le sensible et l'intelligible, la matière et l'intelligence, la nature et Dieu.

2. Il n'y a que des corps, mais dans les corps il y a deux éléments qui se pénètrent et qui sont tous les deux également essentiels, le principe actif et le principe passif. Le principe passif est la matière, la substance indéterminée, et le principe actif est Dieu, ou la forme qui donne à la matière sa qualité, sa manière d'être (*qualitas*). Cette force active se meut dans la matière elle-même et est la raison

séminale des êtres. C'est l'âme du monde qui anime l'univers, comme l'âme qui est en nous anime notre corps. Car, suivant l'expression de Zénon, le monde n'est qu'un grand animal dont tous les mouvements et toutes les formes ont pour cause l'action combinée de ces deux principes qui le constituent.

Cette âme du monde n'est pas elle-même un être immatériel. C'est un corps plus subtil, plus délié que les autres. C'est le feu primordial qui se transforme dans les quatre éléments : la terre, l'eau, l'air et le feu.

Notre âme est elle-même une émanation de ce fluide primitif. Elle s'évanouira à la mort et rentrera dans la grande âme du monde d'où elle est sortie.

Cette grande âme a aussi son évolution à faire. Revenu à son point de départ, l'univers formé par le feu sera dissous par le feu et subira une *palingénésie*, une formation nouvelle. Cette physique est bien différente de celle d'Épicure. Zénon substitue aux atomes la matière et la forme qu'il emprunte à Aristote, mais qu'il entend d'une autre manière et il remplace le mécanisme des atomistes par le dynamisme des Ioniens.

Cependant de part et d'autre au point de vue de la théodicée, les conséquences sont les mêmes. Il n'y a que des corps, ils sont soumis à des lois fatales, et Dieu n'existe que de nom. Il est la nécessité qui régit toutes choses, le destin qui leur imprime sa fatalité, la cause suprême qui se lie nécessairement aux causes secondes et se confond avec elles, la raison séminale de tous les êtres, la Providence, si l'on veut, qui prend soin de tout, mais qui ne peut rien changer, rien modifier dans ce qui arrive.

Mais c'est surtout en morale que l'opposition des deux écoles se manifeste.

II. — LA MORALE STOÏCIENNE

Zénon et Épicure veulent que l'homme ait pour fin le souverain bien, mais ils n'entendent pas le souverain bien de la même manière.

Épicure le met dans le plaisir ; Zénon le place dans le juste, le saint et l'honnête. Les premiers biens, dit-il, sont les biens de l'âme ; au second rang il faut placer les biens du corps, et en troisième lieu les biens extérieurs qui n'ont qu'une valeur relative.

Bien loin de considérer le plaisir comme le but de la vie, il n'y faut attacher aucun prix. La douleur, la mort ne sont que des choses indifférentes, parce qu'en soi ces privations ne sont ni justes ni injustes, ni bonnes ni mauvaises. Elles ne peuvent ébranler la conscience du sage, parce qu'il ne fait cas que de l'honnête, qui est le seul bien véritable.

La vertu est un acte réfléchi qui n'a d'autre règle que la raison et qui résiste avec fermeté à tout ce qui pourrait l'en détourner. La prudence, la justice, le courage et la tempérance sont étroitement unies entre elles, parce qu'elles résultent toutes de la raison qui nous montre ce que nous avons à faire et de la volonté qui joint invariablement la pratique du devoir à sa connaissance. Cette unité fait même qu'il n'y a qu'un seul vice et qu'une seule vertu, et que toutes les bonnes actions, comme toutes les mauvaises sont égales entre elles. Car tout acte qui est conforme à la raison est bon, et tout acte qui ne lui est pas conforme est mauvais. Ce rapport qui détermine le caractère des actions étant invariable, la qualité des actions ne varie pas elle-même ; elle est ou n'est pas, mais elle n'est pas susceptible de degrés.

Épicure faisant l'homme lui-même le centre de son action ; sa morale est celle de l'intérêt personnel. Zénon veut que l'homme n'écoute que la raison, et qu'il la respecte dans tous ses semblables. Il ne doit pas se considérer comme le membre d'une famille, comme le sujet d'un État, mais comme appartenant à l'humanité. *Nihil humani a me alienum puto*. La raison est la loi générale de tous les hommes, la loi naturelle qui est le but et le fondement de toutes les lois, le droit naturel sur lequel reposent tous les autres droits. Tous les hommes ne font qu'un, et c'est pour ce motif que l'homme doit être sacré pour l'homme : *homo res sacra homini*.

La vertu du sage trouve sa récompense en elle-même. Il

est à lui-même sa fin et il doit, par la force de sa volonté, braver toutes les épreuves de la vie. Relativement aux choses qu'on ne peut empêcher, il faut les supporter bravement, sans émotion, *sustine*, et ne pas chercher à les combattre quand on sait qu'elles sont inévitables ou que tout effort n'aurait aucun résultat avantageux, *abstine*.

Les passions étant contraires aux dispositions de la raison, il faut les arracher. Celui qui cherche à les contenir est toujours dupe ; il ressemble à un homme qui se jette par terre et qui voudrait s'arrêter au milieu de sa chute. Il faut rompre complètement avec elles, *abstine*, et ne leur faire aucune concession : *melius est abstinere a toto quam a tanto*.

Épicure enseignait, au contraire, qu'il ne fallait leur opposer aucun obstacle et qu'on trouvait dans leur satisfaction le repos de l'esprit et du cœur.

Enfin les stoïciens disaient que, Dieu étant par son essence l'ordre, la justice, la sainteté, la bonté, le sage devait s'efforcer de lui ressembler, et qu'il devait mettre sa perfection à vivre conformément à la nature universelle dont les lois ne sont pas autre chose que la manifestation de la volonté divine. Suivons Dieu, imitons Dieu ; telle était leur devise. Ils avaient même la prétention d'être plus parfaits que Dieu même. « Le sage, dit Sénèque, l'emporte sur Dieu à un certain point de vue, c'est que Dieu doit sa sagesse à sa nature et non à lui-même. »

L'épicurisme abaissait les âmes et énervait les caractères ; le stoïcisme les relevait, au contraire, et les ennoblissait, en leur donnant le juste et le saint pour modèle. Parmi les Romains, où les écrits de Cicéron et de Sénèque l'ont popularisé, il a soutenu des cœurs généreux et leur a inspiré d'héroïques efforts. Mais cette doctrine mutilait l'âme humaine sous prétexte de la perfectionner. Pour affranchir la raison, le stoïcisme détruisait la sensibilité en cherchant à anéantir les passions. Son sage se croyait plus qu'un Dieu, et cette folie surexaltait son orgueil et en faisait un être dur et barbare. Son austérité décourageait les âmes communes, et sa vertu n'était accessible qu'aux âmes exceptionnelles. Tous ces sacrifices qu'on exigeait de l'homme étaient d'ailleurs sans motif ; car sur quoi reposait cette notion du juste, du saint et du bien dans un système qui était fataliste et athée ? Il y avait entre ces notions platoniciennes et le matérialisme de Zénon une incompatibilité radicale qui faisait de son système un amas de contradictions et d'inconséquences.

SUJETS DE DISSERTATIONS FRANÇAISES

1. Que savez-vous du stoïcisme ?
2. De la morale épicurienne et de la morale stoïcienne. — Dire en quoi celle-ci est supérieure à celle-là et ce qui lui manque encore.
3. Dans quel sens et jusqu'à quel point est vraie la maxime des Stoïciens : Suis la nature ! *Naturam sequere* ?
4. Que penser de la maxime stoïcienne d'après laquelle *la vertu seule est un bien, le vice seul est un mal et tout le reste est indifférent* ?
5. Est-il vrai, comme le prétendaient les Stoïciens que tous les vices soient égaux et toutes les vertus égales ?
6. Apprécier la doctrine des Épicuriens et la doctrine des Stoïciens sur le souverain bien.

CHAPITRE IX

Pyrrhoniens. Académiciens.

Tous les grands systèmes sont fondés et développés. Platon a donné à l'idéalisme tout son éclat, Aristote a établi les bases du spiritualisme et en a fait l'application à tous les ordres de nos connaissances, Épicure et Zénon ont exposé le matérialisme et en ont fait naître deux morales opposées : la morale sensuelle et la morale rationnelle. Le scepticisme fut en même temps représenté par Pyrrhon et développé par les nouveaux académiciens.

I. — PYRRHONIENS

Pyrrhon, né à Élis, vers l'an 384 avant J.-C., florissait vers l'an 340, quelque temps avant Épicure et Zénon. Il suivit les leçons des mégariques qui, sous la direction d'Euclide, s'étaient appliqués à résumer l'argumentation subtile des sophistes. Il y prit l'habitude de tout envisager sous deux points de vue contraires, et il finit par en conclure qu'on pouvait en tout soutenir aussi bien le pour que le contre. Il prit en dégoût le raisonnement pour en avoir trop abusé, et établit en principe qu'on doit s'abstenir de toute affirmation et de toute négation. « Je n'affirme rien, disait Timon son disciple, je n'affirme même pas que je n'affirme rien. »

La raison, prétendait-il, ne renferme que des contradictions et est incapable de rien affirmer sur l'essence des êtres et leurs rapports. Les sens ne peuvent percevoir que les phénomènes et on ne peut rien affirmer au delà. Il faut donc en tout suspendre son jugement et se contenter d'examiner (σκέπτομαι) sans rien décider; d'où est venu à ce système le nom de scepticisme.

Nos connaissances, lui fait dire Plutarque, dépendent de celui qui perçoit, du sens qui est l'instrument de la perception, de la disposition du sujet qui perçoit, de la situation de l'objet perçu, des circonstances où on le perçoit, de la quantité, de la constitution de ce même objet, des rapports du sujet et de l'objet, de la rareté et de la fréquence de la perception, des mœurs et des opinions de celui qui perçoit. Tout cela est variable, relatif, et on ne peut pas asseoir sur une base aussi mobile un jugement certain.

Ce qu'il y a de plus sage, c'est donc de s'abstenir de juger sur le bien et le mal, de ne prendre aucun souci de la science, puisqu'elle est impossible, de se conformer aux apparences et aux usages pour tâcher de se rendre la vie douce et tranquille et s'efforcer d'arriver, par l'indifférence pour toutes choses, à l'imperturbabilité de l'âme (ἀταραξία) qu'Épicure considère aussi comme le vrai bonheur.

II. — Académiciens

Platon eut pour disciples Speusippe, Xénocrate, Polémon, Cratès et Crantor. Ces philosophes formaient ce qu'on appelait l'ancienne académie. Leur maître avait eu le tort de ne voir de certitude que dans les idées et de se montrer sceptique à l'égard des sens. Ils exagérèrent encore son erreur et se portèrent vers l'idéalisme nuageux des Pythagoriciens, plutôt que de chercher dans la méthode expérimentale une des bases qui manquait à leur système. Leur dialectique devint subtile; plus ils s'éloignèrent du bon sens et plus ils parurent obscurs. On se détacha de leur idéalisme insaisissable pour se porter vers les écoles plus pratiques de Zénon et d'Epicure.

Arcésilas, de Pitane en Eolide, né vers l'an 316, essaya une réforme dans la philosophie platonicienne et fonda ce qu'on a appelé la *moyenne* académie. Après avoir vivement attaqué le dogmatisme des empiriques, comme l'avaient fait ses devanciers, il arriva à douter de la science elle-même telle que Platon l'avait conçue et il reconnut avec les Pyrrhoniens l'impuissance de la raison à affirmer rien de certain. Il prétendit que nous ne pouvions nullement connaître ce que sont les choses en elles-mêmes et que nous devions par conséquent nous abstenir de tout jugement dogmatique. Dans la pratique il ne nous restait pour règle que l'opinion, c'est-à-dire des apparences plus ou moins probables. C'était théoriquement le scepticisme absolu.

Carnéade, de Cyrène, qui vécut un siècle plus tard, modifia un peu ce système et fut le chef de la *nouvelle* académie. Il disait qu'entre le sujet de la connaissance et son objet se plaçait la *phantasia* ou l'apparence qui les met en rapport. Comme on ne peut comparer cette apparence avec l'objet, attendu qu'il faudrait pour cela déjà connaître l'objet lui-même, il s'ensuit que nous ne pouvons pas avoir une connaissance certaine des choses. Nous n'en avons qu'une connaissance probable qui résulte de la manière dont le sujet est impressionné par l'objet.

A cet égard les nouveaux académiciens distinguaient trois choses : 1° la vivacité de l'impression elle-même ; 2° l'accord des apparences entre elles qui au lieu de se contrarier se confirmaient ; 3° la valeur de l'apparence qui gagnait en vraisemblance, lorsqu'elle avait été examinée sous ses différentes faces. La réunion de ces caractères constituait la probabilité la plus haute, mais n'arrivait jamais à la certitude.

Ce système, qui est resté célèbre sous le nom de *probabilisme*, n'est qu'un tissu d'inconséquences. La probabilité ne se conçoit pas sans la certitude. Une chose est plus ou moins probable selon qu'elle approche de la certitude plus ou moins. Si vous n'admettez pas de certitude, vous n'avez pas de point fixe à l'égard duquel vous puissiez établir des approximations. Vous ne pouvez faire que des constatations isolées, variables, et il ne peut être question ni de plus, ni de moins, puisque vous n'avez pas d'objet de comparaison.

Si l'on croit les facultés humaines incapables d'arriver à la vérité, pourquoi supposer qu'elles peuvent en approcher ? Si je ne crois ni à mes sens, ni à ma raison, je dois douter de leur témoignage ; cette demi-foi, cette demi-confiance qui s'arrête à la vraisemblance, à la probabilité n'a nullement sa raison d'être. Il faut être dogmatique ou sceptique, croire ou ne pas croire ; la logique n'admet pas de milieu.

SUJETS DE DISSERTATIONS FRANÇAISES

1. Qu'est-ce que le Pyrrhonisme ?
2. Quelle différence y a-t-il entre l'*Académie ancienne* et l'*Académie nouvelle* ?
3. Qu'est-ce que le *Probabilisme* ? En quoi se distingue-t-il du scepticisme ?

CHAPITRE X

La philosophie à Rome.

Les Romains n'eurent pas de philosophie. Ils se contentèrent d'étudier les systèmes des Grecs. L'épicurisme fut mis en vers par Lucrèce, Cicéron reproduisit le probabilisme de la nouvelle académie, Sénèque, Epictète et Marc-Aurèle furent les derniers représentants du stoïcisme. L'histoire de la philosophie à Rome peut se rattacher à ce petit nombre d'écrivains.

I. — Lucrèce. Cicéron

La philosophie d'Epicure inspira à Lucrèce son beau poème : *De natura rerum*. Rien ne semblait moins poétique que cette explication du monde que prétend donner l'école atomistique. Mais ce matérialisme était une attaque contre les croyances reçues et le poète s'enthousiasme à la pensée du service que la philosophie a rendu à l'humanité en la délivrant des frayeurs de la superstition. Il divinise la nature et trouve dans l'apothéose des passions une chaleur d'idées et de sentiments qui animent ses vers et leur donnent l'éclat qui les a immortalisés.

Cicéron né à Arpinum l'an 106 avant Jésus-Christ fut, comme on l'a dit, le courtier de la philosophie entre la Grèce et Rome, le secrétaire latin des écoles grecques, dont il fit connaître à ses compatriotes les nombreux systèmes sous des formes claires et élégantes. Il voulut joindre à sa gloire d'orateur celle de philosophe et il employa les loisirs que lui laissaient les affaires politiques à écrire des dialogues comme Platon, et des traités comme Aristote.

Il n'a pas de système à lui. Il se borne à exposer les systèmes de Platon, d'Aristote et de Zénon. Il a un profond mépris pour la doctrine d'Epicure qu'il ne juge pas digne du nom de philosophie. Cependant il l'expose et la réfute longuement dans son traité *De finibus bonorum et malorum*. Il a une admiration enthousiaste pour les trois grandes écoles de la Grèce, l'Académie, le Lycée et le Portique, mais il ne s'attache à aucune exclusivement. Il s'efforce de faire un certain éclectisme en prenant dans chaque système ce qui lui paraît bon. Mais cet éclectisme que pratiquèrent les Pères de l'Eglise n'est logiquement possible qu'autant qu'on a préalablement une doctrine, dont les principes servent de pierre de touche et permettent de distinguer le bon du mauvais.

Cicéron n'avait pas de doctrine personnelle et il en résulte qu'en présence de tous ces sentiments opposés soutenus par de grands noms qu'il vénère et par des raisonnements qui lui paraissent toujours spécieux, il s'arrête et suppose que la raison humaine ne peut avoir que des probabilités et qu'elle est condamnée à la vraisemblance. Il est donc théoriquement pour le probabilisme de la nouvelle académie dont il expose les objections avec beaucoup de complaisance dans ses *Académiques*.

Son traité *De natura deorum* n'a rien d'affirmatif et dans presque tous ses traités il expose l'opinion des philosophes sans faire connaître son sentiment. Il parle des dieux plutôt que de Dieu, et quoiqu'il ait de belles paroles pour proclamer l'unité de Dieu et de sa providence, en certains endroits de ses écrits, il est hésitant et n'a qu'un *peut-être* à donner. Il distingue nettement l'âme du corps, la proclame immortelle dans les *Tusculanes*, le *De senectute* et le *De amicitia* et ailleurs il en doute.

Son traité *De officiis* demeure, a dit M. Villemain, le plus beau traité de vertu, inspiré par la sagesse purement humaine. L'antiquité païenne ne nous a assurément légué aucun ouvrage de morale plus parfait. Cependant il est loin d'être sans défaut. Cicéron n'écrit que pour les grands personnages, les hommes publics, les patriciens. Il ne s'inquiète pas du peuple et ne mentionne l'esclave que pour le laisser au rang dégradé où le paganisme l'avait fait tomber.

Il fonde la vertu sur l'honnête qui consiste à conformer sa conduite à l'ordre de l'univers, tel que le comprenaient les stoïciens. Il distingue les quatre vertus proclamées par toutes les écoles et il prétend que l'utile n'est jamais en opposition avec l'honnête et que là où l'on croit voir un conflit, on est trompé par de vaines apparences. Il professe de belles maximes sur la justice à laquelle il veut qu'on joigne toujours la bienveillance et la libéralité, comme un complément indispensable.

II. — Sénèque, Épictète et Marc-Aurèle

Les derniers représentants du stoïcisme furent Sénèque, Épictète et Marc-Aurèle.

Sénèque est un stoïcien, mais il n'est pas étranger aux doctrines des autres philosophes. Il cite souvent les systèmes des Pythagoriciens, des Académiciens, des Épicuriens eux-mêmes et leur fait plus d'un emprunt. Mais il n'a pas de doctrine à lui. L'austérité des stoïciens l'avait séduit de bonne heure et il se plaît à développer leurs magnifiques théories sur la grandeur et la dignité de l'homme. Toutefois ses ouvrages sont presque tous en contradiction avec eux-mêmes, ou avec ses actions.

Ainsi il écrit son traité sur la *Clémence* au moment où il allait laisser Néron commettre les forfaits les plus monstrueux et se souiller du sang de sa mère ; dans son traité de la *Sérénité de l'âme* il fait à Severus un devoir de s'occuper de la chose publique, tandis que dans son traité sur la *Brièveté de la vie* il engage Paulinus à renoncer aux emplois. Dans son livre de la *Providence* il veut qu'on ait recours au suicide pour se débarrasser de l'existence quand elle devient un fardeau, enfin il faisait l'éloge de la pauvreté sur un pupitre d'or et possédait des biens qu'il n'a jamais pu compter.

Ses *Lettres à Lucilius* sont la partie la plus intéressante de ses œuvres. Elles sont presque toutes de petits traités de morale sur des points particuliers. Il y donne d'excellents conseils de morale individuelle relatifs à la prudence, au courage et à la tempérance. On y lit de belles pages sur les droits des esclaves qu'il veut qu'on traite comme les autres hommes (XLVII), sur les jeux du cirque, les combats de gladiateurs qu'il considère comme des assassinats (VII). Mais toutes ces déclamations sont décousues comme des exercices scolaires, il n'y a jamais de lien qui unisse ensemble ces lambeaux et en fasse un système.

Le *Manuel d'Épictète* est le code du stoïcisme. Toute sa morale se résume dans ce principe qu'il met au commencement de son livre : Tout ce qui est dépend de nous ou ne dépend pas de nous.

Les choses qui dépendent de nous sont : l'opinion, la volition, le désir, l'aversion ; en un mot, tout ce qui est notre œuvre. Ces choses sont libres par leur nature ; aucun homme ne peut les entraver, aucun objet ne peut leur faire obstacle.

Les choses qui ne dépendent pas de nous sont : le corps, les biens, les honneurs, les dignités ; enfin tout ce qui n'est pas notre œuvre. Ces choses-là sont faibles, esclaves, sujettes à empêchement, étrangères à nous.

C'est au point de vue de cette distinction qu'il se place pour commenter la fameuse formule des stoïciens : *Abstine, Sustine*.

Abstiens-toi d'avoir du désir ou de l'aversion pour les choses qui ne dépendent pas de toi. — La vie ressemble à un voyage où il ne faut s'attacher à rien. Méprisons les choses qui ne dépendent pas de nous, elles sont sans importance.

Supporte toutes les choses qui ne dépendent pas de toi. — La maladie est un obstacle pour le corps, mais non pour la volonté, à moins qu'elle ne le veuille. — Ne dis jamais sur quoi que ce soit : « J'ai perdu cela, mais je l'ai rendu. » — Souviens-toi que tu es ici-bas comme sur un théâtre, pour y jouer le rôle qu'il a plu au maître de te donner. »

Le stoïcisme contribua à Rome à l'épuration de l'idée du droit et de la justice. Il dégagea le droit naturel du droit positif et inspira aux jurisconsultes les grands principes qui ont fait la force et la puissance du droit romain. Celsus définit le droit « la science du bien et du mal » et Ulpien met cette sentence en tête des *Pandectes*. « Les préceptes du droit sont : vivre honnêtement, ne léser personne, accorder à chacun ce qui lui est dû. »

Marc-Aurèle représente l'apogée du stoïcisme. Dans ses *Pensées* il n'embrasse pas seulement dans ses affections le genre humain tout entier, il s'étend à la nature entière : « O monde, s'écrie-t-il, j'aime ce que tu aimes. Tout ce qui te convient m'accommode ! Un personnage de théâtre dit : Bien-aimée cité de Cécrops ! et moi, ne dirai-je point : Bien-aimée cité de Jupiter ! »

Dans l'examen de conscience qu'il intitule *De moi-même*, il ne songe qu'à ses devoirs d'homme et d'empereur. « Songe à tout moment qu'il faut agir en Romain, en homme. — Ce qui n'est pas utile à la ruche n'est pas non plus utile à l'abeille. Vois les artistes qui oublient le manger et le dormir pour le progrès de leur art. L'intérêt public te paraît-il donc plus vil et moins digne de tes soins ? »

Le stoïcisme avait régné avec les Antonins ; il disparut après eux.

SUJETS DE DISSERTATIONS FRANÇAISES

1. Quelle fut la philosophie de Cicéron ? Que pensez-vous de sa morale dans son traité *De officiis*.
2. Quelle fut la doctrine de Sénèque ? Quelles sont les règles de morale qu'on peut tirer de ses *Lettres à Lucilius* ?
3. Qu'est-ce que les Stoïciens entendent par les choses qui dépendent de nous et les choses qui n'en dépendent pas ? Citez quelques-unes des maximes d'Épictète.
4. Que savez-vous d'Épictète et de Marc-Aurèle ?

CHAPITRE XI

La dernière époque de la philosophie ancienne. École d'Alexandrie.

Les principaux systèmes de philosophie avaient été exposés et soutenus par des hommes de génie. Platon avait formulé l'idéalisme, Aristote le spiritualisme, Épicure et Zénon le matérialisme dont ils avaient fait naître deux morales opposées et Pyrrhon le scepticisme. Chacun de ces systèmes avait eu ses partisans, mais les disciples étaient restés bien au-dessous de leurs maîtres. Les partisans de Platon étaient devenus sceptiques ou probabilistes et s'étaient rapprochés de Pyrrhon. Les Péripatéticiens avaient incliné avec Théophraste, l'auteur des *Caractères*, Dicéarque, de Messine, et Straton, de Lampsaque, vers le sensualisme. Straton avait identifié la pensée avec la sensation, rejeté l'existence d'une force divine pour n'admettre dans le monde qu'une force aveugle et fatale et réduit la science de l'homme à une science verbale dont se défrayait puérilement la dialectique.

Andronicus, de Rhodes, transporta à Rome la doctrine du philosophe de Stagyre et Alexandre, d'Aphrodisée, fonda une école péripatéticienne à Alexandrie dans le deuxième siècle de l'ère chrétienne. Mais ces philosophes ne furent que des commentateurs qui s'attachaient à expliquer la pensée du maître sans rien y ajouter de nouveau et d'original.

La doctrine d'Épicure était moins un système de philosophie qu'une manière de vivre. Elle eut de nombreux partisans, mais elle ensevelit l'étude dans le plaisir et, en faisant l'apologie des sens, elle tua l'intelligence.

Le stoïcisme eut alors sa période la plus brillante. Les écrits de Sénèque, d'Épictète et de Marc-Aurèle marquent le point culminant de sa morale et le dernier effort de la philosophie païenne. Mais après eux on ne voit plus paraître que les cyniques qui affectent un stoïcisme brutal et dégoûtent de la philosophie par la grossièreté de leurs mœurs et leurs dégradants excès.

Énésidème, au milieu de cette dissolution générale de toutes les doctrines, avait repris le scepticisme de Pyrrhon qui eut pour défenseurs Zeuxippe, Antiochus, de Laodicée, Ménodote, Théodas, Hérodote, de Tarse, et aboutit à Sextus Empiricus qui lui donna sa dernière forme en l'appuyant sur tous les arguments que la raison peut produire soit contre l'objet de la connaissance, soit contre le sujet, soit contre le rapport de l'un et de l'autre.

L'esprit se trouvait donc en quelque sorte épuisé, lorsque le christianisme parut. Avec l'idéalisme, le matérialisme et le spiritualisme la raison avait pris toutes les positions possibles. Partout combattue et partout repoussée, elle s'était réfugiée dans le scepticisme qui n'est pas une doctrine, mais la négation de toutes les doctrines.

La révélation chrétienne tira l'humanité de cet abîme. Le Christ dit à l'homme ce qu'il devait croire sur Dieu, l'origine du monde, et sa propre destinée. Il eut des contradicteurs au sein de l'Église elle-même. Des hérésies s'élevèrent et cherchèrent à corrompre l'enseignement sacré en y mêlant les doctrines particulières de la Grèce et de l'Orient.

La philosophie grecque, depuis Socrate, s'était occupée de l'homme plus que de Dieu et du monde. Elle avait fait de l'anthropologie plutôt que de la cosmologie et de la théodicée, et elle s'était attachée surtout à la double forme de l'argumentation, à l'induction et à la déduction. Elle avait fait de l'empirisme avec l'école sensualiste et du rationalisme pur avec l'idéalisme. Ce double excès l'avait précipitée dans le scepticisme où elle s'était évanouie, après avoir fait des efforts stériles.

La philosophie orientale avait eu un autre caractère. Elle s'était jetée dans le panthéisme et c'était l'idée de Dieu qui l'avait absorbée. Elle avait procédé par intuition plutôt que par voie inductive et déductive et elle avait conservé un grand luxe d'images qu'elle opposait à la terminologie un peu sèche et un peu aride des Grecs.

Ce fut l'union des spéculations orientales avec la partie

la plus élevée des doctrines helléniques que tenta l'école d'Alexandrie. Elle représenta un système que nous n'avons pas encore rencontré, le mysticisme, et elle livra au christianisme au nom de la science ancienne le dernier combat qu'il eut à soutenir de ce côté.

I. — PLOTIN

Philon, le philosophe juif le plus célèbre, paraît avoir eu le premier l'idée d'introduire le platonisme dans les doctrines bibliques et d'y joindre les systèmes de l'Orient. Il expliquait les livres saints dans un sens allégorique et arrivait à une espèce de panthéisme idéaliste.

Numénius, d'Apamée, essaya d'incorporer les doctrines orientales au pythagoricisme, et Ammonius Saccas, qui vivait sur la fin du deuxième siècle de notre ère, fit la même chose pour le platonisme. Ayant conservé la partie supérieure de l'idéalisme de Platon, il essaya de concilier avec ses idées le système d'Aristote. Mais le fondateur de ce nouveau système, qu'on a appelé le néo-platonisme, fut Plotin.

Il naquit à Lycopolis, en Égypte, l'an 205 après Jésus-Christ et fréquenta avec beaucoup d'ardeur pendant onze ans l'école d'Ammonius. Il eût voulu perfectionner ses connaissances en allant visiter les savants de la Perse et de l'Inde, et il suivit dans ce but l'expédition de Gordien III. Mais l'empereur ayant été assassiné, il fut obligé de se réfugier à Antioche et se rendit de là à Rome où il composa ses *Ennéades*, ainsi nommées parce qu'elles ont été divisées par Porphyre en six catégories qui comprennent chacune neuf livres. Il élargit la base de l'éclectisme établi par Ammonius et ne se contenta pas d'unir ensemble la théorie des idées de Platon, avec la psychologie et la métaphysique d'Aristote ; il ajouta aux conceptions supérieures de ces deux grands maîtres la raison séminale des stoïciens. Il embrassa ainsi toute la doctrine des trois grandes écoles de la Grèce.

Pour Plotin le principe suprême des choses est l'unité. Cette unité est l'être pur sans distinction ni qualité, l'être absolu qui est tout et qui n'est rien de ce qui est. De cette unité émane l'intelligence (νοῦς) qui est parfaite, mais inférieure à l'unité d'où elle est sortie. Elle en est distincte et en elle le sujet et l'objet de la pensée forment deux choses, ce qui fait qu'elle n'est pas absolument simple. De son sein sort une troisième émanation que Plotin appelle l'âme du monde, la force motrice ou le principe du mouvement.

Plotin distinguait ainsi trois hypostases divines qu'il opposait à la Trinité chrétienne. Il appelait la première hypostase l'*une* parce qu'elle est simple et indivisible, et le *Bien* parce qu'elle est la perfection suprême, l'acte absolu, la présence infinie. Sa bonté l'a rendue féconde et elle a produit l'*intelligence*, la seconde hypostase qui contient le monde intelligible, les idées qui sont tout à la fois les essences des êtres, leurs types et les puissances qui renferment la raison d'être des choses. Enfin de l'intelligence est née la troisième hypostase, l'*âme universelle*, qui est dans le monde entier et dans toutes ses parties, qui a produit tous les animaux qui sont sur la terre, dans l'air et dans les eaux et qui communique à tous les êtres le mouvement et la vie. Ces trois hypostases ne sont ni égales, ni éternelles, mais elles tiennent ensemble tous les êtres et font de l'univers l'image de l'intelligence divine dont il reflète toutes les perfections par l'ordre et les perfections particulières de chacune de ses parties. C'est ce qui fait sa beauté et qui en fait une œuvre aussi parfaite que possible.

Plotin est optimiste comme l'était Platon. Il lui emprunte ses idées, types des choses, et prend à Aristote sa forme comme principe de l'individualité des êtres. Il emprunte au christianisme la Trinité, mais il altère le dogme et se jette dans le panthéisme idéaliste. Il veut que l'âme dédaigne le corps et qu'elle remonte vers l'unité d'où elle est issue en se dégageant du multiple et en se séparant du corps par une lutte énergique contre les passions.

Épictète avait dit à son disciple : *abstine, sustine* à l'égard de toutes les choses qui ne dépendent pas de nous. Aristote était arrivé à considérer la vertu contemplative comme le dernier degré de la perfection. Plotin accepte ces idées et fait consister le bonheur dans la vie intellectuelle. Le sage doit chercher à s'élever jusqu'à Dieu par son intelgence et ses efforts doivent produire le bien ; la science est la vertu.

La science qui repose sur des procédés logiques est bonne, mais imparfaite. Ce n'est qu'une préparation à la science véritable qui n'est pas autre chose qu'une illumination de l'esprit par Dieu. Elle s'acquiert par intuition et résulte de la présence intime de Dieu, dont l'âme jouit lorsqu'elle est parvenue dans l'état où elle était avant de descendre du monde intelligible.

Les vertus correspondent à la science. Il y a les vertus communes qui ne sont qu'une préparation aux vertus divines. Telles sont les vertus *physiques* qui se rapportent au corps, les vertus *civiles* qui comprennent nos devoirs envers la société et qui règlent nos désirs et nous délivrent des opinions fausses, les vertus *purgatives* qui détachent l'âme du corps en délivrant l'homme des affections sensuelles, les vertus *théorétiques* ou intellectuelles qui tournent l'âme vers Dieu et qui l'habituent à la contemplation. A son plus haut degré cette contemplation devient l'union avec l'unité, union si profonde que celui qui contemple et celui qui est contemplé ne forment qu'un seul et même être. Ce mysticisme a pour résultat l'absorption de l'individualité dans l'unité, ce qui est la conséquence inévitable du panthéisme.

II. — LES SUCCESSEURS DE PLOTIN

Les principaux successeurs de Plotin furent Porphyre, Jamblique et Proclus.

Porphyre, né à Batanée, en Syrie, l'an 233 après Jésus-Christ, eut pour maître le rhéteur Longin. Étant allé à Rome, il se lia avec Plotin et se prit d'admiration pour sa doctrine. Il se fit l'éditeur de ses œuvres, et s'appliqua tout particulièrement à les commenter.

Comme philosophe il en développa la partie logique et s'efforça de faire concorder les catégories d'Aristote avec les catégories objectives, ou le développement des émanations, c'est-à-dire à concilier la science déductive que les Alexandrins regardaient comme imparfaite avec la science intuitive qu'ils cherchaient à acquérir au moyen des lumières divines.

Porphyre attaqua directement le christianisme prétendant que sa doctrine philosophique était bien au-dessus de toute espèce de religion, que le Christ n'était qu'un homme pieux, que les chrétiens avaient divinisé par ignorance.

Son successeur Jamblique fit faire un nouveau pas à la doctrine. Plotin en avait exposé la métaphysique, Porphyre en avait développé la logique, Porphyre s'attacha à la partie théosophique et liturgique. Il était né à Chalcis en Cœlésyrie, d'une famille riche et considérée et après avoir suivi les leçons de Plotin à Rome, il était revenu dans sa patrie, où il exposa ses rêveries théurgiques qui le firent passer pour un Dieu et pour un thaumaturge parmi ses contemporains.

Il prétendit que l'âme lancée dans la voie contemplative pouvait arriver par divers degrés à des vertus supérieures, qu'il appelle *théurgiques* et qui ont pour effet de mettre l'homme en communication avec la divinité. Celui qui possède ces vertus est admis à converser avec les dieux, il peut les évoquer, commander aux démons, et s'affranchir des conditions de l'humanité.

Les dieux nous communiquent leur puissance, principalement au moyen de la prière, qui n'est qu'un mouvement qu'ils impriment à l'âme pour l'élever jusqu'à eux. Ce mouvement produit l'extase et Eutrope nous dit que quand Jamblique priait il s'élevait à plus de dix coudées au-dessus de la terre. Les choses sensibles étant une image des choses intellectuelles, nous devons nous en servir pour attirer les dieux vers nous. Jamblique expliquait d'après ces principes la théorie des sacrifices, et tous les rites des païens, attachant une grande importance à ce qu'il appelait la partie liturgique de sa doctrine.

Les Alexandrins trouvèrent ainsi moyen de faire l'apologie de tous les cultes en personnifiant leurs dieux et leurs démons et en rapprochant leurs cérémonies religieuses des coutumes idolâtriques. Ils avaient réuni aux doctrines orientales de l'émanation, de l'illumination enthousiaste, les conceptions de Platon, d'Aristote et de Zénon et semblaient présenter à l'esprit tout ce qu'il y avait de plus parfait dans la philosophie grecque.

Proclus qui vécut au cinquième siècle (412-485), entreprit de renouveler à Athènes ces théories qui s'étaient évanouies à Alexandrie dans les extravagances les plus ridicules. Métaphysicien aussi profond que Plotin, logicien aussi habile que Porphyre et théurgiste aussi puissant que Jamblique, il reprit le système et essaya de renouveler le néoplatonisme à Athènes dans la patrie même de Platon. Il y fonda une nouvelle école d'Athènes et revisa l'œuvre des Alexandrins. Il perfectionna la métaphysique de Plotin, unit les hypostases divines en se rapprochant du christianisme et lia mieux les parties du système en faisant disparaître des lacunes que la logique réprouvait. Mais il resta panthéiste, et en alliant sa philosophie au polythéisme, comme l'avaient fait les Alexandrins, il ne put survivre à cette religion condamnée.

SUJETS DE DISSERTATIONS FRANÇAISES

1. Comment finit la philosophie ancienne ? Quelles sont les écoles célèbres de la dernière époque ?
2. Que savez-vous de la philosophie Alexandrine ?
3. Quels furent les successeurs de Plotin ? Exposez leur doctrine.

CHAPITRE XII

La philosophie scolastique.

La philosophie scolastique est la philosophie du moyen âge. Son nom lui vient du latin *schola*, école, parce qu'à cette époque l'enseignement était donné principalement dans les écoles établies auprès des sièges épiscopaux et dans les grands monastères.

Après la philosophie grecque, dont l'école mystique d'Alexandrie résume le dernier effort, parut la philosophie chrétienne dont les représentants les plus illustres se trouvèrent en face des Alexandrins dans la capitale même de l'Egypte. Clément d'Alexandrie, Origène opposèrent aux Néoplatoniciens la vraie gnose, la véritable connaissance et l'on vit ensuite paraître saint Augustin qui sut allier aux dogmes chrétiens la partie la plus saine des spéculations philosophiques de Platon.

Pour se rendre bien compte de la marche de l'esprit humain et apprécier les services que le christianisme a rendus à la philosophie elle-même, il faudrait ici résumer les travaux des Pères de l'Eglise et faire l'histoire de la philosophie chrétienne. Mais le programme omettant cette partie de la philosophie, nous nous contenterons de signaler cette lacune et nous passerons immédiatement à la philosophie scolastique, qui n'est d'ailleurs qu'une période de la philosophie chrétienne elle-même.

On peut la diviser en trois époques : la première époque s'étend du neuvième au douzième siècle, la seconde du douzième au quatorzième et la troisième du quatorzième au milieu du quinzième où commence la Renaissance avec les temps modernes.

Première époque. — D'Alcuin a Albert le Grand

La scolastique a un double caractère ; comme doctrine philosophique elle est péripatéticienne, comme méthode elle s'attache presque exclusivement à la méthode syllogistique.

Dans l'histoire des principales écoles de l'antiquité grecque nous n'avons vu que quatre grands noms, Platon, Aristote, Zénon et Pyrrhon. Le pyrrhonisme ne pouvait convenir à la foi du moyen âge. Zénon n'avait qu'une philosophie pratique, il n'avait ni logique, ni métaphysique. La métaphysique et la dialectique de Platon n'étaient pas accessibles à ces intelligences novices qui se ressentaient encore de leur origine barbare. Il n'y avait donc que la doctrine d'Aristote qui pût leur convenir. C'était d'ailleurs la plus vaste, la plus complète et, sans se jeter dans les excès des matérialistes et des idéalistes, le Stagyrite s'était tenu au contraire dans un spiritualisme mitigé qui s'harmonisait parfaitement avec les enseignements de la foi dont personne n'aurait alors voulu s'écarter.

Les premiers ouvrages d'Aristote que les scolastiques connurent furent ses traités de logique, les catégories et l'interprétation traduits par Boèce et tout d'abord ils se bornèrent à acquérir à son école l'art du raisonnement.

Cette première époque n'est qu'un temps de formation. Les esprits se passionnèrent pour la syllogistique et s'efforcèrent de ramener toutes leurs connaissances à quelques principes généraux pour les en déduire par voie de conséquences.

Les hommes les plus remarquables de cette période furent : Alcuin, Scot Érigène, Roscelin, Guillaume de Champeaux, saint Anselme et Abélard.

Alcuin fut le restaurateur des études sous Charlemagne. Il a laissé un *Traité des sept arts libéraux* et une *Dialectique*. Son traité réglait le cercle des sciences et des lettres, le *Trivium* et le *Quadrivium* et sa dialectique conviait les esprits à l'étude de la logique qui fut l'objet presque exclusif de la philosophie pendant cette première période.

Scot Érigène avait été appelé d'Irlande par Charles le Chauve pour diriger l'école du Palais. Cet esprit étonnant fait exception dans son siècle, il n'a ni devancier, ni successeur. Il avait une érudition prodigieuse pour le temps; il savait le grec et peut-être l'arabe, mais dans son livre *De divisione naturæ* on trouve un mélange de christianisme, de panthéisme indien et de mysticisme alexandrin qui rendit à bon droit son orthodoxie suspecte. Il fut obligé de repasser en Angleterre pour se soustraire aux difficultés que ses erreurs lui avaient suscitées.

En s'appliquant à l'étude de la logique les scolastiques du onzième siècle rencontrèrent la fameuse question du nominalisme et du réalisme qui agita les écoles pendant tout le moyen âge. Elle naquit de la discussion d'un passage de l'*Introduction* de Porphyre à l'*Organum* d'Aristote, au sujet des opinions des platoniciens et des péripatéticiens sur la valeur des idées générales de genre ou d'espèce que l'on désignait alors sous le nom d'*Universaux* et qui comprenaient le genre, l'espèce, la différence, le propre et l'accident.

Ces idées sont-elles des noms, des mots, *nomina*, de simples abstractions de l'esprit (*flatus vocis*), dépourvues de toute réalité et n'ayant qu'une valeur verbale. C'est ce que soutint Roscelin, chanoine de Compiègne, qui fut le chef des nominalistes vers 1089. Les nominalistes, en ne reconnaissant d'autres réalités que les individus, ne devaient pas admettre d'autres sources de connaissances certaines que les sens. Les lois générales ne pouvaient être à leurs yeux que des formules vides de sens, et, en ne prenant que l'observation et l'expérience pour criterium de vérité, ils étaient entraînés à proclamer la formule péripatéticienne exagérée que toute idée vient des sens : *Omnis idea ortum ducit à sensibus*.

Guillaume de Champeaux, mort évêque de Châlons en 1120, attaqua vivement les nominalistes, et se fit le chef du réalisme en soutenant que les universaux sont des choses (*res*). Le genre d'après les réalistes se trouve le même essentiellement, tout entier et en même temps dans tous les individus, et les individus qui sont identiques quant à l'essence ne diffèrent que par les éléments accidentels. Cette doctrine se rapprochait de celle de Platon qui avait aussi enseigné que les idées universelles ont une réalité véritable et qu'elles sont distinctes des objets auxquels elles se rapportent. Si les nominalistes penchaient vers Aristote et le sensualisme, les réalistes inclinaient vers l'idéalisme et le panthéisme.

Saint Anselme fut le représentant le plus brillant du réalisme. S'inspirant de Platon, il voit en Dieu les images de tous les êtres et il ne considère les qualités du fini que comme un reflet d'une essence supérieure d'où elles découlent. Il remonte perpétuellement du relatif à l'absolu et c'est ce qui le conduit à sa fameuse preuve ontologique de l'existence de Dieu. Comme Descartes le fera plus tard dans son *Discours de la méthode*, il trouve dans l'idée de l'infini la preuve de son existence et il jette ainsi les bases d'une métaphysique très hardie dans son *Monologium sive exemplum meditandi de ratione fidei* et dans son *Proslogium seu fides quaerens intellectum*. Il procède de Platon par saint Augustin et applique sa méthode au plus grand mystère de la Théologie, dans son traité de l'Incarnation ; *Cur Deus homo?*

La tendance de ces doctrines n'échappait à personne. En exposant cette controverse, Vincent de Beauvais la rattache avec autant de précision que d'exactitude aux grands systèmes qui ont divisé les philosophes anciens. Il indique parfaitement ses rapports avec les doctrines des stoïciens, des platoniciens et des péripatéticiens.

Abélard, né au Pallet, près de Nantes, en 1079, et mort à Cluny, en 1142, saisit fort bien, dans la critique qu'il fait des nominalistes et des réalistes, le côté faible des deux opinions et les conséquences fâcheuses qui en découlent. Après avoir été le disciple de Guillaume de Champeaux, il se sépara de son maître et proposa comme moyen de conciliation entre les deux systèmes une doctrine intermédiaire que l'on a désignée sous le nom de *conceptualisme*.

Au lieu de ne voir que des mots dans les universaux, comme avait fait Roscelin, il les considère comme des formes de l'esprit. Ainsi la science des universaux, d'après les nominalistes, se réduisait à une grammaire conventionnelle. Abélard lui enleva ce caractère en disant que le langage n'est pas une chose arbitraire, et qu'il doit être la représentation nécessaire des concepts de l'esprit. Toutefois, en s'arrêtant ainsi à la psychologie et en ne faisant des idées générales que des formes de l'entendement, il reculait la question au lieu de la résoudre. Car ni les nominalistes, ni les réalistes ne niaient que les idées ne fussent des conceptions de l'esprit, mais il s'agissait de savoir ce qu'étaient ces conceptions et d'où elles venaient, et c'est ce que les conceptualistes n'expliquaient pas.

Le problème ne fut résolu que par saint Thomas qui, élevant la question, la transporta du domaine de la logique dans celui de la métaphysique et fit voir le point central où les deux méthodes suivies par Platon et par Aristote, tout opposées qu'elles paraissent, s'accordent néanmoins dans une lumière qui leur est commune (Voy. plus haut, p. 60).

Deuxième époque. — D'Albert le Grand a Durand de Saint-Pourçain

Dans ces discussions la foi reçut plus d'une grave atteinte. Roscelin, en appliquant son nominalisme au dogme de la Sainte-Trinité, était allé jusqu'à nier l'unité de substance commune aux trois personnes. Ne voyant dans l'essence divine qu'un nom (*nomen*) et non une réalité (*non res*), il faisait des trois personnes divines trois individualités distinctes et séparées, ce qui menait au trithéisme. Saint Anselme signala cette erreur et la fit condamner au concile de Soissons (1092).

Abélard, dont le conceptualisme n'était qu'un nominalisme mitigé, entreprit le premier d'introduire dans la théologie la philosophie péripatéticienne, mais cet essai qu'il tenta dans son *Introduction à la théologie* et dans sa

Théologie chrétienne ne fut pas heureux. Il partit d'un faux point de vue.

Saint Anselme avait aussi entrepris d'allier la science à la foi, mais dans son *Proslogium* il part de la foi elle-même pour arriver à la science dont il veut faire une foi éclairée, intelligente. *Fides quærens intellectum*, telle est sa devise. Abélard renverse ce procédé. Il définit la foi une *estimation* des choses qu'on ne voit pas, et il la réduit ainsi à une opinion provisoire que l'on n'adopte que sous bénéfice d'inventaire. Précurseur de Descartes, son point de départ est le doute et non l'affirmation, et c'est avec la raison seule qu'il a la prétention d'élever tout l'édifice théologique qu'il a préalablement renversé. Il n'y parvient qu'en dénaturant les dogmes; il ne reconnaît que de nom les trois personnes divines, il nie la grâce pour n'admettre que le libre arbitre, il rejette le péché originel et anéantit tous les effets de la Rédemption. Saint Bernard combattit vivement ce rationalisme et le fit condamner au concile de Sens (1140).

Les réalistes de leur côté ne furent pas plus réservés que les nominalistes et poussèrent leur doctrine jusqu'au panthéisme idéaliste. Amaury, de Chartres, et David, de Dinan, prétendirent que les universaux existaient en dehors des individus et ne se distinguaient pas de l'essence divine. Ils arrivaient ainsi à nier la distinction du fini et de l'infini.

Ces subtilités qui alarmaient la foi produisirent une réaction profonde dans les esprits pieux et convaincus. Sans méconnaître les droits de la raison, le mysticisme proposa de substituer la contemplation à ces arguties captieuses et de revenir à la méthode de Platon sous la direction de saint Augustin. Les prieurs de l'abbaye de Saint-Victor à Paris, Hugues et Richard, furent les fondateurs de cette école et élevèrent le mysticisme à son plus haut degré, en montrant que la lumière naturelle et la lumière surnaturelle, la raison et la révélation ne sont que des rayons de l'essence divine, et que par conséquent ces deux procédés de l'esprit humain doivent toujours s'accorder, attendu qu'ils viennent de la même source et qu'ils aboutissent au même centre.

Jusqu'au commencement du treizième siècle on n'avait

connu que la *Logique* d'Aristote. Les autres ouvrages arrivèrent aux docteurs catholiques par l'intermédiaire des Arabes qui en avaient fait des traductions latines et qui les avaient accompagnées des commentaires d'Averrhoës et d'Avicenne. Le panthéisme de ces nouveaux maîtres excita des réclamations universelles. En 1209, le concile de Paris condamna les livres d'Aristote et les commentaires d'où étaient sorties ces monstrueuses erreurs. En 1215, Robert de Courçon, légat du Saint-Siège, maintint et renouvela cette condamnation, tout en faisant exception pour les livres de logique. Grégoire IX, en 1231, publia une bulle qui interdisait dans les écoles les ouvrages d'Aristote, du moins jusqu'à ce qu'ils fussent corrigés.

Cette restriction fut une lumière qui indiqua aux docteurs ce qu'ils avaient à faire pour concilier les intérêts de la science avec ceux de la foi. Ils se mirent donc à étudier Aristote. Ils revirent les traductions latines qu'en avaient données les Arabes, l'expurgèrent de ses erreurs et de celles que les commentateurs y avaient ajoutées, et introduisirent ainsi tous ses ouvrages dans les écoles. Sa *Métaphysique*, sa *Physique*, son *Traité de l'âme*, ceux *du Sommeil et de la Veille*, *des Animaux*, *du Ciel* et *du Monde*, *des Météores*, les *Éthiques*, tout fut exploré et approfondi.

Albert le Grand fut le génie universel qui contribua le plus au triomphe du Péripatétisme. Il commenta tout Aristote et ajouta à l'étude de la théologie celle des mathématiques et des sciences naturelles. Il devint archevêque de Cologne, mais il avait été à Paris si célèbre qu'il laissa son nom à la place Maubert, où il donnait ses leçons. Sa plus grande gloire est d'avoir eu pour disciple saint Thomas d'Aquin, l'Ange de l'école.

Thomas, né à Aquino, au pied du mont Cassin, en 1225, vint à Paris suivre les leçons d'Albert le Grand. Il fit de si rapides progrès qu'à vingt-cinq ans il commentait le *Maître des Sentences*, les quatre livres de Pierre Lombard, avec une profondeur qui faisait l'admiration de ses contemporains. Vers l'an 1260, il commença ses travaux sur Aristote et entreprit ce que personne n'avait tenté avant lui, d'allier la philosophie à la théologie en prenant à Aristote tout ce qu'il a de bon, comme autrefois saint Augustin à Platon, pour en enrichir la science sacrée.

Saint Raymond de Pennafort, le général des Dominicains, ayant demandé à Thomas un manuel de théologie pour ceux de ses religieux qui iraient en Espagne travailler à la conversion des Juifs et des Maures, l'illustre docteur composa sa *Somme contre les Gentils*, qui fut en quelque sorte le coup d'essai par lequel il se prépara à la composition de sa *Somme théologique*.

Cet immense travail est une encyclopédie théologique dans laquelle Thomas discute avec une précision admirable toutes les questions que l'on peut faire sur Dieu, sur l'homme, sur la création, sur la Trinité, sur la morale, sur les mystères les plus profonds, l'incarnation et les sacrements. Indépendamment des Écritures et des Pères de l'Église, il en appela à la philosophie ancienne et à toutes les sciences naturelles pour faire hommage de leurs lumières à la foi.

Aristote est son philosophe de prédilection, mais on voit qu'il n'ignore pas la doctrine des platoniciens, des stoïciens et des autres grandes écoles de la Grèce. Il a lu Cicéron, et il sait retirer de son meilleur ouvrage philosophique, des *Tusculanes*, les vérités les plus élevées qu'il renferme. La raison est entre ses mains l'instrument docile de la foi, et il la manie avec tant de force et de sûreté que, dans cette vaste synthèse, il ne lui est pas échappé un mot que l'orthodoxie ait contredit. Sa pensée a toujours fait autorité dans l'Église catholique.

Il eut pour ami Jean de Fidenza, saint Bonaventure, né à Bagnarea en 1221, et mort à Lyon en 1274, la même année que saint Thomas. Il fit la gloire des Franciscains pendant que Thomas faisait celle des Dominicains. Ces deux génies, si étroitement unis, n'avaient pourtant pas le même caractère. Bonaventure est un dialecticien très exercé, mais il est en même temps un contemplatif de premier ordre. Chez lui le sentiment l'emporte sur le raisonnement, l'amour sur la science ; c'est sans doute ce que ses contemporains ont voulu exprimer en le surnommant le *docteur séraphique*. Son *Breviloquium*, son traité *Des sept degrés de la contemplation* et son *Itinéraire de l'âme vers Dieu* appartiennent tout particulièrement à l'école contemplative.

Vincent de Beauvais, le bibliothécaire de saint Louis, mort en 1264, avait voulu donner un résumé de toutes les sciences. Il publia sa Bibliothèque universelle sous le titre de *Speculum* (miroir), parce qu'il ne voyait en toutes choses qu'un reflet de la grandeur de Dieu et de sa Providence. Selon la méthode d'Aristote il s'élève des sciences naturelles à la science divine, mais Bonaventure exécute le même travail en suivant une marche opposée. Dans son traité *De reductione artium ad theologiam* il voit tout d'abord la vérité en Dieu et il montre la lumière émanant de cette source pour éclairer les arts mécaniques, les connaissances sensitives, les sciences rationnelles et la science sacrée. Il est platonicien, mais cette différence de vue ne l'empêchait pas d'être l'admirateur de Thomas qui était péripatéticien, et celui-ci lui rendait en affection ce qu'il en recevait en déférence.

La lutte entre les deux ordres n'éclata qu'en 1284, dix ans après la mort de ces deux grands hommes. Elle fut commencée par Guillaume de Lamarre qui publia son *Correctorium operum fratris Thomæ* dans lequel il reprenait soixante-quinze articles de la *Somme théologique*. Gilles Colonne lui répondit, mais l'attaque ne tarda pas à se personnifier dans Duns Scot dont l'autorité balança longtemps celle de saint Thomas aux yeux de l'école.

Duns Scot (Jean), né à Dunston dans le Northumberland (1273-1308), étudia d'abord à Oxford et vint ensuite à Paris. Il avait une grande finesse d'argumentation, ce qui le fit appeler le *docteur subtil*. Nous ne pouvons le suivre ici dans tous les détours de sa dialectique ; nous dirons seulement que sur tous les points où il put contredire saint Thomas sans blesser la foi, il le fit systématiquement.

En théodicée, il établit des différences réelles entre les attributs de Dieu, sans nier la simplicité de l'essence divine et il rejette l'éternité simultanée à laquelle il substitue l'éternité successive. En logique saint Thomas avait concilié le réalisme et le nominalisme; Scot rejette sa solution et pousse au réalisme absolu. En psychologie, les facultés de l'âme humaine ne sont pas pour lui seulement des points de vue divers sous lesquels on envisage l'âme, il prétend qu'elles diffèrent de l'âme et qu'elles diffèrent entre elles. En morale, il enseigne que la loi n'a rien de fixe et d'immuable et, qu'à l'exception des dix commandements de Dieu, tous les préceptes auraient pu être abrogés et qu'il ne dépend que de Dieu d'en exempter l'homme. Sur la Providence, la liberté de l'homme et la grâce il diffère considérablement des thomistes; il accorde plus à la volonté humaine et moins à l'action divine.

Cette lutte des thomistes et des scotistes ferme le treizième siècle et commence la décadence de la scolastique.

Troisième époque. — De Durand de Saint-Pourçain a la Renaissance

Pendant le treizième siècle, les Franciscains avaient eu, comme les Dominicains, leurs grands hommes. A côté d'Albert le Grand on avait vu Alexandre de Hallès, saint Bonaventure à côté de saint Thomas, et Roger Bacon, le *docteur admirable*, avait publié son *Opus majus, opus minus, opus tertium* où il inaugura la méthode scientifique que le chancelier Bacon de Vérulam devait présenter au dix-septième siècle, dans son *Novum organum*, comme une découverte. Il en avait appelé à l'expérience contre l'autorité d'Aristote.

C'est le même principe que soutient Durand de Saint-Pourçain, le *docteur résolu*, qui n'admet l'autorité qu'en matière de foi, et qui veut que dans les questions philosophiques et scientifiques on ne s'en rapporte qu'à la raison. Rien n'était plus exact.

Mais les dissensions des scotistes et des thomistes jetèrent l'esprit humain dans des subtilités qui discréditèrent la raison. Guillaume d'Occam ressuscita la querelle des nominalistes et des réalistes en reprenant les thèses oubliées de Roscelin. Il souleva contre lui les scotistes et les thomistes qui mirent les uns et les autres la foi en péril, mais le débat fut si ardent, qu'en 1473 Louis XI fut obligé d'intervenir et de défendre, sous peine d'exil, d'enseigner le nouveau nominalisme dans l'Université de Paris.

Ces dissensions violentes dégoûtèrent les esprits sérieux de la dialectique. Les uns se tournèrent vers l'étude de la nature et aimèrent mieux chercher Dieu dans ses œuvres que de se jeter dans toutes ces arguties d'écoles qui devenaient insaisissables et puériles. C'est ce qui excita Raymond Sebond, professeur à Toulouse, mort en 1432, à publier sa *Théologie naturelle* ou le *Livre des Causes*, traduit par Montaigne. Toute la science, dit-il, est dans deux livres, la nature et la révélation.

D'autres se réfugièrent dans le mysticisme où conduisait tout naturellement le procédé intuitif de saint Bonaventure. Les successeurs de Hugues et de Richard de Saint-Victor furent Tauler (1361) et Henri Suso (1365), qui édifièrent l'Allemagne par leurs exemples et leurs écrits, pendant que Jean Ruysbrock produisait les mêmes fruits en Belgique.

Le chancelier Gerson, le *docteur très chrétien*, né à Reims en 1363, publia sa *Théologie mystique* pour empêcher le mysticisme de dégénérer en un illuminisme insensé. Il indique les règles auxquelles le mysticisme doit se soumettre pour ne pas s'écarter du vrai en se fiant exclusivement à l'élan du cœur et de l'imagination. Il veut qu'il se rattache à la théologie positive comme à sa base, et qu'il s'élève de là vers Dieu, sans perdre de vue un seul instant les prescriptions de la raison qui indiquent toujours les limites dans lesquelles on doit se renfermer.

On lui a attribué l'*Imitation du Christ*. C'est le chef-d'œuvre qui couronne le mysticisme du moyen âge, le livre qu'on a pu dire le plus parfait qui soit sorti de la main des hommes. Mais il est plus probable qu'il est de Thomas Hamekon, né à Kempis, près de Cologne, en 1360, et mort en 1471.

SUJETS DE DISSERTATIONS FRANÇAISES

1. Que savez-vous de la querelle des universaux au moyen âge ?
2. Exposez et discutez le nominalisme, le réalisme et le conceptualisme.
3. Quel jugement faut-il porter sur la scolastique ?

CHAPITRE XIII

La philosophie de la Renaissance.

La Renaissance est ainsi appelée, parce qu'à cette époque les esprits se reportèrent avec enthousiasme vers l'antiquité grecque et latine. Ce fut le siècle des humanistes. La philosophie ne brille pas avec autant d'éclat que les lettres. Nous distinguerons ici les travaux des commentateurs de Platon et d'Aristote et les auteurs qui eurent une doctrine personnelle.

I. — Renaissance de Platon. Nouvelle étude d'Aristote

La Renaissance, en ressuscitant les philosophes grecs, fit renaître l'ancienne lutte des Platoniciens et des Péripatéticiens. Georges de Trébizonde, Théodore Gaza et Georges Scholarius se déclarèrent en faveur d'Aristote, et ils eurent pour adversaires Georges Gémistius et Michel Apostolius qui se firent les défenseurs de Platon.

Marsile Ficin traduisit et commenta Platon, et Cosme de Médicis, son protecteur, fonda une académie platonicienne à Florence en 1460. Laurent le Magnifique se fit le propagateur de la doctrine nouvelle et ne dédaigna pas de l'exposer en vers gracieux et élégants. Jean Pic de la Mirandole, le digne ami de Laurent, dont le savoir universel est passé en proverbe, s'appliqua à commenter les théories platoniciennes, dans lesquelles il signala les analogies les plus frappantes avec la doctrine catholique sur l'origine des êtres, la nature et les destinées de l'âme.

Le médecin Bombast de Hohenheim, connu sous le nom de Théophraste Paracelse, attaqua la médecine scolastique et en unissant aux doctrines néo-platoniciennes la théosophie ou la communication de l'âme avec Dieu, il fonda en Allemagne et en Belgique une école mystique qui ne tarda pas à dégénérer et à se jeter dans toutes les extravagances de la théurgie et de la magie.

En France Pierre Ramus, né dans un village du Vermandois en 1515, attaqua la méthode aristotélicienne suivie dans toutes les écoles et s'efforça de substituer au syllogisme la dialectique de Platon.

Malgré tous ces efforts Aristote conserva son empire. La Renaissance eut seulement pour effet de mieux faire connaître la pensée véritable du philosophe de Stagyre.

L'Aristote du moyen âge n'était pas à beaucoup près l'Aristote d'Athènes. Il n'était arrivé aux scolastiques que par l'intermédiaire des Arabes et Averroès avait souvent mêlé ses propres opinions à celles du chef des péripatéticiens. Il avait fallu expurger ses livres de métaphysique pour qu'ils pussent être introduits dans les écoles, et les docteurs qui s'étaient chargés de ce travail avaient fait un Aristote moderne qui avait fini par être un excellent chrétien.

La Renaissance rappelant les esprits à l'étude des textes primitifs, on dut faire pour Aristote ce que les philosophes firent alors pour tous les auteurs anciens. Il fallut rechercher les meilleurs manuscrits, les collationner entre eux, s'aider de tous les commentateurs anciens capables d'éclaircir les textes et d'en donner une interprétation fidèle. Lefebvre d'Étaples mit la dernière main à ce travail que les Grecs sortis de Constantinople avaient commencé, et le cardinal d'Estouteville décida qu'à l'université de Paris on n'accepterait plus les thèses des candidats qui n'auraient pas étudié d'après les textes originaux du Stagyrite (1552).

En Italie, une foule de savants imitèrent ce qui s'était fait en France et Aristote sortit rajeuni de cette nouvelle épreuve. Son empire en fut affermi. L'université de Paris, en 1601, assignait deux années entières à l'étude de ses ouvrages et dans toutes les autres universités il était également en honneur.

Mais les humanistes étaient avec raison choqués du mauvais goût qui régnait dans les écoles. Ange Politien, le Pogge et Philelphe écrivirent des traités élégants contre le style barbare des scolastiques qui dédaignaient tous les agréments du langage. Erasme et Ulric de Hutten continuèrent avec avantage cette lutte et furent aidés par Louis Vivès qui dévoila dans son traité *De corruptis artibus*, avec beaucoup de discernement, tout ce qu'il y avait de vicieux et d'exagéré dans ces locutions étranges et prouva par son exemple qu'il y aurait profit pour la vérité à allier l'exactitude des idées à la correction et à l'élégance du style.

II. — Des doctrines nouvelles. Pomponat, Telésio, Campanella, Cardan, Jordano Bruno, Vanini

De la critique de la forme on devait passer à celle du fond. Le premier qui demanda l'émancipation de la philosophie, fut un péripatéticien, Pomponat, le chef de l'école de Padoue. Il soutint que la raison ne pouvait démontrer l'immortalité de l'âme et que ce dogme ne reposait que sur la révélation. Il prétendait que la même chose pouvait être vraie théologiquement et fausse philosophiquement et que par conséquent on pouvait admettre une chose comme théologien et la nier comme philosophe. Le concile de Latran (1512) condamna cette monstrueuse erreur, mais Léon X se contenta d'ordonner à Augustin Néfo de réfuter Pomponat; il ne voulut pas qu'on l'inquiétât personnellement.

Télésio, le fondateur de l'académie de Cosenza (1508-1588), ébranla le règne d'Aristote dans les sciences physiques et fut le précurseur de Bacon, par l'ardeur avec laquelle il recommanda la méthode expérimentale. Sa doctrine est du naturalisme renouvelé de Parménide et d'Anaxagoras. Il ne reconnaissait dans la nature que deux principes incorporels et actifs; la chaleur et le froid, et un principe corporel et passif; la matière. Il ramenait toutes nos connaissances aux sens, mais il n'en était pas moins spiritualiste. Pie IV lui tint compte de ses bonnes intentions et lui offrit l'évêché de sa ville natale pour le récompenser de ses travaux.

Mais un de ses disciples, Thomas Campanella (1568-1639), qui naquit dans un bourg de la Calabre, tira de ses principes les conséquences qu'ils renfermaient. Ayant réduit l'intelligence à la faculté de sentir, il composa une logique particulière, qui devait avoir pour objet spécial l'étude de la nature. Puis infidèle à la méthode expérimentale, il se lança dans les hypothèses les plus aventureuses et s'égara dans les rêveries de l'astrologie judiciaire et de la magie.

Il aurait voulu réformer le genre humain et dans son livre intitulé *Cité du Soleil*, il expose l'idéal de la société qu'il avait conçue. Il tombe dans tous les excès des saint-simoniens et des communistes modernes, demande l'abolition du mariage, la destruction de la famille, la communauté des biens et des femmes et organise le travail aux différents degrés de la hiérarchie sociale, à peu près comme les fouriéristes l'entendent. Cet homme, qui était entré dans l'ordre de Saint-Dominique et qui en était sorti, ne pouvait souffrir ni règle, ni autorité. Il trama une conspiration avec des moines et des bandits pour substituer la république à la domination espagnole dans le royaume de Naples et fut condamné à une prison perpétuelle comme criminel d'État. Il gémit dans les fers pendant vingt-sept ans et ne recouvra la liberté que sur la demande expresse d'Urbain VIII qui le prit sous sa protection, malgré la témérité de ses doctrines.

Rome ne se montra pas moins tolérante à l'égard de Jérôme Cardan, de Pavie, médecin naturaliste et mathématicien, un des esprits les plus vastes et les plus féconds de son siècle (1501-1576). Quoiqu'il ait été crédule jusqu'à faire l'apologie de la démonologie, de la magie, de l'astrologie et de tous les arts occultes, et que parfois dans les écarts si étranges de son génie il ait avancé des propositions qui l'ont rendu suspect d'athéisme, les souverains Pontifes ne virent en lui que le savant, qui, dans les mathématiques, la physique, la médecine, la philosophie elle-même avait rencontré une foule d'aperçus heureux et lui firent une pension dont il vécut à Rome.

Tous ces philosophes étaient des novateurs qui attaquaient Aristote et l'enseignement des écoles. Les souverains Pontifes firent respecter la liberté de la pensée dans toutes les matières qui ne touchaient pas à la foi et ne permirent d'appliquer les lois du temps contre les hérétiques qu'à ceux qui s'obstinèrent à soutenir des principes subversifs de toute religion et de toute société.

Fort heureusement ces cas furent rares. Nous ne trouvons, en Italie, que Jordano Bruno qui fut condamné comme apostat, hérétique et parjure. Il était né à Nole vers 1550 et était entré jeune dans l'ordre des dominicains. Il quitta son couvent pour se retirer à Genève où il embrassa le calvinisme. Revenu en Italie, après avoir erré au milieu des écoles de Paris, de Londres et de Wittemberg, il professa à Pise. L'inquisition de Venise le fit arrêter et il fut livré à Rome au saint-office. On lui fit son procès et, sur son refus de renoncer à ses doctrines, il fut livré au bras séculier qui l'envoya au supplice.

Son système philosophique était le panthéisme. Il enseignait que Dieu est la grande unité, le principe universel, renfermant tous les êtres, qu'il est substance et cause de tout ce qui existe, que le monde n'est qu'une forme du premier principe, une espèce d'animal immense que l'infini pénètre de sa vie en s'identifiant avec lui, un océan d'où tout sort et où tout rentre, un centre qui devient sphère, et une sphère qui redevient centre. Il soutenait que le bien et le mal, le beau et le laid, la vérité et l'erreur n'avaient rien d'absolu, que ces distinctions étaient purement arbitraires. Il niait, dit Bayle, l'existence de l'autre vie et délivrait l'homme de la crainte de tout châtiment après la mort.

Ce panthéisme équivalait à l'athéisme professé par le Napolitain Lucilio Vanini, né à Taurisano dans la terre d'Otrante en 1585. Il professait l'athéisme et fut chassé de

Genève pour son impiété. S'étant réfugié à Lyon, ses jours n'y furent plus en sûreté quand on connut ses détestables doctrines. Il s'enfuit à Londres où il fut jeté dans un cachot pour le même motif. Ayant recouvré sa liberté, il revint en France et se fit de nombreux prosélytes à Lyon et à Paris. Il dissimulait son athéisme et le déréglement de ses mœurs. Le président du parlement de Toulouse lui ayant confié l'éducation de ses enfants, on s'aperçut qu'il ne se servait de son talent que pour propager ses monstrueuses erreurs. Il fut arrêté et condamné à mort (1619).

III. — Le scepticisme. Montaigne

Pendant que ces philosophes déshonoraient la raison par leurs erreurs, les protestants l'attaquaient directement par la confusion qu'ils faisaient de l'ordre naturel et de l'ordre surnaturel et par leurs exagérations sur les conséquences du péché originel. Loin de protéger la liberté de la pensée, Luther et Calvin enseignèrent que le péché originel a détruit notre nature et a rendu notre intelligence incapable d'arriver à la vérité et notre volonté absolument impuissante pour le bien. Ils déclamaient contre la raison humaine et dans leurs invectives contre la philosophie ils prétendaient qu'on devait l'exclure des écoles pour y établir le règne exclusif de la parole de Dieu, tel qu'ils l'entendaient.

A la vue des excès auxquels se portait la raison individuelle, il y eut parmi les catholiques eux-mêmes des hommes qui, ne distinguant pas bien la raison de l'abus qu'on en faisait, professèrent le scepticisme à son égard et enseignèrent qu'il n'y avait de sécurité que dans les enseignements de la foi. Ils ne doutaient de la raison que pour se jeter dans les bras de l'autorité. Montaigne (1533-1592) adopta cette doctrine dans ses *Essais*. Il s'applique à faire voir les variations et les contradictions de l'esprit humain, tout en semant sa discussion d'aperçus neufs et profonds, de remarques frappantes et ingénieuses. Mais quand il faut conclure, il s'arrête, de telle sorte que le doute est toujours le résultat de ses efforts. A ses yeux l'expérience et la raison sont les deux seules sources de nos connaissances, mais elles manquent l'une et l'autre d'autorité. « La raison, dit-il, a tant de formes que nous ne savons laquelle prendre, et l'expérience n'en a pas moins. »

Mais s'il n'a pas foi dans la raison humaine, il croit à la parole du Christ qui en est l'interprète, conformément à cette épitaphe qu'on a mise sur son tombeau :

> Solius addictus jurare in dogmata Christi,
> Cætera Pyrrhonis pondere lance sciens.

Son disciple, l'abbé Charron (1541-1603), accepta ses principes et essaya de leur donner un caractère dogmatique dans son *Traité de la Sagesse*. Mais on obtint de lui la rétractation de ses erreurs dans son *Traité des trois vérités* où il réfute les athées, les infidèles et les hérétiques.

SUJETS DE DISSERTATIONS FRANÇAISES

1. La philosophie de la Renaissance; ses caractères et les principaux noms qui la représentent.
2. L'autorité d'Aristote dans les écoles a-t-elle été combattue à la Renaissance et a-t-elle triomphé de ses critiques ?
3. Quel était le scepticisme de Montaigne ?

CHAPITRE XIV

Philosophie du dix-septième siècle. Bacon.

La philosophie anglaise ouvre la marche de la philosophie au dix-septième siècle. Elle se déclare pour l'expérience plutôt que pour la spéculation et elle est représentée par Bacon, le père du sensualisme, et par Hobbes qui formule le matérialisme le plus absolu et l'applique à la morale et à la politique.

I. — BACON

Bacon (1561-1626), qui fut créé grand chancelier avec le titre de Bacon de Vérulam et de comte de Saint-Alban sous le règne de Jacques Ier, s'éleva vivement contre la méthode suivie dans les écoles pour l'enseignement de la philosophie, et prétendit que l'on ne devait attribuer qu'aux vices de cette méthode le peu de progrès que l'on faisait dans les études. Il critiqua spécialement l'ascendant qu'exerçaient les maîtres sur les élèves et l'empire qu'avait sur les esprits Aristote dont toutes les définitions et toutes les propositions étaient acceptées comme des oracles.

Il publia sa grande réforme *Instauratio magna* dont le *Novum Organum* est la seconde partie. Il proposa de substituer l'induction au syllogisme, et de remplacer l'ancienne méthode d'Aristote (l'*Organum*), la méthode rationnelle, par une nouvelle méthode (*Novum Organum*), la méthode expérimentale.

Bacon ne fut pas, comme on le suppose trop souvent, l'inventeur de cette méthode. L'esprit humain s'est en tout temps appuyé sur l'expérience, et l'induction est un procédé qui lui est aussi essentiel que la déduction. On était arrivé même avant Bacon aux résultats les plus brillants en suivant la méthode expérimentale.

Depuis plus d'un siècle, l'astronomie, la reine des sciences, l'optique qui lui sert d'auxiliaire, la mécanique qui soumet à ses lois le plus vaste des phénomènes, le jeu des forces matérielles, s'enrichissaient chaque jour, dit de Gérando, grâce à l'expérience, de nouvelles conquêtes. Copernic, Tycho-Braché avaient visité le ciel ; Mondini, Vésala, Fabrizzio d'Aquapendente, Severino en Italie, Gilbert en Angleterre, avaient ramené les sciences médicales à cette grande école des recherches anatomiques, négligées ou plutôt rejetées par les anciens. Harvey venait de découvrir la circulation du sang. Galilée, suivant la remarque de Hume, avait exécuté avant Bacon ce que celui-ci ne fit que conseiller et définir.

Le philosophe anglais fut donc plutôt l'interprète du mouvement scientifique de cette époque qu'il n'en fut le créateur. Son mérite est d'avoir été le législateur de la philosophie expérimentale, comme Aristote l'avait été de la philosophie rationnelle et d'avoir ajouté un chapitre essentiel à la logique en déterminant les lois de l'induction[1], comme Aristote avait déterminé celles de la déduction.

Seulement il eut le tort d'être exclusif et de méconnaître la puissance de la déduction et de lui imputer toutes les erreurs de l'esprit humain, sans reconnaître les services qu'elle lui rend.

Dans le tableau qu'il fait des causes qui arrêtent le progrès des sciences, il en distingue quatre auxquelles il donne le nom d'*idoles* (*idola*) parce qu'elles usurpent le culte qui n'est dû qu'à la vérité. Ce sont : 1° les idoles de tribu, *idola tribus*, qui sont répandues dans tout le genre humain, parce qu'elles proviennent de la nature même de notre esprit qui n'est qu'un miroir infidèle, représentant mal la nature des choses ; 2° les idoles de la caverne, *idola specus*, parce que l'esprit particulier de chaque homme est comme une caverne ténébreuse où les rayons de la vérité viennent se perdre, comme dans l'antre de Platon ; 3° les idoles du forum, *idola fori*, qui viennent des illusions que se font les hommes par l'influence qu'ils exercent les uns sur les autres ; 3° les idoles de théâtre, *idola theatri*, qui sont les erreurs dues aux systèmes des philosophes et à l'ascendant des maîtres sur leurs élèves.

Le remède à toutes ces erreurs est l'emploi de la nouvelle méthode, le *novum organum*, qui substitue au syllogisme l'induction, l'expérience au raisonnement. Cependant, comme l'observe Descartes, si on mettait de côté la raison et qu'on suspectât la légitimité de ses déductions, l'observation serait elle-même bien stérile. Avant d'expérimenter il faut faire une hypothèse sur la cause du phénomène et déduire *à priori* l'effet que doit produire la cause si elle a tel ou tel caractère. Si on ne va pas de la déduction à l'induction et de l'induction à la déduction, on ne fera que des expériences superflues et on ne vérifiera aucun des principes qu'on croira avoir établis.

Cette méthode exclusive obligea Bacon à ne reconnaître que les faits et à ne pas assigner aux connaissances humaines d'autre origine que celle des sens. Il pose en principe qu'il n'y a dans l'intelligence que ce qui est produit par les sensations. A la vérité, il ne tire pas de cette maxime générale toutes les conséquences qu'elle renferme et il n'en reconnaît pas moins l'existence de Dieu et la spiritualité de l'âme. Mais ses disciples n'eurent pas la même réserve.

II. — Hobbes

Hobbes (1588-1679), son disciple et son ami, appliqua les conséquences de sa doctrine à toutes les parties de la philosophie. Après avoir établi avec Bacon que toutes nos idées viennent des sens, il en conclut qu'il n'y a de réel que les choses matérielles. Il nia donc l'existence de l'âme et l'existence de Dieu et déclara que tout ce qui se rapporte à l'ordre immatériel n'est à ses yeux qu'une fiction et que les mots qui expriment les idées d'infini et de choses spirituelles ne sont que des signes sans objet, des abstractions qui ne correspondent qu'à des chimères.

La morale est pour lui la morale des sensations et des jouissances qu'a enseignée Épicure. La volonté ne doit pas avoir d'autre mobile que le plaisir et la peine sensibles. Elle obéit nécessairement à l'une ou à l'autre de ces deux forces, et il n'y a pas en nous de liberté d'élection. Nous délibérons, mais notre délibération n'exclut pas la fatalité, attendu que notre choix est toujours commandé par un motif déterminant auquel nous ne pouvons pas résister. Hobbes arrive ainsi à détruire la loi morale par la négation de la liberté individuelle.

En appliquant sa doctrine à l'état social, ce philosophe ne reconnaît pas d'autre droit que celui de la force. Dans son système, tout homme a naturellement droit à ce qu'il désire, et, comme il ne peut satisfaire ses penchants qu'au détriment de ses semblables, il s'ensuit que l'état de guerre a été l'état primitif. Mais comme dans cet état il n'y a de sécurité pour personne, les individus ont compris qu'il était de leur intérêt de sacrifier une partie de leur indépendance pour constituer au-dessus d'eux une force publique chargée de maintenir l'ordre dans la société. Cette force, supérieure à toutes les volontés individuelles, doit être absolue, et ses décisions doivent être acceptées sans restriction ni contrôle. Elle ne peut pas être limitée, ni par la loi religieuse, puisque la religion ne peut avoir d'autre but que l'intérêt public, et qu'à ce titre elle relève du souverain, ni par la loi morale, puisque c'est au souverain à décider lui-même ce qui est juste et injuste; ni par la loi civile, puisque la loi civile n'est qu'un ensemble de moyens destinés à faire respecter la volonté du chef. Hobbes arrive ainsi à considérer la monarchie absolue comme le seul gouvernement raisonnable, et à proclamer la puissance despotique du monarque et la soumission passive des sujets.

SUJETS DE DISSERTATIONS FRANÇAISES

1. Théorie de Bacon sur les erreurs.
2. Comparer Bacon et Descartes.
3. Comparer la méthode de Bacon et la méthode de Descartes.
4. Dites ce que vous savez sur le système de Hobbes.

CHAPITRE XV

Descartes et ses principaux disciples.

La philosophie française est une réaction contre la philosophie anglaise. Bacon et Descartes attaquent l'un et l'autre la méthode suivie dans les écoles, mais ils s'efforcent de lui substituer des méthodes opposées entre elles. Bacon est pour la méthode expérimentale, l'induction, la classification et l'expérience, Descartes est, au contraire, pour la méthode rationnelle, la déduction et le raisonnement. La méthode de

Bacon est fort compliquée. Son style est souvent barbare, surchargé de termes métaphysiques étranges. Celle de Descartes est simple et claire, exprimée dans un langage net et précis qui a donné à la prose française, dans le *Discours de la méthode*, la fermeté et la perfection que Corneille donnait en même temps à la poésie dans la tragédie du *Cid*. Bacon avait abouti, par sa méthode expérimentale, au sensualisme, Descartes, lui, établit la distinction fondamentale de l'esprit et de la matière. Il veut réfuter victorieusement le scepticisme, l'athéisme et exagère même ses tendances vers l'idéalisme où se sont égarés quelques-uns de ses disciples. Les disciples de Bacon tombent, au contraire, dans le matérialisme le plus absolu et deviennent athées et fatalistes, renversant la religion et la loi morale par leurs doctrines impies. Bossuet et Fénelon, par contre, trouvent dans le cartésianisme des idées dont ils s'emparent pour démontrer les vérités de l'ordre naturel qui servent de base et de point de départ à l'apologétique chrétienne. Enfin, au point de vue scientifique, on a dit que Bacon avait démontré la nécessité d'une réforme, mais sans l'accomplir. Descartes a, au contraire, donné une méthode et élevé d'après cette méthode un édifice dont nous allons chercher à nous rendre compte.

I. — Système de Descartes

René Descartes (1596-1650), né à La Haye, en Touraine, fit ses études au collège des jésuites, à la Flèche. Il avait été enchanté de ses maîtres, mais mécontent de la méthode qu'il avait suivie dans ses études et des résultats qu'il en avait obtenus. Dans ces temps de transition, où l'on sent l'imperfection des méthodes anciennes sans en avoir de meilleures à leur substituer, il n'était pas rare que les esprits d'élite fussent travaillés par le doute et qu'ils éprouvassent une hésitation, un malaise semblable à ce que Descartes éprouvait. Mais il voulut sortir de cet état, qu'il décrit parfaitement dans son *Discours de la méthode*, et pour cela, il se fit du doute lui-même un moyen de certitude. *Je pense, donc j'existe,* telle est la base sur laquelle il élève tout son système. Cette vérité lui semble si ferme et si assurée que toutes les plus extravagantes suppositions des sceptiques ne sont pas capables de l'ébranler. Car douterait-on de son doute, que ce double doute serait encore une pensée, et l'existence est si clairement renfermée dans la pensée qu'on passe du premier terme au second sans qu'il y ait possibilité de s'égarer.

De là Descartes conclut qu'il peut prendre pour règle générale de sa méthode que les choses que nous concevons fort clairement et fort distinctement sont toutes vraies, et que, par conséquent, l'évidence est le critérium de la vérité dans tous nos jugements. Il prend alors avec lui-même l'engagement de ne jamais recevoir aucune chose pour vraie qu'il ne l'ait connue évidemment telle. C'est la première règle de sa méthode, d'après laquelle il va reconstruire l'édifice de ses connaissances, qu'il a provisoirement renversé, tenant pour suspectes toutes les connaissances qu'il avait antérieurement acquises.

Si ce doute qu'on appelle *méthodique* avait été réel et sincère, il n'eût pas été possible d'en sortir. Car pour croire à l'évidence, il faut croire à la raison, et si on doute de la raison, il n'y a pas de motif pour affirmer la vérité des choses qui lui paraissent évidentes.

Si ce doute était une fiction, il offrait de grands dangers et avait l'inconvénient d'être contre nature. Descartes avait mis en réserve ses idées religieuses et morales, mais cette exception n'était-elle pas une inconséquence? Celui qui doute de la base de ses connaissances et les renverse ne peut pas conserver une partie de l'édifice pour s'abriter pendant qu'il relèvera l'autre. On ne fait pas ainsi au doute sa part; du moment qu'on l'introduit dans une portion de l'édifice, il faut tout lui livrer. Descartes dit qu'il lui avait fallu neuf années de réflexion pour reconstruire ce qu'il avait abattu, combien en faudrait-il à des intelligences ordinaires qui n'ont pas à leur disposition les ressources de son génie? Pendant ce temps, resteront-elles avec une religion et une morale provisoires?

Une pareille méthode est-elle praticable? Descartes en reconnaît lui-même les inconvénients. « La seule résolution, dit-il, de se défaire de toutes les opinions qu'on a reçues auparavant en sa créance n'est pas un exemple que chacun doive suivre. Et le monde n'est quasi composé que de deux sortes d'esprits auxquels il ne convient aucunement, à savoir : de ceux qui, se croyant plus habiles qu'ils ne sont, ne se peuvent empêcher de précipiter leurs jugements ni d'avoir assez de patience pour suivre toutes leurs pensées ; puis de ceux qui, ayant assez de réserve et de modestie pour juger qu'ils sont moins capables de distinguer le vrai d'avec le faux que quelques autres par lesquels ils peuvent être instruits, doivent bien plutôt se contenter de suivre les opinions de ces autres qu'en chercher eux-mêmes de meilleures. »

Tous les esprits étant faits pour la vérité, une méthode qui n'est accessible qu'à un petit nombre d'intelligences d'élite est pour nous suspecte. Descartes s'en tire en homme de génie. De cette sorte d'enthymème, il conclut le principe fondamental de sa logique, l'évidence.

2. Il en déduisit également l'existence de l'âme et sa distinction du corps. « Examinant, dit-il, avec attention ce que j'étais, et voyant que je pouvais feindre que je n'avais aucun corps, et qu'il n'y avait aucun monde ou aucun lieu où je fusse, mais que je ne pouvais pas feindre que je n'étais point... je connus de là que j'étais une substance dont toute l'essence ou la nature n'est que de penser, et qui, peut-être, n'a besoin d'aucun lieu ni ne dépend d'aucune chose matérielle ; en sorte que ce moi, c'est-à-dire l'âme, par laquelle je suis ce que je suis, est entièrement distincte du corps, et même qu'elle est plus aisée à connaître que lui, et qu'encore qu'il ne fût point, elle ne laisserait pas d'être tout ce qu'elle est. »

Bacon s'était placé au centre du monde matériel et ne voulant pas d'autre guide que l'expérience, il n'avait vu que les corps. Descartes prend, au contraire, la pensée pour point de départ, et il n'aperçoit tout d'abord que l'âme. C'est la psychologie qui est le point de départ de sa philosophie. Ce sont les idées plutôt que les faits qu'il interroge. Il se rapproche de Platon en s'éloignant d'Aristote.

Il distingue trois sortes d'idées : les idées *factices*, les idées *adventices* et les idées *innées*.

Les idées factices sont celles que nous formons en combinant entre elles les idées que nous possédons, comme l'idée du sphinx, du centaure, de l'hippogriffe.

Les idées adventices sont celles qui paraissent nous arriver par les sens, comme la connaissance des objets extérieurs. Les sens, d'après Descartes, ne produisent pas en nous ces idées. Ce sont seulement des excitateurs qui font naître dans l'âme les idées qu'elle apporte avec elle en naissant et qu'il appelle *innées*. Descartes aboutit ainsi à l'extrémité opposée du système de Bacon.

Le père du sensualisme avait comparé l'âme humaine venant au monde à une table rase, *in quâ nihil scriptum est*. Descartes en fait au contraire une intelligence qui a en germe toutes les idées qu'elle doit avoir et qui n'a rien à recevoir des corps. Leur contact ne fait que développer ce qui est en elle et rendre actuel ce qui est latent.

3. Descartes prouve l'existence de Dieu par l'idée elle-même de l'infini, et par ses effets.

L'idée elle-même de l'infini prouve son existence. Car l'existence étant une perfection, l'infini ne peut pas ne pas l'avoir, car autrement il serait parfait et ne le serait pas. Il le serait, puisque c'est l'hypothèse, et il ne le serait pas puisqu'il manquerait d'une perfection qui est la base de toutes les autres, l'existence. « L'existence, dit Descartes, est comprise dans l'idée d'infini en même façon qu'il est compris dans l'idée d'un triangle que ses trois angles sont égaux à deux droits, ou en celle d'une sphère que toutes ses parties sont également distantes de son centre, ou même encore plus évidemment, et que, par conséquent, il est pour le moins aussi certain que Dieu, qui est un être si parfait, est ou existe, qu'aucune démonstration de géométrie le saurait être. »

En remontant de l'effet à la cause, Descartes fait deux arguments, l'un tiré de l'origine de l'idée d'infini, et l'autre de sa propre existence.

J'ai en moi l'idée d'infini, d'où me vient-elle? Elle ne vient pas de moi. Je ne suis qu'un être fini et borné, et je suis incapable de produire de moi-même l'idée d'infini. Elle ne me vient pas non plus des êtres qui sont hors de moi, attendu qu'ils sont finis comme moi. Il faut donc qu'elle me vienne de l'infini lui-même.

Si je me considère, je reconnais que je suis un être imparfait. J'ai de l'intelligence et de l'activité, de la force et de la liberté, mais tout cela est limité, faillible, incomplet en moi. Pour que je possède ces qualités, il faut que je les aie reçues d'un être supérieur, qui les possède de lui-même d'une façon illimitée et absolue. Il y a donc au-dessus de moi un être parfait qui est le principe des qualités que je me reconnais, et cet être parfait est Dieu.

Cet argument conduit Descartes à la connaissance des attributs de Dieu. Il affirme en Dieu l'existence absolue, infinie, de toutes les perfections qui sont dans l'homme, son intelligence, sa véracité, sa bonté, sa liberté, sa puissance, etc. Sa volonté souveraine et indépendante n'est pas seulement maîtresse des créatures, mais les vérités métaphysiques, les vérités premières que nous croyons éternelles, immuables, en dépendent comme les créatures elles-mêmes. C'est elle qui les a établies, et elle peut les changer si cela lui plaît.

Il arrive ainsi à faire de la vérité une chose relative qui pourrait être tout autre qu'elle nous paraît, et qui ne s'impose à nous qu'en vertu d'une volonté arbitraire qui aurait pu faire aussi bien le contraire de ce qu'elle a fait.

4. Jusqu'à ce moment Descartes a prouvé à sa manière l'existence de l'âme et l'existence de Dieu; sa psychologie et sa théodicée sont faites, mais il n'a pas encore démontré l'existence des corps. Il a déduit l'existence de l'âme de la pensée, l'existence de Dieu de l'idée d'infini, mais il ne peut pas faire sortir le monde matériel du monde immatériel dans lequel il s'est renfermé.

Pour arriver à l'existence des corps, il faut qu'il prenne une autre voie. Il s'appuie sur le sentiment naturel qui nous porte à croire à leur existence. Fidèle à son système, c'est encore une preuve psychologique qu'il invoque pour passer de l'esprit à la matière. Mais ce sentiment est-il une preuve suffisante? Pouvons-nous nous y fier? Descartes l'affirme parce que, dit-il, s'il est en nous naturellement, c'est que Dieu l'y a mis et Dieu ne peut pas nous tromper. Ainsi, pour être assurés de l'existence des corps, nous sommes obligés d'en appeler à la véracité divine.

Ce passage de l'immatériel au matériel ne s'est fait que par l'intervention de la Divinité. Ces deux mondes n'en sont pas moins aux yeux de Descartes deux mondes profondément séparés, le monde pensant et le monde étendu. La pensée est l'essence de la substance intellectuelle, *res cogitans*, et l'étendue est l'essence de la substance matérielle, *res extensa*.

Le monde matériel est infini en extension, l'étendue est partout, le vide n'existe pas. La matière est divisible à l'infini, et l'hypothèse des atomes est une chimère. Le mouvement donne à la matière des formes changeantes, mais dans cet espace plein, le mouvement n'est possible qu'à condition que, quand une partie se meut une autre prenne sa place et qu'il n'y ait pas de vide. Le mouvement est pour ce motif curviligne et on peut le comparer aux ondulations de l'eau, aux tourbillons de l'air. Le monde actuel n'est que le résultat du mouvement appliqué à la matière, il ne pouvait être autrement et l'univers se réduit ainsi à une sorte de mécanique générale se développant dans l'espace avec toute la rigueur des lois géométriques.

Dans cette cosmologie Dieu est le créateur de la matière, le premier moteur de l'univers, mais une fois que l'impulsion a été donnée tout s'est produit sans le secours de Dieu. C'est ce qui faisait dire à Pascal : « Je ne puis pardonner à Descartes ; il aurait bien voulu, dans toute sa philosophie, pouvoir se passer de Dieu, mais il n'a pu s'empêcher de lui faire donner une chiquenaude pour mettre le monde en mouvement ; après cela il n'a plus que faire de Dieu. »

Descartes applique son automatisme aux êtres organiques, aux plantes, aux animaux, à la vie corporelle dans l'homme et ne fait de la physiologie qu'un chapitre de sa physique. Il admet même les générations spontanées et ne voit dans tout l'univers qu'un principe mécanique qui obéit à la loi des nombres.

Dieu n'est pour rien dans tout ce qui se passe et Descartes arrive à rejeter la finalité des choses sous prétexte que Dieu ne nous a pas fait part de ses desseins et qu'il y a de la présomption à vouloir les deviner. Il rapetisse ainsi le rôle de la Providence, puisqu'il borne l'action de Dieu à cette chiquenaude dont l'expression de Pascal fait si bien sentir l'insuffisance et le ridicule.

5. On ne peut nier que Descartes par sa méthode nouvelle et ses découvertes n'ait imprimé aux sciences un élan merveilleux et n'ait puissamment contribué à l'essor qu'elles ont pris dans les temps modernes. Mais en philosophie ses doctrines particulières sont si exagérées qu'elles ne lui ont presque pas survécu. Comment admettre qu'il faille passer par le doute pour arriver à la certitude ? Dieu nous a fait pour la vérité, mais il l'a rendue accessible à tous et il ne peut se faire que nous soyons obligés à une époque de notre vie de renverser l'édifice de nos connaissances pour le reconstruire. Nous ne le devons pas, car la mort peut nous frapper à tout âge et il n'est pas normal que nous soyons un seul instant de notre vie avec des convictions religieuses et morales purement conditionnelles ou provisoires. Nous ne le pouvons pas, car cette tâche est au-dessus des forces de la masse du genre humain.

En voulant tirer du moi, l'âme humaine, Dieu, l'existence des corps, Descartes n'a abouti qu'à une psychologie, une théodicée et une cosmologie bien incomplètes et bien risquées. L'âme telle qu'il la conçoit n'est pas l'âme humaine, c'est plutôt une intelligence pure qui n'a que faire des organes. Ses idées innées qui sont la partie saillante de sa philosophie ont succombé, même de son vivant, sous les objections qu'on lui a faites et qu'il n'a pu résoudre.

L'horizon dans lequel il s'est confiné est si étroit que pour arriver à Dieu il n'a que des arguments contestés et contestables et qu'à travers cette métaphysique abstraite il se fait une fausse idée de ses attributs. Il croit rendre sa puissance absolue et il ébranle la vérité elle-même en attaquant l'immutabilité et la souveraineté de la vérité que Bossuet a si énergiquement proclamée en disant que Dieu lui-même a besoin d'avoir raison.

Enfin sa cosmologie qui bannit du monde physique la Providence et les causes finales lui a valu la critique de Pascal qui regrettait avec raison qu'il se fût ainsi rapproché des impies qu'il a voulu combattre en ne considérant avec eux le monde que comme une machine, une combinaison de mouvement et de matière, par conséquent une chose étendue, *res extensa* qui n'a rien de commun avec l'esprit, *res cogitans*.

II. — Principaux disciples de Descartes. Pascal. Port-Royal. Bossuet et Fénelon.

Descartes avait rejeté la méthode suivie dans les écoles; il devait avoir de nombreux contradicteurs. Ses doctrines excitèrent contre lui les matérialistes, Hobbes, Gassendi qu'il combattait directement, mais elles inquiétèrent en même temps par leur hardiesse les partisans des idées religieuses qu'il avait la prétention de défendre. Les protestants l'accusèrent de pélagianisme et ses écrits furent bannis des écoles par une décision du synode de Dordrecht en 1656. On interdit à Delft l'année suivante l'entrée du ministère pastoral à ceux qui faisaient ouvertement profession de cartésianisme. Cette condamnation fut renouvelée à Leyde et à Utrecht en 1676 et toute l'Allemagne protestante se déclara contre cette philosophie nouvelle au nom du péripatétisme qui était alors dominant.

Parmi les catholiques on se montra en général beaucoup plus tolérant. On connaissait la droiture des intentions de Descartes qui assurait qu'il n'avait eu d'autre but que de rendre la vérité des enseignements de la foi plus manifeste, en opposant à ses adversaires de nouveaux arguments qu'il croyait victorieux. On ne partageait pas non plus contre la raison les préventions injustes des réformés qui supposaient que le péché originel avait détruit en nous l'intelligence et la volonté, ce qui les rendait sceptiques et fatalistes. Mais quand on vit que les disciples de Descartes ne s'arrêtaient pas aux limites que le maître avait tracées, la congrégation de l'*Index* signala le danger. Toutefois elle le fit avec ménagement (1663). Elle défendit l'usage des livres de Descartes *donec corrigantur*. C'était indiquer que le fond n'en était pas mauvais et que, moyennant certaines corrections, on en pouvait tirer profit pour la religion.

C'est ce que firent Pascal, Port-Royal, Bossuet et Fénelon, sans s'inféoder à la doctrine nouvelle. Pascal (1629-1662) fut cartésien avant d'être janséniste. Dans un de ses traités (*Fragment d'un traité du vide*) il s'était élevé contre l'autorité des anciens et avait demandé l'affranchissement de la raison en matière scientifique, signalant les progrès des sciences comme une des conséquences de la perfectibilité de notre nature, d'accord en cela, non seulement avec Descartes, mais aussi avec saint Augustin, Bacon, Bossuet, Fénelon et tous les grands hommes de son siècle. Dans son traité de l'*Art de persuader* il avait proclamé des principes que la *Logique* de Port-Royal a reproduits et qui n'étaient pas autres que ceux du *Discours de la méthode*.

Mais quand le jansénisme se fut emparé de son esprit, il se déclara l'ennemi de la raison et prétendit qu'elle était incapable de démontrer aucune vérité métaphysique et morale. Il rejeta les arguments physiques, métaphysiques, moraux par lesquels on démontre l'existence de Dieu, comme des armes mauvaises qui ne peuvent blesser que ceux qui s'en servent. Son scepticisme lui inspira le plus grand mépris pour les spéculations scientifiques et philosophiques, et loin d'être l'admirateur de Descartes, toutes les fois qu'il parle de ce philosophe dans ses *Pensées*, il l'attaque vivement. C'est de sa philosophie naturelle qu'il a dit qu'elle ne valait pas une heure de peine.

Les auteurs de la *Logique* de Port-Royal, Arnauld et Nicole, n'ont écrit leur livre que pour substituer la méthode nouvelle aux méthodes anciennes. Ils attaquent perpétuellement Aristote et défigurent souvent ses définitions pour avoir l'occasion de les combattre.

Ils ne veulent pas que la logique se borne à étudier la forme du raisonnement, mais ils lui donnent pour but la direction de l'esprit humain, par conséquent la méthode, comme l'avait fait Descartes et ils la définissent pour ce motif, « l'art de bien conduire sa raison dans la connaissance des choses, tant pour s'instruire soi-même que pour en instruire les autres. »

Comme Descartes ils critiquent l'emploi de la forme syllogistique qu'ils accusent d'entraver les sciences et d'être absolument stérile.

Dans la partie de la méthode ils reproduisent les règles du *Discours de la méthode* auxquelles ils ajoutent des emprunts faits à un opuscule que Descartes leur avait prêté *Regulæ ad directionem ingenii* et aux traités de Pascal sur l'*Art de penser* et l'*Esprit géométrique*.

Mais Arnauld n'est pas d'accord avec Pascal sur la nature et l'origine des idées. Il fut un des adversaires les plus violents de ses idées innées, qui jouent cependant un si grand rôle dans sa psychologie et dans tout son système.

Bossuet a fait pour le Dauphin une logique qui a la plus grande analogie avec celle de Port-Royal. Dans son *Traité de la connaissance de Dieu et de soi-même*, parmi les preuves qu'il donne de l'existence de Dieu, on trouve la preuve que Descartes avait tirée de l'imperfection de notre être. Comme lui il remonte de l'imparfait au parfait. « Pourquoi, dit-il, l'imparfait serait-il, et le parfait ne serait-il pas? La perfection est-elle un obstacle à l'être? Non, elle est la raison d'être. »

Mais tout en admettant cette preuve ontologique, il ne repousse pas l'argument tiré des causes finales, il le développe au contraire avec beaucoup de soin.

Dans sa psychologie, il suit la doctrine de saint Thomas, et, au lieu de ne voir dans l'union de l'âme et du corps qu'une union accidentelle comme le fait Descartes, il y voit avec toute l'École une union substantielle et décrit parfaitement l'influence réciproque du corps sur l'âme et de l'âme sur le corps.

En physiologie, il ne rejette pas absolument l'automatisme de Descartes, mais sans le combattre il s'applique surtout à dégager la question dogmatique, en montrant que si l'on donne aux animaux une âme, cette âme ne peut être de même nature que l'âme humaine et avoir la même destinée. Ici encore il est thomiste plutôt que cartésien.

Fénelon, dans la première partie de son *Traité de l'existence de Dieu*, expose la preuve des causes finales que Descartes n'admettait pas. Mais dans la seconde partie, il est absolument cartésien. Cependant on ne doit pas oublier que cette seconde partie est une œuvre posthume. Ce sont des notes que l'on a trouvées dans les papiers de Fénelon. Ces notes sont informes; il y a des redites nombreuses, des lacunes considérables; on n'y trouve pas l'ordre et la méthode qui caractérisent les ouvrages de ce grand écrivain. Il n'est donc pas possible d'y voir l'expression exacte de sa pensée philosophique.

Il avait dessein de réfuter Spinoza et ce que l'on a publié n'était que les matériaux de cette réfutation. Comme il avait combattu les Épicuriens par leurs propres erreurs, en se plaçant au milieu de la nature sensible, et en leur prouvant que tant de merveilles supposent nécessairement une intelligence créatrice et ordonnatrice, de même, pour triompher de Spinoza et de ses partisans, il se met sur leur terrain et, comme ils se disaient cartésiens, il part comme eux du doute méthodique et arrive de là à l'idée d'infini dont il se fait une arme contre leur système.

Toute cette discussion n'est, à notre avis, qu'une série d'arguments *ad hominem*, qui n'ont d'ailleurs de mérite et de force qu'autant qu'on les considère à ce point de vue.

Mais les noms de Fénelon et de Bossuet n'en furent pas moins très utiles au développement du cartésianisme. La *Logique de Port-Royal* la fit pénétrer dans l'enseignement, et à partir de la fin du dix-septième siècle, la plupart des professeurs de l'Université de Paris, en reproduisent la doctrine dans la première partie de leurs cours élémentaires de philosophie, *Institutiones philosophicæ*.

SUJETS DE DISSERTATIONS FRANÇAISES

1. Quels sont les arguments par lesquels Descartes démontre l'existence de Dieu ?
2. Qu'est-ce que le doute méthodique ? En quoi diffère-t-il du doute des Pyrrhoniens ?
3. Montrer l'influence de la philosophie cartésienne dans la *Logique de Port-Royal* ?
4. Influence de la méthode cartésienne sur la philosophie du dix-septième siècle.
5. Bossuet et Fénelon ont-ils été cartésiens ? Qu'ont-ils emprunté à Descartes et en quoi leur doctrine diffère-t-elle de la sienne ?

CHAPITRE XVI

Malebranche. Spinoza.

Descartes ayant dit à l'homme de renverser l'édifice de ses connaissances pour le reconstruire ensuite, en n'admettant que ce qu'il entendait clairement, tout le monde ne devait pas être frappé de la même manière par cette espèce de clarté et d'évidence. C'est ce qui fit que parmi ses disciples on vit paraître les systèmes les plus contradictoires. Malebranche et Spinoza se disent tous les deux cartésiens, et cependant, comme nous allons le voir, il n'y a rien de plus opposé que leurs systèmes.

I. — MALEBRANCHE

Malebranche (1637-1715) était un prêtre de l'Oratoire, qu'on a surnommé le Platon chrétien. Son génie philosophique s'était révélé à lui-même à la lecture du *Traité de l'homme*, qui est, sans contredit, l'ouvrage le plus faible de Descartes. « Et moi aussi je suis peintre, » s'était-il écrié, et, depuis ce moment, il s'appliqua avec enthousiasme à l'étude de la philosophie. Dans son livre : *De la recherche de la vérité*, il voulut allier la philosophie à la théologie, en montrant les rapports qu'il y a entre le monde naturel et le monde surnaturel et en s'efforçant de donner par ses théories rationnelles une démonstration des dogmes révélés.

Il établit tout son système sur la distinction des idées et des sensations, et il place, comme l'avait fait Descartes, le principe de la science dans l'idée de Dieu ou de l'être infiniment parfait.

Les idées sont la vie de l'esprit, leurs objets sont éternels, immuables, nécessaires, et toutes les choses dont nous avons l'idée existent.

Les sentiments, au contraire, ne sont que des modifications de l'âme, et ces modifications répondent à des choses qui n'ont rien de nécessaire et qui pourraient, par conséquent, ne pas être.

Nous connaissons les choses spirituelles, l'Être infiniment parfait par l'entendement pur et par intuition, les choses dont nous avons des images dans l'esprit par l'imagination et les corps par la notion générale de l'étendue intelligible qui est en Dieu et représente l'essence de la matière et par les impressions que les objets sensibles font sur nos organes, lorsque nous sommes en contact avec eux.

L'idée de Dieu implique, pour Malebranche comme pour Descartes, l'existence même de son objet. Il n'en est pas de même de l'idée du fini, qui suppose au contraire la contingence, la dépendance absolue. Mon existence me montrant en moi un être fini et imparfait, il faut que cet être imparfait et fini ait été produit. De là l'idée de création.

Malebranche est optimiste. Dieu, en raison de son infinie sagesse, a dû, en créant, réaliser le monde le plus parfait entre tous les mondes possibles, afin que son œuvre ne fût pas indigne de lui. La perfection du monde tient à son unité et à la simplicité des lois qui le gouvernent. Les monstruosités, les désordres que nous croyons remarquer, ne sont que des imperfections apparentes qui résultent nécessairement de la simplicité de ces lois générales qu'on ne pourrait modifier sans rendre le monde moins parfait qu'il n'est.

Dieu a produit deux sortes d'êtres : les esprits et les corps.

Les corps sont homogènes et ils ont tous pour essence l'étendue.

L'essence des esprits est la pensée. On distingue en eux l'intelligence et la volonté.

L'intelligence ne vit que par les idées et les idées sont l'essence divine. C'est en Dieu que nous voyons ce qu'il est et que nous voyons les corps, puisque c'est en lui que se trouve l'*étendue intelligible* qui nous les fait connaître. Il n'y a pas seulement eu une révélation primitive faite par Dieu à l'homme, révélation dont le mosaïsme et le christianisme ont été des développements, mais l'activité de notre intelligence suppose une révélation perpétuelle, puisque toutes nos idées sont produites par Dieu dans notre esprit.

La volonté est soumise à la même loi que l'intelligence. Comme Dieu seul est à la fois la cause et l'objet de notre intelligence, il est également la cause et le terme de notre amour. « Il n'y a, dit Malebranche, qu'une seule cause qui soit vraiment cause... corps, esprits, pures intelligences, tout cela ne peut rien. Dieu ne peut même communiquer sa puissance aux créatures, car en en faisant des causes, il en ferait des dieux. » De là il conclut que quand le corps agit sur l'âme ou l'âme sur le corps, cette action réciproque n'est qu'apparente. Notre volonté n'est que la cause occasionnelle des mouvements du corps, et les sens ne sont que la cause occasionnelle des sensations qu'éprouve l'âme. La cause réelle de ces différents effets est Dieu qui produit lui-même les mouvements dans le corps à l'occasion des volitions de l'âme, ou qui opère des sensations ou des impressions dans l'âme à l'occasion de la présence des corps.

La théorie des *causes occasionnelles*, la *vision en Dieu* et l'*optimisme*, sont les trois points saillants du système de Malebranche.

En exposant sa philosophie, il fait de curieux rapprochements avec nos dogmes. Il signale notre attachement aux sens comme une preuve de notre dégradation par le péché originel. Son optimisme le conduit à la nécessité de l'Incarnation et il assimile les lois de la grâce aux lois de la nature. La dépendance dans laquelle il place l'homme sous le rapport de l'intelligence et de la volonté par sa théorie de la vision en Dieu et des causes occasionnelles, lui inspire une morale ascétique, qui a pour objet l'union intime de la volonté humaine avec la volonté divine.

Mais dans cette fusion de la philosophie et de la théologie, ces deux sciences étaient sacrifiées. Rome mit à l'index le livre du P. Malebranche et Bossuet fut si frappé des erreurs de l'oratorien sur la grâce, qu'il l'engagea à lire saint Thomas et à modifier son système d'après la doctrine de ce grand théologien. Fénelon le réfuta et lui montra que son optimisme était contraire à la liberté de Dieu et à la liberté du Verbe, et qu'il rendait nécessaire l'Incarnation aussi bien que la création. Il lui prouva que ses idées sur la grâce étaient opposées à celles de saint Thomas, et il aurait pu lui montrer que sa vision en Dieu et ses causes occasionnelles détruisaient la liberté de l'homme et rapprochaient beaucoup son système de celui de Spinoza en favorisant le panthéisme dont il avait horreur.

II. — Spinoza

Baruch Spinoza, né à Amsterdam en 1632, mourut en 1677. Malebranche avait voulu faire de la philosophie l'auxiliaire de la théologie, Spinoza entreprit, au contraire, d'en faire une machine de guerre pour renverser la religion et l'ordre moral. Il appartenait à une famille de juifs portugais. Ses opinions le firent exclure de la synagogue, mais il n'est pas probable qu'il ait quitté la religion juive pour en embrasser une autre. Ses principes durent l'éloigner de toute croyance religieuse, puisqu'ils avaient pour conséquence la négation de toute espèce de culte. Il les exposa dans son *Traité théologico-politique* et dans son *Éthique*.

Comme tous les Cartésiens, il donne à sa philosophie l'idée pour base et fait reposer tout son système sur trois définitions, les définitions de *substance*, d'*attribut* et de *mode*.

J'entends par *substance*, dit-il, ce qui est en soi, ce qui est conçu par soi ; j'entends par *attribut* ce que la raison conçoit dans la substance comme constituant son essence ; et j'entends par *mode* les affections de la substance.

Il n'y a qu'une seule substance éternelle ; elle est infinie, et possède nécessairement un nombre infini d'attributs qui se développent eux-mêmes en une infinité de modes.

De ces attributs infinis, innombrables, nous n'en connaissons que deux : l'étendue et la pensée. Dieu est la substance infinie et par conséquent il est l'étendue en soi, la pensée en soi.

Les corps sont des modes de l'étendue ; les âmes, les esprits sont des modes de la pensée.

Ainsi, tous les êtres finis, corps et esprits, sont en Dieu, qui en est la cause immanente, le principe d'où ils sortent, la *nature naturante* (natura naturans) qui les produit. La *nature naturée* (natura naturata) est l'univers, le monde des corps et des esprits, mais ces deux natures ne forment qu'une nature qui est Dieu.

Le panthéisme matérialiste est ainsi formulé par Spinoza, d'après les principes de Descartes. *Renati Descartis principia more geometrico demonstrata*. Pour donner à sa démonstration une apparence de force, il procède par définitions, propositions et théorèmes à la façon des géomètres. Il arrive ainsi à conclure que Dieu n'est qu'un être indéterminé, une abstraction, qu'il n'y a en lui ni entendement, ni volonté. La nature naturante se développe fatalement et la nature naturée ne peut pas être autre qu'elle n'est.

Dans ce système, le libre arbitre est détruit dans l'homme et la personnalité en Dieu. En appliquant ces principes à la religion, Spinoza attaque la Bible, rejette les prophéties et les miracles et considère tout culte comme une superstition.

Par là même qu'il détruit la liberté, il nie la distinction du bien et du mal, et anéantit l'ordre moral, et son fatalisme l'oblige à ne reconnaître d'autre droit dans l'ordre social que celui de la force. Il arrive ainsi au même résultat que Hobbes, quoiqu'il soit parti d'un point opposé et il proclame comme lui qu'il n'y a pas d'autre loi légitime que la volonté du souverain. « Une religion, quelle qu'elle soit, naturelle ou révélée, dit-il, n'existe qu'autant qu'il plaît aux chefs d'État, et ce n'est que par eux que Dieu règne sur la terre. » Ce philosophe, tout en réclamant les droits les plus étendus pour l'exercice de la raison et de la pensée, aboutit ainsi à la glorification du despotisme le plus absolu.

SUJETS DE DISSERTATIONS FRANÇAISES

1. Exposer et discuter la théorie de la *Vision en Dieu*.
2. Exposer et discuter la théorie des *Causes occasionnelles*.
3. Qu'appelle-t-on Panthéisme ? Que savez-vous de Spinoza ?

CHAPITRE XVII

Locke. Leibniz.

Le spinosisme et les conséquences fâcheuses que l'on tirait du cartésianisme inquiétaient vivement Bossuet. « Je vois, écrivait-il à l'occasion du P. Malebranche, un grand combat se préparer contre l'Église sous le nom de philosophie cartésienne ; je vois naître de son sein et de ses principes, à mon avis mal entendus, plus d'une hérésie, et je prévois que les conséquences qu'on en tire contre les dogmes que nos Pères ont tenus là vont rendre odieuse et feront perdre à l'Église tous les fruits qu'elle en pouvait espérer, pour établir dans l'esprit des philosophes la divinité et l'immortalité de l'âme. »

L'université d'Angers ferma l'accès de ses écoles à la doctrine nouvelle par un décret qu'elle rendit en 1675, et deux ans après (1677), l'université de Paris faisait de même.

Par zèle pour la foi, les jésuites se déclarèrent contre le cartésianisme, et ce fut le P. Daniel, l'auteur de l'*Histoire* de *France*, qui soutint avec ardeur cette polémique. Le savant Huet, évêque d'Avranches, pour arrêter cette fièvre d'indépendance, écrivit son *Traité de la faiblesse de l'esprit humain*, mais il dépassa le but et tomba dans le fidéisme.

Comme à toutes les époques profondément divisées, le scepticisme reparut. Il fut formulé par Bayle, qui, dans son *Dictionnaire philosophique*, s'efforçait de donner sur toutes les questions des arguments pour et contre et de tenir l'esprit en suspens en lui faisant voir qu'il n'avait pas plus de motif pour affirmer que pour nier, et que le doute était le seul parti conforme à la raison.

La doctrine de Bacon, que le cartésianisme avait discréditée, parut reprendre faveur. Gassendi (1592-1656), né à Champtercier, près de Digne, en Provence, en avait admis les principes, mais pour mettre à couvert son orthodoxie, tout en enseignant que les sens sont l'unique source de nos idées, et tout en développant la doctrine atomistique de Leucippe et de Démocrite, il avait eu soin de reconnaître Dieu comme créateur et premier moteur de l'univers et de proclamer la distinction de l'âme et du corps. Ses disciples, Saint-Evremond, Chapelle, Bachaumont, Chaulieu, La Fère n'eurent pas les mêmes scrupules, et ce fut pour les combattre que Fénelon publia en 1713 son *Traité de l'existence de Dieu*.

Mais le véritable représentant de la philosophie de Bacon au dix-septième siècle fut Locke.

I. — LOCKE

Jean Locke, né à Wrington, dans le comté de Bristol, en 1632, publia en 1690 son *Essai sur l'entendement humain*, où il développa tout spécialement le principe sensualiste de Bacon, dont il fit la base de toute sa philosophie. Après avoir étudié à Westminster et à Oxford, il s'était occupé de médecine, d'anatomie, et il prit dans les ouvrages de Descartes le goût de la philosophie, mais il n'écrivit que pour le combattre.

Il attaqua sa théorie des idées innées, sous prétexte que

les enfants, les idiots et les sauvages sont dénués de ces principes primitifs et il prétendit avec Bacon qu'en venant au monde l'âme n'est qu'une table rase, *in quâ nihil scriptum est*. Il réduisit les sources des idées à la sensation et à la réflexion.

La sensation nous fait connaître le monde extérieur, et la réflexion nous fait connaître ce que nous sommes. Elle a pour objet les opérations de l'âme, et c'est d'elle que nous viennent les idées de perception, de pensée, de doute, de croyance, de raisonnement, de connaissance, de volonté.

Les idées qui nous viennent directement de la sensation et de la réflexion sont des idées simples. L'entendement peut combiner entre elles ces idées et nous avons alors des idées complexes.

Locke traite d'une manière ingénieuse de l'abstraction et de la généralisation, de l'association des idées, du rapport des mots aux idées et des idées aux mots, et il décrit tous ces phénomènes avec autant d'élégance que de clarté, mais en restant fidèle à la méthode de Bacon.

En attribuant tout aux sens, Locke est condamné à n'admettre rien que de particulier et de limité, puisque les sens ne perçoivent pas autre chose. Il ne peut s'élever, comme Victor Cousin l'a très bien démontré dans son examen du philosophe anglais, aux idées nécessaires, universelles, absolues. L'idée d'infini n'a pour lui rien que d'empirique, et il est réduit à en faire une abstraction qu'il confond avec l'idée négative de l'indéfini.

Nous n'avons, d'après Locke, aucune idée claire de la substance. Elle n'est que la collection des idées simples que nous rapportons à un même objet, par conséquent ce n'est encore qu'une abstraction.

Les idées de cause et d'effet dérivant soit de la sensation, soit de la réflexion, sont des idées particulières que nous ne pouvons élever à l'idée de cause générale que par l'abstraction. La cause première nous échappe donc aussi bien que la substance.

L'idée du bien et du mal ne sortant pas du domaine de

la sensation ne peut être que l'idée du bonheur ou du malheur physique, du bien-être ou de la souffrance.

Cette psychologie nous enfermant de toutes parts dans le monde physique, il n'est pas possible logiquement d'arriver au monde des esprits.

Aussi Locke, se demandant si l'âme est distincte du corps, répond qu'il ne peut le démontrer, attendu que la matière et la pensée ne sont pas absolument incompatibles, et que nous ne saurons jamais, sans révélation, si Dieu n'a pas donné à quelques systèmes de parties matérielles, disposées convenablement, la faculté d'apercevoir et de penser.

L'idée d'infini n'étant pour Locke qu'une idée abstraite et négative, et les idées que nous avons ne pouvant être représentatives des esprits, des êtres immatériels, il est impossible que logiquement on arrive à l'existence de Dieu.

Locke dit cependant que nous y sommes conduits par la considération de nous-mêmes et de ce que nous trouvons infailliblement dans notre nature. « Nous savons, dit-il, que nous sommes; nous savons également par expérience que le néant ne saurait rien produire; donc il y a un Être éternel. »

Cet argument, pour être concluant, suppose le principe de causalité. Locke n'en parle pas, et nous dirons qu'il ne pouvait pas en parler, puisque son système ne lui permet pas d'admettre la cause première, réelle, agissante et nécessaire.

Sa morale est forcément la morale égoïste du plaisir, puisqu'il n'admet que le bien et le mal physique. Il réduit la volonté au pouvoir d'agir, et comme ce pouvoir est perpétuellement entravé, il en résulte que nous ne sommes jamais libres.

Locke était un socinien. Personnellement, il croit à l'immatérialité de l'âme, à l'existence de Dieu, et pour la morale, il renvoie à l'Évangile, qui est le code le plus parfait qu'on puisse imaginer. Mais, au dix-huitième siècle, nous verrons ses disciples mettre de côté toutes ces réserves et tirer de ses principes toutes les conséquences qu'ils renferment.

23.

En religion, Locke proclame le principe de la tolérance universelle, et dans son *Essai sur le gouvernement*, il est libéral et s'efforce, en développant les principes de la monarchie constitutionnelle, de justifier la révolution de 1688 accomplie en Angleterre par le prince d'Orange.

II. — Leibniz

Leibniz, né à Leipsig en 1646, est peut-être, au point de vue philosophique, un des plus grands esprits des temps modernes. Il voyait avec effroi ébranler les vérités qui sont la base de la société, la croyance à la Providence de Dieu et l'immortalité de l'âme. « Si l'on ne se corrige, disait-il, de cette maladie d'esprit épidémique, dont les mauvais effets commencent à être visibles, et si on la laisse, au contraire, aller croissant, la Providence corrigera les hommes par la révolution qui en doit naître. » Il aurait voulu, comme il l'écrivait dès 1670 à un de ses amis, « voir tous les savants réunir leurs forces pour terrasser le monstre de l'athéisme, et ne pas laisser davantage s'étendre un mal d'où l'on ne peut attendre que l'anarchie universelle et le renversement de la société. »

Leibniz attaque, dans ses *Nouveaux essais sur l'entendement humain*, le système de Locke. Il n'admet pas que l'âme soit à sa naissance une table rase, un bloc de marbre brut dont l'expérience fait une statue, comme l'avait dit le philosophe anglais. « Si l'âme, dit-il, ressemblait à des tablettes vides, la vérité serait en nous comme la figure d'Hercule est dans un marbre, quand le marbre est tout à fait indifférent à recevoir cette figure ou quelque autre. Mais s'il y avait des veines dans la pierre qui marquassent la figure d'Hercule préférablement à d'autres figures, cette pierre serait plus déterminée, et Hercule y serait comme *inné* en quelque façon, quoiqu'il fallût du travail pour découvrir ces veines et pour les nettoyer par la polissure ou retrancher ce qui les empêche de paraître. »

C'est ainsi, d'après Leibniz, qu'il y a dans l'âme des dispositions particulières à concevoir certaines idées qui ne viennent pas des sens, mais que nous trouvons en réfléchissant à ce qui est en nous, comme l'être, l'unité, la durée, etc. C'est ce qui lui fait dire, en rapportant l'axiome du sensualisme : « Rien n'est dans l'entendement qui n'ait été dans les sens, *sauf l'entendement lui-même, avec sa nature propre et ses fonctions.* »

Il distingue deux sortes de vérités ou de propositions, les particulières et les générales.

Les particulières se rattachent toujours aux générales. Celles-ci énoncent des faits ou des vérités nécessaires. Dans le premier cas, elles procèdent de l'expérience et de l'induction ; dans le second, elles ne peuvent provenir des sens et des sensations. Elles énoncent les conditions d'existence des êtres contingents, par conséquent elles leur sont logiquement antérieures, et elles reposent sur la substance nécessaire qui a créé l'univers et qui a gravé dans nos âmes, à l'état virtuel, ces lois générales auxquelles le monde entier est soumis.

Ces lois sont les principes généraux qui entrent dans nos pensées et dont ils font l'âme et la liaison. « L'esprit, dit Leibniz, s'appuie sur ces principes à tous moments, mais il ne vient pas si aisément à les démêler et à se les représenter distinctement et séparément, parce que cela demande une grande attention à ce qu'il fait… Il est convenable que les enfants aient plus d'attention aux notions des sens, parce que l'attention est réglée par le besoin. L'événement fait voir, dans la suite, que la nature ne s'est point donné inutilement la peine de nous imprimer les *connaissances innées,* puisque sans elles il n'y aurait aucun moyen de parvenir à la connaissance actuelle des vérités nécessaires dans les sciences démonstratives et aux raisons des faits, et nous n'aurions rien au-dessus des bêtes. »

Aussi, loin de rapporter toutes ces connaissances à la sensation, comme le fit Locke, Leibniz établit que les vérités générales sont l'âme et la vie de nos pensées, que les vérités particulières n'en sont que des applications ou des exemples, et que ce qu'il y a en nous de primitif, ce qui précède toute observation et toute expérience, ce sont ces dispositions intellectuelles d'où naissent les vérités nécessaires au contact des sens. Dans la nature, c'est le simple qui précède le composé, l'absolu le relatif, le nécessaire le contingent.

2. La science, par conséquent, se compose d'idées générales et le langage de termes généraux. « Ces termes, dit Leibniz, sont nécessaires pour la constitution essentielle des langues. Car si par les choses particulières on entend les individuelles, il serait impossible de parler s'il n'y avait que des noms *propres* et point d'*appellatifs*, c'est-à-dire, s'il n'y avait que des mots pour les individus et point d'universaux fondés sur la similitude. Comme il ne s'agit que de similitude plus ou moins étendue, selon qu'on parle des *genres* ou des *espèces*, il est naturel d'employer des termes généraux de tous les degrés; et même les plus généraux, étant moins chargés par rapport aux idées ou essences qu'ils renferment, quoiqu'ils soient plus extensifs par rapport aux individus auxquels ils conviennent, étaient souvent les plus aisés à former et sont les plus utiles. Et il est sûr que tous les noms *propres* ont été originairement *appellatifs* ou *généraux*. »

D'après cette théorie, Leibniz avait cru qu'il était possible d'inventer une langue universelle et s'était promis de le tenter en exprimant toutes les idées générales par des termes appellatifs qui fussent compris de tous les hommes. Il y a là sans doute une exagération. La diversité des langues résulte de la diversité du génie des peuples, et on ne peut ramener cette variété à l'unité. Mais quand il s'agit des sciences, les idées qui leur sont propres peuvent être exprimées par des termes ou des formules qui forment une sorte de langue universelle. C'est ainsi que pour l'arithmétique, l'algèbre, la géométrie, la chimie il y a une terminologie spéciale formant une langue universelle à l'usage de tous les savants.

3. En s'éloignant de Locke, Leibniz se rapproche de Descartes. Il se fait son disciple et s'attache comme lui à détourner les esprits des choses sensibles pour les porter vers les idées, mais c'est un disciple qui, tout en acceptant

certains principes du maître, tient à les réformer en les complétant.

Il adopte la méthode analytique et déductive de Descartes pour la physique et les mathématiques et c'est cette méthode qui l'a conduit à l'invention du calcul différentiel. Mais dans la dynamique et la métaphysique, il est platonicien et suit la méthode intuitive et synthétique. Il pose *à priori* et prend pour règle ces principes intuitifs : 1° le principe de contradiction : Une même chose ne peut pas être à la fois et ne pas être dans le même sujet considéré sous le même rapport; 2° le principe de raison suffisante : « Rien n'arrive sans raison suffisante, » c'est-à-dire sans un motif qui détermine pourquoi les choses sont ainsi et non autrement.

Ce principe comprend : 1° le principe de cause *efficiente*, tout ce qui est ou se fait a une cause; 2° le principe de *finalité;* tout ce qui est ou se fait a un but, une fin; 3° le principe de *continuité;* la nature ne fait rien par saut; 4° le principe de *la voie facile;* tout se fait dans l'univers par les moyens les plus simples et les plus faciles, c'est-à-dire avec la moindre dépense de temps et de force qu'il est possible.

Descartes avait distingué deux substances, l'esprit et le corps, l'esprit qui a pour essence la pensée, et le corps qui a pour essence l'étendue. Dans un opuscule intitulé : *la Réforme de la philosophie première*, Leibniz réfute la notion de substance telle qu'elle a été formulée par Descartes. Il y ajoute la notion de force, et il prétend qu'il y a dans toute substance, dans les corps et dans les esprits, une certaine puissance d'agir, qu'Aristote avait d'ailleurs reconnue et qui se retrouve dans les scolastiques, dans la distinction qu'ils font de la forme et de la matière qu'ils considèrent comme les éléments constitutifs des êtres.

Ainsi Leibniz ne veut pas seulement que l'âme soit une chose pensante, *res cogitans*, mais il veut qu'elle soit une force, une activité, ayant conscience d'elle-même, *sui conscia*. Quant aux corps, il démontre que l'étendue et le mouvement ne suffisent pas pour se rendre compte de leur existence et de leur configuration, mais qu'il faut ajouter au mécanisme de Descartes le dynamisme d'Aristote, c'est-à-dire une force interne, une puissance d'action renfermant l'acte lui-même. C'est l'entéléchie d'Aristote, « ce pouvoir moyen entre la simple faculté d'agir et l'acte déterminé ou effectué, cette énergie qui contient et enveloppe l'effort. »

Leibniz n'a pas, comme Malebranche, exposé ses doctrines dans un ouvrage où on les trouve réunies et systématisées. On ne les connaît que par des thèses latines qu'il fit imprimer à Leipzig et qui ressemblent à des articles de revue. C'est pour ce motif qu'il n'est pas facile de suivre et de préciser parfaitement toutes ses pensées. Mais les parties les plus saillantes de son système sont : la monadologie, l'harmonie préétablie et l'optimisme.

III. — Monadologie. Harmonie préétablie. Optimisme

1. Leibniz ne dédaignait pas l'histoire comme Descartes et son école. Il rattachait à Aristote son dynamisme, aux philosophes chrétiens le principe des causes finales que Descartes avait banni à tort de la physique, et à Pythagore l'idée fondamentale de son système, les monades ou substances simples.

Leibniz ne reconnaît pas deux substances, comme Descartes, l'esprit et le corps, il n'en admet qu'une seule, la monade qui est une substance simple ; ce qu'on désigne sous le nom de matière est une agrégation de monades ou de substances simples.

Dans toute monade il y a une force interne qui est le principe de toutes les variations qu'elle subit. Cette force n'est pas la même dans chaque monade, car si elle était la même les monades ne seraient pas discernables. Mais toute monade a ses qualités propres qui la distinguent des autres monades. De plus toute monade est un petit monde, une image représentative de l'univers et implique à ce titre la multiplicité dans l'unité.

Les monades en s'agrégeant forment des composés et ce sont ces composés qui constituent les êtres dont l'univers est formé. Ces agrégations ne se font pas au hasard, mais d'après une loi régulière que Leibniz appelle la loi de continuité. En vertu de la variété infinie des essences qui constituent les monades et de la variété infinie de leur développement, il en résulte une variété infinie d'êtres qui se distinguent par des caractères différents qui ne sont que des nuances, mais qui forment un ensemble parfaitement gradué qui permet de passer de l'un à l'autre par des transitions presque imperceptibles. La nature ne faisant pas de saut, entre le règne animal et le règne végétal il doit y avoir des êtres intermédiaires qui marquent le passage de l'un à l'autre, ce que la science a en effet justifié.

Tout est lié dans l'espace. « Comme tout est plein, ce qui rend toute la matière liée, et comme dans le plein tout mouvement fait quelque effet sur les corps distants à mesure de la distance (de sorte que chaque corps est affecté non seulement par ceux qui le touchent, et se ressent en quelque façon de tout ce qui leur arrive, mais aussi par leur moyen se ressent de ceux qui touchent les premiers, dont il est touché immédiatement), il s'ensuit que cette communication va à quelque distance que ce soit. »

Tout est lié dans le temps. « Il n'y a jamais ni génération entière, ni mort parfaite, prise à la rigueur, consistant dans la séparation de l'âme. Et ce que nous appelons *générations* sont des développements et des accroissements, comme ce que nous appelons *morts* sont des enveloppements et diminutions. »

Tout est lié dans les mouvements et les perceptions. Le repos n'est qu'un mouvement qui s'évanouit et l'égalité une inégalité qui disparaît.

Dans tout composé il y a une monade prédominante qui attire à elle les autres monades avec lesquelles elle s'agrège. C'est le caractère de cette monade qui détermine le caractère du composé lui-même.

Les monades les plus imparfaites sont sans aperception et forment les éléments des corps. Les monades avec aperception sont les âmes proprement dites. Elles se subdivisent en monades qui ont le sentiment vague et obscur de leur état intérieur, mais sans connaissance des vérités nécessaires (ce sont les âmes des bêtes,) et en monades qui ont la conscience claire ou réfléchie de leur état intérieur et une connaissance des vérités nécessaires (ce sont les âmes raisonnables).

L'âme humaine est tout à la fois force, puissance organisatrice, sensation et raison, et en retranchant une de ses propriétés on descend d'un degré dans l'échelle des êtres ; on arrive successivement à l'animal, à la plante, et aux êtres inorganiques.

2. Chaque monade étant représentative de l'univers, il s'ensuit qu'elles suivent toutes les mêmes lois et qu'elles forment en quelque sorte un concert, une harmonie où l'on ne rencontre pas la moindre discordance.

Chaque monade agissant d'elle-même, d'après la vertu intime dont elle est douée, son état présent est la conséquence de son état antérieur et si nous avions une connaissance assez exacte et assez profonde des monades, nous rattacherions sans effort le passé au présent et du présent nous conclurions l'avenir.

Cette harmonie du monde est *préétablie* dans le sens que Dieu l'a concertée d'avance et qu'il l'a vue avant de la décréter, et on peut dire aussi que tous les êtres ont été *préformés*, parce que Dieu ne les appelle à l'existence qu'après avoir vu en eux-mêmes la série de leurs modifications, de leurs mouvements et de leurs actions.

Pour Leibniz l'âme et le corps dans l'homme forment un *suppôt*. Ce suppôt est un fragment de l'univers qui représente dans des proportions plus petites l'harmonie de l'ensemble. Ainsi l'âme et le corps sont deux monades qui ont leur énergie interne, leur force propre, comme deux horloges placées l'une à côté de l'autre se meuvent d'après le mécanisme qui leur appartient.

Ces deux monades réunies dans un même individu ne peuvent pas ne pas être d'accord. Dieu, dit Leibniz, a créé l'âme d'abord de telle façon qu'elle doit produire et se représenter par ordre ce qui se passe dans le corps, et le corps aussi de telle façon qu'il doit faire de soi-même ce que l'âme ordonne. De sorte que les lois qui lient les pensées de l'âme dans l'ordre des causes finales et suivant l'évolution des perceptions, doivent produire des images qui se rencontrent avec les impressions des corps sur nos organes; et que les lois du mouvement dans le corps, qui s'entresuivent dans l'ordre des causes efficientes, se rencontrent aussi et s'accordent tellement avec les pensées de l'âme que le corps est porté à agir dans le temps que l'âme le veut.

Tel est le système de l'*harmonie préétablie* qui ne s'applique pas seulement à l'homme dans la philosophie de Leibniz, mais qui embrasse l'univers entier. C'est le fond de toute sa métaphysique.

3. Au-dessus de tout, il voyait Dieu libre, sage et tout-puissant, créer tous les êtres et leur communiquer par un acte unique de sa volonté, la force intime qui devait être le principe de tous leurs changements et de toutes leurs évolutions. Ce spectacle le ravissait d'admiration, et dans son enthousiasme il ne trouvait pas d'expressions pour exalter la sagesse et la puissance divine qui avait tout prévu, tout pénétré et tout si bien coordonné que l'ensemble de ses œuvres formait une harmonie que rien ne pouvait troubler.

Son principe de la raison suffisante était la base de sa *Théodicée*. Il démontrait l'existence de Dieu par la nécessité d'une cause première existant par elle-même, et par la notion des idées absolues qui ne peuvent se trouver objectivement que dans une substance absolue.

Mais ce même principe poussé jusqu'au bout le conduisit à l'optimisme. « Dieu ne pouvant jamais agir sans une raison suffisante, le motif qui seul a pu légitimer son choix, quand il a voulu créer le monde, ne peut être que la perfection et la bonté de l'œuvre; car la volonté divine, mieux encore que la volonté humaine, doit vouloir et choisir le bien qui est le plus parfait. Donc le monde actuel doit être le plus parfait. »

A ceux qui lui objectaient les imperfections et le mal qui existent dans le monde actuel, il répondait, comme Malebranche, qu'il ne disait pas que tout fût parfait, mais qu'il affirmait seulement que l'ensemble, le tout était ce qu'il y avait et ce que l'on pouvait concevoir de mieux.

On ne peut nier la grandeur et la beauté de ce système qui renferme d'ailleurs une foule d'aperçus nouveaux que la science a confirmés. Il répond à Locke et rejette le matérialisme comme un système impuissant à rendre compte de l'origine des choses. Il réfute Spinosa et le panthéisme en établissant une multitude d'êtres ou de mondes distincts les uns des autres. Il réforme en plusieurs points les théories de Descartes et les suppositions de Newton qui admettait le vide comme les atomistes et considérait l'espace comme une réalité étendue.

Mais en établissant l'unité de substance, la substance simple, il se jette forcément dans l'idéalisme. Car il n'est pas possible de concevoir comment des substances simples en s'agrégeant forment des substances composées, comment la simplicité produit la matière, l'étendue avec ses trois dimensions. Son système est séduisant par son unité et sa fécondité, mais des déductions si rigoureuses ne laissent pas de place à la liberté. Son optimisme est contraire à la liberté de Dieu, et son harmonie préétablie contraire à la liberté de l'homme.

SUJETS DE DISSERTATIONS FRANÇAISES

1. Exposer la philosophie de Locke. Sur quels points Locke s'est-il séparé de Descartes et des Cartésiens ?

2. Expliquer le sens de cette pensée de Leibniz : « Les principes généraux entrent dans toutes nos pensées dont ils sont l'âme et la liaison. »

3. Que savez-vous de la philosophie de Leibniz ? Qu'entend-il par monades, harmonie préétablie ? Qu'a-t-il ajouté à la philosophie de Descartes ?

4. Qu'est-ce que la théorie de l'harmonie préétablie dans la philosophie de Leibniz.

5. Qu'est-ce que l'optimisme de Leibniz ? Que pensez-vous de ce système ?

CHAPITRE XVIII

La philosophie au dix-huitième siècle.

En Angleterre, en France et en Allemagne au dix-huitième siècle, la philosophie s'éloigne des spéculations métaphysiques. Elle devient généralement athée, matérialiste ou sceptique, s'attaque à la religion et aux institutions sociales et prépare la révolution.

I. — PHILOSOPHIE ANGLAISE. BERKELEY. HUME. BENTHAM. REID.

En Angleterre l'esprit positif de la nation s'était attaché aux doctrines empiriques de Bacon que Locke formula et organisa sur la fin du dix-septième siècle. Il se fit cependant une réaction contre le sensualisme de Locke et cette réaction alla jusqu'à l'idéalisme.

Un évêque anglican Berkeley (1684-1753) en fut l'auteur. Ennemi des doctrines scolastiques, comme l'étaient tous les novateurs, il essaya de tout ramener à des faits généraux, à des idées concrètes et dans ses *Dialogues entre Hylas et Philonoüs* il prétend que les idées-images, les seules qui mettent l'homme en rapport avec le monde extérieur, ne sont que des perceptions de notre esprit et ne nous autorisent nullement à affirmer l'existence des objets auxquels elles correspondent. La matière dont les matérialistes font le *substratum* des phénomènes visibles que nous percevons ne lui semble qu'une chimère. Il n'y a pas d'autre réalité que les idées qui sont en nous et ces idées, au lieu d'être simplement représentatives des objets, sont les objets eux-mêmes.

En considérant nos idées nous voyons qu'il y a de l'ordre entre elles. Cet ordre nous révèle l'existence d'une intelligence supérieure qui en est le principe, et c'est dans cette intelligence seule que nos idées ont une réalité supérieure. C'est d'elle que nous viennent directement nos sensations et nos connaissances et ce serait faire tort à sa sagesse et à sa puissance que de croire avec les cartésiens qu'elle ait besoin entre elle et nous d'aucun intermédiaire, d'aucune cause occasionnelle, d'aucun instrument. C'est l'idéalisme le plus absolu.

Or, l'idéalisme en présence du matérialisme amène toujours le scepticisme. David Hume (1711-1776), l'auteur de l'histoire d'Angleterre, prit pour base dans ses *Essais* et son *Traité de la nature humaine*, les théories de Berkeley, mais il les poussa plus loin. Pour lui nous ne devons pas seulement douter de la réalité de la matière, mais nous devons également douter de la réalité de l'esprit.

Toutes nos idées, nos jugements, nos raisonnements ne sont, dit-il, que des impressions ou des sensations affaiblies. Ces sensations étant incertaines, puisque nous n'avons pas de motif qui nous autorise à affirmer qu'elles correspondent aux objets, les idées sont plus incertaines encore. L'essence de l'esprit nous est aussi inconnue que celle de la matière et nous ne pouvons affirmer quelque chose ni de l'une ni de l'autre.

Hume attaque directement la notion de cause et il prétend que, si dans l'ordre physique nous constatons une série de phénomènes, cette succession de faits ne nous permet pas d'en induire le principe de causalité et que tous nos jugements sur le monde physique manquent de base.

Il critique de la même façon le procédé de l'esprit humain qui s'appuie sur les éléments qui lui sont fournis par les sensations pour s'élever à l'idée d'un principe universel, d'une cause première.

Comme il a réduit tout l'homme à la sensation, il ne voit pas qu'on puisse légitimement affirmer la liberté et l'existence de ce qu'on appelle les notions de l'ordre moral. L'homme ne peut avoir d'autre mobile que l'intérêt et sa morale est celle de l'égoïsme.

Cette morale qui est celle du sensualisme avait alarmé déjà bien des esprits. Dans le siècle précédent Richard

Cumberland, évêque anglican (1632-1718) lui avait opposé le devoir de la bienveillance, et le comte de Shaftesbury Ashley (1671-1713) le sentiment intérieur qui nous cause une satisfaction profonde lorsque nous avons mérité l'approbation et l'affection de nos semblables.

Hutcheson (1694-1729) perfectionna cette espèce d'altruisme en proclamant le *penchant bienveillant* comme la source des affections qui doivent nous porter à être utiles à ceux qui nous entourent.

Adam Smith (1723-1790) s'appuya sur la *sympathie*. Tous ces systèmes, qui ont produit ce que l'on a appelé la morale du sentiment (Voy. plus haut, p. 291-292), se rattachaient à la doctrine de Locke et des sensualistes, mais ils étaient moins logiques que la théorie de Bentham (1748-1832), qui formule sans détour la morale de l'intérêt et qui fait reposer les devoirs envers la société sur l'intérêt personnel bien entendu (Voy. plus haut, page 287).

Pendant tout le dix-huitième siècle la philosophie anglaise ne sortit pas du cercle dans lequel le sensualisme de Bacon l'avait enfermée. Thomas Reid (1710-1796) le fondateur de l'école Écossaise témoigna le même éloignement que tous ses prédécesseurs pour les spéculations métaphysiques, la recherche des notions de cause, de fin, de substance et d'origine. Il réduisit la philosophie à l'étude de la psychologie. Comme Descartes il fait de l'étude du moi, de l'âme, l'objet spécial de la philosophie, mais il l'étudie d'après la méthode de Bacon. L'école écossaise n'a pas de doctrine. Elle se borne à décrire les faits, et à invoquer la croyance générale ou les vérités de sens commun, mais elle n'en fait pas la critique. Ses observations prouvent qu'il y a dans l'âme humaine autre chose que des sensations et que les idées représentatives de Locke ne suffisent pas pour rendre compte de la connaissance que nous avons des objets. Mais elle ne cherche pas à résoudre les questions fondamentales qui résultent des faits qu'elle observe et qui sont après tout les seules qui nous intéressent véritablement.

Locke, tout en formulant en philosophie le sensualisme

de Bacon, commença l'attaque contre la religion révélée dans un livre rationaliste qu'il publia sous le nom de *Christianisme raisonnable*. Ses disciples Toland et Bury s'en prirent aux mystères et soutinrent qu'en religion comme ailleurs on ne doit admettre que ce que l'on comprend (1696). Asgill et Guillaume Coward attaquèrent la spiritualité et l'immortalité de l'âme comme une superstition païenne, une insulte à la saine philosophie et à la raison (1704). Lord Shafterbury, le disciple de Locke et de Bayle, attaqua les miracles et contesta l'authenticité et l'intégrité des livres de l'Ancien et du Nouveau Testament. Collins fonda la société des *libres penseurs* qui faisaient profession de ne reconnaître d'autre règle que la raison et de saper par la base toute religion.

Le clergé anglican s'émut et Collins, confondu par ses adversaires, fut obligé de se retirer en Hollande. Mais l'impiété n'en fit pas de moins rapides progrès. Thomas Woolston prétendit qu'il ne fallait voir dans les faits miraculeux de la Bible que des légendes ou des allégories et lord Bolingbroke, après avoir rejeté toute croyance religieuse, ne craignit pas d'attaquer la morale elle-même et de soutenir que la justice n'est qu'un mot, que la modestie et la chasteté ne sont que des choses de convention et de vanité et que ces vertus n'ont aucun fondement dans la nature. La cour du banc du roi le condamna, l'université de Cambridge l'effaça du nombre de ses membres, mais ses doctrines se répandirent néanmoins avec une grande rapidité, spécialement en France.

II. — Philosophie française. Voltaire, Diderot, Condillac, Montesquieu, Rousseau et les économistes.

Voltaire (1694-1778) n'est pas un philosophe. Nous le plaçons ici parce qu'il donna l'impulsion à tout son siècle. Il préféra Locke et Newton à Descartes et passa en Angleterre (1726) pour se mettre personnellement en rapport avec Wolston, Bolingbroke et tous les écrivains irréligieux les plus avancés. A l'école des libres-penseurs anglais, son incrédulité devint systématique et raisonneuse et il puisa dans leurs écrits presque tous les arguments et les faits qui ont défrayé sa verve dans la longue guerre qu'il a faite à la religion. Ses *Lettres philosophiques*, que le parlement condamna à être lacérées et brûlées par la main du bourreau (1734), l'obligèrent à s'éloigner de Paris, mais les chefs du parti philosophique n'en furent que plus audacieux dans leurs attaques contre la religion.

Le marquis d'Argens tourna en ridicule la religion dans ses *Lettres juives, chinoises et cabalistiques*. Lamettrie composa son *Traité de l'âme* où il professa le matérialisme le plus absolu et où il soutint qu'on ne doit admettre ni principes religieux, ni principes moraux. Helvétius enseigna également dans son livre *de l'Esprit* que le corps seul existe, que nous n'avons que des sens et que l'intérêt personnel doit être l'unique mobile de nos actions. « L'étude des moralistes, dit-il, ne doit avoir d'autre but que de déterminer l'usage qu'on doit faire des récompenses et des punitions et les secours qu'on en peut tirer pour lier l'intérêt personnel à l'intérêt général. Cette union est le chef-d'œuvre que doit se proposer la morale. »

Diderot (1713-1784) a personnifié cette philosophie matérialiste et sceptique qui ne songeait qu'à renverser l'Église et la religion. Dans ses *Pensées philosophiques* il s'était montré d'abord sceptique. Dans sa *Lettre sur les aveugles à l'usage des clairvoyants* il s'achemine vers l'athéisme en ébranlant toute certitude. Partant du principe baconien que toutes nos idées viennent des sens, il conclut que la morale d'un aveugle doit être différente de la nôtre, que celle d'un sourd différerait même de celle d'un aveugle et qu'un être qui aurait un sens de plus que nous, trouverait cette morale imparfaite pour ne rien dire de plus.

Il a attaché son nom à l'*Encyclopédie* dans laquelle il a réuni, comme dans une vaste citadelle, toutes les sciences ; la théologie, la philosophie, les mathématiques, les sciences naturelles, les belles-lettres, la morale, la médecine, les arts libéraux et mécaniques, pour les armer contre la religion.

Cette philosophie irréligieuse était purement négative.

Avec Lamettrie, le baron d'Holbach, Helvétius, Diderot et les encyclopédistes elle niait Dieu, l'âme humaine, la religion et la morale, mais elle n'établissait rien. Elle ne raisonnait même pas la doctrine qu'elle soutenait. Nous ne trouvons qu'un philosophe qui ait systématisé ses idées, l'abbé de Condillac (1715-1780) qui, dans son *Traité des sensations* et son *Essai sur l'origine des connaissances humaines*, donna au sensualisme sa dernière forme.

Prêtre, précepteur du petit-fils de Louis XV, l'infant Ferdinand de Parme, il n'était personnellement ni matérialiste, ni athée. Il croyait à la spiritualité de l'âme et à l'existence de Dieu, mais ses principes philosophiques sont en opposition avec ses croyances.

Sa méthode est la méthode analytique de Descartes développée par Malebranche. Il décompose les éléments d'un objet, les compare et établit leurs rapports. Il va comme les mathématiciens du connu à l'inconnu et applique à la philosophie les procédés de l'arithmétique et de l'algèbre.

Locke avait reconnu deux sources des idées, la sensation et la réflexion. Condillac n'en admet qu'une seule l'attention, qui n'est elle-même que l'effet d'une sensation prédominante. La sensation est représentative ou affective. La sensation représentative engendre les opérations de l'entendement et la sensation affective les opérations de la volonté.

Les idées et les actes de la volonté ne sont que des sensations transformées.

Si plusieurs sensations d'égale intensité sont éprouvées par un individu, il n'est qu'un animal qui sent; si l'une d'elles a plus de vivacité que les autres, elle occupe exclusivement l'esprit, elle constitue l'*attention*. Lorsqu'elle fait place à une autre sensation et qu'elle continue d'être aperçue, elle constitue la *mémoire*. Lorsque deux sensations, l'une actuelle, l'autre passée, appartiennent à l'esprit, celui-ci est attentif à deux idées en même temps; or, une double attention produit la *comparaison*. A son tour, la comparaison de deux idées fait percevoir un rapport de ressemblance ou de différence, perception qui constitue un *jugement*. Par la même raison une suite de jugements forme un *raisonnement*.

Ainsi, toutes ces opérations ne sont que différentes formes de l'attention, qui se nomme *réflexion*, quand elle parcourt les parties d'un objet, et *imagination*, quand elle considère des images.

Les sensations affectives, c'est-à-dire agréables ou désagréables nous font éprouver le *besoin* de rester comme nous sommes ou de changer. Or, le besoin concentre nos facultés sur un objet; de là résulte le *désir*. Tourné en habitude, le désir devient la *passion* (amour, haine, espérance, crainte). S'il paraît pouvoir être satisfait, il se transforme en volonté.

Pour développer son système, Condillac a recours à l'hypothèse d'une statue animée. Il examine les impressions dont chaque sens est susceptible, puis il combine les données de plusieurs sens et prétend arriver ainsi par une série de transformations successives à expliquer l'origine de toutes les connaissances humaines.

Locke avait beaucoup appuyé sur les rapports du langage avec la pensée. Condillac montre que nos sensations ou nos idées sont les signes des choses, que nous avons besoin de signes pour abstraire, généraliser et raisonner, que l'art de raisonner se réduit à une langue bien faite et que nous ne pouvons penser qu'avec le secours des mots. La nature n'est à ses yeux qu'un ensemble de symboles que les sciences traduisent en des symboles plus abstraits encore.

Cette théorie est pleine de contradictions. Elle remplace l'analyse psychologique des faits de conscience par l'analyse logique des idées, l'observation qui est le propre de la méthode expérimentale par une hypothèse, l'homme réel dont la vie intellectuelle suppose l'exercice simultané de plusieurs facultés par un homme fictif qui met ses facultés en action successivement. Elle ne rend aucun compte des idées nécessaires, absolues, universelles qui sont la base de l'entendement humain. Dans sa description des opérations de l'âme, Condillac identifie l'attention qui est active avec la sensation qui est passive, le désir qui peut être un acte instinctif avec la volonté libre, il n'explique nullement la mémoire dont il fait une sensation continuée, mais affaiblie, ni la comparaison qu'il prend pour la perception d'un rapport, ni le jugement, ni le raisonnement.

Cependant sa doctrine a régné en France pendant un demi-siècle. Sa méthode qui avait une grande analogie avec la méthode géométrique plaisait aux savants, la clarté de ses descriptions mettait à la portée de tous sa doctrine qui avait plus de surface que de profondeur ; son empirisme, qu'il paraissait concilier avec l'existence de l'âme et l'existence de Dieu, n'inspirait pas la même répugnance que le matérialisme des athées ou le sensualisme des épicuriens. On croyait qu'il avait su allier la tradition cartésienne à la méthode expérimentale, et réunir Bacon et Descartes dans un système qu'il ne craignait pas de présenter lui-même à ses contemporains comme le dernier mot de la science.

II. Mais les esprits s'occupaient moins alors de philosophie spéculative que de philosophie sociale et politique. On ne rêvait dans toute l'Europe que lois et constitutions nouvelles, les idées avaient partout dépassé les institutions et nécessité des réformes. On ne parlait que politique, économie et droit social. Chacun se croyait obligé d'avoir sur toutes ces matières son système.

Quand Montesquieu publia son *Esprit des lois* (1748), tout le monde voulut le lire. En six mois on en fit douze éditions, et après deux ans, il en comptait vingt-deux. Il était traduit dans toutes les langues et lu et commenté avec enthousiasme par tous les philosophes et les jurisconsultes. On ne dut cependant pas y trouver tout ce qu'on espérait. Le principe fondamental du livre, qui cherche à expliquer les mœurs et les usages des nations par l'influence des climats, est emprunté à l'école sensualiste. L'auteur a fait beaucoup de recherches, amassé beaucoup de matériaux, mais son érudition n'est pas sûre. La partie historique renferme bien des erreurs, et la critique des institutions présentes se borne à des railleries contre les moines, les courtisans et les hommes de finances, et renferme peu de vues sérieuses et pratiques. Il paraît mécontent de ce qui existe, mais il ne dit pas ce qui devrait être. L'Angleterre est pour lui la première nation du monde, on sent qu'il préfère son gouvernement constitutionnel au gouvernement absolu de Louis XV, son système d'impôts au nôtre, mais les réformes qu'il propose se bornent à la tolérance religieuse, à l'adoucissement des lois pénales, à l'assistance des malheureux par l'État.

Rousseau est un déclamateur qui attaque la civilisation elle-même et qui l'accuse de tous les maux qui pèsent sur la société. Dans son *Contrat social* (1762) il suppose que les hommes ont d'abord vécu isolés, et qu'ils ne se sont associés que d'après une convention particulière qu'ils ont faite entre eux. L'hypothèse est absurde, car une convention n'est possible qu'entre des hommes qui peuvent s'entendre et qui sont déjà unis par l'intelligence et le sentiment. Par suite de ce contrat social, les hommes qui étaient par nature inégaux, deviennent égaux par convention et de droit. La souveraineté est la volonté de tous et c'est à cette volonté à faire les lois et à les modifier à son gré. Le peuple est souverain, les gouvernants et les magistrats ne sont que ses mandataires chargés d'exécuter ses ordres.

Il mêle à ces principes exagérés une foule de paradoxes qui rendent impraticable le système de gouvernement qu'il préconise, mais les révolutionnaires lui surent gré d'avoir énoncé la doctrine de la souveraineté du peuple et inscrivirent une partie de ses maximes dans la déclaration des droits de l'homme.

Les économistes ont spéculativement des théories différentes. Quesnay (1697-1774) et les physiocrates étaient amenés par leurs principes politiques au despotisme absolu de Hobbes. Turgot (1727-1781) professait la doctrine du progrès social et enseignait que la masse du genre humain, par des alternatives de calme et d'agitation, marche toujours, quoique à pas lents, vers une perfection plus grande. Condorcet (1743-1793) développait la même pensée dans son *Tableau des progrès de l'esprit humain*. Mais tous faisaient la critique des institutions établies et demandaient une foule de réformes qui étaient d'ailleurs indispensables. C'est à ce titre qu'on peut les considérer comme les précurseurs de la révolution.

III. — Philosophie allemande. Kant.

Au milieu du dix-huitième siècle le sensualisme de Locke avait pénétré en Allemagne avec le scepticisme de Hume. Kant avait été vivement impressionné par l'argumentation de ce dernier qui montrait l'impuissance de l'empirisme à expliquer les connaissances humaines. Ce philosophe, né à Kœnigsberg, en 1724, mourut en 1804. Il consacra toute sa vie à l'étude des sciences et de la philosophie et s'efforça de réagir contre le scepticisme et l'empirisme de l'école expérimentale.

Contre l'empirisme il établit que dans toutes nos connaissances il y a deux éléments de caractères opposés : un élément contingent et particulier qu'il appelle *à posteriori* qui nous est fourni par la conscience et les sens et un élément nécessaire et universel qu'il appelle *à priori* et qui provient de la raison.

Pour se rendre compte de la force de l'intelligence et de ce qu'elle peut pour arriver à la vérité, il résolut de l'étudier dans ses facultés. Il mit de côté l'objet de nos idées pour s'occuper exclusivement du sujet, et comme la raison a un double caractère, qu'elle est spéculative et pratique, il l'analyse et la juge à ce double point de vue, ce qui lui a donné lieu de composer ses deux grands ouvrages : la *Critique de la raison pure* et la *Critique de la raison pratique*.

Le principe fondamental de la Critique de la raison pure, c'est que nous ne voyons pas les choses telles qu'elles sont, mais seulement telles qu'elles nous apparaissent. Nous percevons le phénomène (ce qui apparaît) mais non pas le noumène (ce qui est). Ce ne sont pas les choses qui forment la connaissance humaine, mais c'est l'intelligence qui fait les choses ce qu'elles sont par rapport à nous. C'est la méthode empirique renversée.

La pensée est l'unité. Les facultés qui contribuent à ramener toutes nos connaissances à l'unité sont la sensibilité, l'entendement et la raison.

La sensibilité est la faculté que nous avons de recevoir

des intuitions ou des représentations des objets au moyen des affections ou des sensations qu'ils produisent en nous. Ces représentations qui nous sont fournies forment l'élément empirique, ou *à posteriori*, de la connaissance. Mais la sensibilité n'est pas seulement passive ou réceptive ; elle est douée également d'une certaine activité spontanée qui réunit ces perceptions multiples et incohérentes en les encadrant pour ainsi dire dans les notions de temps et d'espace. Ces notions sont les éléments *à priori* de la sensibilité. La sensibilité externe range ses objets dans l'espace et la conscience les range dans le temps. Cependant rien ne prouve que ces notions de temps et d'espace soient des choses réelles ; elles sont les formes essentielles de la pensée, mais il pourrait se faire que la pensée fût soumise à d'autres lois et que par conséquent elle vît les choses autrement qu'elle ne les voit. On ne peut donc pas conclure du phénomène au noumène, de l'apparence des choses à leur réalité.

L'entendement est la faculté de juger. Kant distingue douze formes de jugements correspondant à autant de catégories (voyez plus haut, page 86). L'entendement établit entre les phénomènes des relations invariables qui sont les lois de la science. Ces lois sont celles que Leibniz a proclamées ; le principe de la raison suffisante, le principe de l'harmonie réciproque entre tous les êtres et le principe de la permanence de la force. Mais ces lois que nous imposons aux choses sont aussi des conditions toutes subjectives de notre connaissance. Il n'y a pas de motif pour admettre que les choses sont en elles-mêmes telles que nous les concevons.

La raison a pour objet de réduire toutes nos connaissances à l'unité la plus haute et la plus complète. Elle cherche en tout le principe premier, l'inconditionnel, l'absolu ; le moi, le monde et Dieu.

Elle arrive à ces trois unités par trois sortes de raisonnements : les raisonnements *catégoriques*, basés sur l'idée de substance qui nous conduisent à l'idée d'un sujet absolu, ou du *moi* ; les raisonnements *hypothétiques* fondés sur le principe de causalité qui nous mènent à l'idée d'une cause absolue, ou de *Dieu*; et les raisonnements *disjonctifs* fondés sur le principe de dépendance, qui produisent l'idée d'une totalité absolue ou du *monde*.

Mais ces raisonnements ne nous permettent pas de garantir la réalité objective de ces trois unités.

La psychologie rationnelle conclut à tort de l'idée subjective du moi, son unité réelle et absolue, et ne peut démontrer l'existence du sujet pensant et, par conséquent, sa distinction du corps, ni son immortalité.

La cosmologie rationnelle n'a pas plus le droit de conclure de l'idée subjective du monde à son existence objective.

Les arguments de la théologie rationnelle sont également défectueux. Kant ramène toutes les preuves spéculatives de l'existence de Dieu à trois : la preuve *ontologique*, qui conclut des attributs de l'être premier à son existence ; la preuve *cosmologique*, qui conclut de l'absolue nécessité de l'existence de quelque chose aux attributs de l'être premier ; et la preuve *physico-théologique*, qui conclut de l'ordre et de l'harmonie du monde à une cause intelligente. « Il s'efforce, dit un de ses traducteurs, J. Barni, d'établir que les deux premières sont impuissantes à nous faire passer légitimement de l'idée à l'être, et que la troisième est au moins insuffisante à justifier l'idée d'un être tel que Dieu. »

C'est le dernier mot de la *Critique de la raison pure*. Kant s'est enfermé dans le sujet de la pensée et se déclare impuissant à en saisir l'objet.

La raison pratique fournit à Kant le terrain solide sur lequel il croit pouvoir construire. La morale est pour lui la base de la métaphysique et de la psychologie.

Il y a en effet dans l'âme humaine deux sortes de lois ou de commandements, des commandements conditionnels comme ceux de l'intérêt et des commandements absolus qui s'imposent à la volonté, indépendamment de la connaissance des objets, comme ceux du devoir. Ce principe qu'il appelle *impératif catégorique* et qui est l'unique règle de la morale, peut se formuler ainsi. « Agis toujours de telle sorte que la raison de ton action puisse être érigée en loi universelle pour toute volonté raisonnable et libre. »

Cette règle suppose que l'homme est libre, car l'essence même du devoir exige une volonté libre et raisonnable. L'homme libre en obéissant au devoir arrive au bien moral. L'idéal de ce bien est la *sainteté*. La sainteté, jointe au bonheur qui en est la conséquence, constitue le souverain bien.

Mais cette sainteté suppose un progrès continu et infini, ce qui exige dans la personne une durée continue et infinie, c'est-à-dire l'immortalité de l'âme.

Et comme le souverain bien, c'est-à-dire l'union de la sainteté et du bonheur n'est possible qu'autant qu'on admet une cause capable de l'établir et de le maintenir, on est conduit à admettre l'existence d'un être souverainement intelligent et souverainement bon, c'est-à-dire l'existence de Dieu.

Ainsi l'existence de Dieu, l'existence de l'âme et son immortalité sont des vérités fondamentales qui ont pour base l'ordre moral. C'est ce que Kant établit dans sa *Critique de la raison pratique*.

Le philosophe prussien n'est à notre avis ni un sceptique, ni un idéaliste, du moins intentionnellement. Il avait été alarmé des conséquences affreuses du scepticisme de Hume, et il lui avait semblé que le dogmatisme idéaliste de Leibniz ne réfutait pas suffisamment cette erreur. Il prend donc position entre le scepticisme de Hume et le dogmatisme idéaliste de Leibniz. Au premier il oppose les idées *à priori* qui condamnent l'empirisme dont il est issu, et il substitue au second un dogmatisme pratique dont il trouve le point de départ dans les fondements de la morale.

Mais ces fondements inébranlables, pour celui qui admet la raison humaine dans toute son intégrité, n'ont pas le même caractère pour Kant qui s'est déclaré sceptique à l'endroit de la raison pure. Car la raison pure ou spéculative et la raison pratique ne sont pas deux facultés différentes. C'est la même faculté que nous distinguons uniquement d'après l'objet auquel nous l'appliquons. Si la raison ne peut rien affirmer relativement aux choses sensibles et aux choses intellectuelles, on ne voit pas pourquoi elle serait plus sûre d'elle-même quand il s'agit de l'ordre moral. C'est le cas de dire qu'on ne peut pas faire au scepticisme sa part. Si on lui livre le monde intellectuel et le monde physique, il nous semble qu'on ne peut pas sans inconséquence lui fermer le monde moral. Kant, en s'enfermant systématiquement dans le sujet de la pensée sans tenir compte de l'objet, s'est mis dans l'impossibilité de les réunir; comme Descartes, en s'enfermant dans son doute méthodique, s'est mis dans l'impossibilité d'en sortir.

SUJETS DE DISSERTATIONS FRANÇAISES

1. Que savez-vous de la philosophie du dix-huitième siècle.
2. Exposer et réfuter le scepticisme de Hume.
3. Les facultés intellectuelles et les facultés morales peuvent-elles être, comme le prétend Condillac, le résultat de la *sensation transformée*?
4. Exposer et critiquer le système de Kant.
5. Quels sont les principaux sceptiques?
6. Quelles ont été les différentes formes du scepticisme ancien et moderne?

CHAPITRE XVIII

La philosophie au dix-neuvième siècle.

Au dix-neuvième siècle, la philosophie se résume en Angleterre, dans les travaux de l'école écossaise et le naturalisme de l'école anglaise contemporaine; en France on voit paraître deux systèmes : l'éclectisme et le positivisme; en Allemagne, les disciples de Kant présentent le panthéisme idéaliste sous différentes formes.

I. — ÉCOLE ÉCOSSAISE ET ÉCOLE ANGLAISE CONTEMPORAINE

Reid avait inauguré l'école écossaise et s'était appliqué à une étude froide et minutieuse de l'âme humaine. Tout en adoptant la méthode expérimentale, comme Bacon et Locke, il était arrivé, par la sévérité de son analyse, à reconnaître dans l'esprit humain des notions qui ne viennent pas de l'expérience et qui n'en peuvent pas venir.

Il s'attacha surtout à la perception externe et au jugement et il démontra que dans tout jugement il y a un élément *à posteriori* qui vient de l'expérience et un élément *à priori* qui a nécessairement une autre source. Ce sont les vérités évidentes, les principes de sens commun qui sont, les uns contingents, les autres nécessaires.

Parmi ces derniers, il distingue les principes métaphysiques, dont les plus importants sont : le principe de *substance*, qui suppose que « les qualités sensibles qui sont l'objet de nos perceptions ont un sujet que nous appelons corps, et les pensées dont nous avons conscience ont un sujet que nous appelons esprit » ; le principe de *causalité*, qui veut « que tout ce qui commence à exister soit produit par une cause » ; et le principe des *causes finales*, d'après lequel « les marques évidentes de l'intelligence et du dessein dans l'effet prouvent un dessein et une intelligence dans la cause ».

Indépendamment des facultés intellectuelles, Reid avait distingué les facultés actives qu'il réduit à trois principes : les principes d'action *mécaniques*, qui sont les instincts et les habitudes ; les principes d'action *animaux* ou *irrationnels*, qui nous sont communs avec tous les animaux ; et les principes d'action *rationnels*, l'intérêt et le devoir qui sont propres à l'homme. Ces trois principes répondent à notre triple destinée physique, animale et humaine.

Le devoir suppose le sens moral ou la conscience et la conscience suppose Dieu.

Dugald-Stewart (1753-1828) continua dans ses *Éléments de la philosophie de l'esprit humain* les recherches de Reid et s'attacha spécialement à l'étude de l'association des idées et de la mémoire.

Il se borna à décrire les faits à la façon de Reid sans chercher à systématiser ses vues pour en faire des applications ou pour en tirer des conséquences.

Il s'efforça cependant de compléter sa morale, et arriva

à substituer à la morale de l'intérêt, soutenue par Bentham, la morale du devoir pur. « Notre bonheur et la perfection de notre nature consiste, dit-il, à faire notre devoir en nous inquiétant aussi peu de l'événement que la faiblesse humaine le permet. »

Le dernier des philosophes écossais, Hamilton (1788-1856), s'inspirant de Kant et de Hume, sortit de la psychologie pour s'élever à la métaphysique, mais ce fut pour établir que l'objet de la métaphysique, l'absolu, est *inconnaissable*, et que la connaissance humaine ne peut être que relative. « Penser, dit-il, c'est conditionner, c'est déterminer, c'est limiter, » et l'absolu ne peut être soumis à aucune limite, à aucune condition. Nous ne pouvons donc pas penser l'absolu, mais nous devons y croire à cause des conséquences morales et religieuses qui en résultent.

L'école anglaise contemporaine représentée par Stuart Mill, Darwin et Herbert Spencer est descendue au matérialisme traditionnel de Hume, et aboutit en psychologie, en cosmologie, en morale et en sociologie à une espèce d'athéisme naturaliste.

D'après cette école, nous ne pouvons connaître en soi ni la matière, ni l'esprit. Il n'y a qu'un seul fait en psychologie qui soit primitif et irréductible, c'est la sensation. Toutes nos idées ne sont que des sensations continuées et affaiblies, et nos évolutions ne sont que des mouvements produits par une sensation dominante.

Les faits extérieurs frappent le cerveau et impriment en nous les images des choses. Ce n'est pas le cerveau qui sécrète la pensée, mais il la reçoit des objets extérieurs qui le frappent. La réitération de ces impressions constitue les habitudes intellectuelles qui ne sont pas autre chose que des dispositions organiques et ces dispositions se transmettent par voie d'hérédité, comme la goutte ou d'autres affections corporelles. Ces connaissances sont universelles et nécessaires, parce qu'elles résultent de la transmission de la vie elle-même et qu'elles s'imposent à chaque individu, comme une condition de son existence.

Stuart Mill expliquant ainsi la nécessité des idées premières, on lui a observé qu'il ne rendait pas compte de leur universalité. Spencer a répondu à l'objection en faisant observer que les idées, étant représentatives des choses, doivent être les mêmes chez tous les hommes, puisque le monde extérieur agit sur tous de la même manière et que ces idées deviennent ainsi le patrimoine, non pas des individus, mais de l'espèce.

Ces théories sont absolument matérialistes, on peut leur opposer toutes les preuves qui combattent cette erreur. Nous avons en outre fait voir le défaut spécial de ces conceptions qu'on veut bien croire ingénieuses, mais qui nous paraissent avoir un tout autre caractère. (Voy. plus haut, pag. 88-90.)

Darwin, passant de la psychologie à la cosmologie, pose pour principe la permanence de la loi et ne voit dans la nature qu'une série de transformations résultant d'un double mouvement d'évolution ou de dissolution. Tout est en germe dans la nature. Primitivement chaque germe donne la même substance, mais insensiblement ces substances se développent et diffèrent entre elles par suite de l'influence qu'exercent les milieux dans lesquels elles se trouvent. Parmi ces substances, il y en a qui avortent, d'autres qui triomphent dans la lutte ou la concurrence vitale qui se fait entre tous les êtres. Le résultat de cette lutte est ce que Darwin appelle la *sélection naturelle* ou le triage qui s'opère par suite des circonstances dans lesquelles ces êtres primordiaux se trouvent. Ceux qui sont arrivés à une certaine structure organique se reproduisent suivant les lois de l'hérédité et forment les espèces. Suivant leurs degrés de perfection, ils produisent des plantes ou des animaux dont les propriétés et les instincts sont variés en raison de la variété même de leur formation.

Ce système a pour but de donner une explication de la formation des animaux et des végétaux par les seules propriétés de la matière. Son auteur l'étend à l'homme, aux différentes races humaines. Il prétend que les espèces sont variables, que l'une peut se transformer en une autre, et que, dans cette guerre générale où les faibles sont perpétuellement victimes des forts, la nature suit une marche progressive, et qu'un jour les êtres seront parfaitement en équilibre, se soutenant mutuellement, ce qui amènera, selon M. Spencer, une dissolution générale en vertu du mouvement incessant de la matière, et à la suite de ce bouleversement une nouvelle évolution recommencera.

Physiologiquement, la théorie de Darwin sur la transformation des espèces, n'est pas admissible. L'expérience a seulement démontré leur variabilité relative. Mais, quelles que soient les conclusions de la science sur ce point, l'appréciation métaphysique du système reste la même.

Il en est de l'hypothèse de ces germes comme des atomes d'Épicure. Si les auteurs du système se disent athées comme l'étaient les Épicuriens, on peut leur faire les mêmes objections et les réfuter de la même manière. D'où viennent ces germes? Quelle est l'origine du mouvement qui les développe? S'il n'y a pas de Dieu, s'il n'y a pas de Providence, toutes ces agrégations d'où résultent les individus ou les espèces se forment donc sous la loi du hasard. La force motrice et aveugle décide des victoires des uns et des défaites des autres. Dans cette lutte, il n'y a pas de place pour l'intelligence et la liberté. Il n'y a partout que fatalisme et matière.

Aussi, la morale de nos philosophes est-elle la même que celle d'Épicure. Mill Stuart et Spencer ont vainement essayé de la modifier (voyez plus haut, page 287), leurs modifications proposées n'en changent pas le caractère et on peut appliquer à ces systèmes la réfutation que Fénelon fait des atomistes dans la première partie de son *Traité de l'existence de Dieu*.

II. — Philosophes français. L'Éclectisme. Le positivisme

Au commencement du dix-neuvième siècle, la philosophie de Locke et de Condillac dominait en France. Cabanis (1757-1808) prétendait dans son livre intitulé : *Rapport du physique et du moral de l'homme*, que l'âme n'est pas un être, comme le croit Condillac, mais une simple faculté, que la sensation était la source de nos opérations, et que le moral et le physique *se confondent*.

Destutt de Tracy (1754-1836) enseignait que la sensation et la pensée sont une même chose et que l'âme n'est qu'un produit de l'organisation du corps. Il en concluait avec Volney (1757-1820) et tous les matérialistes que nous n'avons pas d'autre devoir que de nous conserver, et que pour cela, nous devons tout tenter, tout faire.

Broussais (1772-1838) prétend, dans son ouvrage intitulé : *De l'irritation et de la folie,* que « toutes nos facultés ont leur origine dans la sensation, que la perception n'est qu'une excitation de la pulpe cérébrale, produite à la suite de la contraction des fibres qui composent les tissus, qu'il en est de même des jugements, des comparaisons, des volitions et que les émotions viennent d'une stimulation de l'appareil nerveux du percevant. »

Ces systèmes donnèrent lieu à toutes les hypothèses qui ont produit la *craniologie*, la *cérébroscopie*, la *phrénologie*. Mais tous ces essais parurent si insuffisants pour expliquer les phénomènes de la pensée qu'ils aidèrent à la réaction qui se fit en faveur du spiritualisme.

Laromiguière, dans ses *Leçons de Philosophie* qu'il fit à la faculté de Paris, commença à se séparer de Condillac pour se rapprocher de Descartes.

Dans sa théorie sur les facultés de l'âme, il distingue deux attributs essentiels du moi : la passivité et l'activité. De l'activité dérivent l'intelligence et la volonté.

L'intelligence comprend l'attention, la comparaison ou la double attention, et le raisonnement qui résulte de deux comparaisons.

La volonté renferme le désir, l'élection et la liberté.

L'idée n'est qu'un sentiment distinct. Il distingue quatre sentiments : le sentiment sensation, le sentiment des opérations des facultés de l'âme ou le *sens intime*, le sentiment du *rapport*, et le sentiment *moral*.

On est sorti de la sensation à laquelle le condillacisme voulait tout rapporter.

Maine de Biran (1766-1845) alla plus loin. Il revient à

la méthode de Descartes, et au lieu de diriger ses observations exclusivement vers les objets extérieurs, comme le faisaient les empiriques, il ramène la philosophie à l'étude du moi. La vraie méthode, disait-il, c'est la réflexion, c'est-à-dire l'acte par lequel le sujet pensant écarte de soi tous les phénomènes extérieurs ou intérieurs, toutes les conceptions métaphysiques et transcendantes, pour se saisir lui-même en sa vivante réalité. Observer les phénomènes, c'est pour ainsi dire rester à la surface de soi et le parcourir ; réfléchir sur soi, c'est revenir de la circonférence au centre intérieur.

Cette réflexion ne le conduit pas seulement à la pensée, mais à la volonté. Il ne dit pas comme Descartes, *je pense, donc je suis;* mais *je veux, donc je suis*. C'est de la volonté que Maine de Biran tire l'intelligence, et tous les attributs du sujet pensant, sa spiritualité, son activité, sa liberté, sa personnalité.

La volonté se manifeste par une triple vie : la vie *animale*, qui est inconsciente, instinctive ; la vie *intellectuelle*, qui consiste dans la perception des objets et dans la réflexion du sujet sur lui-même ; la vie *morale* où réside la volonté libre que l'amour porte vers le beau et le bien. Ces trois vies sont dominées par la vie divine ou la vie *surnaturelle* dont Maine de Biran s'est occupé tout spécialement dans les dernières années de sa vie.

Royer-Collard (1763-1845) disait de Maine de Biran : « C'est notre maître à tous. » Il continua la réaction qu'il avait commencée contre Condillac et s'attacha spécialement, comme professeur à la faculté des lettres de Paris et à l'école normale, à importer en France la philosophie écossaise. La psychologie fut l'objet exclusif de ses études, et sous la direction de Thomas Reid, il proclama l'unité, l'identité, la simplicité du moi et renouvela ainsi le spiritualisme que le dix-huitième siècle paraissait avoir abattu.

En 1815, Royer-Collard confia la suppléance de sa chaire à la Sorbonne à Victor Cousin. C'était un jeune homme de 22 ans, qui était né à Paris en 1792, et qui après avoir fait de brillantes études à Charlemagne était entré à l'école normale en 1811. Il s'attacha d'abord à l'école Ecossaise, dont Royer-Collard avait fait connaître les travaux et se fit ensuite éclectique.

Il prétendait que la philosophie était faite et qu'il n'y avait qu'à l'extraire des systèmes de philosophie où elle était renfermée.

C'était partir d'un faux principe. Car la philosophie n'est pas plus faite que les autres sciences. Son objet est l'homme. On ne peut pas dire qu'il soit parfaitement connu et qu'il n'y ait plus rien à observer ni à dire de particulier sur la nature de son âme et de son corps.

Sans doute qu'il y a du vrai dans tous les systèmes de philosophie, mais comment le discerner? Ne faut-il pas pour faire un choix d'une doctrine préalable à laquelle on rattache tout ce qui lui est conforme?

Les Pères de l'Église avaient cette doctrine et ils ont pu prendre dans les systèmes des anciens philosophes tout ce qui s'accordait avec leur croyance. Mais Victor Cousin, qui n'avait rien d'arrêté ni sur Dieu, ni sur l'âme, ne put, en parcourant tous ces systèmes qu'il croyait également bons, qu'arriver à une sorte d'indifférence à l'égard des assertions les plus opposées, ce qui lui permit d'essayer de tout sans s'attacher à rien.

Après avoir été admirateur passionné de la psychologie des Écossais, il se tourna du côté de l'Allemagne et parla avec le même enthousiasme des systèmes de Kant, de Fichte, de Schelling et de Hégel.

Il considérait la morale de Kant comme la conception la plus sublime que l'on ait vue. Ce fut ensuite le système de Schelling qui lui parut le vrai système, celui qui a résolu toutes les difficultés par l'identité absolue du sujet et de l'objet. Puis il appliqua à l'histoire générale de l'humanité dans son cours d'*Introduction à l'histoire de la philosophie*, les théories de Hégel sur le panthéisme, le fatalisme, le progrès qui donnent toujours raison au succès.

Souvent, dans ses définitions de Dieu, il est panthéiste. Il ne voit dans le monde que trois choses également nécessaires : l'infini, le fini et leurs rapports. Nous n'arrivons à l'absolu que par la raison impersonnelle qui est le λόγος de Pythagore et de Platon, le Verbe fait chair, le Dieu-homme ou humanité.

Cependant il s'est toujours défendu de ces erreurs, lorsqu'on les lui a reprochées. Après 1848, effrayé par les conséquences sociales des mauvaises doctrines, il se rapprocha du catholicisme assez pour faire croire à ceux qui ne le connaissaient pas qu'il était en voie de conversion. Il réédita, avec de nombreuses corrections, un ancien livre : *Du vrai, du beau et du bien*, où il essaya de se faire passer pour orthodoxe.

Victor Cousin n'a pas de philosophie proprement dite. Il a touché à la philosophie de toutes les époques ; à la philosophie ancienne, à la philosophie scolastique, à la philosophie cartésienne, à la philosophie moderne, mais il n'a laissé que des *fragments*, et il est trop souvent en opposition avec lui-même pour qu'on tente de former avec ses idées contradictoires un corps de doctrine.

Ce spiritualisme timide, semi-panthéiste, ne pouvait abattre le matérialisme. Il ne fut pas plus vigoureux avec Jouffroy (1796-1842) et Damiron (1794-1862), les principaux disciples de Cousin, qu'avec Cousin lui-même.

Le matérialisme reparut donc, mais sous un nom nouveau, celui de positivisme. Le fondateur de cette nouvelle école fut Auguste Comte (1798-1857). Il en exposa les principes dans son *Traité de philosophie*, mais son système fut développé avec beaucoup de science et de talent, par son disciple Littré, qui a fait oublier le maître.

D'après ce système, la science ne doit s'occuper que des faits et de leurs relations. Les faits se constatent par l'expérience et il n'y a pas d'autre méthode scientifique que la méthode d'observation, et l'induction empirique ou comparative est le seul moyen que nous ayons d'arriver au vrai.

L'âme n'est qu'un mot, ses facultés ne sont que les fonctions des organes. Il n'y a pas de psychologie, la physiologie est la seule science que l'on doive étudier.

Les relations des faits se bornent à des relations de succession et de simultanéité dans le temps et dans l'espace,

Les relations de la cause à l'effet, du moyen à la fin sont de vaines hypothèses. Il n'y a pas de création. Le monde est un ensemble d'êtres dont les mathématiques et la physique cherchent les lois en coordonnant les faits que l'expérience nous fait connaître.

Le positivisme distingue dans l'histoire de l'esprit humain trois époques : le règne de la théologie ou des croyances religieuses ; le règne de la métaphysique ou des systèmes, et le règne de la science.

Les deux premières époques sont passées. La théologie a fait son temps, la métaphysique ne traite que des questions insolubles, inaccessibles à la raison humaine. C'est à la science qu'il appartient de guider l'humanité, de régler les mœurs et les institutions.

Le positivisme se déclare athée, matérialiste et fataliste.

En morale il ne peut avoir d'autre mobile que l'intérêt, mais à l'intérêt particulier il cherche à ajouter l'intérêt général, à l'égoïsme il ajoute l'altruisme et il veut que l'organisation sociale ait pour but de procurer la plus grande somme possible de bien-être aux individus.

C'est aussi la prétention des communistes et des socialistes dont les principaux chefs, Saint-Simon (1760-1824), Charles Fournier (1772-1807), Pierre Leroux (1798-1871), Proudhon (1809-1865), se rattachent par leurs principes à l'athéisme et au matérialisme. Dieu, disait Proudhon, c'est le mal ; le meilleur gouvernement, c'est l'anarchie ; la propriété, c'est le vol ; le péché, c'est la misère.

III. — Les successeurs de Kant. Fichte. Schelling et Hégel

En Allemagne les successeurs de Kant se jetèrent dans le panthéisme idéaliste et le présentèrent sous toutes ses formes. Fichte fut pour l'idéalisme subjectif, Schelling pour l'idéalisme objectif et Hégel pour l'idéalisme logique.

Fichte, né en 1762 au village de Ramenau dans la Haute-Lusace et mort en 1804, professa à Iéna et à Berlin. Kant en se renfermant dans le moi n'avait pas pu passer logiquement du moi au non-moi, du sujet à l'objet. Ses disciples simplifièrent la question. Au lieu de chercher ce passage, ils le supprimèrent en affirmant l'identité du sujet et de l'objet.

Fichte, se renfermant dans le moi qu'il déclare le principe absolu de notre science, ne conçoit le non-moi que comme un obstacle que le moi rencontre, une limitation qui l'arrête dans son développement et qui lui révèle qu'en dehors de sa propre existence il y a un autre objet existant, le monde. Mais ce moi n'est pas le moi individuel, c'est le moi absolu considéré dans son unité transcendante et abstraction faite de tout ce qui peut le modifier et le déterminer d'une manière quelconque. Le moi ainsi envisagé n'est que pure activité, activité libre, infinie, illimitée. Cette activité tend à agir, à se produire, mais elle ne peut le faire qu'en se limitant. Ainsi le moi rencontre dans l'exercice de son activité une limite, un point d'arrêt, un obstacle; cette limite, ce point d'arrêt est le non-moi. À cet arrêt le moi se retire de lui-même et de ce retour naît la conscience que nous avons de notre moi qui se reconnaît pour la première fois limité et borné. Mais ce moi individuel et le moi absolu sont le même moi; le non-moi étant produit du moi se confond également avec lui. D'où il suit qu'il n'y a de réel que la pensée et que l'objet de la pensée est la pensée elle-même. Tel est le panthéisme subjectif de Fichte.

Dans son système la loi morale est l'œuvre de l'activité libre du moi. Il n'admet pas, comme Kant, l'idée d'un Dieu législateur. C'est le moi qui est tout et qui fait tout. La liberté et la loi que la liberté se donne à elle-même sont les seuls éléments de la loi morale. Nous n'avons aucun besoin de concevoir Dieu comme un être à part; Dieu n'est que l'ordre moral du monde! La vertu consiste dans l'accord de la liberté avec la loi que la liberté s'est donnée. Le bonheur ne diffère pas de la vertu; l'attente d'un bonheur qui soit la récompense de la vertu est une chimère!

Attaqué de toutes parts, convaincu de fatalisme et d'athéisme, Fichte après avoir parcouru tous les détours de la spéculation, dégoûté de la science, finit par revenir à ce qu'il avait tout d'abord rejeté, à la foi, au sens commun, à la croyance naturelle. La science, dit-il, ne nous apprend que cette seule chose, c'est que nous ne savons rien... C'est la *croyance* qui, donnant aux choses la réalité, les empêche de n'être que de vaines illusions ; elle est la sanction de la science.

Schelling, né dans le Wurtemberg en 1775 et mort en 1854, professa successivement à Iéna, à Wurtzbourg, à Munich et à Berlin. La science, d'après ce philosophe, ne doit avoir d'autre but que d'établir l'unité, l'identité absolue de tout ce qui est. La philosophie de la nature et la philosophie de l'esprit, en d'autres termes le matérialisme et l'idéalisme, ont essayé d'atteindre ce but. Mais la philosophie de la nature ne rend pas raison de l'unité du moi, de ce qui est libre, simple et absolu, et la philosophie de l'esprit n'explique pas suffisamment la variété et la multiplicité des phénomènes naturels. Schelling veut résoudre ce problème, et il prétend y arriver en établissant l'identité du sujet qui connaît et de l'objet connu ; c'est ce qui a fait appeler son système le système de l'*identité absolue* ou la théorie de l'*unité*.

Au lieu de se renfermer dans la pensée comme Fichte, il pose l'être comme le principe primitif d'où tout dérive. La raison contemplative saisit l'être instinctivement dans ce qu'il a de plus élevé. La raison empirique distingue les êtres en raison de leurs différences, mais ces différences ne sont qu'apparentes. La raison contemplative s'élève au-dessus de ces différences pour ne saisir que l'identité en tout et partout.

Dieu est l'être. Il n'est pas une existence déterminée, empirique, il est l'existence même. L'existence est son seul attribut et on ne peut pas le distinguer de l'existence elle-même. Nous en avons une connaissance immédiate, instinctive, comme celle que nous avons de l'être avec lequel il est identique.

C'est à la science à expliquer comment tout dérive de l'unité, comment l'absolu nous apparaît comme relatif, l'infini comme fini, l'unité et l'identité comme quelque chose de multiple et de divers.

Schelling explique ces phénomènes par le développement

de l'être lui-même qui se détermine, qui se pose en s'affirmant et qui se pose d'une infinité de modes divers. La totalité des positions divines constitue l'univers. L'univers est éternel et ne diffère pas réellement de Dieu; c'est Dieu considéré comme être infini, comme totalité absolue. Toutes les positions de Dieu sont absolument identiques avec Dieu, mais ne sont pas absolument identiques entre elles. Elles diffèrent par la *forme*, par le *nombre*, par le *plus et le moins*; le fond est et demeure le même.

La diversité et la multiplicité des existences relatives et finies consiste dans la *non-identité* des positions divines *comparées entre elles*, mais non dans la différence de leurs rapports avec Dieu, avec l'unité absolue, qui reste invariable, toujours égale à elle-même.

Dieu seul est toujours le seul être existant. Ni le fini, ni l'infini ne sont réellement, il n'y a de réel que l'identité du fini et de l'infini et cette identité est Dieu, hors de Dieu il n'y a rien. Le panthéisme objectif n'a jamais été mieux formulé.

Le panthéisme de Hégel est le panthéisme logique. Ce philosophe naquit à Stuttgard en 1770 et mourut en 1831. Le fond de son système est le même que celui des systèmes de Fichte et de Schelling. Il a le même but, mais il s'efforce d'y arriver par un procédé différent. Fichte part du moi, Schelling de l'être et Hégel de l'idée.

L'idée est pour lui l'être lui-même, pris dans sa plus haute généralité. Il établit en principe que tout ce qui est rationnel est réel et que tout ce qui est réel est rationnel. Il faut donc demander à la logique la raison des choses. C'est elle seule qui peut nous révéler le développement de l'être.

Ce développement a trois phases : une période interne, une période externe, et une période de retour qui ramène la science de l'idée à l'idée elle-même.

Dans la période interne l'idée ne se manifeste qu'en des formes abstraites; elle devient l'être, l'essence et la notion. Ces notions sont les attributs de l'être absolu; et les principes de la logique sont les lois qui gouvernent l'être dans cette première évolution. La logique devient ainsi une espèce de métaphysique générale ou d'ontologie.

Aux évolutions logiques ou internes succèdent les formes extérieures. L'être se produit en dehors et devient par une série de transformations la mécanique, la physique et l'organique. Chacune de ces formes se subdivisent en une foule de formes subalternes, dont l'ensemble constitue le monde matériel, la nature. L'univers n'est que le reflet extérieur de l'idée, une espèce de logique appliquée.

Après s'être ainsi produite extérieurement, l'idée tend à rentrer en elle-même. De ce retour naît la conscience, l'esprit, tout le monde intellectuel. Dans ce mouvement l'idée se détermine de trois manières : comme esprit *subjectif* elle produit l'anthropologie, la phénoménologie et la psychologie ; comme esprit *objectif*, le droit, la moralité, la sociabilité et comme esprit *absolu*, l'art, la religion et la philosophie.

Schelling ne s'était occupé que de la philosophie de la nature. Hégel s'efforce de rendre à la philosophie son universalité primitive et il embrasse dans son système non seulement tous les phénomènes du monde soit physique, soit intellectuel, mais encore tous les systèmes de philosophie qui ont paru, toutes les branches possibles de la connaissance humaine : art, religion, politique, histoire, etc.

Comme les éclectiques, il enseigne que le vrai se trouve au fond de toute pensée, par conséquent de tout système philosophique, que l'erreur, la contradiction ne sont que dans les vues exclusives. La philosophie consiste à tout concilier, à tout réunir en un tout homogène. Les faits, comme les idées, sont le résultat d'une logique inévitable, ils se déroulent fatalement comme les conséquences se déduisent nécessairement d'un principe et dans l'histoire de l'humanité tous les événements s'enchaînent rigoureusement sous l'action d'un déterminisme constant qui ne laisse pas de place à la liberté.

Au fond tous ces systèmes se ressemblent, ils pèchent tous par les mêmes endroits et on peut par conséquent les réfuter par les mêmes arguments.

Leur premier tort est de méconnaître une partie de nos

moyens de connaître, en excluant l'expérience et les sens. Ils n'en réfèrent qu'à la raison et encore ils la mutilent et rejettent au point de départ ses procédés discursifs qu'ils trouvent trop empiriques, pour n'admettre que l'intuition.

Fichte voit avant tout et au-dessus de tout le moi pensant, Schelling l'être, Hégel l'idée. Ils ne peuvent justifier ni l'un ni l'autre leur point de départ qui devient une pétition de principe. Ils se figurent que la perfection de la science est dans l'organisation de ses théorèmes et de ses déductions et que, pour qu'un système soit vrai, il suffit que les parties en soient bien coordonnées.

Certainement cet arrangement logique a son mérite. Mais si le point de départ de la thèse est hypothétique ou faux, l'exactitude des déductions n'en rendra l'ensemble que plus incertain et plus contestable. Spinoza raisonne bien *more geometrico*, son système est logiquement irréprochable, mais comme tout repose sur une définition fausse de la substance, on n'a qu'à démontrer que tout cet échafaudage ne repose sur rien et il en résulte que tout s'écroule.

De même, pour culbuter tous ces systèmes, il suffit de montrer à Fichte que son moi absolu est inintelligible, à Schelling que son unité et son identité sont un non-sens, à Hégel que sa logique créatrice est la raison prise à rebours.

Partant d'abstractions creuses et vides ils ne peuvent aboutir à des réalités. Leurs conceptions ne sont que des chimères et des illusions et le bon sens ne trouve dans toutes ces théories fantaisistes et arbitraires ni Dieu, ni l'homme, ni le monde qu'elles ont la prétention d'expliquer.

SUJETS DE DISSERTATIONS FRANÇAISES

1. Que savez-vous de la philosophie du dix-neuvième siècle?
2. Exposer et apprécier les travaux de l'école écossaise.
3. La philosophie de Victor Cousin.
4. Quels ont été en Allemagne les successeurs de Kant. Exposer et apprécier leurs systèmes.

OUVRAGES A CONSULTER ET LECTURES A FAIRE SUR L'HISTOIRE DE LA PHILOSOPHIE

Brucker, *Historia critica philosophiæ.* — De Gérando, *Histoire complète des systèmes de philosophie, relativement aux principes des connaissances humaines.* — Ritter, *Histoire de la philosophie ancienne*, trad. par Tissot. — Tennemann, *Manuel*, trad. par Cousin. — Cousin, *Histoire générale de la philosophie; Fragments de philosophie ancienne, de philosophie scolastique, de philosophie cartésienne, de philosophie moderne.* — De Salinis et de Scorbiac, *Précis de l'histoire de la philosophie.* — Alf. Fouillée, *Histoire de la philosophie.* — De Margerie, *Moralistes anciens.* — Janet, *Dialectique de Platon.* — Ravaisson, *Essai sur la métaphysique d'Aristote.* — Villemain, *De la philosophie stoïque et du christianisme.* — Aubertin, *Des rapports supposés de Sénèque et de saint Paul.* — Arthur Desjardins, *Essai sur la morale de Cicéron.* — Cadet, *Étude sur le De officiis.* — Martha, *Les moralistes de l'empire romain.* — Matter, — J. Simon, — Vacherot, *Histoire de l'école d'Alexandrie.* — Nourrisson, *Les Pères de l'Eglise latine; Philosophie de saint Augustin.* — Hauréau, *La philosophie scolastique.* — Rousselot, *Études sur la philosophie du moyen âge.* — Les Bénédictins, *Histoire littéraire de la France.* — De Rémusat, *Saint Anselme; Abélard; Bacon, sa vie, son temps, sa philosophie, son influence.* — Jourdain, *Recherches critiques sur l'âge et l'origine des traductions latines d'Aristote.* — Saisset, *Précurseurs et disciples de Descartes.* — Charles, *Roger Bacon, sa vie et ses ouvrages.* — Baillet, *Vie de Descartes.* — Bouillier, *Histoire du cartésianisme.* — Ad. Perraud, *Histoire de l'Oratoire.* — Damiron, *Mémoires pour servir à l'histoire de la philosophie au dix-huitième siècle; Essai sur l'histoire de la philosophie en France au dix-neuvième siècle.* — Cousin, *Philosophie de Kant et souvenirs.* — Reinhold, *Lettres sur la philosophie de Kant.* — Caro, *De l'idée de Dieu; Littré et le positivisme.* — Wilm, *Histoire de la philosophie allemande depuis Kant jusqu'à Hégel.* — Janet, *Dialectique de Hégel.* — Gratry, *Logique.* — Ott, *Hégel et la philosophie allemande.* — Pierre Leroux, *Réfutation de l'éclectisme.* — Taine, *Les philosophes français du dix-neuvième siècle et Nouveaux essais de critique et d'histoire.*

CONCLUSION DU COURS

Rôle de la philosophie. Son importance au point de vue intellectuel, moral et social.

1. Si nous considérons la philosophie par rapport aux autres sciences, elle leur fournit leurs principes généraux et leurs méthodes particulières.

Chaque science a pour objet une notion propre. L'arithmétique s'occupe du nombre, la géométrie de l'étendue, la physique et la chimie des corps et de la matière, la mécanique de la force et du mouvement, la zoologie et les sciences naturelles de la vie, la politique de la société, etc.

Dans toutes les sciences il faut une méthode. Les unes se servent de la méthode expérimentale, les autres de la méthode rationnelle pure, d'autres de la méthode mixte.

C'est à la philosophie à assigner les règles que l'esprit humain doit suivre dans l'emploi de ces méthodes, soit pour découvrir la vérité, soit pour l'enseigner et la démontrer une fois qu'elle a été découverte.

Elle est donc l'initiatrice indispensable à toutes les connaissances humaines, et elle est la lumière qui éclaire perpétuellement l'esprit dans toutes les voies où il peut s'engager.

Nous ne dirons pas avec les rationalistes qu'elle est la plus imposante des autorités, la science des sciences, la lumière des lumières, parce que nous reconnaissons au-dessus d'elle la science sacrée, la théologie qui l'emporte, comme dit saint Thomas, par l'excellence de son objet qui est surnaturel, par l'effet qu'elle produit dans les esprits puisque son enseignement est infaillible, et par la noblesse de sa fin puisqu'elle se propose de nous élever à la béatitude éternelle.

Mais elle est utile à la théologie elle-même. Car elle sert à démontrer les vérités de l'ordre naturel qui sont nécessaires pour arriver à la foi et elle nous fournit les réponses que nous avons à faire à ceux qui attaquent notre croyance.

Ce n'est pas un médiocre avantage que de connaître les raisons de sa foi et de s'y réfugier comme dans une citadelle imprenable, muni de toutes les armes que la science met au service de la raison pour repousser les objections que ses contradicteurs lui opposent.

2. Ces considérations suffisent pour nous montrer l'importance de la philosophie au point de vue intellectuel. Nous y ajouterons les lumières qu'elle nous donne sur nous mêmes.

Car le γνῶθι σεαυτόν de Socrate sera toujours pour l'homme la plus essentielle de toutes ses connaissances. Or il n'y a que la philosophie qui fasse de cette connaissance son objet propre.

C'est elle qui étudie le moi, l'âme humaine, qui en observe toutes les opérations et qui en détermine toutes les facultés. C'est elle qui nous apprend que nous avons une âme, que cette âme est distincte du corps.

Et dans la théodicée nous nous élevons de l'âme à Dieu. Nous voyons en lui notre créateur, et nous savons notre origine. Nous comprenons que nous ne devons exister que pour lui et nous apercevons notre fin.

Sachant d'où nous venons et où nous allons, il nous est aisé de déterminer nos devoirs. Dans la morale, la philosophie nous enseigne ce que nous avons à faire envers nous-mêmes, envers nos semblables, envers Dieu.

A la vérité, on nous objectera que cette science n'est pas aussi positive que nous le supposons, qu'il y a une philosophie athée, sceptique, qui ébranle tous les fondements de la religion et de la morale.

Cela est malheureusement vrai. Il y a aussi dans le monde les abus de la raison et de la liberté qui multiplient tous les jours les crimes et les erreurs, est-ce un motif pour condamner ces deux facultés qui font la dignité et la grandeur de l'homme ?

Non assurément, mais c'est un motif pour les régler et

les surveiller avec soin, pour les détourner du mal et les porter vers le bien.

De même la fausse philosophie ne doit pas nous faire condamner la vraie. Elle doit seulement nous avertir de toutes les précautions que nous avons à prendre et de tous les efforts que nous avons à faire pour nous prémunir contre l'erreur et nous fortifier dans la vérité.

3. La science philosophique est la source de la science morale. Comme nous l'avons fait voir dans l'étude de nos devoirs, la morale ne pèche que quand elle manque de fondement et elle ne manque de fondement que quand les doctrines sur lesquelles on veut l'asseoir sont erronées elles-mêmes.

L'athéisme, le matérialisme, le fatalisme n'ont d'autre morale que celle de l'intérêt et du plaisir. Quand ils s'efforcent de lui enlever son caractère sensuel et égoïste, ils se contredisent et se jettent dans l'arbitraire.

Cette impuissance de l'erreur prouve l'importance des vraies doctrines philosophiques pour établir ce que la loi morale a d'obligatoire et pour montrer la sanction inévitable qu'elle a en ce monde et en l'autre.

4. En fondant la morale, la philosophie assure la tranquillité de l'ordre social. La société n'est possible qu'autant que les droits et les devoirs de tous sont respectés.

La morale sociale fait partie de la philosophie elle-même. Mais ce sont les principes qu'elle établit dans la psychologie et la théodicée sur la nature de l'homme et de Dieu et sur leurs rapports qui décident de toutes les théories qu'on émet sur la politique, la législation et toutes les questions sociales.

Les utopies des économistes et des socialistes proviennent de la fausse idée qu'ils se font de notre nature et la meilleure réfutation qu'on en puisse faire sera toujours l'étude de l'homme, de ses besoins et de ses facultés.

TABLE DES MATIÈRES

Avertissement.. v
Programme du baccalauréat ès lettres........................... ix

INTRODUCTION

Classification des sciences. Qu'appelle-t-on philosophie des sciences, de l'histoire, etc.? Objet propre à la philosophie; ses divisions... 1
  I. — De la science... 1
  II. — Classification des sciences............................ 3
  III. — Qu'appelle-t-on philosophie des sciences, philosophie de l'histoire, etc.?... 7
  IV. — Objet propre de la philosophie et ses divisions........ 9

PREMIÈRE PARTIE
DE LA PSYCHOLOGIE

Chapitre premier. — *Objet de la psychologie : caractère propre des faits qu'elle étudie. Les degrés et les limites de la conscience. Distinction et relation des faits psychologiques et des faits physiologiques*.. 13
  I. — Objet de la psychologie : caractère propre des faits qu'elle étudie.. 13
  II. — Les degrés et les limites de la conscience............. 16
  III. — Distinction et relation des faits psychologiques et des faits physiologiques... 19

Chapitre II. — *Sources d'information de la psychologie; conscience, langue, histoire, etc. Utilité de la psychologie comparée. De l'expérimentation en psychologie. Classification des faits psychologiques*.. 21
  I. — Sources d'information de la psychologie; conscience, langue, histoire, etc.. 21
  II. — De l'utilité de la psychologie comparée................ 23
  III. — De l'expérimentation en psychologie................... 24
  IV. — Classification des faits psychologiques................ 25

Chapitre III. — *De la sensibilité. Émotions (plaisirs et douleurs). Sensations et sentiments*............................... 28
  I. — Les émotions (plaisirs et douleurs)..................... 29
  II. — Des sensations... 31
  III. — Des sentiments.. 33

TABLE DES MATIÈRES.

Chapitre IV. — *De la sensibilité* (suite). *Les inclinations et les passions* 35
   I. — Les inclinations 35
   II. — Les passions. Leur classification 39

Chapitre V. — *L'intelligence. Acquisition de la connaissance. Données de la conscience. L'idée du moi* 43
   I. — Données de la conscience. Perceptions internes 44
   II. — L'idée du moi 46

Chapitre VI. — *Données des sens. L'idée du monde extérieur* .. 48
   I. — Données des sens. Perceptions externes 48
   II. — L'idée du monde extérieur 51

Chapitre VII. — *Données de la raison. Formation des idées abstraites et générales. L'idée de Dieu* 56
   I. — Conceptions pures. Formation des idées abstraites et des idées générales 57
   II. — Conceptions réelles. L'idée de Dieu 60

Chapitre VIII. — *Conservation des idées. La mémoire* 62
   I. — Comment nous nous rappelons nos différentes idées 63
   II. — Des divers caractères de la mémoire et de son perfectionnement 64

Chapitre IX. — *Combinaison des idées. L'attention, la comparaison, l'association des idées* 66
   I. — L'attention 67
   II. — La comparaison 68
   III. — L'association des idées 69

Chapitre X. — *L'imagination. Notions d'esthétique. Le beau. L'art. Des principes et des conditions des beaux-arts. L'expression, l'imitation, la fiction et l'idéal* 71
   I. — L'imagination 72
   II. — Le beau. Le sublime 73
   III. — L'art. Des principes et des conditions des beaux-arts. L'expression, l'imitation, la fiction et l'idéal 76

Chapitre XI. — *Jugement et raisonnement* 79
   I. — Le jugement 79
   II. — Le raisonnement 81

Chapitre XII. — *Les principes directeurs de la connaissance; peut-on les expliquer par l'expérience, l'association des idées ou par l'hérédité ?* 83
   I. — Principes directeurs de la connaissance. Notions premières et vérités premières 83
   II. — Classification des notions et des vérités premières 85
   III. — Que les notions et les vérités premières ne s'expliquent ni par l'expérience, ni par l'association des idées, ni par l'hérédité 87
   IV. — D'où viennent les notions et les vérités premières ? ... 90

Chapitre XIII. — *Des manifestations de la vie psychologique; les signes, le langage* 92
   I. — Les signes 92
   II. — Le langage 94

Chapitre XIV. — *La volonté. De l'activité spontanée. Instinct. Habitudes* 97
   I. — De l'instinct 98
   II. — De l'habitude 99

TABLE DES MATIÈRES.

Chapitre XV. — *De l'activité réfléchie. Analyse de l'acte volontaire : la liberté*............	102
I. — Analyse de l'acte libre............	102
II. — La liberté............	105
Chapitre XVI. — *Diverses conceptions sur la matière et la vie*..	110
I. — De la matière............	110
II. — La vie............	111
Chapitre XVII. — *L'esprit. Matérialisme et spiritualisme*.......	114
I. — Distinction de l'âme et du corps............	115
II. — Des systèmes matérialistes. Réfutation de leurs objections.	119
Chapitre XVIII. — *Rapports du physique et du moral. Le sommeil, les rêves, le somnambulisme, l'hallucination, la folie*..	123
I. — De l'union de l'âme et du corps............	124
II. Rapports du physique et du moral............	126
III. — Le sommeil, les rêves, le somnambulisme, l'hallucination et la folie............	127
Chapitre XIX. — *Éléments de psychologie comparée*............	131
I. — De l'existence de l'âme des bêtes............	131
II. — De la différence entre l'homme et la bête............	134

DEUXIÈME PARTIE

DE LA LOGIQUE

Chapitre premier. — *Définition et division de la logique*.......	138
Chapitre II. — *Logique formelle. Idées et termes. Définition*...	140
I. — De l'idée............	140
II. — Les termes............	142
III. — La définition............	143
Chapitre III. — *Jugements et propositions*............	145
I. — Des jugements............	145
II. — Des propositions............	148
III. — De la conversion des propositions............	149
Chapitre IV. — *Déduction et syllogisme*............	151
I. — Le syllogisme............	151
II. — Règles du syllogisme............	152
III. — Figures et modes du syllogisme............	154
IV. — Du raisonnement exprimé et des différentes espèces d'arguments............	155
Chapitre V. — *Logique appliquée. Des méthodes : analyse et synthèse*............	158
I. — De la méthode en général. Analyse et synthèse............	159
II. — De l'analyse et de la synthèse appliquées aux sciences naturelles et à la philosophie............	160
III. — De l'analyse et de la synthèse considérées dans le sens des géomètres............	161
Chapitre VI. — *Logique inductive. Méthode des sciences de la nature. Observation, expérimentation, définitions empiriques, division, classification*............	163
I. — De l'observation............	163
II. — De l'expérimentation............	165
III. — Des définitions empiriques. La division............	166
IV. — La classification............	168

CHAPITRE VII. — *Induction, analogie, hypothèse*.............. 171
   I. — L'induction.. 171
   II. — L'analogie... 172
   III. — L'hypothèse... 174
CHAPITRE VIII. — *Logique déductive. Méthode des sciences abstraites. Définitions rationnelles, axiomes, déduction, démonstration. Usage de la déduction dans les sciences expérimentales*.. 176
   I. — Définition rationnelle, axiomes, déductions............ 176
   II. — La démonstration..................................... 178
   III. — Usage de la déduction dans les sciences expérimentales. 180
CHAPITRE IX. — *De la méthode dans les sciences morales. Part de la déduction et de l'expérience dans les sciences psychologiques, dans la morale, le droit, la politique*............ 181
   I. — De la part de la déduction et de l'expérience dans les sciences psychologiques....................................... 182
   II. — De la part de la déduction et de l'expérience dans la morale, le droit et la politique............................. 183
CHAPITRE X. — *De la certitude en général et du scepticisme*... 186
   I. — De la certitude en général............................ 186
   II. — Le scepticisme...................................... 189
CHAPITRE XI. — *De la certitude physique ou expérimentale. L'idéalisme*... 192
   I. — De l'existence de l'âme et de l'existence des corps.... 192
   II. — Idéalisme.. 195
CHAPITRE XII. — *De la certitude rationnelle. Valeur probante de la raison*.. 197
   I. — De la certitude de la raison intuitive, déductive et inductive... 197
   II. — Valeur probante de la raison......................... 200
CHAPITRE XIII. — *De la certitude historique. Sources de l'histoire : critique du témoignage*................................... 203
   I. — De l'autorité du témoignage des hommes................ 204
   II. — Sources de l'histoire : critique du témoignage........ 207
CHAPITRE XIV. — *Nature, causes et remèdes de l'erreur*........ 211
   I. — Des cases de nos erreurs considérées par rapport à l'entendement... 211
   II. — Les sophismes de la volonté.......................... 214
   III. — Des remèdes de nos erreurs.......................... 216

TROISIÈME PARTIE

MÉTAPHYSIQUE ET THÉODICÉE

CHAPITRE PREMIER.. 219
   I. — De la métaphysique en général......................... 219
   II. — De la théodicée. Sa division......................... 221
CHAPITRE II. — *De l'existence de Dieu*......................... 223
   I. — De l'athéisme... 223
   II. — Du consentement unanime des hommes relativement à l'existence de Dieu.. 226
CHAPITRE III. — *De la démonstration de l'existence de Dieu*... 227

TABLE DES MATIÈRES.

I. — Peut-on démontrer l'existence de Dieu?........	228
II. — Peut-on démontrer l'existence de Dieu *à priori*?......	230

Chapitre IV. — *Preuves de l'existence de Dieu*............... 231
   I. — Les preuves physiques........................... 231
   II. — Preuves métaphysiques........................... 234
   III. — Les preuves morales............................ 237

Chapitre V. — *De la nature de Dieu*...................... 240
   I. — De la nature de Dieu............................. 240
   II. — Comment nous connaissons les perfections divines..... 242

Chapitre VI. — *Des attributs de Dieu métaphysiques ou absolus.* 243
   I. — L'unité... 244
   II. — La simplicité................................... 245
   III. — L'immutabilité................................. 247
   IV. — L'éternité...................................... 247
   V. — L'immensité..................................... 248

Chapitre VII. — *Des attributs de Dieu métaphysiques ou absolus. (Suite.)*
   I. — Science infinie................................. 250
   II. — La liberté..................................... 252
   III. — Sa puissance. De la création................... 253

Chapitre VIII. — *Des attributs moraux ou relatifs*......... 256
   I. — De la Providence................................ 257
   II. — La bonté....................................... 259
   III. — La justice.................................... 259

Chapitre IX. — *Le problème du mal*....................... 260
   I. — Le mal métaphysique............................. 261
   II. — Le mal physique................................ 262
   III. — Le mal moral.................................. 267

Chapitre X. — *Optimisme et pessimisme*................... 268
   I. — Optimisme....................................... 269
   II. — Le pessimisme.................................. 270

Chapitre XI. — *Des principales erreurs sur la nature de Dieu.* 272
   I. — Le positivisme.................................. 272
   II. — Le polythéisme................................. 273
   III. — Le dualisme................................... 275
   IV. — Le panthéisme.................................. 277
   V. — Le fatalisme. Darwin et les évolutionnistes...... 281

QUATRIÈME PARTIE

MORALE

PREMIÈRE SECTION

Morale spéculative.

Chapitre premier. — *Diverses conceptions du souverain bien. Doctrines utilitaires*............................. 286
   I. — Exposé de la morale de l'intérêt ou de la morale utilitaire.. 288
   II. — Réfutation..................................... 286

Chapitre II. — *Des doctrines sentimentales*.............. 291

I. — Exposé de la morale du sentiment.................... 291
II. — Réfutation des doctrines sentimentales.............. 292
CHAPITRE III. — *Du bien. De la doctrine de l'obligation*........ 295
   I. — Du bien moral... 296
   II. — L'obligation morale. La liberté, le devoir............ 297
CHAPITRE IV. — *De la loi naturelle et des lois positives*....... 299
   I. — La loi naturelle....................................... 300
   II. — Les lois positives................................... 301
CHAPITRE V. — *Le devoir et le droit. Valeur absolue de la personne*.. 304
   I. — Le devoir... 304
   II. — Le droit... 306
   III. — Valeur absolue de la personne....................... 309
CHAPITRE VI. — *De la conscience morale*..................... 310
   I. — De la conscience et de ses divers caractères.......... 310
   II. — De nos devoirs envers notre conscience............... 314
CHAPITRE VII. — *De la responsabilité morale. Mérite et démérite*.. 316
   I. — Des limites et des degrés de la responsabilité morale.. 317
   II. — Le mérite et le démérite............................. 319
CHAPITRE VIII. — *De la vertu*................................ 321
   I. — De la vertu proprement dite........................... 321
   II. — La perfection morale................................. 323
CHAPITRE IX. — *Sanction de la loi morale. Peines et récompenses*.. 325
   I. — Des peines et des récompenses......................... 325
   II. — Des diverses sanctions de la loi morale.............. 327
CHAPITRE X. — *Immortalité de l'âme*.......................... 329
   I. — Preuves de l'immortalité de l'âme..................... 329
   II. — De l'état de l'âme après la mort. Des récompenses et des peines éternelles...................................... 332

DEUXIÈME SECTION

Morale pratique.

DIVISION GÉNÉRALE.. 333
CHAPITRE PREMIER. — *Morale personnelle. Devoirs relatifs au corps*.. 334
   I. — Conservation et entretien du corps.................... 334
   II. — Tempérance. Devoirs relatifs aux appétits sensuels.... 335
   III. — Relations avec les êtres inférieurs................. 337
CHAPITRE II. — *Les devoirs relatifs à l'âme*................. 339
   I. — Des devoirs relatifs à l'intelligence. Sagesse ou prudence. 339
   II. — Des devoirs relatifs à la volonté. Courage ou force. Dignité humaine... 341
CHAPITRE III. — *La morale domestique. La famille*............ 343
   I. — De l'institution de la famille........................ 345
   III. — Devoirs des maîtres et des domestiques.............. 347
CHAPITRE IV. — *La morale sociale : La justice ou respect du droit*.. 348
   I. — Des droits.. 349
   II. — Du respect des droits................................ 351
CHAPITRE V. — *La charité*.................................... 353

I. — Des devoirs de charité comparés aux devoirs de justice.. 353
II. — Des œuvres de charité............................... 356
Chapitre VI. — *Morale civique. Éléments de la société*...... 358
I. — Notion de l'État..................................... 359
II. — Du droit naturel.................................... 360
III. — Du droit civil..................................... 361
IV. — Du droit politique. Vote............................ 363
Chapitre VII. — *Des devoirs envers l'État*.................. 365
I. — Obéissance à la loi.................................. 365
II. — Service militaire................................... 367
III. — Dévouement à la patrie............................. 368
Chapitre VIII. — *La morale religieuse. Devoirs envers Dieu*.. 370
I. — Connaissance. Amour. Obéissance...................... 370
II. — Du culte... 372
III. — La prière... 374
Chapitre IX. — *De la morale athée et de la morale indépendante*... 377
I. — De la morale athée................................... 377
II. — La morale indépendante.............................. 380

CINQUIÈME PARTIE

NOTIONS D'ÉCONOMIE POLITIQUE

Chapitre premier. — *Notions préliminaires*.................. 383
I. — Définition de l'économie politique. Son objet......... 383
II. — Division générale................................... 384
III. — Des rapports de l'économie politique avec les autres sciences.. 386
Chapitre II. — *Production de la richesse*................... 387
I. — Agents de la production : la matière.................. 388
II. — Le travail.. 389
Chapitre III. — *Des agents de la production. L'épargne, le capital, la propriété*............................... 393
I. — L'épargne.. 393
II. — Le capital.. 394
III. — La propriété....................................... 396
Chapitre IV. — *Circulation des richesses. L'échange, la monnaie, le crédit*................................. 398
I. — L'échange.. 399
II. — La monnaie.. 401
III. — Le crédit.. 403
Chapitre V. — *De la distribution des richesses. Le salaire et l'intérêt*.. 406
I. — La terre et la rente foncière......................... 406
II. — Le capital et l'intérêt............................. 408
III. — Le travail et le salaire........................... 410
Chapitre VI. — *De la consommation de la richesse. De la consommation privée*................................... 413
I. — Consommations productives et consommations improductives.. 413
II. — La question du luxe................................. 415
Chapitre VII. — *Consommation de la richesse publique*...... 418

I. — Le budget 419
II. — L'impôt 420
III. Les emprunts 423

SIXIÈME PARTIE
HISTOIRE DE LA PHILOSOPHIE

CHAPITRE PREMIER. — *Notions préliminaires. Des systèmes en général. Définition des principaux systèmes philosophiques*.. 426
  I. — De l'objet de l'histoire de la philosophie et de son utilité. 426
  II. — De la méthode qu'il convient d'appliquer à l'histoire de la philosophie 429
  III. — Des systèmes en général 430
  IV. Définition des principaux systèmes philosophiques 430
  V. — Divisions générales 432
CHAPITRE II. — *Notions sommaires sur la philosophie grecque avant Socrate. Ioniens et atomistes* 433
  I. — École cosmique. Thalès de Milet 433
  II. — Les atomistes 436
CHAPITRE III. — *L'école italique. Pythagoriciens. Éléates* 438
  I. — Les pythagoriciens 438
  II. — Les éléates 441
CHAPITRE IV. — *Les sophistes. Socrate* 443
  I. — Les sophistes. Gorgias. Protagoras 444
  II. — Socrate 445
CHAPITRE V. — *Les demi-socratiques. Platon* 449
  I. — Platon. Théorie des idées. Sa psychologie 450
  II. — Dialectique et esthétique. Le vrai et le beau 452
  III. — La théodicée et la cosmologie. Dieu et le monde 454
  IV. — Morale et politique 456
CHAPITRE VI. — *Aristote* 458
  I. — De la psychologie. Théorie de la connaissance 459
  II. — Logique, poétique et rhétorique 462
  III. — Métaphysique et théodicée 464
  IV. — La morale et la politique 466
CHAPITRE VII. — *Les épicuriens* 471
  I. — Doctrine d'Épicure. La canonique et la physique 471
  II. — La morale épicurienne 473
CHAPITRE VIII. — *Les stoïciens* 475
  I. — Logique et physique 476
  II. — La morale stoïcienne 477
CHAPITRE IX. — *Pyrrhoniens. Académiciens* 480
  I. — Pyrrhoniens 481
  II. — Académiciens 482
CHAPITRE X. — *La philosophie à Rome* 484
  I. — Lucrèce, Cicéron 484
  II. — Sénèque, Épictète et Marc-Aurèle 486
CHAPITRE XI. — *La dernière époque de la philosophie ancienne. École d'Alexandrie* 489
  I. — Plotin 491
  II. — Les successeurs de Plotin 493

TABLE DES MATIÈRES.

Chapitre XII. — *La philosophie scolastique*.................. 496
   Première époque. — D'Alcuin à Albert le Grand........... 497
   Deuxième époque. — D'Albert le Grand à Durand de Saint-Pourçain... 500
   Troisième époque. — De Durand de Saint-Pourçain à la Renaissance.. 503
Chapitre XIII. — *La philosophie de la Renaissance*........... 507
   I. — Renaissance de Platon. Nouvelle étude d'Aristote....... 507
   II. — Des doctrines nouvelles. Pomponat, Télésio, Campanella, Cardan, Jordano Bruno, Vanini....................... 509
   III. — Le scepticisme. Montaigne............................ 512
Chapitre XIV. — *Philosophie du dix-septième siècle. Bacon*... 513
   I. — Bacon... 514
   II. — Hobbes... 516
Chapitre XV. — *Descartes et ses principaux disciples*....... 517
   I. — Système de Descartes.................................. 518
   II. — Principaux disciples de Descartes. Pascal, Port-Royal, Bossuet et Fénelon... 525
Chapitre XVI. — *Malebranche, Spinoza*....................... 529
   I. — Malebranche... 529
   II. — Spinoza.. 532
Chapitre XVII. — *Locke, Leibniz*............................ 534
   I. — Locke... 535
   II. — Leibniz.. 538
   III. — Monadologie. Harmonie préétablie. Optimisme......... 542
Chapitre XVIII. — *La philosophie au dix-huitième siècle*.... 547
   I. — Philosophie anglaise. Berkeley, Hume, Bentham, Reid... 547
   II. — Philosophie française. Voltaire, Diderot, Condillac, Montesquieu, Rousseau et les économistes................... 550
   III. — Philosophie allemande. Kant......................... 556
Chapitre XIX. — *La philosophie au dix-neuvième siècle*...... 560
   I. — École écossaise et école anglaise contemporaine........ 560
   II. — Philosophes français. L'éclectisme, le positivisme.... 564
   III. — Les successeurs de Kant. Fichte, Schelling et Hégel.. 569
Conclusion du cours. — *Rôle de la philosophie. Son importance au point de vue intellectuel, moral et social*................ 576

www.ingramcontent.com/pod-product-compliance
Lightning Source LLC
Chambersburg PA
CBHW060305230426

43663CB00009B/1588